AF151697

Rowohlt Verlag GmbH, Kirchenallee 19, 20099 Hamburg

Kontaktadresse nach EU-Produktsicherheitsverordnung:
produktsicherheit@rowohlt.de

Dies ist der zweite Band der Trilogie «Im Land des Falkengottes». Band 1, «Amenophis» (rororo 23519), erschien 2003.

Andreas Schramek ist Rechtsanwalt und Schriftsteller. Seit langem beschäftigt er sich intensiv mit der Geschichte und Kultur des Landes am Nil. Er ist Mitglied des Internationalen Ägyptologenverbandes und lebt mit seiner Frau und seinen zwei Söhnen in Weimar.

Andreas Schramek

IM LAND DES FALKENGOTTES

ECHNATON

Historischer Roman

Rowohlt Taschenbuch Verlag

6. Auflage April 2021

Originalausgabe
Veröffentlicht im Rowohlt Taschenbuch Verlag,
Reinbek bei Hamburg, Juni 2004
Copyright © 2004 by Rowohlt Verlag GmbH,
Reinbek bei Hamburg
Lektorat Werner Irro
Umschlaggestaltung any.way,
Barbara Hanke/Cordula Schmidt
(Abbildung: akg-images)
Karte Peter Palm, Berlin
Satz Adobe Garamond PostScript (PageMaker)
bei Pinkuin Satz und Datentechnik, Berlin
Druck und Bindung BoD – Books on Demand GmbH,
Norderstedt, Germany
ISBN 978-3-499-23520-7

Für Kiki, Philipp und Leopold

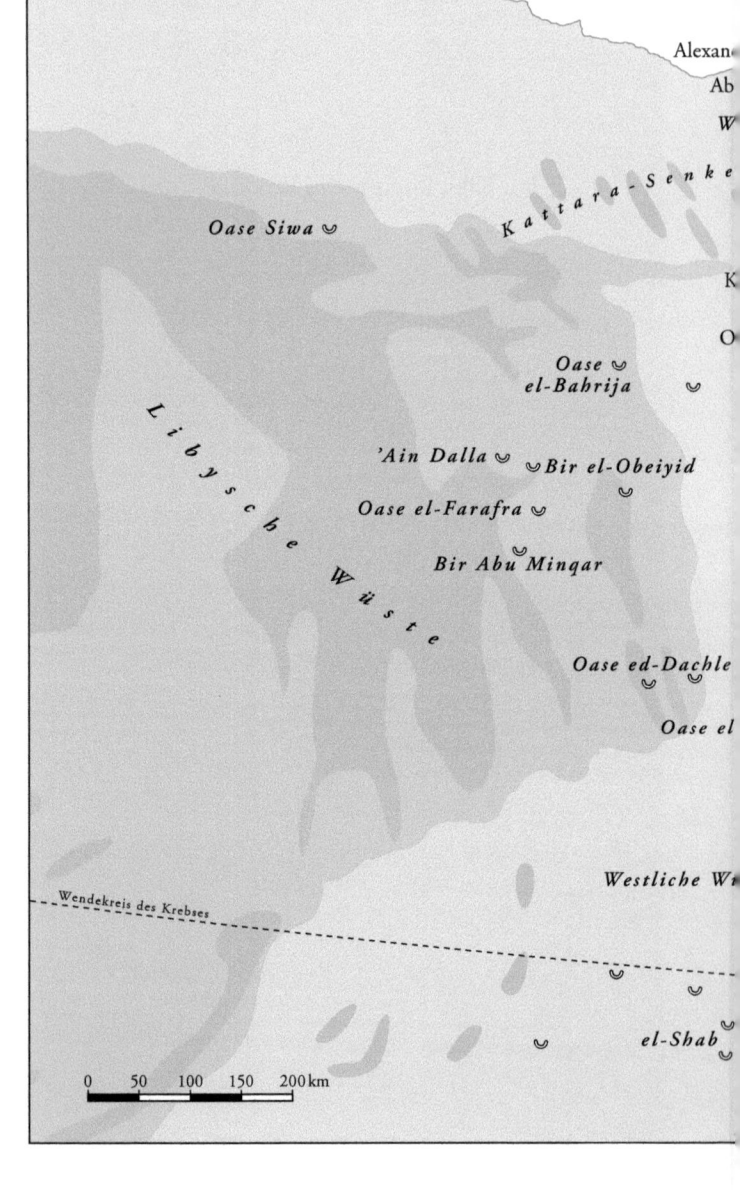

Alexan
Ab
W

K a t t a r a - S e n k e

Oase Siwa ᴗ

K

O

Oase ᴗ
el-Bahrija   ᴗ

'Ain Dalla ᴗ   ᴗ*Bir el-Obeiyid*
                           ᴗ
Oase el-Farafra ᴗ

Bir Abu Minqar

L i b y s c h e   W ü s t e

Oase ed-Dachle
ᴗ

Oase el

Westliche W

Wendekreis des Krebses
- ᴗ   ᴗ - - - ᴗ

ᴗ   *el-Shab* ᴗ

0   50   100   150   200 km

Buto

Tanis

Bubastis

Mittelmeer

Jerusalem

Gasa

Totes Meer

Pelusium

Suez-Kanal

UNTERÄGYPTEN

Gise

On (Heliopolis)

Sakkara Men-nefer (Memphis)

See

Merwer (Medinet el-Fayum)

Herakleopolis

Sinai

♣ Petra

Wadi el-Arisch

Akaba

Arabische Wüste

Achet-Aton (el-Amarna)

OBERÄGYPTEN

Achmim

Abydos

Dendera

(Theben)

Waset

Tal der Könige

Ipet-sut (Luxor)

el-Wadi el-Gedid

Bulak

Esna

Edfu

El-Kab

(Elephantine)

Abu

1. Katarakt

Assuan-Staudamm (erbaut 1960 bis 1970)

Insel Philae

Kom Ombo

Kena-Straße

Steinbrüche

Wadi Hammamat

Rotes Meer

Nasser-See

Abu Simbel

2. Katarakt

Nubien

Nubische Wüste

Verehrt den einzigen König wie Aton,
denn es gibt keinen anderen Großen als ihn.
Er gibt euch die Lebenszeit in Freude.

Pharao Eje stand auf der Terrasse des Palastes, den Amenophis, der dritte Herrscher dieses Namens, am Westufer des Nils, jenseits von Waset, errichtet hatte, und der den Namen «Palast der leuchtenden Sonne» trug. Die knöchernen Hände des Greises ruhten unbeweglich auf der Brüstung vor ihm. Die goldenen Köpfe von Kobra und Geier an der Vorderseite des Stirnbandes, das er über dem blau und weiß gestreiften Kopftuch trug, der mit rotem Karneol und dunkelblauem Lapislazuli besetzte Schulterkragen, die schweren Goldreife an seinen dünnen Oberarmen offenbarten seine Macht, vor allem aber war es die Haltung seiner Hände, die dem alten Herrscher eine jedermann Ehrfurcht einflößende Würde verlieh. Er sah hinab auf die weite Ebene mit ihren Getreidefeldern, in deren goldgelbem Meer Tausende tiefroter Mohnblumen blühten, er sah auf den breiten und träge dahinfließenden Fluss, die Lebensader der Beiden Länder, und auf die mächtige Hauptstadt Oberägyptens, auf Waset. Doch er sah dies alles nur in seiner Erinnerung, denn die Kraft seiner Augen war in all den Jahren seines langen Lebens dahingeschwunden.

Seit drei Tagen weilte Nacht-Min, der Sohn eines Arbeiters

aus der Totenstadt, bei ihm und hörte ihm geduldig zu. Jetzt stand der Jüngling neben Pharao und sah wie jener schweigend hinab. Obwohl Eje den Sechzehnjährigen nie zuvor gesehen hatte und obwohl Nacht-Min zu den unbedeutendsten und ärmsten Untertanen im riesigen Reich Pharaos gehörte, hatte er sich für ihn entschieden.

Ejes Wahl war auf den Jüngling gefallen, weil dieser nichts von der Welt wusste, da er in der Abgeschiedenheit der Berge in einer kleinen Siedlung, die kein Fremder betreten durfte, aufgewachsen war. Nacht-Min kannte nicht die große Stadt, er kannte keinen der prächtigen Paläste, und vor allem wusste er nichts von den Intrigen des Hofes. Eje hatte gehofft, auf ein offenes, auf ein gutes Herz gestoßen zu sein, als er sich im Totental entschloss, dem fremden Jüngling alles, was er bisher erlebt hatte, zu erzählen.

Er erzählte ihm von Nimuria, dem Herrn der Beiden Länder, dem Herrn über alle Fremdvölker, dem Herrn der Welt, Amenophis Mer-chepesch, Herrscher von Waset, Pharao und Gott, der achtunddreißig Jahre über Ägypten geherrscht hatte.

Von dem schönsten, reichsten und mächtigsten Land der Erde, das die Götter liebten und das Re jeden Tag aufs Neue mit seinem Glanz erfüllte, das von der Flussmündung im Norden bis weit in den Süden Nubiens, bis über die fünfte Stromschnelle hinaus reichte. Er erzählte ihm, dass die Völker Asiens Pharao untertan waren und seiner Majestät huldigten, dass die Könige und Fürsten befreundeter Länder ihre Töchter nach Ägypten schickten, wo sie als Nebenfrauen Pharaos im Palast von Merwer ein sorgloses Leben führten, auch wenn sie von seiner Majestät meist unbeachtet blieben. Er berichtete von den adligen Söhnen Mitannis, Babylons und Nubiens, die in den Palastschulen von Men-nefer und Waset von den besten Lehrern des Landes unterrichtet wurden, um später in ihrer Heimat als Freunde Ägyptens zu leben und zu arbeiten. Und er erwähnte, dass zu jener Zeit aus allen Fremdländern Rohstoffe, Handelswaren und Edelsteine an den Nil kamen, Holz aus dem Libanon und aus Nubien, aus dem Sinai Türkis und Lapislazuli, aus Knossos, Mykene und Ilias kunstvolle Töpferwaren und Weihrauch aus dem fernen Punt, und dass Pharao sie dafür mit dem Fleisch der Götter entlohnte, mit Gold.

Pharao erhob die linke Hand und streckte sie Nacht-Min entgegen. Der Jüngling bot höflich und zuvorkommend den braun gebrannten rechten Arm, den die dünnen kalten Finger des alten Mannes dankbar umfassten. Während sie langsam und in kurzen Schritten in die Kühle des Palastes zurückkehrten, begann Eje zu sprechen.

«Amenophis hatte in den Beiden Ländern, in Ober- und Unterägypten, prächtige Tempel errichtet, die an Schönheit und Reichtum durch kein Bauwerk anderer Völker übertroffen wurden. Sie glänzten von Gold und Elektron. Edelsteine aller Art und jeder Größe prangten an ihren Toren, und in ihren Hallen und Säulengängen standen Steinfiguren von Pharao und allen Göttern des Landes, wie sie anmutiger vorher nie geschaffen worden waren. Die Felder Ägyptens bescherten reiche Ernten, sodass die Kornkammern des Landes zum Bersten voll waren und niemand Hunger leiden musste. Fleisch und Fisch, Gemüse und Honig, Bier und Wein, es gab alles im Überfluss.

Ägypten erlebte unter Nimuria eine lange Zeit des Friedens. Viele Jahre hatten wir keine Kriege mehr geführt, hatte es keine Aufstände in Nubien, dem elenden Kusch, gegeben, musste kein Soldat unseres Landes unter Waffen sterben. Wie ich dir schon erzählte, war Pharao im fünften Jahr seiner Regierung mit seinem Heer nach Süden gezogen, um dort, wo der Atbara, der aus Äthiopien kommt, in den Nil fließt, weit südlich der fünften Stromschnelle, ein Heer von Aufständischen niederzuschlagen. Der Sieg Nimurias war so vernichtend, so überwältigend, dass das elende Kusch es nie mehr wagte, sich gegen Pharao zu erheben.

Ja, Nacht-Min, die Herrschaft Nimurias war von Amun, seinem göttlichen Vater, gesegnet. Und Nimuria selbst war gesegnet mit allen Wohltaten, die Amun ihm gewähren konnte. Die Große königliche Gemahlin Teje, meine Schwester, war eine erfahrene und stolze Frau. Mit großer Aufmerksamkeit nahm sie an allem Anteil, was im Land vor sich ging, und ihr Einfluss auf die Geschicke unseres Landes war größer, als mancher ahnte und es manchem recht war. Jeder, der mit einer Bitte an den König herantrat, tat gut daran, die Große königliche Gemahlin Teje nicht zu übergehen. Teje führte einen regen Briefwechsel mit den Herrschern Babylons und Mitannis, Syriens und Hattuschas. Sie verfügte über ein gewaltiges Vermögen, und zu Recht galt die Verwaltung ihres Palastes und ihrer Domäne im ganzen Land als vorbildlich.

Als ich in die Palastschule kam, begann eine Freundschaft, die bis zum Tode Nimurias unverbrüchlich hielt. Er hatte mir nie ein Amt gegeben. Ich führte unter seiner Herrschaft nur den Titel ‹Einziger Freund Seiner Majestät›, und doch hatte ich mehr Einfluss, war ich mächtiger als jeder Wesir, jeder General oder Priester. Ich kannte die Gedanken Nimurias, und er kannte meine. Mit eigener Hand rettete er mein Leben. Er ließ mich nach Babylon ziehen, damit ich dort die Liebe meines Lebens finden konnte, meine Merit. Er gab mir einen Palast, in dem Merit unserer Tochter Nofretete das Leben schenkte. Und er machte mich zum Erzieher seines zweitgeborenen Sohnes, des Prinzen Amenophis.

Der Prinz wurde nicht zum Herrschen geboren, denn er hatte einen älteren Bruder, Thutmosis. Amenophis war weich, oft in Gedanken versunken und der Gerechtigkeit, der Wahrheit in einem Maße verschrieben, wie es mir bei einem Menschen seines Alters bis dahin völlig fremd gewesen war. Es schien, als besäße er mit den siebzehn Jahren, die er damals zählte, die Weisheit eines Hundertjährigen. Sein Äußeres war nicht schön, eher eigentümlich. Auf einem langen, dünnen Hals saß ein großer

Kopf mit übermäßig wulstigen Lippen, großen, schwarzen Augen und hervorspringenden Backenknochen. Seine Beine waren auffallend lang, doch er hatte pralle, runde Oberschenkel, während die Waden, wie auch seine Arme, dünn waren. Dennoch liebte ihn meine Tochter Nofretete über alles. Sie, die selbst so schön, so vollkommen war wie keine andere, deren Antlitz strahlte wie die Sonne, deren Augen glänzten wie alle Schätze dieser Welt und deren Gliedmaßen so vollendet waren, dass jede Göttin sie beneidete, meine Nofretete hatte keine Augen für sein Äußeres. Sie liebte seine reine Seele, sein gutes Herz.

Wie anders war da Prinz Thutmosis! Der Erstgeborene Pharaos, der Thronfolger, übertraf alle Söhne des Landes an Kraft und Schnelligkeit. Sein Körper war so makellos wie die Steinfiguren überall im Land, die Pharao zeigten. Es war, als wäre Prinz Thutmosis für Generationen von Bildhauern Vorbild gewesen und als hätte es dafür nie einen anderen gegeben als diesen erstgeborenen Sohn Pharaos. Er war gebildet und schrieb unsere Schriftzeichen so vollendet wie kaum ein Zweiter. Er sprach Akkadisch fehlerfrei wie seine Muttersprache, und nur Nimuria selbst übertraf ihn im Bogenschießen. Prinz Thutmosis war der Stolz seines Vaters, und er gab dem ganzen Land die Zuversicht, dass der Wohlstand, der innere wie äußere Friede, das goldene Zeitalter, in dem wir lebten, ja, das Glück Ägyptens ewig währten.»

Eje und Nacht-Min waren endlich im Arbeitszimmer des Herrschers angelangt. Eje ließ seinen Diener in zwei Becher aus Alabaster Wein einschenken und befahl ihm sodann, den Raum zu verlassen. Mit einem Fingerzeig bat er seinen besonderen Gast, auf einem der Stühle Platz zu nehmen. Er selbst blieb jedoch vor einer lebensgroßen Steinfigur aus dunkelgrünem Stein stehen und sah sie lange schweigend an. Es war Echnaton, den jetzt viele hinter vorgehaltener Hand den Ketzerkönig nannten.

Dann ging Eje zu seinem Schreibtisch und setzte sich bedächtig nieder. Im Schweigen suchte er nach der Erinnerung, nach der Erinnerung an Amenophis Waen-Re, der sich den Namen Echnaton gegeben hatte. Von ihm erzählte Eje in jener Nacht.

EINS

*Ein königliches Opfer für Isis, Nephthys
und die Götter des Westens, dass sie geben den süßen Hauch
des Nordwindes für Thutmosis, den Gerechtfertigten.*

Prinz Thutmosis war tot.

Er war die Hoffnung unseres Landes auf eine Zukunft gewesen, von der alle Menschen geträumt hatten. Auf eine Zukunft in Frieden, Wohlstand und Gerechtigkeit. Auf eine Zukunft, in der nur Maat, unsere göttliche Ordnung, herrschte. Der Prinz war voller Kraft und Tatendrang gewesen, von allen Untertanen geliebt und durch seine Erziehung ohne jeden Zweifel befähigt, die Beiden Länder als strahlender, mächtiger Horus zu regieren. Noch wenige Monate, und Nimuria hätte ihn zum Mitregenten ernannt. Aber diese Hoffnung wurde mit dem Tod des erst einundzwanzigjährigen Thronfolgers grausam zunichte gemacht.

Eine tiefe Trauer legte sich wie ein schwerer Schleier über die königliche Familie, ja über das ganze Land.

Nimuria und Teje baten mich, gemeinsam mit Prinz Amenophis nach Men-nefer zu reisen, um von dort den toten Thutmosis nach Waset zu holen, damit er hier bestattet werden konnte.

Seit meiner Heirat mit Ti war es das erste Mal, dass ich sie mit Nafteta und unserer Tochter Mutnedjemet für längere Zeit allein in unserem Palast zurückließ.

Am Abend vor unserer Abreise fuhr ich in den Palast der Goldenen Sonne, um mit Nimuria ein letztes Mal die Einzelheiten meiner Reise zu besprechen. Wie unzählige Male vorher erwartete er mich allein auf seiner Dachterrasse. Amenophis stand zwischen zwei Wedelträgern an der Brüstung und sah mit starrem Blick auf die andere Seite des Flusses, auf Waset und die Tempelanlage von Ipet-sut. Ein leichtes Obergewand verdeckte seine Leibesfülle, und auf dem Kopf trug er das Nemes-Kopftuch mit dem königlichen Stirnband, von dessen Vorderseite Kobra und Geier, Uto und Nechbet, die Herrinnen der Beiden Länder, emporragten.

«Glaubst du, dass den Dienern Amuns das Blut meines Sohnes an den Händen klebt?», fragte er mich ohne Umschweife und ohne sich nach mir umzudrehen. Ich schwieg, bis Pharao sich mir zuwandte. Dann antwortete ich.

«Mit fünfzehn Jahren gabst du in Men-nefer den Befehl, einen gerade im Bau befindlichen Tempel Amuns niederzureißen. Mit der Erweiterung des Tempels von Ipet-sut und der Verpflichtung der Priester, sich an den Baukosten zu beteiligen, hast du den Schatz Amuns halbiert. Dein Palast steht nicht in Waset, sondern hier, auf der Westseite des Flusses, und Tag für Tag blicken die größten Steinfiguren Ägyptens von deinem Tempel der Millionen Jahre hinüber nach Ipet-sut in das Antlitz Amuns. Seit Jahren huldigst du mehr und mehr Re-Harachte und Aton, und dein zweiter Sohn scheint dich darin übertreffen zu wollen. Ich glaube nicht, Ameni, dass sie dir und deiner Familie besonders freundlich gesonnen sind.»

«Du hast meine Frage nicht beantwortet, Eje», hakte Amenophis nach, und sein Blick wurde jetzt noch ernster.

Ich wollte mich aber nicht festlegen lassen, auf keinen Fall. Antwortete ich mit Ja, würde er von mir Beweise verlangen. Sie zu erbringen, hielt ich für unmöglich. Sagte ich Nein, könnte er glauben, ich wäre feige, und er wäre von mir unendlich enttäuscht. Ich wich ihm erneut aus.

«Ich werde in Men-nefer nichts unversucht lassen, um die

Wahrheit zu erfahren. Ich bin vorsichtig geworden, Ameni. In der Vergangenheit sind zu viele Dinge geschehen, für die wir keine Erklärung fanden. Denke nur an das schreckliche Ende von Anen. Obwohl er selber ein Priester Amuns war, lag er eines Tages, nachdem er mich gewarnt hatte, tot vor dem Torturm und zu Füßen einer deiner Steinfiguren. Wenn wir uns jetzt in unserer Meinung festlegen, könnte noch Schlimmeres passieren.»

Ich spürte, wie Amenophis in seinem Inneren zusammensackte, als hätte er jede Hoffnung, die Wahrheit über den Tod seines Sohnes zu erfahren, aufgegeben.

«Ameni», rief ich mit flehender Stimme. «Wenn es mir gelingt, dir den Beweis eines Verbrechens zu liefern, wenn sie es waren, die das Ende deines Sohnes beschlossen haben, dann magst du an ihnen Rache nehmen, und es soll ihnen ewige Verdammnis drohen. Wenn nicht, dann bleibt dir nichts anderes übrig, als fest daran zu glauben, dass es der Götter Wille war, der dir den Sohn nahm. Dann darfst du den Dienern Amuns nicht den Hauch eines Gefühls geben, als seiest du eingeschüchtert und demütig.»

«Hat Pharao keine andere Wahl, Eje?»

Voll Mitleid sah ich ihn an und schüttelte zaghaft den Kopf.

Nach einer langen Weile des Schweigens atmete er schwer durch, zeigte mit der Rechten auf einen Sessel und bat mich so, Platz zu nehmen. Dann schnippte er mit den Fingern und bedeutete einem Diener, unsere Becher zu füllen. Es war der beste Rotwein, den es in Waset gab. Er wuchs in der Domäne Amuns.

«Wie du gesehen hast», fuhr er jetzt fort, und wie ein wahrhafter Herrscher war er jetzt wieder ruhig und gefasst, «liegt für Amenophis und dich ein Ruderschiff bereit. Ich möchte, dass du so schnell als möglich in Men-nefer eintriffst, um vielleicht noch auf frische Spuren zu stoßen. Niemand weiß etwas von unserer Eile, und man rechnet mit deinem Eintreffen erst in Wochen. Du hast die kräftigsten Ruderer und die besten Soldaten bei dir. Mein alter Schiffsbaumeister Meru wird selbst das Schiff lenken, damit ihr Tag und Nacht durchfahren könnt. Was du in Men-nefer zu tun hast, wirst du selbst wissen. Nur, Eje, bedenke eines: Du allein trägst die Verantwortung für meinen Sohn. Ich habe keinen anderen Thronerben mehr.»

Ameni trank seinen Becher in einem Zug aus und ließ erneut einschenken. Dann sah er wieder nachdenklich nach Waset hinüber.

Der Schein der untergehenden Sonne ließ die Stadt erglühen, die Paläste, Tempel und Häuser flimmerten goldgelb und rot wie flüssiges Erz. Darüber wölbte sich der Himmel, dessen klares Blau nur allmählich in ein dunkles Grau wechselte. Dann, als die Sonne endgültig versank und Re seine Nachtfahrt antrat, verlor zuerst das vor uns liegende Land seinen Glanz, dann der Fluss und die dahinter liegenden Häuser, bis zuletzt nur noch die Türme der Tempel und Paläste und die vergoldeten Spitzen der Obelisken für eine kurze Weile im Schein des Sonnengottes strahlten, bevor auch sie im Schatten der hereinbrechenden Nacht verschwanden.

«Immer wieder vergehen, immer wieder entstehen», murmelte Ameni in Gedanken versunken vor sich hin. Er zeigte mit seiner Linken nach Westen, dorthin, wo in den steilen Felswänden des Gebirges die Königsgräber liegen, und sagte: «Wenn wir einmal dort drüben Einzug halten, ob wir dann auch jeden Morgen wie Re …»

Er brach seinen Satz ab und sah mich mit einem Blick an, der mir verriet, dass er sich schwer tat, daran zu glauben.

«Weißt du es besser?», fragte ich leise, und gab mir dann doch selbst die Antwort. «Seit mehr als tausend Jahren verbringen die Menschen unseres Landes ihr Leben auf dieser Welt nur in dem Bemühen, alles Erdenkliche für das Dasein im Jenseits zu tun. Unser ganzes Handeln ist darauf ausgerichtet, hier gute Werke zu vollbringen, Maat gerecht zu werden, damit wir auch in der Ewigkeit von Osiris für gerecht befunden werden. Ein jeder richtet nach seiner Stellung und seinen Möglichkeiten Wohnungen der Ewigkeit ein, damit wir im jenseitigen Leben als Gerechtfertigte immer wieder aufs Neue einen schönen Tag verbringen.»

Ich hielt kurz inne, dann fuhr ich fort.

«Wissen? Nein, Ameni. Es weiß niemand. Aber ich glaube es gerne. Denn so fällt mir vielleicht eines Tages das Sterben leichter.»

«Und wenn morgen ein Priester kommt, einer, dem du vertraust, den du für weise hältst, und er sagt dir, es sei doch alles anders? Glaubst du dann ihm?»

«Irgendetwas wird sein, Amenophis, irgendetwas.»

Ich verließ in dieser Nacht den Palast Nimurias mit dem bedrückenden Gefühl, dass sich Amenis Leben durch den Tod seines Sohnes Thutmosis grundlegend geändert hatte. Er war sich nicht mehr sicher, dass all das, was er vollbracht hatte, richtig war, dass es einen Sinn gehabt hatte. Anders konnte ich mir seine Zweifel nicht erklären. Es war aber noch nicht an der Zeit, ihm die Frage zu stellen, warum er zweifelte. Ich brachte es nicht fertig, weil ich Angst davor hatte, er würde zusammenbrechen, wenn er feststellte, dass es vor allem Ruhmsucht war, die ihn getrieben hatte, all die mächtigen Bauwerke zu errichten. Vielleicht würde Nimuria erkennen, dass der wahre Anlass für sein Wirken und Treiben über all die Jahre nicht tragfähig war, um Grundlage für ein Lebenswerk zu sein. Aber war ich mir denn sicher, den wahren Grund zu kennen? Es sollten noch viele Jahre vergehen, ehe ich mir, nur mir, eine Antwort geben konnte.

Es begann gerade zu dämmern, als ich mein Haus verließ. War wenige Augenblicke vorher der durchdringende Jubel einer Nachtigall das Einzige gewesen, was ich im Dunkel der Nacht vernommen hatte, so stimmte jetzt eine Amsel nach der anderen ein. Erst war es nur eine, die leise und zaghaft ihr Morgenlied anstimmte, dann eine zweite, doch bald war der ganze Garten erfüllt vom Gesang all der Vögel, die hier ihre Heimat hatten, und um so stiller wurde die Nachtigall, ehe ihr unvergleichlicher Gesang gänzlich verstummte. Als junger Mensch hatte ich dieses Erwachen des Tages oft erlebt. Nach einem Fest, das bis in den Morgen dauerte, oder wenn mich die Liebe erst bei Tagesanbruch einschlafen ließ.

«Komm gesund wieder», flüsterte mir Ti zu, als ich mich über sie gebeugt hatte, um sie zum Abschied zu küssen.

«Ich komme bald zurück, meine Ti», sagte ich leise für mich, als ich jetzt am Tor meines Gartens angelangt war, und mich noch einmal umdrehte, um einen Blick zurückzuwerfen, ehe ich auf den Wagen stieg, der mich schon erwartete. Ti stand auf der Terrasse, und wir winkten einander zu. Jetzt, ausgerechnet jetzt, da ich meine Ti für einige Wochen verlassen musste, dachte ich an Merit, meine erste Frau. Seit siebzehn Jahren war sie schon tot, doch wie würde sie jetzt aussehen, wäre sie noch am Leben? Wären wir noch immer die glücklichsten Menschen der Welt, die wir einmal waren? Oder hätte der Alltag seinen Schleier der Gleichgültigkeit auch über unsere Liebe geworfen? Ich spürte, wie meine Augen feucht wurden. Sollte ich mich meiner Tränen, die ich für Merit vergoss, schämen? Ti wusste, wie sehr ich Merit geliebt hatte, hatte sie doch schon Jahre vor deren Tod in meinem Haus gelebt. Aber es war offenkundig, wie sehr ich jetzt Ti liebte, und ich ließ sie hierüber keinen Tag im Zweifel. Sicher, es war nicht die Liebe von jungen Menschen, die nicht mehr wahrnehmen, was neben ihnen geschieht, die vor Freude singen und tanzen, unendlich lange Liebesbriefe schreiben und meinen, sie müssten sterben, sollte diese Liebe je ein Ende finden. Es war vielmehr eine sehr bewusst erlebte Liebe, tief verankert im Herzen und gepaart mit der Gewissheit, den richtigen Weggefährten für die letzten Lebensjahre gefunden zu haben. Ja, mit dieser Gewissheit verließ ich an diesem Morgen Ti.

Der Wagenlenker fuhr nicht übermäßig schnell. Er wusste

nicht, welch wilder Fahrer ich einst gewesen war, wahrscheinlich nahm er sogar auf mein Alter Rücksicht. Mir war es recht, denn so konnte ich ohne jede Hektik die Kühle des Morgens genießen, bis wir im Hafen eintrafen.

Das Schiff war zum Ablegen bereit. Nebenkemet, der Kommandant der königlichen Flotte, den alle Meru nannten, stand zwischen einem Spalier von vierundzwanzig Soldaten an der Hafenmauer und begrüßte mich wie einen alten Freund.

«Ich glaubte schon, du hättest verschlafen, Eje», rief er mir zu, als ich vom Wagen stieg. Dann hielt er mir die rechte Hand zum Gruß entgegen, und mit der Linken klopfte er mir auf die Schulter.

«Ich bin hoffentlich nicht der Letzte?», fragte ich etwas verlegen, denn ich fürchtete, Prinz Amenophis war vor mir eingetroffen. Ehe Meru mir eine Antwort geben konnte, hörten wir das Trampeln von Pferdehufen. Ein Trupp von acht Streitwagen jagte von Osten kommend auf der breiten Prachtstraße zum Hafen. An ihrer Spitze fuhr Prinz Amenophis. Wagenrennen waren die einzige Leidenschaft, die er von seinem Vater geerbt hatte.

«Wenn es mir deine Stellung nicht verbieten würde, Prinz Amenophis, und wenn ich nicht schon ein älterer Herr wäre, ich hätte dich schon längst zu einem Rennen herausgefordert», rief ich ihm entgegen und verbeugte mich tief, wie die anderen auch, als er auf uns zutrat.

«Oh Eje, alter Schmeichler! Wüsste ich nicht von meinem Vater, welch waghalsiger Wagenlenker du immer gewesen bist, ich würde deine Herausforderung noch hier annehmen. Doch wir haben Eile, nach Men-nefer zu kommen.»

In wenigen Sätzen sprang er auf das Schiff und nahm, ohne dass um seine Person Aufsehen gemacht werden durfte, unter dem Baldachin Platz, geradeso, als wäre er ein einfacher Offizier und nicht der Sohn des Guten Gottes.

In knappen Worten erteilte Meru seine Befehle, und kurze

Zeit später legte unser Schiff ab. Die gleichmäßigen Schläge der zwanzig Ruder trieben die schlanke Barke mit der Strömung zügig nach Norden, vorbei an der Stadt, ihren Gärten und Feldern.

Über dem Fluss lagen da und dort noch Schleier des nächtlichen Nebels, denn es war kühl. Die wenigen Fischer, die schon so früh am Morgen ihr Glück versuchten, beachteten uns nicht, denn das schlichte Äußere des Kriegsschiffes verriet ihnen nicht, dass Pharaos einziger lebender Sohn, der Thronfolger Amenophis, auf ihm fuhr.

Waset lag schon weit hinter uns, als sich der Prinz von seinem Platz erhob und an die Reling trat. Er hielt sich mit beiden Händen am Geländer fest und blickte mit weit geöffneten, regungslosen Augen nach Osten. Als die ersten Sonnenstrahlen hinter den Bergen hervorblitzten, als Chepri, die emporsteigende Sonne, ihre zarten Arme nach Amenophis ausstreckte, erhellten sich die Gesichtszüge des Prinzen. Erst als die Sonnenscheibe über dem Horizont stand, schloss er die Augen und genoss das wärmende Licht des erscheinenden Gottes, ja es war, als saugte er die Sonnenstrahlen mit seinem ganzen Körper in sich auf. Der Prinz war völlig in Gedanken versunken, seine Gesichtszüge zeigten nicht die geringste Regung, und doch schien er zufrieden zu lächeln. Mir war, als würde Amenophis nicht einmal mehr atmen, und ich musste ihn genau betrachten, um zu bemerken, dass sich seine schwächliche Brust ganz leicht hob und senkte.

So stand die Sonnenscheibe schon hoch über den östlichen Hügeln, als mein Schüler noch immer regungslos dastand. Schweißperlen sammelten sich auf seiner hohen Stirn, und erst, als sich genügend Tropfen gesammelt hatten, um vereint als dünne Spur über seine Wangen und den schlanken Hals hinabzugleiten, erst jetzt öffnete Amenophis die Augen, seine Hände ließen das Seil der Reling los, und er wandte sich wieder mir zu.

«Ist es nicht ein Wunder, das wir jeden Tag erleben? Ich kenne nichts, was mich so tief berührt, wie der heranbrechende Tag und der kurze Augenblick, bis sich die Sonnenscheibe über den Horizont erhoben hat.» Der Prinz breitete die Arme aus. «Erhebt sich nicht unser Geist und sehnt sich danach, eins zu sein mit dieser göttlichen Erscheinung? Mich erfüllt bei diesem Anblick immer wieder ein Gefühl tiefer, inniger Dankbarkeit. Welch erbärmliche Geschöpfe müssen das sein, die nichts dabei empfinden, die diesen täglichen Akt des Neubeginns der Schöpfung nicht mit dankbarem Herzen bejubeln!»

Ich schwieg. Amenophis trat auf mich zu, legte seine Hände auf meine Schultern und sagte mit seiner ruhigen und wohlklingenden Stimme: «Ich weiß Eje, dass du so denkst, so fühlst wie ich. Du hast es Nafteta gelehrt, und sie lehrte es mich.»

Prinz Amenophis wandte sich von mir ab und besah sich allein das Schiff, ehe er von Meru bemerkt wurde. Bereitwillig erklärte dieser seinem künftigen Herrscher jede Kleinigkeit und beantwortete ihm alle Fragen.

Ich blieb unter dem Baldachin zurück, denn es begann, heiß zu werden. Die Worte des Prinzen hatten mich verwirrt. Langsam setzte ich mich nieder und sah schweigend in den Fluss, so, als würde ich dort eine Antwort finden können. Er hatte gewiss Recht, denn mich begeisterte schon immer der Anbruch eines neuen Morgens, das tägliche Erwachen der Natur. Ich hätte aber nie daran gedacht, dies mit so inniger Frömmigkeit zu tun, ja einen Sonnenaufgang mit einer geradezu kultartigen Handlungsweise zu begleiten.

Ich wusste schon seit langem, dass meine Tochter Nofretete und Prinz Amenophis vieles über alle Erscheinungsformen der Sonnengottheiten wussten, dass sie Priester und alte, weise Männer befragten und mit ihnen ihre Gedanken austauschten. Ich wusste auch, dass beide noch mehr als Nimuria Gefallen fanden am Atonkult. Doch nun fragte ich mich zum ersten Mal, wohin das alles führen würde.

Die Genauigkeit und Geradlinigkeit, die Amenophis in allen anderen Dingen an den Tag legte, beruhigte mich wieder. Er war von einem Wissensdrang, wie man ihn als Lehrer – und im Grunde war ich nichts anderes als sein Lehrer – nur selten erlebt. Verstand er etwas nicht auf Anhieb, fragte er nach, ohne darüber Scham zu empfinden. Ihm war bewusst, dass er mit seiner Gründlichkeit so manchen bis an den Rand der Geduld brachte, und es war wohl seinem Rang als Königssohn zu verdanken, dass jeder bis zuletzt freundlich blieb. Der Prinz lehrte mich einen Grundsatz: Nur das habe ich begriffen, was ich selber einem anderen bis in jede Kleinigkeit und fehlerfrei erklären kann.

Daran sollte er sich ein Leben lang halten.

Wir sprachen viel miteinander in diesen Tagen. Amenophis war begierig danach, alles von mir zu erfahren, was ich wusste, was ich erlebt hatte. Erzählte ich ihm von meiner Reise an den Euphrat, die ich als junger Mann im Auftrag seines Vaters unternommen hatte, von Babylon und dem königlichen Palast von Dur-Kurigalzu, davon, wie ich dort meine erste Frau Merit kennen lernte, dann hörte er mir schweigend und mit unendlicher Geduld zu, ohne mich auch nur einmal zu unterbrechen.

Wie anders aber verhielt er sich, als ich ihm von unserem Feldzug nach Nubien berichtete, von der Schlacht gegen Icheni, den Anführer der Aufständischen von Kusch, Irem, Tiurek und Weresch, davon, wie der unbeugsame Icheni und zwei seiner Mitstreiter nach der Schlacht hingerichtet wurden, davon, wie die Soldaten Ichenis zuvor den tapferen Offizier Maj gefoltert und verstümmelt hatten, sodass ihn Pharao aus Mitleid mit eigener Hand von seinen Qualen erlöste. Da empörte sich der Prinz über so viel Ungerechtigkeit und Grausamkeit, über so viel unnötiges Leid, welches sich Menschen gegenseitig zufügten! Er presste die Lippen zusammen, und seine Augen huschten unruhig umher.

Dann platzte es aus ihm heraus: «Glaubst du wirklich, Eje,

dass die Götter Wohlgefallen daran finden, wie sich ihre Geschöpfe gegenseitig quälen und umbringen?»

«Dein Vater, er lebe, sei heil und gesund, war und ist der Herrscher über die Beiden Länder und alle Welt ist ihm untertan. Er ist als unser König verantwortlich dafür, dass Maat herrscht, die göttliche Ordnung. Icheni und seine Horden haben diese Ordnung verletzt und damit den Zorn Pharaos heraufbeschworen. Sie haben einen Offizier Pharaos auf das Grausamste gefoltert, und sie haben sich zuletzt geweigert, Pharao Treue zu schwören und seine Gnade zu erbitten. Kannst du in dem Handeln deines Vaters Unrecht erkennen, Amenophis?»

«Die Art deiner Frage verbietet es mir, eine ehrliche Antwort zu geben. Wie könnte ich behaupten, dass Pharao Unrecht begeht. Er mag richtig gehandelt haben, Eje. Mir aber stellt sich die Frage, ob man auch anders, vielleicht besser hätte reagieren können. Ich bin mir bewusst, dass mir die Kunst des Herrschens noch fremd ist. Man hat sie nur meinen Bruder gelehrt. Ich fühle aber, nein, Eje, ich weiß, dass es noch etwas anderes gibt, als Gerechtigkeit nur um der Gerechtigkeit willen.»

Ich konnte ihm keine Antwort geben, denn mich beschlich eine Ahnung, dass er vielleicht Recht haben könnte.

Auf unserer Fahrt nach Norden gingen wir nur viermal an Land, um unsere Vorräte an Wasser und Brot aufzufüllen. Mit allem anderen waren wir ausreichend versorgt. Obwohl Meru und ich höflich zur Eile mahnten, ließ sich der Prinz nicht davon abhalten, an Land zu gehen und mit den Menschen zu sprechen. Er tat dies aber nicht, wie es dem Sohn Pharaos entsprochen hätte, mit Abstand und Herrscherwürde. Nein, er ging selbst auf die einfachen Menschen zu, begrüßte sie freundlich und fragte nach ihren Sorgen und Nöten. Manche der Angesprochenen waren überrascht, ja verwirrt, denn es lag völlig außerhalb ihres Vorstellungsvermögens, dass sich der Sohn des Guten Gottes ihnen zuwandte. Dank meines außerordentlichen Gehörs konnte ich einmal vernehmen, dass man den Prinzen wegen seines leutseligen Umgangs sogar für geistesschwach hielt. Anderen dagegen war anzusehen, wie sehr sie durch die Begegnung mit ihrem künftigen Herrscher beglückt wurden, und sie priesen diesen Tag als den schönsten und wichtigsten ihres sonst so bedeutungslosen Lebens.

Meru und ich schwiegen und ließen Prinz Amenophis gewähren.

Genau wie es Meru bei Antritt der Reise berechnet hatte, trafen wir am Abend des neunten Tages in Men-nefer ein. Noch am frühen Morgen entsandte ich an Land einen berittenen Boten in den Palast des Wesirs Ramose, um unser Eintreffen anzukündigen. Gleichzeitig bat ich Ramose in meinem Schreiben darum, jeden Aufwand zu vermeiden, damit wir unbemerkt in den königlichen Palast gelangen konnten.

Als unser Schiff anlegte, dauerte es noch eine ganze Weile, ehe plötzlich vier Wagengespanne auftauchten und neben dem Landungssteg anhielten. Ein Mann von gut vierzig Jahren stieg vom ersten Wagen und kam auf uns zu, als wir gerade den Boden von Men-nefer betreten hatten. Er verneigte sich tief vor Prinz Amenophis. Es war Hebi, dessen Vater Ramose Wesir des Nordens war. Er begann einst seine Laufbahn als Schreiber Seiner Majestät, dann war er einige Jahre Verwalter meines Palastes, bis er Bürgermeister von Men-nefer wurde. Mit wenigen, doch gleichwohl freundlichen Worten bat er uns, die Gespanne zu besteigen, um uns zum Palast zu bringen. Amenophis bestieg den Wagen Hebis, lächelte ihm freundlich zu und sagte: «Ich kenne den Weg zum Palast.»

Dann streckte er Hebi die Hand entgegen und bat ihn so um die Zügel. Hebi verstand, übergab die Zügel, und hielt sich sogleich mit beiden Händen an der Brüstung des Streitwagens fest. Ich nahm die offenkundige Herausforderung des Prinzen an, ergriff ebenfalls die Zügel meines Gespanns, und sogleich begann eine Hetzjagd mitten durch das nächtliche Men-nefer, wie ich sie zuletzt vor über zwanzig Jahren mit meinem Freund Ameni erlebt hatte. Ich war über die Maßen erstaunt, mit welchem Geschick ich trotz meines Alters noch den Wagen zu lenken vermochte, und spürte, dass ich durchaus in der Lage gewesen wäre, Prinz Amenophis zu bezwingen. Doch wie damals, so wagte ich es auch an diesem Abend nicht, ein Mitglied der Königsfamilie, und sei es nur andeutungsweise, einer Schmach auszusetzen, und ließ meinen Schüler mit reichlichem Vorsprung den Königspalast von Men-nefer erreichen.

Wie oft schon war ich in diesen Palast zurückgekehrt, dorthin, wo ich in meiner Jugend vor der Krönung meines Freundes Ameni einige Wochen verbracht hatte. Die Räume, die mir mein Freund einrichten ließ, waren nahezu unverändert. Einige Möbelstücke waren ersetzt, da ich vieles nach Waset mitgenommen hatte. Die Wandgemälde, die Fußböden waren unverändert, selbst die alten Vorhänge waren noch da. Mich erstaunte sehr, dass auch der diesen Räumen eigene Geruch über all die Jahre erhalten geblieben war. Man hätte mir die Augen verbinden können, und ich hätte dennoch gewusst, wo genau ich mich befand. In das vertraute Zuhause der Kindheit kehrt man offenbar immer wieder voll Freude zurück, so wie man ein Leben lang gerne zu seiner Mutter kommt, ganz gleich, wie lange die Kindheit zurückliegt.

Wie vor nahezu dreißig Jahren saß ich mit angezogenen Beinen im Fenster meines Schlafzimmers und blickte in den Garten hinaus. Der Palast mit seinen vielen Sälen, Hallen und Zimmern, meine Wohnräume und der mir so vertraute Geruch ließen mich jünger werden und gaben mir ein wenig von der Unbekümmertheit früherer Tage zurück. Doch ein Blick in den Garten machte mir nur allzu deutlich, wie viel Zeit vergangen war. Die Bäume, die ich noch mannshoch kannte, überragten jetzt um vieles die Palastmauern und die meisten Gebäude. Die Kieswege waren von den alten Sträuchern fast ganz zugewachsen, und es war nicht zu übersehen, dass Nimuria und sein Hofstaat kaum mehr in Men-nefer weilten. Ja, es war viel, sehr viel Zeit vergangen.

Hebi war ein überaus freundlicher Mann. Wie es der Mode entsprach, trug er einen kurzen, rechteckig geschnittenen Kinnbart. Seinen Kopf bedeckte eine tadellose Perücke, und darunter strahlte stets dasselbe fröhliche Gesicht. Obwohl er so viel älter war als Prinz Amenophis, war ich mir sicher, dass er am Hof des künftigen Herrschers einen bedeutenden Posten einnehmen würde. Noch am Abend unserer Ankunft bat ich Hebi darum, während unseres Aufenthaltes in Men-nefer Prinz Amenophis uneingeschränkt zur Verfügung zu stehen. Der Prinz musste keinen offiziellen Verpflichtungen nachkommen, und so verabredeten sich beide schon für den nächsten Morgen. Mir kam diese Verbindung sehr gelegen, konnte ich doch so ungestört meiner eigentlichen Aufgabe nachgehen.

Mit großer Verwunderung stellte ich am folgenden Morgen fest, dass der Leichnam des Prinzen Thutmosis nicht im königlichen Reinigungszelt auf der gegenüberliegenden Seite des Flusses lag, sondern weiter flussabwärts, am nördlichen Stadtrand von Men-nefer. Der Wesir Ramose selbst versicherte mir, dass der Körper des Toten zunächst feierlich auf das westliche Ufer gebracht worden war. Weswegen er jetzt nicht mehr dort war, wusste er nicht.

Die Werkstätte der Balsamierer war der widerlichste Ort, den ich mir vorstellen konnte. Schon von weitem wehte mir der Gestank menschlicher Eingeweide, von Blut und ranzigem Fett entgegen. Der königliche Leibarzt Ramessu, der mich begleitete, machte sich wenig daraus und schwatzte unentwegt auf mich ein. Obwohl ich mir ständig ein mit Duftöl getränktes Tuch vor die Nase hielt, war mir schon übel, bevor wir den schrecklichsten aller Orte erreicht hatten. Es war die größte Werkstätte dieser Art, die ich je sah, und es herrschte ein emsiges Kommen und

Gehen, ein Schreien und Schachern wie auf einem Markt. Auf den ersten Blick ließ sich erkennen, wer von den Trauernden einen Toten brachte und wer gekommen war, um einen einbalsamierten Körper abzuholen. Bei den Männern, die einen Toten brachten, sah man nur kurze Bartstoppel, und ihre Frauen hatten vom vielen Weinen verquollene und gerötete Augen. Die Männer, die einen Balsamierten holten, trugen stattliche Trauerbärte, und die Mienen der Frauen waren längst nicht mehr von Trauer gezeichnet. Die einfachen Leute, Tagelöhner, Bauern und Arbeiter, wurden mit ihren Toten vor dem Eingang abgefangen und auf ein Gelände seitlich der eigentlichen Werkstätten geleitet. Diese Verstorbenen legte man zusammen mit vielen anderen Leichen in Gruben, ohne ihnen die Eingeweide und die inneren Organe entfernt zu haben. Dann warfen die Hilfsarbeiter der Balsamierer ein paar Schaufeln Salz auf die Leichen und ließen sie einige Tage dort liegen. Dann wurden die Toten, ohne dass sie auch nur annähernd ausgetrocknet waren, in Leinensäcke eingenäht und an die Familien zurückgegeben. Meist reichten ihre Mittel nur für ein einfaches Begräbnis im Sand der Wüste.

Die Wohlhabenderen unseres Volkes wurden dagegen ins Innere der Anlage gebeten, wo man ihnen Binden und Amulette, Särge und Gesichtsmasken, Eingeweidekrüge und Salböle vorführte und ihnen versicherte, die lieben Toten auf das Sorgsamste für die Ewigkeit vorzubereiten. Entsprechend hoch war auch der Lohn der Balsamierer.

Lediglich die Verstorbenen der Vornehmsten unseres Landes wurden so behandelt, wie ich es mir immer vorgestellt hatte, abseits und in aller Stille und mit der Würde, die ihnen zukam.

Der Vorsteher der Balsamierer hieß Sethi. Er war mir auf den ersten Blick unangenehm. Ich stellte mich kurz vor, zeigte ihm das königliche Siegel und erkundigte mich ohne Umschweife nach der Leiche des Prinzen. Er begleitete mich und den schwatzhaften Ramessu in einen abseits gelegenen Saal, in dessen Mitte ein großer Steinblock, der Balsamiertisch, stand.

Sethi zeigte auf den Tisch und flüsterte mir und Ramessu gekünstelt ehrfurchtsvoll zu: «Unter dem Salz ruht der Körper von Prinz Thutmosis.»

Aus zwei Schalen seitlich des Tisches stieg unentwegt Weihrauch empor, was den Geruch in diesem Raum erträglich machte. In einer Ecke standen die vier Eingeweidekrüge.

«Wie lange liegt sein Körper schon unter dem Salz?», fragte ich Sethi, der mich mit aufgeregt flackernden Augen anstarrte. Er drehte sich nach einem seiner Arbeiter um und gab so die Frage an diesen weiter.

«Zehn Tage, hoher Herr. Genau zehn Tage.»

«Wartet einen Augenblick», sagte ich knapp und nahm Ramessu zur Seite. Ich schob ihn vor den Eingang und flüsterte ihm zu: «Kann man in diesem Zustand noch irgendwelche äußeren Einwirkungen auf den Körper erkennen?»

Ramessu schüttelte den Kopf. «Herr, Prinz Thutmosis wurde weder erstochen noch erschlagen. Das hätte ich beim Auffinden seiner Leiche bemerkt. Derartige Verletzungen würde man immer erkennen können.»

«Und Gift? In den Innereien und Eingeweiden?», fragte ich weiter. «So manches Gift ließe sich gewiss auch jetzt noch erkennen.»

Ramessu zeigte in Richtung der Balsamierhalle und sprach noch leiser als zuvor. «Doch wer sagt Euch, dass sich in diesen Krügen überhaupt Leber, Lunge, Magen und Gedärm von Prinz Thutmosis befinden? Nicht einmal der Rumpf unter dem Haufen Salz muss der des Prinzen sein», fuhr der Arzt fort.

Ich war entsetzt.

Ramessu ließ sich nicht aufhalten. «Manche Balsamierer trennen den Kopf des Toten ab, um das Gehirn einfacher entfernen zu können. Danach wird der Kopf mit einem Stock aufgesetzt und angenäht. Hierher gelangen jeden Tag unzählige Körper, die unbemerkt gegen den des Prinzen ausgetauscht werden könnten.»

«Selbst wenn Prinz Thutmosis eines gewaltsamen Todes starb, werden wir an dem Körper unter dem Salz nicht die Spur einer Gewalttat entdecken, wenn seine Mörder mit diesem Gesindel hier zusammenarbeiten», stellte ich resignierend fest.

«So ist es, mein Herr», bestätigte mir Ramessu, zufrieden, dass ich seine Lektion verstanden hatte.

Im Grunde gab es hier nichts mehr für uns zu tun. Wir gingen zurück in den Saal, und ich fragte Sethi, wann er seine Arbeit an Prinz Thutmosis vollendet haben würde.

«In genau dreißig Tagen kann er geholt werden, hoher Herr, damit er von den Priestern gesalbt, gewickelt und mit Amuletten versehen werden kann.»

Ich verneigte mich zum Dank und bat Sethi mit einem Handzeichen, uns zum Ausgang zu führen.

Während Sethi und Ramessu bereits losgingen, fasste mich der Helfer Sethis von hinten am Arm und sagte mit leiser, ja ängstlicher Stimme: «Es gibt einiges zu sagen, Herr. Morgen nach Sonnenuntergang am Hafen, wo Euer Schiff liegt.»

Ich nickte nur, um ja kein Aufsehen zu erregen und folgte den anderen. Sethi hatte nichts bemerkt, und so verließen wir nach einem knappen und förmlichen Abschied diese Grauen erregende Stätte.

Ich erzählte Ramessu kein Wort von dem beabsichtigten Treffen am Hafen, denn ich musste ausschließen, dass irgendjemand davon erfuhr und die Begegnung mit dem Unbekannten vereiteln würde. Der Balsamierer schien mir in viele Dinge eingeweiht zu sein, denn woher sollte er sonst wissen, mit welchem Schiff ich am Abend vor unserer Begegnung nach Men-nefer gekommen war? Der Ekel über das gerade Erlebte lastete noch auf mir, bis wir in die Stadt zurückgekehrt waren und ich vom Anblick der vielen Menschen und von ihrem geschäftigen Treiben abgelenkt wurde. Gleichwohl ließ mir der tote Prinz keine Ruhe.

«Ist es möglich, einen Menschen zu töten, ohne irgendwelche Spuren zu hinterlassen?», fragte ich Ramessu, kurz bevor wir den Palast erreichten.

Erst sah er mich etwas ratlos an, dann sagte er: «Oh ja! Wenn man dem Opfer gleichmäßig ein großes Kissen fest auf das Gesicht drückt, erstickt es, ohne dass Druckstellen zurückbleiben. Wenn es nicht gerade ein altersschwacher oder ein volltrunkener Mensch ist, wird er sich aber heftig wehren, sodass man alle Gliedmaßen festhalten müsste, damit das grausige Werk gelingt.»

Das half mir auch nicht weiter, denn ich wusste, dass der Prinz nur selten Wein trank, und bei seiner Kraft hätte es der halben Leibgarde bedurft, um seine Gegenwehr zu brechen.

Ich hätte jetzt die gesamte Priesterschaft von Men-nefer befragen können, die Palastwache, alle Dienerinnen und Diener, und doch würde ich wohl von keinem eine Antwort erhalten, wie Prinz Thutmosis starb und wer seinen Leichnam zu den Balsamierern im Norden der Stadt bringen ließ.

So blieb mir nur noch der unbekannte Balsamierer.

Nach meiner Rückkehr in den Palast ließ ich mich von Ramose in die Gemächer des Prinzen führen und bat darum, in den folgenden beiden Stunden allein gelassen zu werden.

Ich konnte mich des Eindruckes nicht erwehren, als hätte Thutmosis in diesen Räumen nie wirklich gelebt. Im Schlafzimmer des Prinzen fand sich außer zwei Truhen mit Kleidungsstücken kein einziger persönlicher Gegenstand. Da lag kein vergessener Armreif, kein in Eile liegen gelassenes Schweißtuch, keine Perücke, kein Kamm, keine Sandale. Im Wohnraum sah es kaum anders aus. Ich fand keinen Gegenstand, von dem ich mit gutem Gewissen hätte behaupten können, dass er einst dem Prinzen gehört hatte. Nur sein Bogen und der Köcher mit einigen Pfeilen hingen an einer Wand.

Dann betrat ich das Arbeitszimmer. Auf dem Schreibtisch lagen das goldene Behältnis mit Thutmosis' Schreibzeug und zwei unbeschriebene Papyrusblätter. Daneben stand das aus Elfenbein geschnitzte Königspaar. Es war mein Geschenk an den Prinzen aus Anlass seiner Volljährigkeit. Hinter dem Schreibtisch stand ein Holzregal, in welchem fein säuberlich geschichtet unzählige Papyrusrollen lagen. Während ich eine von ihnen wahllos herauszog, überkam mich ein schlechtes Gewissen, drang ich doch jetzt möglicherweise in persönlichste Bereiche des Toten ein. Ich konnte auf Gedichte stoßen, auf einen Briefwechsel des Prinzen oder auf sonstige geheime Aufzeichnungen. Aber war es nicht gerade das, was ich zu finden gehofft hatte?

Ich wurde herb enttäuscht. Landkarten ohne Zahl, Bewässerungspläne, Bauzeichnungen für Tempel und Kultstätten jeder Art und Abschriften zahlreicher religiöser Texte waren alles, was ich vorfand. Im Nachlass des Thronfolgers, eines gebildeten, von jedem geschätzten und stets freundlichen Menschen, der ebenso stark wie wendig war und dessen makellosem Körper mit Sicherheit alle Töchter des Landes erlegen wären, in diesem Nachlass fanden sich ellenlange Sargtexte, aber nicht ein Liebesbrief!

Ich war zutiefst enttäuscht, und doch nötigten mir die Bescheidenheit und Geradlinigkeit, die sich hier offenbarten, großen Respekt ab. Ich hatte den Prinzen ganz offensichtlich völlig falsch eingeschätzt. Konnte ein Sohn so anders sein als der Vater?

Sicher, es bestand noch die Möglichkeit, dass irgendjemand vor mir auf der Suche gewesen war und Schriftstücke hatte verschwinden lassen, nach welchen ich jetzt suchte. Aber welchen Grund hätte diese Person gehabt, ausnahmslos alles Persönliche mitzunehmen und damit zu verbergen?

Nach allem, was ich sah, war ich fest davon überzeugt, dass es derartige Schriftstücke nicht gab. Leise, ja ehrfurchtsvoll verließ ich die Gemächer und traf im Palastgarten auf Prinz Amenophis und Hebi, die sich in einem der Schattenhäuser angeregt unterhielten. Die Wedelträger zu ihrer Seite und die Dienerinnen verneigten sich knapp, als sie mich kommen sahen, während Hebi und selbst Amenophis aufstanden, um mich zu begrüßen.

Mir selbst lag daran, mein Gemüt so schnell als möglich zu erheitern, und so erzählte ich den beiden, wie ich als Knabe dem Großvater des Prinzen, dem mächtigen Pharao Thutmosis, in diesem Garten und nur wenige Ellen von unserem Schattenhaus entfernt, begegnet war und vor Ehrfurcht und aus Angst, irgendetwas falsch zu machen, fast gestorben wäre.

«Glaube ihm kein Wort», fügte Amenophis meiner Erzählung schmunzelnd hinzu.

«Eje ging schon als Kleinkind in diesem Palast ein und aus, sodass viele meinten, er sei ein Prinz und gehöre zur Familie.»

«Gehöre ich etwa nicht zur Familie?», protestierte ich scherzend.

«Doch, Eje», sagte Prinz Amenophis, und seine Gesichtszüge wurden sehr ernst und nachdenklich. «Du gehörst mehr zur Familie, als es mancher wahrhaben möchte. Und es ist gut so.»

Etwas Schöneres hätte mir Amenophis nicht sagen können. Auch jetzt erinnerte ich mich wie so oft an jenen Nachmittag im Palastgarten von Men-nefer, als ich – ein kleiner Junge noch – vom Thronfolger des großen Pharao Thutmosis zum ersten Mal durch die königlichen Gemächer und den Palastgarten geführt wurde. Ja, seit jenem Tag vor nahezu dreißig Jahren gehörte ich zur Familie, war ich Pharaos Freund.

Den darauf folgenden Tag verbrachte ich zunächst damit, Freunde und Weggefährten von früher aufzusuchen, um vielleicht von einem von ihnen irgendetwas über den Tod des Thronfolgers in Erfahrung zu bringen. Zwar lobten sie alle Prinz Thutmosis als ein Vorbild in jeder Hinsicht, und vor allem die Väter vornehmer Töchter bedauerten sein allzu frühes Ende, doch konnte mir niemand bei meinen eigentlichen Erkundigungen behilflich sein. Konnte es etwa sein, dass mir niemand helfen wollte?

Ungeduldig fieberte ich deswegen dem Abend entgegen. Ehe ich den Palast verließ, füllte ich eine Hand voll Gold in einen Lederbeutel, musste ich doch davon ausgehen, dass mich die Bereitschaft des Balsamierers, mir etwas zu erzählen, einiges kosten würde. Ich hatte lange überlegt, ob ich nicht den Vorsteher der Palastwache in mein Vorhaben einweihen und ihn um die versteckte Begleitung einiger Soldaten bitten sollte. Um der Heimlichkeit der Sache willen entschloss ich mich jedoch, allein zu gehen. Ich war mir bewusst, dass mir Pharao diesen Leichtsinn sehr übel nehmen würde.

Wie immer um diese Zeit ging es im Hafenviertel recht laut zu, da aus allen möglichen Bierschänken das Singen und Grölen betrunkener Seeleute und Taugenichtse in die Nacht drang. Der Bereich um den Hafen selbst war menschenleer. Lautlos wie eine Katze näherte ich mich Schritt für Schritt unserem Schiff, ohne es auch nur einen Wimpernschlag aus den Augen zu lassen. Weil ich niemanden in seiner Nähe sah, versteckte ich mich hinter einer Mauer und beobachtete von dort aus das Schiff und den Platz davor. Doch nichts geschah. Ich schloss meine Augen, um meine Wahrnehmungen allein auf mein gutes Gehör zu beschränken.

So mochte fast eine Stunde vergangen sein, ehe ich mich aus meinem Versteck hervorwagte. Im Schatten von Lagerhäusern näherte ich mich vorsichtig unserer Barke, bis ich ein Geräusch vernahm, das ich mir nicht gleich erklären konnte. Ich strengte mich noch mehr an als zuvor und hielt beide Hände hinter die Ohrmuscheln, um noch besser hören zu können. Jetzt war ich mir sicher: Es war das Stöhnen eines Sterbenden, ganz schwach, ganz leise. Teils aus Angst, teils vor Aufregung schlug mein Herz jetzt doppelt so schnell wie wenige Augenblicke vorher. Ich ließ alle Vernunft und alle Vorsicht beiseite und ging geradewegs zum Schiff, zu der Stelle, woher das Wimmern kam. Ich hatte es befürchtet: Es war der Gehilfe des Balsamierers, der an Händen und Füßen gefesselt und mit dem Kopf nach unten am Vordersteven des Schiffes hing. So wurden in Verbrecherkreisen Verräter bestraft.

Als ich jetzt bei ihm war und ihn hängen sah, gab er keinerlei Lebenszeichen mehr von sich. Ich hatte ihn zu spät entdeckt. Ich konnte nicht einmal das Seil abschneiden, an welchem der Arme hing, denn sonst wäre er ins Wasser gefallen und sein Leichnam für Untersuchungen verloren gewesen. Ich hoffte aber, einige Spuren zu entdecken, die mich auf die Fährte seiner Mörder bringen konnten, und holte vier Polizisten herbei, die ich in der Nähe auf ihrer nächtlichen Streife antraf.

Ramessu nahm im Palast eine eingehende Untersuchung des Toten vor. Außer Schürfwunden und roten Flecken konnte er aber nichts feststellen.

«Es müssen mehrere Täter gewesen sein, sodass es nur ein kurzes Handgemenge gab, ehe sie ihn fesselten und henkten. Andernfalls hätte er mehr Verletzungen davongetragen», stellte Ramessu in der offenbar allen Ärzten eigenen nüchternen Art fest.

«Und ich hätte etwas gehört», fügte ich hinzu.

«Das muss nicht sein», widersprach mir Ramessu. «Wer weiß, wie lange er schon so hing.»

Ich erzählte ihm nichts von dem Stöhnen, das ich vernommen hatte, kurz bevor ich den Unglückseligen entdeckte. Ich wollte nicht, dass außer Nimuria jemand etwas von meinem außergewöhnlichen Gehör wusste.

In der folgenden Nacht tat ich kaum ein Auge zu. Ich saß im Fenster meines Schlafzimmers, hatte wie immer die Beine angezogen und mit den Armen umklammert und sah nachdenklich hinaus in die dunkle Nacht. Wer waren diese Menschen, die mir seit so vielen Jahren Angst und Schrecken einjagten? Waren es Menschen, die mir meine Stellung bei Hofe und meine Nähe zu Pharao neideten und die mir durch all die Verbrechen, die in meiner Umgebung geschehen waren, zu verstehen geben wollten, dass ich mich zurückzuziehen hatte, um vielleicht einem von ihnen Platz zu machen?

War es einer der vielen Beamten, deren Verbrechen ich aufgedeckt hatte, als ich noch die Steuereintreiber und die Landvermesser beaufsichtigt hatte? Das konnte ich mir nur schwer vorstellen, da mir Nimuria nie ein offizielles Amt gegeben oder mir einen Titel verliehen hatte, gerade um mich vor ihnen zu schützen. Dennoch, jeder ägyptische Beamte, der auch nur über ein bisschen Einfluss und Einblick verfügte, wusste, wer ich war und worin einst meine Aufgabe bestanden hatte.

Oder waren es doch die Priester Amuns, die der königlichen Familie und mir nachstellten, um sich für die alte Schmach zu rächen, die ihnen Nimuria angetan hatte, als er sie vor mehr als zwanzig Jahren zwang, sich an den Kosten seines Tempelbaues in Ipet-sut zu beteiligen?

Zwischen all diesen Gedanken beschlich mich immer wieder Angst, noch in dieser Nacht selbst Opfer eines Verbrechens zu werden. Ständig lauschte ich deswegen angestrengt in die Dunkelheit, damit mir kein noch so unauffälliges Geräusch entging, das mich warnen und so vielleicht mein Leben retten konnte. Das leise Klappern vertrockneter Palmwedel, die der Südwind vorsichtig aneinander schlug, das leise Scharren einer Schildkröte im Sand der Gartenwege oder der ferne Schrei eines Käuzchens ließen mich zusammenfahren, als stünde der schakalköpfige Anubis bereits vor mir. Ich hielt es dort, wo ich saß, nicht mehr aus. Ich ging zurück in mein Zimmer, trank hastig und in kurzer Folge vier Becher Wein und legte mich in mein Bett. Ich dachte an Ti, an ihre weichen Lippen, ihre wunderschönen Brüste und an ihre kleine Hakennase, über deren Rücken ich so gerne mit meinem Zeigefinger fuhr. Mit den schönsten Gedanken an meine Frau schlief ich endlich ein.

Jetzt, da nach dem schrecklichen Ende des Balsamierers ohnehin alle Hoffnung verloren war, irgendetwas aufzudecken, was mit dem plötzlichen Tod von Prinz Thutmosis zu tun haben könnte, offenbarte ich mich dem Thronfolger. Anfangs war er etwas verstört, ja sogar beleidigt, weil ich ihn so lange nicht von meinem geheimnisvollen Tun unterrichtet hatte. Dann zeigte er jedoch Verständnis und meinte: «Ich werde mich nicht mit solchen Dingen beschäftigen, wenn ich einmal Herrscher der Beiden Länder bin. Wenn wirklich Schreckliches passiert, wird sich einer der Wesire darum kümmern und mich am besten gar nicht damit belästigen.»

Diese Bemerkung des Prinzen erschreckte mich sehr, und ich fragte mich, worin er einst seine Aufgabe als Pharao sehen würde, wenn nicht darin, Tag für Tag verantwortlich dafür zu sein, dass Maat, unsere göttliche Ordnung, im ganzen Land herrschte.

ZWEI

Fern bist du, doch deine Strahlen sind auf Erden;
Du bist in ihrem Angesicht,
Doch unerforschlich ist dein Lauf.

Die alte Stadt On lag etwas nördlich von Men-nefer, vor den Mauern der nördlichen Hauptstadt. Seit den Tagen des alten Reiches beherbergte sie das älteste Heiligtum der Beiden Länder, den Tempel des Re. Hinter seinen Mauern und Tortürmen wurden die Thronfolger des Landes in die alten Wahrheiten und in die Geheimnisse, die nötig waren, um als Pharao über das Land herrschen zu können, eingeführt. Auch Prinz Thutmosis verbrachte hier viele Monate, ehe er sein rätselhaftes Ende fand.

Die Fahrt vom königlichen Palast in Men-nefer nach On dauerte weniger als eine Stunde, und so konnte man jeden Tag dorthin fahren, ohne auf die Annehmlichkeiten des Palastes in Men-nefer verzichten zu müssen. Prinz Amenophis hatte On vorher noch nie besucht und ich spürte genau, wie ihn seine Neugier auf das Sonnenheiligtum mehr und mehr erregte.

Der Morgen war noch jung und die Luft angenehm kühl, als uns Merire, der Erste Sehende des Re, am großen Torturm der Tempelanlage empfing. Ich hatte unseren Besuch angekündigt, denn ich wusste, dass gerade ältere Menschen unerwartete Besuche nicht schätzen, sie werden dabei zu sehr in ihren festgefahrenen Lebensgewohnheiten gestört.

Merire dankte mir mein Entgegenkommen mit aufrichtiger Freundlichkeit und dem Versprechen, dem Thronfolger beliebig lange zur Verfügung zu stehen.

Unser Besuch begann mit einem Rundgang durch die gesamte Tempelanlage von On. Gewiss, alles war sauber und gepflegt, und man spürte, dass hier mit großer Umsicht Ordnung gehalten wurde. Aber es war ebenso nicht zu übersehen, dass seit langer Zeit die Herrscher unseres Landes ihr Sonnenheiligtum nicht mehr mit nennenswerten Neubauten bedacht hatten. Kein Baumeister Ägyptens würde heute solch dicke, grobschlächtige Mauern und so schwerfällige Säulen errichten lassen, wie ich sie hier sah. Auch Prinz Amenophis schien dies aufzufallen, denn schweigend und mit ernstem Blick folgte er Merire überall hin und sah sich alles genau an.

«Ein so altehrwürdiges Heiligtum habe ich nie zuvor gesehen, Merire», beendete schließlich der Thronfolger sein Schweigen.

«Ich wäre Euch nicht böse, Prinz Amenophis, wenn Ihr es heruntergekommen nennen würdet. Aber Ihr seht selbst, dass wir uns größte Mühe geben, unsere Mauern, von welchen manche mehr als tausend Jahre alt sind, wenigstens regelmäßig zu streichen. Mehr können wir zumindest für das Äußere des Tempels nicht tun.»

Der kahlköpfige Siebzigjährige sah Amenophis mit gütig blinzelnden Augen an und zeigte dabei hinter dünnen, ausgetrockneten Lippen seine wenigen abgenutzten Zähne. Der Gedanke, Merire wäre hier schon vor tausend Jahren von Pharao Djedefre vergessen worden, gefiel mir.

Dann fuhr Merire fort: «Es gibt Gotteshäuser in Ägypten, deren Reichtum allenfalls durch die Schatzkammern Pharaos übertroffen werden. Jahr für Jahr werden sie mit neuen Tortürmen, Säulenhallen und immer höheren Fahnenmasten verschönert. Aber ihr Inneres …»

«…birgt das Allerheiligste», unterbrach ihn Amenophis mit

dem Eifer eines Schülers, der stolz ist über sein unerwartetes Wissen.

«Nein, Prinz!»

Der Priester des Re schaute sich um, als wollte er sich vergewissern, dass uns niemand gefolgt war, der uns belauschte. Dann beugte er sich etwas zu Amenophis und flüsterte lächelnd: «… birgt ein finsteres Loch!»

Der Prinz sah mich verstört an. Ich nickte ihm leicht zu. «Merire wird dir beizeiten erklären, was er damit meint. Du musst keine Bedenken haben. Er ist kein Lästerer!»

Der weise Priester wirkte jetzt wieder in sich gekehrt, und ich merkte ihm an, dass er über das, was er uns gleich sagen würde, angestrengt nachdachte.

«Die Tempel des Sonnengottes Re sind alt, Prinz Amenophis, uralt. Aber sie bergen einen Schatz, den andere Tempel nicht kennen», fuhr Merire mit seiner Rede fort.

Zwei junge Priester, die er mit einem Wink herbeigerufen hatte, öffneten vor uns eine schwere Holztür, durch die wir in einen weiträumigen Saal gelangten. Seine Decke war niedrig, sie wurde von schweren, dicken Säulen getragen, wie es der alten Bauweise entsprach. Sie waren in ihrer ganzen Höhe bemalt. Ich sah frühe Herrscher unseres Landes, wie sie Re Opfer brachten oder wie sie mit einer mächtigen Keule die Feinde Ägyptens niederschlugen. Ich las in den Schriftreihen die Ehrfurcht einflößenden Namen von Königen wie Chufu, Djedefre, Pepi und Mentuhotep. An den Wänden ragten endlose Regale empor, und zwischen den Säulen standen verschlossene Holztruhen, gewiss dreißig an der Zahl. In diesem Raum verbarg sich mehrtausendjähriges Wissen, die gesamte Weisheit Ägyptens.

«Hier, mein Prinz, findet Ihr die ältesten Niederschriften der Pyramidentexte ebenso wie den Papyrus, auf welchem der weise Ptahhotep mit eigener Hand seine Weisheitslehre aufzeichnete. Hier liegen die Baupläne der Pyramiden von König Djoser, die der Weiseste aller Weisen, unser als göttlich verehrter Imhotep, mit eigener Hand gezeichnet hat. Wir verwahren Befehle, die das Siegel der Könige Menes und Narmer tragen. Ihr findet in diesen Truhen alles, was die Menschen über die Sterne wissen. Hier werden Landkarten der ganzen Erde verwahrt. Jede uns bekannte Krankheit wird hier in endlosen Papyri beschrieben, und jeden erdenklichen Rat für ihre Behandlung könnt Ihr darin nachlesen. Auf fast jede Frage, mein Prinz, erhaltet Ihr bei uns eine Antwort.»

Der Alte hielt für eine kurze Weile den Atem an und schloss bedächtig die Augen. Das, was er gerade dem jungen Thronfolger preisgab, schien selbst ihn, den Hüter des Schatzes, zu beeindrucken, ja zu überwältigen.

Amenophis öffnete langsam eine der Truhen, zeigte mit der rechten Hand auf ihren Inhalt und sah Merire fragend an, bis dieser seine Augen wieder geöffnet hatte.

«Ihr braucht mich nicht um Erlaubnis zu bitten, Prinz Amenophis. Wir sind nur die Diener Pharaos und die Hüter seines Besitzes», antwortete Merire auf die unausgesprochene Frage.

Dann erklärte er: «In dieser Truhe findet Ihr ausschließlich Schriften über Krankheiten und Verletzungen des menschlichen Kopfes.»

Mein Schüler griff wahllos nach einer der gelblich-braunen Papyrusrollen, entknotete bedächtig ihre Schnur und las laut vor:

«Wenn du einen Mann untersuchst mit einer Klaffwunde an seinem Kopf, die bis zum Knochen reicht und seinen Schädel spaltet, sollst du seine Wunde abtasten. Du wirst jenen Splitterbruch finden, der in seinem Schädel ist, tief eingesunken unter deinen Fingern. Eine Beule wird sich über ihm erheben, er wird bluten aus beiden Nasenlöchern und seinen beiden Ohren, er wird leiden an einer Versteifung seines Nackens und wird nicht auf seine Schultern und seine Brust blicken können. Dann sollst du dazu sagen: Eine Klaffwunde an seinem Kopf, die bis zum Knochen reicht und seinen Schädel zersplittert. Er ist erkrankt an einer Versteifung seines Nackens. Es handelt sich um eine

Krankheit, die man nicht behandeln kann. Du sollst die Wunde nicht verbinden, er werde abwartend auf seinem Ruhebett beobachtet, bis die Zeit seines Leidens vorübergeht.»

Dann hielt Amenophis inne, sah Merire für einen kurzen Augenblick schweigend an und fragte: «Wie alt ist dieses Schriftstück?»

Ich sah deutlich, wie Merire zusammenzuckte. Seine Augen verkleinerten sich zu schmalen Schlitzen, und mit spitzen Lippen antwortete er. «Etwa zweihundert Jahre, Prinz. Es wurde zu Anfang des mittleren Reiches verfasst. Weshalb fragt Ihr?»

Der Alte wartete gespannt auf eine Antwort, und er ließ den Prinzen nicht den Bruchteil eines Augenblicks unbeobachtet.

Amenophis legte die Stirn in Falten und sah noch eine Weile schweigend auf den Papyrus.

«Verbessert mich, Merire, falls ich etwas Falsches sage! Wenn ich dieses Schriftstück lese, entspricht das, was da geschrieben steht, genau dem, was ich spreche. Heute benützen wir noch dieselben Schriftzeichen, dieselben Worte, unsere Aussprache ist aber eine andere. Ich will damit sagen, dass sich das, was wir sprechen, weiterentwickelt hat, aber nicht die Schrift. Ist das richtig?»

Schon während Amenophis sprach, nickte der Priester zustimmend. Das alte, faltige Gesicht Merires erhellte sich, und mit zusammengekniffenen Augen sah er Amenophis an.

«Mit dieser völlig zutreffenden Feststellung, mein Prinz, berührt Ihr Fragen, die seit Tausenden von Jahren für unser Volk von großer Bedeutung sind.»

Merire zeigte auf einen Tisch und sechs Stühle und fuhr fort: «Wollen wir uns jetzt nicht lieber setzen? Es könnte sein, dass unser Gespräch etwas länger dauert, wenn Ihr die Zeit dazu habt.»

Amenophis nickte kurz, ohne ein Wort zu sagen, und wir setzten uns nieder. Merire legte seinen rechten Arm bedächtig auf die Kante des Tisches und begann zu sprechen.

«Wenn ein Babylonier sieht, wie wir Ägypter Gebäude zeichnen, Tempel, Paläste und Häuser, oder wie wir unsere Gärten darstellen, dann lachen sie uns aus. Denn das, was sie sehen, entspricht nicht der Wirklichkeit, nicht dem, was unser Auge sieht. Einen Teil der Gebäude sehen wir von oben, einen anderen von der Seite. Auf die Teiche sehen wir von oben herab, aber seine Fische sehen wir ebenfalls von der Seite. Aber seit mehr als zweitausend Jahren stellen wir Ägypter unsere Gebäude so dar, und niemand verfiele auf den Gedanken, daran etwas zu ändern. Wir halten die Art unserer Darstellung einfach für richtig. Dasselbe gilt für die Darstellung von Menschen, gleich ob sie gezeichnet oder in die Wände gemeißelt sind. Die Haltung des Oberkörpers ist immer dieselbe, gleich was der Abgebildete tut. Wir sehen die Brust von vorne, sehen zwei Schultern, das Becken aber von der Seite. Kaum anders verhält es sich bei Kopf, Armen und Beinen. Wir stellen unsere Pharaonen stets als junge, schlanke und kräftige Männer dar, gleich wie alt sie sind oder wie sie tatsächlich aussehen. Und Ihr habt soeben die nämliche Feststellung für unsere Sprache getroffen.»

Der Prinz und auch ich nickten zustimmend.

«Wir tun das alles aber gewiss nicht, weil wir ungebildet sind oder weil wir die Wirklichkeit nicht wahrhaben wollen. Irgendwann vor langer Zeit haben wir festgestellt, dass der erreichte Zustand gut war. Das, was abgebildet und geschrieben war, galt einfach als richtig. Und weil dieser Zustand gut war, schön war, wagte es niemand mehr, daran etwas zu ändern. Die Angst, dass durch Veränderung der gute, der schöne Zustand vernichtet würde, war zu groß. Angefangen bei Pharao bis hinab zum einfachsten Bauern nahm man als selbstverständlich hin, dass die Schöpfung abgeschlossen und somit vollkommen war. Nie dürfte es ein Baumeister wagen, anders zu zeichnen, als man es vor tausend Jahren tat, dürfte ein Steinmetz Pharao anders darstellen, als wir es noch heute kennen, und ein Schreiber es wagen, an den heiligen Schriftzeichen etwas zu ändern. Da bedurfte es in der Vergangenheit unseres Volkes ganz großer und besonders weiser Männer wie Imhotep oder Ptahhotep. Nur wer über ein so beispielloses Ansehen verfügte wie sie, durfte es wagen, Veränderungen vorzuschlagen oder durchzuführen. Menschen wie Imhotep und Ptahhotep allein genügten jedoch nicht. Um Dinge wirklich zu verändern, bedurfte es auch großer und weitsichtiger Herrscher. Hätte es Imhotep und Pharao Djoser nicht gegeben, stünde wohl nicht eine einzige Pyramide. Ohne Ptahhotep und Pharao Asosi wären unsere Weisheitslehren noch heute dieselben wie vor tausend Jahren.»

Merire schloss seine Augen und schwieg. Das Schweigen schien unendlich und verlieh seinen Worten eine noch größere Wirkung. In Gedanken versunken betrachtete ich die farbigen Bilder an den Säulen und sah dort unsere Herrscher, so wie sie Merire beschrieben hatte.

Dann unterbrach er diese Stille, in der doch so viel geschah, und fuhr fort: «Ihr beide habt gerade darüber nachgedacht, ob es nicht doch Veränderungen gab, um meine Worte zu widerlegen. Ihr werdet gewiss manches Beispiel finden. Die Kleidung der Menschen, die Art, das Land zu bestellen oder Tempel zu errichten. Das mag alles sein. Ich sah auch schon Wandgemälde, die so viel anders waren als das, was man bislang zu sehen bekam. Aber was sind diese kleinen Veränderungen im Vergleich zu dem, was sich eben nicht verändert hat? Ein Nichts. Gar nichts!»

Merire beendete so seine Rede und schloss erneut die müden Augen.

Prinz Amenophis stand auf und ging an eines der Regale. Dann wandte er sich langsam um und fragte: «Womit beschäftigte sich mein Bruder, wenn er hier bei Euch war, Merire?»

Langsam wie eine Schildkröte öffnete der Priester die Augen, erhob sich von seinem Stuhl und rückte das Pantherfell, das über seiner linken Schulter lag, ein wenig zurecht. Dann ging er auf Prinz Amenophis zu und umfasste dessen rechten Unterarm.

«Euer Bruder Thutmosis war ein fleißiger Mann, mein Prinz. Er verbrachte Stunde um Stunde in diesem Raum und las unentwegt in den alten Schriften.»

Amenophis spürte offenbar, dass dies noch nicht die ganze Antwort war und setzte deswegen nach: «Aber?»

«Aber er stellte keine Fragen. Keine richtigen Fragen, wenn Ihr versteht, was ich meine.»

Der Prinz verstand den alten Priester genau.

Amenophis kam an den Tisch zurück, stellte sich hinter mich, legte seine Hände auf meine Schultern und sagte: «Wenn ich richtig unterrichtet bin, verbringen wir noch dreißig Tage in Men-nefer, ehe wir nach Waset zurückkehren werden. Ich würde es sehr begrüßen, wenn Ihr, Merire, mir während dieser Zeit so oft wie irgend möglich zur Verfügung stehen würdet. Ich werde täglich hier erscheinen, um in Euren Schriften zu lesen und um mit Euch über das Gelesene zu sprechen.»

«Wenn es die bescheidenen Kräfte eines alten Mannes erlauben, werde ich immer für Euch da sein, Prinz Amenophis», gab Merire zur Antwort, während er sich erhob und sich leicht vor dem Thronfolger verneigte.

Auf unserer Rückfahrt nach Men-nefer sprach der Prinz kaum ein Wort, aber er machte ein sehr zufriedenes Gesicht. Er freute sich sehr auf die kommenden Begegnungen mit Merire.

Mich beschlich eine Ahnung, dass die Begegnung der beiden Männer nicht ohne Folgen bleiben würde. Mir war, als hätte der alte Priester die Hälfte seines Lebens nur darauf gewartet, einem Menschen wie Amenophis zu begegnen. Er hatte nicht nur die bedeutendsten und geheimsten Schriftstücke Ägyptens gehütet wie einen Schatz, sondern auch die Erfahrung und die Weisheit seines eigenen Lebens. Und wenn ich mich nicht täuschte, war mein Schüler Amenophis der erste Mensch, dem er all dies offenbaren würde. Die Schriftstücke hatten gewiss schon viele vor ihm in Händen gehalten und gelesen. Mehr aber auch nicht.

Der Prinz schien jedoch der Erste zu sein, der wirkliche Fragen stellte und begriff.

In den folgenden drei Wochen bekam ich den Thronfolger kaum mehr zu Gesicht. Entsprach es ohnehin schon immer seiner Gewohnheit, jeden Tag sehr früh aufzustehen, so verließ er jetzt schon vor Sonnenaufgang Men-nefer, um gemeinsam mit den Sehenden des Re die ersten morgendlichen Riten zu verrichten und um sich anschließend mit Merire in den Lesesaal, die wahre Schatzkammer des Tempels, zurückzuziehen.

Gegen seinen Willen musste ich darauf bestehen, dass er stets von acht Soldaten der Leibgarde begleitet wurde, denn nach den bisherigen Vorkommnissen sollte jede Gefährdung meines Schülers ausgeschlossen sein.

Meist kehrte er spät am Abend zurück, bepackt mit Papyrusrollen, die seine sauber geschriebenen Aufzeichnungen trugen. Nach einem kurzen Abendmahl, das er gemeinsam mit mir einnahm, zog er sich in seine Gemächer zurück und nahm sich oft noch die Zeit, Nofretete einen Brief zu schreiben.

Während unserer gemeinsamen Mahlzeiten berichtete er mir in knappen Worten von den Schriften, die er gelesen hatte und von den Gesprächen mit Merire. Schon nach wenigen Tagen schien er über Re, ja über alle Götter unseres Landes mehr zu wissen, als viele unserer Oberpriester.

Am Tag vor unserer Abreise wurde der vorbereitete Leichnam von Prinz Thutmosis im Thronsaal des Palastes von Men-nefer aufgebahrt. Aus vier Räucherpfannen stieg unentwegt Weihrauch empor, während Priester aus dem Tempel des Ptah die Totengebete sprachen und heilige Lieder gesungen wurden. Prinz Amenophis leitete als Stellvertreter seines Vaters, des obersten aller Priester, die heiligen Handlungen.

Als längst alle Riten vollzogen, alle Gebete gesprochen waren, blieb der Thronfolger lange noch neben der Bahre stehen. Er starrte unentwegt und ohne jede Regung auf die goldene Gesichtsmaske, die das Antlitz des geliebten Bruders trug. Nicht nur der Anstand, sondern mehr meine Zuneigung zum Thronfolger geboten es, dass ich bei ihm verweilte.

Ohne dass ich ihn danach gefragt hätte, sagte er nach fast einer Stunde zu mir: «Was wäre wohl gewesen, wenn er statt meiner den Thron bestiegen hätte?»

«Verzeih, Amenophis», entgegnete ich. «Ich mache mir mehr Gedanken darüber, was sein wird, wenn du einst den Thron bestiegen haben wirst.»

Als unsere Barke frühmorgens im Hafen von Waset einfuhr, erwarteten uns dort die gesamte königliche Familie, alle Großen des Landes und ein Großteil der Bevölkerung von Waset. Ich sah zu meiner großen Freude auch meine Frau und meine Töchter. Zum Zeichen der Trauer waren die Männer seit der Nachricht vom Tod des Thronfolgers unrasiert, und die Frauen rauften sich jetzt die Haare, schlugen sich gegen die Brust und stimmten ein erbärmliches Trauergeschrei an.

Prinz Amenophis verließ zwischen zwei Wedelträgern als Erster das Schiff. Ihm folgte der Sarg mit dem Toten, dann ich selbst. Der Prinz schritt langsam und würdevoll vor seine Eltern, verneigte sich ein wenig und sprach: «Majestät, es war meine Aufgabe, Euren verstorbenen Sohn, den Thronfolger, hierher zu bringen. Ich habe meine traurige Pflicht erfüllt.»

In den Augen Pharaos und Tejes, seiner Großen königlichen Gemahlin, standen Tränen, und beide mussten sich sehr beherrschen, ihre Gefühle vor allem Volk zu verbergen, um ihre königliche Würde zu wahren.

Nimuria ging auf seinen Sohn zu, umarmte ihn kurz, und sagte leise zu ihm: «Ich danke dir, mein Sohn. Lass uns morgen auch den Rest unserer Pflicht an Osiris Thutmosis erfüllen.»

In einem langen Zug begleitete der gesamte Hofstaat den Sarg zum großen Tempel von Ipet-sut, wo er bis zum nächsten Morgen aufgebahrt und unter den Gebeten der Priester von Soldaten der Leibgarde bewacht wurde.

Nach der kurzen Trauerzeremonie im Tempel fuhr ich mit Ti und Nafteta in meinen Palast. Ich nahm ein Bad, zog frische Sachen an und verbrachte den Nachmittag mit meiner Familie in einem der Schattenhäuser unseres Gartens. Ich berichtete Ti und meinen Töchtern jede Einzelheit aus Men-nefer und On. Da Ti es vorzog, mit Mutnedjemet den Abend zu Hause zu verbringen, brach ich nur mit Nofretete zum königlichen Palast jenseits des Flusses auf. Sie war sehr aufgeregt, würde sie doch nach wochenlanger Trennung endlich Prinz Amenophis wieder sehen.

Auch er konnte offenbar die Begegnung mit meiner Tochter kaum erwarten, denn in Begleitung seiner Leibwache und seiner Wedelträger empfing er unsere Sänfte bereits am Haupteingang des Palastes. Der Prinz löste sich mit wenigen Schritten von seinen Begleitern und reichte Nofretete die Hand, um ihr aus der Sänfte zu helfen. Sie errötete wegen dieser Aufmerksamkeit und verneigte sich schüchtern, während Amenophis noch immer ihre Hand hielt. Als sie ihre Augen wieder erhoben hatte, umarmte er sie fest und küsste meine Tochter zum ersten Mal vor meinen Augen. Nafteta schien sich erst ein wenig zu wehren, um dann doch seiner Zuneigung nachzugeben und um den Kuss leidenschaftlich zu erwidern.

Jetzt sah mich der Thronfolger über die Schultern Naftetas hinweg an und sagte mit einem Gesichtsausdruck des vollkommenen Glücks: «Daran wirst du dich gewöhnen müssen, Eje!»

Nofretete wandte sich hastig und mit rotem Kopf mir zu, damit sie sehen konnte, wie ich die hemmungslose Liebesbezeugung aufnahm.

«Nur zu, ihr beiden», sagte ich zu ihnen. «Ich habe nichts anderes erwartet.»

Nimuria, Teje und Prinz Amenophis empfingen uns im kleinen Audienzsaal, und außer Ptahmose, dem Wesir des Südens, befand sich nur noch ein Leibdiener Pharaos im Raum. Nimuria und Teje nahmen nicht auf den Thronen Platz, sondern saßen gemeinsam mit uns anderen in kostbar geschnitzten Holzstühlen, die im Kreis aufgestellt waren. Dazwischen standen kleine Tische mit Getränken und getrockneten Früchten.

Ein kurzer Blick genügte, um die Spannung, die im Raum herrschte, zu erfassen. Nimuria hielt in der Rechten eine Schriftrolle und sah mit versteinertem Gesicht an mir vorbei und durch die noch offene Tür hinaus in die Weite des endlosen Gangs, durch den wir gerade gekommen waren. Meine Schwester Teje saß mit gesenkten Augenlidern teilnahmslos, ja geradezu hilflos auf ihrem Stuhl, als ginge sie das alles nichts an oder wäre sie wirr. Ich hatte den Eindruck, als wären wir soeben in einen fürchterlichen Streit des Königspaares hineingeplatzt. Ich sah unbemerkt hinüber zu Ptahmose, um durch einen Blick zu erfahren, ob es nicht angeraten wäre, den Saal umgehend wortlos zu verlassen. Ganz im Gegenteil! Mit geradezu übertriebener Freundlichkeit bat er uns, Platz zu nehmen.

Ameni würdigte uns noch immer keines Blickes, und so unterließ ich die sonst zwischen uns übliche Umarmung. Nafteta und ich hielten stattdessen in der Mitte des Raums inne, verneigten uns vor dem Herrscherpaar und setzten uns, nachdem auch Prinz Amenophis neben seiner Mutter Platz genommen hatte.

Endlich brach Nimuria das Schweigen. Mit der Schriftrolle in der Hand zeigte er auf Teje und sagte zu mir, ohne dass er mich dabei ansah: «Nun schildere ihr von Angesicht zu Angesicht, was du in Men-nefer erlebt hast. Deinem schriftlichen Bericht, den ich vor vier Tagen erhielt, will sie offenbar nicht glauben.»

Dabei hielt er nun mir den Papyrus entgegen, welchen ich jetzt als meinen Brief erkannte. Teje begann zu weinen.

«Fang schon an», rief Pharao mit gereizter Stimme.

«Erzähl ihr alles ganz genau, damit sie sich in ihrem mütterlichen Kummer in all diesen Widerwärtigkeiten wälzen kann.

Weißt du, Eje, wir wetteifern hier seit Tagen, wer unter dem Tod unseres Sohnes mehr leidet, sie oder ich! Natürlich sie, denn sie ist ja die Mutter. Ich nur der Vater, der an nichts als an die Thronfolge denkt.»

Es folgte unerträgliches Schweigen. Sollte ich wirklich beginnen, den trauernden Eltern von Sethi, dem widerlichen Balsamierer, und seiner noch widerlicheren Werkstatt zu berichten? Sollte ich ihnen sagen, was Merire über die geistigen Gaben des verstorbenen Prinzen anklingen ließ und dass ich mich darin bestätigt fühlte, da ich die persönlichen Sachen des Toten durchsucht hatte und ebenfalls nichts fand, was auf einen großen oder wenigstens anspruchsvollen Geist schließen ließ? Oh, wäre ich doch nie nach Men-nefer gefahren! Hätte doch Nimuria einen Polizeiobersten oder einen Armeegeneral geschickt! Sie könnten jetzt in dienstbeflissener Gefühllosigkeit ihren Bericht herunterschnarren und dann militärisch wegtreten. Aber ich? Bruder einer verzweifelten Mutter, Freund eines hilflosen Vaters, was konnte ich tun?

Der Prinz war es, der uns endlich mit seiner sanften, beruhigenden Stimme erlöste. «Ganz gleich, Mutter, was Eje Euch geschrieben hat oder was er Euch hier berichten wird: Es gibt nur eine Wahrheit. Es gibt nicht Pharaos Wahrheit, nicht die eines Priesters und auch nicht die einer Mutter. Es gibt nur sie selbst, die Wahrheit. Was wissen wir schon, was wahr ist? Ist es wahr, dass mein Großvater ein Kriegsheld war? Wer hat das Recht, darüber zu befinden, wer ein wahrhafter Kriegsheld ist, wer ein Feigling? Wer kann sagen, ob du eine wahrhaftere Mutter bist als er ein wahrhafter Vater ist?»

Nimuria erhob sich, warf den Papyrus achtlos neben seinen Stuhl und ging schweigend zum Fenster. Teje sah ihren Sohn mit so traurigen Augen an, wie ich sie vorher bei meiner Schwester nie gesehen hatte.

«Der Thronfolger vertritt demnach die Meinung, ich sollte alles auf sich beruhen lassen? Du glaubst also, Maat würde sich zwischen all diesen Verbrechen schon ihren Weg suchen, weil wir ohnehin nichts tun können?»

«Wenn du dich recht erinnerst, Ameni, habe ich dir schon vor meiner Abreise gesagt, dass dein Vorhaben zu einem mehr als unbefriedigenden Ergebnis führen könnte», ging ich dazwischen, weil ich nicht wollte, dass sich auch noch Vater und Sohn zerstritten.

«So höre nun, Teje», sagte ich, «du wolltest die Wahrheit erfahren, und so sage ich sie dir. Jetzt, vor Pharao, unseren Kindern und dem Wesir! Ihr müsst sie hören, denn sonst werdet ihr nie Frieden finden. Denn das, was ich sah, Prinz Amenophis, ist auch eine Wahrheit, selbst wenn sie noch so schmerzt.»

Und so begann ich mit meiner Geschichte, schilderte schonungslos jede Kleinigkeit, auch wenn ich spürte, dass Teje kurz davor war, zusammenzubrechen.

«Ich konnte nichts finden, was mich von einem gewaltsamen Tod Prinz Thutmosis' überzeugt hätte», beendete ich meine lange Erzählung.

«Ptahmose», sagte Nimuria nun mit fester Stimme, «Ihr werdet diesen Brief vernichten. Es wäre schädlich, käme er in unbefugte Hände. Pharao hat keinen Zweifel: Der Thronfolger ist eines natürlichen Todes gestorben. Wer etwas anderes verbreitet, werde bestraft. Noch morgen wird mein Sohn im Grab meines Großvaters Amenophis beigesetzt.»

Während der Wesir nickte, schüttelte der Prinz ungläubig, doch von seinem Vater unbemerkt, den Kopf, denn er konnte nicht verstehen, dass Pharao einfach bestimmte, was Wahrheit zu sein hatte.

Ich habe später Amenophis nie danach gefragt, welches der wahre Grund für den Streit an jenem Abend war. Ich vermutete jedoch, dass es um den Lebenswandel Pharaos ging. Teje machte ihrem Mann in letzter Zeit häufiger den Vorwurf, er würde sich zu wenig um die Staatsgeschäfte kümmern, die ausländischen Freunde vernachlässigen und stattdessen ein ausschweifendes

Leben führen. Seine zunehmende Leibesfülle würde dies schließlich belegen. Ameni reagierte hierauf stets sehr zornig. Immerhin habe er alles gerichtet und geordnet, und er müsse nicht jeden Tag in eigener Person die Steuern eintreiben, die Bauarbeiten beaufsichtigen und nach Mitanni Briefe schreiben. Damit hatte er gewiss nicht Unrecht, doch so wuchs die Gefahr, dass manches aus dem Ruder lief, was einst in harter Arbeit erreicht wurde. Teje wusste das, und ich war mir sicher, dass sich auch Amenophis dessen bewusst war. Doch ich befürchtete, dass ihm einfach die innere Kraft und der Wille, zum Tatendrang früherer Jahre zurückzukehren, fehlten. Ich glaube, Ameni war müde geworden.

Früh am Morgen, noch ehe Re über der östlichen Wüste emporgestiegen war, setzte sich der Trauerzug im Palast der goldenen Sonne in Bewegung.

Allen voran zogen Priester mit dampfenden Weihrauchpfannen, Soldaten mit den Standarten des verstorbenen Prinzen und eine unüberschaubare Menge von Klagefrauen. Sie kreischten und brüllten so laut, als müssten sie allein von der Trauer künden, die uns alle erfüllte. Sie rauften sich die Haare und zerkratzten sich in ihrem Schmerz und ihrem Gram mit den Fingernägeln Brust und Gesicht, sodass bei manchen von ihnen Blut aus den Wunden hervortrat. Ihnen folgten zwei mächtige Holzkarren, jeder von einem Gespann schwarzer Stiere gezogen. Auf ihnen wurden die schweren Grabbeigaben – Figuren aus Stein und vergoldetem Holz, ein Schiffsmodell und Tonkrüge mit Bier und Wein – und die Eingeweidekrüge aus Alabaster in das Totental gebracht. Auf den Schultern von Priestern und Soldaten ruhten Tragestangen, an welchen Truhen hingen, die den Schmuck und die Kleidung des Prinzen, seine Waffen, das Schreibzeug und Arbeiterfiguren bargen. Andere trugen Stühle, ein in seine Einzelteile zerlegtes Bett, ein Senetspiel und Holzkästen mit Götterfiguren aus Holz oder Gold. Thutmosis erhielt bei weitem nicht so viele Grabbeigaben wie ein Pharao, zumal er in einem bereits belegten Grab beigesetzt wurde. Gleichwohl war der Schatz, der die Mauern des Palastes verließ, beachtlich.

All den Grabbeigaben folgte der Sarg mit Prinz Thutmosis. Er ruhte auf einem mächtigen vergoldeten Holzschlitten und wurde von einem dunkelblauen Leinentuch, welches an allen Seiten weit herunterhing, verdeckt. In die Mitte des Tuches, über der Brust des Toten, war mit Goldfäden Thutmosis' Namen eingestickt. Sechs Stiere zogen den Schlitten, und hinter ihm trugen zwölf Nubier die königliche Sänfte mit Pharao und der Großen königlichen Gemahlin.

Die Blicke des Königspaares waren unentwegt und starr auf den verdeckten Sarg vor ihnen gerichtet. Nichts konnte sie ablenken, sie abbringen von ihrem so verzweifelten Blick auf ihren toten Sohn. Nicht das gleichmäßige Schaukeln der Sänfte, nicht das unaufhörliche Wedeln der Diener, die rechts und links neben ihnen gingen und mit den Fächern aus Straußenfedern die Hitze zu lindern versuchten. Amenophis wirkte matt und in sich zusammengesunken, mit herabhängenden Schultern. Er hatte unendlich traurige und doch so leere Augen. Auch der Blick meiner Schwester Teje war nicht mehr der stolze von einst, nicht der Achtung gebietende, der herablassende Blick der Herrscherin, sondern der einer besiegten Mutter, die sich dem unfassbaren Schicksal beugen und wider den natürlichen Ablauf der Dinge den Sohn zum Grab begleiten muss. Es war, als würden wir Tejes Herz selbst zu Grabe tragen.

Hinter dem Königspaar ging Prinz Amenophis. Ja, er ging, so wie alle anderen zu Fuß gingen, wenn Pharao in seiner Sänfte getragen wurde. Auch er wurde von zwei Wedelträgern begleitet, und er hielt ein kleines Kästchen aus Ebenholz in seinen Händen. Er hat mir nie verraten, was es barg. Ich ging unmittelbar hinter Amenophis, und so vernahm ich Ton für Ton die unendlichen Trauermelodien, die er leise und im Glauben, niemand würde ihn hören, vor sich hin summte.

Gewiss, auch sein Gesichtsausdruck war ernst, aber nicht starr. Als suchte er ein fernes, noch unentdecktes Ziel, ließ er seine Blicke über das Land schweifen. Über die Trauernden hinweg zu den Bergen, hinter denen das Totental lag, entlang der Totentempel, die sich vom Palast bis zum Anstieg auf die Berge hinzogen, und hinüber zum Fluss, der zwischen den breiten Streifen fruchtbaren Landes träge nach Norden floss. Und er sah immer wieder nach Osten, wo jetzt schon hoch über Waset Aton, die Sonnenscheibe, die Herrschaft über die Erde ergriffen hatte und seine Leben spendenden Strahlen auf uns herabscheinen ließ.

Was mochte in ihm vorgehen? War er wirklich nur erfüllt von der Trauer um den geliebten Bruder? War er in Gedanken bei Merire und dessen Schatzkammer im Tempel des Re in On? Oder sann er nicht doch schon darüber nach, wo einst sein Totentempel errichtet werden würde, jetzt, da die Schar der Trauernden gerade am gewaltigsten aller Totentempel, dem seines Vaters Nimuria, vorüberzog. Sah er sich schon als Pharao – allein über Ägypten und die übrige Welt herrschend? Oder bestaunte er doch nur schweigend die einzigartige Landschaft, das fruchtbare Grünland einerseits, darin die lebendige Stadt, und das karge Gebirge andererseits – öd, leer, ohne Leben und doch die Ewigkeit verheißend? Wer konnte es wissen? Ahnte denn jemand den Gedanken, welchem ich gerade nachhing?

Mir folgten Ti, Nofretete und Mutnedjemet, ihnen der Wesir, der Sandalenträger Seiner Majestät, die obersten Priester aller Tempel von Waset und all die übrigen Mächtigen unseres Landes, zuletzt die Leibgarde Pharaos. Es brauchte gewiss mehr als zwei Stunden, ehe der Trauerzug den Eingang zum Tal erreicht hatte. Dann drangen wir ein in das Reich der ewigen Stille, wo nichts wächst, nichts blüht, kein Leben sein kann außer Schlangen und Skorpionen. Die roten Felsen ragten rechts und links steil empor, und nach wenigen Windungen des von der Natur aufgezwungenen Weges bogen wir scharf nach rechts ab und endeten vor einem Gebirgsmassiv, dessen oberer Teil mich an zwei aneinander gewachsene schiefe Türme erinnerte.

Am Fuß dieser Angst einflößenden Klippen erkannte ich zwischen frischen Schutthaufen ein finsteres Loch, den unscheinbaren Einstieg in ein Grab, den Zugang in die Tiefen der Unterwelt.

Es war das Grab von Pharao Amenophis Aa-chepru-Re, des Großvaters unseres Herrschers. Er war der zweite Amenophis auf dem Thron der Beiden Länder, der diesen Namen trug.

Unter meiner und des Wesirs Anleitung trugen Soldaten und Priester die Grabbeigaben in die Tiefen des Grabes. Währenddessen nahm die königliche Familie vor dem Grab Abschied von Prinz Thutmosis, vollzog Pharao das Ritual der Mundöffnung.

Eine Treppe von nur acht Stufen führte hinab zum ersten Gang, es folgten in gerader Linie eine zweite Treppe und ein zweiter Gang, welcher vor dem tiefen Schacht, dem Symbol des Ursumpfes, endete. Ihn überquerten wir über drei nebeneinander liegende starke Holzbohlen und gelangten so nach links abbiegend in den großen Vorraum der Grabkammer. Bis hierhin waren sämtliche Wände des Grabes nur weiß getüncht. Zwei unterschiedlich starke, viereckige Pfeiler trugen die flache Decke, und zwischen den Grabbeigaben des mächtigen Osiris Amenophis hindurch führte am Ende dieses Raumes eine Treppe mit elf Stufen nach unten in einen weiteren schmalen Gang, welcher in die eigentliche Grabkammer mündete.

Der Anblick dieses Raumes im flackernden Schein von Öllampen ließ mich den Atem anhalten. Sechs viereckige Pfeiler trugen eine gewaltige, dunkelblaue Decke, die mit Tausenden und Abertausenden goldener Sterne übersät war. Die Wände des Raumes und die Flächen der Pfeiler waren bis in Kniehöhe mit matter nachtblauer Farbe gestrichen, dann folgten abwechselnd schmale blaue, weiße und rote Streifen, und darüber erkannte ich in drei übereinander liegenden Registern das vollständige Amduat, das Buch über das, was in der Unterwelt ist. Die einzelnen Register hoben sich durch hellrote und blaue Streifen voneinander ab. An allen Wänden der Pfeiler sah ich Amenophis Aachepru-Re vor den Göttern Osiris, Hathor und Anubis. In dünnen schwarzen Strichen waren Pharao und die Götter auf hellem Grund gezeichnet, und nur die Sonnenscheibe auf dem Kopf der Hathor prangte goldumrandet in frischem Rot. Dies verlieh den Bildern eine Leichtigkeit und Klarheit, die durch das Dunkel der Decke und der übrigen Wände noch verstärkt wurde.

Langsam und ehrfürchtig bahnte ich mir meinen Weg durch die Grabbeigaben, die seit dreißig Jahren in der Finsternis des Grabes ruhten. Ich roch den würzigen Duft der heiligen Öle, mit denen sie übergossen wurden, und ich fühlte mich als Eindringling, den unsichtbare Mächte mahnten, diesen geheiligten Ort zu verlassen. Über einer lebensgroßen Holzfigur von Osiris Amenophis hing ein schwarzes Leinentuch, dessen zwei Enden auf der Brust des Herrschers verknotet waren wie ein Umhang, was der Figur eine Schrecken erregende Lebendigkeit verlieh. Als ich am Ende der Pfeilerhalle angelangt war, führte eine sechsstufige Treppe in einen tiefer gelegenen Raum hinab, in dessen Mitte ein gewaltiger goldener Schrein emporragte, der den Sarkophag mit dem berühmten Herrscher beherbergte. Rechts und links dieses Raumes führten je zwei Türen zu kleineren Nebenkammern. Die erste hatte Nimuria für die Grabbeigaben seines Sohnes bestimmt, die zweite für die Eingeweidekrüge und den Sarg des Prinzen selbst.

Ich blieb am Eingang der ersten Nebenkammer stehen und verharrte dort schweigend, bis alle Grabbeigaben ihren Platz gefunden hatten. Dann vermauerten zwei Vorarbeiter der Totenstadt den Zugang und verputzten ihn. Auf einem kleinen Tisch lag das Siegel der Totenstadt. Es war Pharao vorbehalten, es in den feuchten Putz zu drücken, um damit den Raum für alle Ewigkeit zu verschließen. Schweigend und langsam, wie wir gekommen waren, verließen wir das Grab.

Im gleißenden Licht der Sonne, das mich beim Verlassen der

Finsternis blendete, erkannte ich erst allmählich die königliche Familie und den Sarg des Toten. Er war endgültig für die letzte Reise vorbereitet, und mit einem Kopfnicken befahl Pharao acht Arbeitern der Totenstadt, Thutmosis zu Grabe zu tragen.

Nimuria ließ eine Teje zurück, die noch immer wie versteinert vor sich hin starrte, aber auch über ihr Gesicht, das Gesicht der immer Beherrschten, der Stolzen und Herablassenden rannen jetzt Tränen. Ich fürchtete, sie würde zusammenbrechen, deswegen ging ich zu ihr und nahm sie in meine Arme, und sie ließ es sich ohne Widerstand gefallen, ja sie sank mir regelrecht entgegen. Auch der Thronfolger weinte jetzt, und es war gut, dass Nafteta neben ihm stand, denn als ihre Hand die seine gefunden hatte, zog er meine Tochter an sich heran. Er brauchte jemanden, den er umarmen konnte. Es dauerte jedoch nicht lange, da sah sich Pharao nach mir und nach seinem Sohn um, und ein erneutes knappes Kopfnicken bedeutete uns, ihn in das Grab zu begleiten. Ein letztes Mal hob das Schreien der Klagefrauen an, das mehr und mehr verstummte, je tiefer wir in das unterirdische Grab eindrangen. Wir gingen sehr langsam, denn je weiter wir kamen, um so stickiger, um so heißer wurde es, und ich hörte, wie Nimuria kürzer und heftiger atmete.

«Ich habe zwar vor dreißig Jahren als Thronfolger meinen Vater in das Grab begleitet, um mit ihm meinem Großvater das letzte Geleit zu geben, aber ich hatte keine Erinnerung mehr an diesen prächtigen Raum», sagte Nimuria, nachdem wir endlich die große Sargkammer erreicht hatten. Ich war über diese Bemerkung sehr erstaunt, hatte ich doch gedacht, Nimuria wäre jetzt ausschließlich von Trauer erfüllt.

Die Arbeiter trugen den Sarg in den zweiten Nebenraum und errichteten um ihn herum den goldenen Schrein. Prinz Amenophis stellte die kleine Holzschatulle, die er mitgebracht hatte, daneben, und Nimuria verteilte zuletzt Amulette auf dem Boden: Ruderblätter und Kerzenleuchter, die das Lebenszeichen darstellten. Während anschließend die Arbeiter den Eingang zumauerten, zeigte Ameni auf die Wand neben sich. Ich verstand seine Geste und hielt meine Öllampe vor sein Gesicht. Vor ihm erschien im unteren Register die zwölfte Stunde des Amduat, des Buches über das, was in der Unterwelt ist.

Ameni las mit ruhiger Stimme:

«Der Anfang ist das Licht,

das Ende ist die Urfinsternis.

Der Lauf des Sonnengottes im Westen,

die geheimnisvollen Absichten, die dieser Gott in ihm verwirklicht.

Der erlesene Leitfaden, die geheimnisvolle Schrift der Unterwelt, die nicht gekannt wird von irgendeinem Menschen, außer vom Erlesenen.

Gemacht ist dieses Bild in dieser Weise

im Verborgenen der Unterwelt,

unsichtbar, nicht wahrzunehmen!

Wer diese geheimnisvollen Bilder kennt, ist eine wohl versorgte Seele.

Immer geht sie aus und ein in der Unterwelt,

immer spricht sie zu den Lebenden.

Als wahr erprobt, Millionen Mal!»

Zuletzt wurde seine Stimme leise und leiser, bis er in Gedanken versunken ganz verstummte. Dann wiederholte er nochmals ganz langsam: «Als wahr erprobt, Millionen Mal!»

Wir standen Schulter an Schulter und sahen uns beide lange in die Augen. Ich sagte leise: «Irgendetwas wird sein, Ameni! Irgendetwas.»

Das höfliche Räuspern eines der Vorarbeiter erinnerte Pharao an die letzte Pflicht. Er nahm das Siegel der Totenstadt und drückte es in den frischen Putz der beiden vermauerten Eingänge.

Während er das Siegel zurückreichte, sah er erst mich an, dann seinen Sohn und wiederholte leise: «Ja. Irgendetwas wird sein.»

Der Rückweg dauerte noch länger, denn es ging aufwärts, und die Hitze und die stickige Luft des Grabes machten Nimuria sehr zu schaffen. Vorsichtig führten ihn der Prinz und ich über die Bohlen des tiefen Schachtes, und ich erschrak fast zu Tode, als ich das Krachen der Bretter, welche die Arbeiter hinter sich in die Tiefe warfen, hörte.

Als wir das Grab verließen, lag der Platz davor im Schatten des Berges. Es war Nachmittag geworden. Falken nützten die aufsteigende warme Luft und kreisten ohne einen Flügelschlag unaufhörlich weit über dem Gipfel des pyramidenförmigen Berges und schickten ab und an ihr durchdringendes Kreischen zu uns hinab. Vor dem Grab war das rituelle Totenmahl schon vorbereitet, doch ehe Pharao Platz nahm, ließ er sich von seinem Leibdiener das Nemes-Kopftuch abnehmen und Stirn, Kopf und Nacken vom Schweiß abtrocknen. Wir verzehrten schweigend die mitgebrachten Speisen und Getränke.

Währenddessen füllten die Arbeiter den ersten Gang des Grabes mit Schutt auf und mauerten den Eingang am Ende der ersten, kurzen Treppe zu. Dann erhob sich Pharao und drückte auch in den Putz dieser Mauer ein letztes Mal das Siegel der Totenstadt, das in drei übereinander liegenden Reihen je drei kniende und gefesselte Gefangene zeigte, die Feinde Ägyptens, und darüber den liegenden Schakal, Anubis. Noch während der Zugang bis zur Unkenntlichkeit verschüttet wurde, bestiegen Nimuria und Teje die königliche Sänfte, und der Trauerzug verließ das Tal der Toten.

Jetzt, da die Klagefrauen schwiegen, vernahm ich jedes Geräusch. Das Knirschen des Sandes unter den Rädern der Karren, das schwere Schnaufen und Brummen der Stiere, das heimliche Flüstern der Soldaten und das gekünstelte Hüsteln der Oberpriester, die damit zum Schweigen mahnten.

Je näher wir dem Palast kamen, um so mehr Leben kehrte in den Zug zurück, die Menschen ließen sich nicht mehr davon abhalten, miteinander zu sprechen. Nafteta ging neben Prinz

Amenophis, und sie hielten einander zärtlich bei der Hand. Neben mir gingen Ti und Mutnedjemet. Ich musste beiden von den überwältigenden Schätzen im Grab von Osiris Amenophis, dem Großvater Nimurias, berichten. Und selbst das Herrscherpaar unterhielt sich, wenn auch sehr leise und unauffällig. Mir schien es, als wollten wir alle damit eine schnellere Rückkehr zu einem unbeschwerteren Leben herbeireden oder geradezu erzwingen.

Den Priestern entging dies nicht. Je mehr Menschen jetzt das Gebot des Schweigens brachen, um so missmutiger erschienen sie mir, ihre Köpfe wurden dunkelrot vor Zorn, und die Adern schwollen an ihren Schläfen.

Mir gefiel es.

Es war augenfällig, wie sehr sich Pharao, und mit ihm der ganze Hof, Mühe gab, zum alltäglichen Leben zurückzukehren. Es gehörte zu den ureigensten Aufgaben unseres Herrschers, Maat, unsere göttliche Ordnung, zu wahren und sie – wenn sie einmal gestört war und Isfet, das Chaos, herrschte – wiederherzustellen. Die Menschen unseres Landes mussten darauf vertrauen können, dass ihnen das Schicksal, dass ihnen alle Götter gewogen waren. Die siebzigtägige Trauer musste ausreichen, um den Verlust eines auch noch so geliebten Menschen als von den Göttern gewollt zu begreifen und anzunehmen. Danach aber hatte ein jeder seinen Aufgaben nachzugehen, gleich ob das Herz noch voll Trauer war oder nicht.

So lag es nun an Nimuria und seinem Sohn, dem Leben entlang des Flusses wieder seinen Sinn zu geben, jeden Tag aufs Neue.

Prinz Amenophis zögerte keinen Augenblick, sich seiner Aufgabe als Thronfolger und künftiger Herrscher Ägyptens mit allen Kräften zu stellen. Er nahm an jeder Versammlung des Thronrates teil, er besuchte alle erreichbaren Baustellen seines Vaters, er ließ sich in die Kulte der Tempel einweisen, und es gab kaum eine Amtsstube, in welcher er nicht irgendwann ohne

Vorankündigung erschienen wäre. Dabei war es jedoch nicht seine Art, gefallsüchtig oder belehrend aufzutreten, vielmehr lag ihm daran, dass möglichst viele seiner künftigen Untertanen ihn einmal aus der Nähe erleben und beobachten konnten.

Zu Anfang begleitete ich meinen Schüler noch bei seinen Gängen durch die Baustellen und Schreibstuben Wasets und seiner Umgebung. Nach einigen Monaten beschränkte sich meine Gegenwart auf die Versammlungen bei Hofe. Die Wirkung, die der Prinz dort auf seine Umgebung ausstrahlte, war eigenartig. Anfangs war er mit seiner Meinung noch zurückhaltend und beschränkte sich nur aufs Zuhören. Mit der Zeit häuften sich seine Fragen, und es dauerte nicht mehr lange, da galt ein Rat aus seinem Munde als gewichtig und weise vor all den Großen des Landes.

Der Prinz konnte es beispielsweise nicht hinnehmen, wenn ein Beamter ohne eingehende Untersuchung eines Vergehens für schuldig befunden wurde und der Rat kopfnickend der vorgeschlagenen Bestrafung zustimmte.

«Woher wisst Ihr», fragte Amenophis den Wesir, nachdem dieser die Bestrafung von Aper-el, des königlichen Lagerverwalters von Men-nefer, gefordert hatte, «woher wisst Ihr, dass Aper-el Getreide unterschlagen hat?»

Der Wesir verneigte sich ehrfurchtsvoll vor Pharao und seinem Sohn, tat einen Schritt nach vorn, wies mit dem Zeigefinger seiner rechten Hand auf eine Papierrolle in seiner Linken und sagte: «Hier, mein Prinz. Hier steht es geschrieben.»

«Habt Ihr überprüft, ob es auch der Wahrheit entspricht, was da geschrieben steht?», gab Amenophis knapp zurück, wobei er den Kopf etwas nach unten neigte und Ptahmose mit hochgezogenen Augenbrauen ansah.

«Ich muss mich auf die Mitteilung meiner unmittelbaren Untergebenen verlassen können, so wie sich auch Eje auf die Angaben seiner ihm unterstellten Aufseher verlassen muss und sich Pharao, er lebe, sei heil und gesund, auf mich verlässt.»

«Der Vorwurf, den man Aper-el macht, ist das eine, Ptahmose. Da gebe ich Euch Recht, dass Ihr Euch zunächst auf die Angaben Eures Untergebenen verlassen müsst. Was aber wäre, wenn Aper-el von einem Neider falsch verdächtigt wird, um ihn aus seinem Amt zu drängen? Was wäre, wenn Ihr erst zu spät davon erfahren würdet, wenn Aper-el längst bestraft und ein geächteter Mann ist?»

Der Wesir Ptahmose schwieg, und allen war bewusst, dass Amenophis Recht hatte. Nur hatte der Prinz den Wesir seiner Majestät in eine unangenehme Lage gebracht, und es war an Nimuria, ihn daraus zu befreien. Doch es war der alte und weise Wesir selbst, der allen den richtigen Weg wies.

«Ihr habt Recht, Prinz Amenophis. Vielleicht hätte ich zu voreilig ein Urteil gefällt und dabei Aper-el Unrecht getan. Ich selbst werde mit dem Einverständnis Seiner Majestät nach Mennefer fahren und den Fall überprüfen.»

Nimuria stimmte dem Vorschlag seines Wesirs zu, ja er ging sogar noch einen Schritt weiter: Er übertrug Ptahmoses Ämter für die Dauer von dessen Abwesenheit auf den Thronfolger.

«Bist du darüber enttäuscht?», fragte ich den alten Wesir leise, als wir den Versammlungsraum verließen.

«Für einen Augenblick schon, Eje. Aber wenn ich es mir recht überlege, komme ich zu dem Ergebnis, dass es weder mir noch dem Prinzen schaden kann, wenn er für einige Wochen oder Monate die Bürde meines Amtes zu tragen hat. Sorge du nur dafür, dass er es auch ist, der sie trägt, und nicht du!»

Bereits vier Tage später verließ eine königliche Barke mit dem Wesir und seinen engsten Vertrauten und Beamten den Hafen von Waset in Richtung Norden, um die Vorwürfe gegen den königlichen Lagerverwalter Aper-el aufzuklären.

Hatte ich meinen Schüler schon vorher als eifrigen und gewissenhaften jungen Mann kennen gelernt, so übertraf er jetzt alle meine Erwartungen. Noch ehe auch nur ein Schreiber der königlichen Verwaltung ein Stück Papyrus in die Hand nahm, saß Amenophis früh am Morgen in den Amtsräumen des Wesirs und las Befehle, Urteile, Versetzungsgesuche, Anforderungsschreiben und Bestandsverzeichnisse der Getreidespeicher. Kannte er einen Vorgang nicht oder waren ihm Hintergründe unklar, ging er der Sache so lange nach, bis er mit Fug sagen konnte, dass ihm der Sachverhalt vertraut war. Trotz all der Arbeit blieb der Prinz stets freundlich und zuvorkommend, ich hörte nie ein lautes oder im Jähzorn gesprochenes Wort aus seinem Mund. Und trotz der vielen Arbeit, die er sich aufgeladen hatte, nahm er sich jeden Tag Zeit für Nofretete. Oft waren es nur kurze Augenblicke, wenn Amenophis auf dem Weg zu Amtsgeschäften durch einen der Palastgärten ging, in dem sie sich gerade aufhielt und die Zeit nur reichte, um ein paar verliebte Worte oder einen zärtlichen Kuss auszutauschen. Meist nahm er sich abends die Zeit, um mit Nafteta und mir auf seiner Palastterrasse oder im Garten zu essen.

«Eje», sagte er eines Abends, als die Musikerinnen gerade ihr Spiel unterbrochen hatten, und sein Gesicht strahlte wie das lebendige Abbild der Sonnenscheibe, «ich frage dich jetzt nicht als den Vater Naftetas, sondern als meinen Lehrer: An wen habe ich zuerst das Wort zu richten, wenn ich Nafteta zur Frau nehmen möchte?»

Im Grunde meines Herzens hatte ich schon lange auf diesen Augenblick und auf diese Frage gewartet, und doch stieg mir vor Aufregung das Blut in den Kopf, als hätte ich von der Liebe, die sich die beiden entgegenbrachten, keine Ahnung gehabt. Auch Nafteta errötete, als wäre sie von der Frage des Prinzen überrascht worden.

«Um dir deiner Sache sicher zu sein, solltest du vielleicht zuerst mit meiner Tochter über deine Pläne sprechen. Denn sie ist es, die du im Falle einer Heirat ertragen musst. Da ich aber vermute, dass diesbezüglich zwischen euch beiden Einvernehmen herrscht, hast du wahrscheinlich eher an die Eltern gedacht.»

Amenophis spitzte die Lippen und nickte zustimmend.

«Wäre dein Vater – er lebe, sei heil und gesund – nicht der Herr der Beiden Länder, müsstest du deine Frage in der Tat vielleicht zuerst an mich richten und mir erklären, durch welche Geschenke du meine Zustimmung zu erhalten erhoffst. Jedoch ist dein Vater zu unser aller Segen Pharao dieses Landes, und deswegen ist die Frage zuerst an ihn zu richten, wäre, ja wäre da nicht deine Mutter. Da sie auch meine Schwester ist, und weil ich sie von uns allen am längsten kenne, bin ich mir sicher, dass sie die Richtige ist.»

«Ich kann dir zwar folgen, Eje, aber du musst mir das dennoch genauer erklären», sagte der Prinz, und ich war mir sicher, dass er sich nur einen Spaß machte. Ich ging aber gern darauf ein.

«Väter sind bei der Frage nach der geeigneten Schwiegertochter meist völlig kritiklos, wenn das junge Mädchen die alles entscheidende Prüfung bestanden hat, und das sind die ersten Augenblicke der ersten Begegnung. Binnen weniger Wimpernschläge wird wie bei einem Rekrutenanwärter seine äußere Erscheinung gemustert, wobei sich sein Gegenüber unbewusst in das Alter des eigenen Sohnes zurückversetzt fühlt. Entspricht das weitere Verhalten des Mädchens während der nächsten zwanzig Wimpernschläge den Erwartungen des soeben wieder jung gewordenen Vaters, hat sie endgültig gewonnen. Kurz: Sie muss ihm nur das Gefühl vermitteln, dass sie sich schon längst für ihn entschieden hätte, wäre er nicht schon verheiratet. Glaubt mir das!»

Amenophis und Nafteta nahmen sich bei der Hand und fanden an meinen Ausführungen sichtlich Gefallen. Ich trank einen Schluck Wein.

«Mütter sind da ganz anders! Söhne gehören grundsätzlich zum Hausrat einer Mutter. Nur sie weiß, was er gerne isst, nur sie merkt, wenn er krank wird, auch wenn er es selbst noch gar nicht weiß, und nur sie weiß deswegen auch, welche Frau die

Richtige für ihn ist. Das Äußere einer Heiratsanwärterin ist deswegen für eine Mutter ohne Belang. Im Gegenteil: Ein allzu schönes Mädchen steht leicht im Verdacht, mehr an sich selbst zu denken als an ihren künftigen Mann. Und wer weiß, welche Männer noch wegen ihrer Schönheit Gefallen an ihr finden! Eine Mutter kann nur durch unverzüglich einsetzenden Eifer und durch Bewunderung des tadellos geführten Haushalts überzeugt werden. Kann das Mädchen dann auch noch auf den ersten Blick einschätzen, wie viele Fäden in etwa in einem Webstuhl eingezogen sind, ist sie schon so gut wie verheiratet.»

Amenophis und Nafteta schüttelten ungläubig die Köpfe, denn sie hatten kaum damit gerechnet, dass ich mich derart über meine Schwester Teje lustig machen würde. Zuletzt versicherte ich Amenophis, dass er gut daran täte, zuerst seine Mutter Teje vertraulich in das Vorhaben einzuweihen, um anschließend beide Eltern in aller Form um ihr Einverständnis zu bitten.

Offenbar hatte der Prinz nicht lange gezögert, meinen Rat in die Tat umzusetzen, denn bereits drei Tage später bat mich Teje darum, sie in ihrem Palast aufzusuchen.

Ich stand sehr früh am Morgen auf, um mich in aller Ruhe auf den Besuch bei meiner Schwester vorzubereiten. Ich badete und ließ mich massieren. Mein Leibdiener kürzte die Augenbrauen, entfernte einzelne, unansehnliche Haare an den Ohren und der Nase und schnitt mein Haupthaar zurecht. Zuletzt zog er mit beiden Zeigefingern um die Augenlider vollkommene, dunkelgrüne Linien, die kurz vor den Ohren endeten. Danach sah ich lange in den Spiegel, den man mir entgegenhielt. Ja, ich sah in ein gepflegtes Gesicht, aber es war alt geworden. Rechts und links neben der Nasenwurzel fielen mir zwei tiefe, senkrechte Falten auf, und darüber lagen quer auf der ganzen Breite meiner Stirn drei tiefe Furchen, die aber erst dann bedrohlich wirkten, wenn ich die Augenbrauen nach oben zog. Auch die Falten um die Augen herum waren nicht mehr zu übersehen, selbst dann, wenn viele unter der dunkelgrünen Schminke verschwanden. Meine Haare waren nicht mehr von so gleichmäßig dunkelbrauner Farbe wie noch vor wenigen Jahren. Die weißen Spitzen an den Schläfen lassen sich entfernen, aber im Übrigen mischte sich immer hartnäckiger ein graues oder weißes Haar nach dem anderen dazwischen.

«So sieht also ein Mann von vierzig Jahren aus», dachte ich bei mir, und auch die blauen Augen mit ihrem dunklen Rand, die ich jetzt starr anblickte und die in Ägypten so selten waren, konnten mich nicht darüber hinwegtäuschen, dass mein Diener bei festlichen Anlässen zunehmend mehr Zeit aufwenden musste, bis wir beide mit meinem äußeren Erscheinungsbild zufrieden waren. Aber es gab noch etwas, was mich an diesem Morgen an mir überraschte, und das war meine Eitelkeit gegenüber meiner Schwester Teje. Im Innersten meines Herzens entdeckte ich, dass ich vor ihr, der Großen königlichen Gemahlin, nicht als alter Mann erscheinen wollte, sondern sie sollte einen noch immer gut aussehenden, strahlenden Eje antreffen, dem all die Last der Arbeit und der täglichen Sorgen nichts anhaben konnte.

«Wie lächerlich», sagte ich deswegen in den Spiegel, und hatte dabei gar nicht bemerkt, dass Ti in das Zimmer gekommen war und jetzt hinter mir stand.

«Was ist lächerlich?», fragte sie und presste ihr Gesicht dicht an meine rechte Wange, sodass wir uns beide im Spiegel sahen.

«Welche Mühe man aufwendet, um die Spuren des Alters zu verwischen», antwortete ich ihr, ohne meine Blicke von meinem Spiegelbild abzuwenden.

«Es lohnt sich aber, Eje! Es lohnt sich», flüsterte Ti in mein Ohr und strich mit ihren Fingern zärtlich und vorsichtig durch mein Haar.

Ich war mir sicher, dass Teje mehr als das Doppelte an Aufwand betrieben hatte, um mich an diesem Morgen in so vollkommener Gestalt zu begrüßen, wie ich sie vorfand. Ihr Palast und alle ihre Beamten und Diener strahlten zweifelsohne auffälliger und heller als sonst. Teje trug ein eng anliegendes weißes Gewand, welches in tausend Falten von den Schultern bis an die Knöchel hinabfiel. Es war mit goldenen Fäden durchwirkt und aus so feinem, dünnem Leinen, dass darunter ihre noch immer mädchenhafte Figur schemenhaft zu erkennen war. Sie trug eine aufwändig geflochtene Perücke, in welche Hunderte winziger Perlen aus buntem Glas eingearbeitet waren, und darüber ragte die Doppelfederkrone empor.

Sie empfing mich auf der Terrasse ihres Palastes, wo sie – umgeben von ihrem gesamten Hofstaat – in einem schlichten Ebenholzstuhl saß. Stolz trat ich erhobenen Hauptes vor sie hin, verneigte mich dann aber tief, um ihrem Anspruch auf Ehrerbietung, der ihr als der Großen königlichen Gemahlin auch von ihrem Bruder zustand, gerecht zu werden. Das war es auch, was alle Höflinge Tejes sehen sollten, denn kaum hatte ich mich wieder aufgerichtet, entließ sie mit einem einzigen Wink ihrer Hand alle Anwesenden. Die Eitelkeit meiner Schwester war offensichtlich befriedigt.

«Alle Schätze Nimurias und Amuns zusammen können deine Schönheit nicht übertreffen, meine Große königliche Schwester», rief ich ihr in bester Laune zu, bevor ich mit beiden Armen ihre Schultern umfasste, um sie zu küssen.

«Oh Eje! Du und deine Schmeicheleien! Wenn ich es nicht besser wüsste, würde ich glauben, du hättest deinen hohen Rang und deine Stellung bei Pharao nur deinen Schmeicheleien zu verdanken.»

«Kaum sagt man in diesem Hause einmal die Wahrheit, wird man auch schon des Schmeichelns und damit der Lüge bezichtigt. Es ist einfach ungerecht! Du könntest mir auch etwas Nettes sagen, um mein altes Herz zu erfreuen!»

«Soll ich dir als meinem Bruder jetzt etwa sagen, dass du heute jünger aussiehst, als du in Wirklichkeit bist? Lächerlich», fügte sie hinzu und machte dabei ein Gesicht, von dem ich nicht wusste, ob es fröhlichen Spott oder bittere Häme ausstrahlte.

«Lächerlich», wiederholte ich leise, «lächerlich hat man mich heute schon einmal genannt. Aber du hast Recht, Teje. Du hast mich sicher nicht zu dir gebeten, damit wir uns gegenseitig unseres jugendlichen Aussehens versichern.»

Der nüchterne, ja manchmal etwas bissige Ton meiner Schwester irritierte mich immer wieder. Ich hatte es mir schon seit langem abgewöhnt, mich darüber zu ärgern. Was mich nun aber reizte war, dass sie mich gar nicht fragte, wer mich lächerlich genannt hatte. Ich setzte mich auf einen der Stühle und sah sie schweigend an.

«Es wird nicht mehr lange dauern, und Nimuria wird unseren Sohn zum Mitregenten erheben. Wie lange die Mitregentschaft dauern wird, weiß niemand von uns zu beantworten. Aber gewiss wird mein Sohn eines Tages allein über Ägypten herrschen. Glaubst du, dass Nofretete stark genug sein wird, um neben ihm als Große königliche Gemahlin zu bestehen?»

«Warum fragst du mich das», erwiderte ich, um einer Antwort auszuweichen.

«Die Schwärmereien meines Sohnes» – und jetzt schwieg Teje eine Weile, ehe sie fortfuhr – «bereiten mir manchmal Sorge. Ich schätze den Eifer, den er gerade jetzt zeigt, und er verfügt gewiss über große Fähigkeiten, wenn es darum geht, Dinge, die ihn fesseln, anzupacken und zu Ende zu bringen. Doch niemand weiß besser als du, dass ihn viele wichtige Staatsangelegenheiten nicht interessieren. Das ist gefährlich, Eje. Du kannst manches ausgleichen, ebenso wie ich. Aber wir wissen beide nicht, wie lange.»

«Glaubst du nicht, dass dein Sohn über genug Verantwortungsbewusstsein verfügt, um alle Belange seines Amtes ernst zu nehmen?», fragte ich und kannte natürlich selbst die Antwort.

«Nein, Eje, damit hat es nichts zu tun. Er ist ein Schwärmer. Und Schwärmer erfüllen nur ihre vermeintlichen Pflichten im Übereifer. Dieser Übereifer macht ihn blind für so vieles Andere.»

«Und meine Tochter? Was erwartest du von Nofretete?»

«Nimuria lässt seit vielen Jahren manche Dinge völlig unbeachtet. Er dachte meist nur an seine Tempel, an seinen Palast und an sein Grab. Die Herrscher anderer Länder interessierten ihn oft nur dann, wenn er eine ihrer Töchter zur Frau haben wollte.» Teje erregte sich jetzt immer mehr, und ich sah mich verstört um, ob uns nicht jemand hören konnte.

«Ich will von dir wissen, ob du es Nofretete zutraust, dass sie so wie ich manche dieser Lücken ausfüllt. Machen wir uns nichts vor, Eje! Deine Tochter wird wie ich Dinge tun müssen, die Nimurias Vater nie aus der Hand gegeben hätte. Das Gefährliche dabei ist, dass seit Hatschepsut niemand in diesem Land eine mächtige Große königliche Gemahlin haben will, und schon gar nicht einen Pharao, der eine Frau ist.»

Teje hatte mit jedem Wort, das sie sagte, vollkommen Recht. Ja, der Gedanke an eine Alleinregentschaft des Prinzen beunruhigte auch mich. Aber die Frage, ob meine Tochter Nofretete Lücken in der Herrschaft ihres künftigen Mannes ausgleichen könnte, hatte ich mir bis dahin noch nicht gestellt.

Schweigend sah ich Teje an. Ihre kleine und schmale Nase wirkte noch immer mädchenhaft. Doch die Augen, deren Lider weit herabhingen, waren unter den hochgezogenen Augenbrauen müde, und die tiefen Furchen, die sich von den Nasenflügeln, vorbei an den Lippen bis in das Kinn in ihr sonst so vollkommenes Gesicht gegraben hatten, verrieten die Last ihres Amtes, ja ihres Lebens. Das war nicht das Gesicht einer Frau, die im Schutze des mächtigsten Herrschers der Welt und in der Abgeschiedenheit märchenhafter Palastgärten ein beschauliches, unbeschwertes Leben führte. Es war nicht das Gesicht einer Königin, die von Scharen bezaubernder Dienerinnen verwöhnt wird und die von morgens bis abends nur Lautenmusik und Schmeicheleien hörte. Viel Leid und Schmerz erkannte ich in diesem Gesicht, und viel Sorge um die Zukunft des Landes und den Bestand der Dynastie.

Sie hatte in den zurückliegenden Jahren an allem, was in den Beiden Ländern vor sich ging, mehr Anteil genommen, als ich je ahnte. Es brach aus ihr an diesem Tag so vieles heraus, worüber sie nach ihren eigenen Worten noch nie mit einem Menschen geredet hatte. Es war nicht nur der Kummer, den jede Mutter erleidet, wenn ein Kind erkrankt ist, niemand Hilfe weiß und man nur noch auf die Gnade der Göttin Sachmet vertrauen kann. Es war nicht nur das Leid, das einer Frau von einem oft rücksichtslosen Ehemann zugefügt wird, der nicht mehr gewahr wird, wie sehr sie seiner Liebe bedarf, dem jedoch alles andere auf dieser Welt wichtiger zu sein scheint. Es war der Schmerz einer Frau, die mehr Last auf sich genommen hatte, als es ein starker Mann ertragen hätte. Die Last, nicht nur neben, sondern hinter oder sogar anstelle des eigentliches Herrschers zu herrschen, ohne dass sich jener seiner Entmachtung – und nichts anderes bedeutete Tejes Handeln –, ohne dass sich Nimuria der mächtigen Stellung seiner Frau bewusst wurde.

Aber Teje beklagte sich nicht über ihr Schicksal. Im Gegenteil: Sie war entschlossen, den Weg, den sie beschritten hatte, weiterzugehen, ohne sich von irgendjemandem aufhalten zu lassen. Sie und Nimuria sollten nach ihrem Willen für immer im Gedächtnis der Menschheit das leuchtendste Herrscherpaar Ägyptens bleiben. Niemand sollte daran zweifeln, dass es je einen größeren und mächtigeren Pharao auf dem Thron der Beiden Länder gegeben hatte, als eben jenen Amenophis Nimuria mer-chepesch, den Sohn des Re, gezeugt von Amun. Und jeder sollte wissen, dass Teje die Große königliche Gemahlin dieses gottgleichen Herrschers war. Teje wollte nicht zulassen, dass der Ruhm der königlichen Familie unter der Herrschaft ihres Sohnes Schaden nehmen oder gar verblassen würde. Deshalb, und nur deshalb bedurfte es für den jungen Amenophis einer Großen königlichen Gemahlin, die ebenso stark war wie Teje und die bereit war, so einflussreich, so mächtig zu werden wie sie.

«Nafteta wird deinen Ansprüchen gerecht werden», beruhigte ich meine Schwester. «Sie kennt Amenophis, und sie kennt seine Schwächen. Du und ich, wir werden noch genug Zeit haben, sie auf das, was sie erwartet, vorzubereiten. Sie wird uns nicht enttäuschen.»

Ich weiß nicht, ob Teje meinen Worten Glauben schenkte oder gar von ihnen überzeugt war. An ihrem Gesichtsausdruck hatte sich jedenfalls nichts geändert. Ich umarmte sie wieder, als ich mich von ihr verabschiedete, und ich spürte, wie ihre kleinen, zarten Hände meine Arme fest umgriffen, so als wollte sie mich nochmals von ihrer Kraft, ihrer unvorstellbaren Willenskraft überzeugen.

«Dann geschehe es, wie mein Sohn es sich wünscht», sagte sie leise.

«Sie werden ihr Glück finden, Teje», erwiderte ich wie zur Bekräftigung ihres Entschlusses, der Heirat zuzustimmen.

«Mögen die Beiden Länder mit ihnen ihr Glück finden, Eje!»

Dann klatschte sie in die Hände, und augenblicklich erschien ihr Hofstaat, um mich gebührend zu verabschieden. Wieder verneigte ich mich tief vor der Großen königlichen Gemahlin und verließ schweigend den Palast der leuchtenden Sonne. Ich glaube, mein Gesichtsausdruck war eher nachdenklich als zufrieden. Dass sich Teje einer Heirat ihres Sohnes mit Nafteta nicht entgegenstellen würde, stimmte mich einerseits fröhlich, sodass ich am liebsten ein Liebeslied angestimmt hätte. Tejes Sorgen an der Seite meines Freundes machten mich aber traurig, ja sie beunruhigten mich sehr. Ich wusste, dass sie auf mich zählte, auch wenn sie mich nie förmlich um meine Unterstützung bitten würde. Das verbat ihr der ihr schon immer eigene Stolz.

Als ich am frühen Nachmittag in meinen Palast in Waset zurückkehrte, und mein Wagenlenker in den Kiesweg, welcher zu unserer Gartenterrasse führte, einbog, sah ich schon von weitem, wie mir Ti, Nafteta und Mutnedjemet fröhlich zuwinkten. Ich sah in erwartungsvolle Gesichter, als ich die Terrasse betrat, um sie alle zur Begrüßung zu küssen. Und ich sah schließlich das glücklichste Gesicht dieser Welt, nachdem ich Nafteta von der Zustimmung meiner Schwester zur Heirat mit Prinz Amenophis berichtet hatte. Sie sprang auf, lief zu mir und umarmte mich so fest wie noch nie. Tränen des Glücks und unendlicher Freude rannen über ihre roten Wangen.

Dann hielt sie mein Gesicht fest in ihren Händen, küsste mich auf die Stirn und sagte ganz leise: «Ich danke dir so sehr!»

Auch Ti und Mutnedjemet weinten vor Rührung und Freude, und mein ausführlicher Bericht von der Begegnung mit meiner Schwester fiel heiterer aus, als es das Gespräch in Wirklichkeit gewesen war.

Gegen Abend erschien auch Prinz Amenophis, und nachdem ich auch ihm das Ergebnis meines Besuches mitgeteilt hatte, endete dieser Tag in einer sehr ausgelassenen Feier.

Ein Bote kündigte die Rückkehr des Wesirs Ptahmose an, als der Prinz und ich gerade die Aufzeichnungen der königlichen Getreidebestände von Waset durchsahen. Sie waren tadellos geführt, und einzelne unangekündigte Überprüfungen zeigten, dass nicht ein Scheffel fehlte.

«Weißt Du etwas über das Untersuchungsergebnis?», fragte Prinz Amenophis den Offizier, der mit gesenktem Haupt und in gebührendem Abstand vor uns stand. Er atmete schwer, teils wegen der Anstrengung der zurückliegenden Reise, teils vor Aufregung, und so sagte er in knappen, geradezu gehechelten Worten: «Nein, mein Prinz. Man hat mir weiter nichts gesagt.»

So mussten wir uns bis zum nächsten Tag gedulden. Ich spürte an meinem Schüler eine Unruhe und Aufgeregtheit, die ich an ihm nicht kannte. Die Frage, ob der Wesir Recht behalten hatte oder nicht, berührte ihn dabei nicht im mindesten. Er wollte nur wissen, ob Aper-el tatsächlich Schuld auf sich geladen hatte oder nicht.

Nimuria hatte bestimmt, dass der Wesir Ptahmose das Untersuchungsergebnis im Rahmen einer großen Audienz bekannt gab. Er selbst saß zwischen dem jungen Amenophis und Teje auf seinem Thron aus Elektron und trug die Doppelkrone Ober- und Unterägyptens, für alle das Zeichen, dass er der Herr Beider Länder war. In seinen Händen hielt er Geißel und Krummstab. Der Zeremonialbart an seinem Kinn ließ das Gesicht schmaler wirken, als es in Wirklichkeit war. Um seine Körperfülle zu vertuschen, trug er wieder ein Obergewand, und über seinen mächtigen Schultern lag ein dreireihiger Goldkragen mit den seltensten und größten Edelsteinen, die es in Ägypten gab. Er war prächtig anzusehen, und der Blick seiner mandelförmigen Augen verriet, dass er zufrieden war.

Ich stand neben dem Thron Nimurias und war wie alle anderen höchst ungeduldig, als der Wesir endlich erschien. Ein Raunen ging durch den Saal, denn Ptahmose trat nicht allein vor Pharao, sondern er kam in Begleitung eines Mannes, bei dem es sich nur um Aper-el handeln konnte. Selbstsicher, wie es sich nur ein Wesir erlauben konnte, schritt Ptahmose über den bunt bemalten Fußboden des Audienzsaales und über die vielen dort abgebildeten fremdländischen Menschen, über die Pharao herrschte. Aber auch der Wesir fiel zwölf Fuß vor dem Thron Seiner Majestät nieder und verbarg sein Gesicht vor dem göttlichen Antlitz Pharaos. Der Mann hinter ihm tat es ihm gleich.

«Erhebe dich», sagte Ameni laut und beugte sich wie zur Bekräftigung seines Befehls leicht nach vorn. Während sich Ptahmose aufrichtete, tastete sich Pharaos Hand nach rechts, wo starr und regungslos Tejes linker Arm auf der Lehne ihres Thrones lag. Er streichelte erst vorsichtig über ihren Handrücken, dann verschwand ihre kleine Faust unter der mächtigen Hand ihres Mannes. Mich rührte diese kleine Geste, die zeigte, dass Nimuria trotz der Liebschaften, die er während all der Jahre gepflegt hatte, unverbrüchlich an seiner Liebe zu Teje festhielt.

«Herr Beider Länder, Neb-maat-Re, er lebe, sei heil und gesund! Herr über alle Fremdvölker, Amenophis mer-chepesch, Herrscher von Waset», begann nun Ptahmose seine Rede.

«Eure Majestät entsandte mich, damit ich selbst die gegen Euren Lagerverwalter Aper-el erhobenen Vorwürfe überprüfe. Eurer Majestät darf ich jetzt melden, dass Aper-el völlig unschuldig ist. Mehr noch: Alle seine Listen sind auf das Vorbildlichste geführt, und die Bestände weichen nicht um einen Scheffel Getreide von den Zahlen in den Büchern ab. Ich verneige mich deswegen vor der Weisheit Eures Sohnes. Ihm hat es Aper-el zu verdanken, weiterhin als rechtschaffener Mann zu gelten.»

Wieder ging ein Raunen durch den Saal und viele fragten sich zu Recht, was Nimuria jetzt sagen würde, wo doch der Wesir wegen seiner vor der Untersuchung gezeigten Haltung nun Tadel verdiente.

«Erhebe auch du dich, Aper-el», befahl Nimuria. Der Verwalter Seiner Majestät richtete sich auf und sah mit gesenktem Haupt vor sich auf den Fußboden, geradewegs auf die Abbildung eines gefesselten Syrers.

«Du darfst mich ansehen, Aper-el», erklang wieder die Stimme Pharaos, und ich erinnerte mich an jenen Tag, als ich – ein kleiner Junge noch – im Palastgarten von Men-nefer Amenis Vater, dem Osiris Thutmosis, begegnet war und er mir befahl, ihn anzusehen. Ich glaube, mich befiel damals dieselbe Angst, die man verspürt, wenn man dem Tod ins Auge blickt.

So mochte es wohl auch Aper-el ergehen, der aber nicht ängstlich, zögerlich nach oben blickte, sondern in einem Ruck den Kopf erhob und Pharao gerade in die Augen sah. Es lag etwas Soldatisches in seinem Wesen, was mich zu dem Gedanken verleitete, dass er genauso gut Kommandant bei der Streitwagentruppe hätte sein können.

Aper-el entstammte einer angesehenen Familie, deren Vorfahren mit den Fremdländern, die vor mehr als hundert Jahren über Ägypten herrschten, von Syrien an den Nil kamen. Als Herrscher wurden die Hyksos, wie man sie bei uns nannte, zwar vertrieben, doch viele ihrer Abkömmlinge dienten seither als treue Untertanen den Herren der Beiden Länder. Aper-el war weder groß noch klein, neununddreißig Jahre alt und für sein Alter noch immer von sehr jugendlicher Figur. Das dichte und fein gekräuselte Haar war schwarz und nur von wenigen grauen Haaren durchsetzt. Die Augenbrauen über den munteren, grau-grünen Augen waren buschig, und im Gegensatz zu den meisten Männern unseres Landes ließ er einzelne, aus den Brauen wirr herausragende Härchen gewähren, ohne sie stutzen zu lassen. Sein Haupthaar war nach hinten gekämmt, was das ohnehin hagere Gesicht noch strenger wirken ließ, und dieser Eindruck wurde durch die schmale Hakennase und die spitzen Lippen noch verstärkt. Man sah auf den ersten Blick, dass er größten Wert auf gute und gepflegte Kleidung legte, denn sein Schurz war ebenso wie der Gürtel und die Sandalen aus feinster Ware hergestellt.

Die einzige Unregelmäßigkeit im Erscheinungsbild dieses Mannes war offenbar eine kaum sichtbare, senkrechte Narbe in der kleinen Grube über der Oberlippe. Nicht nur Amenophis blickte auffallend lange in dieses Gesicht, auch Teje, der Prinz und ich mochten unsere Blicke kaum davon abwenden, was mich zu der Annahme kommen ließ, dass ein außerordentlicher Mann vor uns stand.

«Mein Sohn», sprach nun Amenophis, «du scheinst in der Tat ein ausgeprägtes Gespür für Wahrheit und Gerechtigkeit zu besitzen. Du hast mich und meinen Wesir gelehrt, dass man nicht jeder Anzeige, mag sie auch aus einer sonst noch so zuverlässigen Quelle stammen, blind vertrauen darf. Ich wünsche dir, dass einst auch deine Herrschaft über dieses Land immer von Maat geleitet wird. Du, Ptahmose, hast heute Größe bewiesen. Obwohl Du nun von der Unschuld Aper-el wusstest, hast Du nicht darum gebeten, das Ergebnis Deiner Untersuchung nur im kleinen Kreis vortragen zu müssen, sondern hast es auf Dich genommen, vielleicht vor dem gesamten Hofstaat gescholten zu werden. Deine Haltung zeigt mir aufs Neue, dass Du nur Deinem Herrscher dienst und nicht an Deinen eigenen Vorteil denkst.»

An Aper-el gewendet fuhr Pharao fort: «Du, Aper-el, hast gelernt, dass der Gewissenhafte und Erfolgreiche immer Neider fürchten muss. Aber Du siehst, dass es Maat ist, die unter meiner Herrschaft die Oberhand behält, und nicht Isfet, die alles zerstörende Unordnung. Für Deine gewissenhafte und gründliche Arbeit werde ich Dich zu belohnen wissen.»

Dann erhob sich Nimuria und mit ihm Teje und der Prinz, und alle Übrigen im Saal fielen zu Boden, während sich das Herrscherpaar und der Thronfolger zwischen Wedelträgern entfernten.

«Ihr solltet Waset nicht allzu schnell verlassen», sagte ich zu Aper-el, dessen Blicke noch immer auf die gewaltige Tür gerichtet waren, durch welche der Gute Gott und seine Familie gerade den Audienzsaal verlassen hatten. Aper-el sah mich mit großen, fragenden Augen an, und ich merkte, dass er mit meinem Hinweis nichts anfangen konnte.

Schließlich sagte er ganz langsam, ja geradezu vorsichtig: «Hat man nicht gerade erst vor allen Mächtigen Beider Länder meine Unschuld beteuert?»

Jetzt erst verstand ich seine verunsicherten Blicke und konnte ihn beruhigen: «Ihr habt hier nichts mehr zu befürchten, Aper-el! Da habt Ihr mich falsch verstanden. Ihr solltet Euch vielmehr bereithalten, wenn Euch Pharao in den nächsten Tagen in ein höheres Amt beruft.»

Es ging schneller, als ich dachte. Aber es war nicht Nimuria, der nach dem Syrer fragte, sondern der Thronfolger. Bevor nach jener Audienz Re ein zweites Mal im Westen versank, ließ Prinz Amenophis mit dem Einverständnis seines Vaters den Lagerverwalter zu sich kommen und ernannte ihn zum obersten Verwalter des königlichen Palastes von Waset.

DREI

Fürstin, groß im Palast, schön an Gesicht,
Herrin der Freude, die die Gnade besitzt,
sodass man jauchzt beim Hören ihrer Stimme.

Mein Haus, der Königspalast von Waset und der Palast der leuchtenden Sonne auf der anderen Seite des Flusses waren seit Tagen von einer fröhlichen Unruhe befallen, wie ich sie nur aus den Zeiten der Krönung Nimurias kannte. Alles bereitete sich auf die Hochzeit des Thronfolgers und meiner Tochter vor. Fünfundzwanzig Jahre lagen dazwischen. Genau fünfundzwanzig Jahre. Götter! Wo war all die Zeit geblieben! Ich war damals ein junger Mann von gerade fünfzehn Jahren und mein Vater war damals so alt, wie ich es heute bin, vierzig. Mein Vater starb mit dreiundfünfzig Jahren.

«Wie viel Zeit wird mir noch bleiben», dachte ich mir und ging geradewegs zu der Liege, die unter dem Lieblingsbaum meines Gartens stand, einer alten Dattelpalme. Der Geruch ihres Holzes war mir so vertraut, dass ich diesen Baum mit verbundenen Augen unter tausend anderen Palmen gefunden hätte. Ich legte mich nieder und sah in ihre langen Wedel, die jetzt völlig regungslos in der Hitze der Mittagszeit ihren Schatten auf mich warfen. Ti und Mutnedjemet hatten es vorgezogen, im Inneren des Palastes eine kühle Ecke aufzusuchen.

Dreiundfünfzig Jahre. Damit muss man zufrieden sein. Ich

würde vielleicht meine Enkelkinder heranwachsen sehen. Ich würde noch einige Regierungsjahre des Prinzen erleben. Und wenn er erst einmal Pharao sein würde, führte ich als der Vater seiner Großen königlichen Gemahlin den Titel «Gottesvater». Ich, Eje, würde dann Gottesvater sein!

Der Klang einer Harfe betörte mich. Er kam aus dem Schattenhaus neben der Sykomore zu mir herüber. Gewiss spielte dort eine der neuen Musikantinnen, die sich schon drei Tage in unserem Palast aufhielten. Seit einigen Jahren war es bei den ersten Familien von Waset Mode geworden, dass man die Musikanten nicht auf Dauer bei sich beschäftigte, sondern sie wurden im Abstand von nur wenigen Wochen ausgewechselt. Oft kamen sie aus dem Palast von Merwer in der Oase Fajum nach Men-nefer, von dort zu Nimuria in den Palast der leuchtenden Sonne, und dann ging es reihum, immer dem Rang nach, von Palast zu Palast. Sicher kam so ein wenig Abwechslung zustande, aber wer sich in Waset bei jedem Fest tummelte, sah und hörte zuletzt doch immer dieselben Musikanten – nur eben in anderen Häusern.

Die Melodien aus dem Schattenhaus klangen sehr lieblich, fast schüchtern, und ich konnte mir nur schwer vorstellen, dass sie für das Hochzeitsfest bestimmt waren. Schließlich verstummte die Harfe ganz. Um mich herum herrschte jetzt eine so vollkommene Stille, wie man sie nicht einmal nachts erlebt, wo Hunde bellen, Betrunkene johlen oder Nachtigallen ihre Lieder singen. Die sommerliche Mittagshitze ließ sie alle verstummen. Was mochte das Mädchen jetzt wohl tun? Schlief es? Oder war es gar kein Mädchen, sondern einer der vielen Harfner, die es überall im Land gab?

«Du wolltest schlafen, Eje», sagte ich zu mir selbst und drehte mich auf die rechte Seite, um das Schattenhaus nicht mehr sehen zu müssen. Ich suchte die Erinnerung. Die Erinnerung an Inena, das Mädchen, das mich die Liebe lehrte, als ich mich, dem Knabenalter kaum entwachsen, so sehr nach der Zärtlichkeit dieses Mädchens sehnte. Die Erinnerung an Inena war nur bruchstückhaft. Doch nach und nach fügte sich alles zu einem Bild, ihrem vollkommenen Abbild, zusammen. Jetzt sah ich sie vor mir: Ich sah ihre rotbraunen Haare, ihre breite Nasenwurzel und daneben die unruhig flackernden Augen. Braun waren sie, mit etwas Grün dazwischen. Rechts über dem Mund mit seinen gleichmäßigen, weißen Zähnen sah ich jetzt auch die kleine Narbe. Ich sah, ich fühlte ihren Körper, die weiche Haut, berührte ihre verführerischen Brüste. Dann verschwand das Bild von Inena langsam wieder und ich ging in meiner Erinnerung weiter zu Rena, meiner kleinen nubischen Dienerin. Ich sah ihr kleines Gesicht mit den großen dunklen Lippen und den noch größeren braunen, fast schwarzen Augen. Ich fühlte ihre Arme und Beine mit dem zarten Flaum eines jungen Mädchens. Ich strich durch ihr schwarzes, gekräuseltes Haar. Die Liebe zwischen Rena und mir war eine sprachlose Liebe gewesen, vollkommen heimlich und verborgen, eine Liebe, die niemand entdecken durfte. Die Gefühle, die wir füreinander empfanden, gaben und empfingen wir nur mit unseren Körpern. Mit Worten hatten wir uns nichts zu sagen.

Die Musik aus dem Schattenhaus erklang von neuem, fast noch lieblicher als zuvor. Jetzt sah ich die vollkommene Liebe meines Lebens. Ich sah sie sofort, nicht erst bruchstückhaft, wie zuvor Inena. Merit war ganz gegenwärtig, mit ihrer Löwenmähne, die ich so sehr liebte, den braunen Augen und dem außergewöhnlich gezeichneten Mund mit seinen weichen Lippen. Ich roch den Duft ihres Atems, der Salben und Öle, die sie immer benutzte, und ich erahnte den Duft ihres Schoßes. Ich strich über ihre Schultern und ihren Hals, berührte ihre Hüften und ihre Schenkel. Dann ging auch Merit wieder weg, ohne sich nach mir umzudrehen.

Wenige Augenblicke später schob ich vorsichtig den hauchdünnen Vorhang zur Seite und steckte meinen Kopf ins Innere des Gartenhauses. Dann stand ich vor ihr. Sie war auf einer der

Liegen eingeschlafen, die Harfe lag neben ihr auf dem Boden. So leise wie nur irgend möglich zog ich den Vorhang hinter mir wieder zu. Mein Herz begann wie rasend zu schlagen, doch ich blieb. An der Innenseite meiner Knöchel streifte ich vorsichtig meine Sandalen ab und schlich auf Zehen zu der zweiten Liege, keine zwei Ellen von dem Mädchen entfernt. Wie eine Schlange kroch ich zwischen den Kissen hindurch, legte mich nieder und sah sie an.

Sie zählte gewiss noch keine achtzehn Jahre, denn der Körper dieses Mädchens war noch so rein und vollkommen, wie ich es nur von den Wandmalereien des Königspalastes kannte. Außer einem Tuch, welches um den Unterleib gewickelt war, trug sie nur ein hauchdünnes Obergewand, das mehr von den wunderschönen Formen erkennen ließ als es verdeckte. Sie trug keine Perücke, und so sah ich ihr kurz geschnittenes Haar, das hinten nicht einmal bis an die Schultern reichte. Vorne war es noch kürzer und ragte nach oben – was sie wohl mit ein wenig Öl bewerkstelligt hatte –, sodass die ganze Stirn frei war und ihre schmalen schwarzen Augenbrauen noch besser zur Geltung kamen. Ihr Haar war schwärzer als die Schwärze der Nacht, als Weintrauben und Feigen. Sie hatte auffallend lange und dichte Wimpern, und ich war neugierig auf die Farbe ihrer Augen, die jetzt noch unter den geschlossenen Lidern verborgen lagen. Die Backenknochen standen deutlich hervor und ließen das Gesicht schmal wirken, und dieser Eindruck wurde durch das kleine, spitze Kinn noch verstärkt. Über den kräftigen Lippen saß ein unscheinbares Näschen, und an ihren Ohren hingen runde, goldene Scheibenohrringe. Ihr rechter Arm lag vor der Brust, ihr Kopf ruhte auf dem Handrücken. Zwischen ihren Armreifen sah ich dünne, schwarze Härchen, und ich musste alle Vernunft aufbringen, um nicht hinüberzugreifen und zärtlich über diesen Flaum zu streicheln.

Meine Kehle war mir völlig ausgetrocknet. Die Mittagshitze trieb der Schlafenden einige Schweißperlen auf die Stirn und ließ sie mit einer unbewussten Handbewegung das Obergewand zur Seite ziehen. Ich starrte auf die kleinen festen Brüste des Mädchens, die winzigen Brustwarzen, die sicher noch nie einen gierigen Kindermund gefühlt hatten, und auf die dunkle, feste Haut, die sie umgab. Ich starrte wie ein kleiner Junge, der – um seine Männlichkeit wissend – zum ersten Mal die nackten Brüste seines schon lange heimlich angebeteten Mädchens sah. War es ein zarter, unmerklicher Windhauch oder ein süßer Traum, ein zärtlicher Gedanke, der die Brustwarzen des Mädchens plötzlich sich aufragen ließ? Nein, meine Augen täuschten sich da nicht, und meine Hände hätten jetzt wohl alles Gold der Erde gegeben, hätten sie diese Brüste nur einmal streicheln dürfen. Als hätte sie meine begehrlichen Blicke gespürt, zog sie jetzt den Schleier wieder über ihre Brust.

Ich durfte nicht mehr länger im Schattenhaus bleiben, sonst wäre ich wohl wahnsinnig geworden. Nur einmal noch wollte ich für einen kurzen Augenblick in dieses Gesicht sehen, ehe ich ging, mich satt sehen an ihrer Jugend, ihrer Vollkommenheit, da öffnete sie ihre Augen. Sie zeigte sich über meine Anwesenheit und darüber, dass ich direkt neben ihr lag und sie schweigend ansah, keineswegs erschrocken. Eher glücklich und zufrieden, als hätte sie den Mann vor sich, von dem sie gerade noch geträumt hatte, lächelte sie mich an.

«Wer bist du?», fragte sie eher nebenbei, bevor sie ausgiebig gähnte.

«Ich bin Eje», antwortete ich ebenso knapp und hoffte dabei insgeheim, dass sie mit dem Namen nichts anfangen konnte, um ihre Unbekümmertheit nicht zu zerstören.

«Dann wirst du mich sicher bestrafen», sagte sie und sah mich mit großen, unschuldigen Augen an.

«Weswegen sollte ich dich bestrafen?»

«Weil ich ungefragt in dein Schattenhaus eingedrungen bin und mich hier niedergelassen habe. Ist es nicht verboten?»

«Das werde ich mir erst überlegen müssen», flüsterte ich und gab mir dabei Mühe, nicht zu lachen. Ich richtete mich auf, ging zu ihr hinüber und setzte mich an den Rand ihrer Liege. Ich sah in große schwarze Augen.

«Und wie heißt du?», wollte ich jetzt wissen.

«Isis. Einfach nur Isis.»

«Dann muss sich Isis zur Strafe den Kuss eines alten Mannes gefallen lassen.»

Zu meiner Überraschung lächelte sie kurz und schloss erwartungsvoll die Augen. Ich beugte mich hinab und küsste vorsichtig, fast flüchtig Isis' weiche Lippen.

«Für die Schwere meiner Tat war diese Bestrafung zu milde», sagte sie, schloss die Augen erneut und spitzte die Lippen. Ihr Kuss versetzte mich um zwanzig Jahre zurück, denn ich spürte in diesem Kuss ihre Unbekümmertheit, ihr Verlangen, ja ihre Gier, es jetzt und hier geschehen zu lassen. Und als meine linke Hand unter dem dünnen Stoff ihres Gewandes eine ihrer kleinen Brüste fand und über sie strich, hätte ich beinahe vergessen, wer ich war und wo ich mich befand. Es durfte aber einfach nicht geschehen!

«Weiter nicht, Isis! Nicht hier.»

Mein Herz schlug wie eine Kriegstrommel, und tausend Bilder und Gedanken schwirrten wirr durch meinen Kopf. Während ich sie so ansah, fanden sich unsere Hände. Isis schwieg und sah mich trotz meines plötzlichen Rückzuges freundlich an.

«Wo wirst du in drei Monaten sein?», fragte ich sie leise.

«Ich weiß es nicht, Eje. Wo immer man uns haben will. Mennefer, Waset, Achmim oder im Palast von Merwer in der Oase Fajum.»

Ich wusste, dass der Hof schon bald nach der Hochzeit in den Palast von Merwer übersiedeln würde. Es war mir ein Leichtes, dafür zu sorgen, dass Isis mit ihren Leuten auch dort sein würde. Ich wollte mich aber jetzt noch nicht festlegen.

«Wir werden uns wieder sehen, Isis. Ich verspreche es dir. Nur lass dir vor allen anderen nichts anmerken! Hörst du: vor niemandem!»

Sie nickte verständnisvoll. Ich küsste sie ein letztes Mal ganz leicht, ganz vorsichtig, erst auf die Stirn, dann auf die Lippen.

«Du bist sehr schön», sagte ich, stand auf, schlüpfte in meine Sandalen und verließ rasch das Schattenhaus. Mir war bewusst, dass ich sie während der nächsten Tage noch mehrmals in meinem Palast sehen würde, doch heute konnte ich nicht länger hier bleiben. Ich eilte ins Haus, verlangte nach meinem Kopftuch und rief nach meinem Schreiber. Ich erklärte ihm, dass ich dringend vor Pharao zu erscheinen hätte und vermutlich erst spätabends zurückkommen würde. Er solle dies meiner Frau und meinen Töchtern ausrichten und ihnen sagen, dass ich sie nicht in ihrer Ruhe stören wollte.

Ich ging zum Pferdestall und ließ mir einen Wagen anspannen. Mein Kutscher mochte nicht glauben, dass ich allein fahren wollte, hatte ich doch schon seit Jahren nicht mehr auf seine Dienste verzichtet. Doch heute war das eben anders. Ich verließ mein Grundstück durch die hintere Torausfahrt, um zu vermeiden, doch noch von Ti oder meinen Töchtern angetroffen zu werden.

Erst nachdem ich das Tor durchfahren hatte, fand ich allmählich wieder meine innere Ruhe. Ich nahm nicht den kürzesten Weg zum Fluss und zur Anlegestelle der Fähre, sondern fuhr mitten durch die Stadt. Ich sah in die Gesichter der Menschen, die keine Ahnung hatten, wer ich war, da es ihnen kein Wagenlenker zurief und es ihnen keine Standarte verriet, welchen Rang ich einnahm. Ich sah viele junge Frauen und Mädchen, aber keine von ihnen schenkte mir weiter Beachtung, schaute mir hinterher, auch wenn sie mir vorher mehr oder weniger zufällig ins Gesicht gesehen hatten. Mein Äußeres war ihnen allen also völlig gleichgültig. Was war es dann also, was das Mädchen Isis an mir altem Mann fand? Waren es einfach nur die äußeren Umstände? Hatte das Schattenhaus etwas Besonderes, oder war es nur die Mittagshitze, welche die Sinne oder was auch sonst verwirrt hatte?

Als ich mit der Fähre über den Fluss setzte und dabei auf die Stadt zurückblickte, versuchte ich mich an das alte Märchen von der Ehebrecherin zu erinnern. Es war wohl ein Priester, der von seiner Frau betrogen wurde. Der Priester, der über geheime Kräfte verfügte, ließ den Ehebrecher durch ein Krokodil fangen und ihn vor den König bringen. Dieser verurteilte den Ehebrecher zum Krokodilfraß. Die Frau starb den Feuertod, und ihre Asche wurde in den Fluss geworfen, wodurch das Gedächtnis an sie für alle Zeiten ausgelöscht war.

Und was würde Amenophis mit mir machen? In die Verbannung schicken und seinem Sohn befehlen, die Heirat mit Nafteta wieder zu lösen? Ameni würde mich auslachen, wenn er von meinem kleinen Erlebnis im Schattenhaus erfuhr, dessen war ich mir sicher. Den Ehebruch aber konnte und durfte er nicht gutheißen.

Ameni befand sich in bester Laune, als ich ihn in seinem Palastgarten antraf. Er besprach mit seinem Schatzmeister, unserem alten Freund Acha, die Auswahl der Hochzeitsgeschenke für den Thronfolger und Nofretete.

«Wer von euch beiden wird größeres Leid empfinden, wenn das königliche Schatzhaus geplündert wird? Der Besitzer des Schatzes oder dessen Behüter», spottete ich zur Begrüßung und freute mich über die fröhlichen Gesichter, in die ich blickte.

«Ich erwarte natürlich vom Vater der Braut, dass dessen Beitrag dem meinen mindestens ebenbürtig ist oder ihn sogar übertrifft. So will es der Brauch», sagte Ameni und gab an Acha sechs goldene Armreife zurück, die offenbar nicht den Besitzer wechseln durften.

«Dann solltest du besser Merimes, den Königssohn von Kusch, zum Schwiegervater deines Sohnes machen. Von deinem Stellvertreter in Nubien erzählt man sich schon lange, dass sein Palast in Napata sagenhafte Schätze birgt. Ich bin nur ein einfacher Beamter Seiner Majestät», sagte ich und machte dabei sogar ein recht ernstes Gesicht.

Ameni fasste sich mit der rechten Hand an sein Herz, beugte sich etwas nach vorn und sagte zu Acha: «Schatzmeister, gebt dem armen Mann schnell einen Deben Gold. Sein Elend! Seine Not! Ich ertrage es nicht länger! Warum müsst ihr immer mit so neidischen Augen nach Napata schauen?»

«Weil man dort in der Hälfte der Zeit zu einem doppelt so großen Vermögen gelangt als in Ägypten», unterstützte mich Acha jetzt.

«Solange ich den angeblichen Reichtum Merimes' nicht mit eigenen Augen gesehen habe, glaube ich nicht an ihn», gab Nimuria zurück.

Ich wusste, dass jetzt ganz und gar nicht Zeit und Gelegenheit war, um Ameni von meinem Erlebnis zu berichten. Dies musste ich mir für einen späteren Zeitpunkt aufheben. Ich versuchte deswegen nicht, unseren Gesprächsstoff, der offenbar alle vergnügte, zu wechseln und sagte: «Vielleicht sollten wir einmal eine Reise nach Napata unternehmen und Merimes danach fragen. Es könnte sich lohnen.»

«Sei dir dessen gewiss, Eje: Bevor dich Merimes auch nur in eine seiner Goldtruhen blicken lässt, haben dich ganz zufällig zwölf Skorpione gestochen. Nein, mein Freund. Mein Sohn und ich erwarten von dir kein Gold und keine Edelsteine. Du gibst ohnehin das Schönste und Kostbarste her, das Waset oder sogar Beide Länder besitzen: Deine Nafteta.»

Ich wusste, dass das keine bloße Schmeichelei war, denn Nimuria hatte Nofretete in sein Herz geschlossen wie seine eigene Tochter. Und wäre sie nicht meine Tochter gewesen, sondern die des Königs von Mitanni oder Babylon, Ameni hätte sie selbst zur Frau genommen.

Ich wollte nicht den Eindruck erwecken, als wäre ich ausschließlich zu meinem Vergnügen in den Palast gekommen, und so bat ich Amenophis zuletzt um die Klärung einiger Fragen wegen eines Obelisken, der in wenigen Wochen von den Steinbrüchen nahe der Insel Abu nach Waset gebracht werden sollte.

Danach verabschiedete ich mich und fuhr in rasender Fahrt an den Fluss zurück. Ich war froh darüber, nicht mit Ameni über das Mädchen Isis gesprochen zu haben. Sie sollte erst einmal mein Geheimnis bleiben, zumal ich mir selbst noch nicht im Klaren darüber war, worauf ich mich einzulassen überhaupt bereit war. Ich wollte dafür sorgen, dass Isis in einigen Wochen nach Merwer fuhr. Alles andere würde sich ergeben – oder eben nicht.

Noch vor Sonnenuntergang erreichte ich meinen Palast. Die Frauen begrüßten mich freundlich wie immer, woraus ich schloss, dass meine Fahrt zu Pharao keinen Verdacht erregt hatte. Die Musikantinnen unterhielten uns während des Abendessens mit neuen Liedern, und Isis tat dabei so, als hätte sie mich noch nie gesehen.

Ich war beruhigt.

Ich redete mir das freilich nur ein, denn dieses Mädchen hatte in meinem Inneren mehr Unruhe gestiftet, als ich es wahrhaben wollte. Ich dachte in dieser und in anderen Nächten viel darüber nach, was sie an mir finden mochte, war ich doch so viel älter als sie. Wir hatten an jenem Mittag kaum miteinander geredet, sodass es nicht meine Worte gewesen sein konnten, die sie beeindruckten. Ich konnte mir aber auch nicht vorstellen, dass ein so junges Mädchen den Körper eines Mannes meines Alters so aufreizend findet, wie es den Anschein hatte. Sie mochte deswegen ein leichtes Mädchen gewesen sein, das nur etwas von meinem Vermögen oder sonst einen Vorteil haben wollte. Bei allen Überlegungen ging mir jedoch ihr zauberhafter Körper nicht mehr aus dem Kopf. Ich beschloss, alles dem Zufall zu überlassen.

Während der folgenden Tage waren wir alle so sehr mit den Vorbereitungen der Hochzeit beschäftigt, dass Isis fast ganz aus meinem Kopf und aus meinem Herz verschwand, obwohl ich sie und die anderen Mädchen musizieren hörte oder hie und da durch unseren Palast und den Garten huschen sah.

Nofretete war an ihrem Hochzeitstag schöner anzusehen als je zuvor. Sie trug ein knöchellanges Kleid, welches nur über der linken Schulter von einem schmalen Träger gehalten wurde und die rechte Brust frei ließ. Es lag eng an, sodass man schon von weitem sah, wie vollendet der Körper Naftetas geformt war. In ihr kräftiges, krauses Haar, das dem ihrer Mutter ähnlich war und das eine Perücke entbehrlich machte, ließ sie eine Vielzahl bunter Perlen aus Karneol und Silber einflechten, und es fiel in gleichmäßigen Locken über den schlanken, langen Hals bis über die Schultern herab. Die Ohren ließ sie ohne Schmuck, denn umso mehr kam deren gleichmäßige Form zur Geltung. Ihre Arme zierten jeweils drei goldene Reife, in welchen sich Kreise aus Karneol und blaugrünem Glasfluss abwechselten.

Ich hatte Nafteta ein vorzeitiges Hochzeitsgeschenk gemacht, von dem niemand wusste: Es handelte sich um den Halskragen, welchen ich einst in Babylon Merit geschenkt hatte, als ich bei ihrem Vater, Fürst Imresch, um ihre Hand anhielt. Ein Halskragen aus sieben Reihen mit abwechselnd roten und gelben, senkrechten Röhrenperlen und vielen tropfenförmigen Anhängern aus Gold, Karneol und blaugrünem Glasfluss. Zwei goldene Falkenköpfe, deren Augenbrauen über schwarzen Augen aus Obsidian in Karneol gefasst waren, bildeten seinen Verschluss. Seit dem Tod Merits ruhte er in derselben Elfenbeinschatulle, in welcher ich ihn damals nach Babylon mitgenommen hatte, ohne dass ich ihn noch einmal angesehen hätte. Er hatte nichts von seinem Zauber und seiner Pracht verloren, und auch Ti hatte Verständnis dafür, dass ich ihn nur meiner Tochter Nafteta und nicht ihr schenken konnte.

Über dem Schulterkragen trug Nofretete einen hauchdünnen Schleier, der bis zum Boden reichte und der ihren Körper nur verschwommen andeutete, so als wäre sie von einem zarten Nebel umgeben. Aber all dies war es nicht, was die Schönheit meiner Tochter ausmachte. Es war ihr Gesicht, vielmehr dessen Ausstrahlung. Die lange, ebenmäßige Nase, der schmale Mund mit seinen scharf gezeichneten roten Lippen und besonders die klaren Augen mit ihren langen, schwarzen Wimpern und dunklen Augenbrauen verliehen ihrem Antlitz eine Würde, als hätte sie der Schöpfergott nur für das Amt einer Großen königlichen Gemahlin geschaffen.

Wie es der Brauch wollte, begannen die Feierlichkeiten in meinem Palast, dem Haus der Braut. Noch nie seit seiner Errichtung hatte mein Haus einen derartigen Glanz erlebt. In tagelanger Arbeit pflegten und bepflanzten die fähigsten und erfahrensten Gärtner von Waset meinen Garten, der jetzt in ein einziges Blütenmeer verwandelt war und duftete wie kein anderer Platz Ägyptens. Der königliche Gärtner Sessu selbst war es, der mit Erlaubnis des Guten Gottes alles bis in jede Kleinigkeit geplant hatte. Zuletzt ließ er mehr als fünfhundert Fackeln aufstellen, die nach Einbruch der Dunkelheit entzündet wurden und alle Bäume, Sträucher und Pflanzen in ein unwirkliches Licht tauchten. Um die Täuschung zu vervollkommnen, wurden die Fackeln – es standen immer drei oder vier beisammen – für den Betrachter von kleinen Holzwänden verdeckt, sodass dessen Auge nicht von ihrem Schein geblendet wurde, sondern ungehindert die Pflanzen bewundern konnte.

Alle Wände meines Palastes waren frisch gestrichen, die feinsten Möbel wurden ebenso aufgestellt wie Vasen ohne Zahl mit den schönsten Blumengebinden. Jeder Gast erhielt zur Begrüßung einen Halskranz aus Blütenblättern. Schon seit vier Tagen saßen alle weiblichen Angehörigen meines Hauses – und da machten auch Ti und Mutnedjemet mit ihren vier Jahren keine Ausnahme – vor Körben mit Blättern und den roten Früchten der Schlafbeere. Zuerst kam ein breites Band aus vier Reihen Schlafbeeren, dann folgte eine Reihe mit Olivenblättern, die von ihrer unteren, der graugrünen Seite zu sehen waren. Es folgte eine Reihe mit Weidenblättern, bei denen Blattober- und -unterseite wechselten. Dann gab es eine Reihe mit Blüten und Blättern des duftenden wilden Selleries, dem wieder die vorgenannten Reihen folgten. So entstanden wunderschöne Halskragen nur in unterschiedlichen Grüntönen und mit dem Rot der Beeren.

Das Innere meines Palastes war von Tausenden Kerzen, Fackeln und Öllampen so hell erleuchtet, dass man glauben mochte, es wäre heller Tag. Im Haus und im Garten saßen an den verschiedensten Orten Musikanten, und ich achtete sorgfältig, aber gleichwohl unauffällig darauf, dass Isis und ihre Mädchen nicht unbedingt am Mittelpunkt des Festes auftraten. Im Laufe des späten Nachmittags waren die ersten Gäste eingetroffen, und nach und nach hatten sich Haus und Garten gefüllt. Ti, Mutnedjemet und ich legten den Gästen die Kränze um, während Nofretete in ihren Gemächern auf das Eintreffen der königlichen Familie wartete. Meine Diener reichten Datteln und Oliven, dazu gab es kühle Säfte, Bier und verdünnten Wein.

Meine Blicke richteten sich jetzt öfter nach Westen, denn der Gute Gott und seine Familie sollten kurz nach Sonnenuntergang eintreffen. Ich war aufgeregt wie selten zuvor. Meinem Haus wurde an diesem Tag die größte Ehre zuteil, die einem Sterblichen in unserem Land widerfahren kann: Der Thronfolger nimmt vor den Augen aller Großen der Beiden Länder meine Tochter zur Frau. Ja, alle waren sie hier versammelt: beide Wesire, Ramose und Ptahmose, der Schatzmeister Acha, die Baumeister Seiner Majestät Hor und Suti, der alte Kommandant Ptahmay und die übrigen Generäle aller Divisionen, mein alter Freund Tahuti, der Verwalter der Domäne des Amun, die Vorsteher der Paläste Cheruef und Aper-el, die Sandalenträger Seiner Majestät, die Bürgermeister aller großen Städte, die ersten Priester des Landes und ihre Verwalter und sogar Amenophis, Sohn des Hapu, der jetzt schon weit über siebzig Jahre alt war. Der weiseste aller Weisen wurde schon zu Lebzeiten wie ein Gott verehrt, und niemandem außer ihm wurde die Gnade gewährt, auf dem Westufer des Nils einen eigenen Totentempel errichten zu dürfen.

Als er erschien, gebückt und kahlköpfig, aber dennoch fein gekleidet und gepflegt, ließ die Würde, die er ausstrahlte, alle Anwesenden verstummen. Jeder horchte, mit welchen Worten er meine Familie und mich begrüßen würde.

«Wenngleich mich die Last des Alters ohnehin tagein, tagaus gebückt sein lässt, will ich mich vor Dir, edle Frau Ti, und vor Dir, geschätzter Eje, und auch vor Dir, kleine Mutnedjemet, in ehrlicher Verehrung verneigen. Ich freue mich für Euch und vor allem für Eure Tochter Nofretete, dass Eurer Familie so große Ehre zuteil wird.»

Dabei zeigte er sein immer noch etwas schelmisches Lächeln und ließ damit offen, ob er die Ehre seines oder Pharaos Besuchs gemeint hatte. Es war erstaunlich, dass sich dieser alte Mann nicht in irgendeine Ecke verkroch und darauf wartete, endlich wieder nach Hause zurückkehren zu dürfen, sondern sich innerhalb weniger Augenblicke unter die Anwesenden mischte und gut gelaunt Geschichten aus seinem langen Leben erzählte. Und es waren nicht immer die Ältesten, die Amenophis, den Sohn des Hapu, umgaben.

Kaum war Re hinter dem westlichen Gebirge entschwunden und begann die Nacht ihren dunklen Schleier über das Land zu legen, da erschallten von weitem die Fanfaren, um das Erscheinen Nimurias anzukünden. Soldaten der Leibgarde eilten im Laufschritt durch das große Tor meines Palastes und bildeten von dort bis zu meiner Gartenterrasse ein enges Spalier. Im Schein Hunderter Fackeln sah ich, wie die königliche Sänfte, die von zwölf Nubiern getragen wurde, auf mein Grundstück einbog. Auf ihr saßen außer Nimuria und Teje auch Prinz Amenophis und Prinzessin Sitamun. In dem Augenblick, in welchem die Sänfte niedergesenkt wurde, fielen alle anwesenden Gäste zu

Boden. Am Knirschen des Kieses hörte ich, wie die königliche Familie abstieg, und dann erklang die feste Stimme Nimurias: «Erhebt euch!»

Ameni kam auf uns zu und reichte zuerst Ti und dann Mutnedjemet die Hand. Ti und ich legten der königlichen Familie die Blütenkränze um.

Danach umarmte Ameni mich und sagte – nicht laut, aber doch so, dass es viele meiner Gäste hören konnten: «Dass es einmal so weit mit uns kommen muss, hätte ich nicht gedacht, Eje. Du der Schwiegervater meines Sohnes und ich der Schwiegervater deiner Tochter!»

Teje schüttelte wegen dieser Bemerkung verständnislos den Kopf, aber Ameni und ich konnten nur lachen. Ich sah zu Teje.

«Liebe Schwester, weißt du eigentlich, was unsere Eltern alles durchgemacht haben, ehe wir erwachsen wurden? Du solltest es dir vielleicht einmal von Nimuria erzählen lassen. Aber nimm dir Zeit dafür!»

«Eje», erschallte es laut, und leise zischte sie hinterher: «Wann wirst du dich endlich zu benehmen wissen?»

Der Prinz tat das einzig Richtige: Er drängte sich zwischen seine Eltern, küsste erst Ti und Mutnedjemet auf beide Wangen, dann sagte er zu mir: «Eje! Ich kann es nicht erwarten. Willst du nicht endlich deine Tochter holen und sie zu mir führen?»

«Ein wenig wirst du dich noch gedulden müssen, Amenophis.»

«Ja», schloss sich Nimuria an. «Ich will erst noch die anderen Gäste begrüßen.»

Pharao, Teje, der Prinz und die Prinzessin nahmen auf der Terrasse unter einem kleinen Baldachin Platz, und nachdem man Nimuria zu trinken gereicht hatte, durften ausgewählte Gäste ihrem Herrscher gegenübertreten und ihm die Ehre erweisen. Jetzt war die Leibgarde in den Hintergrund getreten, die Musikanten begannen wieder ihr Spiel, und das Fest nahm seinen gewohnten Gang. Ich verneigte mich kurz vor den Majestäten und verschwand in den Palast. Meine Dienerinnen und Diener bildeten ein langes Spalier, beginnend am Treppenansatz im Inneren des Palastes bis hinaus, wenige Schritte vor Pharao.

«Wie sieht er aus?», fragte mich Nafteta ganz aufgeregt, als ich ihr Zimmer betrat.

«Er wiegt noch immer zu viel, trägt nur das Nemes-Kopftuch mit Kobra und Geier und hat auch Krummstab und Geißel nicht bei sich.»

«Doch nicht Pharao, Vater», sagte Nafteta und machte dabei ein entsetzlich ernstes Gesicht.

«Ich weiß doch, mein Kind, wen du meinst! Er sieht aus, wie jeder Bräutigam in den Augen seiner Braut aussieht: einzigartig! Aber jetzt komm, du darfst ihn dir ansehen. Er wartet auf dich.»

Ich nahm sie an der rechten Hand und blieb noch einen kurzen Augenblick mit ihr im Raum stehen.

«Woran denkst du», fragte Nafteta mit leiser Stimme. Ich wollte es ihr nicht sagen, denn ich dachte an Merit und was ich dafür geben würde, könnte sie jetzt bei uns sein.

«Ich danke Aton, dass du ein glücklicher Mensch geworden bist, und ich bitte ihn darum, dass du es immer bleiben wirst», schwindelte ich. Nafteta drückte wie zum Dank meine Hand, dann gingen wir hinaus, zwischen Statuen unserer Götter und Nimurias hindurch zur großen Treppe. Alle Dienerinnen stimmten ein Lied an und streuten Blumenblüten, draußen wurde es still. Mit leicht gesenktem Kopf trat Nofretete vor die königliche Familie und verneigte sich ehrfurchtsvoll.

«Die Schöne ist gekommen», sagte Nimuria laut, und erklärte damit gleichzeitig den Namen meiner Tochter. Im Garten herrschte wieder vollkommene Stille.

«Die Schönheit eines Menschen ist nur etwas Äußerliches, Unbedeutendes, Majestät», sagte Nafteta mit schüchterner Stimme. «Was allein zählt, ist die Wahrhaftigkeit des Herzens. Sie ist die wahre Schönheit eines Menschen!»

«Höre ich da nicht meinen Sohn sprechen?», gab Nimuria

darauf zur Antwort. «Wer von euch beiden hat sich diesen weisen Satz ausgedacht?»

«Es ist einfach die Wahrheit, Vater», fügte der Prinz hinzu. «Die Erkenntnis dieser Wahrheit ist das Fundament unserer Liebe. Wir haben sie gemeinsam entdeckt.»

Jetzt wandte sich der Prinz meiner Tochter zu, legte seine Arme um sie und sagte: «Mein Vater hat natürlich Recht: Die Schöne ist gekommen. Einen treffenderen Namen hätte es für dich nicht geben können. Würde man dich nach der schönsten aller Blumen benennen, es wäre nur eine Beleidigung und Spott.»

Nofretete wurde zusehends verlegen, und ich wollte sie befreien, da kam mir Ameni zuvor.

«Genug, ihr beiden! Es gibt noch Hunderte andere Gäste, die darauf warten, euch zu begrüßen. Macht euch also auf den Weg. Währenddessen wird sich Eje vermutlich um das leibliche Wohl seiner Gäste kümmern – so hoffe ich doch.»

Der Hinweis Nimurias kam einem Befehl gleich. Nafteta begrüßte zuerst Teje und Sitamun, dann ging sie Arm in Arm mit Prinz Amenophis durch den Garten, und es gab niemanden, mit dem sie sich nicht auf das Freundlichste unterhalten hätten.

Es war ein ausgesprochen fröhlicher und ausgelassener Abend mit feierlichen Reden ebenso wie mit launischen, mit feinsten Speisen und den edelsten Weinen. Es wurde gesungen und getanzt, viel erzählt und viel gelacht. Nur diese eine Nacht noch musste Nafteta in meinem Hause bleiben.

Am folgenden Nachmittag, als die größte Hitze des Tages überstanden war, und Nofretete – wieder in prächtige Kleider gehüllt – aufgeregt wartete, fuhr Prinz Amenophis in Begleitung von wenig mehr als zwanzig Soldaten auf seinem zweispännigen Prunkwagen vor. Er trug einen jener neuartigen Schurze, die mehrfach gewickelt wurden, unendlich viele Querfalten hatten, am Rücken weit über die Nieren reichten und dadurch den

Bauch mehr betonten, als es unserem allgemeinen Schönheitsideal entsprach. Auf dem Kopf trug er ein einfaches Nemes-Kopftuch mit goldenen Längsstreifen. Je zwei Goldreife zierten seine Arme, und an der rechten Hand trug er einen Siegelring. Mehr Schmuck hielt er nicht für nötig.

Noch bevor der Prinz die Auffahrt zu unserer Terrasse erreicht hatte, stand ich mit Ti, Nafteta, der kleinen Mutnedjemet und allen meinen Bediensteten, angefangen vom einfachen Stallknecht bis hin zu meinem Verwalter, vor unserem Haus, um Nofretete zu verabschieden. Einige von ihnen, die Nafteta von Kindesbeinen an kannten, weinten oder übergaben ihr ein Geschenk: Einen kleinen heiligen Käfer aus Ton, auf dessen Unterseite Segenswünsche standen, eine selbst gefertigte Götterstatue aus Holz oder Speckstein oder ein kleines Keramikgefäß aus ihrem eigenen bescheidenen Hausstand. Nafteta bedankte sich bei allen, und so sehr sie sich um Beherrschung bemühte, rannen einige Tränen über ihre Wangen.

«Kommst du nie mehr zu uns zurück?», fragte Mutnedjemet mit so unschuldiger Kinderstimme, dass es uns allen die Kehlen zuschnürte. Nafteta nahm ihre kleine Schwester auf den Arm, streichelte ihr über den Kopf und sagte: «Wir sehen uns so oft wie du willst und wo du willst. Ich verspreche dir das!»

«Unseretwegen musst du nicht weinen», sagte ich zu Nofretete, als sie sich mir und Ti zuwandte. «Wir werden dich hinüberbegleiten.»

Sichtlich erleichtert fiel sie endlich ihrem Bräutigam um den Hals und bestieg mit ihm den Wagen. Amenophis wartete, bis auch Ti und ich unseren Wagen bestiegen hatten, dann brachen wir auf. Unter dem lauten Abschiedsgeschrei all meiner Bediensteten verließ Nafteta ihr Zuhause.

Unser Weg führte mitten durch die Stadt, wo unzählige neugierige Menschen auf unseren kleinen Zug gewartet hatten und nun dem Brautpaar zujubelten und Blumenblüten warfen. So dauerte es ungewöhnlich lange, bis wir den Nil und die Anlegestelle erreichten. Auf der anderen Seite des Flusses standen die Soldaten Pharaos dicht an dicht und bildeten ein Ehrenspalier bis zur großen Halle im Palast der leuchtenden Sonne. Jetzt, nachdem wir das westliche Ufer erreicht hatten, übernahm ich selbst die Zügel meines Wagens und ließ meinen Wagenlenker absteigen. Ich wusste, dass es Prinz Amenophis nicht fertig bringen würde, in gemäßigter Geschwindigkeit zum Palast seines Vaters zu fahren. Er und auch Nafteta liebten es einfach zu sehr, dem Rausch der Geschwindigkeit zu verfallen, und ließen den Pferden freien Lauf.

Es wehte reichlich Westwind, sodass ich nur genug Abstand halten musste, um nicht ständig in der gewaltigen Staubwolke des vor mir fahrenden Gespanns zu verschwinden. So rasten wir erst in westliche Richtung direkt auf das Gebirge zu, vor uns der Totentempel Nimurias, und es schien, als wollten uns seine beiden Steinfiguren in Empfang nehmen. Die Sonnenscheibe stand noch über den Bergen, aber ihre Leuchtkraft war schon geschwächt, sodass alles vor ihr in goldgelbem Licht versank. Kurz vor den steinernen Riesen Pharaos bogen wir scharf nach links. Ich presste meine Hüfte gegen die rechte Wagenwand und bog meinen Oberkörper nach links, um nicht aus dem Wagen geworfen zu werden. Ti umklammerte mit beiden Händen ihre Haltegriffe und sah mich mit vorwurfsvollem, bittendem Gesicht an, damit ich mit dem Rasen aufhörte. Doch vor uns lag jetzt die unendlich lange Gerade, die uns zum Palast der leuchtenden Sonne führte. Mein Schüler und ich dachten gar nicht daran, langsamer zu fahren. Mit lauter Stimme rief ich Ti zu: «Du musst keine Angst mehr haben! Es geht nur noch geradeaus bis vor die Füße Pharaos!»

Ich war mir jedoch sicher, dass alle Soldaten, die den südlichen Rand unseres Weges zum Palast säumten, über uns einen kleinen Fluch ausgesprochen hatten, denn jeder von ihnen musste regungslos den Staub von zwei rasenden Gespannen ertragen. Aber ich dachte mir, dass die Zeiten so friedlich waren, dass ein Soldat wenigstens den Staub eigener Streitwagen von Zeit zu Zeit riechen musste.

Einige hundert Ellen vor dem Haupttor des Palastes wurde Amenophis langsamer und ließ die Pferde im Schritt gehen. Dann drehte er sich nach mir um und rief: «Ehrfurcht, Schwiegervater! Ehrfurcht! Wirklich, du hast nichts verlernt!»

«Ich dachte», rief ich laut zurück, «das hätte ich dir schon in Men-nefer bewiesen!»

Ehe wir weiterreden konnten, erschallten auf den Palastmauern die Fanfaren und Kriegstrommeln Pharaos.

Als unsere Gespanne das Tor, von dem unzählige bunte Fahnen herabhingen, durchfuhren, regneten von oben unentwegt weiße Blütenblätter herab, so viele und so dicht, dass wir erst wieder etwas sehen konnten, als wir den ersten Hof erreicht hatten. Er war voll von schreienden, jubelnden Menschen, und die Leibgarde hatte Mühe, für unsere Wagen eine schmale Gasse freizuhalten.

Die Menschen waren übermütig und riefen unentwegt «Nafteta» und «Ameni», den Kosenamen Pharaos, und meinten damit doch den Prinzen. Jetzt durchfuhren wir das zweite Palasttor, welches den Namen «Blaues Tor» trug, da es vollkommen mit Fliesen in der Lieblingsfarbe Pharaos, in Lapislazuliblau, belegt war. Hier regneten blaue Blütenblätter auf uns herab, und als wir auf der anderen Seite ankamen, erwartete uns der gesamte Hofstaat Pharaos, alle Mächtigen des Landes, Priester und Soldaten und viele ausländische Gesandte. Die Menschen hier riefen jedoch nicht laut, denn das hätte ihr Stand nicht zugelassen. Sie verneigten sich mehr oder weniger ehrfurchtsvoll, während von den Mauern dieses Hofes ein Schrecken erregender Trommelwirbel zu hören war.

In der Mitte des Hofes hielten wir an und stiegen von den Wagen. Der Wesir Ptahmose stieg die Steintreppe herab, verneigte sich ehrfurchtsvoll und bat uns, ihm in den Audienzsaal zu folgen. Ich war etwas überrascht, weil ich damit gerechnet hatte, dass uns Pharao selbst hier im Freien mit großem Aufwand und vor aller Augen empfangen würde, so wie einst, als ich mit Merit, Acha und Iset von Babylon zurückkehrte.

Als wir den Audienzsaal betraten, war ich noch mehr erstaunt, denn er war fast leer. Nimuria und Teje saßen zwischen vier Wedelträgern auf ihren Thronen, und Prinzessin Sitamun saß vor ihnen auf einer Stufe.

«Seid nicht enttäuscht, meine Lieben», rief uns Ameni entgegen, als wir uns dem Thron näherten. Weil es ein offizieller Empfang vor Pharao war, wollten Ti, Nofretete und ich uns gerade niederwerfen, als uns Nimuria zuvorkam und sagte: «Lasst das! Nicht jetzt! Was glaubt ihr, warum wir allein hier sind?»

Er erhob sich und kam uns entgegen. Zuerst umarmte er Nafteta so herzlich und so fest, als wäre sie seine Tochter, die ihren Vater für immer verlässt.

«Ich habe mich so sehr auf diesen Tag gefreut, meine Schöne. Mit dir wird meine Familie nicht nur größer, sondern noch reicher! Werde glücklich mit meinem Sohn, und sorge dich um ihn!»

Dann umarmte er seinen Sohn ebenso herzlich und sagte zu ihm: «Ich wünsche euch beiden alles Glück der Erde, mein Sohn. Werdet glückliche und zufriedene Eltern, so wie es deine Mutter und ich immer gewesen sind. Höre auf das, was Nafteta sagt, denn ich möchte immer voller Stolz sagen können, dass ihr meine Kinder seid.»

Während Teje die beiden begrüßte und sie beglückwünschte, wandte sich Ameni mir zu.

«Enger können unsere Bande nicht mehr werden, Eje. Hättest du vor fünfundzwanzig Jahren gedacht, dass deine Tochter einmal Große königliche Gemahlin sein wird?»

«Und das alles nur, weil mich damals dein Bruder Amenemhet ins Wasser geworfen hat und du mit mir Mitleid hattest», scherzte ich, um die Tränen der Rührung, die jetzt in meine Augen stiegen, zu unterdrücken.

«Ach, ich weiß nicht, Eje, ob es nur daran lag. Wir hätten uns gefunden, da bin ich mir sicher.»

Dann umarmte er Ti und sagte zu ihr: «Meine liebe Ti! Was müssen dich alle Frauen Ägyptens um deinen Mann beneiden! Obwohl er immer so viel gegessen und getrunken hat wie ich, sieht er noch immer aus wie ein junger Mann. Und da behauptet man, in unserem Land würde Maat herrschen!»

Die Bemerkung Amenis ließ mich doch etwas erschrecken, und gespannt wartete ich auf Tis Antwort.

«Wenn ich mir über alle Frauen Ägyptens, die meinen Mann bewundern, Gedanken machen würde, könnte ich wahrscheinlich kein Auge mehr zu tun. Ich versuche es erst gar nicht und freue mich, wenn ich ihn sehe.»

Dann ergriff wieder Pharao das Wort und sagte mit ernstem Gesicht zu mir: «Eje, mein Sohn wünscht deine Tochter Nofretete zur Frau zu nehmen. Findet dieser Wunsch dein Einverständnis?»

Ich nickte kurz und antwortete dann ganz förmlich: «Ja, Majestät! Ich bin glücklich und stolz zugleich, dass meine Tochter die Frau Eures Sohnes wird. Mögen sie glücklich werden!»

«Ihr habt auch mein Einverständnis, Amenophis und Nofretete. So geht und gründet eure eigene Familie. Teje und ich wünschen euch alles Glück und der Götter Segen», schloss Nimuria die kurze Zeremonie, und nochmals umarmten wir uns alle.

Dann wies Nimuria mit der Hand auf den Ausgang, und jetzt erst verstand ich, was er vorhatte. Der Wesir ging voraus, ihm folgten zwischen den Wedelträgern das königliche Paar und die Prinzessin, dann verließen Prinz Amenophis und Nafteta den Saal, zuletzt Ti und ich.

Als Ptahmose das Freie erreicht hatte, rief er mit lauter Stimme: «Der Herr der Beiden Länder, Horus, Erschienen in Wahrheit, Nimuria, Herr über alle Fremdländer, Sohn des Re, Amenophis! Werft euch nieder!»

Wir standen auf dem obersten Absatz der Treppe, und unten

auf dem Hof lag alles, was in Ägypten Rang und Namen hatte, vor uns im Staub.

Da flüsterte Ameni mir und Nafteta zu: «Seht ihr, diesen Anblick hättet ihr nicht gehabt, wenn ich euch hier draußen empfangen hätte.»

«Erhebt euch», erschallte wieder die Stimme des Wesirs, und ich konnte nur zu gut die wenigen neidischen und wutverzerrten Gesichter sehen, als sich die Menge vor uns erhob und mich und meine Tochter zwischen der königlichen Familie erblickte. Ich war daran gewöhnt, Nafteta bemerkte nichts davon. Aufgeregt und schüchtern lächelnd sah sie in die Gesichter der doch meist fröhlich jubelnden Menschen, bis der Wesir seinen Arm erhob und sofort alle schwiegen. Dann sprach Pharao:

«So höre denn, Volk von Ägypten, und freue dich: Der Thronfolger Amenophis, Sohn Meiner Majestät und der Großen königlichen Gemahlin Teje, und Nofretete, die Tochter Ejes, des Einzigen Freundes Meiner Majestät, werden ab heute zusammenleben als Mann und Frau. Der Götter Segen sei mit ihnen!»

Jetzt erst brach richtiger Jubel los, begleitet vom Schall der Posaunen und vom ohrenbetäubenden Lärm der Trommeln auf den Palastmauern und -türmen.

Nimuria gab Teje und den Wedelträgern ein Zeichen, und zu mir rief er: «Lass uns gehen! Sie sollen den Jubel allein und als den ihren genießen!»

Ich nickte nur kurz, wandte mich meinem Schüler zu und rief ihm zu: «Bleibt ihr noch hier. Wir erwarten euch im Thronsaal!» Dann folgte ich dem Königspaar in das Innere des Palastes.

«Wie sich die Dinge manchmal wiederholen», dachte ich bei mir, denn ich musste erneut an meine Heirat mit Merit denken. Es war im Palast von Waset gewesen, als uns Nimuria und Teje ebenfalls auf der Palasttreppe stehen ließen, damit wir allein den Jubel und die Hochrufe der Menge genießen konnten. Es waren oft diese Kleinigkeiten, die Amenophis als Freund auszeichneten, die ihn so liebenswert machten. Niemand hätte Anstoß daran genommen, wären er und Teje damals neben dem jungen Paar stehen geblieben. Aber im Nachhinein, wenn man über sein Handeln nachdachte, wurde diese kleine Geste zu einem Zeichen seiner Größe. Er sprach freilich nie über solche Dinge und wollte auch nicht darauf angesprochen werden. «Lass das», hätte knapp und fast unwirsch seine Antwort gelautet.

Die Heirat des Thronfolgers war kein Fest für das ganze Volk, wie es die Thronbesteigung, das Opetfest oder das Sedfest, die Feiern zum dreißigjährigen Jubiläum eines Herrschers, waren. Hier feierte nur der Palast, die Großen der Beiden Länder und die ausländischen Gesandten. Etwas anderes wäre es gewesen, wenn der Prinz schon Mitregent gewesen und seine Frau gleichzeitig zur Großen königlichen Gemahlin erhoben worden wäre.

Die Gäste strömten jetzt zum Klang Hunderter Flöten, Oboen, Harfen und kleiner Trommeln in die Palaststadt. Nimuria legte Wert darauf, dass sie alle erst durch einige Räume des Palastes gehen mussten, ehe sie die königlichen Gärten erreichten. So sahen sie all die Pracht, mit welcher sich Pharao umgab. Es gab Säle mit den feinsten und kostbarsten Götterstatuen aus allerlei Gestein, aus Holz, mit Gold überzogen und mit Edelsteinen besetzt. Säle, in welchen all die Felle der Löwen lagen oder an den Wänden hingen, die Nimuria getötet hatte, und es waren weit über hundert. Dort hingen auch die Trophäen all der anderen Tiere, die er erlegt und mit nach Waset gebracht hatte: gebleichte Schädel mit den Hörnern von Steinböcken, Kudus, Säbelantilopen, Oryx und auch jenes Buschbocks, dessen Hörner einst nach der Schlacht gegen das elende Kusch im fernen Äthiopien meinen Leibdiener Senu durchbohrten, nachdem sich Senu vor Pharao gestellt und ihm so das Leben gerettet hatte. Es gab einen Saal, an dessen beiden Längswänden nur die Schädel und Schweife von sechsundsiebzig Wildstieren hingen, die von Amenis Hand starben. Der weit größere Teil aber befand sich im Palast von Merwer in der Oase Fajum. Allein dort hingen einhundertvierzig Schädel und Schweife von Wildstieren!

All dies, die Pracht der Farben an den Wänden und Fußböden, die Blumensträuße und -gebinde, die kostbaren Möbel in jedem der zahlreichen Räume, ließen die Gäste Pharaos und des Prinzen nicht aus dem Staunen herauskommen. Im Gegensatz zum Vorabend fand hier nur ein Teil des Festes in den königlichen Gärten statt. Nimuria hatte die Art der nächtlichen Beleuchtung erstmals in meinem Garten gesehen, und in der Kürze der Zeit war es selbst Pharao nicht möglich, ein Fest gänzlich umzuplanen. Deswegen fanden nach Einbruch der Dunkelheit die eigentlichen Feierlichkeiten im Inneren des Palastes statt. In jedem der zugänglichen Räume reichten die bezauberndsten Mädchen des Landes Speisen und Getränke, wurde Musik gespielt und getanzt. Es war ein ständiges Kommen und Gehen, jeder wollte das Brautpaar und deren Eltern sehen und beglückwünschen oder einfach nur Neuigkeiten austauschen, die freilich nicht älter als einen Tag sein konnten, da sich die meisten der Gäste erst einen Abend vorher in meinem Palast gesehen hatten.

Ich war mehr und mehr gerührt über den Umgang von Nafteta und Amenophis miteinander: Nicht einen Augenblick ließ er von ihrer Hand oder verlor sie gar aus den Augen. Mit aller Geduld der Welt stellte er Nofretete die Gäste vor und erklärte ihr ausführlich, wer mit ihm wie verwandt war. Zwischendurch hob er kurz seine rechte Hand, in welcher die Linke Naftetas lag und küsste schnell ihren Handrücken. Dabei sah er sie mit seinen schwarzen Augen so durchdringend an, dass man – wenn man ihn nicht so gut kannte wie ich – hätte Angst bekommen können. Erst wenn Nafteta in seine Augen sah und ihn liebevoll anlächelte, wich aus seinem Antlitz dieser bohrend-fragende Ernst, wurden auch seine Lippen breit, und bei seinem Lachen zeigten sich die großen weißen Zähne, die man eher bei einem Nubier denn bei einem ägyptischen Prinzen erwartet hätte.

Ich hatte längst keinen Zweifel mehr, dass beide ein sehr glückliches Paar sein würden. Auch für alle anderen war es jetzt nicht mehr zu übersehen: Prinz Amenophis und Nafteta gehörten einfach zusammen.

Die kommende Nacht sollte meine Tochter bereits hier im Palast Nimurias verbringen, ehe sie am anderen Tag ihrem Gemahl folgend endgültig in dessen Palast in Waset einzog, und so für immer bei ihm bleiben würde. Auch war es Brauch, dass keiner der Gäste das Fest verließ, ehe sich die Brautleute nicht unter Gejohle und Freudengeschrei zurückgezogen hatten. Ich wollte mir das nicht mit ansehen. Dieses In-das-Schlafgemach-Führen musste nicht unter meinen, des Vaters Augen, geschehen. Ich wusste nicht, was meine Tochter und der Prinz vorher schon getan hatten – in meinem Palast, im Palast von Waset, irgendwo. Sicher haben sie in all den unzähligen Stunden, die sie gemeinsam verbrachten, nicht nur über die Schöpfung nachgedacht und zu Aton gebetet. Ich wollte es gar nicht wissen, und ich wollte es jetzt nicht sehen.

«Ist etwas mit dir», hörte ich die freundliche Stimme des Prinzen zu mir sagen, als ich etwas abseits von Ti vor einer zierlichen Steinfigur der Göttin Isis stand und unweigerlich an meine kleine Tänzerin denken musste. Nafteta war ebenfalls hinzugetreten und sah mich wie der Prinz mit bekümmertem Blick an.

«Es ist gut, dass ich euch hier allein antreffe», sagte ich zu ihnen und ergriff je eine Hand der beiden.

«Ihr werdet ohnehin bald das Fest verlassen und», jetzt wurde ich etwas verlegen und zögerte, «und unter Jubel nach oben begleitet werden. Das ist vielleicht nicht der Moment für einen Vater, den er unbedingt erleben muss – wenn ihr versteht, was ich meine. Ich würde gerne vorher mit Ti das Fest verlassen, wenn ihr mir nicht böse seid.»

«Aber Vater, was ist mit dir?», fragte Nafteta sorgenvoll, und ich sah ihr an, dass sie richtige Schuldgefühle bekam.

«Lass ihn nur», unterbrach sie Amenophis. «Ich kann ihn schon verstehen. Ich werde Vater und Mutter in einem passendem Augenblick unauffällig sagen, dass ihr beide schon gegangen seid.»

«Ich danke euch für euer Verständnis und seid mir nicht böse! Es ist auch genug für heute, und morgen sehen wir uns wieder.»

Ich umarmte zuerst meine Tochter, dann wurde ich von meinem Schüler liebevoll in den Arm genommen. Er drückte meinen Kopf an seine Brust und sagte leise: «Ich danke dir, Eje!»

«Es ist schon gut, Amenophis!»

Mehr brachte ich nicht heraus.

Ti war über meinen hastigen Aufbruch etwas überrascht, aber ich gab mir Mühe, das Fest so zu verlassen, dass es möglichst wenig Gäste überhaupt zur Kenntnis nahmen.

Ein Offizier der Leibgarde fuhr unseren Wagen, und ein zweiter folgte zu unserer Sicherheit. Noch immer standen Soldaten vom Palasttor bis zur Anlegestelle am Westufer des Flusses, jetzt freilich mit Fackeln, damit man überhaupt etwas sehen konnte. Über uns wölbte sich der schönste Sternenhimmel Ägyptens, der umso prächtiger strahlte, als kein Mond schien. Die Wagen fuhren langsam an den Soldaten vorbei, und ich konnte mir Gesicht für Gesicht ansehen. Dann dachte ich wieder an Amenophis und Nafteta und daran, dass sie das Fest sicher schon verlassen hatten.

Der Gedanke, dass meine Tochter den Mann, den sie so sehr liebte, endlich geheiratet hatte, und dass sie gewiss viele Kinder haben würden, stimmte mich wieder fröhlich. Ich schlug dem Offizier kräftig auf die Schulter, nahm Ti fest in den Arm und rief:

«Jetzt gib ihnen aber einmal die Peitsche! Ich will noch vor Sonnenaufgang zu Hause ankommen!»

Der Offizier drehte sich nach mir um und sah mich mit ungläubigen Kuhaugen an. Mir war gleich, was er von mir dachte. Ich schob ihn zur Seite, sagte, er solle Ti in den Arm nehmen und hielt ihm meine Perücke und mein Kopftuch entgegen. Ich ergriff die Zügel und ließ sie mit Schwung auf die Pferderücken klatschen. Ti wusste, dass ich gerne schnell fuhr und hielt sich gleich mit einer Hand am Rand des Wagens fest, mit dem anderen Arm umgriff sie den Offizier. Ich liebte es, wenn die Augen, obwohl bis auf winzige Schlitze geschlossen, zu tränen begannen, der Fahrtwind die Haare zerzauste, aufgewirbelte Sandkörner wie Nadeln auf dem Körper stachen und hinter einem alles in einer Staubwolke verschwand wie in einem Sandsturm. Am Tempel der Millionen Jahre meines Freundes Ameni ging es jetzt scharf nach rechts, und die Soldaten dort machten vor Angst einige Schritte nach hinten, sie fürchteten offenbar, dass mein Gefährt aus der Kurve getragen werden und sie erschlagen würde. Ich muss zugeben, es fehlte nicht viel, aber ich ließ mir von dem Schrecken, den ich selbst bekam, nichts anmerken. Als wir unbeschadet die Anlegestelle erreicht hatten, sah mich der Soldat mit noch größeren Augen an als zuvor.

«Ich dachte, du bist bei der Streitwagentruppe», sagte ich etwas spöttisch zu dem Offizier.

«Ja, edler Herr», sagte er mit gesenktem Blick.

Zu mehr war er nicht fähig, und ich beließ es dabei.

Die Stille auf der Fähre war zu schön, um durch überflüssige Gespräche unterbrochen zu werden. Ti stand vor mir an der Reling, und ich umfasste sie von hinten mit beiden Armen und schaute mit ihr hinüber auf das westliche Ufer. Wir sahen die Fackeln der Soldaten wie eine Kette von der Anlegestelle bis zur Palaststadt führen. Ich erkannte – wenn auch bereits verschwommen – die vielen Lichter in den Fenstern des Palastes der leuchtenden Sonne. Dann sahen wir wieder in den Sternenhimmel, der jetzt, wo wir nicht mehr von Fackeln geblendet wurden, noch klarer erschien als zuvor.

«Das dort oben», ich zeigte auf Sterne über uns, «das nennen die Babylonier den Stier. Und das dort drüben – nein, weiter oben – den Skorpion.»

Ti streichelte mit ihren kleinen Fingern über meinen linken Arm und sagte: «Denkst du noch oft an sie?»

«An manchen Tagen mehr, an manchen Tagen weniger. Dir wird es mit Maj nicht anders ergehen als mir mit Merit.»

«Ja, da hast du Recht, Eje», flüsterte Ti, und sie schien mit dieser Antwort, die eher einer nüchternen Feststellung gleichkam, zufrieden zu sein, denn jetzt legte sie ganz liebevoll ihren Kopf gegen meine Schulter.

Am östlichen Ufer angekommen, setzte ich Perücke und Kopftuch wieder auf, verabschiedete mich von dem Offizier und fuhr den Wagen, sehr zur Beruhigung meiner Frau, im Schritttempo zu meinem Palast zurück.

Eines Nachmittags sperrte ich mich in meinem Arbeitszimmer ein und öffnete hinter einem Wandregal, das ich zur Seite rückte, mein geheimes Versteck. Isis saß vor meinem Fenster auf der Terrasse und spielte im Schatten eines Sonnensegels auf ihrer Harfe, während ich andächtig jedes einzelne Schmuckstück auf meinem Schreibtisch ausbreitete: meine Halskragen, Armreife, Ringe und auch die drei goldenen Fliegen, die mir Nimuria nach der Schlacht gegen die aufständischen Nubier als Auszeichnung überreicht hatte. Da lag sowohl der Schmuck, den Merit von Babylon mitgebracht hatte, als auch jener, welchen ich ihr einst geschenkt hatte. Ich schüttete aus einem Lederbeutel Edelsteine auf den Tisch und stapelte gewiss zweihundert Deben Gold auf dem Boden nebeneinander. Zuletzt kam ich mir vor wie ein kleiner Junge, der seine Spielzeugsoldaten aufstellt und sich voll Besitzerstolz an dem Anblick weidet. Nafteta sollte nicht allen Schmuck von Merit bekommen, denn einen Teil wollte ich für meine kleine Tochter Mutnedjemet behalten.

Maja, der junge Verwalter, der vor einigen Wochen in meine Dienste getreten war, trieb mit den Knechten all das Vieh zusammen – Rinder, Schafe, Ziegen, Gänse und Enten –, das für die Domäne meines Schwiegersohnes bestimmt war. Und Ti zog sich mit zwei Dienerinnen in die Wäschekammern zurück, um dort für Nofretete das feinste Leinen herauszusuchen, das in den letzten Jahren in unserem Haus gesponnen wurde.

Die Mitgift war beträchtlich.

Ti ließ die von ihr ausgesuchte Wäsche auf einen Wagen laden und verabschiedete sich von mir, weil sie gleich in den Palast fahren und ihre Geschenke zu Nofretete bringen wollte. Ich sollte am frühen Abend nachkommen.

Ich wickelte den Schmuck, den ich für meine Tochter ausgesucht hatte, in Leinentücher und füllte die Edelsteine für Amenophis in einen kleinen Lederbeutel. Zusammen mit einem Teil meines Goldes legte ich alles in einen Kasten aus Ebenholz. Seinen Deckel zierten Einlegearbeiten aus Elfenbein mit den Abbildungen und den Namen des jungen Paares. Ich hörte trotz des Harfenspiels draußen die Stimmen Tis und ihrer Dienerinnen und trat auf die Terrasse. Als der Wagen losfuhr, winkte ich den Frauen zum Abschied zu. Ich ging zurück und ließ meine Blicke nur kurz über das Gesicht des Mädchens huschen. Ich tat, als hätte ich ihr verstohlenes Lächeln nicht gesehen. Weil es heiß war und weil ich eine angenehme Müdigkeit verspürte, legte ich mich auf die Liege in meinem Zimmer und genoss noch eine Weile das Harfenspiel, ehe ich einschlief.

Ich träumte vom Palast Nimurias und von seinem Arbeitszimmer, in welchem ich mich als alter Mann aufhielt. Und ich träumte von einer Kobra, die dort mit aufgerichtetem und geblähtem Kopf auf dem Tisch lag und mich anzischte. Ich wollte nach der Schlange greifen, aber sie ließ es nicht zu, denn mit zitternder Zunge fauchte sie mich immer wieder bedrohlich an, zeigte ihre Giftzähne und wollte zubeißen. Dann betrat ein kleiner Junge den Raum und ging auf die Schlange zu. Er nahm sie mit beiden Händen und trug das völlig zahm gewordene Tier hinaus.

Jemand streichelte mir über die Stirn und sagte: «Was hast Du, Eje? Wach auf! Du träumst.»

Ich brauchte eine Weile, ehe ich begriff, dass ich nicht mehr träumte, sondern dass die Berührung, dass die Stimme Wirklichkeit waren. Es war Isis, die neben mir auf der Liege saß, sich über mich beugte und sich dabei mit durchgestreckten Armen neben meinen Schultern abstützte. Mit großen, schwarzen Augen sah sie mich an.

«Du hast zweimal gerufen ‹Ich will dich haben›. Und erst, als ich hereinkam, merkte ich, dass Du das im Traum sagtest. War es etwas Schlimmes?»

Mir war es nicht recht, dass mich Isis im Schlaf und noch dazu in einem Traum überrascht hatte, weswegen ich log: «Ich weiß es nicht. Es war sicher nichts Schlimmes. Es ist auch schon vorbei.»

Die Respektlosigkeit, mit welcher mich Isis in der vertrauten Form ansprach, irritierte mich etwas. Aber nachdem ich mir unsere erste Begegnung in Erinnerung gerufen hatte, wurde ich mir der Lächerlichkeit meines Ärgers bewusst. Sie nahm einen Arm zurück, um sich mit der Hand durch die Haare zu fahren, und dabei berührte sie wie zufällig meine Wange. Ich glaubte nicht an einen Zufall, ergriff ihre Hand, drückte sie gegen meinen Mund und küsste sie. Dann zog ich ihr den anderen Arm weg, und langsam kam ihr Oberkörper näher, bis er auf meinem lag. Ich sah lange in ihre schwarzen Augen. Sie waren so ruhig, wirkten so selbstsicher und doch ein wenig traurig. Ihr Gesicht kam immer näher. Ich roch ihren frischen, jungen Atem, der jetzt heftiger ging. Ganz vorsichtig, ganz zärtlich rieb sie ihre Wange an meiner, so als ob sie meinen Bartwuchs prüfen wollte.

«Warum siehst du mich so an?», fragte ich leise.

«Es sind Deine Augen, Eje, die mich so fesseln. Noch nie sah ich Augen wie Deine. Blaue Augen sind selten in Ägypten.»

Ich spürte, wie ihre warmen Lippen meinen Hals berührten. Dann biss sie mich zärtlich in mein linkes Ohrläppchen und hauchte leise: «Lass uns nicht länger warten, Eje. Bis Merwer halte ich es nicht aus.»

«Pssst», machte ich nur, und meine Fingerspitzen glitten von ihrem Hals über den Rücken hinab bis zu ihrem kurzen Schurz. Ich öffnete seine Schließe und ließ die Spitzen meiner Finger weiterwandern über diesen so vollkommenen Körper. Es gefiel ihr. Sie glitt von meinem Körper herab, legte sich bäuchlings neben mich und sah mich von der Seite an. Ich spürte ihre heißen Hände an meinen Hüften, dann auf meinem Rücken. Ihre Fingerspitzen umkreisten mein Muttermal, genau in der Mitte des Rückens, dort, wo sonst der Gürtel meines Schurzes den Körper bedeckt. Währenddessen küsste ich ihren Hals, und als sich meine Lippen auf ihre rechte Schulter zubewegten, sah ich es plötzlich wieder, das verfluchte und verhasste Abbild: Sie trug auf der Haut das Zeichen Amuns, einen kleinen Widderkopf. Wer war dieses Mädchen? Was wollte sie von mir? Ich ließ mir nichts anmerken und küsste noch einmal ihren Rücken.

«Es geht hier nicht, Isis. Ich kann es einfach nicht. Gib uns Zeit bis Merwer. Wir sind ja schon bald dort.»

Es kam kein Widerwort von ihr. Vielmehr nahm sie meinen Kopf zwischen ihre Hände und küsste mich so inniglich, dass ich beinahe meinen Vorsatz, es nicht geschehen zu lassen, wieder aufgegeben hätte. Doch plötzlich ließ sie von mir ab, schloss noch im Liegen ihren Schurz und sprang auf.

«Du hast Recht Eje, nicht hier, obwohl es gerade sehr schön war. Aber in Merwer entkommst Du mir nicht mehr», lachte sie mich an.

Dann küsste sie noch einmal flüchtig meinen Mund und verschwand auf die Terrasse.

Ich schwor mir, dass ich dieses Mädchen nicht wieder anrühren würde, ehe ich nicht alles, aber auch wirklich alles über sie in Erfahrung gebracht hatte. Es gab in ganz Oberägypten nur einen einzigen Mann, der mir dabei helfen konnte und auf dessen Verschwiegenheit ich vertrauen durfte. Es war Turi, der Vorsteher der Polizei von Waset-Ost. Ihn wollte ich am anderen Morgen aufsuchen.

Ich nahm meine Ebenholzschatulle und ließ mich von Maja, meinem Verwalter, zu Prinz Amenophis und Nofretete bringen.

In dieser Nacht fand ich kaum Schlaf. Wie oft war mir dieser Widderkopf schon begegnet und hatte Unheil mit sich gebracht! Ich konnte nicht an einen Zufall glauben. Erst früh am Morgen schlief ich ein.

Nach dem Frühstück schickte ich meinen Schreiber zu Turi und ließ mich bei ihm noch für diesen Vormittag anmelden. Dann legte ich mich für eine Stunde auf die Liege unter meiner Lieblingspalme und dachte nochmals darüber nach, ob es richtig war, den Vorsteher der Polizei von meinen Bedenken zu unterrichten. Aber seit jener Zeit, da ich gemeinsam mit Tahuti und Turi die Verbrechen bedeutender Männer dieser Stadt aufgedeckt hatte und wir dabei sogar unser Leben aufs Spiel gesetzt hatten, seit jener Zeit hatte ich zu Turi blindes Vertrauen.

Also ging ich zu ihm.

Turi war ein alter Mann. Er war über fünfundsechzig Jahre alt und hätte sich schon längst zur Ruhe setzen können. Verdient hätte er es allemal. Doch sein Geist war viel zu frisch, viel zu beweglich, als dass er sich für den Rest des Lebens unter den Schatten seiner Bäume zurückgezogen hätte. Er war außergewöhnlich groß und, ohne dick zu sein, von stattlicher Figur. Er hatte kaum mehr Haare, nur seinen Hinterkopf umgab ein dünner, grauer Kranz. Wenn man ihn ansah, fielen zuerst seine kräftige Nase und sein Doppelkinn auf. Unter buschigen Augenbrauen blitzten muntere kleine Augen.

Zu einem kräftigen Händedruck sagte er: «Was führt den Einzigen Freund Seiner Majestät und künftigen Gottesvater zum Vorsteher der Polizei? Möchtest du etwa jemanden anzeigen, Eje?»

Wir umarmten uns kurz, wie es Freunde tun, und dann sagte

ich zu ihm: «Ich sehe dich freilich lieber bei einem fröhlichen Fest, als hier in deinem Arbeitszimmer. Nur diesmal ist es mir ernst. Ich brauche deinen Rat und hoffe, du lässt mich nicht im Stich.»

«Es klingt geradezu bedrohlich, Eje», spöttelte er ein wenig und bot mir mit einem Fingerzeig einen Stuhl an.

Ich hielt es für nötig, ihm alles zu erzählen, von Anfang an. Turi kannte zwar all die Geschichten, doch ich fand es wichtig, ihm nochmals ins Gedächtnis zu rufen, wie einst der kleine Amuntempel im Palastgarten von Men-nefer die Geschwister Pharaos erschlug. Dass jener Grabräuber, der mich und Senu im Steinbruch von Tura abstechen wollte, einen Anhänger mit einem Widderkopf trug. Oder dass mein Verwandter Anen, selbst Priester des verborgenen Amun, tot vor dem großen Torturm des Amunheiligtums lag, nachdem er mich am Abend vorher zurechtgewiesen und gewarnt hatte. Und ich erinnerte ihn an den merkwürdigen Tod von Prinz Thutmosis und an den des Balsamierers, der mir im Hafen von Men-nefer ein Geheimnis preisgeben wollte. Dann erzählte ich ihm von dem Mädchen Isis und auch davon, wie nahe wir uns gekommen waren. Turi zog zum Zeichen seiner Missbilligung die Augenbrauen nach oben und zupfte sich am Ohr, ließ mich aber fortfahren. Zuletzt berichtete ich ihm von dem Abbild des Widders auf der rechten Schulter des Mädchens.

«Ist das ein Zeichen der Tempeltänzerinnen?», fragte ich ihn.

«Das kann ich dir vielleicht in ein paar Tagen sagen. Aber komm mit. Ich zeige dir etwas.»

Schweigend gingen wir aus seinem Zimmer, durchquerten einige Säulengänge des Polizeigebäudes und gelangten schließlich in einen kleinen schattigen Hof, in dessen Mitte ein steinerner Tisch stand, wie ihn die Balsamierer benützten. Darauf lag unter einem Leinentuch ein lebloser Körper.

Turi zog das Tuch zur Seite und sagte: «Könnte das deine Isis sein?»

Entsetzt sah ich Turi an und brachte kein Wort heraus. Sie war es. Ja, es war Isis, dieses junge und schöne Mädchen. Ich nickte stumm.

«Dreht sie um», befahl Turi zwei Dienern, die dort zu tun hatten. Das Bild des Widderkopfes war verschwunden, denn man hatte an jener Stelle ein ganzes Stück Haut und Fleisch aus ihrer Schulter herausgeschnitten, wo sie vorher das Symbol ihres Gottes trug.

«Da war es», stammelte ich und zeigte auf die grausige Stelle.

«Sie wurde bei Tagesanbruch gefunden. Vor dem großen Torturm am westlichen Ausgang des Amun-Tempels. Ich glaube, du hast gut daran getan, zu mir zu kommen, Eje.»

Die beiden Diener drehten den leblosen Körper wieder um, und ein letztes Mal sah ich in die schwarzen Augen des Mädchens, bevor ich ihr als letzten Dienst die Augenlider schloss. Dann bedeckte das weiße Leinen den Körper der Toten.

Da lag also Isis, die so viel Spaß am Leben gehabt hatte, die verlockend war, wie die Göttin, deren Namen sie trug, die mich beinahe um den Verstand gebracht hatte. Wie elend waren doch diese Menschen, die dieses arme Mädchen benutzt und dann von einem Turm hinabgeworfen hatten wie einen Haufen Dreck! Ich würde die Mörder ausfindig machen! Irgendwann, und wenn ich dazu hundert Jahre alt werden musste. Das hatte ich mir schon nach dem Tod Anens geschworen. Jetzt wiederholte ich diesen Schwur.

«Gib ihr wenigstens ein anständiges Begräbnis und sage mir, was du dafür bekommst. Sie hat es nicht verdient, im Wüstensand verscharrt zu werden», sagte ich zu Turi, als wir den Hof wieder verließen.

«Vielleicht wollte sie dich umbringen, Eje! Und du willst sie in Ehren beisetzen lassen?»

«Turi», sagte ich, und ich blieb jetzt stehen. «Wenn sie es gewollt hätte, dann hätte sie es zweimal tun können, und ihre Aussicht, nicht gefasst zu werden, war gar nicht schlecht. Vermutlich musste sie sterben, weil sie mich nicht getötet hatte. Vielleicht sollte sie mich aber auch nur ausspionieren, und ihr Bericht war ihren Auftraggebern zu dürftig. Weißt du es? Vielleicht war auch nur beabsichtigt, dass ich beim Ehebruch ertappt würde und so beim Guten Gott, er lebe, sei heil und gesund, in Ungnade fallen oder auch nur erpressbar würde. Ich weiß es nicht.»

«Wer es wissen könnte, sind die beiden Mädchen, die gemeinsam mit dieser Isis in deinen Palast kamen», gab Turi zu bedenken, doch mir missfiel der Unterton, in welchem er von «dieser Isis» sprach.

«Aber wenn sie irgendetwas mit einem Verbrechen zu tun haben, dann sind sie vermutlich schon weg», fügte er hinzu und gab somit die Hoffnung, die Wahrheit herauszufinden, wieder auf.

«Ich fürchte, es hat keinen Sinn, Turi. Wir werden hier ebenso wenig die Wahrheit herausbekommen wie beim Tod von Anen und Prinz Thutmosis. Ich werde künftig jeden Bediensteten persönlich in Augenschein nehmen, ehe ich ihn bei mir einstelle», sagte ich spöttisch.

«Du solltest vielleicht nicht gleich jede Musikantin an dich heranlassen, auch wenn sie erst achtzehn ist. Sie könnte deine Tochter sein.»

«Du musst mich nicht belehren, Turi. Sie könnte auch deine Enkelin sein, und ich bin mir sicher, auch dir hätte der Schweiß auf der Stirn gestanden, hättest du sie so angetroffen, wie ich es tat. Du hast aber im Übrigen Recht. Ich sollte vorsichtiger sein.»

Wir hatten zwischenzeitlich das Arbeitszimmer Turis erreicht und setzten uns wieder. Wir sprachen jetzt von den Feiern der letzten Tage und davon, wann wohl der Prinz zum Mitregenten ernannt werden würde. Ich wusste es genau, doch einige von Turis Bemerkungen hatten mich geärgert, und darum musste er von mir nicht alles wissen.

Bevor ich ihn verließ, bat ich ihn dennoch um einen Gefallen: «Ich denke, der Tod dieses Mädchens ist zu unbedeutend, dass Maat nicht darunter leidet, wenn Pharao nichts von alledem erfährt.»

Turi legte seine Hand auf meine Schulter und lächelte das gütige Lächeln eines alten Mannes: «Ich kann nichts erkennen, was in diesem Fall auf einen Mord hindeutet. Also muss ich von einer Selbsttötung ausgehen. Diese muss ich weder dem Wesir noch dem Guten Gott, er lebe, sei heil und gesund, melden. Das Mädchen wird als eine Bedienstete des Polizeiamtes bestattet. Bist du damit zufrieden?»

Ja, ich war sehr zufrieden und hatte ihm längst wieder alles verziehen. Zum Abschied hielt er mir seine große Hand entgegen, und ich drückte sie fest und herzlich.

Der Tod des Mädchens Isis stimmte mich nachdenklich. Als Mensch hatte sie mir nicht viel bedeutet, aber was wäre geworden, wenn sie weitergelebt hätte, wenn ich sie in wenigen Wochen in der Stille der Oase wiedergetroffen hätte? Ein paar vergnügte Stunden oder doch eine echte Liebesbeziehung? Sie hätte mich in ernsthafte Schwierigkeiten bringen können, denn so etwas lässt sich nicht lange verheimlichen. Ein Palast hat zu viele Augen und Ohren. Darum war ich letztlich erleichtert, weil mir das Schicksal diese Versuchung durch den Tod Isis' einfach erspart hatte. Schrecklich, dieser Gedanke!

Es verhielt sich so, wie Turi vermutet hatte: Die anderen beiden Mädchen waren an diesem Morgen spurlos verschwunden. Ti war hierüber natürlich sehr erstaunt, doch ich spielte die Angelegenheit herunter.

«Du weißt doch, wie Musikanten sind», sagte ich zu ihr, «jeden Tag haben sie etwas anderes im Kopf und sind heute hier, morgen dort.»

Ti wusste natürlich nicht, wie Musikanten sind.

Weil das Grab Nimurias im Totental jenseits des Flusses seiner Vollendung entgegenging, erhielt ich von Pharao die Erlaubnis, mein eigenes Grab, dessen Platz ich mir vor Jahren aussuchen durfte, erbauen zu lassen. Bis dahin hatte ich mir über dessen Ausgestaltung noch keine Gedanken gemacht. Jetzt saß ich über einem großen Stück Papyrus, hielt den Federkiel in der Hand und wusste nicht, wie ich anfangen sollte. Es durfte nur einen Vorraum haben. Gewiss, mehr stand mir nicht zu. Doch wie sollten die Wände dekoriert werden? Da kam mir mein Verwalter Maja in den Sinn.

«Erwähntest du nicht vor einigen Wochen, dass dein Freund Nacht sich gerade ein Grab einrichten lässt?», fragte ich ihn und sah ihn hoffnungsvoll an.

«Herr, es ist zwar bei weitem nicht vollendet, aber man kann schon viele interessante Dinge sehen.»

Nacht war ebenso alt wie Maja, also gerade zwanzig, und war Schreiber auf dem größten Landgut des Prinzen am südlichen Stadtrand. Er hatte es seiner vorbildlichen Arbeit zu verdanken, dass er sich schon in jungen Jahren ein Grab einrichten durfte. Das hatte den großen Vorteil, dass es ganz nach seinen Vorstellungen und sehr sorgfältig ausgeschmückt werden konnte. War der Grabherr erst einmal tot, drängte die Zeit, und oft genug kam es vor, dass die Angehörigen ein unvollkommenes Grab verschließen mussten.

«Ob dein Freund etwas dagegen hat, wenn ich es mir einmal ansehe?», fragte ich Maja.

«Im Gegenteil, Herr. Ich denke, es wird ihm eine Ehre sein! Es ist ein sehr außergewöhnliches Grab, Herr. Ihr werdet staunen.»

Eher beiläufig erzählte ich Prinz Amenophis von meiner Absicht, das Grab des Nacht zu besuchen.

«Nimmst du mich mit?», fragte er ohne Umschweife. Schon am frühen Nachmittag fuhren wir los. Am Westufer des Flusses führte unser Weg nach Norden. Dann bogen wir in westliche Richtung ab, geradewegs auf den Totentempel von Pharao Hatschepsut zu, dann ging es noch ein kurzes Stück nach Süden. Ziemlich genau in der Mitte zwischen dem Totentempel Nimu-

rias und dem der Hatschepsut lag am Anstieg zum Gräberberg
der Beamtenschaft das Grab des Schreibers Nacht. Der Schreiber wartete schon und erschrak so sehr, als er seinen Herrn kommen sah, dass er vor Prinz Amenophis in den Staub fiel, als stünde Pharao selbst vor ihm.

Der Prinz lachte und sagte: «Erhebe Dich, Nacht! Es ist nicht
nötig, vor mir in den Staub zu fallen.» Dann sah der Prinz über
dem Grabeingang die Statue seines Schreibers, wie er eine Steinplatte hielt, die etwa eine Elle hoch und beschriftet war.

Der Prinz las laut vor:

«Bete Re an, wenn er aufgeht
bis zum Eintritt seines Untergangs im Leben
durch den Stundenpriester des Amun,
den Schreiber Nacht, der gerechtfertigt ist.
Sei gegrüßt, Re, bei deinem Aufgang,
Atum, bei deinem schönen Untergang!
Du erscheinst und erglänzt auf dem Rücken deiner Mutter,
du bist erschienen als König der Götter.
Nut führt die Begrüßung aus vor deinem Angesicht,
Maat umarmt dich allezeit.
Du durchquerst den Himmel mit weitem Herzen,
der Messersee ist zur Ruhe gekommen.
Der Rebell ist gefallen, seine Arme sind gebunden,
das Messer hat seinen Wirbel durchschnitten.»

Mein Schüler schwieg noch eine Weile, ohne seine Blicke von
der Tafel abzuwenden. Dann sagte er: «Es sind schöne Worte,
die Du ausgesucht hast, Nacht. Sie machen mich neugierig auf
das Innere. Darf ich eintreten?»

Der Schreiber nickte schweigend.

Wir gingen über einen kleinen Hof und durch eine schmale
Tür in einen quer gelegenen Raum, der etwa zehn Ellen breit
und drei Ellen tief war, und den man «Breite Halle» nennt. Die
Wände dieses Raumes waren vollständig ausgemalt. Zu beiden

Seiten des Eingangs sah man den Grabherrn und seine Frau Taui beim Brandopfer. Daneben sahen wir Bilder von der Feldarbeit, der Ernte und von der Weinlese. Einmal war der Grabherr im Schilf abgebildet, wie er mit einem Wurfholz nach Enten wirft, die aufgeflogen waren, und gegenüber in der Haltung eines Fischers, der im Begriff steht, seinen Speer ins Wasser zu stoßen. Der Maler hatte auffällig viel Grün und Blau in allen Schattierungen verwendet, und selbst die Schrift über dem Bild war in blauer Farbe. Blau und Grün waren gewiss keine billigen Farben.

Die rechte, gegenüberliegende Wand beherrschte eine Vogeljagd im Papyrusdickicht, die linke Wand die jährliche Gedenkfeier für die Verstorbenen, die man auch «Das schöne Fest vom Wüstental» nannte.

Was wir erblickten, versetzte uns in Erstaunen, denn da waren nicht mehr die streng gegliederten Bilder in der überkommenen Art der Darstellung, nicht mehr Menschen in der unserem Land eigenen Haltung des Kopfes, des Rumpfes und der Glieder. Da saß ein blinder Harfner mit untergeschlagenen Beinen, und der Betrachter sah dessen nackte linke Fußsohle, den kahl rasierten Kopf und tiefe Falten im vorstehenden Bauch. Hinter ihm saßen oder hockten drei Damen, die Zweite drehte sich nach hinten und reichte der Letzten eine Frucht. Man sah eine Gruppe junger Musikantinnen, und jedes dieser Mädchen war in einer anderen Haltung abgebildet. Die Erste trug ein bodenlanges, weißes Kleid und spielte mit leicht gesenktem Kopf Flöte. Das mittlere Mädchen drehte ihren fast völlig nackten Körper nach hinten, ihr rechtes Bein war angewinkelt und die Finger ihrer linken Hand griffen nach den Saiten der Laute, die sie gerade spielte. Das dritte Mädchen trug dasselbe weiße Gewand wie die Erste, spielte stehend auf ihrer Harfe und sah dabei auf den Grabherrn.

Als ich mir die Mädchen der Reihe nach ansah und schließlich am rechten Bildrand angelangt war, erschrak ich so sehr, dass ich nur mit Mühe einen kleinen Aufschrei unterdrücken konnte. Das Mädchen mit der Harfe war ohne jeden Zweifel niemand anderes als Isis. Um keine Aufmerksamkeit zu erregen, sah ich mir auch die anderen Wände genau an, dann kehrte ich nochmals zu den Musikantinnen zurück. Jetzt war ich mir auch sicher, dass nicht nur Isis abgebildet war, sondern auch die beiden anderen Mädchen, die ich bei mir beherbergt hatte.

«Die Damen haben es dir offenbar angetan, Eje», spöttelte der Prinz und trat neben mich.

«Sieh dir diese Bilder genau an, Amenophis», gab ich ihm zur Antwort, «Derartiges wirst du so bald nicht wieder sehen. Diese Bewegung in den Bildern, die Haltung der Körper, die Farben – es ist alles neu! Auch Kleinigkeiten sind mit so viel Liebe und Freude dargestellt. Sieh hier: Die Katze, wie sie einen Fisch frisst.»

«Wie heißt der Maler?», fragte der Prinz seinen Schreiber. Nacht zupfte sich verlegen an seinem kurzen Kinnbärtchen, war er sich doch nicht sicher, ob seinem Freund Nebamun Strafe oder Lob erwartete.

Dann senkte er etwas den Kopf und sagte leise: «Er heißt Nebamun, mein Prinz. Er lebt in der Totenstadt jenseits des Berges.»

Nacht sah mich mit so traurigen Augen an, dass der flehentliche Wunsch, ich möge ihm helfen, nicht zu übersehen war.

«Ich glaube nicht, dass Euer Herr beabsichtigt, Nebamun zu bestrafen», versuchte ich ihn zu beruhigen und forderte damit gleichzeitig eine Bemerkung des Prinzen heraus.

«Weshalb bestrafen? Wie kommt Ihr darauf, dass Nebamun Strafe erwarten könnte?», fragte Amenophis sichtlich verwundert.

«Weil er sich nicht streng an die Regeln gehalten hat, Herr. Er zeigt Dinge, die man früher nie so darstellen durfte», gab Nacht kleinlaut zurück.

«Von Strafe kann hier nicht die Rede sein, Nacht. Wenn jemand die Dinge so darstellt, wie sie sind, dann ist er ehrlich und dient nur der Wahrheit. Ich möchte diesen Mann so bald wie möglich kennen lernen!»

Es war nicht nur Nebamun, der wenige Tage nach dem Besuch dieses Grabes in den Palast des Prinzen kam, sondern auch der Bildhauer Thutmosis.

Thutmosis war über viele Jahre hinweg der begehrteste Bildhauer Oberägyptens, vielleicht sogar der Beiden Länder. Seit der Zeit, als ich von ihm eine Steinfigur Pharaos anfertigen ließ, wurde er vom Hof mit Aufträgen überhäuft. Ameni hatte sich nach und nach an den Werken Thutmosis' sattgesehen, sodass es etwas ruhiger um ihn wurde. Thutmosis, der etwas älter als fünfzig Jahre war, nutzte jetzt die Zeit, um im Verborgenen Dinge zu versuchen, an die bis vor kurzem noch niemand gedacht hätte. Er fertigte Köpfe aus Holz, Sandstein und Alabaster nicht mehr nach den alten ägyptischen Regeln der Steinmetzkunst, sondern er ging mehr und mehr dazu über, die Menschen nach ihrem wirklichen Äußeren darzustellen. Er hatte es aber nie gewagt, seinem Herrscher auch nur eines dieser Kunstwerke zu zeigen. Ich besuchte ab und zu Thutmosis, weil er seit dem Tod seiner zweiten Frau allein lebte und sich freute, wenn ihm jemand bei einem Krug Wein Gesellschaft leistete. Jetzt, da ich um die Neugier des Prinzen selbst in diesen Dingen wusste, rief ich auch Thutmosis in den Palast des Prinzen.

Er trug einen sehr einfachen, faltenlosen Schurz und eine ebenso einfache Perücke, wie sie in Waset niemand von Stand mehr benützte. Er war für sein Alter auffallend schlank, ja geradezu dürr, und wenn er sprach, ragten unter den schmalen, aber vollen Lippen große weiße Zähne hervor. Seine Sprache war bedächtig und seine Worte stets wohl gewählt. Er liebte Musik über alles und beschäftigte deswegen ständig zwei bis drei Musiker, die von morgens bis abends spielen mussten. Das Besondere aber war, dass er nicht nur ägyptische Musik schätzte, sondern es gab keinen, der syrische und nubische Musik so gut kannte wie er. Und man erzählte sich, dass es weit und breit keinen so ausgezeichneten Harfner gab wie Thutmosis. Ich kannte nur niemanden, der ihn selbst einmal gehört hätte, da er fast immer nur für sich allein spielte.

Als er kam, trug er eine Holzschachtel mit sich. Sie war weniger als eine Elle hoch, und ihre Seiten waren nicht breiter als eine Handspanne. Er begrüßte den Prinzen und Nafteta mit der Eleganz, wie sie Höflingen seines Alters zu Eigen ist: vollendet und mit ausgesuchten, aber nicht schmeichlerischen Worten.

«Eure Weisheit und Weitsicht werden überall gerühmt, mein Prinz. Dass da noch Platz ist für einen alten Künstler wie mich, von dem niemand mehr etwas wissen will, ehrt mich umso mehr. Die Schönheit Eurer Gemahlin wird ebenso gerühmt. Doch jetzt, da ich sie sehe, muss alles Lob verstummen. Denn, sei es auch noch so vollkommen, es wird ihrer wahren Schönheit nicht gerecht!»

Dann verneigte er sich so tief er konnte und stellte die hölzerne Schachtel neben sich auf den Boden.

«Obwohl Du schon lange zurückgezogen lebst, hast Du die süßen Töne der Paläste nicht verlernt, Thutmosis. Wir vernehmen es gerne. Es wurde mir viel über Dich berichtet, und ich habe schon unzählige Deiner Werke gesehen und bewundert. Eje erzählte mir, Dein Schaffen hätte einen Wandel erfahren, der jedoch den meisten Augen bislang verborgen blieb. Gibt es einen Grund dafür?»

«Seit zweitausend Jahren formen und meißeln unsere Künstler Abbilder der Herrscher und ihrer Untertanen nach strengen und unveränderbaren Gesetzen. Die Länge der Arme und der Beine müssen in einem genauen Verhältnis zur Körpergröße stehen. Der Blick der Augen ist ebenso vorgegeben wie die Stellung der Mundwinkel und der Beine. Und der Körper Pharaos kennt kein Alter. Er ist beim Herrscher, dem Osiris bereits ins Auge blickt, ebenso zu formen wie beim jugendlichen Horus. Es gab nur einmal eine Zeitspanne in unserem Land, da durften die Künstler zumindest das Gesicht Pharaos nach dessen wahrem Ebenbild formen. Dies war unter Sesostris und Amenemhet. Euer Vater, er lebe, sei heil und gesund, würde mich dafür wahrscheinlich in die Steinbrüche verbannen.»

Jetzt schwieg Thutmosis.

«Und welche Schlüsse hast Du für Dich daraus gezogen?», fragte jetzt Nofretete und lächelte ihr Gegenüber freundlich an.

«Erlaubt mir die Vermessenheit, Prinzessin: Mein Vermögen erlaubt es mir, ein zurückgezogenes, wenn auch bescheidenes Leben zu führen. Den meisten gelte ich als umständlich und unbequem, deswegen verschont man mich fast völlig mit Aufträgen. So kann ich in der Ruhe der Abgeschiedenheit meine Gedanken und meine Vorstellungen von den Menschen in den Stein meißeln oder aus dem Holz heraus schnitzen. Das ist mir mehr als genug. Ich lebe nur noch der Wahrhaftigkeit.»

Und als er dies sagte, machte sich Thutmosis wie zur Bekräftigung noch etwas größer.

«Der Wahrhaftigkeit hast Du Dich also verschrieben», sagte Amenophis freundlich, wenn auch nachdenklich.

«Bist Du denn bereit, uns eines dieser Werke zu zeigen?», fragte Nafteta.

«Ich wurde durch Eje auf diesen Besuch vorbereitet. Deswegen habe ich Euch ein kleines Geschenk mitgebracht, und ich kann nur hoffen, dass Ihr mir nicht zürnen werdet, wenn Ihr es gesehen habt.»

Ohne eine Antwort abzuwarten, bückte er sich, nahm den Deckel der Schachtel ab und klappte eine der Wände zur Seite. Dann hob er eine kleine Holzfigur daraus hervor und überreichte sie dem Thronfolger. Sie war aus Ebenholz geschnitzt und zeigte meine Schwester Teje. Nie zuvor in meinem Leben habe ich ein Abbild eines Menschen gesehen, das so nach dem Leben geschaffen war wie dieses Gesicht der Großen königlichen Gemahlin. Es war ihr Gesicht! Es waren ihre halb geschlossenen

Augen, der wulstige Mund mit den herabhängenden Mundwinkeln, die kleine, immer noch mädchenhaft wirkende Nase. Es war ihr müder, wie von allem Leid der Welt gezeichneter Blick.

Amenophis schüttelte fast unmerklich den Kopf und hielt Nafteta die Figur entgegen. Sie hielt sie hoch, als wollte sie Teje von gleich zu gleich in die Augen sehen.

«Wer hat Dich das gelehrt, Thutmosis? Ein Künstler setzt sich nicht einfach hin und beschließt, ab morgen Abbilder nach dem Leben zu schaffen», fragte meine Tochter, ohne ihre Blicke vom Gesicht Tejes abzuwenden.

«Ihr habt Recht, Prinzessin. Das habe ich nicht von heute auf morgen beschlossen. Vor vielen Jahren gab es einen Zeitpunkt, da wurde ich mit meinen Werken mehr und mehr unzufrieden.»

Dann stockte Thutmosis.

«Fahre fort, Thutmosis», bat ihn der Prinz.

«Du kannst hier ungehindert reden. Hier geht es schließlich um Wahrhaftigkeit.»

«Ich wurde mehr und mehr unzufrieden, weil ich feststellen musste, dass meine Werke mit zunehmendem Alter meiner Auftraggeber nicht mehr ihrem wahren Äußeren entsprachen.»

Jetzt bekam Amenophis einen roten Kopf und sagte nur: «Ja, und?»

«Ich versuchte zuerst, möglichst viel Wahrhaftigkeit in die Abbildung zu bringen, ohne verletzend oder gar beleidigend zu werden. Aber es ging nicht. Die Bildnisse wirkten jetzt erst recht lächerlich. Ich habe sie allesamt vernichtet. Eines Abends war ich so wütend, dass ich nach drei oder vier Bechern Wein begann, den Kopf meines alten Leibdieners zu schnitzen, so wie ich ihn haben wollte: wahrhaftig. Er ist gelungen. Mein Diener und seine Frau waren zuerst entsetzt. Sie fürchteten sich vor Magie und glaubten, er müsse jetzt sterben, weil ich sein Äußeres eingefangen hatte und er deswegen nicht mehr leben könne. Ich musste ihm den Kopf schenken, und sie haben ihn zusammen vernichtet.»

«Es ist eben kein Volk so abergläubisch wie wir Ägypter», unterbrach ihn der Prinz kopfschüttelnd.

«Aber ich machte weiter. Im Geheimen. Ich schnitzte alle möglichen Menschen, bis ich es zuletzt gewagt habe, von Eurer geschätzten Mutter dieses Abbild zu schaffen.»

«Hast Du Dich schon an meinem Vater versucht?», fragte Amenophis mit ernstem Gesicht.

«Nein, mein Prinz. Das würde ich nicht wagen, ohne mich vorher der Gnade Pharaos versichert zu haben. Ich hänge noch ein wenig am Leben und kann nur hoffen, dass das Abbild Eurer Mutter nicht meine Verbannung bedeutet.»

Erst jetzt wandte sich Prinz Amenophis dem ebenfalls anwesenden Nebamun zu, der die ganze Zeit schweigend daneben stand. Nebamun war klein von Gestalt, und das erinnerte mich an die kleine Gemeinheit, die man den Bewohnern der Totenstadt nachsagte: Keiner der Männer dürfte größer sein als drei Ellen, um leichter in den Gräbern arbeiten zu können. Nebamun maß gewiss nicht viel größer als drei Ellen, aber er war von kräftiger, muskulöser Statur. Er war gewiss noch keine zwanzig Jahre alt und trug wie sein Freund Nacht einen kleinen schwarzen Kinnbart.

«Die Farben in jenem Grab sind einzigartig», sagte der Prinz mit leiser Stimme. «Ist es nicht sehr teuer für einen Schreiber, wenn so viel grüne und blaue Farbe verwendet wird, wie Du es tust?»

«Das ist wahr mein Prinz. Doch habt Ihr nicht auch gespürt, dass die Bilder dadurch viel lebendiger werden und echter – wie soll ich sagen? Ja: wahrhaftiger wirken!»

Da war es wieder, dieses Wort: wahrhaftig. Mir war, als würde der Thronfolger Menschen, die wie er auf der Suche nach Wahrheit, Wahrhaftigkeit waren, geradezu magisch anziehen.

«Weiß man in der Totenstadt, dass Du mit Deiner Kunst von den alten Regeln, den strengen Gesetzen der Grabgestaltung abweichst?»

Nebamun sah kurz verlegen zu Boden, dann blickte er nach oben und sagte mit klarer und aufrichtiger Stimme: «Mein Prinz, unsere eigenen Gräber und auch die vieler Beamter werden nur noch so gestaltet, wie Ihr es im Grab des Nacht gesehen habt. Und es gibt noch ganz andere Dinge!»

Die Augen des Malers wurden jetzt groß und leuchteten vor Aufregung und Freude: «In einem Grab werden sogar menschliche Körper von vorn gezeigt! Ja, mein Prinz, vollkommen von vorn! Man sieht beide Augen, den Mund, die Brust – einfach alles von vorn. Und man sieht dort auch alle zehn Zehen an den Füßen und alle Finger!»

Der Prinz sah erst mich kurz an, nickte mir zu und wandte sich dann wieder dem Maler zu: «Nebamun! Ich wünsche, dass Du und Deine Familie die Totenstadt verlasst und nach Waset zieht. Ich werde Dir hier ein Haus, das Deinen Ansprüchen gewiss gerecht werden wird, zur Verfügung stellen. Eje wird hierfür alles Erforderliche in die Wege leiten.»

Der Wunsch des Prinzen war nichts anderes als der Befehl an Nebamun, ab sofort und jederzeit dem Thronfolger zur Verfügung zu stehen. Es war nun an mir, Pharao und den Vorgesetzten Nebamuns in der Totenstadt von der Absicht des Prinzen in Kenntnis zu setzen und für den Maler und dessen Familie eine Unterkunft zu beschaffen.

Es war dies erst der Anfang einer Reihe von Bekanntschaften, die Amenophis mit den Bildhauern, Malern und Architekten unseres Landes machte. Der Prinz schien ein untrügliches Gespür dafür zu besitzen, welcher von ihnen wirklich neue Wege beschritt oder mit ihm zu beschreiten bereit war. Er erforschte ihre Gedanken bis auf den Grund, weil er wissen wollte, warum sie den alten, ewig gerade verlaufenden Weg verließen und nach Neuem, ja Unerhörtem suchten. Aber er ließ sie alle vorerst in ihrem Tun gewähren, ohne ihnen Aufträge zu erteilen.

«Damit müsst Ihr Euch noch gedulden», sagte er immer wieder am Ende langer Gespräche, «bis auch ich die Doppelkrone trage. Denn Ihr werdet erleben, dass ein fürchterlicher Aufschrei durch die Beiden Länder gehen wird, wenn man eines Tages unsere neue Schöpfung sehen wird. Dazu fehlt uns jetzt noch der Rückhalt, die Macht. Deswegen arbeitet noch im Verborgenen, aber unterrichtet mich stets über alles, was Ihr tut!»

Die Zeit der großen Hitze war gekommen. Der Pegel des Flusses sank mehr und mehr, die Dürre legte sich über das Land wie eine unsichtbare Plage, ein Fluch, der Jahr für Jahr das Land und seine Menschen heimsucht. Es musste jedoch niemand um sein Leben fürchten, da die Getreidesilos nach der letzten Ernte bis zum Bersten gefüllt waren.

Pharao und die Großen des Landes bereiteten sich auf die Abreise in die Oase Fajum vor. Die königliche Flotte wurde in den letzten Wochen in der Werft nördlich von Waset überholt, und alle Schiffe erstrahlten wieder in neuem Glanz, allen voran das Schiff Nimurias mit dem Namen «Erschienen in Wahrheit». Der vergoldete Rumpf des Schiffes erstrahlte wie am ersten Tag. Der Bugsteven, eine nach innen zeigende Papyrusblüte und die Lotosblüte des Hecksteven waren ebenso neu gestrichen wie das zweistöckige Bootshaus. Es erstrahlte in der Lieblingsfarbe Pharaos: in kräftigem Lapislazuliblau. Die königliche Barke war schon über zwanzig Jahre alt, aber sie hatte nichts von ihrem Glanz verloren und war mit ihren neunzig Ellen noch immer das längste Schiff, das je gebaut wurde.

Ti und ich waren bei Prinz Amenophis und Nofretete zu Gast. Wir saßen auf der Dachterrasse, von welcher man auf Waset, auf den Fluss, das gegenüberliegende Westgebirge, die Totentempel und Nimurias Palast blicken konnte.

«Nie werde ich den Tag vergessen, als ich mit Nimuria zum ersten Mal auf dieser Terrasse stand», sagte ich zu Ti, als sie neben mir an der Brüstung stand und ihren Arm liebevoll um meine Hüfte legte.

«Ameni war von dem Anblick so begeistert, dass er trotz der

Mittagshitze auf der Stelle seine Mutter, die gerechtfertigte Mutemwia, meine Mutter und Teje auf die Terrasse holen ließ. Ich glaube, die Frauen haben damals befürchtet, etwas ganz Schreckliches sei geschehen. Wie viele Stunden mögen wir hier verbracht haben, Abend für Abend, Nacht für Nacht?»

«Sicher hast du hier auch viele Dinge erfahren, die sehr schön waren für dich», sagte Nafteta, die jetzt mit Amenophis neben uns getreten war.

«Gewiss, mein Kind. Aber auch unschöne Dinge.»

«Sollen wir ihnen etwas Schönes sagen?», fragte meine Tochter den Prinz und sah ihn mit großen, strahlenden Augen an, wofür sie von ihm einen innigen Kuss bekam.

«Sollen wir ihnen etwas Schönes sagen?», gab der Prinz die Frage lächelnd zurück und küsste sie nochmals.

«Und wer sagt es ihnen? Du oder ich?»

«Sag du es ihnen. Es sind deine Eltern.»

«Ich erwarte ein Kind», sagte Nafteta mit Tränen in den Augen und umarmte Ti so liebevoll und herzlich, als wäre sie ihre wirkliche Mutter gewesen. Derweil nahm ich Amenophis in die Arme und klopfte ihm mit beiden Armen auf den Rücken.

«Ich freue mich für euch», sagte ich mit belegter Stimme und wusste wirklich nicht, was ich sagen sollte.

Dann wandte sich Nofretete mir zu und strahlte mich an: «Du wirst schneller Großvater, als du dachtest. Ist es nicht herrlich? Du wirst Großvater!»

Nafteta küsste mich auf beide Wangen, während sie mich umarmte und drückte.

«Deine vierjährige Schwester wird Tante und meine Schwester wird Großmutter! Es beruhigt mich, dass auch der Gute Gott, er lebe, sei heil und gesund, Großvater wird», sagte ich zu Amenophis.

«Sie wissen es noch gar nicht. Ihr seid die Ersten, die es erfahren haben», setzte der Prinz nach, und er schien zu spüren, dass sie damit vielleicht einen Fehler begangen hatten.

«Wir werden es für uns behalten, bis ihr es ihnen gesagt habt», beruhigte ich die beiden, denn es hätte sich wahrlich gehört, dass man es Ameni und Teje zuerst mitteilte. Dieses kleine Ungeschick nahm jedoch keinen Einfluss auf unsere fröhliche Stimmung. Wir aßen, tranken und scherzten an diesem Abend bis weit nach Sonnenuntergang.

«Geh ruhig zu Bett», sagte ich zu Ti, als wir zu Hause angelangt waren. «Ich will noch ein wenig aufbleiben und die Nacht genießen.»

Ti war mir deswegen nicht böse. Sie wusste, dass ich vor allem spätabends gerne in meinem Garten saß, viel an Merit dachte und niemanden um mich haben wollte. Ich küsste sie zum Abschied, nahm mir einen großen Becher Wein und ging hinaus.

Ich ging in meinen Garten und geradewegs zu einer Steinbank, die unter einem Granatapfelbaum stand, und setzte mich. Es war Vollmond. Chons' glänzende Scheibe stand über den Wipfeln der Palmen, und sein Licht verlieh ihren Blättern silbrig glänzende Ränder und tauchte unseren Palast in ein kaltes, silbrig blaues Licht. Eine Nachtigall erhob wenige Ellen von mir entfernt ihre Stimme und begann zu singen. Erst zaghaft und schüchtern, als müsste sie erst ihre Stimme suchen. Dann hob sie an zum herrlichsten Gesang, den ein Vogel anstimmen kann.

Vor zwanzig Jahren saß ich mit Merit auf dieser Steinbank, und sie sagte mir, dass sie ein Kind erwartete. Ich hatte Merit in all den Jahren nie vergessen, sie war in meiner Erinnerung so lebendig geblieben, als hätte ich sie gestern noch gesehen. Ihre Stimme war mir ebenso gegenwärtig wie der Duft ihrer Haut, ihrer Haare und der Geschmack ihrer Zunge. Ich brauchte nur die Augen zu schließen, und sie stand vor mir, als hätte es die neunzehn Jahre seit ihrem Tod gar nicht gegeben. Und jetzt erwartete meine kleine Nafteta ein Kind! Ich sah hinauf zu der Dachterrasse, wo Nafteta zur Welt kam, wo das Leben meiner

Merit geendet hatte und von wo aus auch ich mein Leben beenden wollte. Ich sah auf jene Terrasse, und Träne für Träne lief über mein Gesicht. Aber ich weinte nicht nur, weil ich mich an Merit erinnerte, sondern weil ich um Nofretete fürchtete, fürchtete, dass ich auch sie verlieren könnte.

Ich legte mich auf die Steinbank nieder und verfolgte den Lauf des Mondes. Ich starrte hinauf zu Chons und suchte, ja flehte nach einer Antwort auf die so quälende Frage, warum ich Merit verlieren musste. Wieder und wieder erinnerte ich mich des Augenblicks, da ich sie zum ersten Mal sah. Es war für mich ein Augenblick so vollkommenen Glücks, als sie wie eine junge Göttin aus dem Palast ihres Vaters trat und mich ansprach. Ich erinnerte mich der Tage, als ich in Babylon krank daniederlag und sie neben mir saß, als ich erwachte. Ich sah ihre vollkommene Schönheit, und es war nicht, als erwachte ich aus einer Krankheit, sondern es war vielmehr so, als würde jetzt erst ein Traum beginnen. Ich erinnerte mich auch der Nächte, die ich mit ihr verbrachte, vieler Nächte, und keine von ihnen war wie die vorangegangene. Der Gesang der Nachtigall besänftigte mich, ja lähmte mich geradezu, bis er irgendwann verstummte, bis es Tag wurde und das aufdringliche Gezwitscher der Amseln den jungen Morgen beherrschte.

«Es ist gut, Eje», sagte ich irgendwann zu mir selbst. «Es wird ihr nichts geschehen. Es wird gut werden!»

Jetzt, da die ersten Strahlen des aufsteigenden Aton die Erde zu wärmen begannen, da alles um mich herum zu neuem Leben erwachte, schlief ich ein.

An diesem Tag erfuhren Nimuria und Teje die freudige Nachricht, und wie ich es nicht anders erwartet hatte, gestand der Prinz offen und von sich aus ein, was er Ti und mir schon am Abend vorher erzählt hatte. Meine Schwester soll tatsächlich etwas enttäuscht dreingesehen haben, doch Pharao entging vor lauter Freude das Missgeschick seines Sohnes – oder er übersah es bewusst. Im Palast wurde jetzt viel überlegt, und man befragte alle möglichen Ärzte, ob es gut wäre, Nofretete unter diesen Umständen die Reise in den Palast von Merwer unternehmen zu lassen. Die Meinung war zuletzt einhellig: Es wäre besser, wenn sie in Waset bliebe. Jede Anstrengung, jede Aufregung sollte vermieden werden, um Mutter und Kind nicht zu gefährden.

So wurden alle Pläne geändert. Der Wesir, der ohnehin etwas kränklich und deswegen erholungsbedürftig war, reiste an meiner Stelle mit in die Oase, und der Prinz sollte mit meiner Unterstützung Pharao während dessen Abwesenheit vertreten. Mir kam das sehr gelegen, denn so blieben mir nicht nur eine anstrengende Reise, sondern auch endlos lange Jagden, die wieder unzähligen Wildstieren und Löwen das Leben kosten würden, erspart. Mir schien, als hätte auch der Thronfolger alles darangesetzt, um in Waset bleiben zu können, und wahrscheinlich beruhte die Empfehlung der Ärzte nicht allein auf deren klugen Einsichten, sondern mehr auf dem guten Zureden des Prinzen.

Als wir uns gegenseitig offenbarten und einander gestanden, dass wir von Anfang an nur ungern in die Oase gereist wären, beschlossen wir, Pharao einen prächtigen Abschied zu bereiten.

Prinz Amenophis kümmerte sich in eigener Person um das Beladen der Schiffe. Er wurde zunächst von Meru, dem alten Kommandanten der königlichen Flotte, in alle Vorgänge eingewiesen, dann übernahm er selbst das Kommando. Entweder lag es am besonderen Geschick des Prinzen, Menschen anzuweisen und zu lenken, oder einfach an der Anwesenheit eines Mitglieds der Königsfamilie: Noch nie hatte ich ein so reibungsloses und schnelles Verladen der Schiffe erlebt, wie unter dem Kommando meines Schülers. Es war auch nicht zu übersehen, dass der Prinz selbst große Freude daran hatte, denn sein Gesicht strahlte, und seine Augen waren groß, als er die vielen flinken Arbeiter sah, die, ohne irgendwo warten zu müssen, die Fracht auf die Schiffe brachten und verstauten.

Der Zug der königlichen Sänfte und ihrer Begleiter führte vom Palast der leuchtenden Sonne nicht zur Anlegestelle im Norden der Stadt, gegenüber dem Amun-Tempel. Auf Wunsch des Prinzen setzte Pharao und sein Gefolge im Süden über, um die Stadt von Ipet-sut aus nach Norden zu durchqueren. Tausende Menschen säumten die breite Prachtstrasse, und die Soldaten hatten alle Mühe, sie hinter den Sphingen, welche den Weg Pharaos säumten, zu halten. Die Sänfte zog langsam an den Menschen vorüber, sodass sich alle an der Pracht ihres Herrscherpaares erfreuen konnten. Es war früh am Morgen, und doch war die Hitze schon drückend, da es nachts kaum abkühlte. Den nubischen Trägern rann der Schweiß den Körper hinab, aber sie ließen sich nicht anmerken, wie sehr sie die Last der goldenen Sänfte drückte.

Es dauerte eine Stunde, ehe der Gute Gott zwischen Wedelträgern und all seinen Höflingen den Tempel der Mut erreicht hatte. Nimuria und Teje brachten dort ein Opfer dar. Sie legten Früchte und Brote auf den Altar und gossen Wasser darüber. Dann zog das Königspaar zum Tempel des Amun, wo sie erneut Opfer darbrachten. Von dort ging es dann weiter zum nördlichen Hafen, wo Pharao von Prinz Amenophis und Nofretete empfangen wurde. Vor aller Augen übergab Nimuria seinem Sohn das königliche Siegel und übertrug so für die Dauer seiner Abwesenheit alle Amtsgewalt auf den Thronfolger.

Die gesamte königliche Flotte lag schon unter vollen Segeln auf dem Nil, nur das Schiff Pharaos, «Erschienen in Wahrheit», lag an der Hafenmauer. Langsam und würdevoll, wie es nur Ameni und Teje zu tun wussten, betrat das Herrscherpaar die goldene Barke. Tausende Fanfaren und Tausende Trommeln befahlen den Menschen mit ohrenbetäubendem Lärm, sich zu Boden zu werfen. Und mit Ausnahme der Prinzessin Sitamun, des Prinzen und seiner Gemahlin taten alle, wie ihnen befohlen wurde. Erst als Nimuria und Teje am Heck des Schiffes auf ihren Thronen saßen, erst jetzt verstummten Trommeln und Fanfaren, und wir durften uns wieder erheben. Amenophis stand auf, breitete ein wenig die Arme aus und verabschiedete sich so für die nächsten Monate von Waset. Unter dem Rufen und Schreien der winkenden Menschen legte die königliche Barke ab, und wie immer zeigten die Ruderer, welche Kraft in ihren Armen steckte. Wie ein Adler, der dicht über der Wasseroberfläche dahingleitet, um jederzeit nach seiner Beute greifen zu können, so glitt das Schiff Pharaos durch das spiegelglatte Wasser des Hafens hinaus auf den Nil, bis es endgültig unseren Blicken entschwunden war. Das Volk winkte und rief, bis keines der Schiffe mehr zu sehen war. Dann gingen sie still und in sich gekehrt nach Hause zurück, denn jeder hier in Waset war traurig, wenn der Gute Gott die Stadt verließ – traurig und ängstlich wie ein Kind, wenn es der Vater für längere Zeit allein zurücklässt.

VIER

Die Königstochter, süß an Liebe,
eine Jungfrau, dergleichen man nie gesehen hat.

Ich hatte auf ein wenig Ruhe gehofft. Hatte gehofft, mich für einige Tage in meinen Palast zurückziehen zu können. Ich wollte Zeit haben, um mich mehr als sonst mit Ti und Mutnedjemet zu beschäftigen. Ich wollte meinen Garten genießen, ich wollte mich um meine Pferde und meine Ländereien kümmern. Um ehrlich zu sein: Ich wollte für ein paar Tage niemanden sehen außer meiner Frau und meiner kleinen Tochter. Doch es sollte mir einfach nicht vergönnt sein. Ich hätte freilich Prinz Amenophis in aller Form darum bitten können, meine Dienste vorübergehend nicht in Anspruch zu nehmen, aber er gab mir nicht einmal die Gelegenheit, diese Bitte auszusprechen.

Die Mastspitze des letzten Schiffes der königlichen Flotte war noch nicht hinter den Mauern und Palmen der südlichen Hauptstadt verschwunden, und die Menschen hatten noch nicht aufgehört zu rufen und zu winken, da bat der Prinz mich und Ti, mit ihm in den Palast zu kommen. Es war früher Nachmittag, und die Hitze war nahezu unerträglich. Wie gerne wäre ich in meinen Garten zurückgekehrt, um mich im Schatten meiner geliebten Palme eine Stunde auszuruhen!

«Ja», bekräftigte Nafteta die Bitte des Prinzen, und ich sah an ihren Augen, dass sie fest mit unserem Besuch rechnete.

«Ich möchte euch die Zimmer zeigen, die ich für unser Kind eingerichtet habe. Ihr könnt nicht nein sagen.»

Ti und ich sahen uns erstaunt an, dann sagte Ti: «Ist es nicht ein wenig zeitig, schon jetzt die Kinderzimmer einzurichten?»

«Ich konnte es einfach nicht erwarten. Und das Kind wird kommen – so oder so!»

Prinz Amenophis und Nafteta spürten wohl, dass ich ein wenig Ruhe brauchte, denn sie boten mir im Palastgarten einen Liegestuhl an, und weil sie sich über die Ernährung neu geborener Kinder unterhielten, stellte ich mich schlafend. Sie zeigten sich rücksichtsvoll und ließen mich allein zurück. Ich fiel sogleich in einen tiefen Schlaf, aus dem man mich erst kurz vor Sonnenuntergang wieder weckte.

Nafteta hatte für alles gesorgt: Ich konnte ein Bad nehmen, wurde massiert und mit duftenden Ölen eingerieben. Der Leibdiener des Prinzen rasierte mich, und mit frischen Kleidern aus der königlichen Wäschekammer ausgestattet, erschien ich ausgeruht und in bester Laune auf der Dachterrasse des Palastes, wo man mich schon erwartet hatte. Aper-el und Tutu, der Leibarzt des Prinzen, waren ebenfalls eingeladen.

Nicht nur Pharaos Küche, auch die Küche des Thronfolgers verwöhnte den Hausherren und seine Gäste mit feinsten Speisen: Erst gab es mit Kürbiskernen gefüllte Enten und gebratene, hauchdünn geschnittene Gänsebrust. Danach servierten die Diener frische Nilmuscheln und Stücke vom gebratenem Nilbarsch. Dazu reichten sie Oliven, Stücke von gekochtem Lauch mit einer unerhört scharfen Tunke und frisches Fladenbrot. Es gab den herrlichsten Wein, der in Ägypten reifte, Wein aus der Domäne des Amun.

Prinz Amenophis schwärmte in der kleinen, aber ausgelassenen Runde von der herrlichen Aussicht, die man von der Dachterrasse seines Palastes auf Waset und das Westgebirge hatte und berichtete von einigen Umbau- und Verschönerungsarbeiten, über die er sich schon seit Monaten Gedanken machte. Aper-el hörte aufmerksam zu und gab schließlich zu bedenken, ob es sich nicht anbieten würde, an einer anderen Stelle einen völlig neuen Palast zu errichten. Der Aufwand und die Kosten sprächen nach seiner Ansicht eher für einen Neubau.

«Und an die Stelle des alten Palastes könntest du inmitten von Waset ein Heiligtum für Aton errichten», fügte ich hinzu, ohne dass ich diese Bemerkung selbst sonderlich ernst genommen hatte.

«Noch einmal», sagte der Prinz und sah dabei erst mich und dann Aper-el mit weit geöffneten Augen an.

«Du meinst wirklich, die Errichtung eines neuen Palastes wäre günstiger zu bewerkstelligen als die Umgestaltung des jetzt bestehenden?»

«Und es geht wesentlich schneller», fügte der Palastverwalter ungefragt hinzu.

Weil der Prinz schwieg, fuhr er gleich fort: «Dieser Palast ist aus luftgetrockneten Ziegeln errichtet und schon sehr alt. Die Ziegel sind teilweise spröde. Er wurde mehrfach umgebaut, und er erhielt regelmäßig Anbauten. Manche Mauern haben gewaltige Ausmaße, und wir besitzen keine genauen Kenntnisse darüber, welche Mauern wegen ihrer Bedeutung für die Haltbarkeit des Gebäudes nicht eingerissen werden dürfen und auf welche man verzichten kann. Durch die Anbauten aus verschiedenen Zeiten erhielt der Palast ein sehr uneinheitliches Aussehen. Das ließe sich nur dadurch berichtigen, dass ganze Gebäudeteile wieder eingerissen und der unbrauchbare Ziegelschutt entfernt wird. Allein der zeitliche Aufwand hierfür wäre gewaltig, und es wäre nicht viel gewonnen.»

Der Prinz besaß so viel Weitsicht und so viel Vernunft, dass er jetzt schwieg. Ich sah ihm zwar an, wie es in seinem Kopf arbeitete, und ich war mir sicher, dass er noch in dieser Nacht die ersten Federstriche machen würde. Er wusste aber auch, dass er von Nimuria kaum die Erlaubnis zu diesem Vorhaben erhalten würde, solange er nicht Mitregent war.

«Lassen wir diese Gedankenspiele, Aper-el. Wir haben uns offenbar missverstanden. Ich will natürlich nicht den gesamten Palast umgestalten, sondern nur einige Räume.»

Für den Augenblick war ich beruhigt und versuchte, das Gespräch auf einen anderen Gegenstand zu lenken, damit Aper-el und Tutu, der als geschwätzig galt, das vorige Gespräch schnell wieder vergaßen.

«Sag mir doch, Nafteta, welche Vorkehrungen hast du denn für die Zeit deiner Schwangerschaft getroffen? Stehen in eurem Schlafgemach schon unzählige Figuren des kleinen nackten Bes, mit krummen Stummelbeinen, gefletschten Zähnen und eingedrückter Nase? Oder bevorzugst du mehr die erhabene Gestalt der Thoeris» – und mit meinen Armen deutete ich vor meinem Körper einen dicken Bauch an –, «dieses heiligen Flusspferdes mit Hängebrüsten, Krokodilschwanz und den Tatzen der Löwin?»

«Du solltest dich als Mann über diese Dinge nicht lustig machen, Eje», ging Ti auffallend ernst dazwischen und fuhr gleich fort: «Bes und Thoeris sind nun einmal die Götter der Schwangeren und Gebärenden. Man kann nie genau wissen, was sie nützen.»

«Oder was sie nicht nützen. Ich weiß», sagte Nofretete und sah mich mit ernstem Gesicht an, denn sie kannte meine Meinung dazu.

«Eje hat aber Recht», sagte Amenophis und fasste nach Naftetas rechter Hand.

«Bes zählt nicht einmal zu den großen Göttern unseres Landes. Ich glaube nicht, dass eine Stein- oder Tonfigur dieses hässlichen Zwerges irgendetwas bewirken kann. Dazu bedarf es anderer Mächte wie …»

«Sei dir da nicht so sicher, Amenophis», unterbrach ihn Nafteta. «Seit vielen hundert Jahren stellen sich die Frauen unseres

Landes unter den Schutz von Thoeris und Bes. Vielen tausend Frauen haben sie geholfen.»

«Woher wisst ihr das?», fragte der Prinz und sah beide Frauen nacheinander mit hochgezogenen Schultern fragend an.

«Die Priester sagen es. Die Ärzte sagen es, und viele Frauen sagen es. Ist euch das nicht genug?», gab Ti die Frage an uns zurück.

«Wenn Tutu euch sagt, dass die Erde eine Kugel ist, dann glaubt ihr ihm das auch, oder?»

«Nicht, Eje», mischte sich der Arzt jetzt ein.

«So darf man mit diesen Dingen nicht umgehen. Ganz gleich, ob eine Frau wirklich an die Göttlichkeit dieser Figuren glaubt oder nicht, aber eines weiß ich als Arzt dennoch: Jede Frau ist ruhiger in ihrer Schwangerschaft und sieht der Geburt ihres Kindes gestärkter entgegen, wenn sie sich an diese Bräuche hält.»

«Wahrscheinlich hast du Recht», sagte ich, um dieses Gespräch zu beenden, denn es hätte nur zu einem Streit geführt. Am liebsten hätte ich jeden dieser hässlichen Zwerge in den Nil geworfen oder an der Wand zerschellt. Hatte einer von ihnen Merit genützt? Nein, gewiss nicht.

Am anderen Tag musste ich mir sowohl von Ti als auch von Nafteta Vorwürfe anhören.

«Musstest du dich ausgerechnet vor deiner schwangeren Tochter über heilige Figuren lustig machen!», hielt mir meine Frau vor. Und Nafteta sagte wenig später: «Du weißt, dass ich wie Amenophis im Grunde nicht viel von diesen Dingen halte. Aber du hast doch gemerkt, wie ernst es Ti war. Auf sie hättest du wenigstens Rücksicht nehmen können. Und schaden können diese Figuren wirklich nicht.»

«Lächerlich», dachte ich bei mir und beschloss, nie wieder mit einer Frau über Bes und Thoeris zu sprechen. Wie konnten erwachsene Frauen wirklich an Furcht erregende und doch so harmlose Tonzwerge glauben! Und an Flusspferde mit Hängebrüsten, Krokodilschweif und Löwentatzen!

«Das wirkliche Übel sitzt woanders», sagte Amenophis zu mir, als wir wenige Tage später noch einmal über jenen Abend sprachen.

«Die Ägypter sind von jeher zum Aberglauben erzogen, Eje. Für alles und gegen alles gibt es bei uns eine eigene Gottheit. Und es werden ständig mehr! Mein Vater ließ vor drei Monaten sogar eine Götterfigur der Ischtar von Ninive nach Waset kommen. Er glaubte, nur noch sie könnte ihn von seinen Zahnschmerzen befreien, nachdem der göttliche Imhotep, Sachmet und alle ihre Ärzte versagt hatten. Ich wollte es nicht glauben, aber es ist wahr: Ischtar von Ninive», wiederholte er zur Bekräftigung und erhob wie ein Lehrer den rechten Zeigefinger.

«Und hat ihm die Göttin aus Mitanni geholfen?», fragte ich.

«Ich kann es dir nicht sagen. Aber die Zahnschmerzen ließen irgendwann nach, und mein Vater schickte die Figur nebst reichlich Gold an König Sutarna zurück. Was verlangst du also von Frauen, wenn Pharao selbst solchem Zauber erliegt?»

«Lieber Amenophis: Allein die Tatsache, dass mir dein Vater kein Wort von dieser so wundertätigen Figur erzählt hat, scheint mir ein Beleg dafür zu sein, dass er sich des Aberglaubens, dem er anhing, bewusst war. Aber wie du schon erwähntest, haben Aberglauben und Magie in Ägypten eine lange und ruhmreiche Vergangenheit. Ich fürchte, daran wirst auch du nichts ändern können.»

«Wir werden es sehen», war die knappe Antwort des Prinzen.

In den folgenden Wochen nahm mich der Thronfolger doch weniger in Anspruch, als ich zunächst angenommen hatte. Von ihm war nicht viel zu sehen und zu hören, und ich erfuhr nur, dass sich der Bildhauer Thutmosis, der Maler Nebamun und die Baumeister Hor und Suti nahezu täglich für mehrere Stunden im Palast des Prinzen aufhielten. Es bedurfte keiner sonderlichen Vorstellungskraft, um zu erahnen, was dabei vor sich ging. Ich aber schwieg, denn er hatte mich nicht um meinen Rat gefragt, und ich wollte sehen, wann er von sich aus auf mich zukam, um mich in seine Vorhaben einzuweihen. Eines aber war sicher: Was immer es war, er brauchte mich, um sich der Zustimmung Pharaos gewiss zu sein.

Ich hatte jetzt endlich Zeit, das zu tun, wonach ich mich am Tag der Abreise Amenis so gesehnt hatte: mich auszuruhen und mich mehr um Ti und Mutnedjemet zu kümmern. Wir unternahmen gemeinsame Fahrten in das Schilfdickicht südlich von Waset, und ich zeigte meiner kleinen Tochter, wie man mit Lockvögeln und Wurfhölzern Wildenten jagt. Ich konnte noch immer recht geschickt damit umgehen, denn nach kaum einer Jagd kehrten wir mit weniger als zehn Enten zurück.

Die wenigen Wochen der Ruhe und Erholung, die mir Amenophis gegönnt hatte, vergingen viel zu schnell, und dennoch war ich hocherfreut, als ich mit ihm wieder die ersten Ausfahrten unternehmen konnte. Es waren nur sehr kurze Streifzüge in die unmittelbare Umgebung von Waset, denn der Prinz wollte Nofretete bis zur Geburt ihres ersten Kindes nicht über Nacht allein lassen. Wenn wir uns innerhalb der Stadt aufhielten, um Getreidespeicher, die Lagerhäuser am Hafen oder die königlichen Werkstätten zu besuchen, ließen wir uns in einer Sänfte tragen und von Soldaten, Wedel- und Standartenträgern begleiten. Mir war aufgefallen, dass der Prinz im Laufe der Zeit an diesen Zeichen königlicher Macht zunehmend Gefallen gefunden hatte.

Und er war eitel geworden! Mehr denn je achtete er jetzt auf sein Äußeres: Seine kunstvoll gefalteten Schurze waren die tadellosesten, die man in Waset sah. Er trug den feinsten Schmuck, den es gab. Ich kannte kaum einen Mann, der so sorgfältig rasiert war und dessen Farbstriche um die Augen so genau gezogen waren, wie die des Prinzen. Jede seiner Bewegungen wirkte wohl überlegt, ja geradezu bedächtig. Sein Gang war gleichmäßig, und keiner seiner Schritte war zufällig oder gar hastig gesetzt. Die

Sprache, die ganze Erscheinung dieses Mannes, der gerade erst zwanzig Jahre alt war, waren von einer erhabenen Würde, wie ich sie bisher noch nicht kannte.

Seine Ausstrahlung verbat einen zu kameradschaftlichen Umgang oder gar Berührungen von selbst. Er gehörte zu jenen Menschen, welchen man einfach nicht den Arm um die Schultern legte, gleich wann und gleich wo. Sein Vater und ich hatten wenig Bedenken, im vertrauten Kreis auch einmal eine etwas anzügliche Bemerkung zu machen. In Anwesenheit des Prinzen war das unvorstellbar. Es geschah einfach nicht. Jeder, der auf ihn traf, empfand das so, nicht nur ich. Selbst einfache, ungebildete Menschen, die bei einem unserer zahlreichen Ausflüge plötzlich und unerwartet dem Thronfolger gegenüberstanden, verstummten vor der Würde, die er ausstrahlte, selbst wenn sie sonst ungehobelte Schreihälse waren und vor niemandem Achtung und Ehrfurcht zeigten.

Ich erlebte es, dass der Prinz in einem Dorf darum bat, ein jeder, der Beschwerden vorzutragen habe, solle nach vorne treten. Löwenstarke Männer meldeten sich und schoben sich mit geblähtem Brustkorb in die erste Reihe. Ich hörte, wie die anderen noch flüsterten: «Jetzt sagt es ihm!»

Amenophis blickte schweigend und freundlich lächelnd in ihre Augen, und ehe auch nur ein Wort über ihre Lippen kam, wurden sie wegen ihres forschen Wesens, das sie gerade noch gezeigt hatten, verlegen, ihre Gesichter freundlich und sie veränderten ihr Auftreten.

«Worüber wollt Ihr Euch beschweren?», fragte der Prinz und setzte gleich nach: «Sagt es mir, und ich werde Eure Sorgen mit Pharao, meinem Vater, besprechen.»

«Gnädiger Herr», begannen die zu stammeln, die eben noch die Helden des Dorfes zu sein schienen. «Nein, es sind keine Beschwerden, die uns bewegen. Es ist nur …»

«Sprecht frei heraus!»

«Wir alle sind sehr dankbar, dass Ihr zu uns gekommen seid.

Nur, nur unser Brunnen ist teilweise eingestürzt, und wir sind allein nicht im Stande, einen neuen zu graben.»

Amenophis hörte sie nicht nur an, sondern er stand auf und ließ sich, gefolgt von allen Dorfbewohnern, den Brunnen zeigen. Am folgenden Tag befahl er dem Vorsteher der Brunnen von Waset, in jenem Dorf einen neuen Brunnen graben zu lassen.

Auf solche und ähnliche Weise erlebten in diesen Wochen mehr und mehr Menschen in und um Waset ihren Thronfolger und schlossen ihn in ihr Herz.

Die Zeit der großen Hitze neigte sich ihrem Ende zu. Die ersten Meldungen über die bevorstehende Nilschwemme erreichten zuerst die Elefanteninsel Abu, dann Nubt, Djeba, Nechab, dann Per-Hathor und schließlich Waset. Es war die Zeit der größten Betriebsamkeit auf dem Land, denn jetzt mussten alle Kanäle, alle Gräben und Wälle auf die Flut vorbereitet werden. Jeden Tag durchstreiften die Aufseher der Grabenarbeiten die Felder und prüften die Wassergräben auf ihre Tiefe und Haltbarkeit, und der Grabenmeister ließ die Ergebnisse in Karten eintragen. Zuletzt fuhr der Grabenmeister Neferhotep selbst hinaus und überprüfte die Arbeit seiner Untergebenen. Er war der Erfahrenste unter ihnen. Ein Blick genügte, und er sah jeden Fehler, jede Nachlässigkeit, und wehe dem, der sie zu verantworten hatte.

Auch der Gute Gott hielt zu dieser Zeit wieder Einzug in Waset, und unzählige Menschen erwarteten die königliche Flotte im Hafen und jubelten ihrem Herrscher zu.

Und dann kam die Flut.

Langsam, ganz langsam stieg der Pegel des Flusses, kaum dass man es anfangs merkte. Nur das Wasser war trüber als sonst. Dann ging es aber schnell, und man konnte zusehen, wie die Felder, aus welchen nur noch wenige verdorrte Halme ragten, nach und nach unter der rotbraunen Brühe, die unser Leben bedeutete, verschwanden. Standen die unteren Felder, nämlich die Frischfelder und die verbrauchten Felder in der Nähe des Flusses, endlich unter Wasser, wurden die Hochfelder künstlich bewässert. Um diese Arbeit wurde wahrhaft niemand beneidet, und nicht allein wegen ihres geringen Ertrages wurden die Hochfelder nur der Steuerklasse drei zugeordnet. Dann waren die Steuerbeamten an der Reihe. Jedes Feld wurde genau vermessen, ehe es einer Familie zugeordnet wurde, damit die Steuerabgaben genau festgelegt werden konnten. War schließlich die Zeit der Aussaat vorüber, kehrte wieder etwas Ruhe ein. Nur die Unzufriedenen, die ewig Unzufriedenen hielten nicht still. Jetzt kamen die, deren Feld zu klein bemessen wurde, die zu wenig Saatgut erhalten hatten oder deren Feld angeblich der falschen Steuerklasse zugeordnet wurde, um auf die ihnen angeblich widerfahrene Ungerechtigkeit aufmerksam zu machen. Erst beschäftigten sie ihre Bürgermeister, dann belästigten sie die Gerichte, und schließlich verärgerten sie den Wesir.

Im Palast von Waset war es ruhig geworden. Nofretete erwartete täglich die Geburt ihres ersten Kindes, weswegen von den Ärzten völlige Ruhe verordnet wurde. In der Umgebung Naftetas herrschte eine eigenartige Stimmung. Auf der einen Seite versuchten alle, zuversichtliche Heiterkeit zu verbreiten, auf der anderen Seite gab es doch die bedrückende Angst, dass meine Tochter, wie ihre Mutter, die Geburt nicht überleben könnte. Je näher der Tag ihrer Niederkunft rückte, umso häufiger kehrten sie in mein Gedächtnis zurück, die Bilder des Entsetzens, von Blut und Tod. Doch war da auch das Glück, das Glück über die Geburt neuen Lebens, über die Geburt meines ersten Enkels. Eje Großvater!

«Großvater», sagte ich laut und ahmte dabei die Stimme eines Kindes nach. «Großvater!»

Ti war schon vor Tagen im Palast des Prinzen eingezogen. Als die Amme Naftetas gehörte sie jetzt auch dorthin. Ich gab mir die größte Mühe, Gelassenheit vorzutäuschen. Es sei Sache der

Frauen und bestenfalls des Vaters, ein Großvater habe da nichts zu schaffen und stünde nur im Weg herum.

«Du musst dir keine Sorgen machen», versuchte Nafteta mich zu beruhigen, als ich ging. «Es wird alles gut werden, du wirst sehen.»

«Ich weiß nicht, ob ich mir Sorgen machen werde, mein Kind. Aber ich werde jede Sekunde an dich denken, so lange, bis man mir sagt, dass es euch beiden gut geht.»

«Es geht ihnen gut!», rief mir mein Diener schon vom großen Tor entgegen. «Es geht beiden gut, mein Herr!»

Wie hatte mich der kleine Nubier an diesem Tag glücklich gemacht!

«Steh schon auf», sagte ich ungeduldig, als er vor mir kniete. «So rede schon!»

«Ihr habt ein Enkelkind, gnädiger Herr, und beide sind gesund, Mutter und Kind.»

Was sollte der Arme auch sonst schon wissen.

«Maja», rief ich laut nach meinem Verwalter. «Maja! Ich habe ein Enkelkind, und beide sind gesund. Ich fahre sofort zu ihnen.»

Ich weiß nicht, ob mich Maja überhaupt hören konnte, aber das war nicht so wichtig. Ich brauchte einfach nur einen Anlass, meine Freude hinauszuschreien.

Weil ich so glücklich war, fuhr ich auch nicht mit dem Wagen, sondern ließ mich mit der Sänfte zum Palast bringen. Vor mir ging der Standartenträger, und ich genoss es an diesem Tag außerordentlich, wenn er rief: «Macht Platz für Eje, den Einzigen Freund Seiner Majestät!» Und im Stillen fügte ich hinzu: den glücklichsten Großvater der Beiden Länder.

Sah ich sonst über die Köpfe der Menschen hinweg, wenn ich durch die Straßen von Waset getragen wurde, so blickte ich heute in jedes Gesicht, das mich ansah. Und grüßte mich sogar einer der vielen Unbekannten, dann grüßte ich freundlich nickend zurück.

Innerhalb des Palastes kannte mich freilich jeder, und je weiter ich in sein Inneres vordrang, umso fröhlicher grüßten und beglückwünschten mich die Menschen. Ich fand das rührendste Familienglück vor, das ich mir vorstellen konnte. Nafteta – noch reichlich blass im Gesicht – lag in ihrem Bett, und Amenophis saß neben ihr auf der Bettkante, hielt das Kind, das ganz in Leinen gewickelt war, in seinen Armen und wiegte es hin und her.

«Geht es dir gut, mein Kind?», fragte ich Nofretete leise, und als sie mir lächelnd zunickte, rann mir eine Träne der Glückseligkeit über die Wange. Ich wischte sie mir schnell weg, ehe ich Naftetas Stirn küsste und meine Tochter beglückwünschte. Dann ging ich zu Amenophis und dem Kind.

«Auch dir meinen Glückwunsch und alles Gute, mein Schwiegersohn. Aber jetzt sage mir doch endlich einer, worüber ihr euch so freut!»

«Siehst du das nicht, Eje? Als Vater von zwei Töchtern müsstest du doch Erfahrung haben», witzelte der Prinz.

«Eben», sagte ich. «Da ich zwei Töchter habe und keinen Sohn, fehlt mir der Vergleich.»

«Wir haben eine Tochter», sagte Nafteta.

«Und habt ihr schon einen Namen für sie?»

«Sie wird Meritaton heißen. Geliebt von Aton», schwärmte der Prinz.

«Oh», entfuhr es mir knapp.

«Das klingt nicht so, als wärest du über die Namenswahl glücklich, Vater.»

«Nein, nein, mein Kind. Es ist ein wunderschöner Name, gewiss. Meritaton!»

«Sei ehrlich, Eje», sagte der Prinz. «Du befürchtest Unstimmigkeiten wegen des Namens.»

«Unstimmigkeiten? Nur bei ganz gewissen Männern, die sich über einen anderen Namen sicher mehr gefreut hätten.»

«Jedes zweite Mädchen in Oberägypten heißt Merit-amun und jedes dritte Sitamun. Mein Bruder war ein Sohn des Thot und hieß nicht Amunmesse, und niemand nahm Anstoß daran. Du, mein lieber Eje, trägst einen völlig gottlosen Namen, wenn man so will, ebenso wie deine ältere Tochter, deren Namen uns nur verrät, dass die Schöne gekommen ist. Und deine Zweitgeborene ist der Göttin Mut geweiht und weder von Amun geliebt, noch ist sie dessen Tochter. Also lasst uns unsere Meritaton!»

«Es ist ja gut, Amenophis. Es war nur so ein Gedanke. Doch jetzt gib mir endlich Meritaton. Ich will sie genauer ansehen.»

Ein winziges Näschen sah ich und pralle Lippen. Unter dem Leinen schaute ein wenig von ihrem pechschwarzen Haar hervor. Die Augen unter schmalen und doch dichten Brauen waren geschlossen, denn Meritaton schlief.

Es war vielleicht nicht der rechte Zeitpunkt, eine Bemerkung über den Namen des gerade erst geborenen Mädchens zu machen, doch ich befürchtete wirklich, dass es zu ernsthaften Unstimmigkeiten innerhalb der Priesterschaft des Amun kommen würde. Sie wussten schon längst, dass der Prinz vor allen anderen Göttern Aton verehrte, auch wenn von dieser Verehrung nur wenig nach außen drang und es die meisten Menschen einfach nur für eine persönliche und vorübergehende Vorliebe des Thronfolgers hielten. Umso genauer sahen die Priester des Amun auf jede Kleinigkeit, auf jede vermeintliche Unregelmäßigkeit, um sie als Angriff gegen Amun zu deuten und zu gegebener Zeit Pharao vorzuhalten.

Wie armselig, wie erbärmlich waren diese Menschen im Grunde genommen! Wenn es in den Beiden Ländern jemand gab, der wusste, wie gefährlich die Diener des Verborgenen, des widderköpfigen Amun sein konnten, dann war ich es.

Nimuria war wie ich über die Namenswahl, die unsere Kinder getroffen hatten, nicht sehr glücklich, aber er konnte letztlich dem Argument seines Sohnes, auch andere Kinder würden ohne Amun in ihrem Namen ganz gut leben, nichts entgegensetzen. Ich bin mir sicher, dass Ameni in seinem Innersten auf seinen Sohn stolz war, ihn wegen seines offenen Bekenntnisses zu Aton vielleicht sogar beneidete. Es schien, als würde es auch hier so sein, wie überall im Leben: Erst gab es Verwunderung über den Namen Meritaton, verbunden mit dunklen Vorahnungen und Befürchtungen, dann kam die Gleichgültigkeit und dann irgendwann das Vergessen.

Ja, es schien tatsächlich so.

Wie alle Kinder hohen Standes bekam auch Meritaton eine Amme und wurde von ihr – darin gab es bei uns keine Standesunterschiede – drei Jahre lang gestillt.

Nofretete war schon nach kurzer Zeit gut erholt, sodass sie wieder ihren Verpflichtungen nachkommen und am täglichen Leben teilnehmen konnte. Immer öfter begleitete sie Amenophis auch zu offiziellen Amtshandlungen, und es schien, als wären die beiden unzertrennlich. Nafteta war ganz anders, als man es bisher von Prinzessinnen gewöhnt war. In Anwesenheit ihres Mannes befragte sie Beamte und Bürgermeister, Handwerker und Bauern. Sie versprach Hilfe, wo sie es für nötig hielt und ohne erst das Einverständnis des Prinzen einzuholen. Sie fuhr mit ihrem Gemahl auf dessen Streitwagen, und weil sie daran so großen Gefallen fand, bestand sie darauf, selbst das Wagenlenken zu erlernen. Der Widerstand meiner Schwester war zwecklos, denn selbst Pharao fand die Vorstellung, dass Nafteta einst selbst einen Wagen durch Waset lenken würde, großartig. So musste auch Teje die außergewöhnliche Entscheidung hinnehmen, freilich, nicht ohne abschließend zu bemerken: «Vielleicht will sie eines Tages auch noch Pharao werden.»

Nimuria war zweiundvierzig Jahre alt, als in seinem 27. Regierungsjahr Prinz Amenophis zum Mitregenten ausgerufen wurde. Pharao hatte lange mit dieser Entscheidung gerungen, denn er fühlte sich noch stark genug, sein göttliches Amt allein auszuführen, und er wusste, dass eine Doppelregentschaft viele Schwierigkeiten mit sich bringen würde. Wer von den beiden

Herrschern würde dann der oberste Priester des Landes sein? Wer der Befehlshaber der Armee? Wer würde verantwortlich sein für die Beziehungen zu anderen Ländern, für die Flotte, die Steinbrüche, die Goldgewinnung und die Bauarbeiten? Doch Ameni hatte auch ein Alter erreicht, in welchem er im Grunde jeden Tag mit dem Schlimmsten rechnen musste. Hatte er nicht selbst miterlebt, wie früh und vor allem plötzlich sein Vater, der Osiris Thutmosis, dem schakalköpfigen Anubis in die westlichen Gefilde folgen musste? Wie wichtig wäre es für ihn gewesen, wenn er aus eigenem Erleben etwas von den Staatsgeschäften erfahren hätte, und nicht nur aus Büchern oder aus dem Munde seines Lehrers Juja, meines Vaters. Nimuria war erst fünfzehn Jahre alt, als sein Vater starb, sodass vorher niemand eine Mitregentschaft überhaupt in Erwägung gezogen hatte. Pharaos Sohn aber würde bald das einundzwanzigste Lebensjahr vollenden. Das bot die Möglichkeit, ihn beizeiten und unter der Anleitung des erfahrenen Herrschers an der Ausübung der Macht teilhaben zu lassen, bis er einst Geißel und Krummstab allein in seinen Händen hielt.

Die Beiden Länder brachten wieder eine reiche Ernte ein. Die Getreidespeicher Pharaos, die der Tempel und der Vornehmen aller Gaue waren gefüllt, und schon während der Ernte zeigte sich, dass die vorhandenen Speicher all das Getreide nicht fassen würden. Und da die Bauern unentbehrlich waren, ließ Nimuria im ganzen Land zusätzliche Vorratskammern von Soldaten anlegen.

Auch Obst und Gemüse brachten die Felder und Gärten im Überfluss hervor. In diesem Jahr waren die Weintrauben von der Flussmündung im Norden bis hinab in den Süden Oberägyptens saftiger und süßer denn je zuvor. Die Kinder der Bauern schleppten die Trauben in Körben zu den gemauerten Wannen, wo sie zertreten wurden. Der ausgepresste Saft floss in große Tonkrüge, wo er gärte. Die Gefäße verschloss man mit Stöpseln aus Nilschlamm, in die kleine Löcher gebohrt wurden, damit aus ihnen Luft und Gärdämpfe entweichen konnten. Erst wenn der Wein ganz vergoren war, wurden die Gefäße völlig verschlossen und eingelagert. Einer der besten Weine dieses Jahres war ein Weißer, der im Osten der Flussmündung von einer Domäne des Re von On kam.

Auf den Weiden hüpften Kälber und Lämmer, und es gab so viele Enten im Schilf des Flusses, dass sie selbst die Götter nicht zu zählen vermocht hätten. Täglich waren es mehr Schiffe, die von Norden und Süden nach Waset kamen, um Getreide, Wein, Oliven, einfach alles, was Waset für die bevorstehenden Festtage brauchte, anzuliefern.

Aus den Fremdländern und aus dem elenden Kusch kamen Gold, Elfenbein, feinste Tuche und Edelsteine zu uns. Das ferne Punt lieferte Weihrauch, damit die Götter Ägyptens von seinem Duft, der Tag für Tag zu ihnen aus Tausenden Tempeln emporstieg, erfreut wurden.

Es kamen aber auch fremde Schiffe, wie wir sie noch nie gesehen hatten, ganz anders in der Bauweise als unsere Barken. Sie brachten die ersten Gäste aus dem fernen Mykene, aus Troja und der Insel Alaschia im Nordosten der Flussmündung. Weiterhin kamen Schiffe von den Küstenstädten Ugarit, Byblos und Tyros. Ein jeder, der von diesen Schiffen stieg, sah anders aus. Die Kreter hatten langes, schwarzes Haar, welches in langen, feingekräuselten Locken über ihre Schultern fiel. Ihre Stirn war fliehend und verlief mit der spitzen Nase in einer nahezu geraden Linie. Die Lippen waren schmal und fast schwarz, und ein jeder von ihnen trug einen kunstvoll zurechtgeschnittenen Kinnbart. Man sagte ihnen allerdings allgemein nach, dass es kein Volk auf der Welt gab, welches so log wie sie. Die Haare der Männer aus Ugarit, Byblos und Tyros glänzten bläulich, wie die Federn der Raben, wenn die Sonne auf sie scheint. Aber im Gegensatz zu den Kretern, die wegen der Hitze, welche auf ihrer Insel herrschte, nur Schurze trugen, ähnlich wie wir Ägypter, waren die anderen in lange, teilweise schwere Gewänder gehüllt. Wir Ägypter verachteten diese Art der Kleidung, denn man schwitzte darin viel und wurde schnell unreinlich.

Je mehr Fremde nach Waset kamen, umso bunter und lebendiger wurde das Leben der Stadt. Ihre Fürsten und Mächtigen erhielten Quartier in den Palästen und Gästehäusern Pharaos. Die weniger bedeutenden, die Händler und Kaufleute und die vielen, die ihnen einfach nur gefolgt waren, um ihr Glück zu suchen, sie schliefen in einer der tausend Herbergen oder Spelunken, die Waset in jeder Beschaffenheit zu bieten hatte. Da wurde gehandelt und getauscht, gestohlen und betrogen. Es war ein Hassen und ein Lieben, der Mund war ebenso schnell zum Kusse gespitzt, wie der Dolch gezückt war, um einen anderen niederzustoßen. Die Polizei in Waset hatte wahrhaft genug zu tun in diesen Tagen.

Die Bilder an den Außenwänden der Tempel wurden erneuert, und jetzt sah man Pharao in frischen, leuchtenden Farben, wie er, eine mächtige Keule schwingend, die Feinde Ägyptens niederschlug. Man sah ihn vor Amun, Hathor und Ptah, vor Osiris und Chons und vor dem falkenköpfigen Re-Harachte. An den Spitzen der vielen Fahnenmasten vor den Tortürmen der Tempel flatterten neue Bänder in allen Farben, und selbst die vergoldeten Spitzen der Obelisken wurden gereinigt und poliert. Wo es nötig war, wurden sogar die Straßen mit frisch gebrochenen Steinplatten belegt, und selten zuvor hatte man in Waset eine Blüten- und Blumenpracht gesehen, wie in diesen Tagen.

Die Abgesandten der mit Ägypten befreundeten und verbündeten Länder trafen zuletzt ein. Sie kamen aus Mitanni, Babylon und Syrien. Aus den Städten Megiddo und Kadesch, sogar aus dem fernen Hattuscha, der Hauptstadt der Hethiter, kamen Abgesandte an den Hof Pharaos. Zuletzt erschien der bedeutendste unter ihnen, Merimes, der Stellvertreter Pharaos in Nubien, der seit alters her den Titel «Königssohn von Kusch» trug.

Er erschien in solcher Pracht und umgeben von einer Zahl

Diener und Sklaven, dass man glauben mochte, er selbst sollte zum Mitregenten ernannt werden. Merimes nützte sein Erscheinen bei Hofe gleichzeitig dazu, um die jährlichen Tribute abzuliefern. Es waren einhundertvierzig Männer, die Silber trugen; einhundertzwanzig, die Gold trugen. Jene, die mit Karneol beladen waren, zählten zweihundert; die mit Elfenbein vierzig. Es waren sechshundert Männer, die mit Ebenholz beladen waren und einhundertsechzig, die Weihrauch brachten. Zehn Männer führten einen lebenden Panther, und es waren zweihundert, die Lang- und Kurzhornrinder führten. Die Zahl der Tributträger, die Merimes begleiteten, betrug eintausendvierhundertsiebzig.

Pharao ließ in den Wochen vor dem Eintreffen Merimes' vor dem Palast der leuchtenden Sonne einen kleinen Aussichtspalast, einen Maru, errichten. Von dort konnten er, die königliche Familie und der gesamte Hofstaat den Aufmarsch des Königssohnes von Kusch und seines Gefolges beobachten. Siebenundzwanzig Schiffe legten am frühen Nachmittag am westlichen Ufer an, und nachdem all die kostbare Fracht abgeladen war, setzte sich der Zug mit Merimes in seiner Mitte in Bewegung. Hunderte Kriegstrommeln schlugen den Takt, und schon von weitem hörten wir ihren dumpfen Klang, der mir meine Erlebnisse im Feldzug gegen die Aufständischen im südlichen Kusch in Erinnerung rief.

Die ersten Tributträger zogen an Pharao vorbei und ließen ihn einen kurzen Blick in ihre Körbe und Kisten werfen, um sie sogleich in das königliche Schatzhaus zu tragen. Dann stieg Merimes aus seiner Sänfte und warf sich vor Nimuria nieder. Er zählte weit mehr als sechzig Jahre und war noch von der nämlichen Leibesfülle wie damals, als ich ihn vor zwanzig Jahren in seinem Palast von Napata zum ersten Mal sah. Er trug noch dieselben schwarzen Locken und schwere goldene Ringe an den Ohren. Nur von seiner Wendigkeit, an die ich mich noch erinnerte, war nach all den Jahren nicht viel geblieben. Er war alt geworden.

Merimes durfte sich erheben und vor seinen Herrscher treten. Er erläuterte in den dürren Worten eines Finanzbeamten, wie sich der diesjährige Tribut Nubiens zusammensetzte, und endete mit den Worten:

«Eure Majestät, sie lebe, sei heil und gesund, möge zufrieden sein mit dem, was Euer Diener Merimes aus dem elenden Kusch zu Euch bringt, um Euer Glück und Euren Wohlstand zu mehren für alle Zeit.»

Nimuria lächelte milde und bedankte sich bei Merimes für dessen treue Dienste. Ich weiß nicht, was in seinem Kopf vorging. Wie viele der Anwesenden mag auch er überlegt haben, wo der Königssohn von Kusch wohl die andere Hälfte von dem, was er hier zeigte, versteckt haben mochte. Aber gewiss, Nimuria war zufrieden mit dem, was er sah an Gold, Silber und Karneol.

Lange vor Sonnenaufgang wurden Ti und ich von meinem Diener geweckt. Die Nachtigall in meinem Garten sang ihre unvergleichlichen Melodien und ließ sich von dem Licht der Kerzen, die nach und nach in allen Räumen entzündet wurden, nicht stören. Ich badete mich ausgiebig, und während mein Diener mich rasierte, mich kämmte und mir die Augenfarbe auflegte, trank ich nebenbei einen Becher Milch und aß ein Stück Brot. Dann kleidete ich mich an. Zuletzt nahm ich den Prunkdolch, den mir Ameni vor fast dreißig Jahren geschenkt hatte, und seinen Siegelring. Noch bei völliger Dunkelheit brachen wir auf. Wir waren nicht die Einzigen, die zu dieser Tageszeit zum Palast des Prinzen getragen wurden, und immer wieder trafen wir auf andere Gespanne und Sänften, die den gleichen Weg einschlugen. Als wir den Palast erreicht hatten, herrschte dort schon reges Treiben. Nimuria, Teje und Sitamun hatten die Nacht im alten Stadtpalast von Waset verbracht, um sich eine allzu frühe Anfahrt und das Übersetzen über den Fluss in der Dunkelheit zu ersparen. Nach und nach füllte sich der große Audienzsaal, bis alle Großen der Beiden Länder und die ausländischen Abgesandten versammelt waren. In den Höfen davor standen ein Großteil der Beamtenschaft, die Leibgarde sowie Soldaten der Divisionen des Amun, des Re und des Ptah unter der Führung ihres obersten Kommandanten Ptahmay.

Vor uns, etwas erhöht, standen fünf Throne aus Elektron. Zwei größere für die beiden Herrscher und drei kleinere für die Großen königlichen Gemahlinnen und für Prinzessin Sitamun. Dahinter prangte in bunten Farben ein mächtiges Wandgemälde, vor welchem aus vier Metallkesseln unentwegt dicke Schwaden feinsten Weihrauchs emporstiegen. Man sah die beiden Herrscher mit weit ausladendem Schritt den Feinden gegenüberstehen. Jeder holte mit einer Keule weit aus, um auf sie einzuschlagen, die, bereits am Boden liegend, um ihr erbärmliches Leben flehten. Hinter den Herrschern, die durch ihre Namenszeichen gekennzeichnet waren, standen Re-Harachte und Amun.

Ich sah mich schweigend um. Viele der Anwesenden unterhielten sich noch, und ohne zu ahnen, dass mein gutes Gehör wie so oft jedes ihrer Worte vernahm, tauschten sie ihre Boshaftigkeiten aus. Ich sah hinüber zu einigen Priestern des Amun und lächelte sie an. Sie lächelten zurück, doch ich hörte, wie einer von ihnen durch seine Zähne hindurchzischte: «Ich möchte diesen Mann am liebsten heute noch tot sehen. Wie ich diesen Eje hasse!»

Nachdem ich diese Worte des Ahnungslosen vernommen hatte, lächelte ich ihm nochmals zu und neigte wie zum Dank leicht meinen Kopf. Er schien etwas verwirrt, dann nickte er freundlich zurück. Ich schwieg, doch in meinem Inneren äußerte ich denselben Wunsch wie er. Wie beruhigt war ich, als mir auch ein paar erfreuliche Worte anderer Gäste zu Ohren kamen.

Ein Fanfarenstoß ließ alle verstummen und sich zu Boden werfen: Pharao erschien, und mit ihm Teje, Sitamun, Prinz Amenophis und Nofretete. Wir durften uns erheben. Nimuria und Teje trugen das vollständige königliche Ornat, der Prinz nur einen weißen Schurz und ein Nemes-Kopftuch, Nafteta ein einfaches, langes Kleid. Durch den gegenüberliegenden Eingang betraten drei oberste Priester des Amun den Saal. Ihr ganzer Körper war kahl geschoren, und über dem bodenlangen weißen Gewand lagen Leopardenfelle über ihren Schultern und wiesen sie als die Ersten Sehenden des Amun aus. Sie nahmen Pharao und Prinz Amenophis in ihre Mitte und verließen mit ihnen die Halle. Sie gingen durch den Verbindungsgang auf dem kürzesten Weg zum Heiligtum des Amun, wo Nimuria den künftigen Mitregenten in die heiligen Riten einweihte, damit er sie künftig als einer der beiden Mittler zwischen Gott und Mensch auch allein ausführen konnte. Nach gut einer Stunde kehrten sie zurück, und ein gewaltiger Fanfarenstoß ließ uns erneut zu Boden fallen.

Mit gewaltiger Stimme rief Ramose nun zu uns:

«Horus ist erschienen, Neb-maat-Re, der Herrscher über Ober- und Unterägypten, er lebe, sei heil und gesund, der Herr über alle Fremdvölker, der Herr der Welt,

Starker Stier, der in Maat erschienen ist,

der die Gesetze dauern lässt

und die Beiden Länder beruhigt,

mit großer Kraft, der die Asiaten schlägt,

Amenophis mer-chepesch, Gott-Herrscher von Waset.»

Wieder erschallte ein Fanfarenstoß, und der Wesir Ramose rief nochmals:

«Horus ist erschienen, Neferchepru-Re Waen-Re, der Herrscher über Ober- und Unterägypten, er lebe, sei heil und gesund, Starker Stier mit hohem Federnpaar, Groß an Königtum in Waset,

der die Kronen in Waset erhebt,

Amenophis, der in Wahrheit lebt, Gott-Herrscher von Waset.»

Es erklang wieder ein Fanfarenstoß, und Ramose wiederholte beide Titulaturen noch zweimal.

«Schön sind die Erscheinungen des Re – Einziger des Re» lautete der Thronname, den mein Schüler sich gewählt hatte. Während wir uns erhoben und alle Gäste zur Begrüßung des neuen Horus ein Jubelgeschrei ohnegleichen anstimmten, dachte ich über den Namen nach. Er war nichts Außergewöhnliches, im Gegenteil: Was die Priesterschaft des Amun betraf, war er sehr zurückhaltend geblieben. Keine Abkehr von Amun und keine Hinwendung zu Aton. Vielleicht war alles doch nicht so schlimm, wie ich und viele andere befürchtet hatten. Teje hatte noch wenige Tage vor der Krönung zu mir gesagt: «Lass ihn erst einmal Herrscher sein, dann wird alles ganz anders aussehen, und er wird auf den Boden der ägyptischen Tatsachen zurückkehren.»

Die beiden Herrscher waren herrlich anzusehen. Nimuria trug den Chepresch, den Kriegshelm, und die übrigen Insignien seiner Macht. Auch Waen-Re – wie ihn jetzt fast alle nannten, um ihn von seinem Vater unterscheiden zu können – trug Zeremonialbart, Krummstab und Geißel; dazu einen achtreihigen Schulterkragen, welcher nur aus Gold- und Karneolperlen bestand, und auf dem Haupt saß die Doppelkrone, die weiße Krone Oberägyptens, die in die rote Krone Unterägyptens gesetzt war.

Nachdem wir alle unseren Herrschern gehuldigt hatten, legte Waen-Re meiner Tochter erst einen goldenen Schulterkragen um, dann setzte er ihr ein Diadem auf den Kopf, von dessen Vorderseite die goldenen Köpfe von Kobra und Geier, Uto und Nechbet, prangten. Nofretete war jetzt Große königliche Gemahlin! Meine Tochter Nafteta!

Geistesabwesend starrte ich zu Boden, und doch gingen tausend Gedanken durch meinen Kopf. Ich wollte jetzt niemandem ins Gesicht sehen, denn ich wusste, dass Hunderte Augenpaare für einen kurzen Augenblick auf mich gerichtet waren. Sie wollten nur wissen, ob ich jetzt, da ich den Titel «Gottesvater» führte, vor Stolz platzte. Ja, ihr Neider! Ich platzte vor Stolz, aber nicht vor euren Augen, sondern nur in meinem Inneren. Wie herrlich sie aussah, meine Nafteta! Eine schönere Große königliche Gemahlin hatte Ägypten in seiner tausendjährigen Geschichte wohl kaum gesehen. Der schlanke Hals, die hohe Stirn, die schmale Nase und die feinen Ohren. Die Augen schöner als aller Lapislazuli der Welt, die Lippen von gefälligerer Farbe als der kostbarste Karneol!

«Gottesvater Eje!»

Ich nahm nichts wahr.

«Gottesvater Eje!»

War ich das selbst, der nach mir rief? Ich erhob meinen Kopf und tauchte aus meinen Träumen auf. Mein Nachbar Aper-el sagte nochmals: «Gottesvater Eje! Ihr sollt vor Pharao treten, schnell!»

Jetzt waren wirklich alle Blicke auf mich gerichtet, und mit rotem Kopf trat ich allein vor die Herrscher und ihre Großen königlichen Gemahlinnen und warf mich zu Boden.

«Erhebe Dich, Gottesvater Eje», hörte ich die ruhige, klare Stimme meines Freundes Ameni. Ich tat, wie er sagte, und sah ihn an.

Nicht laut, aber doch so, dass man es im ganzen Saal hören konnte, sagte Amenophis zu mir: «Du bist nicht nur der Einzige Freund Meiner Majestät. Du bist nicht nur der Freund meines Sohnes, sondern jetzt bist Du auch Gottesvater. Zeit Deines Lebens bist Du vor allen anderen Untertanen befreit, Dich vor uns in den Staub zu werfen. Zeit Deines Lebens!»

Ich verneigte mich ehrfürchtig, dann umarmte mich Ameni und sagte leise in mein Ohr: «Bleib bei ihm, Eje! Er braucht dich!»

«So lange unsere Freundschaft davon unberührt bleibt, Ameni», flüsterte ich zurück.

«Zweifelst du daran?»

Ich sah ihn an und schüttelte schweigend den Kopf.

Dann durfte ich als Erster im Saal Waen-Re und Nafteta be-glückwünschen, und als ich mich gemeinsam mit der königlichen Familie wieder der Menge im Saal zuwandte, brach erneut lauter Jubel aus. Von hinten kamen Soldaten der Leibgarde herein und bildeten in der Mitte des Raumes ein Spalier, das von den Thronen bis zum großen Tor reichte. Ramose schritt voran. Ihm folgten zwischen vier Wedelträgern Nimuria und Teje, zwischen vier weiteren Wedelträgern Waen-Re und Nofretete und schließlich, zwischen zwei weiteren Wedelträgern und zwischen Prinzessin Sitamun und Ti, die jetzt zu mir getreten war, ich selbst.

Das große Eingangstor war weit geöffnet, und als wir es durchschritten, lag die Menschenmenge in dem Hof vor uns im Staub. Dreimal verkündete Ramose laut die volle Titulatur beider Herrscher, ehe sich die Menschen erheben durften, um auch hier in ohrenbetäubendes Freudengeschrei auszubrechen. Wir alle gingen die Treppe hinab, durchquerten den Hof und bestiegen den gegenüberliegenden Torturm. Vor uns lagen all die übrigen Menschen, die in Waset lebten, gewiss mehr als 50 000, auf dem Boden. Ein letztes Mal verkündete Ramose die volle Titulatur der beiden Herrscher, und der schallende Lärm Hunderter Fanfaren erlaubte es allen, sich zu erheben. Es brach ein Jubel los, wie ich ihn noch selten erlebt hatte. Er wollte kein Ende nehmen, immer und immer wieder riefen die Menschen die Namen ihrer Herrscher Nimuria und Waen-Re.

Dann stieg der junge Herrscher hinab und legte bis auf seinen Schurz alles nieder, was er trug, denn er musste nun nach altem Brauch dreimal um den Palast laufen, um zu zeigen, dass er genug Kraft hatte, über Ägypten zu herrschen. Die schweren Palasttore öffneten sich, und Amenophis begann durch ein Spalier Tausender Soldaten und unter dem lauten Geschrei der Menschen seinen Lauf. Nachdem er geendet hatte, bestieg er wieder den Torturm, um die Herrschaft über die Welt anzutreten: Er nahm einen Bogen und verschoss vier Pfeile, einen in jede Himmelsrichtung. Erneut stieg er herab und ging in die Mitte des Platzes. Am Rand einer Grube lehnte ein zwölf Ellen hoher Djet-Pfeiler aus Holz. Ihn musste der Herrscher aufrichten, um so für immer Fruchtbarkeit und Reichtum für sein Land zu erlangen. Am oberen Ende des Pfeilers war ein Seil angebracht, und an ihm zog Amenophis, bis der Holzpfeiler in die vorbereitete Grube rutschte. Nimuria und der Wesir gruben ihn gemeinsam mit Waen-Re ein, damit er fest und unverrückbar stand.

Nun wurde Amenophis Waen-Re wieder vollständig angekleidet. Die königliche Familie, Ti und ich zogen zwischen den Wedelträgern die Treppe hinauf, vor das goldene Eingangstor des Audienzsaales. Dort waren jetzt die fünf Throne aus Elektron aufgestellt, auf welchen die Herrscherfamilie Platz nahm. Eine Stufe unterhalb standen für Ti und mich zwei einfachere, vergoldete Holzsessel bereit.

Alle Welt huldigte nun den beiden Herrschern Ägyptens. Zuerst traten die Wesire vor die Throne der Majestäten und legten ihren Amtseid vor Amenophis Waen-Re ab. Dann erschienen die Vorsteher der zweiundzwanzig oberägyptischen und der zwanzig unterägyptischen Gaue sowie die Bürgermeister aller großen Städte, von Buto und Tanis im Norden bis hinab nach Napata, unterhalb der vierten Stromschnelle. Auch sie alle huldigten dem neuen Herrscher. Es folgten die Vorsteher der Paläste von Men-nefer, Merwer und der beiden Paläste von Waset, die Vorsteher der Divisionen des Amun, Ptah und des Re, der Schatzmeister, der Vorsteher aller Steinbrüche ihrer Majestäten und der Kommandant der königlichen Flotte.

Nach ihnen erschien Merimes, der Königssohn von Kusch. Ihn umgab ein Dutzend nubischer Fürsten, treue Untertanen ihrer Majestäten. Sie waren herrlich anzusehen mit ihrem Federschmuck, den Leopardenfellen und all dem Gold, das sie auf ihren schwarz glänzenden Körpern trugen. Ich sah von weitem, dass ein jeder von ihnen die Kraft hatte, mit bloßen Händen einen ausgewachsenen Löwen zu erwürgen. Merimes blieb inmitten seiner Nubier vor den Thronen stehen, denn ihnen folgten zum Klang nubischer Trommeln hundert schwarze Mädchen, eines schöner anzusehen als das andere, und jedes trug ein kleines Kästchen aus Ebenholz mit sich. Immer zehn von ihnen gingen an Merimes vorbei, knieten vor den Thronen nieder und öffneten die Deckel der Schatullen. Die ersten zehn brachten Diamanten, die nächsten Lapislazuli, darauf folgte Karneol. Dann kamen dunkelrote Rubine, blaue und grüne Saphire, Amethyst und Achat, Opal und Türkis und zuletzt dunkelgrüne Smaragde. Mit einem zufriedenen, fast überheblich wirkenden Gesicht sah Merimes in die Augen seiner Herrscher, um ihr Entzücken beim Anblick der Schätze zu genießen. Als nächstes traten sechzig nubische Männer vor die Throne Ägyptens. Je zwei von ihnen, jeder stark wie ein ausgewachsener Wildstier, schleppten schwere Holztruhen. Fünfmal nacheinander traten zwölf Nubier vor und öffneten ihre Truhen, die bis zum Rand mit Gold gefüllt waren. Ebenso geschah es mit Silber. Dann ließ Merimes Elfenbein bringen, Felle von Panthern und Löwen, lebende Affen und seltene Vögel und sogar fünf zahme, junge Löwen. Den Abschluss bildete eine Gruppe von etwa hundert schwarzen Musikern, Frauen und Männern. In winzigen Schritten und rhythmischen Bewegungen kamen sie unter ohrenbetäubendem Lärm in den Saal, umkreisten zuletzt Merimes und die nubischen Fürsten und begleiteten so ihren Herrn nach hinten, wo er sich wieder unter die Festgäste einreihte. Merimes' Vorstellung war einzigartig, und ich war gespannt darauf, was er abends bei den Festen im Palast bieten würde.

Jetzt traten die Freunde aus Babylon, die Abgesandten von König Kadaschman-Enlil, dem Sohn des verstorbenen Kurigalzu, vor die Throne Ägyptens. Es waren groß gewachsene Männer mit langen, schwarzen Bärten, die in langen Locken nach unten fielen. Sie trugen schwere Gewänder, die bunt bestickt waren und bis zu den Knöcheln reichten, dazu geschlossene Schuhe aus gefärbtem Leder, die vorne spitz zuliefen. Jeder Ägypter wäre in dieser Art von Kleidung umgekommen, aber ich kannte sie von meiner Reise an den Euphrat, und ich wusste, dass es dort auch kälter sein konnte als am Nil. Sie überbrachten in einer freundlichen, wenn auch langen und umständlichen Rede die Grüße ihres Herrschers Kadaschman-Enlil und versicherten auch Amenophis Waen-Re dessen Freundschaft. Dann trugen auch sie ihre Geschenke herein. Es waren vor allem Unmengen kostbarer bunter Tuche, Vasen aus Alabaster und das bei uns so seltene Eisen, das aber wertvoller war als alles Gold, das Merimes nach Waset schleppen ließ.

Den Babyloniern folgten die Abgesandten aus Mitanni, die Boten des Königs Tuschratta.

Tuschratta war der zweite Sohn von Sutarna und der Bruder von Giluchepa, die bis zu ihrem Tod vor wenigen Monaten erst über viele Jahre eine Nebenfrau Nimurias gewesen war. Nach Sutarna folgte erst sein älterer Sohn Artassumara auf den Thron von Waschukkanni, er wurde jedoch vom Lahhi, dem Anführer der Leibgarde, ermordet. Dieser setzte den kleinen Tuschratta auf den Thron, wurde aber, als Tuschratta erwachsen war, selbst beseitigt.

Auch die Mitanni übergaben reiche Geschenke, ebenso die Abgesandten von Ugarit, Byblos und Tyros. Die Mykener und Trojaner brachten feinste Töpferwaren und Gefäße aus buntem Glas. Sie schenkten Amenophis Waen-Re riesige Tonkrüge mit Wein, der jedoch sehr harzig schmeckte und deshalb nicht jedermanns Sache war. Es kamen noch die Sardenen, die Silber brachten, die Boten von der Insel Alaschia und schließlich die Gesandten aus dem fernen Punt. Es entsprach einem alten Brauch, der auf Pharao Hatschepsut, dem ehrgeizigen Weibe auf dem Pharaonenthron, zurückging, dass sie die Herrscher Ägyptens mit feinstem Weihrauch beschenkten.

Ob Nimuria wollte oder nicht, all die Schätze, die heute vor die Throne der Beiden Länder getragen wurden, gehörten seinem Sohn und bildeten den Grundstock seines königlichen Schatzes. Sie ermöglichten es ihm, selbst eine würdige Hofhaltung zu führen und Bauwerke, die seiner würdig waren, in Auftrag zu geben. So machte der neue Horus auch einen sehr zufriedenen Gesichtsausdruck, als der große Empfang beendet war und er all die Schätze in seinem Palast verwahrt wusste.

Es war früher Nachmittag, die Hitze war unerträglich. Alle, vom einfachen Bauern bis zum Wesir, waren deshalb froh, dass sie für einige Stunden ausruhen konnten, ehe nach Sonnenuntergang das Fest begann und überall in Waset gefeiert wurde.

Ti und ich fielen erschöpft auf unser Bett und genossen die Stille, die uns umgab. Nichts im Palast rührte sich. Es gab kein Hämmern und kein Klappern, kein Rufen und Singen. Selbst die Vögel im Garten hatten sich zurückgezogen, um irgendwo im Schatten der Akazien und Sykomoren die schlimmste Hitze zu überstehen. Mein Kopf lag auf meinem linken Arm. Ich sah Ti an. Ihr schmales Gesicht war kaum älter geworden in all den Jahren. Ihre kleine, krumme Nase wirkte noch immer jugendlich, und auch sonst konnte sich ihr makelloser Körper mit dem jeder Schönheit des Landes messen. Jetzt war ich mir sicher, dass ich keine Isis brauchte, um glücklich zu sein. Ti schmiegte sich an mich, ihre langen, schlanken Beine wanden sich wie Schlangen um meinen Körper und wie eine kleine, gemeine Viper biss sie mich zärtlich in die Unterlippe. Dieses Gift wirkte schnell. Wie liebte ich noch immer die Hitze der Mittagssonne! Doch auch wir waren irgendwann ermattet und schliefen eng umschlungen ein, zufrieden, glücklich. Ja, unendlich glücklich.

Das Gedränge vor dem Palast wurde immer dichter, je näher man kam. Die Wachen hatten Mühe, all jene Menschen zurückzuhalten, die etwas von der Schönheit und der Pracht, welche die Gäste der Pharaonen umgab, miterleben wollten. Sie sahen die Frauen mit den neuesten Perücken, den neuesten Halskragen und Kleidern, wie man sie offenbar erst seit gestern trug. Weiß, lang und Falten waren die drei Zauberworte dieser Tage. Kein Kleid konnte lang genug sein, und jede versuchte, die anderen in der Zahl der Falten zu übertreffen. Und weiß mussten die Kleider sein, blütenweiß! Wer etwas anderes trug, war eine Ahnungslose aus der Wüste. Ich muss gestehen: Die Männer waren nicht besser. Ihre weißen Schurze waren knöchellang, mehrfach gewickelt, und auch sie schienen nur aus Falten zu bestehen.

Waen-Re und Aper-el hatten sich für Akazienblüten entschieden. Überall im Land standen die Bäume in voller Blüte, und so war der ganze Palast eingetaucht in ein einziges Meer von Akazienblüten. Ein süßlich schwerer Duft lag in jedem Raum, und selbst die offenen Höfe ertranken in diesem Duft. Unzählige Fackeln, Kerzen und Öllampen tauchten den Palast in ein unwirkliches Licht, dessen Leuchtkraft nicht bis zur Decke reichte, sondern sie im schwarzen Nichts verschwinden ließ. Die Wände aber wurden angeleuchtet, und das Flackern der Kerzen und Fackeln ließ die dort abgebildeten Figuren Tänze aufführen, ja alle Bilder schienen in Bewegung, als wollten die dort Abgebildeten teilhaben an dem Rausch der Sinne, dem sich die Feiernden jetzt hingaben.

Und es war ein wahrer Rausch der Sinne, wie ihn nur die Ägypter so vollkommen feiern konnten. Die Augen wurden ebenso zufrieden gestellt wie die Nase, der Gaumen und die Ohren. Damals, bei der Krönung meines Freundes Ameni, hatte ich noch nicht gewusst, was die Erwachsenen mit dem «letzten Sinn» meinten. Jetzt lächelte ich in mich hinein und sah Ti verliebt an.

Alle Säle waren dicht besetzt, und die Palastdiener hatten alle Hände voll zu tun, jedem seinen Platz zuzuweisen. Gemeinsam mit Amenophis, dem Sohn des Hapu, den beiden Wesiren und ihren Frauen sowie mit Acha und Iset saßen wir bei der königlichen Familie. Aus dem Nebensaal hörten wir erst Fanfaren, dann Hochrufe und fröhlichen Jubel, der immer näher kam. Die Herrscher erschienen. Jetzt erschallten auch bei uns die Fanfaren, wirbelten die Trommeln, und alle warfen sich zu Boden. Ich war schon im Begriff, das Knie durchzubeugen, da erinnerte ich mich dessen, was Pharao mir am Morgen sagte: Zeit meines Lebens brauchte ich mich nicht mehr vor den Majestäten in den Staub zu werfen. Es war ein eigenartiges Gefühl. Um mich herum lagen alle am Boden und auch Ti und der alte Amenophis, Sohn des Hapu, machten da keine Ausnahme, selbst wenn dieser aus Gründen seines Alters nur das rechte Knie durchbeugte und sein Haupt demütig nach unten neigte.

So sah ich sie in den Saal kommen, prächtig anzusehen wie nie. Die beiden Herrscher trugen nur das Nemes-Kopftuch mit einem goldenen Stirnreif, breite Schulterkragen und einige Armreife. Auf die übrigen Insignien ihrer königlichen Würde hatten sie verzichtet. Teje und Nofretete hingegen zierte über feinsten Leinengewändern der erlesenste Schmuck aus den Schatzkammern Ägyptens. Teje trug über ihrer Perücke ein Diadem, auf dessen Rand kleine goldene Löwen Gazellen und Antilopen jagten. Ihren Schulterkragen zierten Edelsteine von einer Größe und Reinheit, wie ich sie noch selten gesehen hatte: Rubine und Smaragde, so groß wie Taubeneier, und dazwischen ein wahres Meer von Diamanten.

Nafteta trug den Halskragen, welchen ich ihr geschenkt hatte, dazu mehrfarbige Armreife und große Scheibenohrringe. In ihre Perücke waren mehrere hundert Silber- und Karneolperlen eingearbeitet.

Man sah Amenophis und Teje an, wie stolz sie auf ihren Sohn waren, mögen sie auch manchmal Zweifel an der Richtigkeit der Mitregentschaft geplagt haben. Hätte ich den jungen Herrscher nicht so gut gekannt, würde ich ihn an diesem Tag für einen arroganten und stolzen Prinzen gehalten haben. Als er den Saal betrat, sah er mit starrem Blick über alle hinweg, mit dem geradezu überheblichen Blick eines jungen Despoten, der nur durch einen Streich des Schicksals unverdient nach Krone und Krummstab greifen konnte. Ich wusste aber, dass es nicht Unbescheidenheit oder Verachtung waren, die aus diesem Gesicht sprachen, sondern vielmehr Unsicherheit und eine vielleicht ungeschickt zum Ausdruck gebrachte, doch gut gemeinte Würde. Meiner Tochter Nafteta erging es nicht viel anders. Sie blickte jedoch nicht wie ihr Gemahl über alle Anwesenden hinweg, sondern senkte eher etwas verlegen den leicht geröteten Kopf.

Die königliche Familie setzte sich, und alle Gäste nahmen nun ihre Plätze ein, nachdem sie sich zuvor erhoben hatten. Weder einer der beiden Herrscher noch irgendein anderer im Saal hatte bislang nach seinem Weinbecher gegriffen, da sprangen schon die ersten Musikanten und Tänzer herein und verteilten sich. Es waren Künstler aus Men-nefer, die zu Beginn des Festes auftraten, und sie kamen auf Geheiß des Palastvorstehers Aper-el.

Anfangs bewegten sich die Tänzerinnen langsam und vorsichtig unter verschiedenfarbigen, hauchdünnen Schleiern, und jede ihrer Bewegungen wirkte so bedächtig, dass sie mich an meinen Schüler erinnerten. Dann wurde die Musik zunehmend lauter und schneller. Immer mehr Instrumente setzten ein, die Tänzerinnen passten ihre Bewegungen der Musik an, lüfteten mehr und mehr die Schleier, warfen sie von sich, bis sie schließlich völlig nackt wie Wahnsinnige unter dem Klatschen der Gäste durch den Raum wirbelten, alle in den gleichen Bewegungen, im gleichen Rhythmus, ohne einen Fehler. Mit dem letzten lauten Takt der Musik fielen sie alle wie tot zu Boden. Es war der richtige Auftakt für das Fest, denn alle hatten jetzt zu reden, riefen einander begeistert Worte zu und tranken Wein. Die Musikanten blieben im Saal und spielten weiter, während Scharen von Dienern umherliefen, die ersten Speisen reichten und Wein nachschenkten. Meiner Tochter und ihrem Gemahl tat diese

Darbietung sichtlich gut, denn der angestrengte Ernst in ihren Gesichtern war jetzt einer ausgelassenen Heiterkeit und Hochstimmung gewichen.

Wir aßen gebratene Gänse und Enten, dazu allerlei kaltes Gemüse, und beides übergoss man mit würzigen Oliventunken, die entweder mild und leicht süßlich, oder entsetzlich scharf abgeschmeckt waren. Noch während wir aßen, verabschiedeten sich die Musikanten aus Men-nefer fast unbemerkt, und wir alle blickten erst wieder auf die freie Fläche inmitten des Saales, als dreißig Mädchen und Jünglinge aus Mykene hereinstürmten. Die Jünglinge hatten ihr langes, fein gelocktes Haar zu Zöpfen zusammengebunden, während die Haare der Mädchen am Hinterkopf mit Nadeln zu einem Knäuel zusammengesteckt waren. Die Mädchen trugen hochgeschlossene Kleider, welche nur die schlanken Arme und die langen Beine den Blicken preisgaben, denn niemals zeigten Mädchen aus Mykene öffentlich ihre Brüste, wofür sie bei unseren Männern als prüde galten. Wer aber weiß, was ihre Männer über unsere Frauen dachten?

Sie vollbrachten wahre Kunststücke. Die Jünglinge überschlugen sich zum Takt der Musik, warfen die Mädchen geradezu durch die Luft, fingen sie wieder auf, um sie sofort wieder einem anderen zufliegen zu lassen. Ihre Aufführung war so beeindruckend und atemberaubend, dass man einige Male im Saal entsetzte Aufschreie von Gästen hören konnte, was aber nur für noch mehr Aufregung und Spannung sorgte. Als sie geendet hatten, wurden sie von den Gästen mit viel Beifall und von Nimuria mit großzügigen Geschenken bedacht.

Während jetzt Musikanten und Sängerinnen aus dem Palast der leuchtenden Sonne für das junge Herrscherpaar Liebeslieder darboten, reichte man uns Fische und Muscheln, gebratenes Fleisch von Krokodilen und Schildkröten. Einige der Lieder waren bekannt, und man war geneigt, ihre Melodien leise mitzusummen oder ihre Texte im Geiste mitzusprechen.

Doch dann vernahm ich die Stimme eines jungen Mädchens.

Sie erhob sich ganz allmählich über den Klang der Harfen, Tamburine und Oboen, Lauten und das metallische Rasseln der Sistren. Diese Stimme war so rein, so unschuldig, dass sie uns schließlich alle zwang, schweigend zuzuhören.

Ihr Lied war mehr ein Gebet, ein Gebet an Hathor, die Göttin der Liebe und der Liebenden, doch in Wirklichkeit besang sie Nofretete.

«Wie ist sie schön!
Die Goldene ist blühend, strahlend, ganz in Blüte!
Für Dich schlagen der Himmel und die Sterne
das Tamburin, die Sonne und der Mond preisen Dich,
die Götter rühmen Dich, die Göttinnen stimmen Hymnen an.
Wie ist sie schön!
Die Goldene ist blühend, strahlend, ganz in Blüte!
Für Dich singt die ganze Erde,
für Dich tanzt jeder, der lebt.
Die Beiden Länder und die Völker preisen Dich im Himmel
*   bis zum Horizont.*
Wie ist sie schön!
Die Goldene ist blühend, strahlend, ganz in Blüte!
Aton in seinem Lauf und das ganze Meer schlagen für
*   Dich das Tamburin.*
Die Griechen feiern Deine Lobpreisungen,
die Fremden sind für Dich erfüllt von Freude.
Wie ist sie schön!
Die Goldene ist blühend, strahlend, ganz in Blüte!
Die Männer und Frauen schlagen für Dich das Tamburin.
Die mächtigen Götter tanzen für Dich,
ganz Ägypten preist Dich,
alle Göttinnen singen Deinen Lobpreis!»

Dann klangen nur noch die Instrumente, und eines nach dem anderen verstummte, bis zuletzt auch die Harfe schwieg.

Wir alle waren still und sahen einander nachdenklich an. Noch bevor sich die Ersten besannen und den wunderbaren Gesang beklatschen konnten, wandte sich der junge König an Nafteta: «Das Lied ist für dich, meine Liebe. Ich habe es nur für dich geschrieben.»

Dann küsste er zärtlich ihren Hals. Wie ein Lauffeuer verbreitete es sich jetzt im Saal, was man gerade vernommen hatte: Amenophis Waen-Re hatte das Lied für Nofretete geschrieben! Nach und nach erhoben sich alle Gäste, wandten sich dem jungen Königspaar zu und beklatschten unter Hochrufen ihren jungen Pharao.

Nafteta war von der Geste so gerührt, dass sie ihm vor allen Gästen um den Hals fiel und ihn liebevoll küsste. Dann standen beide auf, gingen zu dem Mädchen und beglückwünschten es zu seiner vollendeten Darbietung. Vor aller Augen zog Nafteta einen kleinen Ring von ihrem Finger und steckte ihn dem Mädchen an, während ihr alle begeistert Beifall klatschten. Da trafen sich meine und Nimurias Blicke. Ameni zog die Augenbrauen etwas nach oben und zeigte mir seine Anerkennung für seinen Sohn, indem er mehrmals zustimmend mit dem Kopf nickte. Ameni hatte für Teje einen Tempel errichtet und ihn in wenigen Tagen von einem gewaltigen See umgeben lassen. Doch wie leidenschaftslos wirkte das im Vergleich zu der Liebe, die sein Sohn gerade offenbart hatte?

Was hätte Ameni wohl dafür gegeben, wenn er jetzt in meinen Gedanken hätte lesen können! Ich aber lächelte ihm nur zu und rief: «Auf deinen Ka, Ameni!»

«Auf deinen Ka, Eje», schallte es zurück.

Die Festgesellschaft hatte jetzt natürlich ihr Thema: die Begabungen von Amenophis Waen-Re. Die einen wollten schon immer gewusst haben, dass er die Kunst über alles liebte, andere meinten zu ahnen, dass er Ägypten noch ruhmvolleren Tagen zuführen werde als sein Vater, und einige wenige flüsterten sich zu, dass man einem so feingeistigen Träumer wie ihm niemals den Thron der Beiden Länder anvertrauen dürfe, wenn man nicht den Untergang Ägyptens riskieren wolle.

Laute Trommelwirbel unterbrachen jäh das aufgeregte Getuschel und Geflüster im Saal. Es waren die Nubier des Königssohnes von Kusch. Sie kamen mit achtzig Kriegstrommeln. Männer wie Frauen waren mit Kopfbedeckungen aus bunten Federn geschmückt, und ihre sonst schwarz glänzenden Körper waren über und über mit weißer und roter Farbe bemalt, den Farben der Kronen von Ober- und Unterägypten. Sie bildeten ein großes, von ihren Trommlern umsäumtes Viereck, und im Takt der Kriegstrommeln zogen sie in stampfenden Schritten herein. Dann bildeten die Frauen und die Trommler einen großen Kreis, und die übrigen Nubier nahmen darin Aufstellung. In kleinen Schritten tanzten die beiden Gruppen immer wieder aufeinander zu und entfernten sich wieder, machten Drohgebärden, drehten sich, und einige sprangen wie wild nach vorn, als wollten sie die anderen überraschend angreifen.

Dieser Kriegstanz dauerte nicht sehr lange, dann bildeten zwölf von ihnen einen Kreis, legten einander die Arme um die Schultern und hielten die Köpfe gesenkt. Jeder zweite von ihnen hatte sein rechtes Bein ein wenig nach innen gebeugt, und jetzt sprangen sechs andere von hinten los, nutzten die Wade des gebeugten Beines als Antritt, sprangen auf die Rücken der Zwölf und bildeten dort ebenfalls einen Kreis. Dann nahmen drei kleinere Nubier Anlauf und sprangen auf die Rücken der Sechs. Die Muskeln der unteren Zwölf waren jetzt auf das Äußerste angespannt. Ihre Beine begannen ein wenig zu zittern. Trotz des unaufhörlichen Lärms der Trommeln und des lauten Gesangs der Frauen hörte ich, wie sie sich Kommandos zuriefen und zum Durchhalten anspornten. Nun kletterten nochmals drei kleinere, geradezu schmächtige Jünglinge hinauf. Zuerst nahmen zwei von ihnen Aufstellung und umklammerten ihre Schultern, damit der Letzte von ihnen die Spitze dieses Menschenturms bilden konnte. Den unteren Zwölf trieb es jetzt den Schweiß auf die Stirn, und ihre Adern schwollen gefährlich an. Alle Gäste klatschten wild, Begeisterungsrufe erschallten. Das war das Zeichen für die Nubier, die von ihnen gebildete Pyramide aufzulösen. In wenigen Augenblicken rutschten die drei Jünglinge von der Spitze des Turmes auf dem Rücken der anderen nach unten, und kaum waren sie dort angelangt, folgten ihnen die nächsten drei. So ging es weiter, bis alle wieder am Boden versammelt waren und stolz, aber völlig außer Atem unseren Beifall entgegennahmen.

In wilden Bewegungen sprangen sie plötzlich wieder los, und ehe wir es uns versahen, formten sie alle eine unendlich lange Spirale, die sich dann in vier ineinander gestellte Kreise umwandelte. Den äußeren und größten Kreis bildeten wieder die Trommler. Den zweiten nur die Frauen, den dritten Männer, den innersten wieder Frauen. In jeweils entgegengesetzter Richtung tanzten und sprangen sie jetzt wieder los, sangen dabei und klatschten in die Hände. Dann machten sie alle kehrt, und es ging in die andere Richtung weiter. Nach einer Weile bildete sich wieder die Spirale, und schließlich zogen sie alle wie eine unendlich lange Schlange, wie ein aufgelöster Uroboros, hinaus aus dem Saal. Ihr Auftritt war beendet. Die königliche Familie und ihre Gäste waren begeistert, und Merimes, der Königssohn von Kusch, war sichtlich mit seinen Nubiern zufrieden.

Es folgten noch einige Gruppen mit Musikanten und Tänzern, aber keine von ihnen rief noch einmal eine derartige Begeisterung hervor, sodass sie alle nur noch eine angenehme Umrahmung des Festes bildeten, nicht mehr. Jetzt kam Bewegung in das Fest, denn die Gäste gingen allmählich umher und tauschten Plätze, um sich auch mit anderen unterhalten zu können. So trafen Ti und ich endlich auf Iset und meinen alten Freund Acha, auf den Verwalter Tahuti und auf Amenophis, Sohn des Hapu. Der alte weise Mann hatte sichtlich Freude an dem Fest, und er meinte, es sei von den vier Krönungsfeierlichkeiten, die er bereits erlebt hatte, die schönste. Es tat ihm gut, wie er vor uns seine lange Lebenserfahrung herausstellen durfte, aber wir gönnten ihm diese kleine Befriedigung seiner Eitelkeit, konnte doch kaum einer wie er Wahres und Halbwahres zum Besten geben.

Irgendwann stand ich allein mit Acha auf der Treppe zum großen Hof, und wir sahen hinab auf die Tausenden Beamten, Schreiber und Verwalter, die sich dort mit ihren Frauen, Töchtern oder Freundinnen tummelten und sich lauthals singend vergnügten.

«Hier herrscht schon ein wenig mehr Leben», stellte Acha nüchtern, doch herausfordernd fest und trank wie zur Bekräftigung einen keineswegs kleinen Schluck Wein.

«Hm», brummte ich nur, während Acha auch schon fortfuhr: «Außerhalb dieser Mauern spielt sich das wahre Leben ab, mein Freund. Die haben wahrscheinlich gar keine Vorstellung davon, wie anständig wir uns hier benehmen müssen.»

«Und wir nicht davon, was die da draußen sich alles einfallen lassen», setzte ich nach.

Es war seltsam, an Abenden wie diesem beneidete ich oft die Menschen jenseits der Palastmauern. Sie konnten ihresgleichen frei heraus die Meinung sagen. Sie sangen und feierten, ohne dass jemand daran Anstoß genommen hätte. Von ihnen erfuhr man wenigstens die Wahrheit. Hatte sich nicht auch mein Vater immer gern bei ihnen aufgehalten? Dennoch wollte ich mein Leben nicht gegen das ihre tauschen.

«Hattest du nicht bei Nimurias Krönungsfeier eine Tänzerin oder Sängerin kennen gelernt und dich unsterblich in sie verliebt?»

Ich führte den Weinbecher an meinen Mund und ließ meine Zunge an seinem Rand hin und her tanzen, bevor ich trank. Dann sah ich Acha an und nickte und lachte in mich hinein.

«Was war ich damals verliebt! Wenn sie ja gesagt hätte, wäre ich mit ihr sogar bis nach Äthiopien, bis an den Atbara in die freiwillige Verbannung gegangen. Aber sie war vernünftiger als ich. Sie sagte, sie gehörte nicht zu mir und verschwand einfach. Weg – sie war einfach weg. Ameni hatte nichts gegen eine Verbindung mit ihr, und so ließ ich sie überall suchen. Überall, in jedem Mauseloch, in jeder Spelunke von Waset und in jedem Dorf zwischen On und Abu.»

Ich sah Acha an, ehe ich fortfuhr: «Was mag aus ihr wohl geworden sein? Sie war etwas älter als ich. Ob sie überhaupt noch lebt?»

Acha wollte nun natürlich nicht nachstehen. «Weißt du noch, als Saatum, du und ich eines Nachts mit drei fremden Mädchen im Palastgarten gelandet sind? So lustig ging es vorher wahrscheinlich noch nie in einem Schattenhaus zu!»

«Mädchen ist geschmeichelt», erwiderte ich und sah ihn kopfschüttelnd an. «Das waren handfeste Dirnen, wenn du mich fragst!»

«Ach was! Saatum hätte sich als Vetter Amenis niemals mit Dirnen eingelassen. Wie nannte sie Saatum immer: Pyramidenrennmäuse. Das waren die etwas übermütig gewordenen Töchter der feinen Gesellschaft. Heute spielen sie sich da drinnen als feine Damen auf.» Dabei zeigte er mit dem Daumen über seine Schulter auf den Saal hinter uns.

«Aber glaube mir, Eje, einige von diesen Pyramidenrennmäusen konnten damals mit den teuersten Dirnen von Waset und Men-nefer mithalten. Da reicht deine Vorstellungskraft wahrscheinlich nicht aus.»

«Und wo haben die Damen ihr Handwerk gelernt?», wollte ich jetzt von Acha wissen.

«Da musst du sie selber fragen – oder Saatum.»

«Oder dich?»

«Oder mich.»

Acha war wenigstens ehrlich.

Wir wären an diesem Abend beide gern hinausgegangen in die Stadt, dorthin, wo nach unserer Meinung sich das wahre Leben abspielte, wo in diesen Nächten nicht so genau hingesehen wurde, ob einer etwas hatte oder nicht. Dort draußen waren alle gleich.

Jetzt erinnerte ich mich wieder des Bildes, als Inena im Fackelschein und unter dem Gejohle der Menschen tanzte, bis sie mich sah, um dann noch wilder, noch leidenschaftlicher zu tanzen, bis ich ihr hörig war. Inena!

Ich klopfte Acha auf die Schulter und sagte: «Lass uns wieder hineingehen. Man wird uns schon vermissen. Pyramidenrennmäuse», fügte ich leise hinzu und schüttelte den Kopf, als ich Acha lachend ansah.

«Wusstest du das nicht?»

Wieder schüttelte ich den Kopf und schmunzelte.

Wir hatten noch viel Spaß in dieser Nacht, denn Acha bereitete es sichtlich große Freude, mich auf einige jener Bekanntschaften von früher aufmerksam zu machen. Dabei rollte er die Augen nach oben und zog die Augenbrauen hoch. Blickte ich dann die Richtige an, senkte er die Augenlider und nickte unauffällig. Bei manchen von ihnen war ich etwas überrascht und bei wieder anderen bedauerte ich es, damals nichts von ihren Talenten gewusst zu haben. In meinen besten Jahren, als junger Mann, lebte ich offenbar zu lange und zu sehr zurückgezogen im Palast Amenis. Hätte ich mich damals öfter mit Acha und Saatum treffen sollen? Doch dann wäre ich heute vermutlich nicht da, wo ich war. Sicher nicht.

Erst früh am Morgen, kurz vor Sonnenaufgang brachen wir nach Hause auf. Überall in der Stadt hörte man noch singende Menschen, wir trafen auf kleine Gruppen, die johlend und schwankend den Heimweg antraten, und hin und wieder vernahm ich den Fluch verärgerter Männer, die von den Feiernden und den Hunden, die ihretwegen hinter jeder Hofmauer kläfften, um ihren Schlaf gebracht wurden. Wir begegneten Menschen, die bereits aufgestanden waren, um ihrer Arbeit nachzugehen, die Straßen zu reinigen, Brot zu backen und die Tiere für den kommenden Festabend zu schlachten.

Wie tot fielen Ti und ich in unser Bett, und erst am frühen Nachmittag standen wir wieder auf. Unser Alter machte sich doch langsam bemerkbar.

Drei Tage sollten die Feierlichkeiten dauern. Am zweiten Abend waren die Großen des Landes zu Gast in Nimurias Palast der leuchtenden Sonne, und es war gewiss das prächtigste Fest, das dort seit der Einweihung des Palastes gefeiert wurde.

Am dritten und letzten Abend wurde wieder im Palast von Waset gefeiert. Noch einmal wurde alles aufgeboten, um die Sinne der Menschen zu fesseln und zu berauschen. Zu den erlesenen Speisen gab es den besten Wein, einen Rotwein aus Syrien. Tausende Lotosblüten und Salbkegel verbreiteten einen so zauberhaften Duft, dass man am liebsten die Augen geschlossen gehalten hätte, um wie im Rausch der lieblichen Musik zuzuhören. Doch damit hätte man die Augen um ihren Anteil betrogen! Sie hätten das Meer der zierlichsten Blüten Ägyptens nicht gesehen! Nicht die gereiften, die das Leben kannten, die wussten, wie man sich bewegt, um die Blicke der Männer anzuziehen, die wussten, wie man küsst, wie man liebt, und die noch viel mehr wussten. Und man hätte auch die nicht gesehen, die noch nicht ausgereift waren, deren Beine schlank waren, die kleine, feste Brüste hatten und deren Haar voll und kräftig war, sodass es eine Schande gewesen wäre, es gegen eine Perücke einzutauschen. Ja, sie waren es, die aussahen wie die kleine Musikerin Isis, die so gern hier gewesen wäre, um alle ihre Sinne zu befriedigen, auch den letzten.

Wie immer nach mehrtägigen Festen legte sich danach eine geradezu lähmende Stille und Ruhe über die Stadt. Es kamen keine Besuche, man verließ kaum Haus und Hof und zumindest ich versuchte, so gut es ging, die Nähe der beiden königlichen Paläste zu meiden. Es war auch wahrhaft genug gefeiert worden.

Acha, der als Schatzmeister seiner Majestäten zuletzt alles abrechnen musste, berichtete mir später von dem Aufwand der Feiern. Es wurden eintausendzweihundert Rinder geschlachtet, achttausend Schafe und Lämmer und mehr als vierzigtausend Gänse und Enten. Über die Zahl der verzehrten Fische und Brote gab es keine Angaben. Die Menschen von Waset tranken zwölftausend Krüge roten und weißen Wein und zweiunddreißigtausend Krüge Bier. Nach Feiern war erst einmal niemandem mehr zumute.

FÜNF

♪●

Eilender, der den Umlauf vollbringt,
Chepre, ausgezeichnet in seiner Geburt,
der seine Schönheit emporhebt
am Leib der Himmelsgöttin,
der die Beiden Länder erhellt
mit seiner Sonnenscheibe!

Merimes, der Königssohn von Kusch hatte es nicht eilig, in seinen Palast nach Napata, kurz vor der vierten Stromschnelle, zurückzukehren und wohnte schon seit vier Wochen im Palast bei Amenophis und Nofretete. Nafteta berichtete mir von langen Gesprächen, die sich bis tief in die Nacht hineinzogen und in welchen Merimes wunderbare Geschichten aus Nubien, dem elenden Kusch, wie wir es nannten, erzählte. Er schilderte die Landschaft, die einmal karg und unbarmherzig war und nur Tod verhieß, ein andermal so lieblich und reich sein konnte, wie kaum anderswo. Er berichtete von Tieren, die es bei uns schon lange nicht mehr gab. Von riesigen Elefantenherden, von Nashörnern, Giraffen und einer Vielzahl unterschiedlichster Antilopen. Und er berichtete von dem Reichtum Nubiens. Von sagenhaften Goldvorkommen, von Gegenden, in welchen man Edelsteine jeder Art nur aus der Erde kratzen musste.

Am meisten aber beeindruckte Amenophis, dass es weit unten im Süden nur wenige Priester gab, nur einige Tempel und sehr verwischte Vorstellungen von unserer Götterwelt und ihrer Religion.

«Bei uns im Süden gibt es kaum befestigte Städte und schon gar keine von der Größe Wasets», sagte Merimes mit ruhiger Stimme. Er lehnte sich zurück.

«Die Nubier leben in kleinen Dörfern mit einfachen Strohhütten, mehr brauchen sie nicht. Baut ihnen richtige Häuser, und sie werden ihre Schafe und Ziegen darin unterbringen und selbst wieder in ihre Strohhütten ziehen. Sagt ihnen, wer Amun und Ptah sind, und sie haben es morgen wieder vergessen. In jedem Dorf steht ein geschnitzter und bunt bemalter Holzpfahl, und überall heißt er anders. Aber alle beten sie nur ihren Holzpfahl an. Dabei ist er nicht mehr als ein Fetisch.»

Nafteta und Amenophis sahen sich ungläubig an.

«Aber es gibt Sesebi, Sedenga, Sudla und Kerma. Es gibt Dongola und Napata. Wollt Ihr sagen, dass dort ebenfalls nur Fetische verehrt und angebetet werden?», fragte Nafteta erstaunt. Doch Merimes blieb von dieser Frage ungerührt, sie schien ihn eher zu langweilen.

«Die Städte, die Ihr nanntet, Große königliche Gemahlin, würde man hier in Oberägypten als bessere Dörfer bezeichnen. Nimuria, er lebe, sei heil und gesund, errichtete zwar in Sesebi und Sedenga je einen Tempel für sich und Teje. Das wäre hier in Oberägypten kaum vorstellbar gewesen, wenn Ihr mir die Bemerkung erlaubt. Das Geschrei der Amunpriester hätte ich bis nach Napata gehört. Dort leben ein paar Priester, die man in Waset oder Men-nefer nicht mehr haben wollte, und einige tausend Soldaten. Und sie leben täglich mit der Angst vor Überfällen durch nubische Aufständische.»

Merimes lachte auf, wie jemand, dem gerade etwas Lustiges eingefallen war.

«Majestät, mich würde es nicht wundern, wenn sie jetzt, da Ihr zum Mitregenten ernannt wurdet, wieder einen Aufstand planen würden. Es scheint eine Art Ritual zu sein. Kaum ist ein neuer Herrscher gekrönt, erheben sich einige ihrer Stämme. Fragt Eje, Euren Schwiegervater. Er selbst hat es erlebt, wie hinterhältig und verroht sie sein können. Fragt ihn nur!»

«Eje hat mir davon berichtet, als wir nach Men-nefer gereist sind. Ich kenne alle diese Gräuelgeschichten.»

«Es ist die Wahrheit, Majestät. Die Wahrheit! Ihr werdet diese Menschen nicht ändern, und niemand sonst auf der Welt wird es können. Niemals!»

Amenophis sah mich lange an. Seine Augen wurden dabei immer kleiner, er legte seine Stirn in Falten und biss sich auf die wulstige Unterlippe. Dann platzte es aus ihm heraus.

«Ich habe den Norden und seine Hauptstadt gesehen. Ich kenne On und das Heiligtum des Re. Im Übrigen lebte ich immer nur hier in Waset. Jetzt will ich den Süden kennen lernen. Ich will mit Euch nach Nubien ziehen, und ich werde dort eine Stadt bauen. Eine Stadt, so herrlich wie Waset, und Ihr werdet sehen, auch dort wird man zu Amun und Ptah, zu Aton und Hathor beten. Vor allem aber will ich dort Aton ein Heiligtum errichten.»

Ich fühlte, wie Merimes auf der einen Seite auflebte, weil er spürte, dass sich ein Herrscher Ägyptens nicht nur für das Gold des elenden Kusch interessierte, für seine Edelsteine und sein Elfenbein, sondern für das ganze Land und seine Menschen.

«Wisst Ihr, worauf Ihr Euch einlasst, Majestät?», fragte Merimes, aber es war weniger eine Frage, sondern ich hörte mehr die Aufforderung heraus, diesen soeben geäußerten Wunsch nochmals zu bestätigen.

Amenophis Waen-Re tat ihm den Gefallen: «O ja, Merimes. Ich weiß es. Noch morgen werde ich mit meinem Vater über mein Vorhaben sprechen. In drei Monaten werde ich bei Euch auf der Elefanteninsel sein und dann mit Euch nach Süden ziehen, bis ich einen geeigneten Platz gefunden habe, um dort eine Stadt zu bauen!»

Nimuria war anfangs außer sich vor Empörung. Er warf seinem Sohn das Fehlen jeglicher Verantwortung für sein Land vor und dass er sich von der Last, die das Herrschen mit sich brachte, drücken wollte.

«Was glaubst du, warum ich Merimes walten lasse, wie er es für richtig hält? Das tue ich, weil der Platz Pharaos hier ist, in Waset oder in Men-nefer, und nicht irgendwo zwischen Abu und Napata. Ich habe erlebt, was ein Krieg gegen das elende Kusch bedeutet. Da musst du nicht dein Leben und das Leben deiner Frau und das deiner Tochter aufs Spiel setzen, nur um in Nubien eine Stadt nach ägyptischem Vorbild zu errichten.»

Es war meine Schwester Teje, die einen Bruch zwischen Vater und Sohn verhinderte, noch ehe ihr Sohn zur Gegenrede ansetzen konnte.

«Ich glaube nicht, dass sich Amenophis vor Verantwortung drücken will. Er hat oft genug das Gegenteil bewiesen. Ich habe Verständnis für seinen Wunsch, ein eigenes Leben führen zu wollen, eine eigene Regentschaft nach seinen Plänen und unter Voraussetzungen, die es hier nicht gibt.»

An ihren Sohn gewandt sagte sie: «Verstehe aber auch deinen Vater und mich, Amenophis. Dass er dich zum Mitregenten ernannte, entsprang weder einer Laune, noch ist dein Vater krank oder müde. Da du nicht der Erstgeborene warst, hattest du nicht wie dein Bruder Thutmosis den Vorzug, von Kindesbeinen an in die Staatsgeschäfte eingeführt zu werden. Umso wichtiger erschien es deinem Vater und mir, dich jetzt stärker in die Herrschaft einzubinden, als es sonst der Fall gewesen wäre.»

Nimuria verstand den Wink und die Hilfestellung seiner Gemahlin und übernahm jetzt selbst wieder das Wort.

«Zwei Jahre. Ich lasse dir genau zwei Jahre, damit du Zeit genug hast, auch den südlichsten Teil unseres Landes kennen zu lernen. Befehlige in Nubien Soldaten und Handwerker, wie du magst. Doch ich erwarte von dir, dass du in genau drei Jahren hier in Waset das Sedfest, mein dreißigjähriges Thronjubiläum, mit mir feierst und es für mich ausrichtest. So sei es und so werde es geschrieben!»

Nimuria hatte seinem Sohn sehr deutlich zu verstehen gegeben, dass er, der alte Pharao, es war, der in den Beiden Ländern das Sagen hatte. Er allein. Wenn Teje auch einen Bruch zwischen ihnen verhindert hatte, so war doch offensichtlich, dass zwischen beiden Herrschern ein tiefer Graben entstanden war. Teje und ich waren diejenigen, die beide Seiten miteinander verbanden. Im Senetspiel nannte man das einen «Wackelzahn».

Es waren keine vier Nächte seit jenem kurzen Streit zwischen Vater und Sohn vergangen, da rief Nimuria mich zu sich in den Palast der leuchtenden Sonne. Ich ahnte, dass es eine lange Nacht werden würde, und hatte mich deshalb von Ti gleich bis zum nächsten Tag verabschiedet.

Ameni war ganz allein. Er saß auf seiner Terrasse unter einem weißen Sonnensegel. Seine Füße lagen auf einem Schemel, und seine Hände ruhten gefaltet auf seinem massigen Unterleib. Er trug das Nemes-Kopftuch und wie immer ein dünnes Oberhemd.

«Weißt du, dass wir uns viel zu selten sehen», begann Ameni das Gespräch, ohne dass wir uns zuvor begrüßt hätten.

Ich umarmte ihn schweigend und sagte dann: «War das nur eine Feststellung, oder höre ich da einen Vorwurf heraus?»

Ich setzte mich ihm gegenüber.

«Es war eine Feststellung, Eje. Denn schließlich war ich es, der dich darum bat, in der Nähe meines Sohnes zu bleiben. Was sollte ich dir also vorwerfen, außer dass du meiner Bitte stets mit der gewohnten Sorgfalt nachgekommen bist.»

Ameni klatschte in die Hände. Acht Diener kamen im Laufschritt auf die Terrasse und brachten uns Essen und servierten Wein.

«Bediene dich», sagte er und gab mir mit einem fast abfälligen Wink seiner Rechten zu verstehen, dass ich zugreifen durfte. Dann hielt er seinem Mundschenk den Becher entgegen und ließ sich eingießen.

«Seit den Krönungsfeiern meines Sohnes trinke ich nur noch diesen syrischen Wein. Im Vergleich dazu verblasst selbst der Wein aus der Domäne Amuns zu einem verwässerten Gebräu. Auf deinen Ka!»

«Auf deinen Ka», erwiderte ich.

Wie so oft, sprachen wir erst von längst zurückliegenden Ereignissen. Von den Abenden mit meinem Vater, von Mädchen und Frauen, die uns in Erinnerung geblieben waren, von Senet und von kostbaren Pferden. Dann sah Ameni lange hinüber auf die Ostseite des Flusses, dorthin, wo im letzten Tageslicht Waset und seine Tempelstadt lagen.

«Was hat er wirklich vor?», fragte er mich plötzlich. «Was will Amenophis wirklich in Nubien? Kannst du mir das sagen?»

«Weißt du das wirklich nicht, Ameni?»

Er schob seinen Unterkiefer ein wenig nach vorn und sah mich mit ernstem Gesicht an.

«Glaubst du, ich würde meinem besten Freund, meinem einzigen Freund eine dumme Frage stellen, wenn ich selbst die Antwort wüsste? Also, was ist es? Hasst er mich?»

«Ameni», widersprach ich ihm. «Du hast einen rastlosen Sohn! Er ist nicht rastlos, wie du es dir gewünscht hast, rastlos im Kämpfen, Wagenlenken, Speerwurf und in der Arbeit. Er ist rastlos im Geist.»

Wieder sah mich Nimuria finster an.

«Versteh mich nicht falsch. Ich will nicht sagen, dass du zu wenig arbeiten würdest oder gar deinen Geist zu wenig in Anspruch nimmst. Nur ist dein Sohn eben ruhelos, ständig gehetzt. Du bist auf die Jagd gegangen, wenn dir danach war. Er verabscheut die Jagd wie alles, was mit Töten zu tun hat. Wir haben Stunden und ganze Tage in den Schattenhäusern verbracht, wenn wir uns von der Arbeit ausruhten. Niemand, der deine

Werke kennt, wird behaupten können, dass du nicht gearbeitet hättest. Aber du hast dir auch irgendwann die Zeit genommen, das Geschaffene zu genießen. So weit ist er noch nicht.»

«Wer so handelt wie er, macht auch Fehler.»

«Wer macht keine Fehler?»

«Pharao macht keine Fehler», herrschte er mich an. Ich schwieg.

«Verzeih mir, Eje», sagte er mit versöhnlicher Stimme.

Ich erzählte ihm an diesem Abend viel von seinem Sohn. Von den Gesprächen, die ich mit ihm auf unserer Reise nach Mennefer geführt hatte, von seinen Gesprächen mit dem weisen Priester Merire und von seinen Gesprächen mit den einfachen Menschen unseres Landes. Ameni hörte mir sehr lange und sehr aufmerksam zu. Ich habe Ameni an diesem Abend ein Bild seines Sohnes gezeichnet, das er vermutlich so noch nie wahrgenommen hatte. Mir schien es, als erzählte ich ihm von einem fremden Menschen.

«Dann mag er gehen und den Nubiern sein Heil verkünden», sagte Ameni zuletzt, und es lag einiger Spott in dieser Bemerkung.

«Du hast Ägypten neu geschaffen, Ameni. Du hast es reich gemacht. Du hast ihm den Frieden gebracht, und mit deinen Bauwerken hast du ihm vor allem ein neues Antlitz gegeben. Auch dein Sohn wird einst ein neues Ägypten schaffen, dessen bin ich gewiss. Spürst du nicht auch, dass er schon an so viele alte Wurzeln die Axt anlegt, um sie abzuschlagen und etwas Neues entstehen zu lassen? Er wird mit den Dienern Amuns ebenso im Streit liegen wie du. Aber er wird sich mit ihnen nicht um ihr Gold streiten. Es wird der richtige Weg sein, um den er mit ihnen streiten wird. Aber er wird ihn genauso ausfechten, wie du es getan hast.»

Ich beugte mich zu Amenophis hinüber und sah in seine Augen, in die noch immer mandelförmigen braunen Augen. Ich nahm seine Hand und sagte leise: «Und wenn es so ist: Dann lass ihn eben sein Heil verkünden. Wenn es ihm gelingt, ist es gut.»

«Und wenn er scheitert?» Jetzt standen Tränen in seinen Augen. Das war es also: Es war die Angst des Vaters, dass der Sohn, der einzige Sohn scheitern könnte.

«Dann wirst du ihn in die Arme nehmen und ihn an dich drücken, wie es ein Vater tut, wenn der Sohn zurückkehrt – mit oder ohne Scheitern. Wenn er sein Scheitern erkennt, dann ist es sogar gut so. Dann hätte er etwas gelernt.»

Bis in den Morgen hinein sprachen wir noch über Nimurias Sohn und darüber, was ihn in Nubien erwarten würde. Zuletzt bat mich Nimuria, dass ich seinen Sohn nach Nubien begleitete. Ich könnte jederzeit zurückkehren, wenn ich den Eindruck gewonnen hätte, ich sei dort abkömmlich, doch zunächst sollte ich bei ihm bleiben. Die Sorge um seinen Sohn, die Liebe zu ihm waren doch stärker als alle Vorbehalte, die Ameni hatte. Gewiss hätten wir beide noch jahrelang Abend für Abend beisammen sein können, ohne einander lästig zu werden. Unsere Freundschaft aber war so stark, so innig, dass ich den Wunsch, seinen Sohn zu begleiten, als das verstand, was er war: ein weiterer Beweis seiner Freundschaft zu mir.

Es war eine mächtige Flotte, die in Richtung Süden aufbrach. Die Schiffe waren besetzt mit Handwerkern aller Art, Bäckern und Bierbrauern, Tischlern und Steinmetzen, Goldschmieden und Schreibern, Töpfern und Schneidern. Uns begleiteten Künstler und Priester, Soldaten und unzählige Beamte. Sie alle hatten ihre Werkzeuge, Instrumente, Schriftrollen und Waffen bei sich. Allein der Hofstaat, den Amenophis Waen-Re mit sich führte, musste auf zwölf Barken verteilt werden.

Ti und ich führten nur das Nötigste mit uns, das was wir an Kleidern und Möbeln benötigten. Aber auch dies Wenige füllte zwei Schiffe. Die Lastkähne und die meisten Schiffe mit den Handwerkern, Künstlern und Schreibern verließen zwei Tage vor uns Waset, um alles vor dem Eintreffen Pharaos und seines Hofstaates auf der Elefanteninsel Abu einzurichten.

Nimuria bereitete seinem Sohn und dessen Großer königlichen Gemahlin und ihrer kleinen Tochter einen einzigartigen Abschied. In zwei goldenen Sänften wurden sie zum Hafen getragen, begleitet von den Wedelträgern und gefolgt von allen Großen des Landes. Soldaten sperrten den Platz vor dem Hafenbecken vor der Menschenmenge ab, die sich dort versammelt hatte. Mit Trompeten und Fanfaren wurden die Herrscher empfangen, und unzählige Kriegstrommeln gaben hierfür den Takt an.

Zuerst verabschiedeten sich Amenophis, Nafteta und Meritaton von Nimuria, Teje und Sitamun, dann sagte auch ich Lebewohl. Diesmal war es Teje, die sonst so Unnahbare, die Stolze, die Gefühle zeigte, und einige seltene Tränen liefen über ihre Wangen, als ihr Sohn das Schiff bestieg. Nur Nimuria ließ sich keinen Abschiedsschmerz anmerken und blickte starr in die Ferne. Als ich vor ihm stand, machte er einen fast erschrockenen Eindruck, als ob er nicht mit mir gerechnet hätte.

«Pass auf ihn auf», sagte er zu mir und fügte noch schnell hinzu: «Und pass auch auf dich auf!»

Langsam und schwerfällig setzte sich die Flotte unter gleichmäßigen Ruderschlägen in Bewegung, denn es regte sich kein Lüftchen, und wir fuhren stromaufwärts.

Auf allen Schiffen herrschte eine fröhliche Ausgelassenheit, und es schien, als würden sich die meisten über das bevorstehende Abenteuer aufrichtig freuen. Wir zogen vorbei an Feldern und Obstgärten, Städten und Dörfern, steilen Felsen und am Westufer des Flusses an vielen öden Wüstenlandschaften. Die Fischer auf dem Fluss, die Bauern auf den Feldern und die Kinder, die im Schatten der Bäume spielten, winkten uns zu. Wir erzählten Geschichten, schossen Pfeile auf Enten und Gänse, spielten Senet, hörten Musik und aßen und tranken.

So erreichten wir nach drei Tagen das «Böse Gewässer», die erste Stromschnelle. Es war die Grenze zu Nubien, die man wegen der Granitbarre auch «Enge südliche Türöffnung» nannte. Es war bei den Schiffskommandanten eine berüchtigte Stelle, und so manches Schiff war schon an den riesigen Granitblöcken zerschellt. Die Festung auf der Elefanteninsel bot einen herrlichen Anblick, und als ich sie sah, freute ich mich schon auf die kommenden Abende mit unserem Freund Merimes. Die meisten unserer Schiffe legten am Ostufer des Flusses an, denn es passten nicht mehr als zwölf Schiffe in den Hafen von Abu. Zudem wäre die Festungsanlage für alle Besatzungsmitglieder zu klein gewesen.

Der Empfang im kleinen Hafen von Abu war sehr bescheiden und stimmte mich nachdenklich. Auch war von Merimes weit und breit nichts zu sehen. Soldaten standen Spalier, aber es war nur der Verwalter des Königssohnes von Kusch, der seinen Herrscher und die Große königliche Gemahlin empfing und willkommen hieß.

Noch als der Verwalter vor Pharao im Staub lag, sagte Amenophis mit ernster, aber nicht unfreundlicher Stimme: «Könnt Ihr mir sagen, was dies hier bedeutet? Einen Empfang bei Merimes, der mir nicht gerade als bescheidener Mann in Erinnerung ist, hatte ich mir anders vorgestellt. Sprich!»

«Majestät», stammelte der Verwalter und kauerte sich wohl aus Furcht noch mehr zusammen, «Majestät, der Königssohn von Kusch kann Euch nicht empfangen. Er liegt im Sterben.»

Ohne zu fragen, was geschehen war, befahl Amenophis, ihn zu Merimes zu führen. Im Gehen rief er nach hinten: «Und bringt sofort meinen Leibarzt Tutu zu ihm! Aber beeilt euch!»

Dann drehte er sich nochmals um und sagte zu Nafteta und Ti: «Ihr lasst euch gleich in eure Gemächer bringen und wartet dort auf uns. Eje kommt mit mir.»

Zunächst gingen wir durch enge, verwinkelte Gänge, dann durch den Audienzsaal und einige Arbeitszimmer Merimes'. Wir durchquerten einen kleinen Hof und stiegen eine Treppe hinauf, bis wir das Schlafgemach des Königssohnes von Kusch erreicht hatten.

Sein Eingang war schwer bewacht, doch war den Soldaten sofort bewusst, wer vor ihnen stand, als sie Geier und Kobra auf der Stirn des Herrschers sahen.

Das Zimmer war verdunkelt, und die Luft war stickig. Es roch nach Blut und Eiter, und darüber lag ein merkwürdiger Duft von Heilkräutern und Weihrauch. An der Stirnseite des Raums, links neben der kleinen Fensteröffnung, stand das Bett mit dem Kranken. Es war umringt von einem Arzt, zwei Priestern und einigen Dienern. Alle fielen sofort zu Boden, als sie Pharaos im Zimmer gewahr wurden.

Amenophis ging langsam und leise auf Merimes zu und setzte sich auf die Bettkante. Wie selbstverständlich ergriff er seine Hand und hielt sie liebevoll fest. Merimes öffnete die Augen, und sogleich wurde er aufgeregt und unruhig und versuchte, sich aus dem Bett zu erheben. Aber es gelang ihm nicht, so seinem Herrscher die Ehre zu erweisen.

«Bleib ruhig liegen, Merimes», sagte Amenophis und hielt den Zeigefinger seiner Linken an die Lippen, damit Merimes nicht weitersprach. Dann wandte sich Pharao zur Seite und fragte die Dienerschaft, die noch immer am Boden kauerte: «Sagt mir, was passiert ist!»

Der Leibarzt von Merimes erhob sich zaghaft und sprach mit gesenktem Haupt: «Gestern erst war es, Majestät, als mein Herr, der Königssohn von Kusch, zusammen mit einigen Bediensteten seines Hofstaats in einigen kleinen Booten an das westliche Ufer des Flusses fuhr, um im Schilf nach Enten zu jagen. So wollte er sich selbst um ein Festmahl für Euch kümmern. Es lauerte zunächst keine Gefahr, nur einige Flusspferde hielten sich in einiger Entfernung in Ufernähe auf. Vom Land näherte sich plötzlich ein Rudel Löwen, das offenbar eines der jungen Flusspferde reißen wollte. Da geriet die Herde so in Aufregung, dass viele von ihnen in wildem Durcheinander in den Fluss flüchteten, zwei alte und erfahrene Bullen aber stellten sich mit weit aufgerissenen Mäulern den Löwen entgegen. Die flüchtenden Flusspferde kamen genau auf die Boote zu und überrannten sie. Merimes stürzte ins Wasser und wurde von einem der gewaltigen Tiere in den Unterleib gebissen. Es grenzt an ein Wunder, dass mein Herr überhaupt noch gerettet werden konnte, denn vier unserer Männer verloren dabei ihr Leben.»

Noch während er sprach, war Tutu hereingekommen. Er stellte sich neben das Bett und sah Amenophis fragend an. Pharao nickte nur ein wenig, und Tutu hob das Leinen, das den Kranken bedeckte, vorsichtig zur Seite. Obwohl Merimes vor Schmerz laut aufstöhnte, entfernte der Leibarzt Pharaos auch die Binden direkt auf der Wunde. Es sah entsetzlich aus. Am linken Unterbauch klaffte ein faustgroßes Loch.

«Eine ähnliche Wunde könnt Ihr auf der anderen Seite sehen», sagte die Stimme des Arztes aus dem Hintergrund.

«Meint Ihr, dass der Biss durch den Körper hindurchgegangen ist?», fragte Tutu.

«Das glaube ich nicht, mein Herr. Die Wunde auf der Rückseite liegt etwas versetzt und tiefer. Dies hier», und dabei zeigte er auf den Bauch des Kranken, «müsste der obere Zahn des Flusspferdes gewesen sein. Die Wunde am Rücken rührt wohl vom unteren Eckzahn her.»

«Habt Ihr den Urin des Kranken angesehen?»

«Er ist rot gefärbt», war die knappe Antwort.

Tutu biss sich verlegen auf die Unterlippe, deckte die Wunde vorsichtig ab und zog zuletzt das Leinen wieder über den Körper von Merimes. Tutu nickte Pharao zu. Dieser erhob sich und ging mit mir und Tutu einige Schritte zur Seite.

Tutu flüsterte: «Es ist eine schwere innere Verletzung von beiden Seiten. Die linke Niere wurde durch den Biss tief verletzt und blutet. Es handelt sich um eine Krankheit, die man nicht behandeln kann. Man soll die Wunden weiter verbunden halten. Er werde abwartend auf seinem Bett beobachtet, bis die Zeit seines Leidens vorübergeht. Mehr kann ich Euch leider nicht sagen, Majestät.»

Amenophis ging zurück zum Bett, setzte sich wieder nieder und ergriff erneut die Hand des Sterbenden.

«Zieht die Vorhänge beiseite! Die Dunkelheit ist unerträglich», sagte Pharao leise und fuhr fort: «Holt drei Musiker: Einen Harfner, eine Flötenspielerin und ein Mädchen mit einem Tamburin. Eilt euch! Und bringt Duftöle und Salben!»

Es dauerte nicht lange, und die Musikanten spielten leise und sanft ihre Lieder. Es waren sehr liebliche Lieder. Dann nahm Pharao selbst die Salbtiegel und begann, Merimes an Händen, Armen und am Hals einzureiben. Es war rührend anzusehen, wie der mächtigste Mann der Erde sich liebevoll um den Sterbenden mühte, er versuchte, ihm die letzten Atemzüge zu erleichtern. Dann stimmte er sogar selbst in eines der Lieder ein und sang es ganz leise mit, so wie eine Mutter ihr krankes Kind in den Schlaf singt.

Da erinnerte ich mich an unseren Feldzug gegen die nubischen Aufständischen. Nimuria hatte damals dem sterbenden Maj, seinem tapferen Offizier, seinen Dolch ins Herz gestoßen, um ihn von seinen Leiden zu befreien. Wie anders war sein Sohn.

So saßen wir gewiss eine Stunde, doch Merimes wollte noch nicht sterben. Schließlich öffnete er sogar wieder die Augen und flüsterte ganz leise: «Durst! Wasser!»

Amenophis ließ ihn aus einer Schnabeltasse trinken.

Dann begann Merimes langsam und leise zu sprechen: «Ich hätte Euch gerne anders empfangen, Majestät. Aber Ihr seht ja. Ihr müsst ohne mich nach Süden reisen. Fahrt …, fahrt nach Napata. Im Tempel des Amun, gegenüber dem Schrein …, am Morgen nach dem nächsten Vollmond müsst Ihr dort beten.»

Dann fielen ihm wieder die Augen zu. Amenophis sah mich ratlos an, und ich hob nur die Schultern. Doch Merimes erwachte noch einmal:

«Vor Sonnenaufgang müsst Ihr dort sein! Hört Ihr, Majestät, vor Sonnenaufgang. Es gehört Euch, Euch allein. Schafft Euch damit …»

Merimes atmete noch einmal schwer durch, dann sank er tot in sich zusammen. Amenophis schloss ihm die Augen.

Wir verweilten noch einige Zeit bei dem Toten, und ich sah lange in sein Gesicht. Schweißperlen standen auf der blassen Stirn, und der Todeskampf hatte die Mundwinkel nach unten gezogen.

Es war vielleicht nicht der rechte Augenblick, über die letzten Worte, die er gesprochen hatte, nachzudenken, doch sie ließen mir keine Ruhe. Es war eine Botschaft von Bedeutung, dessen war ich mir sicher. Ich prägte sie mir deshalb genau ein.

Schon bald erschienen Priester und sprachen Gebete. Einer von ihnen trug die Maske des schakalköpfigen Anubis und hüllte das Zimmer des Toten in dicke Weihrauchschwaden. Noch am selben Abend kamen auf Befehl Pharaos die Balsamierer und brachten den Toten fort, um seinen Leib für die Ewigkeit vorzubereiten. Amenophis Waen-Re beschloss, seine Fahrt nach Süden auch ohne Merimes fortzusetzen. Ich selbst hatte alles Nötige veranlasst, damit der Leichnam des Königssohnes von Kusch nach seiner Einbalsamierung nach Waset gebracht und in seinem Grab im westlichen Gebirge bestattet werden konnte.

Von Abu aus setzten wir unsere Reise auf dem Landweg fort. Es wäre zu aufwändig gewesen, an jeder Stromschnelle die Schiffe zu entladen, alles Hab und Gut an den Granitbarren vorbeizutragen, um es weiter südlich wieder auf die Schiffe zu bringen. Wir nahmen denselben Weg, den Nimuria bei seinem Feldzug gegen die Aufständischen von Kusch gewählt hatte. So zogen wir in anstrengenden Märschen am Ostufer des Nils nach Amara und Sudla. Wir erreichten Dongola und folgten dem Fluss in einem weiten Bogen in nordöstlicher Richtung, bis wir nach Meroe gelangten.

Je näher wir Napata kamen, umso aufgeregter wurde Ti. Was würden die Menschen sagen, die sie von früher kannten? Ti verließ ihre Heimatstadt vor zweiundzwanzig Jahren als junge und arme Witwe, und jetzt kehrte sie als die Frau des Gottesvaters Eje zurück, als eine der ranghöchsten Fürstinnen Ägyptens. Aber sie kam nicht allein mit ihrem Gemahl, sondern als Begleiterin des Guten Gottes und der Großen königlichen Gemahlin, deren Amme sie einst war. Sie wusste, dass dieser Aufstieg für ihre Nachbarinnen und Bekannten von damals nicht vorstellbar war. Deswegen überlegte sie lange, ob sie sich überhaupt jemandem zu erkennen geben sollte. Aber sie wollte das Haus wieder sehen, das sie sich mit Maj, ihrem ersten Mann, gebaut hatte, jenes armselige Häuschen, das am Südrand von Napata lag.

Die Nachricht vom Tod des Königssohnes von Kusch war uns längst vorausgeeilt, und wo wir hinkamen, empfingen Pharao jubelnde Menschen, denen gleichwohl die Trauer um ihren offenbar sehr geliebten Herrn anzusehen war. Ganz Napata war auf den Beinen, als der unendlich lange Tross des Herrschers Einzug hielt, denn seit der Zeit des Feldzugs in Nimurias fünftem Regierungsjahr war kein König Ägyptens durch die Stadttore Napatas gezogen. Trotz der großen Menschenmenge dauerte es nicht lange, bis wir den bescheidenen Palast erreicht hatten, denn Napata war nicht groß. Es mochten zehntausend Menschen sein, die hier lebten. Viel mehr waren es gewiss nicht. Mir war aufgefallen, dass sich die Menschen von Napata beim Erscheinen Pharaos weitaus demütiger verhielten, als es die Menschen in Oberägypten und Unterägypten taten. Es war nicht allein Pharao, der zu ihnen kam, sie sahen in ihm vielmehr einen wahrhaften Gott.

Wie in Abu durchschritten wir auch hier einige kleine Höfe, ehe wir in den Audienzsaal gelangten. Seine Säulen waren nicht einmal halb so hoch wie die in den Palästen von Waset und Men-nefer, doch ähnlich wie im Tempel des Re in On fühlte ich auch hier das ganz alte Ägypten, das uralte, mythische und geheimnisvolle Land. Da war nichts von der Leichtigkeit der Baukunst wie im Norden. Die Säulen waren dick und unförmig, die Bilder an den Wänden wirkten umständlich, ja unbeholfen. Die abgebildeten Menschen wirkten auf mich eher wie Schriftzeichen denn als Darstellungen von Menschen. Sah man einen Mann in Trauerhaltung, so entsprach seine Darstellung genau dem Schriftzeichen für Trauern. Auch die Art, wie man Könige zeigte, hielt sich streng an die uralten Regeln. Die Räume hier strahlten noch mehr Würde, vielleicht auch mehr Ernst aus, als die bei uns in Waset. Hier war sicherlich noch nie gelacht worden. Ti sprach kein Wort, hatte sie doch den Palast früher nur von außen und mit größter Ehrfurcht betrachtet; jetzt sah sie sich alles umso erstaunter an.

Obwohl alle Beamten und alle Diener schon vom Tod ihres Herrn wussten und sich seit einigen Tagen auf unser Kommen einstellen konnten, machten sie einen sehr hilflosen und verwirrten Eindruck. Nur der Palastvorsteher selbst, Hapuseneb, wirkte gefasst. Bei ihm erkundigte ich mich schon am zweiten Tag nach dem Tempel des Amun von Napata. Ich erklärte ihm, dass es ein Wunsch Pharaos sei, am anderen Tag Opfer zu bringen. Der König, sagte ich ihm weiter, wolle aber nicht in großer Begleitung, sondern ohne großes Aufsehen zu erregen, dorthin gehen.

Alle Wege in der kleinen Stadt waren kurz, und so konnten wir früh am anderen Morgen, schnell und von den Bewohnern der Stadt fast unbemerkt, zum Tempel gelangen. Die Priester schienen außer sich vor Aufregung, dass Pharao mit so wenigen Begleitern und unangemeldet erschien. Sein freundliches Wesen, sein entgegenkommendes Auftreten ließen alle Vorbehalte jedoch schnell verfliegen. Eilfertig und doch voller Stolz, dass der Gute Gott ihrem Heiligtum seine Aufwartung machte, führten sie den obersten Priester der Beiden Länder durch die Vorhallen des Tempels und geleiteten ihn, Nafteta und mich bis in das Innerste des Heiligtums.

Es war nicht sehr geräumig. Nach Osten zu, dem Eingang gegenüber, unmittelbar neben der Südwand, gab es eine kleine Fensteröffnung. Doch erstaunlicherweise befand sie sich nicht wie sonst weit oben unter der Decke, sondern lag sehr tief, wie gewöhnliche Fensteröffnungen eines jeden Hauses. Amenophis öffnete unter der Anleitung des Ersten Sehenden den goldenen Schrein, ergriff die kleine goldene Statue des Amun und küsste sie. Dann wurde sie mit Wasser abgewaschen, und wie es Brauch war, schwenkte Pharao vor der Figur den goldenen Weihraucharm. Er trocknete den Verborgenen ab und stellte ihn zurück in den Schrein.

«Der Ort ist sehr ergreifend», sagte Waen-Re zu den Priestern. «Lasst uns allein hier im Gebet verweilen!»

Die vier Priester sahen sich erst verwundert an, doch dann verneigten sie sich tief vor ihrem Herrscher und obersten Sehenden und verließen, demütig gebückt, den Raum. Schnell wandten wir uns nach Süden, der Wand zu, welche gegenüber dem Schrein lag.

«Gegenüber dem Schrein. Am Morgen nach dem nächsten Vollmond müsst Ihr dort sein», wiederholte ich leise und für mich die Worte des Königssohnes von Kusch.

«Vor Sonnenaufgang müsst Ihr dort sein», ergänzte Amenophis die Anweisung unseres Freundes Merimes. In verschiedenen Registern sahen wir Darstellungen Amuns in all seinen Erscheinungsformen. In der Mitte aber war ein langes Gebet niedergeschrieben. Wie es früher der Brauch war, prangten dort die einzelnen Schriftzeichen in grellen Farben: Das Schilfblatt in einem satten Grün, die Viper in grellem Gelb und die Sonnenscheibe, das Schriftzeichen für Re, in hellem, kräftigem Rot. Cheper, der heilige Käfer, in tiefem Blau. Ich las laut:

«Gruß an Dich, schöner Re jeden Tages, der am Morgen aufgeht ohne Unterlass. Chepri, der sich ermüdet beim Arbeiten. Obwohl Deine Strahlen auf dem Gesicht sind, erkennt man sie nicht. Das Elektron ist nicht vergleichbar mit Deinem Glanz.

Du bist ein Ptah, Du gießt Deinen Leib aus Gold, Gebärender, der nicht geboren wird. Einziger seiner Art, der die Ewigkeit durchfährt, der auf den Wegen mit Millionen unter seiner Leitung wandelt. Gegrüßet seiest Du, Sonne des Tages, der die Menschen erschafft und ihren Lebensunterhalt hervorbringt. Großer Falke mit buntem Gefieder, Käfer, der sich selbst emporhebt, der von selbst entsteht, ohne dass er geboren wird. Ältester Horus, inmitten der Himmelsgöttin, für den Jubel angestimmt wird, bei seinem Erscheinen und bei seinem Untergehen gleichermaßen. Urgott der Beiden Länder, der sich selbst erschuf, der alles sieht, was er erschaffen hat, als er allein war, der an die Grenzen der Länder vordringt Tag für Tag im Anblick derer, die auf ihm wandern. Der im Himmel aufgeht, wenn er sich in Re verwandelt hat, und der die Jungen der Schlange am Leben erhält.»

Wir schwiegen lange, denn jeder von uns las das Geschriebene mehrmals still für sich.

«Er hat bestimmt nur im Wahn gesprochen», sagte schließlich eine sichtlich enttäuschte Nofretete.

Amenophis schüttelte schweigend den Kopf und las das Gebet nochmals laut.

«Vor Sonnenaufgang müsst Ihr dort sein», flüsterte ich Amenophis zu.

«Er bekräftigte es nochmals, Nafteta. Er sagte: ‹Hört Ihr: Vor Sonnenaufgang.› Ich erinnere mich genau. Jetzt ist es fast Mittag.»

«Was würde das an dem ändern, was hier geschrieben steht», zweifelte auch Pharao am Sinn der Anweisung von Merimes.

«Ich kann es dir nicht sagen. Doch ich glaube nicht, dass Merimes im Wahn geredet hat.»

«Wann ist der nächste Vollmond?», fragte Amenophis in die kleine Runde, ohne seine Blicke von den Schriftzeichen vor ihm abzuwenden.

«In sechs oder sieben Tagen», antwortete ich unsicher.

«Dann werden wir eben in sechs oder sieben Tagen wieder hier sein, Eje. Vielleicht lüftet uns Merimes dann sein Geheimnis.»

Ich glaube, in den nächsten Tagen ging uns allen der Sinn der Anweisung nicht aus dem Kopf. Doch niemand von uns fand auch nur im Ansatz eine Lösung. So blieb uns nur der Vollmond.

Die folgenden Tage verbrachten Pharao und die Große königliche Gemahlin damit, diejenigen zu empfangen und anzuhören, die man die Großen von Napata nannte. So traten der Bürgermeister, Priester, der Kommandeur der hier ansässigen Soldaten, die Ältesten der umliegenden Stämme und Schreiber vor den Thron des Guten Gottes, um ihre Bitten vorzutragen. Wichtiger aber war, dass sie ihren Angehörigen sagen konnten, sie hätten vor Pharao gestanden, dem Guten Gott, dem Herrn der Erde, ohne gestorben, ohne zu Staub zerfallen zu sein.

Ti konnte nicht der Versuchung widerstehen, das kleine Haus, welches einmal ihr und ihrem Maj gehört hatte, aufzusuchen. Ohne mich. Sie bat darum, nur in Begleitung Mutnedjemets und einiger Soldaten dorthin gehen zu dürfen, wo sie mit ihrem ersten Mann gelebt hatte, wo ihre erste Liebe zu Hause war. Ich konnte es verstehen.

«Und?», sagte ich nur, nachdem sie nach wenigen Stunden zurückgekehrt war.

«Es war fast noch alles so, wie ich es zurückgelassen hatte. Selbst einige unserer Möbelstücke standen noch dort.»

Sie schwieg einen Augenblick. Dann sagte sie: «Er war nicht mehr da. Nicht einmal mehr in meiner Erinnerung. Maj ist nicht mehr da.»

Ich nahm sie in meine Arme und drückte sie fest an mich.

Endlich war Vollmond. Ich lag hellwach in meinem Bett und sah aus dem Fenster. Der Wind strich durch die Palmwedel und ließ sie gleichmäßig aneinander schlagen, was das vertraute, klappernde Geräusch verursachte. Irgendwann schlief ich in diesem Klappern ein, während ich noch die letzten Worte des Gebetes vor mich hin murmelte: «Und der die Jungen der Schlange am Leben erhält.»

«Und der die Jungen der Schlange am Leben erhält», flüsterte Amenophis, als wir noch vor Sonnenaufgang im Schein von Fackeln erneut das Gebet lasen. Wir waren allein. Immer wieder schaute Amenophis aus dem Fenster, als wollte er den Sonnenaufgang herbei beten. Es dämmerte, und nun konnten wir die Schriftzeichen auch ohne die Hilfe der Fackeln lesen. Aber noch immer verschloss sich uns das Geheimnis des Königssohnes von Kusch.

«Vater der Götter, der die Menschen geschaffen hat», begann Pharao von Neuem. Jetzt schickte Re die ersten Strahlen über den Horizont, doch sie trafen auf die Decke des Raumes. Ganz allmählich wurde der Lichtstrahl breiter und breiter und senkte sich immer mehr auf die Wand vor uns herab. Für einen kurzen Augenblick konnten wir gar nichts mehr lesen, dann sahen wir plötzlich die Schriftzeichen als schwarze, dunkle Schatten, aber nicht mehr alle, wie vorher, sondern nur noch genau siebenunddreißig Schriftzeichen. Gemeinsam lasen wir laut:

«Hathor von Sedenga weist dir den rechten Weg.»

Re hatte sich ein wenig emporgehoben und war nur etwas nach Süden gezogen, da waren die dunklen Schriftzeichen verschwunden, und es tauchte wie aus dem Nichts wieder das vollständige Gebet in bunten Schriftzeichen vor uns auf.

Wir sahen uns sprachlos an. Amenophis ging als Erster an die Wand heran und betrachtete sich die Schriftzeichen genauer. Dann ließ er die Fingerspitzen seiner rechten Hand über die Schriftzeichen gleiten und schüttelte den Kopf. Die dunklen Schriftzeichen waren für uns nur sichtbar geworden, weil sie etwas in der Wand versenkt waren. So war es nur ihr Schatten, den wir für einen Augenblick gesehen hatten, ehe die Sonne

nach kurzer Zeit hinter der Wand verschwand und alle Schriftzeichen wieder gleichermaßen unbeleuchtet zurückließ. Zwischen den versenkten Schriftzeichen und solchen, die nur aufge-
malt waren, war nun kein Unterschied mehr zu sehen. Es war,
wie Amenophis sagte: Nur zweimal im Jahr, wenn die Sonne an
einem bestimmten Zeitpunkt aufging und in einem bestimmten Winkel auf die Wand fiel, konnte man die wie ein Relief versenkten Schriftzeichen lesen und das Geheimnis des Königssohnes von Kusch lüften.

«Hathor von Sedenga weist dir den rechten Weg», wiederholte ich langsam, wusste aber mit diesem Satz nichts anzufangen.

«Uns wird nichts anderes bleiben, als den Tempel der Hathor
in Sedenga aufzusuchen», sagte Amenophis kopfschüttelnd und
gab mir so zu verstehen, dass ihn der Hinweis von Merimes eher
verwirrte, als dass er ihm weiterhalf.

Wir spürten jedoch beide, dass die Botschaft von großer Bedeutung sein musste, denn sonst hätte der Königssohn von
Kusch nicht einen solchen Aufwand betreiben lassen, um seine
Nachricht zu verschleiern. Waen-Re zögerte daher keinen Augenblick, von Napata wieder nach Sedenga, nördlich der dritten
Stromschnelle, aufzubrechen, wo einst sein Vater einen Tempel
errichtet hatte, in dem Hathor und Isis in Teje zu einer Gottheit
verschmolzen wurde.

Unsere Familien reisten unter starker Bewachung mit dem großen Tross, während Amenophis und ich mit einem Teil der Leibwache vorauseilten. Schon vier Tage später erreichten wir Sedenga am Westufer des Nils. In der kleinen Stadt war man völlig
überrascht, dass Pharao nach so kurzer Zeit schon wieder zurückgekehrt war, und so war es nicht verwunderlich, dass Gerüchte über Unruhen im Süden in Umlauf kamen. In einer kurzen Audienz beruhigte Amenophis den Bürgermeister und die
wichtigsten Beamten der Stadt. Hathor selbst hätte ihm den
Weg nach Sedenga gewiesen, damit er ihr mit zahlreichen Op-

fern huldigte. Der Bürgermeister und sein Anhang waren von den Worten des Guten Gottes tief beeindruckt, denn erstmals seit der Einweihung des Heiligtums durch Nimuria und Teje hatte ein Herrscher ihren Tempel mit so viel Ehre bedacht. Ich erschrak ein wenig darüber, wie einfach es war, einem Bürgermeister etwas vorzumachen.

Früh am anderen Morgen zogen wir im Schutze der Leibwachen und begleitet vom Bürgermeister, einigen Verwaltern und dem Ersten Sehenden der Hathor zum Tempel. Ähnlich wie in Ipet-sut war auch hier der Zugang zum Tempel prächtig gestaltet. Üppig wuchernde Sträucher und unzählige Schatten spendende Bäume säumten den Weg, und dazwischen standen die herrlichsten Figuren Hathors. Es genügte ein kurzer Blick, um darin das Antlitz Tejes zu erkennen. Pharao brachte die versprochenen Opfer dar, legte Brot, Gemüse und Früchte auf die Altäre, vergoss heiliges Wasser und warf Weihrauch in die Kohlebecken. Dann durchschritten wir Raum für Raum, bis wir schließlich das Allerheiligste betraten.

Auf der dem Eingang gegenüberliegenden Wand prangte hinter dem goldenen Schrein eine wunderschöne Abbildung der Göttin. Sie hielt ihren linken Arm ausgestreckt und wies so auf eine Scheintür an der Südwand des Allerheiligsten.

«Hathor von Sedenga zeigt dir den rechten Weg», wiederholte Pharao die geheimnisvollen Worte aus dem Tempel von Napata und richtete seine Blicke auf die Tür, die in Wirklichkeit nur ein symbolischer Durchgang für die Göttin war.

Die Scheintür war von kunstvollen Türstürzen aus Basalt umrahmt, auf das große Feld in der Mitte war eine Tür aufgezeichnet, und sogar Türangeln und Türriegel waren deutlich zu sehen.

«Nur der Weise und Gesegnete wandelt durch diese Tür», stand auf einem der kleinen Register unter dem Türsturz.

«Wenn Hathor gemeint wäre», flüsterte mir Amenophis zu,

«dann müsste es ‹die Weise› heißen. Doch glaube mir, Eje, es ist nicht Hathor, die durch diese Tür gehen soll. Nicht Hathor», wiederholte er.

Dann ging er mit wenigen Schritten auf die Priester zu und fragte sie: «Welches Gebäude schließt sich hinter dieser Scheintür an?»

«Es sind die ehemaligen Unterkünfte des Königssohns von Kusch, Majestät. Er bewohnte sie, während er für Euren Vater Nimuria, er lebe, sei heil und gesund, die Arbeiten am Tempel beaufsichtigte. Jetzt stehen sie schon seit einigen Jahren leer. Euer Vater hatte einmal die Absicht geäußert, den Tempel an dieser Stelle um eine Halle zu erweitern.»

Die Priester verneigten sich jetzt demütig, dann sahen sie Pharao mit erwartungsvollen Augen an.

«Jetzt weiß ich, warum mir Hathor den Weg zu Euch gewiesen hat: Ich werde den Willen meines Vaters erfüllen und dieses Heiligtum verschönern. Ich will es ihm zum Geschenk machen zu seinem dreißigjährigen Thronjubiläum», sagte Amenophis mit dem freundlichsten und gütigsten Gesichtsausdruck, den man sich vorstellen konnte. Ich wusste nur zu genau, was er vermutete. Doch ich sprach ihn mit keinem Wort an. Wir kannten uns zu gut, als dass es irgendwelcher Worte, die jemand hätte belauschen können, bedurft hätte.

Noch bevor der Tross mit der königlichen Familie, mit Ti, Mutnedjemet und den vielen Begleitern Pharaos in Sedenga eintrafen, wurde auf königlichen Befehl mit dem Abriss des alten Anbaus begonnen. Waen-Re ließ eine kleine Arbeitersiedlung errichten, Arbeiter einberufen und schickte Schreiber in die Steinbrüche nach Norden, damit sie ihm Baumaterial beschafften.

Endlich war auch der große Tross eingetroffen. Über ganz Sedenga wurden sie verteilt, die Handwerker, Steinmetze, Maler und Musikanten, und obwohl die Bewohner der Stadt für die Unterbringung reichlich entlohnt wurden, waren die Begleiter des Guten Gottes nicht überall willkommen, denn sie waren Fremde und machten nur Arbeit.

Die Abrissarbeiten gingen zügig voran, und während die Arbeiter Wand für Wand niederrissen und die Schutthaufen abtrugen, weihte Amenophis den Kommandanten der Leibgarde und fünf ältere Steinmetze in seine Pläne ein.

«Die Mauer des Tempels ist zwar hinter der Scheintür stärker als im übrigen Tempelbereich, jedoch kann ich ausschließen, dass der Platz für einen nennenswerten Raum ausreicht, Majestät», erklärte der Steinmetz Bek, als er Pharao von seinen Vermessungsarbeiten berichtete.

«Wir werden morgen diese Scheintür aufbrechen», sagte Amenophis und blickte mir dabei lange und tief in die Augen. Doch schien er sich nicht mehr viel Hoffnung auf eine Überraschung zu machen.

Der ganze Tempel war von Leibwachen so dicht umringt, dass selbst für eine winzige Pyramidenmaus ein Durchkommen unmöglich gewesen wäre. Früh am Morgen, noch vor Sonnenaufgang, standen wir mit Bek und seinen vier Begleitern vor der Scheintür. Bek sah seinen Herrscher an und wartete nur auf ein Zeichen. Amenophis nickte. Mit kräftigen Hieben schlugen die vier Steinmetze abwechselnd mit schweren Kupferhacken erst auf den Putz, und als dieser herabgefallen war, auf die dahinter liegende Ziegelmauer ein. Endlich löste sich der erste Stein, und Bek nahm ihn sogleich heraus. Ihm folgte ein Zweiter, ein Dritter und Vierter, und mehr und mehr erkannte man im Staub des zerbröselnden Mörtels eine weitere, dicht dahinter liegende Wand. Kein Gold, keine Edelsteine, nur eine zweite Wand. Es schien die Innenseite der äußeren Tempelmauer zu sein, denn es war zu erkennen, dass sie aus großen Sandsteinblöcken errichtet war. Waen-Re sah mich wortlos an. Einer der Steinmetze steckte seinen Kopf in die Öffnung und rief kurz darauf: «Nach links führt ein enger Gang. Reicht mir eine Fackel!»

Es schien eine Unendlichkeit zu dauern, ehe einer der Soldaten eine brennende Fackel in der Hand hatte. Bek selbst ergriff sie und hielt sie in die Öffnung.

«Er hat Recht, Majestät. Da ist ein Gang.»

Kurz darauf war Bek verschwunden. Als wir seine Stimme wieder hörten klang sie, als dringe sie aus der Tiefe eines Felsengrabes zu uns herauf.

«Eine schmale Treppe führt nach unten Majestät», hallte es aus der Ferne. «Sie endet vor einer weiteren Wand.»

Die Augen des jungen Königs funkelten jetzt, all seine Aufregung spiegelte sich in seinen lebhaften und unruhigen Augen.

«Steigt hinab und helft ihm», rief er den Steinmetzen zu, die sich sofort mit den Hacken auf den Weg machten.

«Bringt Körbe und noch ein paar Fackeln», befahl ich einem Offizier der Leibgarde. Jetzt musste ich an die Worte Nimurias denken, der zu Acha und mir gesagt hatte, dass einer eher durch zwölf Skorpione sterben würde, bevor er den Schatz des Königssohnes von Kusch bekäme.

Korb für Korb, angefüllt mit zerbrochenen Lehmziegeln und staubigem Mörtel, schleppte man herauf, und die Steinmetze kippten sie einfach neben die Öffnung der Scheintür, umso schnell wie möglich wieder hinabsteigen zu können.

Dann stand Bek vor uns. Sein Gesicht war verschmiert, Schweiß und Staub hatten sich zu einer Maske vermischt, und sein schwarzes Haar war jetzt hellbraun gefärbt. Er senkte vor Pharao das Haupt. «Ich wage es nicht, vor Euch den Raum zu betreten, Guter Gott. Um das zu beschreiben, was ich für einen kurzen Augenblick sah, fehlen mir die Worte.»

«Gold?», fragte Pharao leise.

Der königliche Steinmetz zuckte die Achseln.

Die Treppe, die wir hinabstiegen, war grob und offenbar in Eile aus dem Fels gehauen, und auch die Wände waren unverputzt. Am Ende der zwanzig Stufen erreichten wir einen engen

Türdurchlass, hinter welchem ein niedriger Raum lag. Seine Ausmaße waren schwer abzuschätzen, denn wir betraten einen finsteren, ja schwarzen Raum, in dem kaum etwas zu erkennen war. Ich fühlte mich wie jemand, der in ein fremdes Grab eindringt, um es zu plündern wie ein Verbrecher, dem Tod und ewige Verdammnis drohen.

Im unruhigen Licht der Fackeln sahen wir jetzt große und kleine Truhen, die mit schwarzen Stofftüchern zugedeckt waren. Waen-Re zog eines der Tücher beiseite und öffnete den Deckel einer Ebenholztruhe. Sie war bis zum Rand mit Goldklumpen gefüllt. In einer anderen Truhe lagen Edelsteine, dann immer wieder Gold. Nur Gold. An der rechten Wand lagen gewiss dreißig oder vierzig der größten Elefantenstoßzähne, die ich jemals sah. Ich erblickte fremdartige Götterstatuen aus feinstem Gold, manche von ihnen waren auch noch mit Edelsteinen besetzt. In einem Wandregal waren fünfundzwanzig kleinere Kisten aus Ebenholz aufgestapelt, die den feinsten Weihrauch aus dem fernen Punt enthielten. Und immer wieder Truhen voller Gold und Edelsteine.

Hier ruhte also der geheimnisvolle Schatz des Merimes, nach dem zu fragen selbst Nimuria nicht gewagt hatte. Ich bekam Angst. Alle hatten den Schatz in den Mauern von Napata vermutet. Doch er lag hier in Sedenga, unter dem Tempel Nimurias, unter dem Bild der Hathor, die Teje war. Das, was Merimes ein Leben lang zusammengerafft und gestohlen, was er seinen Herrschern vorenthalten hatte, gelangte nun in die Hände eines der rechtmäßigen Besitzer, in die Hände des jungen Amenophis Waen-Re.

Pharao hielt es nicht lange in Sedenga aus. Es war für ihn fremder Boden, den vor ihm schon sein Vater bestellt hatte, indem er hier zur Vergöttlichung Tejes einen Tempel errichtete. Aber hier lag der Schatz des Königssohnes von Kusch. Amenophis ließ die Maueröffnungen wieder verschließen, ohne auch nur einen Deben Gold daraus mitzunehmen. Dreißig Soldaten bewachten fortan Tag und Nacht die Scheintür im Tempel der Hathor zu Sedenga, bis Pharao wiederkehren würde, um an sich zu nehmen, was ihm gehörte.

Sein Augenmerk für eine neu zu errichtende Stadt fiel auf Sudla, eine unscheinbare Ansiedlung am Westufer des Nils, die weiter südlich zwischen Soleb und der dritten Stromschnelle lag. Amenophis selbst zog die Linien des Rechteckes, auf welchen schon bald die Stadtmauern errichtet wurden. Sie maßen vierhundertfünfzig Ellen in der Länge und dreihundertachtzig Ellen in der Breite. Die Arbeiter legten planmäßig befestigte Straßen an, sie errichteten große und kleine Häuser, einen Palast für die königliche Familie, und sie begannen mit dem Bau von drei Tempeln, die Amun, Mut und Chons geweiht waren. Diese lagen im Nordwestteil der Stadt und waren aneinander gebaut, sodass sie eine gemeinsame Front besaßen. Unter dem mittleren Tempel ließ Pharao einen unterirdischen Saal in den Stein hauen, damit er hier seine eigenen Schätze verwahren konnte. Seine Wände bestanden aus Steinblöcken, die mit versenkten Reliefs geschmückt waren. Sie zeigten Pharao, wie er dem Aton Opfer darbrachte. Aton, als falkenköpfiger Gott mit der Sonnenscheibe auf dem Kopf dargestellt, stand neben Schu, dem Kind des Amun, neben dem urzeitlichen Schöpfergott Atum, neben Osiris, dem Herrn des Totenreichs, und neben Maat, unserer zur Gottheit erhobenen geheiligten Ordnung. Neben Aton stand auch dessen Name, den Waen-Re ihm jetzt gegeben hatte: «Re-Harachte, der im Horizont verehrt wird in seinem Namen Schu, und welcher der Aton ist».

Im Norden der Stadt aber erfüllte sich Amenophis einen besonderen Wunsch: Dort ließ er auf einer Plattform innerhalb einer Umzäunung für Aton ein Sonnenheiligtum errichten. Die Anlage bestand im Wesentlichen aus einem quadratischen Altarhof, dessen vier Seiten nur fünfundzwanzig Ellen maßen. Hier und in dem unterirdischen Saal des Hathortempels verwirklichten die Steinmetze Bek und dessen Vater Men die Gedanken und Wünsche des Königs von der Darstellung des Aton, doch vor allem von der Darstellung Nofretetes und seiner selbst. Wir sahen sie beide in unförmiger, ja verzerrter Gestalt, und alle, die das sahen, waren erschrocken. Doch niemand wagte es, auch nur ein Wort zu sagen.

Tag für Tag kümmerte sich Amenophis selbst um alle Baumaßnahmen, gab Anweisungen, befahl selbst geringste Änderungen, und abends, bis tief in die Nacht hinein, sprach er mit uns über seine Gottesvorstellungen und davon, dass Aton mit den anderen Göttern des Landes gleichzusetzen sei.

In nur wenigen Monaten war eine kleine Stadt ausschließlich nach den Plänen des jungen Herrschers entstanden. Doch Amenophis war sich bewusst, dass er keine Stadt gebaut hatte, die als Residenzstadt eines Herrschers würdig gewesen wäre. Sudla war eine kleine Festung, ähnlich der Anlage auf der Elefanteninsel Abu. Ich glaube allerdings nicht, dass Amenophis Waen-Re jemals beabsichtigt hatte, in Nubien eine wahrhafte Residenzstadt zu errichten. Hätte er das wirklich vorgehabt, dann hätte man angesichts der geringen Ausmaße Sudlas tatsächlich von einem Scheitern sprechen müssen. Sudla war nicht mehr, aber auch nicht weniger als ein Versuch. Er wollte sehen, wie die Häuser, die er selbst geplant hatte, in Wirklichkeit aussehen würden. Die großen Häuser für die Beamten, mit zwei Stockwerken, mit Bädern und in den Fels gehauenen Kellerräumen. Die kleinen Häuser, die ebenerdig gebaut wurden, aber auch ein Bad und einen Keller besaßen. Er wollte sehen, wie die neuartige Darstellung der Königsfamilie auf den Betrachter wirkte. Und er wollte sehen, wie hier im Süden, weit weg von den strengen Priestern des Amun, die in den Mittelpunkt gerückte Verehrung des Aton aufgenommen würde.

Die Schreiber Pharaos hielten alles fest, was für künftige Bauvorhaben wichtig erschien, die Breite der Straßen und wie viele Arbeiter nötig waren, um ein Stück von bestimmter Länge und

Breite zu errichten; die genaue Menge des Baumaterials für die Tempel, den Palast und die großen und kleinen Häuser.

Viele der Handwerker, Soldaten und Künstler, die mit Pharao in den Süden gezogen waren, blieben in Sudla. Sie bekamen von ihrem Herrscher einen Posten, und sie erhielten Land, um es zu bewirtschaften.

Die zwei Jahre, die Nimuria seinem Sohn zugestanden hatte, waren fast vergangen. Das kleine Sudla war uns ans Herz gewachsen, und gelegentlich war ich ein wenig traurig darüber, es bald wieder verlassen zu müssen. Und doch drängte es uns alle zurück in das große und mächtige, in das strahlende Waset. Ich hatte Sehnsucht nach meinem Palast mit all seinen Vorzügen, ich sehnte mich nach meinem Garten. Nach dem Leben der großen Stadt, der reichen und lauten. Nach den unzähligen Menschen, die in ihr wohnten. Nach ihren prachtvollen Tempeln, die nirgendwo ihresgleichen hatten, nicht in Men-nefer, nicht in On und in Merwer, und schon gar nicht in irgendeinem anderen Land der Erde.

Das Herz Ägyptens schlug in Waset.

Unsere Heimreise nach Norden führte uns erst nach Sedenga, wo Pharao unter schwerster Bewachung seiner Leibgarde den Schatz von Merimes aus seinem Versteck bergen ließ. Von dort zogen wir wieder auf dem Landweg bis zur Elefanteninsel Abu, nördlich der ersten Stromschnelle. Wir bestiegen mit all unserer Habe die Schiffe und fuhren mit der Strömung und einem gleichmäßigen Südwind in drei Tagen nach Waset. Vorauseilende Boten hatten dort unser Eintreffen längst gemeldet, und so bereiteten Nimuria und Teje dem jungen Herrscherpaar einen prächtigen Empfang.

Das letzte Stück des Weges war wie stets, wenn Pharao nach Waset zurückkehrte, ein einmaliges Schauspiel. Unter vollen Segeln und unter den kräftigen Schlägen aller vierundzwanzig Ruder schwebte die Barke Pharaos inmitten der anderen Schiffe bis zur Hafeneinfahrt. Dann blieben auf ein knappes Kommando hin alle Ruderblätter starr im Wasser, sodass die Barke fast ruckartig an Fahrt verlor und nun langsam, ja majestätisch in das Hafenbecken einfuhr. Es war wie der Flug eines gewaltigen Geiers, der sich erst mit den gleichmäßigen und behäbigen Schlägen seiner Schwingen dem Horst nähert, sie dann kurz vor der Landung gegen den Wind stellt, um für einen Augenblick scheinbar in der Luft zu stehen, ehe er sich vorsichtig und gemächlich auf sein Nest niederlässt.

An Land kündeten Kriegstrommeln und Trompeten vom Erscheinen des jungen Königs, und noch bevor sich Amenophis und Nofretete von ihren Thronen erhoben hatten, um das Schiff zu verlassen, warfen sich die Menschen an Land zu Boden. Ich hatte es gewusst, dass die Begrüßung herzlich sein würde, und die Frage, ob Amenophis Waen-Re mit seinem Vorhaben in Nubien vielleicht gescheitert war oder nicht, war jetzt ohne jeden Belang.

Amenophis Waen-Re hatte es sehr eilig. Er stand auf meiner Terrasse und trat von einem Bein auf das andere.

«Wo bleibst du denn, Eje», rief er in den Palast hinein.

«Ich komme ja schon», rief ich zurück, ergriff im Vorbeilaufen ein Kopftuch und stand auch schon vor ihm.

«Wohin geht die Fahrt?», fragte ich ihn und runzelte die Stirn. Während wir die Terrasse verließen und zu den beiden Wagen gingen, die auf uns warteten, antwortete er:

«Zum Grab von Nebamun. Ich muss dir dort etwas zeigen, was du noch nie gesehen hast. Ich übrigens auch noch nicht.»

Vor uns fuhren zwei Gespanne der Leibgarde, und obwohl sie lauthals den Namen des Herrschers riefen und befahlen, Platz zu machen, kamen wir in der Stadt nur langsam vorwärts. Die Ungeduld Pharaos war nicht zu übersehen. Dann setzten wir mit einer Fähre über, und auf der anderen Seite des Flusses jagten die vier Gespanne endlich durch den Wüstensand, wie es sich gehörte.

Wenige Augenblicke später standen wir vor dem Grabeingang. Nebamun warf sich zu Boden, und Amenophis bemerkte nur knapp: «Steh auf, Nebamun. Ich habe nicht viel Zeit.»

Dann gingen wir hinein. Ich sah zunächst die üblichen Bilder von Jagden im Schilfdickicht, von Nebamun und seiner Frau vor Osiris und Bilder von einem Gastmahl.

«Hier, Majestät», flüsterte Nebamun schüchtern und zeigte auf einen Bildausschnitt an der linken Innenwand der Grabkammer.

Amenophis warf einen kurzen Blick auf das Bild, dann sah er mich an. «Was sagst du dazu, Eje? Ist es nicht einmalig?»

Vier Musikantinnen waren abgebildet, wie sie am Boden hockten. Von allen waren die nackten Fußsohlen zu sehen. Die Linke klatschte zur Musik, die Zweite hielt ihre Hände ruhig, und beide waren von der Seite abgebildet, da sie zu den anderen hinübersahen. Die Dritte und Vierte waren vollständig von vorne zu sehen. Ja, der Körper und das Gesicht der beiden Mädchen waren tatsächlich von vorne abgebildet! Ich sah beide Augen und beide Ohren. Die Dritte klatschte ebenfalls in die Hände, und ich muss gestehen, die Darstellung ihres Gesichtes konnte man nicht als gänzlich gelungen bezeichnen. Die Vierte aber war vollkommen! Mit leicht gesenktem Kopf spielte sie Flöte, ihre Augen waren ein wenig nachdenklich nach unten gerichtet. Ihr linkes Ohr, an dem ein goldener Scheibenohrring hing, war frei. Die Haare ihrer Perücke bedeckten die rechte Brust und versteckten so etwas deren Nacktheit, links fielen sie in dicken Strähnen über die Schulter.

«So etwas habe ich noch nie zuvor gesehen», sagte ich erstaunt, ohne meine Blicke von dem Bild abzuwenden.

«Mach weiter, Nebamun», sagte Amenophis und umfasste meine Schulter, um mir so zu bedeuten, dass es Zeit war, wieder zu fahren.

«Vollende Dein Grab ordentlich, Nebamun. Aber wenn Du hier fertig bist, wirst Du nur noch für mich arbeiten. Dein Können wird nicht länger im Verborgenen bleiben. Alle Welt wird sehen, was wir zu schaffen im Stande sind. Eile Dich also!»

Nebamun hatte während all der Zeit kaum ein Wort gesagt, aber ich sah, wie stolz er war. Überdies war er glücklich, dass er von Pharao die Erlaubnis bekommen hatte, die Welt so zu zeigen, wie seine Augen sie sahen.

In den folgenden Tagen rief Amenophis Waen-Re auch die anderen Künstler wieder zu sich, den Bildhauer Thutmosis, die Baumeister Hor und Suti und die Steinmetze Bek und Men. Thutmosis brachte seinem jungen Herrscher eine kleine Statue aus gelbem Speckstein, die Amenophis und Nafteta nebeneinander auf weichen Kissen sitzend zeigte.

Die Statue mochte etwas höher als eine Elle sein. Pharao trug das Nemes-Kopftuch mit dem Uräus auf der Stirn, und in der rechten Hand hielt er Krummstab und Geißel, deren obere Enden auf seiner Schulter und dem unteren Teil des Tuches lagen. Thutmosis hatte jedoch auf Zeremonialbart, Schulterkragen und Prunkdolch verzichtet. Der linke Arm des Herrschers ruhte zur Hälfte auf seinem linken Bein, zur anderen Hälfte auf dem rechten Bein der Großen königlichen Gemahlin. Nafteta trug ein schlichtes Beutelkopftuch und ein knöchellanges Gewand, das ebenso üppig gefaltet war wie der Schurz ihres Gatten. Ihr rechter Arm umschlang die Hüften des Herrschers, und sie hielt ihre Hand wie zur Unterstützung unter dessen rechten Ellbogen. Das Gesicht war – wie auch der übrige Körper beider Figuren – ganz nach der Natur dargestellt. Da waren die aufgeworfenen, aber scharf abgegrenzten Lippen Pharaos, die schlanke, doch fleischige Nase, die hervorstehenden Backenknochen, die großen Ohren mit den deutlich sichtbaren Löchern für die Ohrringe.

Und da war vor allem der für einen Mann dieses Alters zu

große, schwabbelige Bauch, die fast weibischen Brüste und prallen Oberschenkel. Hätte es jemals ein Künstler vor Thutmosis gewagt, so sehr von der als göttlich gewollten und vollkommenen Form eines Herrschers abzuweichen, er wäre noch am selben Tag, da er sein beleidigendes Werk gezeigt hätte, den Krokodilen zum Fraß vorgeworfen worden. Pharao durfte bisher einfach keinen Hängebauch haben, keine weibischen Brüste und breite Querfalten darunter.

Aber auch Nafteta war ganz nach der Natur abgebildet, mit den prallen Oberschenkeln einer reifen Frau, doch ansonsten ohne jeden Makel, vollkommen, wie sie wirklich war. Entgegen den sonstigen Gewohnheiten fehlten auf beiden Figuren die königlichen Namenszeichen, denn es war für jeden Betrachter zweifelsfrei erkennbar, wen er vor sich hatte: Amenophis Waen-Re und Nofretete.

«Seht Ihr», sagte der junge Pharao, und es war nicht nur Stolz, der in seiner Stimme lag, sondern die Ankündigung noch viel weitergehender, ungeahnter Schritte. «Seht Ihr, das ist Wahrheit. Das ist Wahrhaftigkeit, wie ich sie mir vorstelle. Das ist Nafteta! Das bin ich, so wie mich Aton geschaffen hat, wie er mich wollte. Ja, wie er mich wollte», betonte er nochmals.

«Hätte er gewollt, dass ich aussehe wie all diese heldenhaften Erscheinungen, wie Amenemhet und Sesostris oder wie meine unmittelbaren Vorfahren, dann müsstet Ihr heute nicht dies hier abliefern.» Und er zeigte mit freudestrahlendem Gesicht auf die Figur, die vor ihm stand.

«Es gibt aber noch mehr als die Wahrheit», sagte er jetzt und sah mich mit ernstem Gesicht an. «Es gibt die Wahrheit des Aton, es gibt meine Wahrheit!»

Ich muss ihn sehr verständnislos angesehen haben, denn er fuhr gleich eifrig fort, ohne eine Frage abzuwarten oder überhaupt zuzulassen. «Die Wahrheit dieser Figur fällt Euch nur heute auf, weil Ihr vorher noch nie Derartiges gesehen habt. Lasst Thutmosis noch zwanzig dieser Statuen anfertigen, und

Ihr bemerkt ihre Einzigartigkeit gar nicht mehr. Der Mut, den er in dieser Figur gezeigt hat, wird morgen zur Selbstverständlichkeit geworden sein. Was aber kann ein Künstler tun, um die Wahrheit wie ein Brandzeichen in Eure Köpfe einzubrennen? Er hebt das, was er für wichtig hält, was jedem besonders auffallen soll, über die Maßen hervor. Ja, er wird übertreiben. Und so werdet auch Ihr übertreiben. Ihr sollt so übertreiben, dass ein jeder erschrickt, der die Bilder und Figuren ansieht. Die Wahrheit, meine Wahrheit, soll ihn entsetzen! Aber jeder Betrachter soll sagen: Ja, das ist er! Das ist Amenophis Waen-Re mit seinen dicken Schenkeln, mit dem hervortretenden Bauch und der Brust eines Weichlings, mit den aufgeworfenen Lippen, um die ihn selbst Nubier beneiden würden. Das sind seine hervorstehenden Backenknochen und sein kräftiges Kinn.»

Wir alle sahen erst Pharao und dann uns staunend an. Wir dachten darüber nach, was er uns gesagt hatte, aber ich weiß nicht, ob einer von uns begriffen hatte, was er wirklich meinte.

Dann sagte Thutmosis: «Majestät! Befürchtet Ihr nicht, Euch durch diese Art der Darstellung zum Gespött zu machen? Befürchtet Ihr nicht den Verlust Eurer Macht, den Verlust von Anerkennung und Ehrfurcht? In Sudla war das vielleicht anders. Aber hier?»

«Thutmosis», begann Amenophis Waen-Re in seiner gewohnt ruhigen und sanftmütigen Stimme seine Antwort.

«Ich will den Menschen hier in Waset die Augen öffnen. Ich will ihnen die Augen öffnen, damit sie Aton erkennen. Und ich will, dass sie erkennen, was Wahrheit wirklich ist. Wer unschöne Dinge verschweigt, lügt zwar nicht, aber er lebt auch nicht in der Wahrheit. Wer aber laut und deutlich die Wahrheit sagt, wenn er sie hinausschreit, der sagt dennoch die Wahrheit. Meint Ihr, ich wüsste nicht, wie über mich geredet wird? Ja! Nimuria war in seiner Jugend ein Held! Keiner außer ihm selbst war in der Lage, den Bogen des Königs zu spannen. Keiner konnte so schnell schwimmen wie er. Keiner in den Beiden Ländern vermochte es, jeden Pfeil wie er ins Ziel zu schicken, sei es im Stand oder aus dem fahrenden Kriegswagen heraus. Aber sein Sohn: Ein Weichling ist er, der nur liest, Gedichte schreibt und schöne Musik liebt. Priester hätte er werden sollen, wenn er ohnehin nur den halben Tag über Aton und die übrigen Götter nachdenkt. Ja, so redet man über mich, und Ihr wisst es genau!»

«Du verlangst viel von deinen Untertanen, Amenophis», sagte ich, und meine Blicke fielen wieder auf die herrliche Figur vor mir. Ich wusste, was er meinte, aber ich wusste auch, dass die Künstler, die völlig ratlos dastanden, Angst bekamen.

«Lass Thutmosis eine Figur schaffen, wie du sie uns eben beschrieben hast, und aus irgendeinem Grund – und sei es, weil du schlecht geschlafen hast – gefällt sie dir nicht, fühlst du dich beleidigt und angegriffen. Wird dein Zorn nicht fürchterlich sein?»

«Niemals, Eje! Ich bin es doch, der sie dazu antreibt, das zu schaffen, was ich will. Es ist mein Wille, so dargestellt zu werden, wie ich es gerade beschrieben habe. Ich werde sie nicht tadeln. Ich werde sie nicht bestrafen. Im Gegenteil! Ich werde sie anhalten, die Wahrheit noch lauter hinauszuschreien als in Sudla, und zwar so lange, bis sie jeder in diesem Land begriffen hat, und wenn ich daran zugrunde gehen sollte. So sei es, und wenn Ihr wollt, so schreibt es nieder, um mich für immer darauf zu verpflichten!»

Die weit geöffneten Augen des jungen Herrschers leuchteten, seine Nasenflügel bebten, und die Muskeln seiner Wangen waren angespannt. Dann ging er auf Thutmosis zu, ergriff ihn an beiden Schultern, rüttelte ihn und sagte: «Thutmosis, geh hin und schaffe mir eine solche Figur aus Sandstein! Sie soll acht Ellen hoch sein und mich mit der Doppelkrone und allen übrigen Throninsignien zeigen. Beherzige, was ich gesagt habe! Und wenn diese Figur vollendet ist, werden wir uns wieder sehen. Ich verspreche Dir, dass Dein Lohn nicht gering sein wird.»

Ebenso leidenschaftlich forderte Pharao Bek und Men und

die Zwillinge Hor und Suti auf, Werke in seinem Sinne zu schaffen, sei es als gemaltes Bild oder als gemeißeltes Relief für die Außenwände der Tempel und ihre Tortürme.

Dieser Tag sollte an dem Antlitz der Beiden Länder vieles ändern. Ja, seither war nichts mehr, wie es vorher war, und manches blieb unumkehrbar für alle Zeiten. Amenophis Waen-Re ließ Bilder erschaffen, die vorher noch kein Auge gesehen hatte, Figuren, an deren Aussehen niemand zu denken gewagt hätte. Er selbst schuf Gedichte, Lieder und Gebete, wie sie schöner, vollkommener vor ihm keiner aufgeschrieben und gesprochen hatte.

Vor allem aber gingen Amenophis und Nofretete zu den Menschen, und sie sprachen zu ihnen von Aton, dem Gott, den sie am meisten von allen Göttern verehrten.

Die Rastlosigkeit meines Schülers erstaunte mich stets aufs Neue. Er, der wenig von körperlicher Ertüchtigung hielt, war frühmorgens der Erste und abends einer der Letzten, die schlafen gingen.

Es waren viele, die unter dem Fleiß des jungen Herrschers litten, denn es war für ihn selbstverständlich, dass ihm vom Kammerdiener bis zum Palastvorsteher ein jeder zur Verfügung stand, wann immer er es wünschte. Es war aber keineswegs Arroganz, die ihn dabei trieb, oder Boshaftigkeit. Er machte sich einfach keine Gedanken darüber, ob jemand, der spät zur Ruhe gekommen war, ebenso früh aufstehen und arbeiten konnte wie er. Natürlich wagte keiner seiner Untertanen ein Widerwort, wenn es hieß, kurz nach Sonnenaufgang zur Verfügung zu stehen. Auch mir ging es da nicht anders.

Es war kühl an diesem Morgen, und ich hatte schlecht geschlafen, denn unsere kleine Mutnedjemet war krank. Sie litt seit Tagen an einer fiebrigen Erkältung, und ihr Husten ließ Ti und mich kaum ein Auge zumachen. Amenophis Waen-Re hatte mich tags zuvor gebeten, im Streitwagen zu ihm zu kommen, da er mit mir auszufahren beabsichtige.

Dichte Nebelschwaden lagen über der Stadt, und der Fluss war gar nicht zu sehen. Obgleich die Straßen noch menschenleer waren, kamen wir wegen des starken Nebels nur sehr langsam voran. Ich hüllte mich in meinen Umhang, hielt mich mit einer Hand an der Wagenbrüstung fest und überlegte während der Fahrt, warum mich Pharao so früh am Morgen zu sich rief. Es schien, als wollte er nicht eine Stunde seines Lebens ungenützt verstreichen lassen. Acha sagte einmal zu mir, dieses Verhalten sei bezeichnend für Menschen, die wüssten, dass sie nicht lange zu leben hätten. Aber woher wollte ausgerechnet Acha das wissen?

Im Hof des Palastes standen schon der Prunkwagen des Herrscherpaares und die Wagen der Leibgarde bereit, und zahllose Stallknechte, Diener und Soldaten tummelten sich um sie herum. Dann erschienen Amenophis und Nafteta.

Während der kurzen Begrüßung schien Amenophis meine leicht missmutige Stimmung bemerkt zu haben, denn als er den Wagen bestieg, rief er mir zu: «Sei froh, Eje, dass wir so frühmorgens losfahren. Später würden uns dort draußen die Mücken im Handumdrehen aussaugen.»

Schon knallten die Peitschen.

Mücken! Wegen der Mücken hatte ich wahrlich keine Sorgen, denn mich mochten sie ebenso wenig, wie ich keine Kälte mochte. Unser Weg führte uns erst durch die noch immer leblos wirkende Stadt nach Ipet-sut, der Tempelstadt von Waset, vorbei an den Heiligtümern der Mut, Amuns und des Chons in nördliche Richtung, dann bogen wir nach Osten ab. Das Gelände stieg nur unmerklich an, und vom östlichen Gebirge war noch nichts zu sehen, da noch immer undurchdringlicher Nebel das Land bedeckte, und seine Schwaden, dem Südwind folgend, durch die Kronen der Palmen zogen. Dann erreichten wir ein eben erst abgeerntetes Feld, auf welchem neben fünf gewöhnlichen Zelten auch das Reisezelt des jungen Pharao aufgestellt war. Zahlreiche Wachen umringten es, und es herrschte ein

Leben wie in einem Heerlager, bis der Wagen Pharaos auftauchte und sich alle vor den Majestäten zu Boden warfen.

Wir stiegen von unseren Wagen, und ich betrat nach Amenophis und Nofretete das Prunkzelt. Ich war auf das Äußerste erstaunt, denn dort erwarteten uns Aper-el, Thutmosis und all die anderen Meister und Künstler, die ich erst wenige Wochen vor diesem Tag im Palast gesehen hatte. In der Mitte des Zeltes stand ein gewaltiger Holztisch, auf welchem sich unter einem großen weißen Tuch das Geheimnis verbarg, dessentwegen ich so früh am Morgen und schlecht gelaunt hierher kommen musste. Nafteta kam zu mir, hakte ihren linken Arm bei mir ein und strahlte mich verheißungsvoll an.

«Gottesvater Eje», begann Amenophis Waen-Re sehr förmlich. «Nur wenige Menschen in diesem Land wissen nicht, dass du einer der wenigen Menschen bist, der über viele Menschen fast alles weiß. Doch wir alle hier wissen, dass du zu den vielen Menschen gehörst, die nicht wissen, was sich unter diesem Tuch verbirgt.»

Ich musste jetzt ebenso schmunzeln wie mein königlicher Schwiegersohn, der sogleich fortfuhr: «Es ist aber nicht gut zu wissen, dass du als ein Mann, der sonst fast alles weiß, hier derjenige bist, der nicht weiß, was sich darunter verbirgt. Wir wollen es dir deswegen zeigen.»

Pharao fasste das Tuch an einem Ende und zog es langsam an sich. Als das Geheimnis vollständig enthüllt war, sagte er nur: «Gempa-Aton!»

«Gempa-Aton», wiederholte ich leise und bestaunte das Modell einer einzigartigen, nie gesehenen Tempelanlage.

«Gempa-Aton. Der Aton ist gefunden. Welch trefflicher Name, Amenophis!»

Ich umrundete langsam den Tisch und sah mir das kleine Bauwerk von allen Seiten an. Das Auffallendste daran war, dass von der gesamten Tempelanlage nur die Nebenräume überdacht waren.

«Ein großartiger Einfall! Die Strahlen Atons erreichen jeden Winkel seines Tempels. Sie treffen ungehindert auf die Opfergaben, die deine Priester auf die Altäre legen werden.»

«Es ist vor allem ein Tempel, der Freude bereitet, Eje. Nicht mehr geheimnisvolle, dunkle und weihrauchschwangere Räume, verboten und verborgen, in welchen ein nie zu sehender Gott verehrt wird. Ungehindert dringen unsere Gesänge und Gebete zu ihm empor. Nichts mehr bleibt vor ihm verborgen. Nichts mehr steht zwischen ihm und den Menschen. Hier werde ich mit meinem Vater das Sedfest würdig feiern.»

Wieder und wieder ging ich um den Tisch herum und staunte über die Begabung dieses jungen Menschen, denn ich wusste, dass das, was ich hier sah, allein seinem Geist entsprungen war.

«Lasst uns jetzt hinausgehen», sagte Amenophis und verließ als Erster das Zelt. Nur noch wenige Augenblicke, und die Kraft der Sonnenscheibe, die Macht Atons hatte den Nebel aufgelöst. Erst über uns in den Wipfeln der Palmen, dann auf dem flachen Feld, und zuletzt hielten sich nur noch in den Gräben und im Schatten der Sträucher ein paar Nebelschwaden. Doch es brauchte nur wenige Momente, da waren auch sie aufgelöst und verschwanden im Nichts.

Unsere Blicke schweiften über eine weite Ebene, die vor uns leicht anstieg bis hin zum östlichen Gebirge, dessen Gipfel jetzt rot-golden in der Sonne leuchteten, dessen westliche, uns zugewandten Hänge jedoch noch im Dunkel des Schattens lagen. Es war kein Mensch auf den Feldern zu sehen, denn zum einen war es noch zu früh am Morgen, zum anderen war die Zeit der Ernte gerade erst vorbei. Es flogen und hüpften nur viele Krähen umher, die nach übrig gebliebenen Körnern, Mäusen und Fröschen suchten. Im Süden sah man jetzt die Tempelstadt von Ipet-sut und dahinter, zwischen zahllosen Palmen, erhoben sich die Paläste von Waset.

«Nach der Grundsteinlegung und der Vermessung werde ich eine Zufahrt zum Nil errichten lassen, damit Steine und das übrige Baumaterial angeliefert werden können», verkündete Pharao in die Runde, ohne dass irgendeinem von uns klar war, wen er zum Baumeister ernennen würde.

«Die Lage des Gempa-Aton in unmittelbarer Nähe zu Ipetsut und Waset hat den Vorteil, dass man sich eine eigene Arbeiterstadt mit Bäckereien, Schlachtereien und allem, was sonst noch dazugehört, sparen kann. Die Pläne sind fertig. Das Modell habt ihr gesehen. Hor und Suti, in weniger als zwei Jahren ist dieser Tempel zu errichten, und Ihr beide werdet dafür verantwortlich sein!»

Jeder von uns wusste, dass es unmöglich war, in weniger als zwei Jahren einen Tempel von vierhundert Ellen Länge und einhundertfünfzig Ellen Breite zu errichten, selbst wenn er kein Dach erhielt. Aber wir wussten auch, dass Amenophis Waen-Re niemals Unmögliches von seinen Untertanen und schon gar nicht von seinen Vertrauten verlangen würde. Welches Geheimnis trug er also in sich, das er uns nicht verraten wollte?

«Worüber denkst du nach, Vater?», fragte mich Nafteta, die jetzt wieder neben mir stand.

«Weniger als zwei Jahre! Das ist gewagt, mein Kind, sehr gewagt.»

«Du kennst doch Amenophis. Glaubst du, er sagt das einfach so? Jeder einfache Schreiber lernt in der Schule, wie viele Steine wie viele Menschen in wie vielen Monaten verarbeiten können. Du bist wahrscheinlich der Einzige von uns, der diese Rechenart heute noch fehlerfrei beherrscht und sie anzuwenden weiß, ohne vorher nachsehen zu müssen», sagte sie leise, damit es ihr Gemahl nicht hören konnte. Ganz offensichtlich wollte sie nicht, dass meine Zweifel an sein Ohr drangen.

«Eben weil ich bereits rechne, zweifle ich, Nafteta», gab ich ihr zur Antwort und dachte gar nicht daran, meine Stimme vor Pharao zu senken.

«Du wirst zwei Divisionen Soldaten einsetzen müssen, um dieses ehrgeizige Ziel zu erreichen. Eine Division in den Steinbrüchen und eine hier. Soldaten sind von dieser Art von Arbeit wenig begeistert, Waen-Re», stellte ich ihn vor allen anderen zur Rede, denn ich wusste, dass er mir deswegen nicht böse sein würde.

«Ich werde dir das Geheimnis verraten, Eje. Es ist ganz einfach und trägt den Namen Talatat.»

Dreier. Was aber meinte er mit Dreier? Amenophis lächelte in die Runde und ließ uns alle erst eine Weile überlegen, ehe er weitersprach, um sein Geheimnis zu lüften.

«Ihr habt ja alle Recht. Es sind ‹Dreier›. Ich lasse hier überwiegend Sandsteinblöcke verarbeiten, die drei Handspannen lang sind, sodass ein einzelner Mann ohne weiteres einen dieser Steinblöcke tragen kann. Vom Steinbruch zum Schiff und von der Anlegestelle dort unten bis hierher an die Baustelle. Den Kern der Mauern bilden freilich große Quader oder Lehmziegel. Mit den Talatat lasse ich sämtliche Mauern verkleiden, und erst dann werden in die fertigen Mauern die Reliefs gemeißelt und geschnitten und schließlich bemalt.»

Es war ein großartiger, ein einmaliger Plan. Er war so unerhört, dass wir alle kein Wort herausbrachten. Wahrscheinlich versuchte jeder von uns, mit den Rechenregeln, die wir einst in der Schule angewendet hatten, die voraussichtliche Bauzeit des Tempels neu zu berechnen.

«Ihr müsst nicht glauben, dass ich allein der geistige Vater der Talatatblöcke bin. Der weiseste aller Weisen, Imhotep, war es, der mich darauf brachte. In den Schriften des Sonnenheiligtums von On las ich, dass er, der als der Vater des Pyramidenbaues gilt, bei der Stufenpyramide von Pharao Djoser ebenfalls Blöcke dieser Größe verwendete. Nur so war es ihm überhaupt möglich, zu Lebzeiten seines Herrschers an die Fertigstellung dieses Bauwerks zu denken. In einem Monat werden wir mit dem Bau beginnen!»

Ein großer Teil des Gebietes, in welchem Amenophis Waen-Re den Atontempel zu errichten beabsichtigte, gehörte zur Domäne des Amun, der weit geringere Teil zum Besitz der Prinzessin Sitamun. Seit vielen Jahren verwaltete der greise Amenophis, Sohn des Hapu, die Ländereien der Prinzessin. Sitamun legte ihrem Bruder keine Steine in den Weg, und auch der weise Amenophis befürwortete ausdrücklich die Pläne des jungen Herrschers. Bei den Priestern des Amun riefen die Baupläne freilich keineswegs Begeisterung hervor. Sie wandten sich jedoch nicht an Waen-Re, sondern trugen Nimuria ihre Bedenken und Einwände vor.

Ich bat Ameni, bei dem Treffen anwesend sein zu dürfen, was er mir nicht abschlug. Ramose, der Erste Sehende des Amun, und die übrigen Oberpriester, die erschienen waren, wunderten sich weiter nicht über meine Anwesenheit, wussten sie doch um die enge Freundschaft zwischen Nimuria und mir. Bevor die Priester eintreten durften, besprach ich den geplanten Tempelbau eingehend mit Amenophis. Nun waren auch die letzten Vorbehalte, die er noch gehabt hatte, ausgeräumt.

«Euer Sohn, er lebe, sei heil und gesund, hat bei uns um ein größeres Gebiet östlich unseres Heiligtums nachgefragt», begann Ramose seine Rede, nachdem er und die anderen Priester vor Pharaos Thron im Palast der leuchtenden Sonne getreten waren und die Erlaubnis erhalten hatten, ihr Anliegen vorzutragen.

«Wir beobachten allerdings die Pläne des jungen Horus nicht ohne Sorge. Es besteht nach unserer Meinung die Gefahr, dass dies nur der Anfang einer Entwicklung ist, die wir aus wohl verständlichen Gründen nicht gutheißen können.»

«Welche Entwicklung befürchtet Ihr denn, Ramose?», fragte Ameni in freundlichem Ton und beugte sich dabei ein wenig nach vorn, als fiele dem Priester dadurch die Antwort etwas leichter.

«Die Domänen des Amun sind nach den Ländereien Eurer

Majestät, sie lebe, sei heil und gesund, die größten der Beiden Länder. Unsere Besitzungen geben in Waset und andernorts fünfundsiebzigtausend Menschen Arbeit und Brot. Unter unserer Obhut stehen mehr als vierhunderttausend Tiere. Um unserer Verantwortung für alle nachkommen zu können, fällt es uns schwer, auf wesentliche Teile unseres Grundbesitzes zu verzichten. Es geht schließlich nicht nur um die Fläche für den Tempelbau selbst, sondern auch um das Land für eine angemessene Domäne, die für die Priester angemessene Erträge abwirft.»

«Glaubst Du wirklich, Ramose, dass das Gempa-Aton mit oder ohne nennenswerter Domäne Euch und Eurem Reichtum auch nur im Ansatz gefährlich werden könnte? Ptah in Men-nefer und Re in On sind sicher keine unbedeutenden Gottheiten dieses Landes. Re in On nennt gerade elftausend Menschen und vierzigtausend Tiere, und Ptah in Men-nefer sogar nur dreitausend Menschen und zehntausend Tiere sein Eigen. Hat Euch das jemals Furcht eingejagt und auf Eurer Stirn Sorgenfalten verursacht? Lasst meinem Sohn sein Gempa-Aton, und nehmt Euch ein Beispiel an dem großzügigen Geschenk meiner Tochter Sitamun! Nicht einen Deben Gold verlangt sie von ihrem Bruder, damit ich im Tempel des Aton ein würdiges Sedfest begehen kann. Und wie verschwindend klein ist der übrige Besitz der Prinzessin im Vergleich zu Eurer Domäne?»

Amenophis war noch immer sehr freundlich und höflich, und so sehr ich mir auch Mühe gab, ich hörte aus den Reihen der Priester keinerlei böse Bemerkung.

«Könnte es sein», sagte jetzt der Priester Ramose in einem etwas bestimmteren Ton, «könnte es sein, dass wir uns nicht verstanden haben, Guter Gott? Ich sagte eingangs, dass wir die Befürchtung haben, die Errichtung des Gempa-Aton könnte nur der Anfang einer für uns ungedeihlichen Entwicklung sein.»

Aller Hass lag in dem Wort Gempa-Aton und Ramose spuckte das «P» und das «T» geradezu aus wie bittere Galle, als er den Namen des Heiligtums aussprach. Jetzt waren auch die anderen soweit, aufzubegehren, denn ich hörte, wie sie, leise erst wie die Schlangen, zu wispern begannen, zu züngeln und zu zischen.

«Er hat uns ja noch nie verstanden», fauchte einer leise mit gesenktem Haupt, damit man die Bewegungen seiner Lippen nicht sehen konnte und der, welcher angesprochen wurde, erwiderte ihm: «Aber wahrscheinlich ist der Junge noch schlimmer als der Alte!»

«Es ist zu befürchten», zischte ein Dritter.

Alles, was ich zu hören bekam, gab ich sofort leise flüsternd an Ameni weiter. Sie sahen es zwar wie immer, doch niemand, niemand in den Beiden Ländern wusste, was es war, was ich seit nahezu zwanzig Jahren meinem Herrscher ins Ohr flüsterte, wenn ich bei Audienzen neben ihm stand. Alle, die es je bemerkten, mochten es für Hinweise, Ratschläge oder böse Bemerkungen meinerseits gehalten haben. Aber nein! Es waren immer nur die Gemeinheiten, die sie vor sich hin flüsterten und von welchen sie nie geglaubt hätten, dass sie so schnell an Pharaos Ohr drangen.

Gewiss, Ameni war entsetzt und wütend, aber wie immer passte er den rechten Augenblick ab, ehe er mit einer entsprechenden Bemerkung zurückschlug.

Dann sagte er zu Ramose: «Ich vernahm Deine Bedenken, Ramose. Du musst mir nicht unterstellen, dass ich Dir nicht zugehört hätte. So viel Anstand besitze ich gewiss noch. Gebt meinem Sohn, was er begehrt, und er wird zufrieden sein. Er wird Aton ein Heiligtum errichten und mit mir das Sedfest feiern. Diese Absicht ist ehrenvoll und nichts Anrüchiges. Dann ist er seinen Pflichten als Herrscher nachgekommen, und ich bin mir sicher, dass er auch Amun, meinen verborgenen Vater, eines Tages angemessen bedenken wird.»

«Majestät», versuchte Ramose erneut das Wort zu ergreifen, doch als ich Ameni zuflüsterte: «einen starrköpfigen alten Mann nennen sie dich», duldete Nimuria keinen Widerspruch mehr.

«Ramose! Ihr habt genau drei Tage Zeit, meinem Sohn eine

großzügige Schenkung zu machen. Vor vielen Jahren musste ich Euch schon einmal daran erinnern, dass Ihr nicht die Eigentümer, sondern nur die Sachwalter dessen seid, was Pharao gehört. Die Schenkung, die ich mit königlichem Befehl meinem Sohn und seinem von ihm besonders verehrten Gott machen würde, fiele bedeutend größer aus als das Wenige, was er von Euch erhofft. So sei es, und so werde es geschrieben. Ihr dürft Euch entfernen!»

Die Priester verneigten sich tief, und ich hörte deutlich, so deutlich, als sagte man es mir ins Gesicht, wie einer von ihnen zischte: «Zur Hölle mit diesem Aton und allen, die ihn verehren!» Drei Wimpernschläge später hörte es Ameni.

Nimuria erhob sich und brüllte in den Saal, ja wie ein Löwe brüllte er mit lauter Stimme: «Wir werden sehen, wer von uns zur Hölle gehen wird! Nehmt Euch in Acht, Priester, wie Ihr über Euren Herrscher denkt!»

Ramose richtete sich als Erster wieder auf und sah Nimuria kreidebleich und starren Auges an. Er musste die boshafte Bemerkung seines Priesters gehört haben, denn jener stand unmittelbar hinter ihm.

Ameni fuhr fort: «Ich blicke tiefer in Eure Herzen als Ihr denkt! Ihr sollet Euch schämen, als Diener meines Vaters Amun mit so bösen, so maßlos bösen Gedanken vor den Thron Meiner Majestät zu treten. Die Herrscher Ägyptens können auch anders, wenn Ihr es wollt!»

Dann wandte sich Nimuria von ihnen ab und verließ zwischen den von so viel Eile überraschten Wedelträgern mit großen Schritten den Audienzsaal. Ich dagegen blieb stehen und hörte weiter.

«Er konnte es nicht gehört haben», flüsterte der Priester, dessen Mund der Fluch entfahren war, Ramose zu.

«Das ist mir ganz gleich», bekam er zur Antwort. «Haltet Euch künftig zurück und schweigt lieber. Es geht hier nicht mit rechten Dingen zu!»

Der Erste Sehende des Amun wandte sich bereits dem Ausgang zu, da drehte er nochmals kurz seinen Kopf nach mir um und sah mich hasserfüllt an. Ich sah ihm nur kurz in die Augen, dann verneigte ich mich zum Abschied ein wenig, verließ den Saal und ging zu Ameni.

«Ich hoffe, Ramose hat diesmal nichts gemerkt», sagte ich zu Nimuria, der gerade das Nemes-Kopftuch abnahm und es seinem Kammerdiener reichte.

«Wieso befürchtest du das?»

«Er sah mich gerade mit einem so durchdringenden Blick an, dass ich mir eigentlich um mein Leben ernsthaft Sorgen machen müsste. Aber wie du weißt, hasst er mich seit jeher, und ich lebe noch immer.»

«Nimm ihn nicht so ernst, Eje. Dass er über den Verlust von einem ordentlichen Stück Land nicht glücklich ist, kann ich verstehen. Morgen wird er angekrochen kommen und meinem Sohn das Land schenken. Das Schöne daran ist ja, dass er sich von etwas trennen soll, das ohnehin mir und meinem Sohn gehört.»

Nimuria sollte Recht behalten. Schon am anderen Tag erschien Ramose mit nur zwei seiner Oberpriester und gab seinen Herrschern vierhundert Aruren Land zurück, damit Amenophis Waen-Re für Aton einen Tempel errichten und ihn mit Gütern ausstatten konnte. Weitere einhundert Aruren erhielt Waen-Re von Prinzessin Sitamun.

Zur Grundsteinlegung, die nur eine Woche später stattfand, waren alle erschienen, die in Oberägypten Rang und Namen hatten. Nimuria und Teje hielten sich im Hintergrund, damit Waen-Re und Nofretete die Zeremonie allein leiten konnten. Zuerst schritt das junge Herrscherpaar mit zwei Landvermessern die gesamte Fläche des künftigen Tempelbaus ab, ließ Pflöcke einschlagen und dazwischen weiße Schnüre spannen. Dann wurde in der Mitte der Fläche eine Gedenktafel vergraben und auf einem eigens aufgerichteten Altar brachten Amenophis und Nofretete unter dem Gesang mehrerer hundert Sängerinnen ihrem Gott Fleisch, Früchte und Gemüse zum Opfer dar. Aus zweiundvierzig Kohlebecken, so vielen, wie Beide Länder Gaue zählten, stieg köstlich duftender Weihrauch zu Aton empor.

Erst an diesem Tag wurde offenbar, dass das Gempa-Aton eine viel größere Fläche einnehmen würde, als der Tempel Amuns, des Verborgenen. Jetzt aber war es geschehen. Jetzt war nichts mehr zu ändern. Amenophis Waen-Re, der Gute Gott, hatte es so gewollt.

Um einen völlig ebenen Tempel zu erhalten, wurde schon am anderen Tag entlang der weißen Vermessungsstricke ein schier unendlich langer Graben gezogen, und als sich das Viereck geschlossen hatte, ließ man den Graben voll Wasser laufen. Die jetzt geschlossene Wasseroberfläche des Grabens bildete die vollkommene Ebene, an welcher sich die Grabungsleiter richteten, um die Oberfläche im Inneren dieses Vierecks abtragen zu lassen. Zur selben Zeit schufen Tausende Arbeiter eine Auffahrt vom Fluss, damit alsbald die Steine, die aus den Steinbrüchen nahe Abu im Süden und aus Tura im Norden kamen, zur Baustelle gebracht werden konnten.

Hor und Suti waren derweil getrennt in beide Steinbrüche gereist, um dort die Steine, sowohl die großen Quader als auch die Talatatblöcke im Namen Seiner Majestät in Auftrag zu geben. Thutmosis, Men und Bek waren tagein tagaus damit beschäftigt, Figuren anzufertigen, die den Vorstellungen ihres Herrschers entsprachen.

Die wichtigste Arbeit übernahm Waen-Re jedoch selbst: die Auswahl der Priester seines künftigen Atonheiligtums. Er kannte seit längerer Zeit einige Priester aus den Heiligtümern der Hathor, des Chons und des Amun, welche bereit waren, in den Dienst des jungen Herrschers und seines Gottes zu treten. Es waren dies aber überwiegend Vorlesepriester, die noch nicht erfahren genug waren, um das so wichtige Amt des Ersten Sehenden zu bekleiden. Diese Ämter gedachte Amenophis auf Priester aus dem Tempel des Re im fernen On zu übertragen.

So reisten Amenophis, Nafteta, Ti und ich mit unseren kleinen Töchtern Meritaton und Mutnedjemet nach Norden. Diesmal war es aber keine Reise im geheimen Auftrag und auf einem Kriegsschiff, sondern Waen-Re befehligte eine stattliche königliche Flotte aus vierzehn Schiffen.

Am späten Nachmittag, als der Südwind einsetzte, legte die Flotte im Hafen von Waset ab. Auch Nimuria und Teje waren gekommen, um gemeinsam mit dem Wesir und anderen Großen des Reiches ihren Sohn und seine Große königliche Gemahlin zu verabschieden. Für den jungen Pharao wurde wieder die Barke seines Großvaters Thutmosis hergerichtet, denn Nimuria zierte sich, sein Schiff «Erschienen in Wahrheit» seinem Sohn zu überlassen, sodass Waen-Re lieber gleich auf die alte Barke zurückgriff.

Es war beruhigend für die Menschen von Waset, dass sie mit lautem Jubel den einen Herrscher verabschiedeten und dennoch wussten, dass Maat, unsere göttliche Ordnung, regierte, weil der andere Herrscher bei ihnen blieb und sie nicht allein zurückgelassen wurden.

Es schien eine besondere Wirkung dieses Schiffes zu sein, dass wir uns schon nach kurzer Zeit unter dem Sonnensegel an seinem Bug versammelten und den kühlen Wind und die herrliche Aussicht auf die Stadt, die Landschaft und die Dörfer, an welchen wir ganz allmählich vorüberglitten, schweigend genossen. Immer wieder flogen neben uns gewaltige Schwärme von Wasservögeln auf, glitten Krokodile, die sich der Gefahren, die von Schiffen ausgehen konnten, durchaus bewusst zu sein schienen, aus Vorsicht ins trübe Wasser und rissen die Flusspferde ihre riesigen Mäuler auf, um uns ihre schrecklichen Zähnen zu zeigen, wenn sie sich oder ihre Jungen einer Bedrohung ausgesetzt fühlten.

Re zählte bereits die letzten Stunden des Tages und tauchte

das Ostufer des Flusses, seine Tiere und alle Pflanzen in ein wohlig-warmes, rot-goldenes Licht. Die Wipfel der Palmen schienen jetzt zu glühen, die weiß getünchten Häuser selbst der einfachen Bauern verwandelten sich in goldene Schreine, und die Menschen spürten, dass es Zeit wurde, den Blick nach Westen zu wenden. Denn dort versank in wenigen Augenblicken der mächtige Sonnengott, der gerade noch wie flüssiges Gold gestrahlt hatte, als gewaltige rote Scheibe hinter dem westlichen Gebirge. Erst jetzt wurden wir gesprächiger, erheiterten uns mit alten Geschichten und ließen uns Speisen und Wein servieren.

In wenigen Tagen erreichten wir die nördliche Hauptstadt, das altehrwürdige Men-nefer, das vor so vielen hundert Jahren der Mittelpunkt des Alten Reiches war. Die Stadt des Schöpfergottes Ptah war reich geschmückt, denn es war die erste Reise, die der junge Herrscher nach seiner Krönung hierher unternahm. Der Hafenbereich quoll von Menschen über, da jeder den jungen Pharao sehen wollte, und so dauerte es auch länger als sonst, bis wir den Tempel des Ptah und danach den königlichen Palast erreicht hatten.

Schon am dritten Tag unseres Aufenthaltes, nachdem alle Großen Unterägyptens vor Pharao erschienen waren, das Herrscherpaar zwei prächtigen Festen ihren Glanz verliehen hatte und so der alten Hauptstadt alle Ehre erwiesen war, fuhren Amenophis, Nofretete und ich nach On in das Sonnenheiligtum des Re, während Ti mit Prinzessin Meritaton und Mutnedjemet im Palast von Men-nefer zurückblieb.

Hier in On war man sich sehr wohl der Ehre bewusst, die Amenophis mit seinem Beinamen Waen-Re, Einziger des Re, dem Sonnengott erwiesen hatte. Alles, aber auch wirklich alles, was der ehrwürdige Merire aufbieten konnte, war beim Empfang Pharaos zu sehen. Unzählige Fahnen zierten den Tempel des Sonnengottes, den Weg Pharaos säumten Kinder, die Blumenblüten streuten, Tempeldienerinnen mit hell klingenden

Sistren und Tamburinen und schließlich alle anderen Menschen, die hier lebten.

Zum Klang von Posaunen und Trommeln wurde Amenophis Waen-Re von Merire und seinen Priestern am zweiten Torturm der Tempelanlage empfangen. Es war für niemanden zu übersehen, wie herzlich sich der Herrscher und der Erste Sehende des Re begrüßten. Unser erster Weg führte die königliche Familie und mich in den Tempel des Re, wo Amenophis und Merire Opfer darbrachten. Dann gingen wir in den großen Saal der Tempelanlage, den Merire stets als die Schatzkammer des Re bezeichnete. Jetzt war es Nafteta, die erstmals die uralten Bilder an den Wänden, die schwerfälligen Säulen und die Truhen und Regale mit all den kostbaren Papyri, dem Gedächtnis Ägyptens, bewundern durfte. Wie schon Amenophis bei seinem ersten Besuch, nahm jetzt auch meine Tochter wahllos eine der Schriftrollen aus einer Truhe und las darin.

«Du hast Recht, Amenophis, Schrift und Sprache passen nicht mehr zusammen», sagte Nofretete, ohne ihre Blicke von dem Schriftstück abzuwenden. Dann las sie laut weiter.

«Nach dem Abendbrot war es, die Nacht war gekommen. Ich hatte mir eine Stunde der Erholung genommen, indem ich auf meinem Bett lag. Denn ich war müde, und mein Herz hatte begonnen, meinem Schlummer zu folgen. Da wurden die Waffen gegen mich gewendet, die mich beschützen sollten, während ich unbeweglich dalag, still, wie eine Schlange in der Wüste. Ich erwachte durch den Kampf, war gleich ganz bei mir und erkannte, dass es ein Handgemenge der Wache war. Wenn ich die Waffen schnell ergriffen hätte, dann hätte ich die feigen Mörder zurückgetrieben – aber es gibt keinen, der des nachts stark ist, keinen, der allein kämpfen kann, keine Tat ist erfolgreich ohne einen Helfer.»

«Was Ihr gerade gelesen habt, Majestät, wurde vor mehr als sechshundert Jahren niedergeschrieben. Es ist die Weisheitslehre für Sesostris, den Sohn des ermordeten Pharao Amenemhat.»

Nafteta rollte den Papyrus wieder zusammen, verknotete vorsichtig das Band, das ihn umgab, und legte ihn ehrfurchtsvoll in die Truhe zurück.

«Ihr habt gewiss von meinem Tempelbau erfahren, Merire», begann nun Pharao und sah den alten Priester erwartungsvoll an.

«Man erzählt sich viel in On, Majestät. Aber gewiss werdet Ihr mir jetzt alles wahrheitsgemäß und ausführlich berichten.»

Amenophis Waen-Re schilderte Merire den Tempelbau in allen Einzelheiten. Zuletzt schwieg er für einen kurzen Augenblick, dann fuhr er fort: «Das Gempa-Aton muss aber auch mit Leben erfüllt werden, Merire. Einige Priester, die bisher Amun, Chons oder Hathor dienten, konnte ich schon in Waset für den Dienst an Aton begeistern. Doch die Ersten Sehenden sollen aus On, sollen aus Deinem Tempel kommen.»

«Ich bin mir nicht sicher, ob ich das als eine große Ehre für uns verstehen soll oder als eine Art Heimsuchung.»

Der Alte lächelte und zeigte dabei die wenigen Zähne, die ihm noch geblieben waren. Ihm war bewusst, dass sich wohl kein anderer Priester eine derartige Bemerkung hätte erlauben dürfen.

«Der Sonnenglauben wird neu erstehen, Merire. Ich werde für Aton im ganzen Land Tempel errichten, von den südlichsten Grenzen Ägyptens bis zur Flussmündung im Norden. Und dazu benötige ich Priester, die mit den Geheimnissen und den Lehren des Re vertraut sind, die die Sonne in Gestalt des Aton lieben und verehren. Die bereit sind, das vertraute On zu verlassen, um die Botschaft Atons überall in den Beiden Ländern zu verbreiten.»

«Ihr denkt dabei hoffentlich nicht an mich, Majestät», sagte Merire, und sein Gesichtsausdruck war jetzt wieder sehr ernst, ja besorgt. «Ich bin ein uralter Mann und lebe seit über fünfzig Jahren hier in diesen Mauern. Einen so alten Baum wie mich verpflanzt man nicht mehr, sei es auch noch so gut gemeint.

Ihr würdet mich umbringen, ohne Euch dabei genützt zu haben.»

Merire schwieg, und seine Augen starrten ohne Ziel in den Raum, unendlich weit weg. Seine knochigen Finger waren zu einer kleinen Faust geballt. Mit der Rechten stützte er sich ein wenig auf dem Tisch ab, neben welchem er stand, und mit der Linken schlug er sich zwei-, dreimal gegen den Oberschenkel und atmete dabei schwer durch.

«Wäre ich nur zwanzig Jahre jünger», mag er sich gedacht haben, aber wie alle weisen Männer sagte er kein Wort und sah nur weiter traurig in die Ferne.

«Ich weiß, Merire», unterbrach Pharao die Stille, «dass Euch kein Palast und kein Reichtum umstimmen können. Ich werde Euch auch nicht befehlen, mit mir nach Waset zu kommen, um dort der Erste Sehende des Aton zu sein. Ihr sollt aber wissen, dass Ihr es seid, den ich mir vor allen anderen in diesem Amt gewünscht hätte.»

Der alte Priester sah Pharao mit weit geöffneten Augen an, dann ergriff er langsam, ja bedächtig mit beiden Händen die Rechte seines Herrschers, zog sie ein wenig zu sich heran, beugte sich nach vorn und küsste Pharaos Ring. Als er sein Haupt wieder erhoben hatte, standen Tränen in seinen Augen.

Ganz leise und mit belegter Stimme sagte Merire: «Ich danke Euch, Majestät. Ich danke Euch für Eure Worte, und ich danke Euch dafür, dass ich hier bleiben darf. Seid Euch aber gewiss, dass ich Euch die weisesten und die treuesten Priester vorschlagen werde, damit Ihr unter ihnen aussuchen könnt, wen Ihr mit Euch nehmen wollt.»

So geschah es. Drei Priester wählte Amenophis aus. Einer von ihnen hieß Panehsi, ein anderer Pentu und der dritte hieß wie der alte Priester Merire. Panehsi und Pentu waren etwas älter als dreißig. Merire zählte noch keine fünfundzwanzig Jahre, aber er war gewiss der Klügste und der Gebildetste von ihnen. Er war von auffallend kräftiger Gestalt, wie man sie weniger bei einem Priester als bei einem Soldaten vermutete, hatte ein kantiges, fast derbes Gesicht und die schmale, krumme Nase eines Falken. Unter schwarzen Augenbrauen verbargen sich kleine, aber wachsam blitzende dunkle Augen, und wie bei allen Priestern des Landes war auch sein Schädel völlig kahl. Merires Stimme klang angenehm, und wer sie hörte, vertraute diesem Mann.

Amenophis hatte eine gute Wahl getroffen.

Der Bau des Gempa-Aton ging schneller voran, als ich je zu träumen gewagt hätte. Die Baumeister Hor und Suti leisteten mithilfe von zehntausend Arbeitern, die überwiegend Soldaten waren, Unvorstellbares. Die Schiffe, die von den Steinbrüchen im Norden und im Süden kamen, wurden in weniger als fünf Stunden vollkommen entladen. Wie Amenophis gesagt hatte, konnte ein Mann ohne Anzeichen von Erschöpfung einen Talatatblock auf der Schulter vom Flussufer zur Baustelle tragen. Dort wurden sie von den Arbeitern auf beiden Seiten der bereits errichteten Ziegelmauern aufeinander gesetzt und eingeputzt. Danach konnten die Bildhauer sofort damit beginnen, die Reliefs nach den Plänen Pharaos und seiner Baumeister einzumeißeln. Zuletzt wurden sie bemalt.

Andere Schiffe wieder brachten die unter der Aufsicht von Thutmosis angefertigten und zehn Ellen hohen Steinfiguren des Herrschers. Sie lagen auf gewaltigen Holzschlitten und wurden von Sklaven und Stieren zum Tempel geschleppt und an den vorbestimmten Stellen aufgerichtet.

Als die erste der Figuren in die Pfeilerhalle des Tempels gezerrt wurde, stand ich auf einem der Baugerüste, um mir von Hor Einzelheiten der Reliefbilder zeigen zu lassen. So konnte ich jetzt aus acht Ellen Höhe in das Angesicht des jungen Herrschers blicken. Ich war außer mir vor Entsetzen: Es war nicht das leicht übertrieben dargestellte Antlitz Pharaos, in welches ich sah, sondern eine entsetzliche Fratze auf einem grässlich entstellten Körper mit prallen, wulstigen Schenkeln. Sein Gesicht und vor allem das Kinn waren ebenso widernatürlich in die Länge gezogen wie die Nase. Die Wangen waren eingefallen und die Augen zu Sehschlitzen verkommen, und auch die Ohren waren übertrieben groß und lang nach unten gezogen. Über dem Nemes-Kopftuch trug Waen-Re die Doppelkrone, und an seinem Kinn hing ein auffallend langer Zeremonialbart. Dies zusammen ließ das Gesicht nochmals schmaler und länger wirken, ja es machte aus ihm eine Fratze. Thutmosis war zu weit gegangen. Hor sah ebenso entsetzt nach unten wie ich.

«Ihr werdet es nicht mehr ändern können, Gottesvater Eje», sagte Hor leise zu mir. «Alle zweiundvierzig Figuren sind fertig gestellt und werden in den nächsten Tagen Stück für Stück hier eintreffen und aufgerichtet werden.»

Nur wenige Stunden später war die erste Figur aufgestellt und ruhte für immer an ihrem Platz vor einem gewaltigen Pfeiler. Je näher ich ihr kam und in das Gesicht meines jungen Herrschers hinaufsah, umso überraschter war ich: Sein Antlitz hatte jetzt alles Fratzenhafte verloren, es wirkte auf den Betrachter ganz anders als vorher, da ich es genau von vorn, und nicht wie jetzt von unten sah. Gewiss, vieles wirkte noch immer überzogen, aber es war ganz in dem Sinne, wie es sich Amenophis vorgestellt hatte. Es war mehr als die Wahrheit, und zweifelsfrei erkannte jeder, der diese Steinriesen ansah, darin seinen Herrscher Neferchepru-Re Waen-Re Amenophis.

Es war ein würdevolles Antlitz, wie auch die ganze Erscheinung der Figur jetzt würdevoll erschien. Pharao hielt die Arme vor der Brust gekreuzt, und seine Hände umfassten Geißel und Krummstab. Auf dem prallen Bauch, auf der Schulter und auf dem Armreif am rechten Handgelenk sah man deutlich die heiligen Ringe mit dem Thronnamen Pharaos, sodass auch der letzte Zweifel ausgeschlossen war, wer in diesen Figuren abgebildet war.

«Wie hast du das entdeckt?», fragte ich Thutmosis, als er neben mich trat und ebenfalls nach oben sah.

«Es war ein Zufall, der mir zu Hilfe kam», gestand er ganz freimütig.

«Als die erste kleinere Figur, die ich aus Ton anfertigte, aufgerichtet war, legte ich mich davor nieder, um mich ein wenig auszuruhen, und betrachtete sie mir genau. Ich stellte fest, dass sie bei weitem nicht die Wirkung zeigte wie kurz zuvor, als ich ihr von Angesicht zu Angesicht gegenüberstand. All das, worauf Pharao so großen Wert gelegt hatte, war kaum mehr zu sehen. Ich war verzweifelt, und aus Verzweiflung und Wut begann ich, Wein zu trinken. Im Rausch und wie im Wahn verformte ich den noch weichen Ton mehr und mehr, bis ich schließlich niedersank und in tiefen Schlaf fiel. Als ich wieder erwacht war, traute ich meinen Augen nicht: Ich hatte im Rausch und im Wahn das erreicht, was mir vorher unter Anspannung all meiner Sinne nicht gelungen war.»

Thutmosis lächelte mich an, sah dann etwas verlegen zu Boden und sagte leise: «Ich bitte dich, diese kleine Wahrheit für dich zu behalten, Eje. Waen-Re könnte sonst von mir verlangen, dass ich nur noch in betrunkenem Zustand arbeite.»

Ich versprach es ihm.

Amenophis Waen-Re und seinen Baumeistern gelang, woran noch vor Jahresfrist niemand geglaubt hatte: Nur ein Jahr und drei Monate, nachdem Pharao den Grundstein gelegt hatte, war das Gempa-Aton fertig gestellt, der erste große Tempel für Re-Harachte, der im Horizont jubelt, in seiner Eigenschaft als das Sonnenlicht, das der Aton ist, wie Amenophis seinen falkenköpfigen Gott nannte. Alles war nun für das große Sedfest, das dreißigjährige Thronjubiläum Nimurias, vorbereitet.

SECHS

Du erschaffst Millionen Gestalten aus dir allein,
Städte, Dörfer und Äcker, Wege und Flüsse.
Alle Augen sehen sich dir gegenüber,
wenn du, Aton, als Sonne des Tages
über dem Land bist.

Über das Heb-Sed, das Fest zum dreißigjährigen Thronjubiläum Pharaos, war nicht mehr viel bekannt, denn seit dem mittleren Reich, der Zeit der großen Vorfahren, hatten Generationen von Herrschern keine Sedfeste mehr gefeiert. Wie lange war es schon her, dass einer unserer Herrscher überhaupt auf dreißig Regierungsjahre zurückblicken konnte? Der letzte Pharao, der länger als dreißig Jahre regiert hatte, war Thutmosis Men-chepru-Re, der Vater von Amenophis Aa-chepru-Re, der wiederum der Großvater Nimurias war. Doch Osiris Thutmosis hatte auf die Feiern des Heb-Sed verzichtet.

Der hochbetagte Amenophis, Sohn des Hapu, erhielt den Auftrag, die Tempelarchive nach alten Festordnungen durchsuchen zu lassen, damit die Feiern Nimurias nach den alten Riten und Bräuchen abgehalten werden konnten. Die Schreiber des Königs besuchten die Kultstätten Unterägyptens, um über Inschriften und Abbildungen vor allem aus den Pyramidenstädten und aus Saqqara zu berichten, wo es Zeugnisse aus den Zeiten der Könige Djoser, Niuserre und Snofru gab. Gleichzeitig befahl Nimuria an vielen dieser Orte Ausbesserungsarbeiten und ließ sie so in neuen Glanz hüllen.

Amenophis, der Sohn des Hapu, wurde zum Leiter des Heb-Sed bestellt und erhielt dafür den Titel «Erbfürst in den Ämtern des Sedfestes». Chaemhat versah am Jubiläumstag des Sedfestes Seiner Majestät das Amt des Priesters des Anubis, denn beim Sedfest würde Amenophis als sterblicher König vergehen, und ihm würde von Hathor neues, ewiges Leben eingehaucht werden. Nimuria wurde so als Gott wieder geboren. Er wurde mit ewiger Jugend beschenkt, und er war jetzt Aton, der leuchtenden Sonnenscheibe, die über allen Ländern scheint, gleich. Mein früherer Schreiber Cheruef, der jetzt schon viele Jahre Palastvorsteher meiner Schwester Teje war, wurde mit der Ausrichtung der Feiern im Palast der leuchtenden Sonne beauftragt.

Es war wie bei allen großen Festen, die bei uns begangen wurden: Die Tempel und Paläste, jedes Wohnhaus wurde neu gestrichen, Straßen wurden ausgebessert, Festkleider genäht und alle Fahnen aufgezogen. Tausende Rinder, Kälber und Schafe wurden in die Stadt getrieben und geschlachtet, Wein und Bier herbeigeschafft, Brote und Kuchen gebacken, und die Musikanten übten ihre Lieder. Aus den Fremdländern und aus ganz Ägypten kam nach Waset, was Rang und Namen hatte, und die Quartierpreise stiegen ins Unermessliche, je mehr Gäste eintrafen. Noch bevor das eigentliche Fest begann, wurde schon ausgelassen gefeiert, geliebt, gestohlen und betrogen. Gastwirte, Dirnen, Diebe und Polizisten hatten gleichermaßen alle Hände voll zu tun.

Der junge Pharao selbst überwachte die letzten Arbeiten, die am Gempa-Aton auszuführen waren: Das Ausmalen der vielen Reliefbilder an den Innen- und Außenwänden der Tempelmauern, das Aufrichten der Fahnenmasten vor den Eingangstoren und die Anpflanzungen aller zum Tempelbezirk gehörenden Gartenanlagen. Sein besonderes Augenmerk aber galt den gewaltigen Steinfiguren an den Innensäulen des Tempels, die ihn und Nofretete zeigten. Auch sie waren vollständig bemalt und teilweise mit Blattgold belegt.

Endlich erschien am Himmel der so lang ersehnte Sothisstern, und bald darauf setzte die Nilschwemme ein. Dies war das Zeichen, mit den Feiern zu beginnen. Dreißig Jahre hatte Nimuria jetzt geherrscht, und alle Welt sollte sehen, dass es keinen mächtigeren Herrscher, keinen prächtigeren König auf Erden gab als ihn. Er war der wahrhafte und vergöttlichte Sohn Amuns.

Pharao trug das Heb-Sed-Kleid, einen knielangen Umhang mit Rautenmustern, die weiße Krone Oberägyptens und die rote Krone Unterägyptens. Er trug Zeremonialbart, Geißel und Krummstab. Auf seinen breiten Schultern lag ein schwerer Halskragen mit Perlen aus Gold und tiefblauem Lapislazuli, dem Edelstein, an dessen Farbe sich Nimuria nicht satt sehen konnte. Er, Teje und mit ihnen die gesamte königliche Familie zogen erst nach Ipet-sut, das von Nimuria so prächtig erschaffene Heiligtum im Süden der Stadt, von dort in langer Prozession auf der Sphingenallee zum Tempel der Mut und dann durch all die prächtigen Tortürme zum Heiligtum des Amun, damit die Herrschaft Pharaos im Allerheiligsten für alle Zeiten bestätigt und erneuert wurde.

Auf dem Vorplatz des Tempels vollzog er am folgenden Tag zwischen zwei Obelisken den Krönungslauf, um vor allem Volk zu zeigen, dass sein Körper noch die Kraft besaß, als mächtiger König zu herrschen. Er verschoss in alle vier Himmelsrichtungen Pfeile und bekundete so seinen Herrschaftsanspruch über alle Welt. Wie bei seiner Krönung errichtete er einen Djet-Pfeiler, damit das Land für immer fruchtbar war und Ägypten Reichtum beschert wurde.

Danach folgten Tage der Audienzen und Empfänge, und die Gesandten der Fremdländer überbrachten die Segenswünsche ihrer Herrscher und Geschenke, wie man sie sich kostbarer und reicher nicht vorstellen konnte. Was man in den Tagen des Heb-

Sed Pharao zu Füßen legte, übertraf von neuem alles, was ich je gesehen hatte. Die Schätze, die Nimuria sein Eigen nannte, bevor er die Tempel von Ipet-sut errichtete, die Schätze Amuns, die ich einst sah, waren gewiss gewaltig. Doch was sich jetzt in den Schatzkammern Nimurias anhäufte, ließ alles Bisherige erblassen. Noch nie zuvor hatte Ägypten eine Zeit solchen Reichtums erlebt.

Ein Großteil der abendlichen Feste wurde im Palast der goldenen Sonne gefeiert, einige im Stadtpalast und in der Stadt selbst. Auf dem Westufer des Nils zeigte Pharao aller Welt die Pracht, die er in den dreißig Jahren seiner Herrschaft in seinem Palast geschaffen hatte, und das Staunen der vielen Gäste fand kein Ende. Sie sahen die Festsäle mit ihren mächtigen, bunt bemalten Säulen und den gewaltigen Gemälden an den Wänden, die allesamt Pharao im Kreis der Götter zeigten, denen er jetzt gleich geworden war. Sie sahen mit Gold überzogene und mit Edelsteinen besetzte Flügeltüren. Sie bestaunten Fußböden, die bunt bemalt waren und die umherfliegende Enten und Schmetterlinge, ja selbst im Schilf umherspringende Kälber und Katzen zeigten. Sie bewunderten Steinfiguren in jeder Größe und ohne Zahl, die Nimuria allein, mit Teje oder mit Göttern der Beiden Länder darstellten. Hunderte waren es, die im Inneren des Palastes und in seinen Gärten standen, wodurch Pharao allgegenwärtig war. Sie erblassten vor den Reichtümern unseres Herrschers: Vor Kerzenleuchtern und Essgeschirr aus reinem Gold, vor Vasen und Trinkgefäßen aus Alabaster, Kästen und Truhen aus Elfenbein und schließlich vor Möbelstücken, wie man sie noch nie gesehen hatte. Ebenholzstühle, deren Rücken Bilder aus Gold, Edelsteinen und Glasfluss zierten, Tische mit Einlegearbeiten aus Elfenbein und Klappstühle jeder Art, an welchen Nimuria schon immer besondere Freude fand.

Den letzten Tag der Festlichkeiten, die sich über mehrere Wochen hinzogen, gestaltete der junge Herrscher für seinen Vater. Außer den Beamten und Arbeitern, die am Bau des Gempa-

Aton beteiligt waren, sowie den Priestern des Aton, hatte noch niemand die neue Tempelanlage betreten. Selbst Nimuria und Teje mussten sich bis zu jenem Tag gedulden. Die Spannung bei denjenigen, die den Tempel jetzt erstmals sahen, war ebenso groß wie die Anspannung derer, die ihn erbaut hatten, wussten sie doch nicht, wie Nimuria und Teje und mit ihnen die Mächtigen des Reiches dieses außergewöhnliche Bauwerk aufnehmen würden.

Beide Herrscherfamilien hatten die Nacht im Palast von Waset verbracht, damit die Kühle des Morgens genützt werden konnte und so Nimuria und Teje eine allzu frühe Anfahrt vom Palast der goldenen Sonne erspart blieb. Inmitten Tausender jubelnder Menschen zogen die königlichen Sänften langsam durch die breiten und von Soldaten gesäumten Straßen der Stadt. Hinter den Sänften folgten Ti, Mutnedjemet und ich, die beiden Wesire und der Schatzmeister Acha mit ihren Familien, der Siegelbewahrer der Majestäten, ihre Palastvorsteher und die Ersten Sehenden der Beiden Länder. Die Priester Amuns schlossen sich nicht nur zu meinem Erstaunen erst unmittelbar vor dem großen Eingangstor zum Tempel des Verborgenen an. Mir entging nicht, wie sich Nimuria und sein Sohn über die Köpfe der Wedelträger hinweg von Sänfte zu Sänfte fragend ansahen und wie Amenophis Waen-Re kurz die Schultern hob und so seinem Vater zu erkennen gab, dass er die Geste der Priester Amuns ebenso wenig verstand wie vermutlich auch dieser.

Der Gesichtsausdruck Ramoses, des Ersten Sehenden Amuns, und der seiner vielen Begleiter ließ keinen Zweifel daran, dass sie das, was sie erwartete, schon immer missbilligt hatten und dass ihre Meinung noch immer dieselbe war. Doch ihr offenkundiger Ärger und ihr immer währender Zorn gingen im Jubel der Untertanen und der Gäste unserer Herrscher unter.

Wir erreichten das große Eingangstor des Gempa-Aton, dessen goldene Tore sich erst jetzt öffneten, sodass Nimuria und Teje deren herrliche Außenseiten noch sehen konnten: Auf dem linken Torflügel sah man Waen-Re im königlichen Ornat und Nofretete mit einer Beutelperücke und in einem knöchellangen Kleid, auf dem rechten Torflügel war Re-Harachte abgebildet. Die Bilder des Herrscherpaars waren Einlegearbeiten aus Gold, Edelsteinen und Glasfluss vor einem Hintergrund aus reinem Elektron. Über ihnen prangte die Sonnenscheibe. Auf dem linken Torflügel standen die Namen Waen-Res und Nofretetes, auf dem rechten der vollständige Name Atons: «Re-Harachte, der im Horizont verehrt wird in seinem Namen Schu, welcher der Aton genannt wird und der im Jubiläum ist».

Die Schriftzeichen in den heiligen Ringen bestanden aus Rubinen, ein jeder so groß wie eine Traube. So waren sie schon von weitem zu lesen. Jetzt, da die beiden Torflügel wie von unsichtbarer Hand gänzlich geöffnet wurden, verließen die königlichen Familien die Sänften und traten, geführt von Merire, dem Ersten Sehenden des Aton, und gefolgt von den ersten Würdenträgern Ägyptens, in das Heiligtum ein. Unentwegt wanderten die Köpfe der Betrachter von einer Seite zur anderen, doch das geschah langsam, denn die Fülle der Eindrücke war so reich, dass das, was sie sahen, nur allmählich aufzunehmen war. Ihre ruhigen und gesetzten Bewegungen strahlten eine wahrhaft königliche Würde aus. Tausendstimmige Gesänge setzten jetzt ein, zunächst ganz unscheinbar und kaum vernehmbar, und es war, als würden sie aus unendlicher Entfernung zu uns dringen, so dünn, dass ein Windhauch sie unterbrechen oder wegblasen konnte. Dennoch konnte sie mein feines Gehör klar und rein wahrnehmen, kamen sie doch aus unmittelbarer Nähe.

Die Wirkung des ersten, nach oben offenen Tempelraumes war einzigartig, denn anders als in all den überdachten, wie Truhen verschlossenen und dunklen Tempeln erstrahlten hier die Farben der Wandgemälde und der Figuren in ihrer ganzen hundertfachen Pracht. Vor jeder Figur Pharaos und seiner Großen königlichen Gemahlin standen dreibeinige Kohlebecken, deren

Schalen aus Bronze gegossen waren und aus welchen in trägen Schwaden feinster Weihrauch emporstieg.

Die Besucher Atons, es waren gewiss nicht mehr als vierzig, bewegten sich langsam und vor Staunen schweigend durch den ersten Hof der Tempelanlage, schritten dann durch ein prächtiges, steinernes Portal, dessen Wände wieder Amenophis Waen-Re und Nofretete zeigten, und erreichten so den großen Hof, dessen Fläche mit dreihundertfünfundsechzig Altären bestückt war. Jetzt wurde jedem, der dies sah, bewusst, dass der Tempel Atons größer, ja deutlich größer war als die gesamte Tempelanlage Amuns. Denn über die Mauern des Gempa-Aton hinweg konnte man sehen, wo der Tempel Amuns nach Osten zu endete, wohingegen sich Atons Heiligtum im Osten um weitere fünfzig Ellen ausdehnte. Vor jeder der Säulen, die den Umgang um die Hoffläche bildeten, standen die großen Steinfiguren des Herrschers, die einzigartigen Geschöpfe des Bildhauers Thutmosis. Die Diener Amuns waren darüber nicht nur erschrocken, sie zeigten sich vielmehr entsetzt und angewidert. Trotz des jetzt lauter werdenden Gesangs, trotz meiner nicht unbeachtlichen Entfernung vernahm ich deutlich Bemerkungen wie «unglaublich», «grässlich» und «ekelhaft». Ich behielt sie für mich, denn ich wollte weder Nimuria noch seinem Sohn diesen Tag, welcher der Höhepunkt des Heb-Sed sein sollte, mit dem schmutzigen Geläster dieser Priester verderben.

Die beiden Herrscher begannen nun, vorbereitete Opfergaben auf die Altäre zu legen und Aton aus goldenen Kannen Wasser zu spenden, indem sie es über die Gaben und auf den Boden ausgossen. Ganz allmählich erreichten wir die ostwärts gerichtete Wand des Tempels mit einer Abbildung Re-Harachtes in ihrer Mitte. Sie zeigte den Sonnengott in Menschengestalt mit Falkenkopf, über welchem eine mächtige Sonnenscheibe prangte. Die Sonnenscheibe bestand aus einer kreisrunden Öffnung in der Tempelmauer von zwei Ellen Durchmesser.

Dreißig Ellen vor dem Bild Re-Harachtes stand mitten auf der freien Fläche des Tempelhofes die größte und beeindruckendste Steinfigur des jungen Herrschers. Da waren sie wieder, die prallen Oberschenkel, der gewölbte Bauch, die weibischen Brüste und das lang gezogene Gesicht mit den aufgeworfenen Lippen, den schlitzartigen, schräg liegenden Augen und der schmalen, in die Länge gezogenen Nase. Und jetzt, da wir alle etwas seitlich zu dieser Abbildung standen, vollzog sich ein einmaliges Schauspiel: Die Sonne, die sich inzwischen weit über den Horizont erhoben hatte, stand jetzt so hinter der Tempelmauer, dass ihre Strahlen durch den geöffneten Kreis der Sonnenscheibe drangen und von oben nach unten wandernd auf das steinerne Gesicht Pharaos fielen.

Aus dem Kohlebecken davor stieg unaufhörlich Weihrauch empor. Doch solange sich seine Schwaden im Schatten der Mauer bewegten, wurden sie von unseren Augen kaum wahrgenommen, der Weihrauch blieb ein unscheinbarer, dünner Nebel. Als er jedoch das Sonnenlicht erreichte, entstand, scharf abgegrenzt zum Schatten, eine reine, weiße Pracht, eine göttliche Wolke, die sich heilig duftend, ineinander verschlungen emporwand und die in dem Lichtstrahl, der sie erst belebte und sichtbar gemacht hatte, nach oben, zu Re-Harachte, weiterzog. Im Glanz des Sonnenlichts, das die Gottheiten miteinander verband, bildete der Weihrauch den heiligen Atem, der beide gegenseitig belebte.

So verstanden es alle Anwesenden, vor allem auch die Priester Amuns, denn sie begannen unruhig zu werden. Nimuria bemerkte dies, tat zwei Schritte auf das Kohlebecken zu und griff nach einer Opferkelle, um frischen Weihrauch in die Glut zu werfen. Da rief Ramose, der Erste Sehende des Amun, laut: «Begeht nicht diesen schändlichen Frevel, Nimuria!»

Kaum, dass er dies gesagt hatte, trat er mit seinen Begleitern nach vorn, und während Nimuria erschrocken innehielt, fuhr er fort: «Dies ist kein Heiligtum, wie es den Göttern Ägyptens ziemt! Dieses Bauwerk ist außerhalb aller Vorschriften errichtet. Es hat kein Allerheiligstes, und es birgt nicht einmal eine wahre Gottheit. Seht Ihr irgendwo die Statue eines Gottes, die es zu verehren gilt? Stattdessen wollt Ihr Eurem Sohn ein Weihrauchopfer bringen, denn eine Götterfigur, der Ihr opfern wolltet, kann ich nicht sehen!»

Alle blickten jetzt erst auf Nimuria, und nachdem dieser schwieg, auf Amenophis Waen-Re.

«Ihr werdet hier niemals eine in Gold gegossene Gottheit vorfinden, Ramose», sagte der junge Pharao mit ruhiger Stimme. «Aton offenbart sich im Licht der Sonne. Er braucht kein Abbild aus Stein, Gold oder Elektron, denn er ist gegenwärtig, wenn er sich uns zeigt. Seht Ihr nicht mit eigenen Augen, dass mein Gott tatsächlich gegenwärtig ist? Aton offenbart sich uns in Licht und Zeit, in seinen Strahlen und in seiner Bewegung.»

«Aber er birgt kein Geheimnis, keine Botschaft. Er hat keine Geschichte, kein Herkommen, und er gehört zu keiner Götterfamilie», entgegnete Ramose mit zusammengekniffenen Augen, und kaum, dass er dies gesagt hatte, presste er verbissen die Lippen zusammen.

Pharao dagegen lächelte milde und sagte: «Aton braucht keinen Vater, denn er ist unser aller Vater. Er braucht keine Mutter, denn er ist unser aller Mutter. Er braucht keine Geschichte, denn er war immer, und er wird immer sein. Das Wirken und das Sein Atons ist allein darauf gerichtet, alles, was da ist, mit Leben zu erfüllen. Gäbe es ein Leben ohne sein Licht, ohne seine Wärme? Nichts würde grünen, nichts wachsen.»

«Wollt Ihr das Wirken unserer Götter leugnen? Wollt Ihr das Wirken Amuns, Ptahs und Osiris' wirklich leugnen? Überlegt Euch genau, was Ihr sagt, Amenophis Waen-Re», rief Ramose zornig.

«Ich kann Euch nicht sagen, was geschieht, wenn Ihr die Tempel Amuns, Ptahs und anderer Götter der Beiden Länder schließt. Ich weiß jedoch, dass ohne das Licht der Sonne kein

Leben ist. Stellt eine Pflanze unter einen Krug, und sie wird welken und vergehen. Sperrt einen Menschen, ein Tier in ein finsteres Loch, ganz ohne Licht, und sie werden sterben. Die Fremdländer kennen weder Amun, noch Ptah oder Osiris. Und dennoch grünen auch ihre Wiesen und Felder, leben bei ihnen Mensch und Tier, weil die Strahlen Atons auch dort allgegenwärtig sind. Die Zeiten, da wir Ägypter glaubten, die Welt bestünde nur aus den Beiden Ländern, sind Vergangenheit. Er ist die lebendige Sonne, Ramose! Hört Ihr: die lebendige Sonne! Ihre Bewegung bringt die Zeit hervor, ihre Strahlen das Licht, und damit die Grundlagen allen Seins.»

Es war eine unfassbare, kaum zu beschreibende und unheilschwangere Unruhe entstanden. Manche erhoben die Hände zum Gebet und stammelten flüsternd irgendetwas vor sich hin. Andere steckten die Köpfe zusammen und raunten sich Worte zu, die selbst mir unverständlich waren, und die Priester Amuns schüttelten unaufhörlich die zornesroten Köpfe und spien ihre Schimpfworte wie bittere Galle aus.

Dann wandte sich Ramose ein letztes Mal an seine Herrscher: «Dann tut, was Ihr meint, tun zu müssen. Ich sage Euch, dass es Verrat an den althergebrachten Göttern Ägyptens ist, an dem wir uns nicht beteiligen werden!»

Dann drehte er sich um und wollte ohne Erlaubnis seiner Herrscher mit seinen Priestern den Tempel Atons verlassen. Da sagte Amenophis Waen-Re mit ruhiger, vollkommen beherrschter Stimme, aber doch so laut, dass es alle hören konnten:

«Ramose! In genau einer Woche wird eine Truppe von fünfzig Soldaten aufbrechen, um durch die östliche Wüste den Weg in das ferne und geheimnisvolle Punt zu erkunden. Ihr seid der Weiseste von uns und verfügt über die meiste Erfahrung. Ich beauftrage Euch deswegen mit der Leitung dieses Unternehmens. Jetzt, Ramose, jetzt dürft Ihr Euch entfernen!»

Keiner von uns hätte je damit gerechnet, dass Amenophis Waen-Re, der sonst so Friedfertige, so Beherrschte, imstande sein würde, so kaltblütig, überlegt und doch kurz entschlossen seinen erbittertsten Gegner aus dem Weg zu räumen. Nimuria empfand den Befehl seines Sohnes gewiss als eine zu harte Strafe für die Anmaßungen Ramoses, doch er wusste, dass jedes noch so kleine Widerwort, jeder Versuch, die Entscheidung seines Sohnes abzumildern oder gar rückgängig zu machen, einen nicht wieder gut zu machenden Schaden für das Ansehen und die Macht des jungen Herrschers bedeutet hätte.

Starren Blickes sah Nimuria in die Augen Ramoses, dessen zittrige Augen wiederum bei Pharao Hilfe zu erflehen schienen. Doch die Miene des Herrschers blieb ungerührt. Die kurzen Augenblicke, während derer sie sich schweigend gegenüberstanden, mochten ihnen wie eine Ewigkeit vorgekommen sein. Als Ramose gewahr wurde, dass er von Nimuria keine Hilfe zu erwarten hatte, verneigte er sich knapp vor seinen Herrschern und verließ wortlos den Tempel des Aton. Jeder von uns wusste, dass Ramose als Sechzigjähriger die Strapazen dieser Reise durch die Wüste nicht überleben konnte und dass Pharao nicht weniger als das Todesurteil über ihn gesprochen hatte.

Ich hätte innerlich frohlocken müssen, mich hätte ein Gefühl der Befreiung und der Genugtuung überfallen müssen. Ja, ich hätte in überschwänglichen Jubel verfallen müssen, da der Erste Sehende des Amun durch den Befehl Pharaos entmachtet und beseitigt war. Wie viele schlaflose Nächte hatte ich aus Angst vor ihm und seinen Machenschaften durchlitten! Wie vielen Gefahren wurde ich durch seine Rachlust und seine Machtgier schon ausgesetzt! Wie viele Menschen, die mir lieb und teuer waren, mussten auf seinen Befehl hin qualvoll ihr Leben lassen! Ich hatte diesen Mann immer aus tiefstem Herzen gehasst wie keinen anderen. Hätte irgendjemand zu mir gesagt: «Eje, Ramose ist heute Nacht gestorben», ich hätte nur mit den Achseln gezuckt und meine Zunge im Zaum halten müssen, um ihm nicht noch im Tod Böses zu wünschen.

Aber jetzt hatte dieser alte Mann so hilflos, so erbärmlich hilflos vor seinen Herrschern gestanden und vernehmen müssen, dass er in Waset nicht länger geduldet wurde und dass er in den sicheren Tod gehen musste. Es gab keine Anklage, keine Gerichtsverhandlung, keine Möglichkeit der Verteidigung, es gab nur einen Befehl Pharaos, den Ramose zu befolgen hatte. Nie in meinem bisherigen Leben hätte ich gedacht, dass ich für diesen Menschen einmal Mitleid empfinden würde.

Ich weiß nicht, wie die anderen darüber dachten, die Wesire, Acha, der weise Amenophis, Cheruef oder Aper-el. Jedoch verlief der letzte Festabend des Heb-Sed in erstaunlich ausgelassener Heiterkeit. Der Befehl Waen-Res war sicher wie ein Lauffeuer durch Waset gegangen. Doch wen berührte das Schicksal des Ersten Sehenden des Amun wirklich? Mancher der mächtigen Fürsten mag erschrocken sein, wie schnell man Amt und Würde verlieren konnte. Die Beamten und Schreiber allerdings dürften nicht einmal darüber nachgedacht haben, welche Bedeutung der Befehl in Wirklichkeit hatte, und der einfache Arbeiter machte sich über Ramose gewiss keinerlei Gedanken.

Es war spät in der Nacht. Ich saß schon eine ganze Weile mit Nimuria im Palastgarten, weil wir uns von dem Lärm des Festes und der schwülen Hitze der Festsäle in der nächtlichen Kühle erholen wollten.

«Denkst auch du an Ramose?», fragte mich Ameni und sah dabei nicht mich an, sondern schaute hinüber zum Palast, von dessen Türen und Fenstern der Lärm bis zu uns herüber drang. Da ich keine Antwort gab, wandte er sich mir zu.

Ich bemerkte es und nickte stumm.

«Ich hätte es nicht getan. Aber keiner weiß besser als du, dass ich schon lange keinen Zugang mehr zum Herzen meines Sohnes habe», flüsterte er leise vor sich hin, stand auf und ging zurück zum Palast.

Genau nach zehn Tagen, wie Pharao es befohlen hatte, verließ eine Gruppe von etwas mehr als fünfzig Männern im Morgengrauen die Stadt. Unbemerkt, unbeachtet zogen sie hinaus in die Wüste. Es gab keine feierliche Verabschiedung durch einen der beiden Herrscher, es gab keine große Audienz, um den Marschbefehl zu verkünden. Am Abend vor seiner Abreise hatte Ramose vom Kommandant der Leibgarde schriftlich die nötigen Befehle erhalten – mehr nicht. So gab es keine jubelnde Menschenmenge, die wie sonst bei Aufsehen erregenden Expeditionen die Straßen säumten und die Scheidenden wie Helden feierten. Nur ich hatte mich hinausgeschlichen, um unerkannt im Schutz der Dunkelheit zu sehen, wie er ging, er, der mich hasste wie wohl kaum einen anderen.

Ein schwarzer Umhang machte mich nahezu unsichtbar, als ich auf dem östlichen Stadttor stand und ich sie schon von weitem kommen hörte. Keine Hurrarufe. Nur das Kläffen einzelner Wachhunde und hin und wieder das aufgeregte Gezeter einer aufgeschreckten Amsel begleiteten den Zug. Ramose saß in einer kleinen, offenen Sänfte, die von vier Nubiern getragen wurde. Seine Arme lagen still auf der Lehne, sein Kopf schwankte unmerklich im Gleichschritt der Träger, und sein Blick war starr nach vorn gerichtet. Das Tor öffnete sich, und sie zogen hinaus.

Der Sand unter meiner Sandale knirschte laut und verräterisch, als ich mich zum Gehen wandte. Sofort sah ich hinunter, ob man mich bemerkt hatte. Einzig Ramose drehte sich um. Für kurze Zeit, nicht länger als ein Wimpernschlag, trafen sich unsere Blicke. Ich weiß nicht, ob er mich erkannt hatte. Dann wandte er sich wieder um und sah seinem Weg entgegen. Jetzt blieb ich so lange stehen, bis ich sie nicht mehr sah, sie von der Dunkelheit verschlungen wurden und meine Ohren ihre Schritte nicht mehr hören konnten.

Obwohl Nofretete ihr zweites Kind erwartete und obwohl der verhasste Ramose für immer das Land verlassen hatte, kehrte gleichwohl nicht der ersehnte Friede in die Paläste von Waset zurück. Nimuria machte kein Hehl daraus, dass er auf seinen Sohn wegen der Auseinandersetzung mit dem Ersten Sehenden des Amun böse war und dass er sich mit der Art der Darstellungen eines Herrschers der Beiden Länder im Gempa-Aton nicht anfreunden konnte.

«Entspricht es der Wahrheit, wie du dich darstellen lässt?», fragte Amenophis Waen-Re seinen Vater in anklagendem Ton.

«Du hast die Botschaft meiner Bilder noch immer nicht verstanden, obwohl wir schon so viel darüber gesprochen haben. Meine Bildnisse zwingen die Menschen zum Nachdenken. Niemand kann an ihnen vorübergehen, ohne sich zu überlegen, was ich ihnen damit sagen will.»

«Du kannst ja ein Bildnis von mir anfertigen lassen, wie du und deine Bildhauer es sich vorstellen.» Noch bevor Waen-Re etwas sagen konnte, winkte Nimuria mit der Hand ab und sagte: «Ich sichere deinen Bildhauern Straffreiheit zu, wenn du das meinst. Eine, eine einzige Beleidigung meiner Majestät nehme ich ungestraft hin», sagte er laut und lächelte dabei Teje an, die mit versteinerter Miene neben ihm saß.

«Ich würde es nicht erlauben», sagte sie leise, aber so deutlich, dass es alle hören konnten.

«Einmal erlaube ich es», widersprach ihr Amenophis, und ich sah an seinen Augen, dass er es nicht erwarten konnte, sein Abbild von der Hand des Thutmosis zu betrachten.

Nach drei oder vier Monaten war es soweit. Ti und ich waren zu Gast bei Ameni und Teje, und wir verbrachten den Nachmittag in einem der Schattenhäuser des Palastgartens mit Senetspiel und Plauderei. Ich hätte noch drei Züge gebraucht, um – was mir schon lange nicht mehr gelungen war – Ameni zu besiegen, da unterbrach der Leibdiener Pharaos unser Spiel, indem er das Kommen des jungen Herrschers meldete. Wir begrüßten uns herzlich, und unser aller Aufmerksamkeit galt Nafteta, denn es war nicht mehr zu übersehen, dass die Niederkunft bald bevorstand.

Das junge Paar wurde von Merire, dem Ersten Sehenden des Aton, von dessen Stellvertreter Pinhesy, von vier Wedelträgern und zehn Leibwächtern begleitet. Zwei von ihnen schleppten eine sichtlich schwere Steinplatte mit sich, die noch von einem Tuch verhüllt war. Waen-Re ließ sie an einer Palme neben dem Schattenhaus abstellen. Wir unterhielten uns noch eine Weile, ehe sich Nimuria bei seinem Sohn erkundigte, was sich unter dem Tuch verbarg. Alle schwiegen und blickten erwartungsvoll zu der Palme hinüber.

Auf ein Handzeichen des jungen Pharaos hin entfernte ein Soldat das Tuch und enthüllte so eine Sandsteinplatte, die in Länge und Breite etwas weniger als zwei Ellen maß. Auf der linken Bildhälfte sah man einen Altar mit einer Fülle aufgetürmter Opfergaben. Rechts daneben saß Nimuria auf einem Thronsessel, hinter ihm stand Teje. In der Mitte des oberen Bildrandes war die Sonnenscheibe abgebildet, und eine Vielzahl von Strahlen gingen als gerade Linien nach unten. Einige endeten in kleinen Händen, und eine von diesen Händen hielt Pharao das Schriftzeichen Anch, das Lebenszeichen, vor die Nase, um zu zeigen, dass alles Leben, alle Kraft von Aton kommt.

Nimuria ging bis auf wenige Schritte an die Steintafel heran. Es genügte ein Handzeichen, um den Soldaten zu befehlen, sie hochzuheben, damit er sie in Augenhöhe betrachten konnte. Er sah einen schwergewichtigen Mann, der, etwas gebückt und mit leicht geneigtem Kopf, dasaß. Der rechte Arm lag müde auf dem Oberschenkel, und die Hand hing kraftlos über dem Knie hinab. Das lange, dunkelrote Gewand ließ gleichwohl die Körperfülle darunter ahnen, und der blaue Chepresch machte den Kopf noch massiger, als er ohnehin schon war. Das Gesicht war rundlich, und der Blick Pharaos wirkte ebenso müde wie der Mund. Der Halskragen schien schwer auf seinen Schultern zu lasten, und so ruhte sein linker Arm auf Tejes Schultern, um dort Halt und Stütze zu finden. Auch Teje war ganz nach dem Leben abgebildet, ernst blickend, aber schlank, wie sie eben war.

«Eines wird man mit Sicherheit nicht behaupten können», sagte Nimuria, als er sich wieder umdrehte und zu Teje sah, «dass es mir schmeichelt!»

«Wer auch immer dies hier geschaffen hat, es war schon wichtig, dass ich ihm Straffreiheit zugesichert habe. Und eine zweite Abbildung dieser Art werde ich nicht dulden», sagte er jetzt in einem etwas lauteren Ton.

«Wolltest du nicht die Wahrheit sehen, Vater? Nun, mir scheint, es gibt die Wahrheit wieder.»

«Wahrheit», rief Ameni zornig. «Hör mir auf damit! Ich dulde keinen leichtfertigen Umgang mit diesem Wort. Ich bin der Wahrer der Maat, und ich werde es noch einige Jahre sein. Was ich in deinem Tempel gesehen habe, hat mit Maat und mit Wahrheit nicht viel zu tun, Amenophis. Ich hatte Verständnis für den Zorn des Priesters, das magst du mir glauben. Es war allein dein Königtum, das es mir verboten hat, ihm vor aller Augen Recht zu geben und deinen Befehl aufzuheben.»

«Warum hast du es nicht getan, wenn es recht gewesen wäre? Hatte ich einst nicht auch das Wort ergriffen, als Aper-el unschuldig und ohne angehört worden zu sein, verurteilt werden sollte?»

«Ja, das ist es, Amenophis! Du glaubst, du müsstest nur das Wort erheben, und es wäre immer nur die hehre Wahrheit, die du sprichst! Hättest du nur gelernt, zu schweigen, wenn es Not tut. Pharao ist nicht der Erfinder der Maat. Er ist ihr Hüter. Und was in diesem Land zweitausend Jahre lang richtig war, was dieses Land am Leben hielt, es reich und mächtig machte, ist nicht falsch, nur weil du es sagst und deinen Spott treibst mit vielem, was uns bislang heilig war.»

Nimuria hatte einen hochroten Kopf, und Schweiß stand auf seiner Stirn. Die Finger seiner rechten Hand zitterten vor Aufregung. In kurzen Schritten ging er zu seinem Stuhl und setzte sich. Dann fuhr er fort.

«Ich habe mich auf das Gempa-Aton gefreut. Das weißt du. Seit Generationen sind die Herrscher der Beiden Länder Re in all seinen Erscheinungsformen sehr zugetan. Ich habe den Amunpriestern Land abgetrotzt, um es dir und Aton zu schenken. Jetzt aber ist es genug. Ich will von diesen Dingen in Waset nichts mehr sehen. Meriptah wird Erster Sehender des Amun sein, und ich will mit ihm in Frieden leben. Es ist genug, Amenophis!»

«Echnaton», sagte der Angesprochene mit sanfter Stimme.

«Was sagtest du?», fragte Nimuria und sah mit großen Augen in die Runde, als hoffte er von dort eine Antwort zu erhalten.

«Ich wollte noch etwas warten. Doch ich halte den Augenblick für geeignet, es dir schon jetzt mitzuteilen. Ich werde mich künftig Echnaton nennen.»

«Amenophis-Echnaton», sagte Nimuria nachdenklich und sah mich an. «Amenophis, dem Aton wohlgefällig», fügte er hinzu und nickte zufrieden.

«Du hast mich falsch verstanden, Vater. Echnaton wird der alleinige Name sein. Amenophis wird durch Echnaton ersetzt.»

«Du leugnest jetzt auch deinen Namen, meinen Namen», flüsterte Nimuria, denn zu mehr als zu einem Flüstern war er nicht in der Lage, es fehlte ihm einfach die Kraft. Teje sah mich an, und in ihrem Blick las ich den Wunsch oder mehr den Befehl, ich möge irgendetwas zur Rettung der verfahrenen Lage sagen oder unternehmen. Doch es gelang mir nicht.

Ich bewunderte diesen jungen Menschen wegen seines Mutes, wegen seiner Unnachgiebigkeit, vor allem aber wegen der Geradlinigkeit, mit welcher er seinen Weg ging. Und ich bedauerte gleichzeitig meinen Freund Ameni. Der mächtigste Herrscher der Erde, die vergöttlichte Sonne Ägyptens, der Herr über alle Herren saß da, hilflos und in sich zusammengesunken, wie ihn das steinerne Bild, das wenige Schritte von ihm entfernt an der Palme lehnte, wiedergab.

«Er leugnet nicht deinen Namen. Er verlangt mit keinem Wort, dass du deinen Namen ablegst oder änderst», sagte Teje, die jetzt hinter Nimuria stand und ihre Hände auf seine Schultern gelegt hatte, mit fester Stimme.

«Der Schritt unseres Sohnes mag außergewöhnlich sein, aber wenn er ihn als Herrscher der Beiden Länder geht, können wir ihn nicht daran hindern. Welche Folgen das im Weiteren haben wird, mag man sehen. Was Amenophis in die Wege geleitet hat, scheint ohnehin nicht mehr umkehrbar zu sein.»

Ich weiß nicht, ob Teje mit diesen Worten sich oder mehr ihrem Mann und uns Mut einreden wollte. Sehr geistvoll war es nicht, was sie gesagt hatte, aber wenigstens hatte irgendjemand überhaupt das Wort ergriffen, nachdem sich Vater und Sohn offenkundig sprachlos gegenüberstanden.

«Sollen auch wir dich mit Echnaton anreden, wenn wir unter uns, wenn wir allein sind?», fragte Nafteta ihren Gemahl und sah ihn dabei bewundernd, ja geradezu schwärmerisch an.

«Darum bitte ich euch alle», gab er liebevoll zur Antwort.

Er trat vor seinen Vater, ging in die Hocke und ergriff dessen rechte Hand, die müde auf dem Schoß Nimurias lag. Mit den Daumen beider Hände spielte Echnaton an dem Siegelring seines Vaters, wie er es schon als Kind getan hatte.

Er sah seinen Vater lange schweigend an, bis er schließlich sagte: «Lass mich meinen Weg gehen, Vater. Ich weiß, dass ich dazu geboren bin, allein dem Aton zu dienen. Ich bin nur einen Schritt weiter gegangen als du. Du hast Aton in den Kreis der großen Gottheiten Ägyptens erhoben und ihn in eine Reihe neben Ptah, Hathor, Isis und Amun gestellt. Ich weiß, dass er größer ist als sie, und ich hebe ihn über sie hinaus. Ist es dann nicht folgerichtig, dass ich einen Namen annehme, der sich über alle anderen Namen erhebt?»

Es war eine lange Zeit des Schweigens zwischen Vater und Sohn, und ihre Blicke wollten sich nicht voneinander trennen, als hätten sie nur mit den Augen gesprochen, damit sie niemand verstehen konnte. Dann legte Nimuria seine linke Hand auf Echnatons Hände, deren Daumen noch immer mit dem Siegelring spielten.

«Echnaton», flüsterte Ameni und sprach langsam, als wollte er die Wirkung des Wortes erst erproben und lauschen, wie das Wort aus seinem eigenen Mund klang. Endlich lächelte er ein wenig.

«Echnaton», klang es jetzt mutiger.

«Einen Nimuria und einen Echnaton wird Waset auf die Dauer nicht ertragen können. Ich habe mir hier meine Welt, mein Reich geschaffen. Als ich vor dreißig Jahren hierher kam, fand ich ein Schlangennest vor, in welchem Lug und Trug herrschten. Es war Eje, der das Schlangennest ausgeräuchert hat, und ich habe aus ihm das gemacht, was es heute ist: Die prächtigste Stadt, die je ein menschliches Auge gesehen hat. Ich werde Waset nicht mehr verlassen. Zieh du nach Norden! Geh nach Men-nefer und nach On, wo Re verehrt wird. Richte dort deinen Hof ein und pflege von dort die Freundschaft zu unseren Nachbarn. Sie werden dir die kürzeren Wege danken. Echnaton – ich werde mich erst daran gewöhnen müssen. Hilf mir auf!»

Froh über diese Wendung stand Echnaton auf und half seinem Vater, sich aus dem Thronsessel zu erheben.

«Das hier», und dabei zeigte Ameni auf die bunte Steintafel, «schenke ich Dir, Pinhesy. Du wirst es immer in einem Schrein in Deinem Haus aufbewahren, es im Gebet verehren und es niemandem zeigen! Versprichst du mir das?»

Pinhesy lachte verlegen und verneigte sich dankbar.

Obwohl diese Begegnung zwischen Vater und Sohn nach außen hin in Eintracht geendet hatte, wurde an diesem Tag der Bruch zwischen beiden endgültig besiegelt. Es wäre nicht möglich gewesen, Echnaton in seinem Streben, Aton zu verehren, ihn über alle anderen Götter zu erheben, Einhalt zu gebieten. Die Botschaft des Gempa-Aton war zu eindeutig. Sie forderte jeden heraus, Stellung zu beziehen, und es gab nur zwei denkbare Haltungen: Befürwortung und Hinwendung zum neuen Kult, oder dessen völlige Ablehnung. Die Art, wie Echnaton seinen Gott verehrte, machte es Nimuria unmöglich, wie bisher zwei Herren zu dienen. Zu laut, zu schreiend war das Bekenntnis, das Echnaton den Anhängern Atons abverlangte. Ameni war von seinem ganzen Wesen ein durch und durch friedfertiger Mensch. Familiäre Zwietracht, zumal wenn sie täglich offenbar wurde, war ihm unerträglich. Lieber zog er sich zurück, versteckte sich tagelang, als dass er sich länger als zwei Stunden gestritten hätte. Ihm war bewusst geworden, dass er einen ständig auszutragenden Konflikt mit seinem Sohn nicht ertragen hätte. Er wollte ihn einfach nicht. Nimuria hatte sich etwas geschaffen, was er liebte, worauf er stolz war. Waset war für ihn Ägypten, und Waset war ihm genug. Es war ihm aber auch alles. All dies wurde Ameni bewusst, als er seinem Sohn in die Augen sah. Und er entschloss sich, aus dieser Not eine Tugend zu machen. Er erkaufte sich seinen persönlichen Frieden, indem er sich innerlich von seinem Sohn als Mitherrscher lossagte. Er verzichtete nahezu gänzlich auf das weite Feld der Außenpolitik, um allein und in Frieden in der Beschaulichkeit seiner Welt, die Waset hieß, leben zu können. Und im Grunde riskierte er nicht weniger als das, wofür noch einhundertfünfzig Jahre vorher unzählige Menschen ihr Leben ließen: die Einheit der Beiden Länder.

Echnaton dagegen war nicht aufzuhalten. Eine geheimnisvolle Macht trieb ihn um. Sein Ziel war noch ungewiss, es war noch nicht festgelegt, aber es zog ihn mit aller Macht an. Und Nofretete bestärkte ihn in allem, was er tat, und war die treueste Anhängerin des neuen Glaubens. Bedingungslos folgte sie Echnaton überallhin, in jeden Winkel seines Herzens, begleitete ihn auf jeden noch so abwegigen Gang seiner Gedanken.

Doch dafür wurde sie reich belohnt. Echnaton bezog Nofretete in alles ein, was er tat. Er ließ sie gleichwertig teilhaben an der Verehrung ihres Gottes. Es gab kaum eine Abbildung, die sie nicht gemeinsam mit ihm zeigte. Und schließlich erhielt Nofretete eine eigene Krone, die sie für alle Zeiten abhob von allen anderen Königinnen Ägyptens. Es war eine runde Kopfbedeckung, die der Krone Unterägyptens ähnlich war, doch fehlte ihr der hintere, nach oben zeigende Schaft. Die Haube Nofretetes war auch nicht rot, sondern dunkelblau und oben abgeflacht. Ihr unterer Rand war im Stirnbereich golden, und ein schmales buntes Band, dessen breite, hellblaue und rote Felder durch goldene und dunkelblaue Streifen abgetrennt waren, wand sich um die ganze Krone, kreuzte sich auf deren Rückseite, um hinten lose auf den Rücken herabzufallen. Über der Stirn wölbten sich aus reinem Gold Uto und Nechbet empor, Schlange und Geier, um die Trägerin der Krone vor Feinden zu schützen.

Nafteta schenkte Echnaton ein zweites Kind, eine Tochter. Sie gaben ihr den Namen Maketaton, «Schützling des Aton».

Nachdem es ausgesprochen und für alle offenkundig war, dass Echnaton mit seiner Familie nach Norden ziehen würde, Nafteta aber wegen der Geburt des Kindes noch nicht die Anstrengungen einer langen Reise auf sich nehmen sollte, beschloss Echnaton, mit mir allein nach Men-nefer zu fahren, um, wie wir uns ausdrückten, «die dortige Lage zu erkunden». Niemand, auch Echnaton und ich nicht, konnte eigentlich mit dieser Erklärung etwas anfangen, doch es klang wichtig und es rechtfertigte, dass wir Waset verließen. Sosehr ich Ameni liebte, sosehr ich an Waset hing, ich verspürte in diesen Tagen einen nicht zu erklärenden Drang, mit Echnaton den Süden zu verlassen. Ti als die einstige Amme und Ziehmutter Naftetas wich nicht von der Seite meiner Tochter und ihrer Kinder, und so brach ich allein mit Echnaton und einer Hand voll Soldaten und Schreibern nach Norden auf.

Es war Echnatons ausdrücklicher Wunsch, ohne großen und feierlichen Abschied abreisen zu dürfen, und Ameni kam ihm nur ungern nach, liebte er doch prunkvolle Auftritte und ließ deswegen keine Gelegenheit aus, um zu erklären, wie wichtig sie für das Volk und dessen Liebe zum Herrscher wären.

Früh am Morgen verließ unser Schiff den Hafen von Waset und segelte mit der Strömung des Flusses und ohne Hilfe der Ruder gemächlich nach Norden, vorbei an Nubt und Gebtu, bis Kaine, wo sich der Fluss nach Westen zuwendet, bei Hut-Sechem in Richtung Süden einen kleinen Halbkreis beschreibt, um dann, in unzähligen kleinen Windungen, träge in nordwestlicher Richtung weiterzufließen.

Wir sprachen unentwegt über Echnatons Zukunft, über Aton und die Tempel, die Pharao ihm zu errichten gedachte, über unsere Familien und darüber, wer wohl bereit sein würde, eines Tages mit Echnaton nach Norden zu ziehen. Anders als bei früheren Fahrten zog es Echnaton diesmal vor, außerhalb der Städte und Dörfer unser Lager aufzuschlagen. Er wollte kein Aufsehen erregen, sondern die Reise dazu nützen, sich mit seinem engsten Vertrauten auszutauschen.

Das Zelt Pharaos stand in der Mitte der kleinen Zeltstadt, die in weniger als einer Stunde errichtet war. In nicht allzu großer Ferne, in nordwestlicher Richtung und jenseits des Flusses, lag die alte Stadt Chmenu. Das gegenüberliegende, westliche Flussufer war ein breiter, fruchtbarer Landstreifen, und hinter uns bildete das aufsteigende Gebirge einen weiten Kessel. Ein Teil des Berges sah aus wie ein riesiger Ziegel mit einer tiefen Einbuchtung in seiner Mitte und glich somit unserem Schriftzeichen für «Horizont». Ich erinnerte mich daran, dass mein Vater einmal vor vielen Jahren diese Stelle in seinen Erzählungen erwähnt hatte, konnte aber einen Zusammenhang jetzt nicht mehr herstellen. An diesem Abend war Echnaton von einer besonderen Ausgelassenheit, was ich auf die zunehmende Entfernung von Waset und die Vorfreude Pharaos auf Men-nefer und On zurückführte. Er konnte es kaum mehr erwarten, Merire, dem alten Priester und Lehrmeister aus dem Tempel des Re, von seinem Gempa-Aton zu berichten, von dessen Größe und Ausstattung, aber auch von der Auseinandersetzung mit Ramose.

Im Morgengrauen, lange vor Sonnenaufgang, ließen mich Geräusche, welche durch die dünnen Zeltplanen gut vernehmbar, mir aber nicht gleich erklärlich waren, erwachen. Offenbar war ich so sehr aufgeschreckt worden, dass ich nicht mehr einschlafen konnte. Ich kleidete mich deswegen an, verließ mein Zelt und wollte zum Fluss gehen.

Es waren weit mehr Soldaten auf den Beinen als nur die nächtlichen Wachen, was mir die vorangegangene Unruhe erklärte. Schließlich entdeckte ich auch Echnaton. In weitem Abstand zu einem Spalier von Soldaten saß er auf einem Thronsessel und erwartete mit nach Osten gerichteten Blicken den Sonnenaufgang. Ich wollte den Betenden nicht stören und setzte mich deswegen in einiger Entfernung auf einem einzelnen Felsblock nieder.

Die Kühle des erwachenden Tages tat gut, und es war herrlich anzusehen, wie sich die wenigen, dünnen Wolkenfetzen über den Bergen farblich veränderten. Von einem dunklen wechselten sie über in ein helleres Grau, färbten sich mit der erscheinenden, aber durch die Hügel uns noch verborgenen Sonne dunkelrot, um dann zu leuchten wie fleischfarbener Karneol, und davon überzuwechseln in eine golden leuchtende Pracht, die nur den Göttern selbst vorbehalten war. Dann trafen die ersten Strahlen des mehr und mehr aufsteigenden Aton das Gesicht des ihm wohlgefälligen Pharao. Seine Gesichtszüge verklärten sich, seine Augen, vom Sonnengestirn geblendet, schlossen sich, und seine Lippen bewegten sich nun fast unmerklich im Gebet.

Jetzt erinnerte ich mich der Worte meines Vaters, wonach sich Re an bestimmten Tagen des Jahres genau in der Senke des Hügels, in der Mitte des gewaltigen Schriftzeichens für «Horizont», erhob und für kurze Zeit den Halbkreis der Senke mit seiner ganzen Scheibe ausfüllte.

Diese Erscheinung fesselte Echnaton ebenso wie mich. Unwillkürlich erhoben wir uns beide und breiteten unsere Arme zum stillen Gebet aus. Jetzt, da Aton vollkommen und in seiner ganzen Größe erschienen war, füllte sein Licht den Talkessel vor uns vollständig aus, ließ er den Fluss, den Sand und alles Gestein golden glänzen, ergriff seine Pracht Besitz von allem, was wir sahen. Es dauerte lange, ehe Echnaton seinen Platz verließ und zu seinem Zelt zurückkehrte.

«Diesen Ort hat Aton selbst für sich und für mich auserwählt», sprach Pharao in einem schwärmerischen Ton nach einer langen Zeit des Schweigens.

«Er gab mir dieses Zeichen, und er sprach zu mir, damit ich hier eine Stadt errichte, eine Stadt, wie sie schöner und herrlicher noch kein Auge gesehen hat. Eine Stadt, die nur meinem Vater Aton gewidmet ist, ihm allein. Alles, was dein Auge rundherum sieht, so weit unsere Blicke reichen, werde ich ihm allein weihen. Kein anderer Gott soll hier je verehrt werden, niemand anders soll hier herrschen als mein Vater Aton und ich für ihn. Und ich werde dieser Stadt den Namen ‹Achet-Aton› geben, ja, ‹Horizont des Aton› soll diese Stadt heißen. So sei es, und so werde es geschrieben!»

Wir verließen den Ort, der von jetzt an Achet-Aton hieß, an diesem Tag noch nicht. Getrieben von der ihm eigenen Unruhe und Ungeduld ließ Echnaton alles liegen und stehen, um mit mir und einigen Soldaten einen Teil des weiten Talkessels zu erkunden. Unser Weg führte uns nach Norden. Nach mehr als zwei Stunden erreichten wir den Fuß des Gebirges, das dort bis fast an den Fluss reicht. Nachdem wir bis auf halbe Höhe des Berges emporgestiegen waren, gingen wir in südliche Richtung die halbkreisförmige Bergkette entlang, bis kurz vor die Senke, in welcher Aton erschienen war. Hier öffnete sich eine Schlucht nach Osten zu, die auf den ersten Blick für die Anlage von Gräbern vorzüglich geeignet schien. Wir verharrten hier lange und genossen den Blick hinab auf das vor uns liegende Tal, das breite Silberband des Flusses und das dahinter liegende fruchtbare Grünland.

Die Sonnenscheibe neigte sich schon nach Westen zu, als wir wieder hinabstiegen und mitten durch den Talkessel hindurch zu unserem Zeltplatz zurückkehrten. Nur kurze Zeit später versank die Sonnenscheibe und tauchte den Ort, welchem Pharao den Namen Achet-Aton gegeben hatte, in ein sanft-rotes Licht.

Pharao ging an diesem Abend entgegen seiner sonstigen Gewohnheit sehr früh zu Bett und befahl, ihn und mich am nächsten Morgen drei Stunden vor Sonnenaufgang zu wecken. Ich hörte noch, wie Echnaton im Zelt nebenan das Lied, welches er zu seiner Thronbesteigung für Nafteta geschrieben hatte, vor sich hin summte, und ich glaubte zu wissen, dass er jetzt seine künftige Stadt damit meinte. Leise sprach ich zur Melodie die Worte des Liedes:

«Wie ist sie schön! Die Goldene ist blühend, strahlend, ganz in Blüte! Für Dich singt die ganze Erde, für Dich tanzt jeder, der lebt! Die Beiden Länder und die Völker preisen Dich im Himmel bis zum Horizont. Wie ist sie schön!»

Dann schlief ich ein. Ich fiel in einen tiefen Schlaf, um bald darauf in der Stadt Echnatons wieder zu erwachen. In allen Einzelheiten sah ich sie. Ich sah das neue Gempa-Aton, das noch prächtiger war als jenes, das Echnaton in Waset errichtet hatte. Ich sah den Königspalast und seine Gärten. Ich sah zwischen den Häusern der Stadt zahllose Palmen, deren Wipfel sich im sanften Südwind hin und her bewegten, und ich sah das Königspaar mit seinen Kindern, wie sie in zweispännigen Wagen durch die breiten Straßen fuhren, umjubelt von glücklichen und zufriedenen Menschen. Schließlich sah ich mich selbst, wie ich Zugang begehrte zu Pharao, um ihn vor einer Gefahr zu warnen, die ich selber nicht mit Namen zu nennen vermochte. Unsichtbare Wächter hielten mich auf, ließen mich nicht zu ihm.

Immer wieder drängte ich nach vorn, versuchte, die Dämonen beiseite zu schieben, schlug auf sie ein und verfluchte sie.

«Ich muss Pharao retten!», brüllte ich sie an. «Er wird Euch bestrafen, wenn Ihr mich nicht vorlasst!»

Aber es half nichts. Ich sah, wie Echnaton und Nofretete auf ihren Wagen strahlend durch die Straßen von Achet-Aton fuhren, doch sie fuhren auf einen Abgrund zu, den keiner sah. Sie taten es aber allein, die Menschen folgten ihnen nicht, und je weiter sie fuhren, umso weniger hatten meine Worte Aussicht, gehört zu werden. Schweißgebadet und müde vor Anstrengung hechelte ich zuletzt nur noch leise: «Echnaton! Echnaton!»

«Was ist mit dir, Eje?», fragte er mich jetzt und sah mich mit gütigen, ja eher traurigen Augen an, während seine Hände meine Schultern umfassten.

«Ich muss dich warnen», flüsterte ich, und noch während ich die Warnung aussprach, wurde mir bewusst, dass ich dies alles nur geträumt hatte. «Ich habe sie gesehen», sagte ich leise und voller Furcht.

«Ich habe deine Stadt gesehen, Echnaton. Sie war so herrlich anzusehen. Aber sie wird dich zugrunde richten. Ich habe es geträumt. Glaube mir, Echnaton, sie wird dich zugrunde richten!»

«Es war doch nur ein Traum, Eje. Heute sehen wir nur im Traum eine herrliche Stadt, aber in wenigen Jahren wird dieser Traum Wirklichkeit sein. Zweifle nicht!»

Dann ging er zu einem kleinen Tisch, schüttete ein wenig Wein in einen Becher und sagte: «Steh auf! Komm zu mir und trinke!»

Ich tat, wie er sagte, ging zu ihm und trank den Becher in einem Zug aus.

«Warum musste ich dazu aufstehen?», fragte ich ihn unsicher.

«Wärest du liegen geblieben und gleich wieder eingeschlafen, hättest du vielleicht wieder schlimme Dinge geträumt. Wenn man aber aufsteht und einige Schritte geht, kehrt der böse Traum nicht wieder zurück.»

Es war, wie er gesagt hatte: Der Traum kehrte in dieser Nacht nicht wieder zurück.

Am anderen Morgen mahnte Echnaton zur Eile. Ohne etwas zu essen oder zu trinken, gingen wir im Schein einiger Fackeln von unserem Lagerplatz geradewegs nach Osten den Weg zurück, den wir am Abend zuvor von der Anhöhe her gekommen waren. Soldaten trugen den Proviant, und der Schreiber, der uns begleitete, einige Rollen Papyrus und Schreibzeug. Echnaton war jetzt wieder der gehetzte junge Mann, der unruhige und unermüdliche, und wieder einmal fragte ich mich, woher dieser sonst so schwächliche Körper die Kraft nahm, die Anstrengungen dieses langen Marsches zu bewältigen. Dann stiegen wir im flackernden und spärlichen Licht der Fackeln den Hang hinauf, bis wir den Grund der Senke, in welcher wir am Morgen zuvor Aton erblickt hatten, erreichten. Erst jetzt setzten wir uns nieder und rasteten.

Niemand wagte zu sprechen, denn der Sonnenaufgang war nicht mehr weit. Allmählich kündigte sich das Licht an. Der Himmel färbte sich wieder rot, und dann blendeten uns die ersten Lichtstrahlen der Sonnenscheibe. Doch Echnaton wandte seinem Gott den Rücken zu und sah hinab in das weite Tal. Mehr und mehr breitete sich dort der Glanz Atons aus und der Winkel des Landes, welches er erleuchtete, wurde weiter, je höher er emporstieg.

Echnaton nahm einen Papyrusbogen und einen Binsenstift, färbte ihn ein und zeichnete in großzügigen, doch sehr genauen Linien den Fluss und den Höhenzug, welcher den weiten Talkessel umfasste, ein, sodass es aussah, als hinge ein Halbkreis an einer langen, waagrechten Linie. Den untersten, mittleren Punkt des Halbkreises kennzeichnete er mit einem kleinen Kreuz und sagte dabei mehr zu sich: «Hier befinden wir uns jetzt.»

Genau darüber, knapp unterhalb der Waagrechten setzte er wieder behutsam ein kleines Kreuz und flüsterte: «Das ist unser

Lagerplatz», bevor er beide Punkte mit einer hauchdünn gezogenen Linie verband. Von dem als unserem Standort gekennzeichneten Punkt aus zog er jetzt zwölf weitere Linien nach oben, die teils jenseits der Linie endeten, die den Fluss darstellten, teils dort, wo die Enden des Halbkreises die Waagrechte berührten. Dann begann er zu sprechen.

«Östlich von hier, in dem schmalen Tal hinter uns, werde ich mein Grab errichten lassen. Von dort sendet Aton jeden Morgen seine Strahlen über Achet-Aton. In der Verlängerung der Mittellinie, dort, wo heute unser Lager liegt, werde ich ihm einen Tempel errichten, und seine Strahlen werden dort zuerst das Angesicht meine Abbildes berühren. An den Endpunkten der Linien, die ich hier eingezeichnet habe, werde ich zu Ehren Atons Stelen errichten und auf ihnen meinem Gott die Stadt weihen. Alles, was er von hier aus mit seinen Strahlen berührt hat, sei ihm geweiht, es soll ihm für immer gehören. Merke Dir was ich sage, denn ich will für alle Zeit daran gebunden sein, Eje!»

Nach einer Weile des Schweigens aßen und tranken wir. Danach wurde Echnaton ungewöhnlich fröhlich und begann in einem geradezu kindlichen Eifer, von seiner Stadt zu sprechen.

«Dort», und dabei zeigte er in nordwestliche Richtung, «dort werde ich meinen Wohnpalast errichten. Neben dem Gempa-Aton erbaue ich einen zweiten Palast und weiter südlich einen weiteren, kleineren Tempel. Westlich dieses Tempels errichte ich den großen Stadtpalast mit zwei Anlegestellen, die weit in den Nil hineinreichen werden. Im Stadtpalast werden die Beratungen stattfinden, dort werden auch die Gesandten empfangen. Von Norden nach Süden wird eine breite Prachtstrasse die Stadt durchqueren, auf welcher Nofretete und ich jeden Morgen in den großen Tempel Atons und in den Stadtpalast ziehen werden. Im Süden errichte ich eine Wohnstadt für die Großen des Landes. Auch du wirst dort deinen Palast erhalten, Eje.»

Immer wieder zeigte er irgendwohin und erklärte mir, was er

dort zu bauen gedachte. Es schien mir, als hätte er die vollständigen Pläne Achet-Atons bereits genau vor Augen.

Erst am späten Nachmittag, als die Sonne schon über der westlichen Wüste stand und ein angenehm kühler Nordwind einsetzte, stiegen wir hinab und erreichten kurz vor Einbruch der Dunkelheit unser Lager.

Wir blieben noch zwei weitere Tage an dem Ort, der jetzt Achet-Aton hieß. Echnaton befahl seinen Schreibern, Pläne anzufertigen, die den genauen Lauf des Flusses wiedergaben, die Lage der Berge und der Quellen, die ihnen entsprangen.

Am folgenden Tag unternahmen wir einen Marsch nach Norden zu der Stelle, wo die Berge bis fast an den Fluss heranreichen. Hier sollte einmal eine in den Fels gehauene Stele den nördlichsten Grenzpunkt markieren. Tags darauf zogen wir nach Süden, wo Echnaton direkt am Fluss die Stelle festlegte, welche die südliche Grenze bilden sollte.

Ich war mir sicher, dass es Pharaos Wunsch war, Achet-Aton gar nicht mehr zu verlassen. Gern wäre er geblieben, um in eigener Person die Heerscharen von Arbeitern zu empfangen und sie an Ort und Stelle in ihre Arbeiten einzuweisen.

Am fünften Tag verließen wir die Stätte, die jetzt Aton geweiht war, und segelten weiter nach Norden.

Echnaton saß unter dem Sonnensegel am Bug des Schiffes und sah in die Ferne. Er sah aber nicht auf den Fluss und die Landschaft, die ihn säumte, oder auf die Menschen und Tiere, die hier lebten. Vielmehr sah er in eine nicht mehr ferne Zukunft, und in seiner Vorstellung fügte er eins zum anderen, plante, vergab Ämter und Posten, setzte Priester ein und verkündete seinem Volk, dass Aton der Größte unter allen Göttern des Landes war.

Noch am selben Abend erreichten wir die Stadt Chmenu, die am westlichen Ufer des Nils lag. Sie war die Hauptstadt des Hasen-Gaues, des fünfzehnten oberägyptischen Gaues. Hier stand seit alter Zeit ein Tempel für Thot, den Gott der Schreiber und Gelehrten, für den Nimuria Paviane aus Granit gestiftet hatte. Südlich der Stadt lagen Sandsteinbrüche, und noch weiter südöstlich davon die bedeutendsten Alabasterbrüche der Beiden Länder. Echnaton befahl dem Bürgermeister, die Fördermenge zu verdoppeln und alles Material an einem eigens einzurichtenden Platz am Fluss zu lagern, bis es von ihm abgerufen wurde.

Auf unserer Fahrt nach Norden hielt Echnaton an jedem Steinbruch und befahl auch dort ihren Vorstehern, die Fördermengen zu erhöhen. Vor allem die Sandsteinbrüche in Tura, nahe Men-nefer, sollten wieder Unmengen der Talatatblöcke, wie sie bereits im Gempa-Aton verwendet wurden, bereitstellen.

Wir trafen den alten Priester Merire im Innenhof seines bescheidenen Palastes. Es war der angenehmste Platz zu dieser heißen Jahreszeit.

«Wie schafft Ihr es, dass es in diesem Raum so erträglich ist, Merire?», fragte Echnaton den Weisen gleich nach einer herzlichen Begrüßung.

«Nicht nur die Außenmauern, sondern auch die Innenwände meines Hauses sind außergewöhnlich stark und halten so von außen kommende Wärme ab. Die Höhe des Raumes lässt zudem die warme Luft nach oben steigen, wohingegen sich die kalte Luft, die nachts durch die am Dach angebrachten Öffnungen eindringt, nach unten fällt und sich lange im Bodenbereich der Halle halten kann. Aber das ist nicht alles, wie ihr seht.»

Er zeigte auf vier mächtige Tonkrüge, die auf steinernen Podesten in den Ecken der Halle standen. «Das auslaufende und gleichmäßig verdunstende Wasser bewirkt eine weitere Abkühlung der Luft.»

«Ihr habt offenbar alle bekannten Möglichkeiten ausgeschöpft, um die Hitze des Sommers erträglich zu machen», sagte ich, während ich bemerkte, dass alle Türen zu den angrenzenden Räumen und auch die Fensterluken unter dem Dach sorgfältig geschlossen waren, um die kühle Luft nicht entweichen zu lassen.

«Mein bescheidener Palast hat den Vorteil, dass ich ihn auf einem freien Gelände errichten konnte und nicht auf vorhandene Gegebenheiten Rücksicht nehmen musste. So stehen vor den Süd- und Westwänden hohe Palmen, um die Wände ein wenig vor der Sonne zu schützen. Im Norden ist meinem Haus ein großer Garten vorgelagert, damit durch ihn der nächtliche Nordwind weiter abgekühlt und der Sand abgefangen wird. Dass mein Schlafzimmer in der Nordostecke des Hauses liegt und dass eine nach Norden zeigende Lufthaube nachts kühle Luft hereinlässt, ist wohl nichts Besonderes.»

Damit hatte er zwar Recht, doch in seinem Hause waren all diese Dinge in besonders vollkommener Weise berücksichtigt.

Echnaton berichtete seinem weisen Lehrer von den hinter uns liegenden Tagen und von seinem Vorhaben, eine neue Hauptstadt zu errichten. Merire hörte ihm lange und aufmerksam zu, und man sah ihm an, dass er Freude an dem Eifer und der Leidenschaft hatte, mit welchem Echnaton seine künftige Hauptstadt Achet-Aton beschrieb. Nachdem Pharao geendet hatte, sah er Merire erwartungsvoll an.

«Das Gedächtnis der Menschen ist gut und währt lange, Echnaton», sagte der Alte bedächtig. «Auch wenn Ihr die Verehrung Atons in den Mittelpunkt all Eures Handelns stellt, werden Eure Untertanen die anderen Götter, die sie und alle ihre Vorfahren verehrt haben, nicht einfach vergessen. Auf ein so großartiges Erlebnis wie das jährliche Opetfest werden sie nicht einfach verzichten wollen. Die Erinnerung der Menschheit an solche Dinge ist ausgeprägter als Ihr glaubt.»

«Ich werde sie die Wahrheit lehren, Merire. Und wer die Wahrheit kennt, wird nicht umhinkönnen, auf Dinge, die der Wahrheit nicht dienen, mit freudigem Herzen zu verzichten. Die Wilden Nubiens verehren noch heute Fetische, weil sie es

258

nicht besser kennen. In den Beiden Ländern haben wir diese Form der Gottesverehrung längst überwunden.»

«Seid Ihr Euch da sicher, Majestät? Wenn die goldene Statue Amuns beim Opetfest in der heiligen Barke des Gottes zum Tempel der Hathor getragen wird, glauben da die Menschen nicht, es wäre wahrhaftig Amun, den sie sehen können?»

«Amun ist also nichts anderes als ein besonders edler, verehrungswürdiger Fetisch?», fragte ich zaghaft und vorsichtig und sah in Merires matt gewordene, alte Augen.

«Das habt Ihr gesagt, Gottesvater Eje. Nicht ich!»

«Dann könnte Aton am wahrhaftesten und vollkommensten verehrt werden, wenn man gänzlich auf dessen Abbildung verzichtete», sagte Echnaton mehr zu sich als zu uns.

Merire sah ihn nachdenklich an und sagte dann wie zur Bekräftigung seiner Worte mit ständigem Kopfnicken: «Denkt an das lange Gedächtnis der Menschen, Echnaton! Unterschätzt es nicht!»

Echnaton wusste, dass er zur Verwirklichung seines Bauvorhabens große Teile der Armee einsetzen musste. Allein die Bauern und Tagelöhner, die jährlich zu Arbeiten an königlichen Bauvorhaben eingesetzt werden konnten, und mit ihnen alle Sklaven der Beiden Länder würden dazu nicht im Stande sein. Seit der Befreiung Ägyptens von den Fremdländern lagen die zuverlässigsten und treuesten Truppen in den Kasernen von Men-nefer, und seit über fünfundzwanzig Jahren standen sie unter dem Kommando von Ptahmay. Es war jener Ptahmay, der einst zum Bau der königlichen Flotte Nimurias Holz aus dem Libanon nach Men-nefer geholt und der zusammen mit mir die Mitanniprinzessin Giluchepa von der Grenze Ägyptens nach Waset gebracht hatte. Ptahmay war jetzt ein alter Mann von über sechzig Jahren. Obwohl er noch bei bester Gesundheit und bei wachem Verstand war, bat er Echnaton demütig darum, nicht die Verantwortung über die Truppen, die zum Bau Achet-Atons abgezogen werden sollten, übernehmen zu müssen. Stattdessen schlug er Pharao vor, seinen Sohn Haremhab mit dieser Aufgabe zu betrauen.

Haremhab war einundzwanzig Jahre alt und somit für einen Oberst der Streitwagentruppe noch sehr jung. Er war ein Sohn von Ptahmays zweiter Frau, weswegen der Altersunterschied zwischen Vater und Sohn auch so groß war. Haremhab, durch und durch Soldat, war groß von Gestalt und muskulös, wie es Nimuria in seinen besten Tagen war, als wir gegen das elende Kusch zogen. Er hatte ein kantiges Gesicht und fein gekräuselte, soldatisch kurz geschorene Haare. Unter einer hohen, durch eine Narbe gezeichneten Stirn fielen die säuberlich gestutzten Augenbrauen, eine wohlgeformte, aber kleine Nase und lebhafte, ja unruhige grüne Augen auf. Seine Lippen waren schmal, und wenn er lachte, sah man gleichmäßige weiße Zähne. Für seine Körpergröße hatte er auffallend kleine Hände mit zierlichen, eleganten Fingern, deren Nägel sorgfältig gepflegt waren. Sein Benehmen und sein Auftreten waren tadellos und zeugten von guter höfischer Erziehung. Trotz seines nicht zu übersehenden Ehrgeizes war Haremhab gehorsam und ein ergebener Diener der Maat. Mein Vater hätte über ihn gesagt, dass er ein vollkommener General sei.

In den wenigen Tagen, die wir in Men-nefer verbrachten, entging mir allerdings nicht, dass ihm die schönsten Frauen zu Füßen lagen. Er aber begehrte nicht die jungen Mädchen, die zierlichen, die in beinahe kindlicher Unbedarftheit nach dem Abenteuer der Liebe suchten, sondern es waren die reifen und erwachsenen Frauen, die, die das Leben kannten. Und sie waren durchweg älter als er. Es war wohl dieser Umstand, der dazu führte, dass er sich reifer und erwachsener gab, als er aussah und tatsächlich war.

Seit ihrer ersten Begegnung war Echnaton von Haremhab angetan, und schon nach wenigen Unterredungen stand für Pharao fest, dass der junge Offizier die Soldaten befehligen würde, die zum Bau Achet-Atons abkommandiert werden sollten. So erhielt Haremhab am Tag vor unserer Abreise den Auftrag, aus den über Beide Länder verteilten Divisionen fünftausend Soldaten auszuwählen, um sie auf Befehl Pharaos nach Achet-Aton zu führen. Ich zweifelte keinen Augenblick daran, dass Echnaton mit Haremhab für diese gewaltige Aufgabe die richtige Wahl getroffen hatte.

Obwohl wir gegen den träge dahinfließenden Strom nach Süden fuhren, glitt unser Schiff, getrieben von einem erfrischend kühlen Nordwind und unter vollen Segeln, gleichsam schwerelos über die unendlich scheinende Wasserfläche des Nils. Ich sah die weiß leuchtenden Städte und Dörfer entlang des Flusses, manche von ihnen waren mehr als tausend Jahre alt. Wie immer, wenn ich an ihnen vorüberfuhr, konnte ich mich an ihrer Schönheit, ihrer Anmut und an der üppigen Landschaft, die sie umgab, nicht satt sehen. Diesmal jedoch empfand ich etwas wie Mitleid bei ihrem Anblick. Ich empfand Mitleid, weil ich ahnte, wie prächtig Echnaton seine Stadt errichten würde, und wie unscheinbar, wie ärmlich all die alten Städte im Vergleich zum Glanz und zur Pracht Achet-Atons auf den Besucher wirken würden. Die Augen Ägyptens und der übrigen Welt würden nur noch auf Achet-Aton gerichtet sein, auf die Tempel und Paläste dieser Stadt, auf ihre Gärten und ihre Straßen. Über die ruhmreiche Vergangenheit Ägyptens, die in On und in Men-nefer, in Saqqara und Achmim, in Waset und auf Abu beheimatet war, über sie würde man nicht mehr sprechen. War es das, was Merire meinte, als er vom Gedächtnis der Menschen sprach und Echnaton davor warnte, es zu unterschätzen?

Nicht einmal in meinen kühnsten Träumen wagte ich mir vorzustellen, welche Kräfte Echnaton in Bewegung setzen, wie viele Menschen er kommandieren und welche gewaltigen Berge an Baumaterial er transportieren lassen musste, um sein Vorhaben zu verwirklichen. Sein Ziel war die Erhebung Atons über alle anderen Götter des Landes, und diesem Ziel wurde alles andere untergeordnet. Sein ganzes Denken, alles, was er tat, war nur auf dieses Ziel hin ausgerichtet.

Nimuria erhob gegen das Vorhaben seines Sohnes keinerlei Einwände. Er kritisierte weder die Ausmaße des Vorhabens, noch die Lage der künftigen Stadt, und auch nicht die Tatsache, dass sie allein dem Aton geweiht werden sollte.

«Im Grunde bin ich dankbar, dass er den Schwerpunkt des Aton-Kultes auf eine andere, neue Stadt überträgt», sagte Ameni zu mir, als wir nach langen Wochen endlich wieder auf der Terrasse seines Palastes saßen.

«So kehrt hier in Waset unter der Priesterschaft Amuns wieder Ruhe ein, und andere Städte müssen nicht befürchten, dass bei ihnen eine ähnliche Unruhe gestiftet wird.»

«Ist dir der Preis dafür nicht zu hoch?» Ich wollte einfach nicht glauben, dass er die Pläne seines Sohnes so vorbehaltlos guthieß.

«Es ist noch keine drei Jahre her, als mein Sohn nach Süden zog, weil er dort eine Stadt errichten wollte. Wie dieses Vorhaben geendet hat, ist bekannt», war Amenis knappe Antwort.

«Glaubst du nicht, dass er es diesmal zu Ende führen wird? Glaubst du wirklich, er wird sich jetzt mit einigen Aruren bebauter Fläche zufrieden geben, um irgendwann alles stehen und liegen zu lassen und nach Waset zurückzukehren?»

Ameni sah mich fast mitleidig an, und ehe er seinen Becher hob, um ihn in einem Zug zu leeren, sagte er mehr zu sich selbst als zu mir: «Das glaube ich nicht nur, Eje, davon bin ich sogar fest überzeugt.»

Ich widersprach ihm nicht. Denn einen Grund, weswegen er Echnaton gewähren ließ, verschwieg er mir. Ich war mir sicher, auch diesen Grund zu kennen: Ameni wollte einfach seinen Frieden haben. Er wollte den Rest seines Lebens im Palast der leuchtenden Sonne in Ruhe verbringen. Er wollte von dort den

Ausblick auf Waset genießen, auf das von ihm allein zu jetziger Gestalt geformte Waset. Er wollte keinen Streit mehr mit Priestern, keinen Streit mit Fremdländern und schon gar keinen Streit mit seinem Sohn, wenn auch nur auf Zeit, denn von dessen Rückkehr in nicht allzu ferner Zukunft war er ja überzeugt. Vielleicht hoffte er auch insgeheim, Echnaton würde sein Vorhaben durchhalten, wenn er, Nimuria, nur laut genug seine Zweifel daran äußerte.

Echnaton hatte sich davon überzeugt, dass das Land, das er seinem Gott weihen wollte, von niemandem beansprucht wurde. Es gehörte zu keiner Zeit irgendeinem Gott oder einer Göttin. Es gehörte nie einem Herrscher oder einer Herrscherin. Keinem Menschen hatte es je zuvor gehört. So schien es, als ob Aton Tausende Jahre auf seinen Sohn Echnaton gewartet hatte, um sich ihm an dem Ort zu offenbaren, der nun der lebendigen Sonne geweiht werden sollte.

SIEBEN

Schaut Achet-Aton, von dem Aton wollte,
dass es ihm geschaffen werde
als Denkmal für seinen Namen
für alle Zeit!

Ehe Echnaton wieder an den Ort zurückkehrte, dem er den Namen Achet-Aton gegeben hatte, sollte noch ein Jahr vergehen. Es war ein Jahr unvorstellbarer Anstrengungen. Pharao bildete einen Planungsstab von zehn Männern, die nur ihm und mir als seinem Stellvertreter verantwortlich waren. Haremhab und ein weiterer Offizier namens Mahu waren dafür verantwortlich, fünftausend Soldaten auszuheben und zu gegebener Zeit in Chmenu zu sammeln. Aper-el und sein Schreiber warben die ersten Handwerker an, um mit ihnen nach Norden zu ziehen und um dort eine Arbeitersiedlung mit Schlachthof, Bäckereien und verschiedenen Werkstätten aufzubauen. Men und Bek waren ausschließlich für die Beschaffung von Sandstein verantwortlich. Der alte Schiffsbaumeister Nebenkemet, den alle nur Meru nannten, und sein Sohn Parennefer ließen in den Werften von Men-nefer und Waset die Flotte der Lastkähne überholen und ausbessern, wo es nötig war. Ahmose, der Kommandant der Division des Ptah zog mit fünfhundert Soldaten in den fernen Libanon, um von dort bislang ungekannte Mengen von Bauholz nach Ägypten zu bringen.

Neferchepru-hersecheper, den wir wegen seines umständlich langen Namens außerhalb offizieller Anlässe allgemein nur Cheper nannten, wurde vor allen anderen mit tausendfünfhundert Arbeitern, Sklaven sowie mit deren Aufsehern nach Achet-Aton geschickt. Die eine Hälfte von ihnen bereitete Zufahrtswege und eine provisorische Hafenanlage vor, die andere Hälfte begann mit der Herstellung von Lehmziegeln. Alles, was zwischen Chmenu und Masara im Süden von Achet-Aton an Nilschlamm angeschwemmt wurde, formten sie zu Ziegeln. Damit sich später keine Risse bilden konnten, wurde die Lehmmasse mit kurzgehacktem Stroh vermischt, dann in Holzrahmen geformt und eine Woche zum Trocknen in die Sonne gelegt. Im weiten Kessel von Achet-Aton bereitete Cheper zwölf Lagerstätten vor, wohin nubische und syrische Sklaven und ägyptische Gefangene auf einfachen Tragegestellen täglich Tausende und Abertausende Ziegel schleppten.

Im Stadtpalast von Waset arbeitete Echnaton mit seinen Architekten und Baumeistern Tag für Tag fieberhaft an den Plänen der Stadt, ihrer Tempel und Paläste. Ich war erstaunt über die Geschwindigkeit, mit welcher sie vorwärts kamen. Dies lag daran, dass in der Vorstellung Pharaos die gesamte Anlage der Stadt im Grunde fertig gestellt war.

Zu Beginn der Planung lag ein riesiger Papyrus vor uns, in dem nur der Flusslauf und die genaue Lage der Bergkette, die Achet-Aton im Osten umgab, eingezeichnet waren. Zunächst unterteilte Pharao das Gebiet von Achet-Aton in zehn Stadtteile und wies ihnen die wichtigsten Gebäude zu. Dann fertigten die Beamten Karten aller Stadtteile, zeichneten auf genaue Weisung Echnatons Straßen, Tempel, Paläste und Verwaltungsgebäude ein, und ließen in bestimmten Bezirken einzelne Flächen frei, damit dort die Großen des Landes nach eigenen Vorstellungen ihre Paläste errichten konnten. Nachdem dies geschehen war, ging Pharao mit seinen Baumeistern und Architekten jedes Gebäude gesondert durch, äußerte seine Wünsche und hörte sich ihre Anregungen an. Für die einzelnen Stadtteile bestimmte Pharao je einen Baumeister und einen Architekten, damit sie dort die Oberaufsicht führten. Für die großen Gebäude waren je zwei Beamte und für die kleineren wiederum je einer verantwortlich.

Es war wahrhaft nicht einfach, für die vielen Posten und Ämter, die es in Achet-Aton zu besetzen galt, die richtigen Männer zu finden. Das Leben in Waset war zu vollkommen. Wer aus einer der reichen, alteingesessenen Familien stammte, wer es im Laufe seines Arbeitslebens selbst zu Ansehen und Reichtum gebracht hatte und in Wohlstand lebte, welche Veranlassung sollte jener haben, dies alles aufzugeben, um einer ungewissen Zukunft entgegenzusehen? Wer also würde mit Echnaton ziehen wollen?

Waren es nur die Machthungrigen, die glaubten, unter Nimuria nicht mehr weiter aufsteigen zu können, und die sich im Dienste des jungen Herrschers eine noch ruhmreichere Zukunft erhofften? Ja, sie waren es.

Und es waren diejenigen, die hier nichts mit sich anzufangen wussten, die schon als junge Menschen satt waren und nur vom Reichtum und dem Ansehen ihrer Väter lebten. Und es waren die, die das Abenteuer suchten, ohne die geringste Vorstellung davon zu haben, was sie erwarten würde, die einfach nur weg wollten aus dem alten, selbstzufriedenen Waset.

Es waren aber auch die Taugenichtse, die es hier nicht weit gebracht hatten. Die, die es nirgendwo zu etwas bringen, die aber überall hinlaufen, wo es etwas umsonst geben könnte, einen kleinen Posten, eine vage Hoffnung auf schnellen und bequemen Wohlstand oder gar auf Reichtum. Es waren die, die immer einen Mächtigen oder einen Reichen finden, der sie mitnimmt, der sie aufnimmt in die Kreise, wo sie gar nicht hingehören, wo sie laut auftreten, und aus welchen sie schnell wieder ausgestoßen werden. Es waren die Tagediebe.

Echnaton ließ sich nicht belehren. Er hörte nicht auf mich, und er hörte erst gar nicht auf Aper-el. Er ließ unsere Warnungen, unsere Bitten und unser Flehen ungehört.

«Wer bereit ist, die Botschaft Atons zu hören, wer bereit ist, mir zu folgen, der wird auch bereit sein, der Wahrheit zu dienen. Er wird in der Wahrheit leben. Ihr glaubt nur immer an das Schlechte im Menschen. Aton hat mir den Weg gezeigt, und ich bin es, der euch allen den Weg zeigen wird», waren seine Worte. Damals ließ ich mich von diesen Worten beruhigen. So, wie er mich und andere an sich und an seinen Glauben an Aton fesselte, wollte er auch alle anderen, die ihn nach Achet-Aton begleiteten, an sich fesseln. Welchen Grund sollte ich haben, an der Kraft seiner Worte zu zweifeln? Sah ich nicht, mit welcher Energie er an sein Werk ging, wie zielstrebig er uns voranschritt?

Man erinnerte sich jetzt an meine Arbeiten aus meinen jungen Jahren, als ich für Nimuria das gesamte Steuerwesen Ägyptens neu geordnet und so mitgeholfen hatte, einen der Grundsteine für den großen Reichtum der Beiden Länder zu legen. So kam es, dass Echnaton die Planung für den gesamten zeitlichen Ablauf zur Errichtung Achet-Atons in meine Hände legte. Ich ordnete an, wie viele Arbeitskräfte insgesamt für den Bau der Stadt erforderlich waren. Ich bestimmte, wann die einzelnen Arbeitsgruppen nach Norden abkommandiert werden mussten, damit keine von ihnen der anderen müßig im Weg stand. Ich berechnete, wie viel Nahrung erforderlich war, um diese Menschen zu ernähren, und wann und wie die Nahrung herangeschafft werden musste. Ich legte die Zahl der Unterkünfte ebenso fest wie die Anzahl der Bäckereien, der Brauereien und der Schlachthöfe, die errichtet wurden.

Jetzt erst wurde mir bewusst, dass Echnaton das größte Bauvorhaben in Bewegung gesetzt hatte, das es jemals in Ägypten gegeben hatte. Die Stein- und Sandmassen, die der ruhmreiche Chufu zum Bau seiner gewaltigen Pyramide und seines Totentempels bewegte, reichten nicht an das heran, was Echnaton zum Bau seiner Stadt benötigte. Alle Tempel und Paläste, die Nimuria während seiner schon so lange während Herrschaft errichtet hatte, forderten von seinen Untertanen nicht annähernd so viel Kraft, wie der Aufbau Achet-Atons. Es mussten Millionen Ziegel gebrannt, mehr als hunderttausend Steine gehauen und ganze Wälder für Bauholz geschlagen und nach Ägypten geschleppt werden. Unvorstellbare Mengen Kalk mussten gebrannt, unendlich lange Wände und Fußböden bunt bemalt, Bäume, Büsche und Sträucher im Norden und im Süden ausgegraben und in der dem Aton geweihten Erde wieder eingepflanzt werden. Es brauchte Tag für Tag Schlachtvieh, Brot und Gemüse, Wasser und Bier, um eine Heerschar von Arbeitern, deren Zahl zuletzt auf zehntausend ansteigen sollte, zu ernähren. In langen Nächten entwarf ich Listen und Pläne, um sie wenige Tage später wieder zu verwerfen, weil sich irgendwo, an irgendeiner unscheinbaren, vermeintlich unbedeutenden Stelle ein Rechenfehler eingeschlichen hatte, der dann alle vorangegangenen Berechnungen auf den Kopf stellte.

Ti half mir dabei, Zahl für Zahl meiner Listen zusammenzuzählen. Sie zog ab und teilte und legte mir zuletzt ein Ergebnis vor, ob es mir recht war oder nicht. Ich redete mit ihr, und ich schwieg. Ich war ihr dankbar, und ich war ihr gegenüber ungerecht. Ich lobte sie, und doch kam es vor, dass ich sie anschrie, um sie bald darauf unter Tränen wieder um Verzeihung zu bitten. Es ging aber nicht nur mir so. Es erging allen so, die für den Guten Gott, die für Echnaton arbeiteten. Aber wir taten es alle ohne Murren, weil wir sahen, dass er es war, der sich am wenigsten schonte, der sich alles abverlangte, was er dem schwächlichen Körper abverlangen konnte.

Zu Beginn der Arbeiten bemerkte man nur schwerlich Fortschritte. Während die einen unentwegt Ziegel herstellten, schleppten andere von den Hügeln im Norden Felsblöcke an den Fluss und schütteten zwei rechtwinklig in den Strom hineinragende Dämme auf, welche später die Anlegestellen der Palastanlage bilden sollten. Wieder andere trugen im weiten Kessel Achet-Atons an verschiedenen Stellen Hügel ab oder füllten Gräben auf, um das Gelände den Wünschen Pharaos und seiner Baumeister anzupassen. Und während die ersten Baumeister die Grundrisse der Straßen, der Tempel und Paläste festlegten, dafür die Pflöcke einschlugen und sie mit weißen Schnüren verbanden, setzte Haremhab die ersten Schiffe mit Soldaten und Steinblöcken in Bewegung.

Immer mehr Menschen wurden jetzt gebraucht, und es herrschte ein Treiben, wie ich es noch nie vorher gesehen hatte. Es kam einem Wunder gleich, dass jeder, angefangen vom einfachsten Arbeiter bis hinauf zum obersten Bauleiter, wusste, was er zu tun hatte. Jeder Stein, jeder Balken und jedes Brett erreichten die richtige Baustelle, das richtige Haus. Ich hatte schon zuvor gesehen, wie Tempel emporwuchsen und Paläste errichtet wurden. Aber noch nie hatte ich bis dahin miterlebt, wie eine ganze Stadt, die sich von Norden nach Süden über zwölftausend Ellen erstreckte und in welcher einmal mehr als siebzigtausend Menschen leben sollten, aus dem absoluten Nichts entstand.

Im Abstand von zwei Monaten fuhr ich nach Norden, um zu überprüfen, ob Pharaos Anweisungen wortgetreu ausgeführt wurden. Im Hafen von Achet-Aton herrschte lebhaftes Treiben. Die Schiffe, die schwer beladen von den Steinbrüchen im Norden und im Süden hierher kamen, wurden in kürzester Zeit von den Soldaten Haremhabs entladen. Sie und die ausländischen Arbeiter trugen in endlos langen Schlangen die Talatatblöcke auf den Schultern vom Fluss zu den Baustellen der Tempel. Es dauerte nicht lange, da hörte ich das Murren einzelner Soldaten, die sich durch diesen Frondienst, der sie mit Ausländern und Sklaven gleichstellte, erniedrigt fühlten. Ich sah aber auch die strahlenden Gesichter der Baumeister, die mir voll Stolz die jetzt rasch emporwachsenden Bauwerke zeigten.

Allmählich konnte man das künftige Antlitz Achet-Atons erahnen. Auch der Palast, den ich mir und meiner Familie im Süden der Stadt erbaute, wuchs schneller empor, als ich zunächst gehofft hatte. Echnaton achtete sehr darauf, dass auch die Häuser seiner Untertanen zügig errichtet wurden, denn sie sollten alle bewohnbar sein, wenn einst der große Umzug stattfand.

Die wirklich großen Paläste waren freilich der königlichen Familie vorbehalten. Von all den anderen Palästen aber war der, welchen ich mir erbaute, der prächtigste. Alles, was ich im Laufe meines Lebens andernorts in Ägypten und Babylon an Schönem und Nützlichem gesehen hatte, wollte ich hier verwirklichen. Ich erinnerte mich der Badezimmer im Palast meines Schwiegervaters Imresch in Babylon. Sie waren üppig bepflanzt wie kleine Palastgärten, und überall gab es Brunnen und Figuren, aus welchen warmes und kaltes Wasser sprudelte. Ich erinnerte mich der Wände und Fußböden im Palast der leuchtenden Sonne, die mit Landschaften voller Blumen und Tiere bunt bemalt waren. Und ich hatte das Haus des weisen Merire mit all seinen Möglichkeiten, die Temperatur im Inneren so angenehm wie möglich zu halten, vor Augen.

Die Außenwände ließ ich zweifach mauern, denn Merire hatte mir vorgerechnet, dass es etwa acht Stunden dauerte, ehe die Hitze durch Mauern dieser Stärke drang. So erreichte die Wärme des Tages erst gegen Abend die Innenräume, was im Sommer durch nächtliches Lüften ausgeglichen wurde und während der kühleren Jahreszeit ohnehin willkommen war. Das Dach bestand aus mehreren übereinander liegenden Schichten von Balken und Brettern, die durch seitliche Öffnungen belüftet wurden, aber durch eine ausgeklügelte Hebelvorrichtung jederzeit geschlossen werden konnten. Auch die Innenwände bestanden aus zwei Ziegellagen, damit so wenig Wärme wie möglich in die Innenhalle gelangte. In ihrer Mitte ließ ich einen gemauerten Springbrunnen aufstellen, dessen Innenseiten mit bunt glänzenden Fliesen belegt waren. Auch in den vier Ecken brachte ich kleine sprudelnde Brunnen an, deren Wasser in schmalen Kanälen in die Mitte des Raumes lief, um von dort mit dem Wasser des Springbrunnens nach draußen in einen der Fischteiche zu fließen. Alle Schlafzimmer lagen an der Nordseite des Palastes und waren von zwei Lüftungshauben bekrönt. Die Öffnung der einen zeigte nach Norden, die der anderen nach Westen, damit sie so die nächtlichen, kühlenden Winde auffingen und in den darunter liegenden Schlafraum führten, gleich aus welcher der beiden Richtungen sie kamen.

Obwohl ich auf all diese Annehmlichkeiten größten Wert legte und ihre Ausführung bis in jede Einzelheit selbst überwachte, lag mir doch die Anlage meines Gartens besonders am Herzen. Nicht, dass ich mit meinem Garten in Waset unzufrieden geworden wäre, doch die Möglichkeiten, hier auf einem völlig unberührten Flecken Erde einen Garten ausschließlich nach meinen Vorstellungen anzulegen, reizte mich über alle Maßen und ließ mich nahezu jede Anstrengung unternehmen. Ich zog alte Gärtner aus Men-nefer und Waset zurate und scheute nicht einmal davor zurück, mit Erlaubnis Pharaos den Palastgärtner von Merwer aus der Oase Fajum zu mir zu bitten. Ich hätte nicht gedacht, dass es möglich war, in kleiner Runde so heftig zu streiten, wie es diese Gärtner taten. Sie stritten, ob dieser oder jener Baum sich mit einem dritten vertrug, ob ein bestimmter Strauch nahe am Wasser stehen durfte oder nicht, oder ob sich die weißen Blüten des Jasmins mit den gelben Blüten der Akazien vertrugen. Mehrmals war ich kurz davor, sie alle hinauszuwerfen.

Es war früher Nachmittag, als wir auf der Terrasse meines Palastes saßen und darüber berieten, mit welchen Wasserpflanzen die vier künstlichen Teiche des Gartens bestückt werden sollten, da erschien mein Schreiber und hielt mir schweigend ein mehrfach gefaltetes Stück Papyrus hin. Erst wollte ich es ungelesen zur Seite legen, da ich nicht abgelenkt werden wollte. Ich hatte meine Hand bereits ausgestreckt, um das Schriftstück unter einen Krug auf dem Tisch zu schieben, da überlegte ich es mir anders. Als hätte ich etwas vor den Gärtnern zu verbergen, entfaltete ich den Papyrus wie ein Schüler, der nicht entdeckt werden will, unterhalb der Tischkante auf meinem Schoß. Nicht in Schreibschrift, sondern in fein gemalten heiligen Zeichen stand auf dem Fetzen geschrieben:

«Der Gute Gott ist in Gefahr. Kommt morgen vor Sonnenaufgang allein zum Totentempel von Osiris Maat-ka-Re.»

Ich faltete den Papyrus wieder zusammen und wollte meinen Schreiber gerade anweisen, ihn zu verbrennen, da ich seinen Inhalt für belanglose Wichtigtuerei hielt. Doch ich besann mich anders und las ihn stattdessen noch einmal. Ich geriet ins Grübeln. Wer mochte der Verfasser dieses Zettels sein? Und warum sollte ich zum Totentempel der Hatschepsut kommen?

Ich wandte mich wieder meinen Gärtnern zu, um mit ihnen die Bepflanzung meiner Teiche abschließend zu klären, doch mir ging der Inhalt des kleinen Zettels nicht aus dem Sinn. Ich erinnerte mich jetzt meines Vetters Anen, der mich einst warnte und am nächsten Tag tot aufgefunden wurde. Ich dachte an den Balsamierer von Men-nefer, der mich sprechen wollte, doch zuvor ermordet wurde. Und ich hatte Isis vor Augen, die sterben musste, nachdem sie von mir weggegangen war. Ich überlegte, ob mich der unbekannte Schreiber wieder vor einer ernst zu nehmenden Gefahr warnen wollte und ob die Warnung mit Ramose oder den übrigen Priestern Amuns zu tun haben könnte. Ich nahm die Botschaft ernst und entließ für heute meine Besucher.

Trotz der Hitze des Nachmittags machte ich mich sofort auf den Weg zu Turi, dem Leiter der Polizei von Waset-Ost. Ich ging ohne Voranmeldung zu ihm, und so war er reichlich erstaunt, als ich plötzlich in seinem Arbeitszimmer stand.

Nach einer knappen Begrüßung sagte ich: «Dies hier», und ich überreichte ihm dabei das sorgsam gefaltete Schriftstück, «hat vor einer Stunde ein unbekannter Bote bei meinem Schreiber abgegeben. Sieh es dir an!»

Turi zog die Augenbrauen nach oben, und sogleich durchfurchten zahllose Falten seine hohe Stirn. «Weißt du irgendetwas damit anzufangen?»

Ich schüttelte schweigend den Kopf: «Deswegen bin ich ja zu dir gekommen. Nach meinem letzten Erlebnis mit der Musikerin will ich nichts mehr ohne deinen Rat und ohne dein Wissen unternehmen.»

Der zufriedene Gesichtsausdruck des Polizeiobersten verriet mir, dass er meine Entscheidung für richtig hielt.

«Entweder», sagte er und sah dabei wieder auf den Papyrus, «will man dich wirklich vor einem Anschlag auf Pharao warnen, oder man will dich in eine Falle locken und beseitigen.»

Dann sah er wieder mich an und fuhr fort: «Am meisten aber stört mich, dass uns der geheimnisvolle Informant nicht verrät, welcher der beiden Herrscher in Gefahr sein soll.»

«Dass ich mich vielleicht in eine Gefahr begeben könnte, kümmert dich also weniger», entrüstete ich mich, ohne mich dabei selbst sonderlich ernst zu nehmen. Turi blickte mich an und schwieg. Dann ging er zum Fenster und sah hinaus.

Ohne sich umzudrehen, begann er zu sprechen: «Ich schicke noch heute Nacht zwanzig meiner zuverlässigsten Polizisten zum Tempel, damit sie sich dort unauffällig bis morgen früh versteckt halten und dich beschützen, falls etwas Unvorhergesehenes geschieht.»

Jetzt drehte er sich wieder zu mir um und sagte: «Ist dir das genug?»

Was blieb mir anderes übrig?

Es fiel mir schwer, mit Ti darüber zu reden. Ich konnte sie aber über mein Vorhaben nicht im Unklaren lassen. Sie machte mir schwere Vorwürfe, weil ich mich so widerspruchslos als Lockvogel zur Verfügung stellte, ohne wenigstens mit Nimuria oder Echnaton darüber gesprochen zu haben. Ich hielt ihr entgegen, dass die Zeit drängte und dass es nicht möglich war, beide Herrscher ausreichend zu unterrichten, ohne unser Vorhaben zu gefährden. Sie ließ das nicht gelten, und so geschah es seit vielen Jahren zum ersten Mal, dass wir uns, ohne uns eine gute Nacht gewünscht zu haben, schlafen legten.

Zwei Stunden vor Sonnenaufgang brach ich auf. Mir war ganz und gar nicht wohl zumute, denn sollte wirklich ich das Opfer eines Anschlages sein, brauchte mich mein Mörder erst gar nicht bis zum Tempel von Osiris Maat-ka-Re zu locken. Er konnte mich auch in einer der vielen Gassen von Waset, auf dem Fluss oder in dem gegenüberliegenden Wüstenstreifen umbringen. So wählte ich auf meiner Fahrt zum Hafen Straßen und Wege, die ich sonst nie nehmen würde. Unbehelligt erreichte ich das Ufer. Der Fährmann war reichlich erstaunt, so früh am Morgen einen einzelnen Fahrgast übersetzen zu müssen, aber mein Siegelring überzeugte ihn schnell von der Notwendigkeit, mir Gehorsam zu leisten.

Als ich mich der mächtigen Tempelanlage näherte, begann es allmählich zu dämmern, und ich erkannte die lange und schmale Auffahrt zu ihrer ersten Terrasse. Ich ließ meinen Streitwagen in unmittelbarer Nähe stehen, um mir im Falle eines Angriffes die Möglichkeit zur Flucht zu wahren. Mein Gehör war jetzt auf das Äußerste angespannt, doch es war nicht das leiseste Geräusch zu vernehmen. Kein Mensch zeigte sich. Es war so ruhig, dass ich mir nicht einmal sicher war, ob die Polizisten Turis überhaupt die vereinbarten Posten eingenommen hatten. Je länger ich da saß, umso mehr gelangte ich zu der Überzeugung, dass sich jemand mit mir einen üblen Spaß erlaubt hatte.

Nun erlebte ich dafür auf den Tempelstufen von Osiris Hatschepsut Maat-ka-Re einen wundervollen Sonnenaufgang. Erst färbte sich der Himmel über Waset dunkelrot, es schien, als wollte Re seinem Erscheinen so viel Ernst und Würde verleihen, dass er mich die darunter liegende Stadt als schwarzen Schatten nur schemenhaft erkennen ließ. Dann begann der Himmel im Umkreis der lebendigen Sonne hellrot zu leuchten wie Karneol, und weiter entfernt zeigte er sich in hellem, klarem Blau. Wenn ich mich umdrehte, sah ich die Ränder des westlichen Gebirges leuchten wie flüssiges Gold, und je höher Aton stieg, umso näher kamen seine Lichtstrahlen zu mir, bis sie endlich auch mich erfassten und mich wärmten.

Wie wahrhaftig und einfach war doch die Botschaft Echnatons! Dieser wunderbare Morgen ließ mich beinahe den Anlass meines Hierseins vergessen. Jetzt, da alles um mich herum von der aufgegangenen Sonne hell erleuchtet war, machte ich mir keine Hoffnung mehr auf ein Treffen mit jenem Menschen, der mir den geheimnisvollen Zettel geschrieben hatte. Ich ging zu meinem Wagen und fuhr zurück in meinen Palast, ohne mich darum zu kümmern, ob wirklich einer der Polizisten Turis irgendwo versteckt lag.

Ti war sichtlich erleichtert, als sie mich von unserer Terrasse aus unbehelligt in die Toreinfahrt einbiegen sah. Schon zwei Stunden später traf ich mich mit Turi, und wir waren uns einig, dass es kein ernst gemeinter Hinweis gewesen sein konnte. Eingehüllt in schwarze Mäntel der Wüstenmänner seien seine Polizisten schon gegen Mitternacht hinausgezogen, sodass sie mit Sicherheit von niemand bemerkt worden sein konnten. Welchen Grund also hätte der Unbekannte haben sollen, nicht zu kommen, außer dem, mich zu narren?

Die Hitze des Nachmittags gedachte ich auf der Liege neben der von mir so sehr geliebten Palme zu überstehen, als mich nach etwa einer Stunde tiefen Schlafs ein dumpfer Schlag, den ich unweit von mir vermutete, plötzlich aufwachen ließ. Ich hatte mich nicht getäuscht: Ein faustgroßer Stein war über die Gartenmauer und beinahe auf mein Schattenhaus geworfen worden. Aber es war nicht nur ein bloßer Stein, vielmehr war dieser in ein Stück Papyrus eingewickelt.

«Eine neue Botschaft», dachte ich bei mir, und ich wurde richtig wütend auf den Unbekannten, denn ich wollte einfach nur in Ruhe gelassen werden.

«Ihr solltet allein kommen», las ich auf dem Zettel, wieder in säuberlicher Schrift. Und weiter: «Denkt an den Guten Gott. Morgen früh noch einmal!»

Ich sah keinen Sinn darin, Turi erneut in die Sache einzuweihen. Der Unbekannte war offenbar vorsichtiger, als Turi es erwartet hatte. Wenn er ein abtrünniger Diener des Amun war, hatte er auch allen Grund dazu, wie die Vergangenheit gelehrt hatte. Verrätern und Versagern bereiteten sie ein schnelles und grausames Ende. Hatte er es nur auf mein Ende abgesehen, wäre dies einfacher zu bewerkstelligen gewesen. So entschloss ich mich, am folgenden Morgen den Weg ungeschützt von den Polizisten Turis anzutreten und außer meinem Diener Ipu niemandem etwas davon zu sagen. Nicht einmal Ti sollte jetzt etwas erfahren. Ich sagte ihr deshalb gegen Abend, ich würde zum Palast der leuchtenden Sonne fahren und erst anderntags gegen Mittag von dort zurückkehren.

Stattdessen fuhr ich mit Ipu zu einem meiner Landgüter am Stadtrand und übernachtete dort in einer kleinen Gartenlaube, in welcher neben einer erstaunlich bequemen Liege nur Werkzeug herumstand. Der Gedanke, dass sich hier gelegentlich Dienerinnen und Diener aus meinem Gesinde tummelten, stimmte mich heiter und ließ mich gut gelaunt einschlafen.

Ipu weckte mich lange vor Sonnenaufgang. Ich befahl ihm, erst bei Tageslicht zum Ufer zu fahren, um dann nachzusehen, ob mein Wagen noch am Fuße des Tempels stand oder nicht. Sollte er noch dort stehen, hätte er Turi zu verständigen. Andernfalls sollte er zu Hause auf mein Eintreffen warten, ohne jemandem auch nur ein Wort von unserem nächtlichen Treiben zu sagen.

Der Fährmann – es war derselbe wie am Tag davor – zeigte sich doch sehr verwundert, als er mich erneut zu dieser Unzeit am Ufer antraf. Ich erklärte ihm, dass ich auf geheimen Befehl Pharaos unterwegs sei, und befahl ihm unter Androhung strengster Strafe, dass seine Fähre so lange am westlichen Ufer zu verweilen hatte, bis ich zurückgekehrt war. Ich verließ das Schiff und fuhr weiter zum Tempel. Wieder ließ ich Pferd und Wagen am Fuß der gewaltigen Auffahrt stehen und schlich einige Stufen hinauf, um mich dort im Schutze der rechten Brüstung niederzukauern. Wieder dämmerte es, und wieder bescherte mir Aton ein ähnlich erhebendes Erlebnis seines Erwachens wie am Vortag. Doch es war weit und breit kein Mensch zu sehen.

Das helle, fast metallisch klingende Klicken zweier aneinander stoßender Steine ließ mich zusammenfahren und hellwach werden. Aber ich sah nichts. Mein Herz raste vor Aufregung, und ständig erschienen jetzt abwechselnd Bilder von Toten vor meinen Augen, jener Toten, die Opfer Amuns geworden waren. Ich griff nach meinem Dolch und zog ihn lautlos aus der Scheide. Auf allen vieren kriechend schlich ich mich Treppe für Treppe nach oben. Als ich den oberen Rand der Rampe erreicht hatte, überblickte ich vorsichtig die große Terrasse, welche die nächste Auffahrt umgab. Rechts und links standen noch die kümmerlichen Reste der Weihrauchsträucher, die Maat-ka-Re einst von Punt in der Hoffnung hierher bringen ließ, um von den Weihrauchlieferungen aus dem Ausland unabhängig zu werden. Obwohl die Ernte von diesen Sträuchern immer völlig unbedeutend blieb, wehte jetzt in der ersten wärmenden Morgensonne ein herrlich würziger Duft von ihnen zu mir herüber und ließ mich für kurze Zeit vergessen, weswegen ich hierher gekommen war.

Diesmal war es der gellende Aufschrei eines Jungfalken, der mich beinahe um den Verstand brachte. Es schien aussichtslos. Enttäuscht richtete ich mich auf und ging zwischen steinernen Widdersphingen geradewegs zum Treppenansatz der zweiten Rampe. Ich wollte weiter hinaufsteigen und die Gelegenheit nutzen, um von der obersten Terrasse, wo die Osirispfeiler aufgereiht standen, auf das weite Tal hinabzublicken.

Zwischen den Sockeln des zweiten und dritten Pfeilers sah

ich ihn liegen: den leblosen Körper eines mir unbekannten, etwa dreißig Jahre alten Mannes inmitten einer riesigen Blutlache. Erschrocken sprang ich hinter den nächsten Pfeiler und verharrte dort, verängstigt und über den Anblick des Toten entsetzt, einige Augenblicke. Aber wieder war nichts zu hören und zu sehen.

Es brauchte eine Weile, ehe ich den Mut fand, zu dem Toten zu gehen. Jetzt sah ich, dass das Blut schon angetrocknet war, sodass er schon vor Stunden umgebracht worden sein musste. Er lag seitlich auf dem Boden, und als ich ihn vorsichtig berührte, kippte er bäuchlings um. Jetzt erst sah ich das Messer, das in seinem Rücken steckte und ihm die tödliche Wunde zugefügt hatte. Und wieder hatte man ihm aus der Schulter ein Stück Haut, ja ein ganzes Stück Fleisch herausgeschnitten, wie ich es schon bei Isis gesehen hatte.

Ich begann fieberhaft nachzudenken. Isis musste entweder sterben, damit sie mir kein Geheimnis verraten konnte, oder sie musste sterben, weil sie ihren Auftrag, mich zu töten, nicht wie befohlen ausgeführt hatte. Daraus, dass Isis ausreichend Gelegenheit gehabt hatte, mir ein Geheimnis mitzuteilen, wenn sie es gewollt hätte, schloss ich, dass sie mich umbringen sollte. Dieser da hatte mir aber zweimal seine Botschaft zukommen lassen und hatte mich gewarnt. Sein erster Versuch, mir selbst etwas zu sagen, scheiterte, weil er noch vor den Polizisten Turis hier eingetroffen war, deren Kommen bemerkte und eine Falle vermutete. Dennoch riskierte er es, ein zweites Mal hierher zu kommen, um schließlich sein Leben zu verlieren. Pharao schien wirklich in Gefahr. Aber welchen der beiden Herrscher hatte er gemeint, und welche Art von Gefahr?

Die Wunde auf seinem Rücken machte mich sicher, dass er – wie Isis – dort das Zeichen des Widders getragen hatte, ehe er getötet und verstümmelt wurde. Demnach diente er Amun, oder er war dessen Dienern hörig. Wenn also Pharao Gefahr drohte, konnte sie nur aus den Reihen der Diener des Verborgenen kommen. Vielleicht lauerte dort schon ein anderer Mörder, den mir der Unglückselige, der vor mir in seinem Blut lag, verraten wollte und sich dabei einen hohen Lohn versprach? Ich war mir sicher, dass mir nicht mehr viel Zeit blieb. Doch in welchen Palast sollte ich fahren? In den Palast Echnatons in Waset oder in den Palast der leuchtenden Sonne, diesseits des Flusses?

Würden sie Nimuria ermorden wollen, um Echnaton einzuschüchtern, ihn gefügig zu machen und so den Umzug nach Achet-Aton zu verhindern, oder wollten sie Echnaton ermorden, um sich an der Schmach, die er Ramose angetan hatte, zu rächen? Doch wer sollte dann den Thron Ägyptens besteigen, wenn Nimuria nicht mehr lebte, wo er doch keinen anderen männlichen Erben hinterließ?

Ich würde mir nie verzeihen, wenn Ameni das Opfer eines Anschlags werden würde, während ich nach Waset zu Echnaton fuhr. Aber Ameni würde mir noch viel weniger verzeihen, wenn ich mich für ihn entschied und sein Sohn ermordet wurde. Hatte er mich nicht darum gebeten, nein mir sogar befohlen, dass ich mich um seinen Sohn kümmere? Und meine Tochter? War Nofretete nicht ebenso in Gefahr wie ihr Gemahl, wenn ihm ein Anschlag drohte?

Ich verließ den Toten und lief die Treppen hinab. Während ich lief, betete ich zu Aton, zu Ptah und zu Amun, zu Hathor und Isis gleichermaßen, dass meine Entscheidung für Echnaton die richtige sei. In meiner Verzweiflung begann ich zu weinen und rief im Takt meiner Schritte immer wieder laut vor mich hin: «Verzeih mir, Ameni! Verzeih mir! Ich weiß es einfach nicht besser! Ameni!»

Doch dann packte mich mit einem Mal eine grenzenlose Wut, ein rasender Zorn breitete sich in mir aus, und ich schrie laut hinaus: «Den Schädel werde ich dir spalten, du Ausgeburt an Gemeinheit und Dreck!»

Mit der Peitsche ließ ich meinen Zorn an den wahrlich unschuldigen Pferden aus und jagte durch den schmalen Wüsten-streifen nach Osten zur Anlegestelle. Der Fährmann hatte sich nicht von der Stelle bewegt. Ich herrschte ihn an, all seine Kräfte aufzubringen, um mich so schnell wie nur irgend möglich ans andere Ufer zu befördern. Ipu war nicht mehr am Fluss zu sehen, offenbar war er schon zu Turi aufgebrochen, nachdem mein Wagen nach Sonnenaufgang noch immer am Fuße des Tempels stand.

Auf dem schnellsten Weg jagte ich deswegen mitten durch die Stadt nach Osten, in der Hoffnung, Turi in seinem Amtsgebäude anzutreffen. Menschen und Tiere sprangen vor meinem Wagen zur Seite, ich schrie wie ein Wahnsinniger, man solle mir Platz machen, doch einer Katze und einem aufgeschreckten Huhn gelang es nicht mehr, den Hufen meiner Pferde und den Rädern meines Wagens zu entkommen. Ich musste mir deswegen einige unschöne Flüche und Schimpfworte gefallen lassen. Wie erleichtert war ich, als mir Turi mit einer Schar von sechs Streitwagen auf halber Strecke begegnete.

«Kehrt um», brüllte ich ihm entgegen. «Zu Echnatons Palast! Beeilt euch!»

Kurze Zeit später hatte mich der Wagenlenker des Polizeiobersten eingeholt, sodass ich Turi ein paar Wortfetzen zurufen konnte.

«Deine Männer sollen die Leibgarde zu Hilfe nehmen. Niemand, kein Mensch darf den Palast verlassen! Hörst du? Kein Mensch!»

Endlich erreichten wir das große Eingangstor zum alten Stadtpalast von Waset. Es war noch früh am Morgen, und so hatte ich Hoffnung, dass sich Echnaton und Nofretete noch in ihren privaten Gemächern aufhielten. Turi wies seine Männer in knappen Worten an, gemeinsam mit der Leibgarde den gesamten Palast abzuriegeln und keinem Menschen Durchlass zu gewähren, gleich in welche Richtung. Da ich den Palast von Jugend an kannte, wusste ich, wie wir zu Echnaton gelangen konnten, ohne Aufsehen zu erregen und von irgendjemandem gesehen zu werden. Turi schlich hinter mir her und war sichtlich entsetzt darüber, wie einfach es war, völlig unbeobachtet bis an die Schlafzimmertür Pharaos zu gelangen. Erst dort wurden wir von zwei Soldaten der Leibgarde aufgehalten. Echnaton und Nafteta saßen in einem Vorraum ihres Schlafgemachs und beabsichtigten gerade, das Frühstück einzunehmen.

«Bitte fasst nichts an», sagte ich, ohne vorher gegrüßt zu haben und während sich Turi ehrfürchtig zu Boden warf.

«Trinkt vor allem keinen Schluck! Gleich, was es ist und wer es euch bringt!»

Echnatons Gesicht verfinsterte sich keineswegs. Die Art meines Auftrittes schien ihn sogar zu erheitern, denn er lächelte mich milde an und sagte: «Du versetzt mich immer wieder in Erstaunen, Eje! Was ist Entsetzliches geschehen, dass du mich nicht einmal begrüßt, wenn du hier hereinstürmst!»

Nafteta kannte mich gut genug, um zu wissen, dass ich das nicht leichtfertig tat, und entsprechend besorgt war ihr Gesichtsausdruck.

«Sprich schon, Vater», sagte sie mit ernstem Gesicht.

In knappen Worten berichteten Turi und ich, was sich in den letzten beiden Tagen ereignet hatte. Auch die Miene Echnatons wurde jetzt zusehends ernster, und noch bevor ich meinen Bericht beendet hatte, schickte Nafteta zwei Dienerinnen weg, damit sie nach den Prinzessinnen Meritaton und Maketaton sahen.

«Und was schlagt ihr jetzt vor?», fragte Echnaton zuletzt. Ich wusste auch keinen Rat.

«Wer im Palast kennt wirklich jeden Eurer Diener von Angesicht?», erkundigte sich Turi. Echnaton und Nofretete sahen sich kurz an, dann sagte Nofretete:

«Aper-el. Aper-el müsste jeden einzelnen Bediensteten von Angesicht kennen.»

«Dann lasst ihn so schnell wie möglich mit einer Liste all Eurer Diener in den Audienzsaal kommen, und gebt dem Kommandanten der Leibgarde Befehl, ausnahmslos alle Diener, die hier im Palast beschäftigt sind, dorthin zu bringen», schlug Turi vor. Ohne eine Antwort Pharaos abzuwarten, setzte ich mich an einen Tisch und schrieb den Befehl. Echnaton siegelte ihn, und Turi schickte damit einen von jenen Soldaten, die vor der Tür standen, zu Merimaat, dessen Befehlshaber.

Der große Audienzsaal war mit Menschen gefüllt wie bei einem Staatsempfang. Alle Ausgänge waren scharf bewacht, und auch vor den Thronen standen Soldaten mit Lanzen, Streitäxten und Schwertern. Als die königliche Familie eintrat, warf sich die Dienerschaft Pharaos zu Boden und verharrte so lange bewegungslos, bis sie sich auf meinen Befehl hin wieder erheben durfte. Die meisten von ihnen hatten zum ersten Mal diesen Saal betreten, und viele standen zum ersten Mal vor dem Guten Gott.

Aper-el rief zuerst die Vorsteher der Küche, des Weinkellers, der Wäscherei und der übrigen Dienerschaft zu sich. Sie alle waren über jeden Verdacht erhaben. Dann wurden alle Bediensteten der einzelnen Abteilungen anhand der Liste Aper-els nach vorn gerufen und von ihm und dem jeweiligen Vorsteher in Augenschein genommen. Diejenigen, die mit einem Schulterkragen bekleidet waren, mussten ihren Rücken entblößen, damit ich sehen konnte, ob einer das Zeichen des Widders trug. Wer die Überprüfung bestanden hatte, musste den Saal durch einen gesonderten Ausgang wieder verlassen und konnte an seine Arbeit gehen. Wir kamen nur langsam voran, doch nach und nach lichteten sich die Reihen. Als nur noch zwanzig oder dreißig Diener auf ihre Überprüfung warteten, schrie einer von ihnen laut auf und lief mit gezücktem Messer nach vorn, geradewegs auf Echnaton zu. Während er lief, brüllte er: «Sei verflucht im Namen Amuns, du Verräter!»

Er kam nicht weit, denn sein wütender Lauf endete unter

Schreien des Entsetzens vor dem Thron Pharaos in den Spießen und Schwertern der Soldaten. Während er mit weit aufgerissenen Augen dalag und Blut aus den Stichwunden und aus seinem Mund quoll, sprang Echnaton von seinem Thron auf und rief: «Wer hat dich geschickt? Sag es mir!»

Mit einem höhnischen und überheblichen Blick starrte der Sterbende seinen Herrscher an, und mit dem letzten Atemzug wiederholte er: «Sei verflucht … Echnaton!»

Dann sackte er zusammen und schwieg für immer.

Weil er einen Halskragen aus getrockneten Blumen trug, ging ich zu ihm und schob – angewidert von diesem Dreck der Erde – den Halskragen nur mit der Sandale etwas zur Seite, um mir seinen Rücken ansehen zu können. Dicht unter der rechten Schulter erkannte ich den Widder des Amun.

Es war also noch nicht zu Ende. Trotz oder gerade wegen der Verbannung Ramoses ließen die Priester Amuns nicht nach, der königlichen Familie mit allen Mitteln nachzustellen, sie vor aller Augen zu verhöhnen und zu beleidigen, ihr zu drohen, ja sogar zu versuchen, sie zu ermorden.

Echnaton und Nofretete überlegten lange, ob sie die gesamte Priesterschaft des Verborgenen vor ihre Throne zitieren sollten. Doch wozu?

Wollte Echnaton nicht ohnehin die Stadt verlassen, um bald nach Achet-Aton zu ziehen? Würden sie nicht wie immer alle Schuld von sich weisen und ihre Mittäterschaft an dem geplanten Anschlag leugnen?

Jetzt erinnerte sich Echnaton der Weisheitslehre für Sesostris, den Sohn des ermordeten Amenemhet, welche Nofretete im Schatzhaus des Merire in On gelesen hatte: «Es gibt keinen, der des Nachts stark ist, keinen, der allein kämpfen kann, keine Tat ist erfolgreich ohne einen Helfer», sprach er langsam und nachdenklich einen Satz aus der Lehre wortgetreu vor sich hin. Sein Gedächtnis war einfach einzigartig.

Ich riet Echnaton, mit der Leiche des Schergen ebenso zu verfahren, wie es seine Auftraggeber sonst taten. Und so geschah es auch: Man schnitt dem Toten das Zeichen des Widders aus der Schulter heraus und warf den Leichnam wie einen Hundekadaver, den keiner mehr haben wollte und den es heimlich zu entsorgen galt, vor das Eingangstor des Amuntempels.

Nimuria und Teje saßen regungslos da, während ich ihnen von den Geschehnissen berichtete. Ohne Scham erzählte ich Ameni auch, in welch schrecklicher Lage ich mich befunden hatte, als es galt, mich für einen der beiden Paläste und möglicherweise für eines der beiden Leben zu entscheiden. Ameni sah mich nachdenklich an. Seine Blicke machten mir Angst, denn ich wusste nicht, ob er sich von mir verraten fühlte. Nicht dass er glaubte, auch ich hätte mich jetzt ganz auf die Seite des jungen Herrschers geschlagen, wie es so viele taten, die bei ihm ihr Glück zu finden hofften und die dem alten Pharao nicht mehr viel zutrauten.

Seine Blicke forderten mich auf, mich an die gemeinsamen Erlebnisse zu erinnern, an unsere Kindheit, als er mich zu sich in den Palast holte, an unsere ersten Jahre in Waset, wo wir das Leben mit seinen kleinen Höhen und Tiefen kennen gelernt, an die Gefahren, die wir gemeinsam überstanden und an die vielen geliebten Menschen, die wir gemeinsam betrauert hatten.

Er reichte mir seinen Weinbecher und sagte mit der mildesten Stimme, dem wohlwollendsten Blick, den man sich nur vorstellen konnte: «Stell dir vor, Eje, du wärest zu mir altem Mann gekommen, um mir zu helfen, und Stunden später hätten wir erfahren, dass unsere Kinder nicht mehr lebten. Ich hätte dann nicht mehr leben mögen! Ich weiß, wie schrecklich es ist, wenn ein Vater sein Kind zu Grabe trägt. Ganz gleich, ob man zwei Kinder hat oder zehn. Es ist immer das Schlimmste, das Eltern widerfahren kann.»

Selbst die Augen meiner Schwester Teje wurden jetzt feucht, und sie sah zu Boden, damit es niemandem sonst auffiel.

«Und wenn der Anschlag doch dir gegolten hätte? Kannst du dir nicht vorstellen, wie mir dann zumute gewesen wäre?»

Er schüttelte nur den Kopf und nahm mir, nachdem ich einen kleinen Schluck daraus getrunken hatte, seinen Becher wieder aus der Hand. «Irgendwann wird uns das Schicksal ohnehin für immer trennen, Eje. So oder so. Das einzig Ungewisse daran ist die Frage, wer von uns beiden zuerst geht.»

Es fanden in den nächsten Tagen in den Palästen von Waset viele geheime Beratungen statt. Auch Nimuria war der Meinung, dass es wenig Sinn machte, Strafmaßnahmen gegen die Priester des Amun auszusprechen, denn sie würden ohnehin bestreiten, dass sie mit dem geplanten Anschlag etwas zu tun hatten, und würden mit einer Strafe nur Mitleid heischen. Zuletzt könnten sie sogar als Opfer gestärkt aus dem Vorfall hervorgehen. Alle waren sich einig, dass der Wegzug Echnatons beschleunigt vonstatten gehen musste, da er ohnehin beschlossene Sache war. Als Vorkehrung zum Schutz des jungen Pharaos wurden die Wachen um ihn herum verdreifacht, und Nofretete zog mit ihren Töchtern Meritaton und Maketaton zu Nimuria und Teje in den Palast der leuchtenden Sonne.

Bei keiner der großen Versammlungen wurde der Anschlag auf Echnaton auch nur mit einem Wort erwähnt, obwohl in Waset jeder davon wusste. Es gab keine öffentliche Anklage, keine Beschuldigungen von Seiten des Hofes. Es gab nur das, was sich die Menschen erzählten. Und sie erzählten von einem gedungenen Mörder, der das Zeichen des Widders auf seiner Schulter trug, von einem Mörder, den die Priester des Verborgenen schickten. Dieses Gift, das die Menschen verbreiteten, mit jedem Wort, mit jedem Satz, den sie über den Anschlag sagten, dieses Gift wirkte schneller und war stärker als alles, was Pharao als Rache hätte ersinnen können. Gegen dieses Gift waren die Priester Amuns machtlos. Sie konnten es nicht kontrollieren, nicht aufhalten, denn das Volk lässt sich nicht die Stimme verbieten. Seine Stimme mag leise werden, sehr leise, aber ganz verstummen wird sie nie. Die Priester des Amun konnten auch nicht öffentlich gegen die Gerüchte vorgehen, denn offiziell gab es keine Vorwürfe gegen sie, keine Anklage. Es gab nur das langsam wirkende Gift eines hartnäckigen Gerüchts.

Der Abschied Echnatons war zwar nur ein vorläufiger, doch jetzt konnte ihn nichts mehr in Waset halten. Er musste nach Achet-Aton. Er wollte dort sein, wo das Heiligtum seines Vaters Aton errichtet wurde, wo man seinen Palast schuf, wo die schönste Stadt des Erdkreises im Entstehen begriffen war.

So brachen wir wieder nach Norden auf. Wir führten diesmal große Zelte und zahlreiche Möbel mit uns, damit Pharao angemessen leben konnte, solange sein Palast noch nicht fertig gestellt war. Noch am Tag seiner Ankunft zogen wir nach Norden, um die erste Stele, die Echnaton zwischen Figuren der königlichen Familie in den Fels hauen ließ, zu enthüllen und um dort Opfer zu bringen. Eine Fläche, so groß wie das Eingangstor eines Palastes, war aus dem Fels herausgehauen und poliert. Am oberen Rand der Stele sah man Aton, dessen Strahlenhände auf Echnaton und Nofretete niederzeigten und ihnen das Henkelkreuz, das Zeichen für Leben, vor die Nasen hielten. Aper-el las mit lauter Stimme vor, was auf der Stele geschrieben stand:

«Jahr vier, vierter Monat des Peret, vierter Tag. Es lebe der Gute Gott, der mit der Wahrheit zufrieden ist, Herr des Himmels, Herr der Erde, der lebende Aton, der große, der die Beiden Länder erhellt, der lebende, mein Vater: Es lebe Re-Harachte, der im Horizont jubelt in seinem Namen Schu, welcher der Aton ist.

Und es lebe der Horus, starker Stier, Geliebter des Aton, groß an Königtum in Achet-Aton, der den Namen des Aton erhebt, der König von Ober- und Unterägypten, der von der Wahrheit lebt, der Herr der Beiden Länder Neferchepru-Re Waen-Re, Sohn des Re, Echnaton.

An diesem Tag befand man sich in Achet-Aton. Da erschien seine Majestät, sie lebe, sei heil und gesund, zu Pferde auf dem Wagen von Elektron wie Aton, wenn er im Horizont aufleuchtet, indem er das Land mit seiner Liebe erfüllt. Er schlug den schönen Weg ein nach Achet-Aton, dem Platz des Uranfangs, den er ihm gemacht hat, damit er in ihm täglich ruhe. Es macht ihm sein Sohn Waen-Re ein großes Denkmal, indem er ihm Achet-Aton absteckte, indem er es tat, wie er ihm befohlen hatte, dass es getan werden sollte. Der Himmel war in Freude, die Erde jubelte, jedes Herz lachte, als sie ihn sahen. Da sprach Seine Majestät zu allen Untertanen, die vor ihm auf dem Bauch lagen: Seht, Achet-Aton, das hat der Aton gewünscht, dass es ihm gemacht werde als Denkmal für seinen Namen für alle Ewigkeit. Es war aber der Aton, mein Vater, der auf Achet-Aton verwies, nicht verwies darauf irgendein Beamter, noch verwies darauf irgendein Mensch im ganzen Lande, sondern allein Aton, mein Vater, verwies darauf, um es ihm als Achet-Aton zu erbauen. Pharao fand heraus, dass es keinem Gott gehörte, dass es keiner Göttin gehörte, dass es keinem Herrscher gehörte, dass es keinem Beamten oder sonst irgendeinem Menschen gehörte, um daraus Vorteile zu ziehen. Da sprach Seine Majestät, sie lebe, sei heil und gesund: Ich werde Achet-Aton erbauen für Aton, meinen Vater, an diesem Ort. Nicht werde ich ihm Achet-Aton im Süden davon errichten, oder im Norden. Nicht im Westen und nicht im Osten. Nie werde ich die südliche Stele überschreiten und nie die nördliche, um ihm dort Achet-Aton zu erbauen. Ich werde ihm Achet-Aton dort im Osten erbauen, wo er es mir gezeigt hat. An dem Ort, den er selbst so gemacht hat, dass er für ihn mit einem Berg eingeschlossen ist. Und nie soll die Königin zu mir sagen: Sieh doch, es gibt einen schöneren Ort für Achet-Aton an einer anderen Stelle – und ich würde dann auf sie hören, sei er im Norden, sei er im Süden, sei er im Westen oder sei er im Osten. Ich werde einen Tempel für meinen Vater an dieser Stelle errichten, ich werde einen Palast errichten. Ich werde die Gutshöfe Pharaos an dieser Stelle errichten und die Gutshöfe der Großen königlichen Gemahlin. Man macht mir das Grab im östlichen Gebirge von Achet-Aton, in dem man mich begraben wird und die Große königliche Gemahlin. Man mache Grabanlagen für die Ersten Sehenden des Aton, für die Großen der Beiden Länder und für alle, die in Achet-Aton leben.

Was man mir antun wollte und was ich hörte, bevor ich zurückkehrte in meine Stadt Achet-Aton, so war es schlimmer als jene Dinge, die ich im vierten und im dritten Regierungsjahr hörte; so war es schlimmer als jene Dinge, die ich im zweiten und im ersten Regierungsjahr hörte; so war es schlimmer als jene Dinge, die Neb-maat-Re Amenophis hörte; so war es schlimmer als jene Dinge, die irgendein König hörte, der je die weiße Krone Oberägyptens getragen hatte.

Doch man soll jubeln in Achet-Aton und in den Beiden Ländern. Der Aton schenke Leben und Heil seinem Sohn Neferchepru-Re Waen-Re. Da jubelte das ganze Land an einem Feiertag, und es jubelte der Aton, denn man gab ihm an diesem Tag seine Stadt Achet-Aton, man gab sie ihm für alle Ewigkeit.»

Echnaton war zufrieden mit dem, was er gesehen hatte. Dann brachte er für Aton Opfer dar. Er legte Obst und Gemüse nieder und frisches Fleisch. Sodann vergoss er Wein und Bier und sprach still ein Gebet. Wir gingen die Anhöhe schweigend hinab. Unten angekommen, bestieg Pharao den Prunkwagen und fuhr langsam, sehr langsam, von Norden nach Süden auf der achtzig Ellen breiten Prachtstraße, der Heiligen Straße des Aton, durch die werdende Stadt. Alle Baumeister und Architekten, alle Handwerker und Bauarbeiter, alle Sklaven und Handlanger begingen diesen Tag als einen Festtag. Sie säumten die Straßen und jubelten ihrem Herrscher zu. Es war aber auch nicht zu übersehen, dass Pharao stärker bewacht wurde als je zuvor. Nicht nur Soldaten der Leibgarde säumten Schulter an Schulter den Weg des Herrschers, auch die Soldaten Haremhabs waren überall zu sehen, jeder von ihnen bereit, mit seinem eigenen Leben Pharao zu schützen.

Echnaton ließ für sich und seine Begleiter am nördlichen Ufer, in einem alten Palmenhain, eine Zeltstadt errichten, wo wir bis zur Vollendung unserer Paläste und Häuser lebten. Trotz vielerlei Entbehrungen war das Leben in den Zelten sehr angenehm. Es erinnerte mich in vielem an die Zeit, die ich mit Nimuria während des Feldzuges in Nubien verbracht hatte. Mein kleiner Hofstaat bestand aus vier Zelten. In einem schliefen meine Diener, in einem weiteren die Dienerinnen, in ihm wurden auch meine Kleider aufbewahrt. Das dritte Zelt diente zur Reinigung, zum Schminken und Ankleiden. Das vierte Zelt schließlich bewohnte ich selbst. Neben dem eigentlichen Schlafraum gab es einen Vorraum, in welchem ein Tisch und zwei Klappstühle standen. Wir alle schliefen auf einfachen, zusammenklappbaren Feldbetten und hatten in jedem Zelt nur zwei oder drei Truhen mit Perücken, Schmuck und den wenigen anderen persönlichen Dingen, die wir mit uns führten.

In der Mitte der Zeltstadt stand neben den zwölf Zelten Echnatons und seines Hofstaats das große Prunkzelt Nimurias, in welchem einst die Gesandten Mitannis empfangen wurden, als sie Prinzessin Giluchepa nach Ägypten brachten, um sie mit Pharao zu vermählen. Es bestand aus zwölf vergoldeten Masten, die in vier Reihen zu je drei Masten das weiße Zeltdach trugen. Das Zelt war einhundertzwanzig Ellen lang und achtzig Ellen breit. Die seitlichen Zeltbahnen waren aber nicht mehr mit Abbildungen aus der Zeit Nimurias verziert, sondern mit farbigen Darstellungen der Familie Echnatons. Dieses Zelt diente uns allen als Speisesaal ebenso wie als Audienz- und Versammlungssaal. Hier feierten wir Feste, und hier erläuterte uns Echnaton die Pläne für seine Stadt. Hier sprach er mit uns über Aton und dessen Wirken in und für die Welt.

Er sagte: «Ich bin der Herr der Beiden Länder. Mein Vater Aton aber herrscht als König über die ganze Welt. Deswegen soll künftig sein Name wie der Name eines Königs in den heiligen Ringen geschrieben werden.»

Er sagte uns, dass Aton nicht zu den Menschen spricht und dass die Menschen nicht zu Aton sprechen könnten. Er, Echnaton allein, sei der Mittler, und an ihn müssten wir uns mit unseren Anliegen und Bitten wenden. Der Gehorsam des Menschen gegenüber Aton und dessen Verehrung vollziehe sich ausschließlich im Gehorsam und in der Demut des Einzelnen gegenüber Echnaton. Deswegen sollte in jedem Haus ein Abbild der königlichen Familie errichtet werden, damit sich der Einzelne mit seinen Gebeten an seinen Herrscher wenden könne. Er sagte uns auch, wie Aton und die königliche Familie künftig gezeigt werden mussten und dass es keine Tabus in den Darstellungen geben durfte. Die Bildhauer sollten Echnaton und Nofretete zeigen, wie sie waren, wie sie lebten: Beim Essen und Trinken, wie sie sich liebkosten und wie sie mit den Kindern spielten, wie sie mit dem Wagen gemeinsam durch die Stadt fuhren und Nofretete ihren Arm liebevoll um die Hüften ihres Gemahls schlang.

Er sagte uns, dass wir die Gräber nicht mehr im Land der untergehenden Sonne errichten würden. Der Westen sei zu sehr behaftet mit Tod und Vergänglichkeit. Sein Glaube sei kein Glaube des Jenseits und des Todes mit all dem Schrecken, der damit verbunden ist. Wie die Menschen auf der Erde würden unsere Seelen nachts nur ruhen, um morgens gemeinsam mit Aton und seiner gesamten Schöpfung zu erwachen und um die Schönheit der Welt als umherwandelnde Seele zu schauen und zu genießen.

Deswegen würden unsere Gräber im Osten liegen, dort wo Aton erschien und die Welt mit Leben und Freude erfüllte. Der Mittelpunkt all dessen aber würde das Grab Echnatons und der königlichen Familie sein. Es sollte genau dort errichtet werden, wo Aton an jenem denkwürdigen Morgen zwischen den Hügeln

Pharao erschienen war. Es sollte ein Ort ständiger Wiedergeburt sein, der Ort, von dem aus alles, was zu seinen Füßen lag, mit Leben erfüllt wurde.

«Siehe», sagte Pharao, «niemand kann seine Habe mitnehmen, siehe, niemand, der geht, kommt wieder zurück. Sei nicht überdrüssig und gönne dir deswegen einen Ruhetag!»

Die Worte Pharaos machten uns glücklich, und wir alle hatten keinen Zweifel, dass er wahrhaft der Sohn Atons war und dessen Willen kannte. Panehsi, einer der Sehenden des Aton, pries deswegen vor allen Anwesenden seinen Herrscher mit einem Gedicht, das später auch sein Grab zieren sollte:

> *«Lob dir, Guter Gott, der mich baute,*
> *der mir Gutes bestimmte,*
> *der mich werden ließ und mir Brot gab,*
> *der für mich sorgte mit seinem Ka!*
> *Ich spende Lob bis zur Höhe des Himmels,*
> *ich bete an den Herrscher der Beiden Länder, Echnaton:*
> > *Schicksalsgott, Lebensspender,*
> *Herr der Gebote, das Licht jeden Landes,*
> *von dessen Anblick man lebt.*
> *Der Nil der Menschheit,*
> *von dessen Ka man sich sättigt.*
> *Gott, der Große erschafft und Arme,*
> *Luft für jede Nase, durch den man atmet.»*

Es fiel kein böses Wort in dieser Zeit. Keine Intrige wurde geschmiedet und niemand beleidigt. Niemand musste sich als groß hervortun und den anderen erniedrigen. Allein Echnaton war groß. Es schien, als war ein völlig neues, nie gekanntes Zeitalter angebrochen, ein Zeitalter der Wahrheit und der Liebe. Wo Wahrheit und Liebe waren, so lehrte uns Pharao, müsste man sich über Gerechtigkeit keine Gedanken machen, denn dort könnte Ungerechtes erst gar nicht gedeihen.

Es verging Woche für Woche, Monat für Monat, und in unseren Herzen wuchs die Liebe zu Echnaton und seinem Gott im gleichen Maß, wie um uns herum die neue Stadt emporwuchs. Der Wohnpalast Pharaos im Norden war eine wundersame Welt für sich. Er war ein Lobpreis der Schöpfung Atons, der Natur. Seine Böden und Wände zeigten die anmutigsten Landschaften Ägyptens. Man sah Schilfdickicht mit Vögeln und Katzen. Man sah Fische im Wasser und Schmetterlinge in der Luft. Man sah Blumen und Früchte, Bäume und Sträucher. Und um die Täuschung vollkommen zu machen, hingen an den Decken und Wänden sogar Früchte aus glasiertem Ton: Weintrauben, Äpfel und Feigen. An den Wänden der Kinderzimmer sah man vor einem warmen, dunkelroten Hintergrund die Prinzessinnen Meritaton und Maketaton beim Spiel, aber auch Katzen, Affen und Hausvögel aller Art.

Der Palast wurde von der vollkommenen Natur umgeben, von einem Garten, wie es einen zweiten in Ägypten nicht gab, nicht in Men-nefer, nicht in Waset und auch nicht in der Oase Fajum. Schattige Laubengänge, kühlend und gleichzeitig mit ihrem Duft betörend, wechselten mit freien Flächen, die mächtige Dattelpalmen umgaben, wo ein Meer von Blumen gedieh und den Betrachter zum Verweilen einlud. An den unterschiedlichsten Stellen standen Schattenhäuser, die dazu einluden, sich am Anblick des Palastes, eines Teichs oder – vor dem Hintergrund des sich emporwölbenden rotbraunen Gebirges – am Anblick der üppigen, grünen Pflanzenpracht, zu erfreuen.

Aber damit nicht genug! Echnaton richtete daneben sogar einen weiträumigen Tierpark ein, mit all dem Getier der Beiden Länder, damit die gesamte Schöpfung Atons an einer Stelle versammelt war und bestaunt werden konnte. Dort sprangen Antilopen und Wildziegen umher, dort sah man Pelikane und Flamingos, alle Arten von Gänsen und Enten, ja sogar Zebras und Giraffen aus dem fernen Nubien. Selbst eine Herde von zehn Elefanten fehlte nicht.

Es wuchsen aber auch die Tempel und Paläste in der Mitte Achet-Atons empor, die Hafenanlagen und Kasernen, die Verwaltungsgebäude und die Getreidesilos, die Paläste der Großen und Mächtigen und die Häuser der Beamten und Handwerker. So ging Achet-Aton mehr und mehr seiner Vollendung entgegen. An den Wänden der Tempel wurden jetzt riesige Reliefs, die Pharao und seine Familie zeigten, eingemeißelt und ausgemalt, die Fahnenmasten vor der großen Fassade des neuen Gempa-Aton aufgestellt, die Wände der Paläste und Wohnhäuser außen weiß getüncht und innen bunt bemalt. Dann wurden Obeliske und die Steinfiguren angeliefert. Stück für Stück, in jeder Größe und ohne Zahl schleppte man in Schwerstarbeit die Abbildungen Echnatons und Nofretetes vom Hafen durch die Stadt und richtete sie auf. Sie wurden im Gempa-Aton und seinen Zuwegen aufgestellt, vor und in den Palästen der königlichen Familie, an Straßen und auf Plätzen überall in der Stadt.

Zuletzt wurde in der ganzen Stadt die Bepflanzung vervollkommnet. Jetzt legten täglich Schiffe an, die mit Bäumen und Sträuchern der verschiedensten Art, mit Stauden, Kakteen und Blumensamen beladen waren. Zwischen den mächtigen Palmen, welche die breite Hauptstraße säumten, wurden kleinere Dumpalmen und Jasmin gepflanzt. Alle Gärten der Stadt, die Plätze vor den Tempeln und den Verwaltungsgebäuden wurden dicht bepflanzt und verwandelten den einst so öden und trockenen Talkessel in eine der herrlichsten Oasen, die ich je sah. Die Gärtner Pharaos hatten sich von Anfang an daran gestört, dass die Gärten der Paläste und Wohnhäuser in allen Städten Ägyptens von hohen Mauern umgeben waren, sodass ihre Pracht und Schönheit bis hinauf zu den Baumkronen den Blicken der Menschen, die außerhalb der Gärten weilten, entzogen waren. Deswegen befahl Echnaton, dass vor jeder Gartenmauer auf der Straßenseite Beete von mindestens vier Ellen Breite angelegt wurden und dass man sie mit Bäumen, Sträuchern und Blumen bepflanzte. So gedieh Achet-Aton zu einem prachtvollen Garten, in welchem sich die Paläste und Häuser seiner Bewohner auf das Angenehmste in ihre Umgebung einfügten, und wo selbst in der heißen Jahreszeit durch die Vielzahl der Schatten spendenden Pflanzen und durch die Verdunstung ihres Gießwassers ein erträgliches Klima herrschte.

Die Menschen bezogen nach und nach die ersten Häuser und richteten sich in ihnen ein. Manche trugen ihre wenige Habe auf dem Rücken, andere fuhren sie auf einem Karren durch die Straßen zu ihren Häusern. Die Mächtigen und Wohlhabenden aber ließen ganze Schiffsladungen von Möbeln aller Art, Kleider, Vasen, Krüge und Töpfe, Kunstgegenstände, Schreibgerät und Papyrusrollen vom Hafen zu ihren Palästen schleppen. Trotz schärfster Aufsicht durch die Soldaten Haremhabs fand natürlich manches von dem, was sich die Diener ihrer Herren am Hafen aufluden, einen neuen Besitzer.

Ich selbst ließ nur weniges von meinem Palast in Waset nach Achet-Aton bringen, denn ich beabsichtigte nicht, ihn in geräumtem Zustand verwahrlosen zu lassen oder ihn gar wegzugeben. Dadurch, dass so viele Menschen von Waset nach Norden zogen, hatte er ohnehin beträchtlich an Wert verloren. Nein, ich richtete mich in Achet-Aton vollkommen neu ein. Aus der königlichen Werkstatt kamen neue Betten, Tische und Stühle, Truhen und Kommoden, und alles war so fein und zierlich gearbeitet, dass man daran zweifeln mochte, ein Stuhl oder ein Bett würde seinen Benutzer aushalten, ohne zusammenzubrechen.

Auch die königliche Familie richtete sich mit diesen neuartigen Möbeln ein. Auf den Rückenlehnen ihrer Stühle und Sessel waren in buntem Glasfluss, in Gold und mit Edelsteinen besetzt, Echnaton und Nofretete abgebildet. Man sah sie, wie sie sich zärtlich berührten, sich die Hände reichten, sich Wein einschenkten und Speisen reichten. Die Einlegearbeiten von Truhen und Kommoden zeigten Echnaton im Kreise seiner spielenden Kinder oder Nafteta, wie sie mit ihrem Gemahl auf einem Streitwagen fuhr. Es gab Klapphocker mit sternförmigen Einlegearbeiten aus Elfenbein, deren vier Beine die Form von Enten-köpfen hatten und deren aufgerissene Schnäbel in einen quer liegenden Holzstab bissen.

Es schien, als sollten wir in Achet-Aton in wirklich jeder Hin-sicht ein neuartiges Leben führen, und nichts, was es einmal gab, sollte Bestand haben, alles sollte infrage gestellt werden.

Es war spät in der Nacht in Waset, als der große Umzug für mich begann. Die wenigen Gegenstände, die mir wirklich am Herzen lagen, packte ich eigenhändig sorgfältig in eine Holztruhe. Da waren die Geschenke, die mir Ameni gemacht hatte: der Prunk-dolch, die Schreibschatulle aus Elfenbein, welche die Gestalt ei-nes Krokodils hatte, die Steinfigur Nimurias und die kleine, kostbare Holztruhe mit dem Senetspiel. Auf ihrem Deckel stand: «Für Eje, den Einzigen Freund und Ohr Seiner Majestät, des Königs von Ober- und Unterägypten, sie lebe, sei heil und gesund, Neb-maat-Re, Sohn des Re, Herrscher von Waset, Ame-nophis.»

Ich öffnete das Kästchen, und das Wissen um das, was mich erwartete, ließ meine Augen vor Rührung immer noch feucht werden. Da lag unverändert der kleine Papyrus, worauf mein Freund vor nun bald dreißig Jahren geschrieben hatte: «Ich dan-ke dir. Ameni.»

Es war sein Dank für jene Nacht, in welcher ihm ein teuer bezahltes Mädchen das zeigte, was viele Menschen Liebe nen-nen. Ich sah noch einmal auf den Zettel und musste aufs Neue über das Verwechslungsspiel lachen, das mein Diener Senu und ich uns damals hatten einfallen lassen. Senu brachte das Mäd-chen in mein Schlafzimmer, wo Ameni auf sie traf, während ich in Pharaos Bett schlief. Das Mädchen glaubte, sie würde Pha-raos Freund Eje beglücken, und die Leibwachen Pharaos waren der festen Überzeugung, sie schützten in jener Nacht ihren jun-gen Herrscher vor den Gefahren dieser Welt.

Doch es gab noch mehr kostbare Erinnerungsstücke: Die

Briefe Amenis, die er mir nach Babylon geschickt hatte, und die Briefe, die Merit und ich uns geschrieben hatten. Da lagen die Schmuckstücke meiner Lieben, die ich noch nicht einer meiner Töchter geschenkt hatte. All diese Dinge wickelte ich sorgsam in Leinentücher und verstaute sie in der Truhe.

Früh am Morgen, es war noch weit vor Sonnenaufgang, stand ich auf. Ich wusch mich ausgiebig und kleidete mich so festlich, als ginge ich zum Palast Pharaos. Leise schlich ich mich aus dem Haus, damit niemand geweckt wurde. Draußen standen drei Pferdewagen. Aufgeregt scharrte eines der Tiere mit den Hufen im Sand und erschreckte eine Amsel so sehr, dass sie sich aufgeregt kreischend und tief am Boden fliegend in eine andere Ecke des Gartens flüchtete und durch ihr Gezeter die Nachtigall verstummen ließ. Ich blieb stehen und hörte aufmerksam in den heranbrechenden Morgen hinein, bis ich die ersten zaghaften, aber unverkennbar deutlichen Pfiffe der Nachtigall wieder hörte. Ich harrte aus, bis sie ihr zauberhaftes Lied neu angestimmt hatte. Es war ein guter Morgen.

Ein Wagen mit einem Soldaten und einem Wedelträger fuhr vor mir her, mein Diener Ipu folgte mir auf dem anderen. Ich lenkte meinen Wagen selbst, denn ich wollte allein sein, wollte nicht sprechen müssen. Ohne Eile rollten wir durch die Straßen der Stadt, und hier und da bestätigte uns das laute Kläffen eines Wachhundes, dass wir selbst ihn in seiner Ruhe gestört hatten. Während uns die Fähre zum westlichen Ufer brachte, begann es zu dämmern.

Nebelschwaden hingen in den Schilfgürteln des Flusses, und sie ahnten wohl, dass Aton in weniger als einer Stunde ihrem Dasein ein jähes Ende bereiten würde. Die ersten Fischerboote glitten lautlos über den Nil und ließen den einen oder anderen Schwarm aufgeschreckter Wasservögel wie eine schwarze Wolke emporsteigen und davonziehen. Drüben angekommen, wurde unsere Fahrt schneller, wir fuhren in südwestlicher Richtung, dorthin, wo die Auffahrt zum Totental lag. Es war der erste Tag der Woche, und so sahen wir die Arbeiter, wie sie in einer langen Reihe über den Kamm der Hügelkette zogen, von ihrem Dorf kommend, um neun Tage im Tal der ewigen Ruhe am Grab Nimurias zu arbeiten.

Wir erreichten die Anhöhe über dem Tempel von Osiris Maat-ka-Re Hatschepsut. Wir hielten an, und ich sah auf die Stelle hinunter, wo erst vor Monaten ein Armer sterben musste, weil er mir ein Geheimnis anvertrauen wollte. Dahinter lagen der Fluss und die Stadt. Im Dunst des erwachenden Morgens war weit weg im Norden der Totentempel Niumurias nur zu erahnen. Doch als Aton endlich erschienen war, und der Glanz seiner Strahlen die Luft reinigte, wodurch sich der Dunst auflöste, sah ich sie: Die gewaltigen Steinfiguren Nimurias, die am Eingang seines Tempels der Millionen Jahre wachten und für alle Ewigkeit auf Waset hinüberschauten, herausfordernd und beruhigend zugleich.

Wir fuhren weiter und erreichten den Eingang zum Tal. Ein Wedelträger, der mir Schatten spendete, und mein Diener Ipu, der zwei Blumenkränze trug, begleiteten mich. Schweigend gingen wir in das Tal hinein, zwischen den steilen Felswänden hindurch. Rechts lag der Eingang zu dem Seitental, in welchem Nimuria sein Grab errichten ließ und wo sich der Platz meiner letzten Ruhestätte befand. Wir gingen noch einige hundert Ellen geradeaus und bogen nach links ab, in ein enges Tal. Ich nahm die beiden Blumenkränze und ließ meine Begleiter zurück. Nur wenige Ellen musste ich den schmalen Pfad hinaufsteigen, bis ich den Eingang zum Grab meiner Eltern erreicht hatte. Vor dem Eingang lagen die beiden Kränze, welche ich bei meinem letzten Besuch niedergelegt hatte. Ihre Blumen waren vollkommen vertrocknet, die Farben nahezu verblichen. Ich tauschte sie gegen die neuen Kränze aus, und dann sah ich nach oben, wo über dem Eingang eine Statue meines Vaters mit einer Steintafel befestigt war.

«Einer, der bei Osiris in Ehren und in der Gunst des vollkom-

menen Gottes Neb-maat-Re steht, Juja, gerechtfertigt beim Großen Gott», las ich dort, wie ich es schon unzählige Male zuvor
getan hatte.

Hier ruhten sie, ausgestattet mit allem, was die Toten nach
unserem Glauben für ihr Weiterleben brauchten: Speise und
Trank, Möbel, Kleider, Arbeiterfiguren ohne Zahl, selbst der
Streitwagen Vaters lag in dem Grab vor mir, damit er im Jenseits
würdig weiterleben konnte – doch waren und blieben sie für alle
Zeit in diesem Grab eingesperrt. Wie viel besser gefiel mir da
der Totenglaube Echnatons: Wie die Lebenden auch, so ruhten
die Toten nachts nur in ihren Gräbern, damit ihr Ka bei Tage
heraustrat in die Herrlichkeit des Aton, um die Schönheit der
Schöpfung genießen zu können für alle Zeit. Aber wer wusste es
wirklich?

Wusste es Echnaton?

Ich spürte, dass ich mit der Grabstätte meiner Eltern zunehmend wenig anzufangen wusste. Das hatte nichts zu tun mit
dem Glauben Echnatons, das hatte nur zu tun mit der langen
Zeit, die seit ihrem Tod vergangen war. Ich musste gehen.

«Macht es gut», sagte ich wie immer, wenn ich sie verließ,
und klopfte mit den Knöcheln meiner rechten Hand gegen die
Scheintür des Grabes, als wollte ich auf mich aufmerksam machen, falls sie gerade ruhten.

Dann stieg ich hinab und ging mit meinen Begleitern zurück
zum Eingang des Tales. Mein nächster Weg stimmte mich trauriger. Das Grab Merits lag weit entfernt vom Grab meiner Eltern, dort, wo Königinnen und Prinzessinnen und hoch gestellte Frauen bestattet wurden, wenn sie vor ihren Männern starben
und diese noch kein eigenes Begräbnis besaßen. Auch hier lagen
noch die Kränze meiner letzten Besuche vor der Scheintür, und
auch hier sprach ich ein Gebet. Ich wollte mir nicht mehr vorstellen, dass Merit in dieser finsteren Grabstätte lag. Allzu gut
wusste ich noch, wo sich all die Grabbeigaben befanden, die wir
hierher gebracht hatten. Nein, es war nicht gut, sich das vorzu-

stellen. Ob ihr Ka jetzt irgendwo hier draußen saß, sie in meiner Nähe weilte? Ich wünschte es mir, auch wenn es mir meine Merit nicht zurückbrachte.

«Mach es gut», sagte ich auch hier und klopfte gegen die Scheintür. Dann wischte ich mir eine Träne von der Wange.

«Wer weiß, wann ich wieder bei dir sein kann», flüsterte ich und ging hinunter zu den Pferdegespannen.

Der Weg vom Gräberfeld zum Palast der leuchtenden Sonne war nicht weit. Es war früher Nachmittag, die Sonne brannte gnadenlos auf uns herab. Die Vorfreude auf den Besuch bei Ameni half mir, die Traurigkeit, die mich befallen hatte, zu überwinden. In dieser Vorfreude warf ich meine Perücke auf den Boden meines Wagens und jagte meine braven Pferde über den Schotter der Wüstenstraße, wie Ameni und ich es schon immer gern taten. Der heiße Wüstenwind blies mir den Atem der Hölle ins Gesicht. Dennoch war es ein herrliches Dahinrasen, wenn die Haare vom Wind zerzaust wurden und aufgewirbelte Sandkörnchen, die gegen den Körper schlugen, wie tausend Nadelstiche piekten. Die Augen verengten sich zu winzigen Sehschlitzen, damit sie so gut es ging vor Fliegen und Sand geschützt wurden. Die Offiziere der Streitwagentruppe wussten wohl, welch waghalsiger Wagenlenker ich einst war, und dass es noch heute kaum einer mit mir aufnehmen konnte. Deswegen versuchten sie erst gar nicht, mit mir gleichzuhalten oder mich zu überholen. Vielleicht taten sie es aber auch aus Respekt vor meiner Person nicht. Der erste Gedanke gefiel mir freilich besser.

«Für wen bist du dieses Rennen gefahren?», fragte Ameni mit strahlendem Gesicht, als er mich unter dem riesigen Sonnensegel seiner Terrasse empfing. «Für mich oder deinen Diener Ipu?»

«Ich wusste nicht, dass du in eigener Person über all diejenigen Aufsicht führst, die sich deinem Palast nähern», hielt ich dagegen, obgleich ich wusste, dass er mich beobachtet hatte. Denn ich sah ihn schon von weitem, wie er an der Brüstung seiner Terrasse stand und auf die Ebene vor ihm hinabblickte, und unsere Wagen auf den Palast zurasen sah.

Es war kein trauriger Abschied von Amenophis Mer-che-pesch, wusste ich doch, dass ich eines der Bindeglieder zwischen den Höfen von Waset und Achet-Aton sein würde. Trotz dieses Wissens, dass ich immer wieder hierher und in meinen Palast zurückkehren würde, hoffte ich während unserer langen Unterhaltung doch auch, er würde mich darum bitten, bei ihm in Waset zu bleiben.

Er schien meine Gedanken zu erahnen, denn ohne besonderen Anlass sagte er mit traurigen Augen: «Ich bat dich schon einmal, bei meinem Sohn zu bleiben. Heute wiederhole ich meine Bitte, auch wenn es mir schwer fällt. Du bist nicht verloren für mich, denn du kannst hierher kommen, wann immer es dir beliebt. Doch die Einheit der Beiden Länder, das Wohl Ägyptens, geht allem anderen voraus.»

«Wann wirst du nach Achet-Aton kommen?», fragte ich ihn, um von dem schmerzlichen Thema abzulenken.

«Ich nach Achet-Aton?» Seine Gegenfrage klang beinahe entrüstet.

«Niemand kann erwarten, dass ich diese Stadt je betreten werde. Auch Echnaton und Nofretete nicht. Du weißt, dass weder mein Vater noch ich jemals tiefe Zuneigung zur Priesterschaft des Amun empfanden. Ich habe ihnen meine Seele nicht verkauft, wie es einst Hatschepsut getan hatte. Ich selbst war es, der der Verehrung des Aton in unserem Land Tür und Tor geöffnet hat. Ich habe beinahe jeden Kampf mit ihnen ausgefochten, den es auszufechten gab. Ich habe den Bau des Gempa-Aton in Waset geduldet, ja sogar möglich gemacht. Aber wenn mein Sohn seine neue Hauptstadt in Gänze dem Aton weiht und dort die Verehrung anderer Götter gar nicht zulässt, geht das zu weit und entspricht nicht mehr den Geboten der Maat. Ich rede darüber nicht vor anderen, um ihn nicht bloßzustellen. Aber er kennt meine Meinung, denn wir haben bereits darüber gesprochen. Ich will hier mit den Dienern des Verborgenen in leidlichem Frieden den Rest meiner Lebenszeit verbringen. Das ist schwer genug, wie du weißt.»

Als Vater tat mir Ameni Leid. Ohne Zweifel wusste er um die geistigen Fähigkeiten Echnatons. Ihm war bewusst, dass er und sein Sohn sich im Grunde nichts zu sagen hatten. Die Verherrlichung des Feldzugs gegen das elende Kusch, die Leistungen des Vaters im Bogenschießen und Schwimmen, die unendlich vielen und langen Berichte Amenis von seinen Jagden auf Löwen und Wildstiere mochte Echnaton nicht hören, sie widerten ihn an. Und er gab das offen zu. Auch wenn beide erfüllt waren von der Leidenschaft, gewaltige Bauwerke zu errichten, konnte daraus keine Zuneigung entstehen, denn zu unterschiedlich waren die Meinungen von Vater und Sohn über die Kunst und die Frage, wie sie sich darstellen durften. Die einzige gemeinsame Leidenschaft der beiden bestand darin, mit Streitwagen Rennen zu fahren. Dies allein war freilich keine tragfähige Grundlage für ein inniges und vertrauensvolles Verhältnis von Vater und Sohn.

Mit Thutmosis, seinem verstorbenen Erstgeborenen, hätte Ameni all diese Sorgen nicht gehabt. Amenophis war sich dessen wohl bewusst, und deswegen mochte seine Trauer um diesen Sohn auch nie enden.

Im Hafen von Waset herrschte schon seit Wochen ein lebhaftes Treiben, denn Tag für Tag wurden die Schiffe derer beladen, die nach Norden in die neue Hauptstadt aufbrachen. Rührende Bilder des Abschieds konnte man dort sehen, und es waren durchweg junge Menschen, die ihre Eltern in Waset zurückließen und in ein neues Leben aufbrachen. Alle Gespräche wurden von dem Lärm des Hafens, den Flüchen der Vorarbeiter, dem Gebrüll der Zugtiere, dem Klappern der Wagenräder, dem Knirschen der Schlittenkufen und von den Kommandos der Seeleute übertönt, die Luft schien vor Geschäftigkeit zu flimmern.

Niemand nahm uns zur Kenntnis. Wir waren eine Familie

unter vielen, die hier eintrafen, um ihr Schiff zu besteigen. Große und Mächtige kamen in diesen Tagen zuhauf in den Hafen, sodass ein Einzelner von ihnen, mochte er auch der Gottesvater sein, unbeachtet blieb. Einzig der Hafenmeister selbst zeigte sich zuvorkommend und hilfreich und sorgte dafür, dass wir durch das Gedränge hindurch zu der Anlegestelle gebracht wurden, wo unsere Barke lag. Ipu selbst trug meine Holztruhe hinter mir her, und er legte sie nicht aus den Händen, hatte ich ihm doch mit der schlimmsten aller Strafen gedroht, wenn er sie nicht sicher bis in den Schlafraum unseres Schiffes brachte, um sie mir – und nur mir – dort wieder zu überantworten. Ich selbst schob sie unter mein schmales Bett und befahl zwei Soldaten meiner Streitwagentruppe, die hier im Hafen ihren Dienst versahen, bis unmittelbar vor unserer Abfahrt vor der Eingangstür Wache zu halten. Hier im Hafen war mir zu dieser Zeit einfach zu viel Diebsgesindel unterwegs.

Ti, Mutnedjemet und ich standen an der Reling unseres Schiffes und schauten zunächst geduldig dem unruhigen Durcheinander im Hafen zu, dann wurde ich allerdings unruhig und ärgerlich, war ich es doch sonst gewöhnt, mit allen Vorrechten versehen und bevorzugt abgefertigt zu werden. Schließlich war ich Gottesvater, Einziger Freund Seiner Majestät und überdies der Kommandant der Streitwagentruppe. Doch es half nichts, ich musste mich in mein Schicksal fügen, denn unsere Barke war von zwei anderen Schiffen, die gerade noch beladen wurden, eingerahmt, und so gab es selbst für mich kein vorzeitiges Entrinnen.

In dieser misslichen Lage tat Ti das einzig Richtige, um nicht Opfer eines bald drohenden Wutausbruchs zu werden: Sie ging mit Mutnedjemet in den Schlafraum des Deckshauses, und beide richteten sich dort ein. So blieb ich mit meinem Groll allein zurück und bestärkte mich in der Überzeugung, dass hier im Hafen alles viel reibungsloser ablaufen würde, trüge nur ich selbst die Verantwortung.

Dann endlich begannen die Schiffe, sich zu lösen, und nach einigem Geschrei gab der Hafenmeister unserem Schiffskommandanten händeringend zu verstehen, dass wir ablegen und nach Norden aufbrechen konnten. Niemand winkte uns zu, es gab keine Abschiedszeremonie, all die Zurückgebliebenen waren einfach froh, endlich wieder ein Schiff losgeworden zu sein. Schon wartete das nächste darauf, abgefertigt zu werden.

Auch auf dem Nil selbst herrschte ein Treiben, wie ich es noch nie erlebt hatte. Ein Lastkahn folgte dem anderen, dazwischen Barken wie unsere, und zu allem Übel zwängten sich auch noch zahllose Boote von Pilgern dazwischen, die zu irgendeinem ihrer bevorzugten Heiligtümer unterwegs waren. Es machte auch keinen Sinn, den Kommandanten zur Eile und die Schiffsleute an die Ruder zu treiben, denn mit jedem Überholvorgang wäre nur die Gefahr eines Zusammenstoßes gewachsen. Nachdem ich all dies gesehen hatte, beschloss ich, mich wieder zu beruhigen und mich mit einer länger andauernden Fahrt als gewöhnlich abzufinden.

So erreichten wir nach fünf Tagen Achet-Aton. Neben einigen anderen Großen des Landes hatte auch ich von Echnaton die Erlaubnis erhalten, an einer der beiden Anlegestellen vor dem großen Stadtpalast festmachen zu dürfen. Der allgemeine Hafen von Achet-Aton lag weiter südlich des Stadtpalastes, wo auch die Lagerhäuser und Getreidesilos errichtet wurden, damit die Transportwege möglichst kurz blieben. Als unser Schiff dort vorbeifuhr, war ich dankbar für die Gunst Pharaos, denn das Durcheinander, das Gedränge der Schiffe, die kamen und abfuhren, war hier noch größer als in Waset.

Flaggenzeichen hatten unser Eintreffen schon von weitem angekündigt, und so erschien zu meinem Erstaunen Aper-el in eigener Person, um uns in Empfang zu nehmen. Besonders herzlich begrüßte er Ti und Mutnedjemet, da beide zum ersten Mal den Boden der neuen Stadt betraten. Meine kleine Tochter war jetzt elf Jahre alt, und sie konnte es kaum erwarten, die neue Stadt und ihr neues Zuhause zu sehen und in Besitz zu nehmen. Auf der Fahrt zu unserem Palast schwieg Ti zumeist und sah staunend umher, nur hin und wieder erkundigte sie sich bei mir nach dem einen oder anderen Gebäude und dessen Zweck.

«Wie auffallend grün es hier ist, wie lebendig», bemerkte sie leise und mehr für sich, um sogleich wieder schweigend alles in sich aufzunehmen, was ihr Auge erfasste. Dann bogen wir auf die breite Prachtstraße ein, die Achet-Aton von Norden nach Süden parallel zum Fluss durchzog. Ohne mich anzusehen, umfasste Ti meinen Unterarm, als suchte sie Halt, um all der Pracht, die ihr jetzt entgegenschlug, standhalten zu können. Im Wagen hinter uns fuhr Mutnedjemet mit meinem Diener, und Ipu hatte alle Mühe, der Flut von Fragen, die über ihn einschlug, standzuhalten.

«Das ist nicht das Polizeigebäude», rief ich laut nach hinten, um eine falsche Auskunft von ihm zu verbessern. «Es ist das Verwaltungsgebäude für auswärtige Angelegenheiten.»

Mutnedjemet konnte weder mit dem einen noch mit dem anderen etwas anfangen, aber wenigstens Ti sollte die richtige Bezeichnung der Bauwerke kennen.

Nach gut zweitausend Ellen bogen wir links ab. Die Straße war jetzt bedeutend schmaler, aber ebenfalls zu beiden Seiten grün bepflanzt und von Palmen gesäumt. Ihre dichten Wedel spendeten uns wohltuenden Schatten, und es war, als durchquerten wir einen riesenhaften Laubengang. Vor uns gabelte sich der Weg, und wir hielten uns rechts, um nach hundert Ellen die Einfahrt zu unserem neuen Palast zu erreichen. Zwei Wachsoldaten grüßten uns militärisch und ließen uns sofort auf das Grundstück fahren, da sie mich natürlich kannten.

Unmittelbar hinter der Toreinfahrt hielt ich unsere Wagen an und bat Ti und Mutnedjemet abzusteigen. Ich nahm sie rechts und links bei der Hand und ging mit ihnen los. Der Kiesweg führte uns zwischen dicht gesetzten Dumpalmen und Beeten mit blau leuchtenden Kornblumen auf eine Wegkreuzung zu, in deren Mitte eine kleine Kapelle stand. Darin befand sich eine Stele aus Sandstein. Sie zeigte die königliche Familie, wie sie Opfergaben darbrachte und mit erhobenen Händen den Strahlenaton, der den oberen Teil des Bildes einnahm, anbetete.

Für einige Augenblicke verharrten wir im stillen Gebet, ehe ich sagte: «Pharaos Bildhauer Bek selbst hat sie für uns angefertigt.»

Wir gingen rechts um die Kapelle herum und nahmen den Weg in südliche Richtung. So schritten wir durch einen klar geordneten, nach einem strengen Plan bepflanzten Park, in dem nichts dem Zufall überlassen, sondern alles exakt vermessen und mathematisch gegliedert war. Bald erreichten wir die Terrasse. Teilweise lag sie unter einem weit vorgezogenen Dach, welches von vier schlanken und bunt bemalten Holzsäulen getragen wurde. Der größere Teil aber lag im Freien und konnte durch ein satt gelbes Stoffsegel vor der Sonne geschützt werden.

Bevor wir eintraten, machte Ti noch einmal kehrt und blickte zurück in den Garten, der leicht abfallend vor unseren Füßen lag. Erst jetzt ließ sich die gesamte Gartenanlage erfassen: Die Kieswege gliederten das vor uns liegende Grundstück in vier gleich große Quadrate, deren Mitte jeweils ein ebenfalls quadratischer Teich bildete. Die zwei Teiche im Süden waren mit Lotos, der Wappenpflanze Oberägyptens, und die im Norden mit Papyrus, der Wappenpflanze Unterägyptens, bestückt. Die Wege wurden allesamt von recht niedrigen Dumpalmen gesäumt, und nur am Rande des Gartens, unmittelbar vor seinen Mauern, ragten im Wechsel Dattelpalmen und Sykomoren empor. In der nordöstlichen Ecke versteckte sich zwischen weiß blühendem Jasmin und Granatapfelbäumen, jeden Schatten ausnützend, ein komfortables Gartenhaus. Erst gegen Abend, bevor Aton im Westen versank, konnte man dort die letzten wohltuenden Strahlen genießen und beobachten, wie unser Palast in goldgelbes, sich zunehmend rot färbendes Licht getaucht wurde.

Ti schien mit dem, was sie sah, zufrieden, denn sie nahm meinen Kopf zwischen ihre Hände und küsste mich so inniglich, so leidenschaftlich, dass mir die Anwesenheit Mutnedjemets für einen kurzen Augenblick unangenehm war.

Wir traten in einen breiten Vorraum, in dessen Mitte eine Doppelflügeltür in eine weite und großzügige Halle Einlass gewährte. Die geschlossene Decke wurde von vier bunten Säulen getragen, deren zwei nördlichen Kapitelle die Form geschlossener Lotosblüten, und die südlichen die von Papyrusbündeln hatten. Die Wände waren in hellem Ocker getüncht, und nur die Sockel waren bis in Hüfthöhe in verschiedenen Ziermustern bemalt. An der rechten Wand standen zwischen mächtigen Blumenkübeln und steinernen Wasserbecken lebensgroße Steinfiguren von Nimuria und Teje, auf der linken von Echnaton und meiner Tochter Nofretete. Vor der Rückwand ragte ein in den Fußboden eingelassenes Steinpodest empor, auf welchem Ti und ich bei Empfängen und Festlichkeiten unseren Platz haben würden. Neben diesem Podest führte eine unauffällige Tür in einen Umgang, der den zweigeschossigen Innenhof, der sich hinter der Halle anschloss, umgab.

Von diesem Umgang aus erreichte man eine Vielzahl von Zimmern des Erdgeschosses, und an seiner südwestlichen Ecke gelangte man über eine Treppe hinauf in unsere Wohngemächer. Erst führte ich Mutnedjemet in ihre beiden Zimmer. Ich zeigte ihr die neuen Truhen und Kommoden, das Bett und all die anderen Möbel, die eigens für sie angefertigt worden waren. Wir ließen das staunende Mädchen, das schweigend sein neues Zuhause in Augenschein und in Besitz nahm, zurück und gingen allein von Raum zu Raum. Ti sprach während all der Zeit kein Wort. Ihre Fingerspitzen strichen ab und an vorsichtig über einen zierlichen Schmetterling, einen winzigen Käfer oder eine bucklige Katze, die in leuchtenden Farben auf den Wänden abgebildet waren, als wollte sie ertasten, ob es nicht doch lebendige Wesen wären, die sie hier nach und nach entdeckte. Beim Anblick der neuen Betten schüttelte sie nur leicht den Kopf. Gewiss glaubte sie nicht, dass ein derart zierlich geschnitztes Möbelstück einen erwachsenen Menschen aushalten konnte. Am meisten aber beeindruckte sie unser Bad mit all seinen Pflanzen, Winkeln und Brunnen, und als sie es betrat, hielt sie nach einem kurzen «Oh» die rechte Hand vor den gespitzten Mund, damit ihr nicht ein weiteres «Oh» entwischte und sie ihr mädchenhaftes Grinsen, das die gewiss überflüssige Pracht bei ihr verursachte, verbergen konnte.

«Wenn du einmal die Wohltat eines babylonischen Bades genossen hast, wirst du nie mehr wieder darauf verzichten wollen», hauchte ich in ihr kleines Ohr, um sogleich beiläufig, aber doch auffordernd ihren Hals zu küssen.

«Ob man dieses Bad schon heute Abend in Gebrauch nehmen kann?»

Sie senkte ein wenig den Kopf und sah mich von unten mit weiten Augen an, wie sie es immer tat, wenn ich auf Fragen dieser Art nicht mit Nein antworten durfte. Ohne eine Reaktion abzuwarten, umarmte sie mich, stellte sich auf die Zehenspitzen und gab mir einen Kuss. Dann strich sie über mein Haar, legte ihre Wange an meine und flüsterte: «Es ist alles fast unwirklich schön hier, Eje. Ich freue mich auf unser Leben in Achet-Aton.»

«Aber du hast doch noch gar nichts von der Stadt gesehen», wunderte ich mich und drückte sie fest an mich.

Wir stiegen wieder hinab in das Erdgeschoss, wo ich Ti die Wirtschaftsräume zeigte. Dann verließen wir das Haus durch den hinteren Eingang und erreichten so den Wirtschaftshof mit den Gemüsegärten und Pferdeställen, den Getreidesilos und den Vorratshäusern, den Bienenkörben, den Hundezwingern und nicht zuletzt dem lang gestreckten Gesindebau. Die Menschen, die hier arbeiteten, standen teilweise erst seit kurzem in meinen Diensten, aber alle erhoben sich und wandten sich uns zu, als sie uns kommen sahen, und grüßten Ti und mich ehrerbietig.

«Lass uns auf die Terrasse gehen, Eje, und uns dort ein wenig in den Schatten setzen», sagte Ti, als wir alles gesehen hatten, denn es war sehr heiß.

«Dann will ich dir erst noch etwas anderes zeigen», entgegnete ich und nahm sie wieder bei der Hand. Wir kehrten zurück ins Haus, wo ich sie in die Innenhalle führte, welche sie bislang nicht gesehen hatte. Durch die hoch oben angebrachten Fenster erhellte das Sonnenlicht nur den oberen Teil der Wände, der untere Teil des Raumes versank in einem gedämpften, aber für das Auge sehr angenehmen Licht.

Es dauerte einen kurzen Augenblick, ehe Ti alles erkennen konnte. Wir standen vor dem niedrigen Springbrunnen und tauchten unsere Hände in sein kühles Wasser. Wir sahen die Wasserbecken in den Ecken des Raumes, sahen die in schweren kretischen Keramikkübeln üppig wuchernden Pflanzen, sahen zwei zum Verweilen und Ausruhen einladende Holzsessel nebst Fußschemeln, und betrachteten schließlich, beinahe versteckt zwischen zwei Palmen, eine vorzüglich gearbeitete, lebensgroße Steinfigur Nimurias aus schwarz glänzendem Basalt. Sie zeigte ihn als jungen Herrscher von siebzehn oder achtzehn Jahren. Er trug den Chepresch, auf dessen Stirnseite die Uräusschlange prangte, und hielt vor der Brust gekreuzt Geißel und Krummstab. Von weitem erkannte ich die großen mandelförmigen Augen und die fein gezeichneten Lippen, die ein freundliches Lächeln zeigten. Obwohl die Figur noch im alten Stil geschaffen wurde, erkannte man in ihr zweifelsfrei die Züge Amenis. Ihm gegenüber, ebenfalls zwischen zwei Palmen, stand eine Statue Echnatons, ganz im neuen Kunststil – seinem Kunststil – geschaffen, aber doch schön und vollkommen, mit dem wahrhaften Antlitz des jungen Herrschers. Er trug das Nemes-Kopftuch und hielt ebenfalls die Zeichen der königlichen Macht vor seinem Körper. Es war nicht einfach ein mildes Lächeln, das ich sah; mehr noch war es das Lächeln eines Wissenden, eines Erkennenden.

«Dieser Raum ist so angenehm, so beruhigend und anregend

zugleich, dass ich hier im Angesicht meiner Herrscher einmal die letzten Augenblicke verbringen möchte», flüsterte ich leise vor mich hin, und mein Flüstern galt mehr mir selbst, als dass es für Tis Ohren bestimmt gewesen wäre.

«Wie kannst du solchen Gedanken nachhängen, wo unser Leben in Achet-Aton gerade erst begonnen hat», widersprach meine Frau und bat mich, jetzt mit ihr in den Garten zu gehen. Dort verbrachten wir den Rest des Nachmittags. Dann gingen wir hinauf zu unserer Dachterrasse. Wir aßen und tranken, ruhten uns aus und freuten uns darüber, dass sich auch Mutnedjemet mit ihrem neuen Zuhause zufrieden zeigte. Von hier sahen wir über die Bäume und die Gartenmauer hinweg auf die Stadt, auf den Fluss und das dahinter liegende weite Grünland. Und schweigend sahen wir auf die Sonnenscheibe, die – rot glühend und alles Land in ihr mildes Abendlicht tauchend – irgendwo im fernen Westen, dessen Ende niemand kannte, unaufhaltsam versank.

Mutnedjemet war schon lange zu Bett gegangen, da bat ich Ipu für diesen Tag um einen letzten Dienst: Er sollte Ti und mir ein Bad einlassen.

Die Zeit, da die Saat heranwächst und die wir Peret nennen, neigte sich dem Ende zu. So geschah es im sechsten Regierungsjahr Echnatons, am dreizehnten Tag im vierten Monat des Peret, dass der Gute Gott, unser Herrscher Neferchepru-Re Waen-Re Echnaton, er lebe, sei heil und gesund, mit seiner Großen königlichen Gemahlin, meiner Tochter Nofretete und mit den Prinzessinnen Meritaton und Maketaton in seiner neuen Hauptstadt eintraf. Es sollte eine Ankunft für immer sein. Nie, nie mehr würde Echnaton seine Stadt verlassen.

Haremhab und Mahu, Aper-el und ich hatten die ganze Nacht kein Auge zugetan. Lange vor Sonnenaufgang wurde die königliche Flotte erwartet. Wir standen an der südlichen Landungsstelle des Stadtpalastes und starrten unentwegt auf das

Wasser. Es hingen einige Nebelfetzen im Schilfgürtel des Flusses, die die Ausschau nach Pharao noch anstrengender machten.

«Sind alle Soldaten auf ihren Posten?», fragte ich Haremhab, und kaum dass die Frage ausgesprochen war, wusste ich, wie unnötig und unsinnig sie war, denn es gab keinen Soldaten, der Haremhab an Zuverlässigkeit hätte übertreffen können. Er sah mich deswegen verwundert an, und schweigend nickte er mit dem Kopf.

«Sie kommen», flüsterte ich. Mein Gehör hatte mich nicht im Stich gelassen. Lange, bevor ich etwas sehen konnte, hörte ich, wie die Ruderblätter gleichmäßig auf das Wasser klatschten, immer deutlicher, immer lauter, bis auch Mahu sagte: «Ja, sie kommen.»

Die Schiffe fuhren in Keilform auf Achet-Aton zu, so wie es Wildenten und Wildgänse tun, wenn sie in großer Höhe über das Land hinwegfliegen. Die königliche Barke lief als erste die Anlegestelle an, und die übrigen Schiffe scharten sich sogleich um sie, als wollten sie das Schiff des Guten Gottes schützend in ihre Mitte nehmen. Echnaton stand mit Nofretete und den Prinzessinnen am Bug und sah geduldig zu, wie sein Schiff vertäut und der vergoldete Holzsteg gelegt und befestigt wurde. Trotz der vielen Schiffe lag eine gespenstische Ruhe über all dem Geschehen, es wurde kaum gesprochen, behutsam und nahezu geräuschlos bewegte sich ein jeder.

Die königliche Familie verließ die Barke, begrüßte selbst mich nur kurz und ging zwischen zwei langen Reihen Soldaten zum Palast. Echnaton hatte es sichtlich eilig, und so hielten sie sich nicht im Palast auf, sondern verließen ihn am östlichen Eingang wieder, um dort gemeinsam den Streitwagen Pharaos zu besteigen, der schon bereitstand. Ich nahm meine Enkeltöchter zu mir auf den Wagen, und dann bewegte sich der Zug auf der breiten Prachtstraße, die man jetzt «Königsweg» nannte, in Richtung Norden.

Die Wegstrecke zum Gempa-Aton war kurz, keine zweitausend Ellen weit. Außer den Soldaten, die auch hier den Weg Pharaos säumten, war kein Mensch zu sehen. Vor dem doppeltürmigen Eingangstor hielten wir an, und alle stiegen ab. Vor jedem Turm ragten fünf Fahnenmasten empor, und Echnaton sah kurz hinauf, als ob er sich vergewissern wollte, dass sie auch alle mit den langen, bunten Fahnen behangen waren. Zehn Masten zierten den Eingang des Gempa-Aton – acht waren es nur am Tempel des Amun in Waset. Hier wurden wir von der Priesterschaft Atons empfangen, allen voran Merire, Pentu und Panehsi.

Wir durchschritten das erste und das zweite Tor, dann betraten wir den ersten großen Hof des Tempels. Dort standen dreihundertfünfundsechzig steinerne Altäre. Auf einigen von ihnen legten Echnaton und Nofretete Opfergaben nieder, die ihnen von Pentu und Panehsi gereicht wurden. Der Erste Sehende des Aton, Merire, verneigte sich demütig und wies mit seiner Rechten den Weg zum nächsten Torturm, der ebenso wie die anderen mit gewaltigen Abbildungen der Königsfamilie und der lebendigen Sonne bemalt war. Wir betraten den zweiten großen Hof, in welchem die gleiche Anzahl Altäre stand wie im ersten: dreihundertfünfundsechzig. Hinter dem nächsten Tor erreichten wir einen kleineren Hof, in dessen Mitte eine Art Beobachtungsturm stand. Er war aus feinstem Sandstein gemauert, und von Westen her führte eine breite Rampe mit zweiundvierzig Stufen empor. Auf der Plattform, die von einem durchbrochenen Steingeländer begrenzt wurde, standen vier Thronsessel: zwei große für das Herrscherpaar und zwei kleinere für die Kinder. Die königliche Familie stieg hinauf und ließ sich auf den Thronen nieder. In einiger Entfernung vor ihnen lag das Allerheiligste des Tempels, und genau darüber erblickte man im Hintergrund die Einkerbung in der Bergkette, wo Echnatons Grab errichtet wurde, und die den Berg aussehen ließ wie ein gewaltiges Schriftzeichen für «Horizont».

Jetzt, da es allmählich heller wurde, sich das Erwachen der

Natur und des Tages ankündigte, da alles, was das menschliche Auge sah, sich nicht mehr in bescheidenen Grautönen zeigte, sondern begann, seine wirklichen Farben anzunehmen, vernahm ich einen lieblichen Gesang, ganz leise und anfangs nur als ein Summen, dann deutlicher, und erst jetzt erkannte ich die vielen Sängerinnen – es waren gewiss mehr als sechzig –, die auf den Mauern dieses Hofes standen und von unsichtbarer Hand geleitet einen Lobgesang auf Aton anstimmten:

> *«Der König*
> *betet den Sonnengott an in der Morgenfrühe*
> *bei seinem Herauskommen,*
> *wenn er auffliegt zum Himmel als Skarabäus.*
> *Der König*
> *kennt die geheime Rede, die Aton spricht,*
> *wenn sie Jubelmusik anstimmen für den Sonnengott*
> *bei seinem Aufgang, seinem Erscheinen im Horizont*
> *und wenn sie ihm die Türflügel öffnen*
> *an den Toren des östlichen Horizonts,*
> *damit er dahinfahren kann*
> *auf den Wegen des Himmels.»*

Erst sangen nur wenige von ihnen diesen Lobgesang, und als die ersten Strahlen Atons in der Senke erschienen, erhob sich eine einzelne Frauenstimme, so klar, so herrlich durchdringend, und wiederholte den Gesang so lange, bis die Sonnenscheibe in ihrer ganzen Größe die Senke über dem Allerheiligsten vollkommen ausgefüllt hatte. Jetzt stimmten alle anderen Sängerinnen ein und ließen mit lauter Stimme einen Lobgesang vernehmen, wie ich ihn vorher noch nie für eine andere Gottheit gehört hatte. Echnaton und Nofretete hatten sich längst von ihren Plätzen erhoben und begrüßten mit weit ausgebreiteten Armen ihren Gott. Als er sich in seiner ganzen Größe, nicht mehr rot, sondern golden glänzend zeigte, schlossen sie ihre Augen, und mir schien, als nähmen sie die Wärme und die Kraft der lebendigen Sonne in sich auf, um sie in ihrem Amt als Herrscher Ägyptens weiterzugeben. Echnatons linke Hand hatte die rechte Nofretetes ergriffen. Beide hielten ihren noch freien Arm betend Aton entgegen. Dann wendeten sie sich ihren Töchtern zu und umarmten und küssten sie zum Morgengruß, um sich schließlich selbst zu umarmen und zu küssen.

Es lag eine Innigkeit in diesem Bild, eine Liebe und Würde, die ich niemals vergessen werde.

Nicht mehr mit andächtig ernstem Gesicht, mit welchem sie den Tempel betreten hatten, sondern fröhlich lachend und gut gelaunt verließen sie den Turm und stiegen zu uns, die wir alles von unten beobachtet hatten, herab. Echnaton und Nofretete gingen weiter und verschwanden allein hinter den Mauern des Allerheiligsten, um dort unter freiem Himmel Aton weitere Opfer zu bringen.

Es dauerte lange, bis wir das Gempa-Aton wieder verlassen hatten, denn auf unserem Weg zurück erklärte Echnaton seiner Großen königlichen Gemahlin alles, was ihm wichtig erschien. Er zeigte ihr die vielen, als versenkte Reliefs gearbeiteten Bilder an den inneren Tempelwänden, wies auf jede einzelne überlebensgroße Steinfigur, die ihn oder Nofretete darstellte, und wusste sogar zu berichten, ob sie von Bek, dessen Vater Men oder von Thutmosis geschaffen worden war. Nach annähernd zwei Stunden gelangten wir an das äußere Tor des Tempels, und ich sah, dass nun zu beiden Seiten des Königswegs Tausende Menschen ihren Herrscher laut rufend und winkend erwarteten.

Echnaton hielt für einen Augenblick inne und öffnete seine Arme, um seinem Volk etwas von dem Segen zuteil werden zu lassen, den er soeben von seinem Vater Aton empfangen hatte. Dann bestiegen er und Nafteta und auch wir anderen unsere Wagen und fuhren zwischen den unaufhörlich jubelnden Menschenmassen zum Stadtpalast zurück. Meine Tochter trug wieder die oben abgeflachte Krone, deren lange und bunte Bänder über ihrem Rücken im Fahrtwind flatterten wie die Fahnen des Gempa-Aton. Echnaton trug den blauen Chepresch und einen langen, am Rücken weit nach oben gezogenen Schurz mit unendlich vielen, schmalen Längsfalten. Seine Rechte lag schützend über der Schulter Naftetas, und mit der Linken hielt er die Zügel des Gespanns. Das Strahlen in seinem Gesicht, seine großen Augen und der breite Mund verrieten seine Zufriedenheit mit allem, was er sah.

Im Stadtpalast angekommen, gingen wir durch einige Räume, bis wir eine Halle erreichten, die vor einer gewaltigen Mauer lag. Dahinter lag ein erhöhter und überdachter Freisitz, vor dem sich ein Platz ausbreitete, der in Länge und Breite gewiss dreihundert Ellen maß. Er war an seinen vier Seiten von hohen Mauern eingefasst, die allesamt Bilder von Pharao und seiner Großen königlichen Gemahlin zeigten. Auf der dem Freisitz gegenüberliegenden Seite des Hofes ragten zwei breite Tortürme empor, zu denen zwei langsam ansteigende Rampen führten.

Echnaton und Nofretete traten gemeinsam mit den Prinzessinnen ins Freie und nahmen zwischen den Wedelträgern auf ihren Thronen Platz. Ihnen folgten in gebührendem Abstand erst Ti, Mutnedjemet und ich, dann Aper-el und der Oberbildhauer Thutmosis. Vor dem Herrscherpaar lagen mehr als tausend Menschen – alle Würdenträger und Beamten der neuen Stadt – im Sand des gewaltigen Hofs. Kein Ton war jetzt zu hören, niemand bewegte sich. Da rief Aper-el mit lauter Stimme, die bis in den letzten Winkel des Platzes vernommen wurde:

«Verneigt Euch vor Seiner Majestät, dem König von Ober- und Unterägypten, dem starken Stier, geliebt von Aton, groß an Königtum in Achet-Aton, der den Namen des Aton erhebt, Neferchepru-Re Waen-Re Echnaton, der von der Wahrheit lebt, Gottherrscher von Achet-Aton!»

Jetzt, da Echnaton endgültig in seine neue Stadt umgezogen war, hatte er auch seinen Namen geändert und den Bruch mit dem alten Reichsgott Amun endgültig und für alle Menschen sichtbar besiegelt. Nicht nur, dass er seinen Geburtsnamen von Amenophis in Echnaton geändert hatte, auch aus seinen übrigen Namen strich er alles, was an den Verborgenen erinnerte oder mit ihm in Verbindung stand.

Dann rief Aper-el nochmals mit lauter Stimme:

«Verneigt Euch vor Seiner Großen königlichen Gemahlin Nofretete Nefer-neferu-Aton, Meri Waen-Re!»

So hatte auch meine Tochter ihren Namen erweitert, um sich ganz dem Aton zu weihen und ihre innige Liebe zu Echnaton zu zeigen: Vollkommen ist die Vollkommenheit des Aton, geliebt von Waen-Re.

Wie schön sie an diesem Tag anzusehen war! Ihr volles Haar war ganz unter der Krone versteckt, sodass ihr langer schlanker Hals noch mehr zur Geltung kam als sonst, und auch ihre gleichmäßigen Ohren zu sehen waren, ganz ohne Geschmeide. Die säuberlich gestutzten Augenbrauen waren schwarz, und weil auch die Augen selbst nur von dünnen Linien schwarzer Schminke umgeben waren, wirkten sie sehr groß. Die fein gezeichneten roten Lippen hoben sich von ihren hell geschminkten eingefallenen Wangen und von der schmalen, geraden Nase ab. Der Halskragen, den einst Merit trug und den ich Nafteta geschenkt hatte, schmiegte sich an die Schultern und die Brust der so herrlich anzusehenden Königin. Sie trug über einem langen Kleid, das wie der Schurz Pharaos fein gefältelt war, einen weißen, fast durchsichtigen Umhang, der dicht unter den Brüsten von golddurchwirkten Bändern zusammengehalten wurde, sich darunter aber weit öffnete.

Immer wieder trafen sich die Blicke des Paares, und sie erwiderten ihr Lächeln, das eine unverbrüchliche Liebe offenbarte, als wären sie ein frisch verliebtes Paar. Die Töchter sahen stolzen Blickes auf die Untertanen des mächtigen Vaters nieder, und wenn sie die anstrengende Würde ihrer ernsten Kindermienen nicht mehr aushielten, blickten sie empor zu Vater und Mutter, um von ihnen eine Bestätigung ihres vorbildlichen Betragens zu erheischen. Dann lachten sie fröhlich, Meritaton, wenn sie von ihrer Mutter bei der Hand genommen wurde, und Maketaton, wenn Echnaton seinen kleinen Liebling hochhob, um sie in seinen Armen zu halten und sie zärtlich auf die Wange zu küssen. Die Mädchen hatten genug Würde zelebriert und durften jetzt fröhlich und aufgeregt den Menschen zuwinken, die sich auf Befehl Aper-els erhoben hatten und die ihr Herrscherpaar stürmisch bejubelten.

Dann war es an mir, den Menschen mit einer ausladenden Bewegung meines Armes Ruhe und Schweigen zu befehlen. Ich rief je fünf Gefolgsleute Pharaos vor den Thron der Beiden Länder, um ihnen vor Pharao und dem Volk Ägyptens ihre neuen Titel und Ämter zu verleihen. Aper-el wurde jetzt Vorsteher des Palastes von Achet-Aton. Merire wurde als Erster Sehender des Aton im Hause des Re und als Fächerträger zur Rechten des Königs bestätigt. Ahmose wurde königlicher Schreiber und Aufseher des Gerichtshofs, Pentu Leibkammerdiener Seiner Majestät, Oberarzt und Geehrter ersten Ranges unter den einzigen Begleitern. Panehsi ernannte ich im Namen Echnatons zum Zweiten Propheten des Herrn der Beiden Länder, zum Aufseher der doppelten Kornkammer des Aton in Achet-Aton und zum Aufseher der Herden des Aton. Tutu blieb erster Diener Echnatons, wurde Aufseher aller Arbeiten seiner Majestät und Aufseher über das Silber und das Gold des Herrn der Beiden Länder. Mahu wurde Oberster der Polizei von Achet-Aton und Haremhab General des Herrn der Beiden Länder, königlicher Schreiber und Aufseher der Arbeiten in Achet-Aton. Sutau wurde Aufseher des Doppelschatzhauses Seiner Majestät und Neferchepru-herse-cheper, den wir nur Cheper nannten, Bürgermeister in Achet-Aton. Viele folgten noch, erhielten Ämter und Titel an diesem Tag, und diese Ehrungen ließen ihn zu einem wahren Festtag werden.

Ich selbst, Eje, blieb Gottesvater, Wedelträger zur Rechten des Königs, Vorsteher der Streitwagentruppe, Aufseher aller Pferde des Herrn der Beiden Länder und wahrhafter königlicher Schreiber.

Ich brauchte wirklich keinen Titel mehr.

Aper-el öffnete jetzt eine lange Papyrusrolle und verlas eine Inschrift, die wenige Tage später in eine weitere Stele in der östlichen Anhöhe eingemeißelt werden sollte:

«Der König von Ober- und Unterägypten, der von der Wahrheit lebt, Herr der Beiden Länder Neferchepru-Re Waen-Re, Sohn des Re, Herr der Kronen in Achet-Aton, groß an seiner Lebenszeit, dem Leben gegeben werde in alle Ewigkeit.

Die große Erbprinzessin im Palast, die Schöne und Herrliche mit den beiden Federn, Herrin der Freude, die sich mit der Gunst vereinigt. Man jubelt, wenn man ihre Stimme hört. Seine geliebte Große königliche Gemahlin, die Herrin der Beiden Länder Nefer-neferu-Aton Nofretete, sie lebe in alle Ewigkeit.

Das ist der Eid, den Seine Majestät gesagt hat: So wahr mein Vater Harachte, der im Horizont jubelt in seinem Namen Schu, welcher der Aton ist, dem Leben in alle Ewigkeit gegeben werde, lebt, und so wahr mein Herz froh ist über die Königin und ihre Kinder, und ein Alter der Großen königlichen Gemahlin gegeben werde mit Millionen von Jahren, indem sie Pharao angehört, und ein Alter gegeben werde der Prinzessin Meritaton und der Prinzessin Maketaton, ihren Kindern, indem sie der Königin, ihrer Mutter, in alle Ewigkeit angehören! Mein wahrer Eid, den mein Herz sagen wird und den ich nicht falsch sprechen werde in alle Ewigkeit: Die südliche Stele, die auf dem östlichen Berg von Achet-Aton ist, das ist die Stele von Achet-Aton, die ich stehen lassen werde an ihrer Stelle. Nicht werde ich sie nach Süden in alle Ewigkeit überschreiten. Eine südwestliche Stele wurde angelegt ihr gegenüber auf dem südwestlichen Berg von Achet-Aton, genau gegenüber. Die mittlere Stele auf dem Ostberge von Achet-Aton, das ist die Stele von Achet-Aton, die ich an ihrer Stelle stehen lassen werde auf dem östlichen Berge von

Achet-Aton. Nicht werde ich sie nach Osten in alle Ewigkeit überschreiten. Auch die nordöstliche Stele von Achet-Aton werde ich nicht überschreiten stromab in alle Ewigkeit. Das Gebiet zwischen den Stelen vom Ost- zum Westberg ist das eigentliche Achet-Aton, das meinem Vater Re Harachte, der jubelt im Horizont in seinem Namen Schu, welcher der Aton ist, gehört mit Bergen, Wüsten, Weidegelände, neuem Land, Hochland, frischem Land, mit Feldern, mit Wasser und mit Dörfern, mit dem Uferland, mit Menschen, mit Rindern, mit Bäumen und mit allen Dingen, die der Aton, mein Vater, in alle Ewigkeit wachsen lassen wird. Nicht breche ich diesen Eid, den ich dem Aton, meinem Vater, in alle Ewigkeit leisten werde, sondern er bleibt auf der Steinstele der südöstlichen Grenze, ebenso auf der nordöstlichen Grenze von Achet-Aton, ebenso bleibt er auf der Steinstele an der südwestlichen Grenze und ebenso auf der nordwestlichen Grenze von Achet-Aton. Nicht wird er ausgelöscht, nicht abgewaschen, nicht ausgehackt, nicht mit Gips überschmiert, nicht veranlasst, dass er vergeht. Wenn er vergeht und wenn er verschwindet und wenn die Stele, auf der er ist, verfällt, dann werde ich ihn wiederum erneuern an dieser Stelle, wo er jetzt ist. Die Stadt Achet-Aton soll in Ewigkeit bestehen. Sie soll dauern, bis der Schwan schwarz und der Rabe weiß wird, bis die Berge aufstehen, um zu wandern, und das Wasser bergan fließt. So sei es, und so werde es geschrieben!»

Echnaton nickte immer wieder leicht mit dem Kopf, und bekräftigte so die Worte, die Aper-el in seines Königs Namen gesprochen hatte. Jetzt verließ die königliche Familie ihren Platz und zog sich in das Innere des Palastes zurück. Echnaton und Nofretete gingen allein zu einem geschlossenen Durchgang, der über die Prachtstraße hinweg die beiden großen Palastgebäude miteinander verband. In der Mitte dieses Durchgangs befanden sich nach Norden und Süden zu zwei große Öffnungen, die man auch «Erscheinungsfenster» nannte. Von dort sah das Herrscherpaar jetzt auf all die Untertanen hinab, die den Königsweg, die breite Prachtstraße von Norden nach Süden füllten.

Erst am frühen Nachmittag, als sich wegen der unerträglich gewordenen Hitze die Straßen wieder geleert hatten, bestieg die königliche Familie im Schutz der Leibgarde die Prunkwagen und raste durch die verbliebene Menschenmenge, die noch die Straße säumte, nach Norden in ihren Wohnpalast.

Zehn Tage und zehn Nächte wurde in Achet-Aton der Einzug des Guten Gottes und seiner Familie gefeiert. In allen Palästen, auf den Straßen und Plätzen der Stadt wurde gegessen und getrunken, gesungen und getanzt. Ganze Herden von Rindern und Schafen wurden geschlachtet und gebraten. Immer wieder legten Schiffe an und brachten Bier und Wein, frisches Obst und Gemüse aus anderen Städten, denn Achet-Aton konnte selbst all das noch nicht liefern, was die Feiernden Tag für Tag verzehrten. Es kamen aber auch viele Gäste aus Nord und Süd, um dem König zu huldigen, ihm Geschenke zu bringen, vor allem aber, um ihre Neugier zu befriedigen. Mancher von ihnen beschloss in diesen Tagen wieder zu kommen und für immer hier zu leben, so geblendet wurden sie vom Reichtum, der Schönheit und der Eleganz der neuen Stadt. Freudig zogen sie zum Tempel Atons und brachten zahlreiche Opfergaben dar, bestaunten die Bildnisse Pharaos und seiner Großen königlichen Gemahlin.

Die Menschen, die schon in Waset das Gempa-Aton gesehen hatten, waren den Anblick der verzerrten Figuren gewöhnt. Vielen anderen aber, die aus Men-nefer, aus Achmim oder aus dem Fajum kamen, verschlug es die Sprache. Manche blieben und ließen sich staunend von den Priestern des Aton, ja von jedem von uns, in die Geheimnisse des neuen Glaubens unterweisen, bis sie verstanden, welche Botschaft Echnaton ihnen bringen wollte. Wieder andere standen der neuen Lehre ängstlich und ablehnend gegenüber, dass sie schworen, diese Stadt und ihren

Tempel nie wieder in ihrem Leben zu betreten. Sie hatten Angst vor dem Tag, da Echnaton die alleinige Herrschaft über die Beiden Länder antreten würde, denn sie fürchteten, dass er ihnen dann in ihren Städten und Dörfern die gewohnten Gottheiten wegnehmen und durch Aton ersetzen würde. Einer aber, der die neue Stadt Achet-Aton gewiss gern einmal gesehen hätte, lebte nicht mehr: der alte Merire, der Erste Sehende des Re aus On.

ACHT

Siehe, niemand kann seine Habe mitnehmen,
siehe, niemand, der geht, kommt wieder zurück!

Jedes Fest nimmt ein Ende und zwingt auch den fröhlichsten Zecher, sich wieder seiner Alltagssorgen anzunehmen. Nun war es aber in Achet-Aton nicht so wie in anderen Städten, wo man einfach wieder an seinen Arbeitsplatz, auf sein Feld, in die Werkstatt oder in den Stall ging, weil ein jeder schon immer wusste, was er zu tun hatte.

Wie anders in Achet-Aton! Wir alle mussten erst lernen, miteinander umzugehen. Jeder musste sich hier darüber im Klaren werden, für wen er eigentlich arbeitete, woher er seine Arbeitsmittel bekam, wohin er seine Ware liefern konnte. Viele wussten noch gar nicht, was sie arbeiten sollten, und lungerten den ganzen Tag nutzlos herum oder kamen auf schlechte Gedanken. So hatten Mahu und seine Polizisten alle Hände voll zu tun, Diebe zu stellen und zu verhaften, flüchtige Sklaven einzufangen und Soldaten zu bestrafen, die Fahnenflucht begangen hatten. Für die Soldaten Haremhabs war das Leben in Achet-Aton besonders hart. Sie, die sich sonst im Schwertkampf übten, im Wagenlenken und im Bogenschießen, die sich in die Schlacht stürzten für Ruhm und Ehre, sie schleppten noch immer Steine für den Guten Gott. Denn die Stadt Atons war noch lange nicht vollendet. Über Jahre hinweg wurden neue Tempel gebaut, wuchsen Paläste und Verwaltungsgebäude empor. Und immer waren es die Soldaten Haremhabs, die gemeinsam mit freigestellten Bauern, Arbeitern und Sklaven die Talatatblöcke vom Hafen zu den Baustellen schleppten.

Echnaton holte immer mehr Menschen in die Stadt. Mit Erlaubnis seines Vaters zog annähernd die Hälfte der Arbeiter aus der kleinen Siedlung nahe dem Totental im Westgebirge von Waset nach Achet-Aton. Sie errichteten sich auch hier östlich der Stadt, am Fuße des Höhenzuges, eine Arbeitersiedlung.

Woche für Woche zogen sie dann hinauf in die Berge, wo nahe einem ausgetrockneten Flusslauf, welcher in der Senke zwischen den beiden «Horizont»-Hügeln seinen Ursprung hatte, das Grab der königlichen Familie angelegt wurde. Aber auch alle anderen Bewohner der Stadt erhielten in den Hängen und Seitentälern des Ostgebirges Gräber und durften sich der Arbeiter Pharaos bedienen.

Echnaton hatte uns gelehrt, dass die Toten nicht im Westen in einer finsteren Unterwelt lebten, nicht für ewig von dieser Welt und dieser Erde verbannt waren, sondern dass ihre Seele, ihr Ka, bei Tagesanbruch aus dem Grab, in welchem sie bei Nacht nur ruhten, herauskamen und sich unter den Lebenden der Schönheit der Schöpfung Atons erfreuten. Deswegen wurden die Gräber von Achet-Aton im Osten gegraben und anders angelegt und gestaltet als die Gräber im Westgebirge von Waset. Nicht mehr der osirianische Westen mit Sonnenuntergang, Tod und Endgültigkeit bestimmte nun den Totenglauben, sondern die aufgehende Sonne, das Leben. Deswegen schmückten nicht mehr Gebete und Sprüche aus dem Amduat und aus dem Pfortenbuch die Wände der Grabanlagen, sondern Bildnisse aus dem Leben der Königsfamilie. Es gab in den Gräbern keine schweren, viereckigen Pfeiler mehr, die Osiris zeigten oder den schakalköpfigen Anubis. Schlanke Säulen, bunt bemalt mit Ornamenten und verziert mit Kapitellen, die Papyrusdolden oder Lotosblüten glichen, erinnerten mehr an Festhallen kleiner Paläste als an finstere Grabanlagen. Es gab in den Gräbern keine Scheintüren mehr, denn die Seele wechselte nicht mehr durch sie vom Jenseits ins Diesseits. Jetzt gab es nur mehr das Diesseits. An den Wänden wurde das Lob des Herrscherpaares gesungen, und wir stellten uns selbst dar, wie wir von Pharao geehrt und ausgezeichnet wurden; alles erinnerte an die schönen Tage in unserem Leben, nicht an Tod und an Trauer. Merire, der Erste Sehende des Aton, ließ deswegen seine feierliche Einsetzung in seinem Grab darstellen und schrieb dazu die von mir gesprochenen Worte Pharaos:

«Siehe, ich setze Dich für mich als ‹Größten der Sehenden› in den Tempel des Aton in Achet-Aton ein. Ich tue es aus Liebe zu Dir mit folgenden Worten:

Mein angesehener Diener, welcher die Lehre wahrhaftig hört! Mit jedem Auftrag, den Du ausführst, ist mein Herz zufrieden. Ich gebe Dir das Amt und sage: Du sollst die Nahrung des Pharaos, Deines Herrn, im Tempel des Aton essen!»

Wie insgesamt die Finsternis aus dem neuen Glauben Echnatons verbannt wurde, wurde jetzt auch Osiris als Gottheit verbannt und geleugnet. Die Wächterinnen an den Särgen der Toten waren nicht mehr die Göttinnen Isis, Nephthys, Selket und Neith. Stattdessen wachten vier Abbildungen Nofretetes an den Ecken des königlichen Sarkophages, welchen man in den Werkstätten Achet-Atons herzustellen begann. Sie wurde jetzt zu seiner Schutzgöttin erkoren, die verantwortlich dafür war, dass Mund und Nase ihres Gatten einen angenehmen Lufthauch atmeten.

Die einfachen Menschen, die nicht in der unmittelbaren Nähe des Herrschers lebten und die nicht Tag für Tag seine Botschaft hören konnten, erfuhren von alldem nur wenig. Sie hätten gewiss den Glauben Echnatons gern und mit Freude in ihr Herz aufgenommen. Den wenigsten von ihnen fehlten Amun, Ptah und Min, Hathor oder Nut. Seit alters her wurde in einem Gau, in einer Stadt nur eine der großen Gottheiten allein oder besonders verehrt: Ptah in Men-nefer, Sobek im Fajum, Min in Achmim oder Amun in Waset. Anderer Schutzgottheiten wie Sachmet, Bes oder Thoeris bediente man sich dagegen überall.

Was aber den Menschen bald fehlte, waren die Feste, die sie überall zu Ehren ihrer Götter gefeiert hatten. In diesen Festen wurde ihr Glauben augenscheinlich, letztendlich war das der Inhalt ihres Glaubens: Wenn sie einmal im Jahr zum großen Opetfest die goldene Statue Amuns in dessen Barke sahen, wie er von seinem Heiligtum zum Fluss getragen und in das südliche Ipetsut gebracht wurde, dann warfen die Betenden Tonscherben mit ihren innersten Wünschen, mit ihren Sorgen und Nöten auf den Prozessionsweg, damit sich die Gottheit ihrer annahm und sie erhörte in ihrem Bitten und Flehen. Echnaton duldete nicht, dass in Achet-Aton Feste für andere Gottheiten gefeiert wurden, wie er keine Tempel für andere Gottheiten außer Aton duldete. Die Tempel Atons kannten auch kein Allerheiligstes, in welchem sich eine Statue des Gottes verbarg, wonach sich die Menschen aber so sehr sehnten. So schufen sich die Menschen der Stadt selbst kleine Götterfiguren, errichten Hausaltäre zu Ehren Amuns, Ptahs oder Mins. Sie taten es im Geheimen, weil sie sich vor dem Zorn des Guten Gottes fürchteten, würden sie entdeckt werden.

Die morgendlichen Fahrten Pharaos wurden bewusst wie Festakte gestaltet, wenn er in seinem goldenen Prunkwagen vom Nordpalast in die Stadtmitte fuhr und so dem Volk erschien, als wäre er selbst ein Gott. Ja, seine Fahrten wurden zum Symbol für den Lauf der Sonne, und er ließ sich besingen als der Strahlende, der den Menschen erscheint wie Aton im Horizont. Das Erscheinen Echnatons im Gempa-Aton war herrlich anzusehen, doch all dies war dennoch kein Ersatz für die Feste, die die Menschen von jeher kannten und mit denen sie groß geworden waren.

In all diesem Treiben, das für eine Stadt und die Menschen darin so gänzlich neuartig war, gebar Nofretete ihre dritte Tochter, Anchesen-pa-aton. Dieser sollten noch drei weitere Töchter, Nefer-neferuaton-Tascherit, Neferneferure und zuletzt Setepenre folgen. Wir alle lebten glücklich in diesen Jahren in der Stadt des Aton, in der wir nur für uns und unsere Kinder sorgten. Wir führten ein neuartiges Leben, ohne Nöte und ohne Krieg. Wir fragten nicht danach, was in Asien geschah oder in Nubien. Wir kümmerten uns nicht um Ptah in Men-nefer und um Amun in Waset.

Die Künstler Echnatons schufen herrliche Werke, allen voran Thutmosis. Er richtete sich eine Werkstatt von bisher noch nicht gekannter Größe ein, mit Arbeitsräumen für seine Schüler, mit Brennöfen und einer Halle, in der alle Großen der Stadt geduldig Modell saßen, um die herrlichsten Kunstwerke entstehen zu sehen. Er schuf dort Bilder von Echnaton, so wahrhaftig und lebensecht, wie nie zuvor. Er fertigte Bildnisse der Prinzessinnen und von Nofretete, ihrer Mutter. Thutmosis arbeitete in einer Genauigkeit und Gründlichkeit wie kaum ein Bildhauer vor ihm. Um ein möglichst lebensechtes Abbild Nofretetes zu schaffen, meißelte er zunächst aus Sandstein eine grobe Büste. Darauf formte er aus Gips nach und nach Schultern, Hals, Kopf und Krone, was ihm die Möglichkeit eröffnete, bis in alle Einzelheiten die Gesichtszüge Naftetas wiederzugeben und jeden noch so kleinen Fehler sofort auszubessern. Zuletzt bemalte er die Büste: Den Halskragen in Blau, Rot und Gold, das Gesicht mit seinen roten Lippen, den schwarzen Lidschatten und den dunklen Augenbrauen, zuletzt die Krone in dunklem Blau, mit dem goldenen Stirnreif und den bunten, grün, rot und golden gestreiften Bändern. Diese Büste diente ihm jetzt als Vorbild, als Modell für alle in Stein zu hauenden Bildnisse der Königin und machte ihn in seiner Arbeit unabhängig von der knappen Zeit, auf welche ihn all seine Auftraggeber hinwiesen.

Aber schon bald war Thutmosis die Genauigkeit seiner Augen und seiner Hände nicht mehr genug. Immer wieder stellte er fest, dass irgendeine Kleinigkeit an seinem Werkstück doch nicht der Wirklichkeit so nahe kam, wie er es sich vorgenommen hatte. Deswegen begann er eines Tages, von den Gesichtern Toter Gipsabdrücke zu nehmen. Der Erfolg war erstaunlich: Nachdem die Form ausgegossen und das so entstandene Gesicht von seiner Hülle befreit wurde, glaubte man, in das wahrhafte Antlitz eines gerade erst Verstorbenen zu blicken. Jede Falte und jede sonstige Unregelmäßigkeit der Haut konnte man erkennen. Man sah die vom Todeskampf verzerrten Mundwinkel ebenso wie den zufriedenen Gesichtsausdruck eines endlich von allen Leiden Erlösten.

Dann versuchte sich Thutmosis an Lebenden. Es bedurfte großen Vertrauens in den Lehrherrn, denn um das Ergebnis nicht zu gefährden, mussten die Schüler des Bildhauers durch zwei Strohhalme atmen, die man ihnen in die Nasenlöcher steckte und um welche man den feuchten Gips auftrug. Damit sie sich in der Finsternis ihrer kühlen Maske nicht verlassen und verraten fühlten, blieb Thutmosis neben ihnen sitzen und hielt ihnen eine Hand, bis der Gips vollständig aufgetragen und ausgetrocknet war. Die ersten Masken waren noch nicht zufrieden stellend. Die Jünglinge aus der Werkstatt des Meisters bewiesen offenbar doch noch nicht die nötige Ruhe, damit der Abdruck ungestört und ohne Risse zu bilden, trocknen konnte. Auf trockener Haut blieben oftmals Teile des Gipses haften und dadurch wurde die Maske beim Abnehmen zerstört, was zudem auch noch Schmerzen bereitete.

So bot ich mich meinem Freund Thutmosis für dessen Versuche an, nachdem er mir von seinen Missgeschicken berichtet hatte. Ti begleitete mich, denn wir sollten nach unserem Aufenthalt in der Werkstatt zum Abendessen bleiben. Thutmosis führte uns durch nahezu alle Räume seines Hauses, wo wir manches Kunstwerk bestaunen konnten, das weder für den Palast noch für andere Auftraggeber bestimmt war. Zwei Gehilfen versahen noch ihren Dienst, als wir die «Gipskammer», wie Thutmosis diesen Raum nannte, erreichten. Sie hatten hauchdünne, weiße Binden vorbereitet, wie man sie sonst zum Einwickeln einbalsamierter Toter verwendete, und rührten in einer großen Alabasterschale eine weiße, schmierige Masse an.

Ich nahm auf einem Sessel mit einer schrägen Rückenlehne Platz und legte meinen Kopf auf eine Stütze, sodass ich geradewegs an die Decke des Raumes sah. Thutmosis nahm ein Fläschchen mit einer wohlriechenden, öligen Masse und rieb mir damit vorsichtig das ganze Gesicht ein. Der Haaransatz auf der Stirn und die Augenbrauen wurden besonders stark eingeschmiert. Ein Schüler reichte seinem Meister jetzt die Schale mit der weißen Masse. Nun hatte ich die Augen zu schließen. Dankenswerter Weise wurde zum Anrühren warmes Wasser verwendet. Ich begann zu spüren, wie Thutmosis den lauwarmen Gips nach und nach auf meinem Gesicht verteilte.

«Nicht erschrecken», warnte er mich mit der betulichen Stimme eines Arztes, der seinem Patienten gleich Leid zuzufügen gedenkt und es doch nur gut meint. «Jetzt stecke ich dir zwei kleine Schilfrohre in die Nase, damit du atmen kannst.»

Schon spürte ich die beiden Röhrchen unbequem in meiner Nase stecken und wie geschickte Hände den Gips um sie herum verteilten. Ich vertraute Thutmosis vollkommen. Er lenkte mich mit dem neuesten Gerede aus dem Palast ab, und so wurde ich schnell sehr ruhig und fühlte mich trotz dieses ungewohnten Zustands sicher und geborgen.

Das Ergebnis versetzte uns alle in Erstaunen. Nachdem er von dem Abdruck eine neue Form gegossen und die Hülle entfernt hatte, lag – wenn auch kreidebleich – mein Antlitz, wie es tatsächlich war, vor uns. Thutmosis nahm ein kleines scharfes Messer, kratzte ein wenig an den beiden Augen herum, und schon wurde aus dem gerade noch schlafenden ein sehender, ernst dreinblickender Eje.

«Diese Art Büsten herzustellen kennt keine Nachsicht, mein Freund. Hättest du etwas freundlicher über meine Arbeit gedacht, als du hier gelegen hast, würde uns dein Abbild nicht so missgelaunt ansehen.»

«Ich habe nichts gegen diesen Gesichtsausdruck einzuwenden», hielt ich dagegen. «Ich mag Bilder und Büsten mit diesem meist verkrampft wirkenden Lächeln der Abgebildeten ohnehin nicht leiden. Fertige mir davon drei Büsten aus schwarzem Basalt, und ich werde meine Frau und zwei Freunde damit glücklich machen!»

Die Büste, die Thutmosis an diesem Abend von mir gefertigt hatte, bildete den Anfang einer langen Reihe von Abbildungen der Großen und Mächtigen von Achet-Aton, Abbildungen, die immer lebensechter und vollkommener wurden. Aber Thutmosis beließ es nicht bei den Bildnissen der Mächtigen. Die einfachen Menschen, deren Antlitz vom Alter, von harter Arbeit und Entbehrung gezeichnet waren, reizten ihn viel mehr, denn nur ihre Gesichter hatte Furchen, Falten und Kanten. Die Köpfe derjenigen, die im Wohlstand feist und rund geworden waren, gaben da nicht viel her.

Echnaton selbst widmete sich neben all seiner Arbeit zunehmend einer Aufgabe, die ihm schon so lange, eigentlich seit seinem ersten Besuch bei Merimes im Tempel des Re am Herzen lag: die Erneuerung der ägyptischen Sprache und ihrer Schrift. Wie oft hatte sich der junge Herrscher darüber beklagt, dass das, was wir sprachen, nicht wirklich geschrieben stand. Tage und Nächte verbrachte er mit den besten Schreibern der Stadt und mühte sich gemeinsam mit ihnen Schritt für Schritt um eine neue Schrift. Er ließ die alten Märchen und Geschichten, mit welchen die Schüler zwischen dem Meer im Norden und der zweiten Stromschnelle im Süden über Generationen hinweg gelangweilt und gequält wurden, neu verfassen und befahl, dass fortan nur noch in der neuen Schrift unterrichtet werden durfte. Er wollte aber nicht nur alte Märchen, Lieder und Gedichte neu verfassen lassen. Er spornte Musikanten und Dichter an, Neues zu schreiben, damit auch in der Musik ein Neuanfang sichtbar gemacht wurde.

Und wieder war es Echnaton selbst, der uns alle mit dem Schönsten überraschte, das in Achet-Aton gedichtet und geschrieben wurde. Es handelte sich aber nicht einfach um eine Dichtung, eine Erzählung. Es war vielmehr ein neues Bekenntnis seines Glaubens, eine Verherrlichung Atons und dessen ganzer Schöpfung. Echnaton hatte diesen Gesang nur für sich im Geheimen verfasst und nie mit einem von uns darüber gesprochen. Umso überraschter waren wir, als wir den Lobgesang des Aton zum ersten Mal zu hören bekamen.

Eine riesige Staubwolke hinter sich herziehend, fuhren Echnaton und Nofretete frühmorgens auf dem Prunkwagen vom Nordpalast zum Gempa-Aton, wo die wichtigsten Gefolgsleute das Herrscherpaar bereits erwarteten. Wir folgten Pharao durch die beiden großen Höfe des Tempels, bis wir den dritten, kleineren Hof erreicht hatten. Aus zwölf Opferschalen stiegen Schwaden herrlich duftenden Weihrauchs empor, und auf den Mauern standen Tempelsängerinnen, die jetzt, da das Königspaar die Stufen zu dem kleinen Turm emporstieg, ihre Gesänge anstimmten, leise, zurückhaltend, geradezu unheimlich. Echnaton und Nofretete erwarteten mit uns das Erscheinen Atons, und als er seine ersten Strahlen über den Bergen hervorblitzen ließ, erhob sich Echnaton und trug mit lauter, wohlklingender Stimme seinen Lobgesang Atons vor:

«*Schön erscheinst Du*
am Horizont des Himmels,
Du lebendige Sonne, die das Leben bestimmt.
Du bist aufgegangen am östlichen Himmel
und hast jedes Land mit Deiner Schönheit erfüllt.
Du bist schön, gewaltig und strahlend,
hoch über allem Land.
Deine Strahlen erleuchten die Länder
bis ans Ende von all dem, was Du geschaffen hast.
Du bist Re, wenn Du ihre Grenzen erreichst

und sie niederbeugst für Deinen geliebten Sohn.
Du bist fern, aber Deine Strahlen sind auf Erden,
Du bist in ihrem Angesicht,
aber unerforschlich ist Dein Lauf.

Gehst Du unter am westlichen Himmel,
so liegt die Welt in Finsternis,
in einem Zustand des Todes.
Die Schläfer sind in der Kammer,
verhüllten Hauptes, kein Auge sieht das andere.
Wird ihnen die Habe unter ihren Köpfen
weggestohlen, sie merken es nicht.
Jedes Raubtier ist aus seiner Höhle gekommen
und alle Schlangen beißen.
Die Finsternis ist wie ein Grab,
die Erde liegt in Schweigen,
denn ihr Schöpfer ist untergegangen am Horizont.

Am Morgen bist Du aufgegangen im Lichtland
und leuchtest als Sonne am Tage.
Du vertreibst die Finsternis
und spendest Dein Licht.
Die Beiden Länder sind täglich im Fest,
die Menschen sind erwacht und stehen auf den Beinen,
    denn Du hast sie aufgerichtet.
Sie waschen sich und legen ihre Kleider an,
bei Deinem Erscheinen erheben sie die Arme zum Gebet,
    dann tut das ganze Land seine Arbeit.
Alles Vieh ist zufrieden mit seinen Gräsern,
Bäume und Kräuter grünen.
Die Vögel fliegen aus ihren Nestern
und ihre Schwingen preisen Deinen Ka.
Alles Wild tanzt auf seinen Läufen,
alles, was fliegt und flattert, lebt,

wenn Du für sie aufgegangen bist.
Die Schiffe fahren stromauf und stromab,
jeder Weg ist frei durch Dein Erscheinen.
Die Fische im Fluss springen vor Deinem Angesicht und
  Deine Strahlen dringen ins Innere des Meeres.

Du bist es, der den Samen sich entwickeln lässt in den
  Frauen, der Wasser zu Menschen macht,
der den Sohn am Leben erhält im Leib seiner Mutter
und ihn beruhigt, sodass seine Tränen versiegen.
Du bist eine Amme im Mutterleib.
Du spendest Atem, um alles am Leben zu erhalten.
Verlässt das Kind den Mutterleib,
um zu atmen am Tag seiner Geburt,
dann öffnest Du seinen Mund vollkommen
und sorgst für seine Bedürfnisse.
Das Küken im Ei, das schon in der Schale redet,
Du gibst ihm Luft darinnen, um es zu beleben.
Du hast ihm eine Frist gesetzt,
damit es die Schale zerbricht am Ei.
Es kommt heraus aus dem Ei, um zu piepsen zu seiner Zeit.
  Es läuft schon auf den Füßen,
wenn es herauskommt aus ihm.

Wie zahlreich sind Deine Werke,
die vor unserem Angesicht verborgen sind,
Du einziger Gott, der Seinesgleichen nicht hat.
Du hast die Erde geschaffen, ganz allein nach Deinem
  Wunsch, mit Menschen, Vieh und allem Wild,
mit allem, was auf der Erde ist,
was auf Füßen umherläuft und allem,
was auf Flügeln die Lüfte durchschwebt.
Die Fremdländer von Syrien und Nubien
und dazu das Land von Ägypten:

Jeden stellst Du auf seinen Platz
und sorgst für dessen Bedürfnisse.
Ein jeder hat seine Nahrung,
seine Lebenszeit ist vorherbestimmt.
Die Zungen sind verschieden im Reden,
ebenso die Wesenszüge der Menschen.
Ihre Hautfarbe ist verschieden,
denn Du unterscheidest die Völker.
Du erschaffst den Nil im Innern der Erde
und bringst ihn herauf nach deinem Willen,
damit er die Menschen am Leben erhält,
die Du geschaffen hast.
Du bist ihrer aller Herr, der sich abmüht mit ihnen,
   Du Herr aller Lande, der für sie aufgeht,
Du Sonne des Tages, so gewaltig an Hoheit!
Selbst ferne Fremdländer erhältst Du am Leben,
für sie lässt Du den Nil vom Himmel regnen,
dass er herabsteige zu ihnen,
und Wellen schlage auf den Bergen, wie das Meer,
um ihre Felder zu tränken mit dem,
was sie brauchen.

Wie herrlich wirken Deine Pläne, Herr der Ewigkeit!
Den Nil am Himmel, den Du den Fremdvölkern gibst
und allem Wild des Berglandes, das auf Füßen läuft.
   Der wahrhaftige Nil aber,
er kommt aus der Unterwelt nach Ägypten.
Deine Strahlen erfüllen die Felder mit Leben,
wenn Du aufgehst, leben und wachsen sie für Dich.
Du erschaffst die Jahreszeiten, damit sich
all Deine Geschöpfe entwickeln können:
Den Winter, um sie zu kühlen,
die Glut des Sommers, damit sie Dich spüren.

Du hast den Himmel fern gemacht, um an ihm
  aufzugehen, um alles zu schauen, was Du geschaffen hast.
Einzig bist Du, wenn Du aufgegangen bist,
in all Deinen Erscheinungsformen als lebender Aton,
der erscheint und der glänzt,
fern bist Du, und nahe zugleich.
Du schaffst Millionen Gestalten aus Dir allein –
Städte, Dörfer und Felder,
Wege und den Fluss.
Alle Augen sehen sich Dir gegenüber,
wenn Du als Sonne des Tages über dem Land bist.
Wenn Du gegangen bist, Dein Auge nicht mehr da ist,
  das Du um ihretwillen geschaffen hast,
damit Du Dich nicht selber siehst als Einziges,
was Du geschaffen hast,
auch dann bleibst Du in meinem Herzen,
und es gibt keinen anderen, der Dich kennt,
außer Deinem Sohn, Neferchepru-Re Waen-Re,
den Du Dein Wesen und Deine Macht erkennen lässt.

Die Welt entsteht auf Deinen Wink,
wie Du sie geschaffen hast.
Gehst Du auf, so leben sie alle,
gehst Du unter, so sterben sie.
Du bist die Lebenszeit selbst, man lebt durch Dich.
Die Augen ruhen auf Schönheit, bis Du untergehst,
alle Arbeit wird niedergelegt,
wenn Du untergehst im Westen.
Der aufgehende Aton lässt alles wachsen für den König,
  und Eile ist in jedem Fuß.
Seit Du die Welt geschaffen hast, erhebst Du sie
für Deinen Sohn, der aus Deinem Leib hervorgegangen ist,
  den König von Ober- und Unterägypten,

> den Herrn der Beiden Länder Neferchepru-Re Waen-Re,
>   Sohn des Re, der von der Maat lebt,
> den Herrn der Kronen, Echnaton,
> mit langer Lebenszeit,
> und für die Große königliche Gemahlin des Königs,
>   die Herrin der Beiden Länder Nefer-neferuaton Nofretete,
>   die lebt und sich verjüngt
> für immer und ewig.»

Wie die Schwaden des Weihrauchs, so schwebten auch die Melodien der Sängerinnen durch die Weiten des Tempels und ließen die Worte Echnatons in uns nachwirken, wie Wein in unseren Köpfen erst nachzuwirken beginnt, nachdem die Köstlichkeit seines Geschmacks längst die Zunge und den Gaumen erfreut hat.

Der Gesang Echnatons beschrieb das Leben, die Natur, und nicht wie so viele unserer alten Gebete den Tod und die Finsternis und deren Götter. Ja, alle anderen Gottheiten unseres Landes kamen gar nicht mehr vor. Die göttliche Dreiheit von Amun, Mut und Chons in Waset und die von Ptah, Sachmet und Nefertem in Men-nefer wurde hier ersetzt durch Aton, Echnaton und Nofretete. Es war einzig von Aton die Rede und davon, dass er sich nur dem König offenbarte, nur ihm. Echnaton sollte ein für alle Mal der Mittler zwischen seinem Gott und den Menschen sein, und Nofretete war es vorbehalten, gleichberechtigt neben ihrem Gemahl an allen kultischen Handlungen teilzunehmen.

Jetzt fügte sich alles, was Echnaton uns in all den Jahren gelehrt hatte, zu einem großen, wunderbaren Bild zusammen. Die Natur selbst war das herrlichste Lob ihres Schöpfers. Wie vollkommen hatte Aton seine Schöpfung gestaltet, die großen Dinge wie die kleinen, alles bedacht, selbst für uns Menschen so Unbedeutendes wie ein ungeborenes Küken im Ei! Es war viel Schlichtheit, viel Demut in diesem Glauben. Es brauchte keine mystischen Schöpfungsgeschichten, keine Göttermorde und

-intrigen. Es brauchte keine Nachtfahrt der Sonne und keine Unterwelt, in der sie sich vollzogen. Die Strahlen Atons schienen auf alle Welt, nicht nur auf Ägypten, und weil die Fremdländer nicht mit der Gabe des Nils gesegnet sind, lässt ein fürsorglicher Aton es dort regnen. Wie weit muss das Herz dieses Echnaton gewesen sein! Wie rein und wie groß!

Der Gesang war so rein, so einfach und doch so allumfassend, dass ich ihn mit Erlaubnis Echnatons in dreizehn langen Zeilen in meinem Felsgrab im Ostgebirge von Achet-Aton aufzeichnen ließ, damit ich mich auch über den Tod hinaus an seinen Worten erfreuen konnte und damit er für alle Zeiten erhalten blieb.

Das zehnjährige Thronjubiläum Echnatons wurde zwar nicht so groß gefeiert wie ein Heb-Sed, doch Pharao nahm es gleichwohl zum Anlass, sein Volk erneut am Glanz seiner Herrschaft teilhaben zu lassen. Die Tempel und Paläste waren einmal mehr mit Blumen und Fahnen geschmückt, alle Bauarbeiten in der Stadt ruhten für drei Tage und in jedem Haus bereitete man sich auf die Feiern vor. Festliche Gewänder wurden genäht, zusätzliches Bier wurde gebraut, Wein aus den Oasen herbeigeschafft und ganze Herden von Rindern und Schafen in die Schlachthäuser getrieben. Tänzerinnen und Tänzer, Musikanten und Akrobaten bereiteten ihre Auftritte vor, und je näher das Fest rückte, umso mehr hob sich die Laune bei jedermann. Wussten wir doch, dass kein Volk der Erde so stilvoll und doch ausgelassen feiern konnte wie wir Ägypter.

Am ersten Morgen des Festes brachten Echnaton und Nofretete im Gempa-Aton reiche Opfer dar, Pharao betete mit lauter und erhabener Stimme für seinen Gott den Sonnengesang, und es stieg köstlicher Weihrauch aus dem fernen Punt in das Reich Atons empor, damit er so die Dankbarkeit seines königlichen Sohnes erfuhr. Danach bestieg das Herrscherpaar vor den Toren des Gempa-Aton ihre Prunkwagen und fuhr zwischen dem Jubel Tausender glücklicher Untertanen zum Stadtpalast. Für kurze Augenblicke waren sie verschwunden, dann zeigten sie sich mit ihren Töchtern im großen Erscheinungsfenster der Steinbrücke, die über die Königsallee hinweg die beiden Palastteile miteinander verband. Auf der rechten Seite führte eine schmale Steintreppe empor, sodass man von außen – wenn es die Soldaten zuließen – bis nahe an die königliche Familie herantreten konnte. Es dauerte lange, bis sich der Jubel der vielen Menschen gelegt hatte. Dann stieg Aper-el die wenigen Stufen empor, um mit einer ausholenden Geste seines rechten Arms alle zum Schweigen aufzufordern.

Mit lauter Stimme rief er: «Der Wedelträger zur Rechten des Königs, Vorsteher aller Pferde des Königs, sein wahrhaft geliebter Schreiber, der Gottesvater Eje und die große Gelobte von Waen-Re, die Gelobte der Großen königlichen Gemahlin, Ti, sie treten vor Seine Majestät, sie lebe, sei heil und gesund!»

Ti sah mich mit großen, ja geradezu furchtsamen Augen an, weil sie keine Vorstellung davon hatte, was nun geschehen würde. Ich nahm sie deswegen bei der Hand, drückte sie ein wenig und ging mit ihr die wenigen Schritte nach vorn zum Absatz der Treppe. Wir verneigten uns ehrerbietig vor dem Herrscherpaar. Aper-el fuhr fort:

«Der Wedelträger zur Rechten des Königs, Eje, der Vertraute des Königs im ganzen Land. Er ist ein Wahrhafter des Königs, den er aufgezogen hat, ein Rechtschaffener des Herrn der Beiden Länder. Er verehrt den einzigen König wie Aton, denn es gibt keinen anderen Großen als ihn. Wegen seiner Nützlichkeit für den König werde er ausgezeichnet vor allen anderen. Und auch Ti, seine Gemahlin, die das Herz des Königs und der Königin erfreut hat alle Zeit, die Amme war der Großen königlichen Gemahlin, werde ausgezeichnet vor allen anderen.»

Hinter uns brach Jubel los, und vor allem mein Gesinde, das sich in unserer Nähe aufgehalten hatte, vollführte wahre Freudensprünge. Etwas abseits hörte ich trotz all des Lärms wie einer der Wachposten, dessen Sicht durch einen Mauervorsprung verdeckt war, einem Jungen zurief: «Für wen macht man den Jubel, Kleiner?»

«Man macht den Jubel für Eje, den Gottesvater, und für Ti. Sie werden von Pharao zu reichen Leuten gemacht», gab der Junge zurück.

Ich sollte ernst und würdevoll bleiben, jetzt, da ich vor aller Augen Pharao gegenüberstand, doch über diese beiden Sätze musste ich einfach herzlich schmunzeln. Und in der Tat wurden Ti und ich jetzt von der ganzen königlichen Familie mehr als großzügig beschenkt. Echnaton und Nofretete überreichten uns zehn goldene Halsbänder, goldene Gefäße und Ringe, und selbst Meritaton und Maketaton hatten ihre Freude daran, Ti und mir goldene Armreife und Halsketten zu überreichen.

«Ich hoffe, du hast das Wagenlenken noch nicht verlernt», sagte Echnaton zu mir und gab mir ein Paar Handschuhe aus feinstem rot gefärbten Leder. Sie waren so fein und sauber genäht, wie ich es noch nie gesehen hatte. Echnaton strahlte, als er mein staunendes Gesicht sah.

«Ich weiß, dass du sie mehr schätzt als all das Gold, das ich dir gab. Du bist außer mir der einzige Mann in Ägypten, der Handschuhe von so edler Machart besitzt. Ich bin aber auch der Einzige, der einen Schwiegervater hat, wie du es bist. Ich verdanke dir viel, Eje, und du sollst wissen, dass ich dir dafür immer dankbar sein werde – nicht nur heute. Jetzt dreh dich um und genieße die Freude der Menschen, die dir zujubeln!»

Ich fasste Ti wieder bei der Hand, und wir sahen, wie unsere Diener noch immer fröhlich wie Kinder hüpften und wie die übrigen Umherstehenden – Würdenträger, Soldaten, fremde und einheimische Zuschauer gleichermaßen – sich immer wieder vor der königlichen Familie und vor uns verneigten und ehrfurchtsvoll die Hände erhoben. Immer wieder drehte sich Ti nach Nafteta um und lächelte ihr zu, wusste sie doch, dass jene ganz erheblichen Anteil daran hatte, dass wir von Echnaton vor allem Volk so geehrt und ausgezeichnet wurden.

Nachdem die königliche Familie das Erscheinungsfenster verlassen und sich in das Innere des Stadtpalasts zurückgezogen hatte, lief die Menschenmenge wieder auseinander. Auch Ti und ich traten mit all unseren Geschenken und umringt von unserem stolzen Gesinde den Heimweg an. Ipu und zwei andere Diener trugen die Geschenke Pharaos und mussten sie immer wieder den anderen zeigen. Nur meine roten Lederhandschuhe gab ich nicht aus der Hand.

Weil wir in so fröhlicher Stimmung waren, lud ich zu Hause meine Diener ein, mit mir und Ti einen kräftigen Schluck gekühlten Bieres zu trinken, ehe wir uns vor der Mittagshitze ins Innere des Hauses zurückzogen.

Die Fensterläden weit oben nahe der Decke waren geschlossen, damit die Hitze des Tages nicht hereindringen konnte, und so verschwammen im dämmrigen Licht alle Konturen, erhielt alles eine angenehme Unschärfe. Ich lag schon auf dem Bett und sah durch das Mückennetz hindurch, wie sich Ti auszog. Durch diesen Schleier ungewollt verhüllt, erschien sie viel jünger als sie war, ihre Figur wirkte graziös, ja mädchenhaft. Ich sah die schlanken Schenkel, die schmalen Hüften, ihre kleinen Brüste, ihr fröhliches Gesicht. Als sie bei mir lag, fuhr ich mit dem Zeigefinger zärtlich über den Rücken ihrer krummen Adlernase, zog sie fest an mich, küsste ihren Hals und biss ihr vorsichtig ins rechte Ohr. Dann vergaßen wir alles andere um uns, das viele Ehrengold Pharaos, das bevorstehende Fest am Abend, und gehörten nur uns.

Wir schliefen gewiss zwei Stunden tief und fest, bis ich aufwachte, weil ich hörte, wie Ipu für uns im Bad Wasser eingoss. Als Ti aufstand und hinausging, sah ich sie wieder an und empfand eine tiefe Zufriedenheit, ich spürte, wie glücklich ich mit ihr war und versank sogleich wieder in einen seligen Schlaf. Ich weiß nicht, wie lange dieser Zustand gedauert haben mag, denn ich erwachte erst wieder, als Ti aus dem Bad zurückkam. Sie hatte sich ein Tuch um den Körper gewickelt, und ich sah, wie sie schwankte und bei jedem Schritt nach einem Möbelstück griff, um sich daran festzuhalten und sich abzustützen. Ihr Atem ging schwer, und sie stöhnte bei jedem Schritt.

«Mir ist entsetzlich schlecht, Eje», sagte sie leise, als sie sich auf die Bettkante setzte. Auf ihrer Stirn bildeten sich mehr und mehr Schweißperlen. Dann sagte sie mit ängstlicher Stimme: «Ich sehe nichts mehr. Eje, ich kann nichts mehr sehen!»

Entsetzliche Angst kam über mich, denn erst jetzt begriff ich, dass sie sich offenbar in einem sehr bedrohlichen Zustand befand.

«Ipu», rief ich laut, «Ipu! Schnell, lauf und hole einen Arzt!»

Ipu hatte kurz seinen Kopf in das Zimmer gesteckt und sofort begriffen, was geschehen war, denn ohne ein Wort zu verlieren, verschwand er wieder, und ich hörte an seinen Schritten, wie sehr er sich eilte. Ti hatte sich jetzt zur Seite gelegt und stöhnte mehr und mehr, bis sie schließlich erbrach. Ich wischte sie mit ihrem Tuch notdürftig ab, legte sie auf das Bett und schob ihr vorsichtig ein Kissen unter den Kopf. Immer wieder wischte ich ihr den Schweiß von der kalten Stirn und flüsterte dabei ängstlich und leise: «Was hast du, Ti? Hörst du mich? Hörst du mich, Ti? Sag doch endlich etwas!»

Aber ich bekam keine Antwort. Ihr Atem beruhigte sich allmählich, und es schien, als wäre sie eingeschlafen. Wenn nur Mutnedjemet hier gewesen wäre! Es hatte aber keinen Sinn, nach ihr zu rufen, denn wie so oft war sie bei Nafteta und den Kindern im Nordpalast. Endlich hörte ich die Stimme Ipus und eines Fremden, und wenige Augenblicke später stand mein Diener mit einem mir unbekannten jungen Arzt im Zimmer. Dieser verneigte sich kurz vor mir, stellte sich mit unsicherer Stimme als Ramessu vor und saß sogleich neben Ti auf der Bettkante. Mit der Linken fühlte er unauffällig den Puls, während der Zeigefinger seiner Rechten vorsichtig erst das eine, dann das andere Augenlid der Kranken hochhob.

«Wie heißt Eure Frau, mein Herr?», fragte er mich schüchtern. Ich sagte es ihm.

«Erschreckt jetzt nicht, wenn ich laut werde. Aber ich muss versuchen, sie aus ihrem Schlaf zurückzuholen.» Ich nickte zustimmend.

«Ti», brüllte er jetzt laut los. «Ti! Wach auf Ti! Hörst du! Wach auf, sage ich!»

Er umfasste dabei ihre Schultern und rüttelte sie. Dann schlug er zwei-, dreimal mit der flachen Hand gegen ihre Wangen und brüllte wieder: «Wach auf Ti! Du musst aufwachen!»

Jetzt wurde ihr Atem wieder etwas heftiger, und plötzlich öffnete sie tatsächlich ein wenig die Augen. Unsicher blickte sie um sich, und ich war mir nicht sicher, ob sie überhaupt etwas erkannte.

«Kannst du mich sehen?», fragte der Arzt jetzt mit ruhigerer, aber fester Stimme.

«Ti! Kannst du mich sehen?»

Er ließ seine rechte Hand ein paar Mal vor Tis Gesicht hin und her wandern, doch ihre Augen folgten den Bewegungen nicht. Dafür rührten sich jetzt ein wenig ihre Lippen. Meine Augen ließen nicht für einen Wimpernschlag von Ti ab, hoffte ich doch, dass sie wieder aus ihrem tiefen Schlaf zurückkehrte. Ich setzte mich schnell auf die andere Seite des Bettes und ergriff ihre Hand, um sie nicht wieder loszulassen, bis Ti erwachte. Wieder bewegte sie die Lippen, und ich hörte, wie sie leise, ganz leise meinen Namen hauchte. Der junge Arzt sah mich mit hoffnungsvollem Blick an und nickte mir auffordernd zu, und so begann ich jetzt, mit Ti zu sprechen: «Es wird alles gut werden, Ti. Hörst du! Es wird alles gut werden!»

Tränen der Freude und der Hoffnung rannen jetzt über meine Wangen, und immer heftiger streichelte ich ihre Hand, als wollte ich dadurch ihr Erwachen beschleunigen. Aber Ti schwieg. Ihre Lippen bewegten sich nicht mehr, und ihre Augen blickten starr und matt ins Leere. Ramessu, der junge Arzt, biss sich auf die Lippen, als er mich ansah, und schüttelte zweimal leicht den Kopf. Mit einer unauffälligen Handbewegung strich er über Tis Gesicht und schloss ihr so die Lider. Dann legte er die rechte Hand der Toten vorsichtig auf das Bett und erhob sich.

Mit gesenktem Kopf sagte er: «Es tut mir Leid, Herr. Ich konnte Eurer Frau nicht mehr helfen.»

Erst jetzt begriff ich, was in diesen wenigen Augenblicken geschehen war.

«Wartet beide unten auf mich», sagte ich langsam, und ich merkte, wie schwer meine Zunge, wie zugeschnürt meine Kehle war. Dann sank ich neben Ti auf das Bett nieder, legte meinen Arm um ihren Oberkörper und begann fürchterlich zu weinen. Ich weinte um die Frau, mit der ich zwanzig Jahre verheiratet war, die meine große Tochter aufgezogen und mir eine zweite Tochter geschenkt hatte. Ich weinte um die schönen Stunden mit ihr, und ich weinte um das, was ich ihr Böses angetan hatte. Am meisten aber weinte ich um mich selbst, weil ich jetzt wieder allein war. So schrecklich allein. Ich wusste nur zu gut, welche Leere wieder auf mich zukommen würde. Jetzt sah ich auch die alten Bilder wieder: Als Merit nach der Geburt Naftetas so schnell starb, all das Blut um sie herum. Ich sah mich an der Brüstung meiner Terrasse stehen, um mich hinabzustürzen, und ich sah das kleine Grab im Westgebirge, in dem ich sie begraben hatte. Dann sah ich Ti, als sie mit achtzehn Jahren aus Napata zu uns gekommen war und um Aufnahme und Arbeit gebeten hatte. Ich sah sie, wie sie Nofretete umhertrug, den kleinen Säugling, der keine Ahnung hatte, wer seine wirkliche Mutter war. Und ich sah Ti, wie sie mit zweiunddreißig Jahren im Garten vor mir stand und wie wir zum ersten Mal unsere Hände zärtlich festhielten, wir uns küssten und ich sie bat, mich nie mehr zu verlassen.

«Du solltest mich nie mehr verlassen, Ti», sagte ich leise. «Ich wollte das nie mehr erleben. Und jetzt lässt du mich und Mutnedjemet einfach hier zurück.»

Ja, Mutnedjemet. Sie hatte keine Ahnung, was geschehen war. Mit ihren sechzehn Jahren war sie gewiss kein Kind mehr, aber ohne ihre Mutter zu sein, würde sie gewiss hart treffen.

«Ich komme gleich wieder», sagte ich zu Ti und meinte doch mehr mich selbst. Leise, als schliefe sie nur, ging ich aus dem Zimmer.

Ich wusch mir kurz das Gesicht ab, dann ging ich hinunter und vor das Haus, wo sich schon das ganze Gesinde versammelt hatte. Nacht, mein Schreiber, und mein Diener Ipu sprachen mir auch im Namen all der anderen das Beileid aus. Die meisten von ihnen weinten, und die Frauen stimmten ein herzzerreißendes Klagegeschrei an. Ich nahm Ipu und Nacht zur Seite und bat sie, in den Nordpalast zu fahren. Sie sollten sich erst bei Aper-el melden und ihm alles berichten. Er sollte dann entscheiden, ob er selbst der Großen königlichen Gemahlin und Mutnedjemet die traurige Nachricht überbrachte, oder ob er erst Echnaton verständigte. Dann nahm ich den jungen Arzt zur Seite und bat ihn zu bleiben, bis Nofretete und Mutnedjemet hier eintrafen, denn sie sollten von ihm selbst erfahren, was mit ihrer Mutter geschehen war.

Ich ging zurück in das Schlafzimmer und setzte mich wieder neben Ti. Ob mich Echnatons neue Religion trösten würde, wonach die Seelen der Toten nicht mehr in der Unterwelt weilten, sondern Morgen für Morgen aus ihren Gräbern stiegen, um mit den Lebenden am Leben auf der Erde teilzunehmen? Nein, jetzt tröstete mich der Gedanke wenig. Vielmehr spürte ich, wie tief im Innern meines Herzens eine Wut keimte, eine unsägliche Wut auf alles Göttliche, auf die Allmacht des Himmels, die mit uns Armen doch nur zu spielen schien. Guter Gott! Gütiger Gott, der du Atem spendest, um alle Geschöpfe am Leben zu erhalten! Wie bitterer Hohn erschienen mir jetzt all die Lobpreisungen aus dem Sonnengesang des Echnaton, jetzt, da man mir das Liebste genommen hatte. Wie friedlich sie dalag, sie, die ewig Unruhige und Rastlose.

«Sie lässt mich einfach allein zurück!»

Ich hörte das Donnern zahlreicher Pferdehufe, Wiehern und lautes Schnauben. Ich hörte einige knappe Befehle und daneben das Klagegeschrei und das Weinen meiner Dienerinnen. Ich wusste, dass ich gleich nicht mehr allein bei meiner Ti sitzen würde, um mich leise und still von ihr zu verabschieden. Zuerst betraten Nafteta und Mutnedjemet den Raum und nach ihnen Echnaton. Nafteta kniete neben dem Bett nieder, griff nach den gefalteten Händen ihrer Amme und weinte schrecklich. Mutnedjemet dagegen blieb wie erstarrt neben dem Bett stehen und sah regungslos auf ihre tote Mutter.

«Wie konnte das geschehen», flüsterte Echnaton mir zu. «Ihr war doch nicht das Geringste anzumerken!»

«Du musst den Arzt fragen. Ich weiß es selbst nicht. Es ging alles so schnell.»

Ein bitterböser Blick Mutnedjemets ließ uns beide wieder schweigen. Nach einigen Augenblicken der Andacht verließen Echnaton und ich das Zimmer und gingen wieder hinunter. Mit einem knappen Wink bat ich Ramessu, den jungen Arzt, zu uns. Er fiel vor Pharao nieder und wagte es nicht, seinen Kopf auch nur einen Finger breit vom Boden zu heben. Es war wohl das erste Mal, dass er dem Guten Gott so nah war.

«Wie heißt er?», fragte mich Echnaton.

«Ramessu», sagte ich kurz und sah auf den jungen Arzt nieder, der noch immer zitternd vor Pharao im Staub lag.

«Steh auf, Ramessu», befahl Echnaton mit gütiger Stimme. Wie es sich ziemte, wagte es Ramessu nicht, seinem Herrscher ins Gesicht zu sehen, sondern er starrte mit gesenktem Haupt zu Boden.

«Sieh mich an, Ramessu!»

Nur ganz allmählich hob Ramessu den Kopf, ängstlich und

zögerlich, behaupteten doch viele, man müsse sterben, wenn man dem Guten Gott in die Augen sieht.

«Du musst keine Angst haben», sagte Pharao und sah den Arzt freundlich an. «Kannst Du mir sagen, wie es dazu kam, dass Ti so plötzlich von uns ging?»

«Ich kann bisher nur aufgrund der wenigen Äußerlichkeiten urteilen, die ich selbst beobachtet habe, Majestät. Mir scheint, dass sie an einer plötzlichen Hirnblutung gestorben ist. Es handelt sich dabei um eine Krankheit, die man nicht behandeln kann. Sie kündigt sich nicht an, und sie ist nicht vorhersagbar. Es kann jeden ereilen, jeden Tag und zu jeder Stunde.»

«Und wie könntest Du Gewissheit erlangen?», fragte Echnaton den Arzt etwas unbedarft.

Doch ehe dieser eine Antwort geben konnte, widersprach ich: «Das möchte ich nicht, Echnaton. Eine Öffnung ihres Kopfes bringt mir Ti nicht zurück.»

«Ich verstehe», sagte er leise, und wie zur Entschuldigung legte er seine linke Hand freundschaftlich auf meine rechte Schulter.

Wenig später kamen zwei Balsamierer mit ihren Gehilfen in mein Haus. Sie wuschen den Leichnam, zogen ihn festlich an und bahrten ihn schließlich inmitten der großen Halle meines Hauses zwischen prachtvollen Blumengebinden, Kerzen und dampfenden Weihrauchpfannen auf. Im Hintergrund hielten sich einige Musikanten auf und spielten leise und zurückhaltend traurige Weisen, während nach und nach Freunde und Bekannte und schließlich auch meine gesamte Dienerschaft in der Halle erschienen, um von Ti Abschied zu nehmen. Es war ein ungewöhnlicher Abschied, denn hier in Achet-Aton gab es keinen Priester mit Anubismaske, der die Toten ins Jenseits geleitete, indem er an vorgeschriebenen Stellen Weihrauch verbrannte und indem er die Totengebete sprach. Es fand sich gar kein Priester ein, denn der Glaube an Aton war ein Glaube des Lebens, des Diesseits, und auf den Tod schien man in Achet-

344

Aton, seinen Tempeln und Palästen gänzlich unvorbereitet zu sein.

So war ich dankbar, als es endlich Abend und Nacht wurde und man mich allein ließ. Echnaton und Nofretete kehrten in ihren Palast zurück, denn zumindest Pharao kam nicht umhin, bei den Feierlichkeiten zu seinem zehnjährigen Thronjubiläum anwesend zu sein. Mutnedjemet zeigte mir gegenüber noch immer eine seltsame Verhaltensweise. Sie sprach kaum mit mir und wenn, dann nicht gerade in einem unserer Lage angemessenen Ton. So weh es mir auf der einen Seite tat, dass sie es vorzog, diesen Abend mit Nafteta im Nordpalast zu verbringen, so froh war ich auch, dass sie einem möglicherweise drohenden Streit auswich und mich allein zurückließ.

Bis spät in die Nacht mussten die Musikanten ihre traurigen Lieder und Gesänge spielen. Zuletzt mussten es Liebeslieder sein, denn ich wollte vollkommen in der Erinnerung versinken, in schöner Erinnerung, als ich vor der Bahre saß und unentwegt auf das Gesicht meiner Ti starrte. Auf ihre kleine, krumme Nase, die ich so sehr geliebt hatte, die Lippen, die so weich waren und nach einem ersten Kuss immer mehr wollten, die glatte Stirn, die auffallenden Backenknochen, der schlanke Hals.

Nachdem ich die Musikanten entlassen hatte, blieb ich noch lange in meinem Garten sitzen, aber die Nachtigall schwieg in dieser Nacht. Der Ruf einer Eule, des Totenvogels, hatte sie wohl verängstigt. So verschloss ich hinter mir die schwere Tür, warf im flackernden Licht einer einzelnen Kerze einen letzten Blick auf die scheinbar schlafende Ti, ging in mein Zimmer und legte mich hin. Erneut begann ich zu weinen, beweinte den Tod meiner Frau, beweinte mein Schicksal und schlief erst ein, als ich das tiefe, durchdringende Singen der Nachtigall vernahm. Ihr Lied tröstete mich, machte mir ein wenig Mut und ließ mich zuletzt hoffen, dass auch ich wieder frohe Tage erleben würde.

Schon früh am Morgen, als man überall in Achet-Aton noch schlief, kamen die Balsamierer zurück, um Ti abzuholen und sie auf das andere Flussufer zu bringen. Ich wartete weder auf Nafteta noch auf Mutnedjemet. Sie hatten mich am Abend vorher zurückgelassen, ohne mich zu fragen, wie es am anderen Tag weitergehen würde. Es war nicht richtig, was ich tat, ich wusste es, und dennoch bereitete es mir eine seltsame Genugtuung, dass nur ich es war, der sich um Ti kümmerte. Alle sollten es beschämt zur Kenntnis nehmen, denn ich würde ihnen schon sagen, dass nicht sie es sind, die einen Grund hatten, gekränkt zu sein, sondern einzig und allein ich.

So stand ich nur mit Nacht und Ipu und einigen Klagefrauen am Ufer des Flusses, als hinter uns die Sonne aufstieg und meine tote Frau hinüber begleitete in die kleine Zeltstadt, wo die Balsamierer ihr ungeliebtes, aber unerlässliches Werk taten.

Ich ging nicht zurück in meinen Palast. Ich nahm mir ein Schiff und befahl dem Kommandanten, mich vier Stunden lang flussaufwärts zu fahren. Nur Ipu hatte mich zu begleiten, Nacht fuhr zurück zu meinem Palast und hatte sich dort bereit zu halten, um sich den bohrenden Fragen meiner Töchter zu stellen und sich geduldig deren wütende Vorwürfe über mein Verhalten anzuhören. Er wusste, was auf ihn zukam, aber er wusste auch, dass ich es ihm angemessen vergelten würde.

Die Fahrt auf dem Schiff war angenehm. Der Kommandant war unaufdringlich, stellte keine Fragen und führte das Schiff sicher durch Herden von Flusspferden und Klippen hindurch nach Süden. Ich suchte mir einen Platz am Bug des Schiffes, genoss die Aussicht und den Fahrtwind und wäre am liebsten so in einem Stück bis Waset gefahren. Ohne mit irgendjemandem reden zu müssen, hatte ich Zeit, die Vogelschwärme zu beobachten, die von uns aufgeschreckt in die Luft stiegen, über uns einige weite Kreise zogen, um wenige hundert Ellen weiter wieder in das Schilfdickicht einzufallen. Hier und da sah ich in Ufernähe die kugeligen Glotzaugen lauernder Krokodile und weiter unten, nach etwa zwei Stunden Fahrt, eine ganze Löwenfamilie, die im Schatten des Ufergebüschs neben den blutigen Resten ihres Mahles Mittagsschlaf hielt. Nach knapp vier Stunden erreichten wir ein kleines Dorf, dessen Namen ich längst vergessen habe. Dort legten wir an.

Es gab nicht viel zu sehen, nicht einmal einen kleinen Tempel, und so war ich froh, dass ich in der einzigen Schänke des Ortes etwas zu essen und einen Becher Bier bekam. Die Bewohner des Dorfes hielten mich wohl für einen Steuereintreiber, der ihnen durch einen Überraschungsbesuch Angst einjagen wollte. Ich gab vor, ein harmloser Reisender zu sein, und verließ nach einer Stunde diesen so bedeutungslosen Ort.

Auf der Rückfahrt begann ich, mich mit den bevorstehenden Trauerfeiern und der Beisetzung vertraut zu machen. Das Grab, das für mich und meine Familie vorgesehen war, war noch lange nicht vollendet, und so blieb mir – wie schon bei Merit – nichts anderes übrig, als dass ich mich um ein anderes, fertig gestelltes Grab für Ti bemühen musste.

Mein Schreiber Nacht bestätigte mir nach meiner Rückkehr, dass er sich stellvertretend für mich fürchterliche Vorwürfe einer über die Maßen aufgebrachten Mutnedjemet anhören musste, während Nafteta einfach nur traurig gewesen sei. Ich nahm es mit einem Achselzucken zur Kenntnis, bedankte mich bei ihm mit zwei Goldstücken für seinen treuen Dienst und zog mich zurück. Ich badete mich, ließ mich von meinem Diener massieren, von lästigen Haaren befreien und mit Duftölen einreiben. Es war jetzt später Nachmittag, und so nutzte ich das verbleibende Tageslicht, um meinem Freund Ameni einen langen Brief zu schreiben und ihm von all dem zu berichten, was sich hier ereignet hatte. Zuletzt stellte ich ihm in Aussicht, dass ich nach der Bestattung meiner Frau für längere Zeit nach Waset und zu ihm in den Palast der leuchtenden Sonne kommen würde.

Schon zehn Tage später erhielt ich seine Antwort. In gefühlvollen Worten sprach er mir sein Beileid aus, riet mir, dass ich mit meinen Töchtern wieder meinen Frieden machen sollte, und schrieb zuletzt: «Zögere nach Erfüllung deiner traurigen Pflicht nicht, dein Versprechen einzulösen! Eile so schnell du kannst! Ich sehne mich danach, dich wieder zu sehen. Ameni.»

Der Brief war einer Holzschatulle beigefügt, die einen kostbaren Uschebti barg, eine vergoldete Arbeiterfigur, wie man sie den Toten mit in das Grab gibt, damit sie ihnen im Jenseits zu Diensten sind. Sie war für Ti bestimmt.

Amenophis hatte Recht, ich musste mich mit meinen Töchtern wieder vertragen. Mutnedjemet kam regelmäßig nach Hause, ging mir aber so gut sie konnte aus dem Weg, um abends wieder in den Nordpalast zu ihrer Schwester zurückzukehren.

«Wie lange meinst du, soll dieser Zustand noch andauern?», fragte ich sie, als sie schweigend neben mir auf der Terrasse stand und auf den Offizier wartete, der sie im Auftrag Nofretetes wieder abholen sollte.

«Ich bin für diesen Zustand nicht verantwortlich, Vater. Vielleicht solltest du die Frage an dich selbst richten», gab sie schnippisch und rechthaberisch zurück.

«Willst du mir nicht sagen, was ich getan haben soll, wenn du mich für das Schweigen, das zwischen uns liegt, verantwortlich machst?»

«Das weißt du nicht? Von Anfang an tust du so, als sei der Tod meiner Mutter allein deine Sache. Erst müssen wir uns von einem Boten sagen lassen, dass sie tot ist, dann fällt dir nicht ein Wort des Bedauerns oder des Trostes ein, als ich mit Nafteta vor meiner toten Mutter stand. Vielmehr hattest du nichts Besseres im Sinn, als mit Echnaton belanglose Gespräche zu beginnen, und zuletzt lässt du ihren Leichnam bei Nacht und Nebel aus dem Haus bringen, als müsstest du eine Verbrecherin verschwinden lassen.»

«Vielleicht hast du Recht. Vielleicht hat meine Trauer um Ti mir den Blick für andere Dinge verstellt. Ich habe sie einfach zu sehr geliebt.»

«Ach, hör damit auf, Vater!» Ihr Ton wurde jetzt scharf und zurückweisend. «Du hast immer nur gemacht, was dir wichtig war und was dir Spaß gemacht hat. Hast du jemals auf Mutter Rücksicht genommen? Du solltest einmal hören, was in den Palästen hinter vorgehaltener Hand von dir erzählt wird. Von Liebe ist da oft die Rede – aber nicht von der Liebe zu meiner Mutter!»

Ich gab ihr keine Ohrfeige. Einen Wimpernschlag lang war ich fest entschlossen, es zu tun. Aber eine junge Frau mit siebzehn Jahren schlägt man nicht. Ihre Offenheit hatte mich überrascht und gleichzeitig entwaffnet. Wir starrten uns schweigend an, und keiner brachte ein Wort mehr heraus. Endlich erlöste uns der Offizier, der mit einem Streitwagen vorfuhr, um Mutnedjemet abzuholen.

Selbst wenn sie mit allem, was sie sagte, Recht gehabt hätte, in diesem Ton hätte sie nicht mit mir reden dürfen. Ich war tief gekränkt und fühlte mich verlassener denn je.

Nafteta kam wenige Tage später zu mir und wollte mit mir reden. Sie wollte schlichten, wollte, dass ich Verständnis für Mutnedjemets Verhalten aufbrachte. Sie sprach von der Liebe, die Aton von uns allen abforderte, von Vergeben und Verzeihen. Sie hatte gewiss mit allem Recht, was sie sagte. Ich sprach sehr höflich mit ihr und verlor kein böses Wort über meine jüngere Tochter, aber ich bat Nafteta, sich nicht in diesen Streit einzumischen. Das hätte Mutnedjemet allein mit mir auszumachen. Irgendwann würde ich mich mit ihr wieder vertragen. Irgendwann, aber nicht jetzt und weil andere es so wollten.

In meiner Einsamkeit, für die ich mich mehr und mehr selbst verantwortlich fühlte, vergingen die siebzig Tage der Trauer nur langsam.

Der Glaube Echnatons machte es hinfällig, dass wir Hinterbliebenen uns viele Gedanken über Grabbeigaben für die Verstorbenen machten. Die Seelen der Toten traten bei Tage aus ihren Gräbern heraus, um in den Tempeln an den Opfern, die Pharao dem Aton brachte, teilzuhaben. So fiel der Trauerzug bescheiden aus. Die ganze Zeremonie wirkte unbeholfen, weil wir, die wir sie vollzogen, selbst hilflos waren in unserem Tun. Wenigstens waren jetzt einige Atonpriester zugegen, die mit Weihrauchpfannen dem Zug vorangingen, zahllose Klagefrauen und Musikanten begleiteten uns, und die Anwesenheit der Königsfamilie verlieh der Trauerfeier den einzigen würdevollen Glanz.

Das war aber für Ti kein Trost, denn was hatte ihre Seele jetzt zu erwarten? Eine Erlösungsreligion war der Glaube Echnatons nicht. Das Weiterleben der Seelen, wie Echnaton es sich vorstellte, war ein auf Dauer ungelöster Zustand und kein endgültiger Friede in einer endgültigen, jenseitigen Welt. So fiel es auch mir schwer, irgendetwas Tröstendes zu finden, und der einzige Trost, den es für mich gab, war, dass sie wenigstens keine lange Zeit des Leidens durchstehen musste. Mehr aber auch nicht.

Als der Schrein über dem Sarkophag verschlossen und damit die Totenmaske mit dem Abbild Tis meinen Blicken für immer entzogen wurde, wandte ich mich um, um die Finsternis des Grabes zu verlassen. Ein kurzer, aber heftiger Weinkrampf schüttelte mich, als mir der endgültige Verlust meiner Frau noch einmal jäh bewusst wurde. Ich hielt kurz inne und wischte mir die Tränen aus dem Gesicht, dann trat ich hinaus, ließ den Eingang zumauern und versiegelte ihn. Vor dem Grab nahmen wir das bescheidene Totenmahl zu uns und stiegen dann schweigend hinab in das Tal, in dem Achet-Aton in all seiner Schönheit im Licht des einzigen Gottes glänzte.

NEUN

Sie jammern um Re und klagen um den größten Gott,
nachdem er an ihnen vorbeigegangen ist.
Wenn er enteilt, umhüllt sie Finsternis,
und ihre Höhlen werden über ihnen verschlossen.

Der Besuch meiner Schwester Teje gegen Ende des elften Regierungsjahres Echnatons und wenige Tage nach der Bestattung meiner Frau kam überraschend. Nicht, dass es Tejes erster Besuch gewesen wäre. Anders als Ameni, der einst gelobt hatte, Achet-Aton nie zu betreten, war sie schon mehrfach hierher gekommen, um Echnaton, Nofretete und die Kinder zu sehen. Diesmal aber war ihr Kommen nicht von langer Hand geplant, sondern ein Eilbote hatte sie kurzfristig angekündigt. Aber nicht ihrem Sohn und den Kindern galt ihr Besuch. Er galt nur mir.

Echnaton war erstaunt, seine Mutter so unverhofft wieder zu sehen, und seine Frage, was sie lange vor der vereinbarten Zeit nach Achet-Aton geführt hätte, beschied sie mit der knappen Antwort: «Ich hatte einfach nur Sehnsucht nach euch.»

Echnaton wusste, dass dies nicht alles war, denn dafür kannte er seine Mutter zu gut. Er hatte aber schon immer Achtung vor ihrer Verschlossenheit, und so schwieg er. Sie würde sich schon offenbaren, wenn ihr danach war.

Die Bitternis, in der sie lebte, war ihr anzusehen. Es waren nicht ihr Alter, nicht ihre fünfundfünfzig Jahre, die sie niederbeugten. Es waren Gram und Bitternis. Mehr denn je fielen mir die Falten um den hervortretenden Mund auf, die traurigen Augen, die unter halb verschlossenen Lidern ernst und misstrauisch hervorsahen. Es war, als senkte sie die Lider, damit man in ihren Augen nicht all die Traurigkeit, die sie mit sich trug, sehen konnte.

Teje hatte es verwunden, dass Amenophis ihre Tochter Sitamun zur Großen königlichen Gemahlin erhoben hatte, damit sie die Stelle der Mutter einnahm, wenn Teje in Achet-Aton weilte. Natürlich hatte es Ameni nicht allein aus diesem Grund getan, sondern weil er Freude daran hatte, mit einer jungen Frau an seiner Seite durch Waset zu ziehen, auch wenn es seine eigene Tochter war. Aber dass er jetzt beabsichtigte, sich aus Mitanni wieder eine junge Prinzessin kommen zu lassen, das konnte und wollte sie nicht hinnehmen.

Unter Tränen und mit der stockenden Stimme einer gebrochenen Frau berichtete mir Teje von dem Briefwechsel, der seit Monaten zwischen König Tuschratta von Mitanni und Nimuria geführt wurde. Die zwanzigjährige Königstochter Taduchepa habe sich Amenophis auserkoren, nur um sie kreisten jetzt all seine Gedanken.

Teje spitzte die Lippen und sagte mit einem spöttischen Unterton in ihrer Stimme: «Zu Nimuria, dem großen König, König von Ägypten, meinem Bruder, den ich liebe und der mich liebt, hat also gesprochen Tuschratta, der große König, König von Mitanni. Mir ist Wohlbefinden. Meinem Bruder sei Wohlbefinden! Deinen Häusern, deinen Frauen, deinen Kindern und allem, was dir gehört, sei in hohem Grade Wohlbefinden! Meinem Bruder, den ich liebe, werde ich meine Tochter zur Frau geben. Die Götter Schamas und Ischtar mögen vor ihr herziehen, und mein Bruder möge sich an dem Tage erfreuen, da sie zu ihm kommen. Schamas und Ischtar mögen meinem Bruder großen Segen und Taduchepa schöne Freude geben! Und mein Bruder möge leben in Ewigkeit!»

Teje hielt sich beide Hände vors Gesicht, dann beugte sie sich nach vorn und begann fürchterlich zu weinen. Wie oft mag sie diesen Brief Tuschrattas gelesen haben, dass sie ihn auswendig heruntersagen konnte! Wie oft und unter wie viel Tränen mag sie sich gefragt haben, warum er das tat! Wäre es nicht meine Schwester gewesen, die da vor mir saß wie eine armselige Bittstellerin, die den Steuereintreiber anflehte, ihr nicht das letzte Rind vom Hof zu holen, ich hätte über Ameni und seine Heiratspläne schmunzeln, ja lachen mögen. Und obwohl ich genau wusste, weswegen sie zu mir gekommen war, fragte ich sie: «Und was erwartest du von mir?»

Sie richtete sich wieder auf, ließ langsam die Hände auf die Knie niedersinken und sagte mit tränenverschmiertem Gesicht: «Dass du mit ihm redest. Ich weiß, dass deine Trauer um Ti groß ist und dass du vielleicht für meine Sorgen wenig Verständnis aufbringen kannst. Aber du bist doch der Einzige, von dem er sich etwas sagen lässt! Bitte, Eje!»

Es war mir nicht recht. Es war mir ganz und gar nicht recht. Ich suchte nach Möglichkeiten, um mir diesen Gang zu ersparen. Konnte sie nicht ihren Sohn schicken? Oder es nicht einfach hinnehmen, dass er allein deswegen die Heirat mit Taduchepa wollte, um die Beziehungen zu Tuschratta zu pflegen?

«Könnte es nicht sein, dass er das nur tut, um das gute Verhältnis zu Tuschratta zu pflegen?», wiederholte ich laut meinen soeben gedachten Gedanken. Teje sah mich mit starrem Gesicht an. «Das glaubst du aber selbst nicht wirklich, Eje, oder? Sag, dass das nicht dein Ernst ist!»

Ich konnte nicht mehr anders.

«Ja gut, ich gehe zu ihm und rede mit ihm.»

Nach einem kurzen Augenblick des Schweigens kam wieder Leben in meine Schwester, war sie wieder die, die ich kannte.

Mit hochrotem Kopf rief sie mir entgegen: «Und eines kannst du deinem Freund ausrichten: Solange auch nur ein Fuß dieser Frau auf ägyptischem Boden steht, wird er mich nicht mehr sehen.»

Teje erzählte mir jetzt, wie schwer die letzten Jahre für sie waren. Fast alle Staatsgeschäfte hatte Nimuria auf sie abgeladen, und vor allem war sie es gewesen, die sich nahezu allein um auswärtige Angelegenheiten gekümmert hatte. Umso unglaubwürdiger war es freilich für Teje, dass er um der guten Beziehungen zu Mitanni willen eine zwanzigjährige Prinzessin heiraten wollte. Sie war entsetzt über die Selbstverständlichkeit, mit welcher ihr die Briefe Tuschrattas mit all dessen Wünschen nach Gold, das er als Gegenleistung für seine Tochter von Amenophis haben wollte, vorgelegt wurden.

So versprach ich ihr alles in meinen Möglichkeiten Stehende zu unternehmen, um diese in den Augen meiner Schwester so unselige Heirat zu verhindern, obwohl ich nicht die geringste Vorstellung hatte, wie mir dies gelingen sollte.

Jetzt aber war ich es, der an Teje ein Anliegen herantrug. Ich erzählte ihr von meinem Zerwürfnis mit Mutnedjemet und davon, dass ich auch Nafteta keine Hoffnung auf Besserung gemacht und mir jede Einmischung verboten hatte. Ich bat meine Schwester, während der Dauer meiner Abwesenheit in meinem Palast zu wohnen, alles als ihr Eigentum zu betrachten und vor allem darum, als erwachsene Frau mit Mutnedjemet ein vielleicht klärendes Wort zu sprechen. Nur zögerlich gab sie ihr Einverständnis, doch in Anbetracht dessen, was sie von mir erwartete, blieb ihr nichts anderes übrig.

In knappen, aber keineswegs unhöflichen Worten klärte ich Mutnedjemet darüber auf, dass ich auf Wunsch Tejes nach Waset fuhr und dass der Zeitpunkt meiner Rückkehr ungewiss sei. Da sie – Mutnedjemet – viel Zeit bei Nafteta verbrachte, hätte ich Teje gebeten, in unserem Palast zu wohnen und in allen Belangen nach dem Rechten zu sehen. Meine Tochter hörte mir schweigend zu, und ihr Widerwillen war nicht zu übersehen. Doch ich wollte nicht nachgeben; sie hatte sich zu beugen.

In den wenigen Tagen, die mir vor meiner Abreise noch blieben, verabschiedete ich mich in aller Form von der königlichen Familie und meinen Freunden, gab meinem Schreiber und meinem Verwalter genaue Anweisungen, wie sie während meiner Abwesenheit zu verfahren hatten, und besuchte das Grab meiner Frau. Am Abend vor meiner Abfahrt war ich noch einmal Gast im Nordpalast. Das hatte den Vorteil, dass im Gedränge der vielen Menschen die Sprachlosigkeit zwischen meiner Tochter und mir nicht auffiel. In einem kleinen Kreis hätten wir beide uns um jedes freundliche Wort abmühen müssen. Es war erschreckend, wie tief der Graben zwischen uns beiden geworden war.

Das Schiff war längst mit dem Nötigsten beladen worden, und so brauchte ich nur früh am Morgen den Wagen zu besteigen und zum Hafen zu fahren. Ich versuchte, so leise wie möglich zu sein, denn ich wollte kein Aufsehen erregen. Still und unauffällig wollte ich verschwinden.

Endlich war es so weit, ich verließ das Haus und ging auf die Terrasse. Ich traute meinen Augen nicht, als ich dort auf Mutnedjemet traf. Sie breitete die Arme aus, umarmte mich und sagte: «Komm gesund wieder, Vater. Gleich, was gewesen ist, ich brauche dich. Und wenn du wieder hier bist, werden wir wie zwei erwachsene Menschen miteinander reden.»

Ich fühlte ihre heißen Tränen über meine Wange hinabgleiten und fuhr mit meiner Hand durch ihr Haar. Ich drückte sie fest an mich und sagte: «Ja, das werden wir dann endlich tun, mein Kind. Ich bin sehr glücklich, dass wir uns hier noch einmal gesehen haben. Es wird alles gut werden.»

Dann küsste ich sie auf die Stirn, zog sie noch einmal fest an mich und bat sie: «Pass auf dich auf!»

Und schon im Gehen flüsterte ich ihr zu: «Und pass auf meine Schwester auf!»

Ich zog meine roten Lederhandschuhe an und bestieg den Wagen. Ich nahm Ipu die Zügel aus der Hand, und während ich Mutnedjemet noch einmal zuwinkte, ließ ich mit der anderen Hand die Peitsche knallen, denn zufrieden und erleichtert fuhr ich nun zum Hafen, und alle sollten es sehen und hören. Trotz meiner dreiundfünfzig Jahre raste ich durch die Straßen von Achet-Aton, so wie einst, als ich mit Ameni auszog, um gegen die Aufständischen des elenden Kusch zu kämpfen und sie niederzuringen. Ich erinnerte mich unserer halsbrecherischen Fahrten durch die Straßen und Gassen von Men-nefer und Waset, und damals wie heute riefen mir die wenigen Menschen, die schon so früh am Morgen auf den Beinen waren, das eine oder andere bittere Schimpfwort hinterher, wenn sie und ihre ebenso aufgeschreckten Hühner im allerletzten Augenblick vor meinem Wagen zur Seite sprangen. Mich störten ihre Beschimpfungen nicht. Ich musste vielmehr herzhaft lachen, weil ich mir überlegte, wie wutentbrannt ich zetern würde, würde man mit mir so umgehen. Ipu kannte mich nicht anders, und so trafen sich auf unserer Fahrt zum Hafen immer wieder die fröhlich strahlenden Augen zweier etwas in die Jahre gekommener Rüpel.

Es war das erste Mal seit dem Tod Tis, dass in mir wieder Heiterkeit und Lebensfreude aufkeimte. Und ich war froh darüber, dass meine Tochter es gewesen war, die das Schweigen gebrochen hatte.

So unangenehm mir die von Teje übertragene Aufgabe auch war, ich freute mich wie schon lange nicht mehr auf Ameni, auf mein altes Zuhause, auf Waset. Ich winkte den Fischern zu, die von ihrem morgendlichen Fang zurückkehrten, den Frauen, die am Ufer Wäsche wuschen, und den Kindern, die ihren Unterricht schwänzten und sich stattdessen im Schilf tummelten, um Entennester auszunehmen. Ich dachte darüber nach, wie oft ich schon die Dörfer und Städte gesehen hatte, an denen wir vorüberfuhren, wie viele Menschen in ihnen seit meiner ersten Reise vor siebenunddreißig Jahren geboren und wie viele schon gestorben waren. Manches Dorf war in all den Jahren zu einer kleinen Stadt herangewachsen, manches wurde verlassen und war dem schleichenden Verfall und dem schnellen Vergessen preisgegeben. Wir hielten uns nirgends lange auf, nur in Achmim, der Heimatstadt meiner Eltern, blieben wir zwei Nächte, weil meine Vettern mich nicht losließen, ehe ich ihnen nicht alle Neuigkeiten der letzten fünf Jahre erzählt hatte. Dann ging die Fahrt weiter in südöstlicher Richtung, vorbei an Abidu bis Hut-Sechem, wo der Nil einen weiten Halbkreis beschreibt und sich dann nach Nordosten wendet, um später, zwischen Kaine und Gebtu in südwestliche Richtung zu fließen, ehe man nach wenigen Stunden spürt, bald Waset zu erreichen.

Es waren immer dieselben auffälligen Merkmale: Eine uralte Akazie, deren dürre Äste weit in den Himmel ragten und deren Rinde so zerfurcht war, wie der Hals eines alten, ehrwürdigen Elefantenbullen. Der Blick auf die höchste Erhebung des Westgebirges, deren Spitze von einer bestimmten Stelle aus an eine gewaltige Pyramide erinnerte und so erklärte, weswegen die Herrscher Ägyptens seit Generationen in ihrem Inneren bestattet wurden. Sandbänke, auf welchen seit eh und je fette und scheinbar träge Krokodile herumlagen und dort auf unachtsame Beute lauerten, während ihnen sorglose Madenhacker lästiges Kleingetier aus der schroffen Haut pickten. Und schließlich die ersten Wahrzeichen der Stadt selbst: die bunt bemalten Tortürme der Tempel und ihre alles überragenden Fahnenmasten, die Zinnen der Paläste und die gewaltigen, weiß getünchten Mauern der altehrwürdigen Stadt. Dann hielt es die Reisenden nicht länger auf ihren schattigen Sitzplätzen. Sie traten an die Reling, umklammerten mit festem Griff das Geländer, geradeso als gelte es, einem überwältigenden Anblick standzuhalten. Je näher sie ihrem Ziel kamen, umso unruhiger hielten sie Ausschau nach Angehörigen und Freunden, winkten und riefen, wenn sie einen der ihren erkannten oder auch nur zu erkennen glaubten.

Mir ging es nicht anders, und ich war überglücklich, als ich trotz der jetzt herrschenden Mittagshitze meinen alten Freund Acha und Maja, meinen Verwalter, im Getümmel zahlreicher Diener erkannte. Während Acha und ich in einer Sänfte in meinen Palast getragen wurden, sorgten sich Maja und Ipu um mein Gepäck und all die anderen Angelegenheiten, die es noch im Hafen zu regeln galt. Mit großer Anteilnahme hörte mir der Schatzmeister zu, als ich ihm vom Tod meiner Frau berichtete, und einige Male war ich dabei so sehr den Tränen nahe, dass er meine Hände umfasste und sie zum Trost fest drückte.

Allerdings konnte mein Freund Acha seine eigenen Neuigkeiten kaum noch zurückhalten. Sobald er das Gefühl hatte, dass ich mit meiner traurigen Geschichte geendet hatte, unterbrach er mich beinahe im Satz und begann, mir in allen Einzelheiten von der bevorstehenden Heirat Nimurias mit Taduchepa, der Prinzessin aus Mitanni, zu erzählen. Er berichtete von den ersten Briefen, in welchen sich Amenophis eher beiläufig erkundigt hatte, wie es denn um die Töchter seines Freundes Tuschratta stünde, davon, dass die Fragen Amenis immer bestimmter wurden, er ihn über Alter, Aussehen und Heiratsfähigkeit der Töchter ausfragte und letztlich unverhohlen darum bat, dass man ihm Taduchepa schickte, damit er sie zur Frau nahm.

Er erzählte mir, dass sich Tuschratta anfangs sehr geziert und immer wieder von der Heirat abgelenkt hätte, indem er sich nach dem Verbleib und dem Wohlergehen seiner Schwester Giluchepa erkundigte und sich beklagte, dass sie nicht den Platz einnahm, der ihr zukomme. Aber Nimuria hätte ihn immer wieder beruhigt und ihm versichert, dass es um Giluchepa zum Besten stünde, er sich aber zur Freude seines alt und leidend gewordenen Herzens eine junge Frau wünschte, kostete es ihn, was es wolle. Aber Tuschratta sei nicht so habgierig gewesen, wie vor vielen Jahren der Babylonier, der sich stets darüber beklagte, dass er zu wenig bekommen hätte und der immer öfter und lauter nach noch mehr ägyptischem Gold rief. Tuschratta würden andere Sorgen plagen: Sie säßen im Nordosten seines Landes und trugen den Namen Hattuscha. Immer wieder würden die Hethiter nach Süden und nach Osten vordringen und all die Könige und Fürsten bedrängen, die mit Ägypten im Bunde standen, und es wäre nicht zu übersehen, dass sie in ihrem Machtstreben selbst vor dem mächtigen Mitanni, dem engsten Verbündeten Ägyptens, nicht zurückschreckten. Nicht um Gold ginge es Tuschratta, sondern um Schutz, um die starke Hand Pharaos.

«Erinnerst du dich noch an Kelija, den Gesandten König Sutarnas?», fragte mich Acha, kurz bevor wir mein Haus erreicht hatten.

«Wenn du jenen Kelija meinst, der mich vor vielen Jahren im Fajum aufsuchte, als ich mich nach dem Tode Merits dorthin geflüchtet hatte – an ihn erinnere ich mich noch, gewiss.»

«Er ist jetzt wieder der Verbindungsmann zwischen beiden Höfen», fuhr Acha mit großen Augen fort.

«Aber das liegt doch dreißig Jahre zurück, und Kelija war damals etwa vierzig Jahre alt. Lebt er wirklich noch?»

«Und wie er lebt! Du wirst ihn ja sehen. Er ist kräftiger geworden» – dabei deutete Acha mit den Armen einen recht stattlichen Bauch an – «und hat kaum mehr Haare. Nein, es ist nicht ganz richtig. Die Mitte seines Kopfes ist kahl, aber außen herum trägt er einen Kranz langer, dünner Haare. Eigentlich sind sie völlig ergraut, aber er lässt sie regelmäßig mit Henna zartrot einfärben, um sich etwas jünger zu machen, als er wirklich ist.»

Achas Schmunzeln wirkte überlegen.

«O Acha», dachte ich bei mir, «wenn du wüsstest, wie lange ich mir schon alle Mühe gebe, um die Zahl meiner grauen Haare in Grenzen zu halten!»

Wie hilfreich war doch der Saft aus den Schalen unreifer

Baumnüsse! «Egoz» nannte man diese Bäume bei den Hebräern. Dann sah ich kurz Acha an und war mir sicher, dass auch seine Haare schon einmal grauer gewesen waren als heute. Vor meiner Gartenterrasse entstiegen wir der Sänfte. Endlich war ich wieder zu Hause.

Ja, Waset war mein wirkliches Zuhause.

Wie leer die Zimmer meines Palastes jetzt waren; wie verlassen und wie unnötig groß sie mir schienen, obwohl nur wenige vertraute Möbelstücke fehlten. Da stand noch ein Ebenholzkasten, der eine von Tis Perücken barg, die sie zurückgelassen hatte, ein Alabastertöpfchen mit wohlriechendem Hautöl, ein paar Kämme, eine Dose mit Haarnadeln, ein Spiegel, der ihr nie gefallen hatte. Nutzlos standen all diese Sachen jetzt herum; nutzlos und verloren, wie ich selbst. An dieses Zuhause musste ich mich offensichtlich erst wieder gewöhnen.

Obwohl mich nichts zur Eile mahnte, beschloss ich in diesem Augenblick, in den nächsten Tagen alle Sachen, die Ti gehört hatten, wegräumen zu lassen. Ich war dreiundfünfzig Jahre alt und würde gewiss nicht mehr heiraten. Sicher sollten mich einige Stücke immer an Ti erinnern, aber diejenigen Möbel, die mir mein Alleinsein besonders deutlich vor Augen stellten, mussten weichen.

Ich schickte einen Schreiber zum Palast der leuchtenden Sonne, damit er dem Palastvorsteher und dieser seinem Herrscher für den Abend mein Kommen meldete. Bis dahin besuchte ich meine Stallungen und Wirtschaftsgebäude, ruhte mich aus, badete mich und kleidete mich festlich.

Auf meiner Fahrt durch Waset und zur Fähre im Norden stellte ich mit Genugtuung fest, dass sich in der Stadt nicht viel geändert hatte. Es mag sein, dass es mir etwas ruhiger vorkam. Das mag daran gelegen haben, dass viele der einstigen Bewohner Wasets nach Achet-Aton übergesiedelt waren.

Als ich über den Fluss setzte, sah ich – wie schon unzählige Male zuvor – hinüber auf das westliche Gebirge, wo weit hinten im rot schimmernden Kessel steiler Felsen die eng aneinander geschmiegten Totentempel von Mentuhotep, Thutmosis und der Hatschepsut lagen. Ich bog nach Norden ab und fuhr am bescheidenen Tempel des doch so großen Amenophis Neb-ka-Re und dem weitaus größeren Tempel seines Sohnes Thutmosis Men-chepru-Re vorbei. Doch der Blick wurde von dort schnell abgelenkt und wie magisch auf die gewaltige Anlage von Nimurias Totentempel gezogen, wodurch der dahinter liegende Tempel von Thutmosis Aa-chepru-Re gar nicht mehr in Erscheinung trat.

Dahinter, in südwestlicher Richtung, ragte über all den prunkvollen Häusern der Millionen Jahre der Tempel des Lebens und des Genusses empor, der Palast der leuchtenden Sonne, den Amenophis in den langen Jahren seiner Herrschaft so prachtvoll errichtet hatte. Ich übergab jetzt Ipu die Zügel, denn ich wollte mir noch vor unserer Einfahrt in den Palastbezirk unbemerkt die Perücke und meinen Gürtel zurechtrücken. Dabei warf ich einen Blick hinauf auf die Terrasse, wo Ameni sonst so gerne zu stehen pflegte, um seine Gäste schon von weitem zu beobachten. Ich sah ihn nicht. Sicher würde er noch letzte Vorkehrungen treffen, bevor er mich empfing, denn eitel war auch er.

Ich konnte es nicht mehr erwarten, ihm gegenüberzustehen, ihn zu umarmen, um dann das Klopfen seiner großen Hände auf meinem Rücken zu spüren, Wange an Wange. Ich freute mich auf sein fröhliches Gesicht mit den unruhigen, mandelförmigen und braunen Augen, auf sein Lachen und natürlich auch auf seinen hervorragenden syrischen Wein.

Acha erwartete mich am Eingang zum Audienzsaal. Sein Gesicht war ernst, seine Blicke betreten. Ich wusste sofort, dass etwas nicht stimmte und fragte: «Was ist los? Was siehst du mich so an?»

«Nimuria geht es nicht gut. Ich wollte dir heute Morgen deine Heimkehr nicht verderben, deswegen schwieg ich darüber. Sei also gefasst darauf, nicht mehr den starken Stier anzutreffen.»

Mein Herz begann immer heftiger zu schlagen. Ich bekam Angst, denn ich wusste, dass Acha eher zu den Menschen gehörte, die versuchten, schlimme Dinge herunterzuspielen. Immer schneller wurden unsere Schritte durch den Audienzsaal, der mir jetzt unendlich lang vorkam. Es war nicht mehr der gesetzte, würdevolle Gang, den man in einem königlichen Palast zu gehen pflegte, es war mehr ein Wettlauf mit der Zeit. Während wir dahineilten, sagte ich nichts, stellte ich keine Fragen, und auch Acha schwieg, weil er ahnte, wie mir zumute war. Wir huschten durch den Thronsaal, erreichten von dort das Ankleidezimmer Amenis und hielten erst vor der Tür zu seinem Schlafgemach.

Amenis Leibdiener verneigte sich tief vor mir, während ich mich mühte, meinen gehetzten Atem wieder zu beruhigen. Ein letztes Mal zupfte ich unruhig an meiner Perücke, dann zog ich sie entnervt herunter, reichte sie Nimurias Diener und sagte zu ihm: «Was soll dieses Schauspiel? Öffne!»

Ich ging allein in das Schlafgemach Amenis, und lautlos schloss sich hinter mir die Tür.

«Was muss ich über dich hören? Du bist krank, und ich erfahre kein Wort davon!», versuchte ich einen gekünstelt heiteren Ton zu treffen, als ich auf sein Bett zuging.

«Wer sagt denn, dass ich krank bin? Eine kleine Schwäche darf ich mir in meinem Alter einmal erlauben!»

Jetzt war ich bei ihm, saß auf seinem Bett, und ohne mich um die zwei Ärzte zu kümmern, die daneben standen, umarmte ich ihn, drückte seinen schweren Kopf an meine Wange, und als der süßlich-herbe Duft des Öls, welches er immer benutzte, durch meine Nase strömte, wusste ich endgültig, dass ich bei ihm war. So verharrten wir beide lange Zeit, zahllose Gedanken jagten durch unsere Köpfe, Erinnerungen und die Angst vor dem Ende gleichermaßen, und nur allzu deutlich konnte ich hören, wie schwer ihm das Atmen fiel.

Dann schob er mich sachte von sich weg, sah mir in die feuchten Augen und sagte, selbst den Tränen nahe: «Ich hatte schon befürchtet, ich würde dich gar nicht mehr sehen. Aber jetzt bist du ja endlich hier.»

Ameni schloss für eine Weile die Augen, öffnete sie wieder und wandte sich den Ärzten zu: «Lasst uns jetzt allein! Eje weiß mit mir umzugehen. Und wenn es vorbei ist, kann auch er mir die Augen schließen.»

Trotz seines Alters, trotz seines offenkundigen Leidens hatte er sich nicht geändert. Mit versteinerten Gesichtern, und doch sichtlich gekränkt verneigten sich die beiden Ärzte und schlichen wie Schlangen lautlos aus dem Raum.

«Sei ehrlich, mein Freund», sagte er jetzt, und seine Stimme klang auffallend kräftiger als noch vor wenigen Augenblicken, «bist du von dir aus gekommen, oder hat dich deine Schwester geschickt?»

Ich sah ihn kurze Zeit schweigend an, dann schüttelte ich ungläubig den Kopf, denn ich wollte nicht glauben, dass ihn das so beschäftigen würde, dass er es all dem anderen, was wir uns zu sagen hatten, voranstellte.

«Meine Schwester, deine Große königliche Gemahlin Teje», begann ich jetzt betont langsam, «kam erst zu mir, nachdem ich dir längst geschrieben hatte, dass ich dich besuchen würde. Ich habe ihr aber versprochen, dass ich mit dir rede.»

«Aber nicht jetzt», sagte er schnell und mit weit geöffneten, fast ängstlichen Augen. «Wenn man glaubt, mich wegen meines Alters und weil ich etwas kränklich bin, bevormunden zu können, dann täuscht man sich! Noch bin ich Pharao, bin Amenophis mer-chepesch! Aber jetzt Schluss damit!»

Jetzt lachte er wieder zufrieden, denn er wusste, dass ich ihn wirklich in Ruhe lassen würde.

«Erzähl mir von Achet-Aton», bat er mich jetzt leise und nachdenklich. «Ich bin mir nicht sicher, ob mir die anderen immer die Wahrheit sagen. Sind die Paläste, die Tempel dort schöner und prächtiger als die in Waset?»

Er griff nach meiner Hand und drückte sie, wie es seine schwachen Kräfte noch zuließen. Mahnte dieser Druck den einst engsten Berater Pharaos, die Wahrheit zu sagen, oder flehte er damit den besten Freund an, die heimliche Hoffnung des Kranken nicht zu enttäuschen?

Ich gab mir Mühe.

«Der große Vorteil in Achet-Aton ist, dass vom ersten Ziegelstein an alles nach den Wünschen deines Sohnes geplant und gebaut werden konnte. Wir mussten auf nichts Bestehendes Rücksicht nehmen. Selbst Hügel ließen wir abtragen und Täler auffüllen, wo wir es für nötig hielten. So entstanden breite Straßen, wie ich in Waset nur eine kenne: die breite Sphingenallee zwischen den Heiligtümern von Waset. Aber auch unsere eigenen Paläste konnten wir anlegen, wie wir wollten. Platz gab es genug, und Echnaton machte keine Einschränkungen. Alles ist neu, wir konnten alle unsere Vorstellungen und jede Neuerung einbringen. Aber − und das ist einer der großen Nachteile von Achet-Aton − es ist eben alles sehr neu. Da ist nichts Gewachsenes, nichts Altehrwürdiges. Und in mancherlei Hinsicht wirkt es zu vollkommen. Ja, es ist ein riesiges, vollkommenes Kunstwerk im eigentlichen Sinn des Wortes: ein künstliches Werk.»

«Also lieblos», wollte Ameni knapp festgestellt wissen, und wieder sah er mich hoffnungsvoll an.

«Nicht lieblos, Ameni. Nicht lieblos. Beinahe wäre ich aber geneigt zu sagen: leblos. Das trifft es aber auch nicht. Hier in Waset gibt es einige Wohnhäuser, Kornspeicher und Verwaltungsgebäude, die hättest du schon längst gern abgerissen und durch etwas Neues ersetzt. Es geschieht aber nicht, aus welchen Gründen auch immer. Und so fügt sich hier Altes zu Neuem, muss sich Neues dem Alten fügen und zuletzt harmoniert doch alles, gibt ein Bild, das uns vertraut ist, das wir kennen, das wir mögen. Diese Vertrautheit ist es, die uns Waset zur wahren Heimat werden ließ. Und dein unvergleichlicher Geschmack natürlich, der nirgendwo übertroffen wird.»

Das musste ich einfach sagen, das hatte er auch verdient, und er dankte es mir durch einen neuerlichen Druck seiner Hand.

Dann erzählte ich ihm von den Palästen Echnatons, dem Nordpalast und dem Stadtpalast, erzählte ihm von meinem Haus und meinem Garten, und merkte gar nicht, dass er zwischenzeitlich eingeschlafen war.

Wie ein Dieb schlich ich mich aus dem Zimmer und traf auf Acha und die beiden Ärzte, die geduldig gewartet hatten. Ich bat sie, mir in den daneben liegenden Thronsaal zu folgen.

«An welcher Art von Krankheit leidet er?», fragte ich die Ärzte, während Acha die Wachen mit einem Wink seiner Hand anwies, die Türen zu schließen und draußen zu warten.

«Es ist das Alter, Gottesvater Eje, das den Guten Gott, er lebe, sei heil und gesund, niederbeugt», erklärte der Ältere von ihnen, machte dabei einen spitzen Mund und zog gleichzeitig die Augenbrauen bedeutungsvoll nach oben.

«Das Alter», wiederholte ich, und der Spott in meinem Tonfall war wirklich nicht zu überhören. «Ich lebe lange genug, um zu wissen, dass die wenigsten Menschen an einer Krankheit namens ‹Alter› gestorben sind.» Ich sah sie erwartungsvoll an.

«Es ist das Herz, Gottesvater Eje. Auch Ihr wisst, dass sich der Gute Gott zeit seines Lebens in keinerlei Hinsicht», und jetzt sah er zu Boden, «geschont hat. Seine Leibesfülle, bedingt durch den Wein und das viele, üppige Essen, ließ sein Herz frühzeitig altern, oder wenn Ihr das lieber wollt: schwach werden.»

«Er hatte in den letzten Monaten schon zwei Schwächeanfälle erlitten», fuhr Acha jetzt fort, ohne abzuwarten, ob der Leibarzt noch etwas zu sagen gehabt hätte. «Zuletzt sackte er während einer Audienz für ausländische Gesandte vor aller Augen in sich zusammen.»

Alle sahen sie jetzt mich schweigend an, als ob ich es war, der Hilfe, der einen Ausweg wusste. Ich beschloss, zumindest die kommende Nacht im Ankleidezimmer Nimurias zu schlafen. Mit spürbarem Widerwillen kamen die beiden Ärzte meinem Wunsch nach, und mir schien es, als verstanden sie mein Vorhaben so, als wollte ich ihre Künste überwachen oder mich gar einmischen. Ich wollte aber einfach nur in Amenis Nähe sein.

In den kommenden vier Tagen besserte sich der Zustand Nimurias nicht wirklich. Tagsüber stand er für einige Stunden auf, saß mit mir auf der großen Terrasse des Palasts und redete jetzt auch mit mir bereitwillig über seine Absicht, die junge Prinzessin Taduchepa zur Frau zu nehmen.

«Kannst du das denn nicht verstehen?», fragte er mich mit weit geöffneten Augen und einem zum Lachen bereiten Mund, «dass ich mich in meinem Alter wenigstens noch einmal an gerade erst reif gewordenen Früchten der Liebesgöttin Hathor erfreuen möchte? Ich möchte noch einmal junge Lippen küssen, die vielleicht anfangs ein wenig unbeholfen und widerborstig sind, nicht willens, alles zu geben, was sie vermögen, dann aber begierig nach allem schnappen, was sie erlangen können. Ich will den frischen Atem der Jugend riechen, in volles Haar greifen und mich an seiner Fülle, seinem Duft berauschen.»

Sein Mund verzog sich jetzt zu einem breiten, zufriedenen Lächeln, seine Augen verkleinerten sich wieder zu den unverkennbaren mandelförmigen Schlitzen, und zu meiner Beruhigung wurde sein Atem auch etwas ruhiger. Dann beugte er sich ein wenig zu mir herüber, blickte kurz nach rechts, um abzuschätzen, ob der Wedelträger die nun folgenden Worte hören würde, dann griffen seine beiden Hände vor seinem Oberkörper ins Nichts, und er sagte leise: «Einmal noch die Brüste eines dieser zierlichen Wesen anfassen, sie liebkosen, die Hände an ihre

Hüften legen und im Hinuntergleiten fühlen, wie schlank und fest die Schenkel und die Beine einer Frau sein können.»

Dann lehnte er sich wieder zurück und sah mich mit einem fragenden, herausfordernden Blick an. Als hätte ich diesen Blick nicht verstanden, fügte er noch hinzu: «Geht es dir nicht auch manchmal so, mein Freund?»

«Wenn ich ehrlich sein soll: So oft ich eines von diesen wunderbaren Geschöpfen sehe, die du soeben beschrieben hast, Ameni. Tag für Tag. Aber das ist die eine Sache.»

Jetzt war ich es, der seinem Gegenüber mit dem Stuhl etwas näher rückte, damit wir unbelauscht blieben. Ich stemmte meine Ellbogen gegen die Knie, faltete die Hände, legte meinen Kopf darauf und sah ihn erst für einen kurzen Augenblick schweigend an, um zu überlegen, ob ich es denn tun sollte oder nicht. Doch ich tat es.

«Du hast vollkommen Recht, Ameni. Es gibt kaum etwas Wundervolleres als all das, was du gerade sagtest. Du bist der Gute Gott, der Herr der Beiden Länder, der Herr über die Welt. Gewiss, du kannst das machen. Aber wenn du schon weißt, wie sehr du Teje mit deiner Absicht kränkst, sosehr kränkst, dass sie dich und Waset weinend verlässt, reicht es dann nicht aus, diese Freuden bei einer von den vielen aus deinem Frauenpalast zu genießen? Hat sie jemals etwas dagegen einzuwenden gehabt?»

«Die süßesten Früchte hängen in Nachbars Garten, hieß es früher in der Schule immer, oder nicht?»

Das war seine ganze Antwort, aber die wenigen Worte, die er gesagt hatte, machten mir deutlich, worum es ihm in Wahrheit ging, was er aber nie zugeben würde, selbst mir gegenüber nicht: Alle sollten es sehen.

Was nützte es ihm, sich aus dem Frauenpalast das wundervollste Geschöpf dieser Erde kommen zu lassen, aufgeputzt und hergerichtet wie eine jungfräuliche Braut, duftend wie blauer Lotos, eingeweiht in die geheimsten und schönsten Dinge der Liebe, wenn dieses Geschöpf bei Nacht wieder verschwand, unerkannt, unbeachtet und keiner sprach: Da, seht Nimuria, den starken Stier, dem die Schönsten der Beiden Länder, die Schönsten der Erde zu Füßen liegen wie vor dreißig Jahren!

Wollte, ja konnte er denn in seinem Zustand überhaupt noch die Ehe vollziehen, wenn denn die Prinzessin wirklich käme? Diesen Gedanken musste ich für mich behalten, denn selbst mir hätte er einen Zweifel daran nie und nimmer vergeben. Aber jetzt wusste ich, warum es Taduchepa sein musste und keine andere, zumindest keine andere, die unbeachtet bleiben würde. Es schien mir sinnlos, auch nur ein Wort mehr darüber zu verlieren und zu versuchen, ihn umzustimmen. Seine Entscheidung war längst gefallen, und wie mir Acha berichtet hatte, war der Tross mit der königlichen Braut in seiner Mitte schon auf dem Weg an den Nil.

Ich hatte nicht die geringste Vorstellung davon, was ich meiner Schwester Teje sagen würde, wenn ich ihr wieder gegenübertrat. Es gab nichts zu erklären, und es gab nichts zu beschönigen. Die Heirat Nimurias mit der Prinzessin aus dem Königreich der Mitanni war für Ameni und für den ganzen Hof eine längst beschlossene Sache. Ich schrieb es ihr, wie es war, und beschloss in nicht gerade mannhafter Art, meine Rückkehr nach Achet-Aton so lange hinauszuschieben, wie es eben nur ging. Ich schilderte ihr und Echnaton den bedenklichen Gesundheitszustand Nimurias und dass ich es für unverantwortlich halten würde, ihn jetzt allein zu lassen. Nach diesem Brief war mir nicht wohl zumute, vielmehr fühlte ich mich richtig elend.

Ich hatte Kelija, den Abgesandten König Tuschrattas, anders in Erinnerung. Als er mir vor dreißig Jahren im Königspalast von Merwer gegenübertrat, machte er auf mich einen undurchsichtigen, vielleicht sogar hinterhältigen und verschlagenen Eindruck. Ich traute ihm einfach nicht, und dazu trug damals gewiss auch die Warnung des alten und weisen Bürgermeisters Sobekhotep bei.

Kelija schien ein völlig anderer geworden zu sein. Sein Auftreten war freundlich, aber nicht schmeichlerisch. In allem, was er sagte, wirkte er stets höflich und zuvorkommend. Über andere Menschen kam ihm nie ein beleidigendes oder abfälliges Wort über die Lippen, selbst wenn er vielleicht einen Grund dafür gehabt hätte. Alles, was ich von ihm hörte, was ich von ihm sah, hinterließ bei mir den Eindruck eines von Grund auf anständigen und ehrlichen Menschen. Obwohl er so lange Gesandter seines Landes war, er jede Hinterhältigkeit kannte oder zumindest kennen musste, glaubte ich jetzt fest daran, dass kein unwahres Wort über seine Lippen kam. Hätte er mit blutverschmierten Händen und mit einem Messer in der Hand neben einem Toten gestanden und mir beteuert, er sei es nicht gewesen, der diesen Menschen tötete, ich hätte es ihm geglaubt, ohne auch nur einen Augenblick an seinen Worten zu zweifeln. Eine Eigenschaft machte ihn allerdings unheimlich oder sogar gefährlich: Kelija vermochte im Laufe eines Abends einen Krug Wein zu trinken, ohne dass man ihm die geringste Wirkung anmerkte. Weder begann er, wirr zu reden, übertrieben lustig zu werden noch gar zu schwanken.

Das war selbst Nimuria aufgefallen, und in seinen anerkennenden Worten darüber war ein gewisser Neid nicht zu überhören.

Kelija war mit einem Trupp Soldaten dem Tross der Prinzessin Taduchepa vorausgeeilt, damit dessen Eintreffen ausreichend vorbereitet und die Braut würdig empfangen werden konnte. So verbrachte ich drei Abende mit dem Abgesandten Tuschrattas, und obwohl er so viel älter war als ich, schienen ihm diese Abende, an denen wir reichlich Wein getrunken hatten, weniger zu schaffen zu machen als mir.

Je mehr die Prinzessin mit ihrem Gefolge näher kam, umso unruhiger wurde Nimuria. Seit Tagen hatte er sein Schlafgemach kaum mehr verlassen, und immer wieder klagte er mir sein Leid wegen seiner Gebrechlichkeit, sodass ich den Eindruck gewann, ihn reute die bevorstehende Heirat zunehmend.

«Ob sie über meinen Anblick entsetzt sein wird?», war eine der Fragen, die er mir in diesen Tagen am häufigsten stellte. Ich beschwichtigte ihn mit der Hoffnung, dass sich sein Zustand gewiss bald bessern und die Braut mit ihm dann glückliche Tage verbringen würde.

Die Vorbereitungen für den Empfang und die Hochzeitsfeier waren inzwischen in vollem Gang. Waset und der Palast der leuchtenden Sonne schmückten sich, wie sie es immer getan hatten, wenn große Feste gefeiert wurden. Einen Tag vor dem Einzug der Prinzessin ritt Kelija seiner Herrin entgegen, um als Stellvertreter seines Königs die junge Braut dem Herrn der Beiden Länder anzuvertrauen. In der Stadt mehrten sich nun die Gerüchte über die Länge des Zuges, über die Zahl derer, die ihn begleiteten und über die Größe des Brautschatzes, den er mit sich führte. Das Staunen über all das wurde aber übertroffen durch das Staunen und das Lob aller über die angebliche Schönheit Taduchepas. Aus eigener Erfahrung wusste ich, dass vor Pharao kein ägyptisches Auge die Töchter fremdländischer Könige sehen durfte; umso mehr war ich über den Lobpreis ihrer Anmut und Schönheit erstaunt und konnte es selbst kaum erwarten, sie zu sehen.

Ameni berichtete mir von einer nahezu schlaflosen Nacht, während ihn seine Diener ankleideten, salbten und schminkten. Weil er nicht so schwer war wie die rot-weiße Doppelkrone, trug Nimuria den blauen Kriegshelm, den Chepresch. Auf seinen Schultern ruhte auch nicht ein schwerer Kragen aus Gold, sondern ein breiter Kranz aus Blütenblättern und bunt schillernden Federn der seltensten nubischen Vögel. Ein kostbar besticktes, aber leichtes Obergewand verhüllte seinen Körper, und Krummstab und Wedel trug er nicht selbst, sondern er ließ sie von zwei Soldaten auf Kissen vor sich hertragen. Weder die Fremden, noch die ägyptischen Festgäste sollten sehen, wie krank Nimuria wirklich war. Deswegen wurde er auf einem Thronsessel, an dem Haltestangen befestigt waren, in feierlichem Einzug, begleitet von Wedelträgern, dem Sandalenträger und umringt von vielen Großen des Landes, in den Thronsaal getragen. So musste Ameni unter den Augen der Versammelten keinen Schritt gehen.

Unter dem Klang von Trompeten und Trommeln, zum Gesang eines hundertstimmigen Chors und unter den staunenden Ausrufen der Ägypter öffneten sich die gewaltigen Tore des Thronsaals: die Gäste aus Mitanni zogen ein. Zuerst kamen dreißig Soldaten und Adlige König Tuschrattas und warfen sich ehrfurchtsvoll vor dem Thron Nimurias nieder. Sie erhoben sich und bildeten ein festliches Spalier für die, die ihnen nachfolgten. Es waren die Hofdamen der Prinzessin, genau zweihundertsiebzig an der Zahl, die zu tanzähnlichen Bewegungen für ihre Herrin Blumen streuten. Ihnen folgte Kelija in einem farbenfrohen, prächtigen Gewand, wie es die Großen aus Mitanni zu solchen Anlässen zu tragen pflegten, und ihm folgte, umringt von zehn ebenso festlich gekleideten Hofdamen, die tief verschleierte Taduchepa.

Auch Kelija warf sich vor Pharao nieder, und nachdem er sich auf ein Zeichen des Wesirs wieder erhoben hatte, entrollte er ein Schriftstück und wandte sich mit lauter Stimme und nahezu fehlerfreiem Ägyptisch an den Herrn der Beiden Länder:

«Zu Nimuria, dem großen König, König von Ägypten, meinem Bruder, meinem Schwiegersohn, den ich liebe und der mich liebt, spricht also Tuschratta, der große König, König von Mitanni, Dein Bruder, Dein Schwiegervater, der Dich liebt: Mir ist Wohlbefinden. Meinem Bruder und meinem Schwiegersohn sei Wohlbefinden! Deinen Palästen, Deinen Frauen, Deinen Kindern, Deinen Leuten, Deinen Wagen, Deinen Pferden, Deinem Lande und allem, was Dir gehört, sei in hohem Maße Wohlbefinden! Meinem Bruder, den ich liebe, gebe ich als seine Frau meine Tochter Taduchepa. Mögen die Götter sie zu all dem machen, was mein Bruder begehrt. Ischtar wird vor ihr gehen und meinem Bruder großen Segen schenken und die höchste Freude. Und mein Bruder möge leben in Ewigkeit! Mane, den Boten meines Bruders, und Chane, seinen Übersetzer, habe ich in Freundschaft aufgenommen, wie es die Götter erfreut. Ich habe sie reich beschenkt und sie mit vielen Dingen froh gemacht, weil ihre Botschaft froh war. Was diese Männer anbetrifft, so habe ich Menschen, die so waren, niemals gesehen. Meine Götter und die Götter meines Bruders mögen sie schützen! Meine Halskette aus schönen Lasursteinen habe ich zum Geschenk für meinen Bruder gesandt. Und für hunderttausend Jahre möge sie auf dem Hals meines Bruders liegen!»

Als Kelija geendet hatte, erhob der Wesir seine Stimme und begrüßte die Gäste mit folgenden Worten:

«Nimuria, der Herr der Beiden Länder, Sohn des Re, der die Gesetze dauern lässt und die Beiden Länder befriedet, der Herrscher von Waset, Amenophis mer-chepesch, grüßt seinen Bruder Tuschratta, den er liebt. Ihm sei Wohlbefinden! Er grüßt Taduchepa, die Tochter seines Bruders Tuschratta. Auch ihr sei Wohlbefinden. Allen Begleitern meines Bruders, allen voran dem vortrefflichen Kelija, sei Wohlbefinden! Sagt meinem Bruder: Ich danke Dir, dass Du mir Deine Tochter zur Frau gibst. Und ich danke Dir, dass Du mir Ischtar, Eure große Göttin gesandt hast, auf dass mein Leiden gelindert werde und ich lebe Millionen von Jahren. Bleibe mir in Freundschaft erhalten! Dies sagt Eurem Herrn, meinem Bruder Tuschratta, dem König von Mitanni.»

Jetzt löste sich Taduchepa aus dem Kreis ihrer Hofdamen und wurde von Kelija über die zwölf Stufen vor den Thron Nimurias geführt. Pharao nutzte die Gelegenheit, als seine Braut auf die Stufen achten musste, damit ihm die Wedelträger zu seiner Rechten und Linken unauffällig halfen, sich aus dem Thronsessel zu erheben.

Wir, die wir um den beängstigenden Zustand des Guten Gottes wussten, beobachteten dies angespannt und mit besorgter Miene und waren erleichtert, als wir die Stimme unseres Herrschers vernahmen: «Kija. Ich gebe Dir den Namen Kija.»

Während er dies sagte, nahm er mit beiden Händen die unteren Enden des Schleiers, hob ihn hoch und warf ihn in einer Lässigkeit, die nichts von seiner Krankheit, von seiner Schwäche ahnen ließ, nach hinten und über den Kopf des jungen Mädchens. Mit geschlossenen Augen ließ Kija dies geschehen, dann hoben sich langsam ihre Lider, und zwei grünbraune Augen sahen in das freundliche, glücklich lächelnde Gesicht Amenis. An den unruhig zuckenden Muskeln seiner Wangen erkannte ich, dass er vor Aufregung immer wieder die Kiefer gegeneinander presste. Seine dunklen Augen huschten unruhig auf den zarten Gesichtszügen Kijas umher und hielten erst inne, als sich ihre Blicke trafen. Nimurias Lippen begannen zu beben und für einen Augenblick schien es mir, als rangen sie miteinander, damit sie die Worte hervorbrachten, die er an sie richten wollte. Im Saal herrschte jetzt eine unheimliche, angespannte Stille.

«Jedes Wort, das die Schönheit, die meine Augen sehen, beschreiben wollte, wäre unvollkommen, so wie kein menschliches Wort die Liebe der Isis zu ihrem Gemahl beschreiben kann. Der Ruf Eurer Schönheit ist Euch weit vorausgeeilt, aber was ich sehe, übertrifft alles, was ich mir vorzustellen vermochte.»

Dann tat er einen kleinen Schritt nach vorn, erfasste mit beiden Händen vorsichtig, ja geradezu ängstlich ihre Schultern, als fürchtete er, Kija ein Leid zuzufügen, zog sie ein wenig an sich heran und küsste schüchtern – kaum dass seine Lippen sie berührten – ihre beiden Wangen.

Dann nahm er sie bei der Hand und führte Kija die wenigen Schritte zu ihrem Thron, danach wandten sich beide der Menge zu. Mit all der Kraft, die Amenophis verblieben war, sprach er:

«Mit dem heutigen Tag ist Kija meine Gemahlin. Verehrt sie,

wie es ihr gebührt, damit sie glücklich lebt in den Beiden Ländern und ihr ein Leben beschieden sei von Millionen von Jahren!»

Ein froher und lauter Jubel setzte jetzt im Thronsaal ein, und die Hochrufe auf Nimuria und Kija, seine junge Gemahlin, wollten kein Ende nehmen. Jetzt hatte auch ich erstmals die Gelegenheit, Kija aus der Nähe zu betrachten. Sie war groß von Gestalt, und es waren vor allem ihre langen, schlanken Beine, die mir auffielen. Ihre Brüste waren wohlgeformt, nicht klein, aber auch nicht üppig. Ihr Hals war ebenso wie ihre übrigen Gliedmaßen schlank, und es war eine Freude, ihre glatte, helle Haut zu betrachten. Ihr natürliches Haar war unter einer Perücke mit abgestuften, schulterlangen braunen Haaren versteckt. Sie hatte volle Lippen, die gewiss weich waren und zu einem zärtlichen Kuss einluden. Darüber ragte ein kleines, schmales Näschen hervor, und selbst der etwas breite Kiefer tat der weiblichen Schönheit keinen Abbruch. Jetzt, als alles Volk ihr freudig zujubelte, errötete sie und blickte bescheiden und züchtig zu Boden. Sie war unvergleichlich zierlicher und lieblicher als Giluchepa, die Schwester ihres Vaters, die Nimuria vor vielen Jahren zur Frau genommen hatte und deretwegen er um des häuslichen Friedens Willen für Teje einen künstlichen See hatte anlegen müssen. Die Arme, die von Nimuria nie geliebt, nie beachtet wurde, lebte schon seit fünf Jahren nicht mehr, und spätestens jetzt wäre sie beim Anblick ihrer schönen Nichte und ihres sichtlich verliebten Gemahls vor Gram gestorben.

Bei dem großen Hochzeitsfest, das in dieser Nacht im Palast der leuchtenden Sonne und in ganz Waset gefeiert wurde, war Nimuria nur für zwei Stunden anwesend; eine längere Teilnahme erlaubte sein Zustand nicht. Gemeinsam mit Kija zog er sich lange vor Mitternacht in den Palast zurück, doch vor seinem Schlafgemach trennten sich nach einem zärtlichen Kuss ihre Wege. In den folgenden Tagen und Wochen konnte Kija ihren kranken Gemahl nur für kurze Zeit sehen, wenn sie sich nach der schlimmsten Hitze des Tages vor Sonnenuntergang auf der Terrasse trafen. Dann spielte sie für ihn auf ihrer Harfe, sang dazu mit ihrer weichen, angenehmen Stimme, oder hörte ihm zu, wenn er aus seinem langen und erfüllten Leben erzählte. Stets verließ sie ihn mit zärtlichen Küssen auf Stirn, Wangen und Mund, und mit dem Wunsch nach einer baldigen Genesung. Ich empfand Mitleid mit dieser jungen Frau, die sich die ersten Wochen nach ihrer Heirat gewiss anders vorgestellt hatte, auch wenn man im Königreich ihres Vaters längst wusste, dass Nimuria ein alter und kranker Mann war.

Die Hitze des Sommers war jetzt unerträglich, doch es war nicht daran zu denken, dass Pharao nach Norden, in die Oase Fajum, zog, wo seit alters her die Herrscher unseres Landes die Sommerzeit verbrachten. Die ganze Nacht hielt ich mich schon im Schlafgemach Amenis auf und hatte kaum ein Auge zugetan, denn sein Atem ging schwerer als sonst. Morgens wurden die weit oben liegenden Fenster verschlossen, damit die Hitze nicht eindringen konnte und die kühle Luft, die nachts den Raum erfüllte, gehalten wurde.

Nur wenig Licht drang in den Raum und ließ mich das Gesicht meines Freundes nicht mehr als schemenhaft erkennen. Immer wieder wischte ich mit einem feuchten Tuch über seine schweißbedeckte, kalte Stirn und bemerkte dabei, wie er unentwegt an die Decke starrte, dorthin, wo über ihm fünf Abbildungen der schützenden Geiergöttin Nechbet ihre Flügel ausbreiteten, eingerahmt von zwölf heiligen Kreisen, die alle Namen Pharaos umschlossen. Langsam drehte er seinen Kopf zur Seite und sah mich an. Tränen standen in seinen Augen.

«Kümmere dich um das Mädchen, um Kija», sagte er langsam, und ich spürte, wie jedes Wort ihn und seine Seele quälte. Dann blickte er wieder nach oben. Ich verließ meinen Stuhl, setzte mich an den Rand seines Betts und griff nach seiner linken Hand. Er ließ es sich gefallen, und an einem schwachen

Druck merkte ich, dass er für diese Geste dankbar war, sich vielleicht danach gesehnt hatte.

«Weißt du noch, was du nach dem Tod meines Vaters zu mir gesagt hast?» Er wandte sich jetzt wieder mir zu, und ohne eine Antwort abzuwarten, sprach er weiter und stammelte langsam die Worte: «Majestät, ich will mich, will mein ganzes Leben in Euren Dienst stellen. Ich werde immer für Euch da sein, wann immer Ihr es wünscht. Ich will jeden Befehl, den Ihr mir gebt, ausführen, so gut ich nur kann. Euer Vater, der Osiris Thutmosis, sei mein Zeuge.»

Ich nickte, während er dies sagte, und jetzt war ich es, dem die Tränen in die Augen schossen.

«Ein Leben lang hast du dir das gemerkt, Ameni?»

«Wie hätte ich das vergessen können, Einziger Freund Seiner Majestät?» Er lächelte mich an.

«Ich muss dir aber noch einmal ein Versprechen abnehmen, Eje, ein letztes. Kümmere dich, so lange du lebst, um Teje und vor allem um meinen Sohn! Kümmere dich um seine Kinder und um deren Kinder. Was immer sie dir antun, steh auch ihnen so treu und ergeben zur Seite, wie mir! Versprich mir das, Eje», flüsterte er leise, ganz leise. Ich beugte mich über ihn, nahm seinen Kopf in meine Hände und drückte ihn fest an mich und fuhr mit meiner Linken durch seine Haare.

«Ich verspreche es dir», flüsterte ich ihm ebenso leise ins Ohr. «Ich verspreche es dir. Es ist das Mindeste, was ich tun kann.»

Meine letzten Worte hat Ameni nicht mehr gehört, denn sein Herz, das Herz Ägyptens, hatte aufgehört zu schlagen. Seine gebrochenen Augen waren auf die Geiergöttin Nechbet gerichtet, bis ich sie ihm schloss.

«Lebe wohl, Amenophis», sagte ich mit zittriger Stimme. «Lebe wohl!»

Ich vergrub mein Gesicht zwischen meinen Händen und weinte so entsetzlich, wie ich noch nie in meinem Leben um einen Menschen geweint hatte. Nicht um meine Eltern, nicht um

Merit und nicht um Ti. Ein Leben an der Seite meines Freundes, des liebsten Menschen, den ich mir je vorzustellen vermochte, war zu Ende. Unzählige Bilder flogen an meinen Augen vorüber, Bilder eines langen, gemeinsamen Lebens. Ich sah ihn, wie er an meinem ersten Schultag im Palast von Men-nefer den Klassenraum betrat und wie er allein und hilflos vor dem Totenbett seines Vaters Thutmosis stand. Ich sah ihn, wie er sich nach seiner Krönung dem Volk zeigte: Mit der Doppelkrone Ägyptens, einen schweren Goldkragen auf den Schultern, mit Zeremonialbart und mit Geißel und Krummstab. Ich sah ihn, wie er sich auf seine Feinde stürzte und wie er mir im Steinbruch von Tura das Leben gerettet hatte. Immer und immer wieder sah ich ihn in anderer Gestalt, bis ich meinen Kopf erhob und ihn ansah, der neben mir lag, mit zufriedenem Gesicht, als wüsste er jetzt im Tode um alles, was es zu wissen galt. Und erst jetzt, als ich ihn wie aus weiter Entfernung anstarrte, war mir bewusst: Nimuria, der Herr der Beiden Länder, Sohn des Re, Herrscher von Ober- und Unterägypten, der Gute Gott, Amenophis merchepesch war Osiris, war tot.

Ich trat vor das Schlafgemach, wo die beiden Ärzte und die Leibdiener Amenis gewartet hatten. Es brauchte keiner Worte, denn ein Blick in mein Gesicht genügte, um ihnen die schlimme Ahnung zur Gewissheit werden zu lassen.

«Geh», sagte ich mit leiser Stimme zum Ersten, «und verständige seine Tochter, die Große königliche Gemahlin Sitamun und die königliche Gemahlin Kija. Und du gehe zum Wesir, damit er alles veranlasse, was jetzt getan werden muss.»

Dann kehrte ich mit den beiden Ärzten zurück ins Schlafgemach Pharaos, damit sie den Tod unseres Herrschers bezeugten.

All die Großen aus Waset betraten voll Ehrfurcht und gebeugt von tiefer Trauer den großen Audienzsaal des Palasts. Amenophis wurde vor seinem Thron aufgebahrt, umgeben von einem

Meer tiefblauer Kornblumen, denn nur ihre Farbe war dem Lapislazuli, den Ameni ein Leben lang so sehr geliebt hatte, am ähnlichsten. Der tote Pharao trug das Nemes-Kopftuch, und von seiner Stirn ragten Geier und Kobra empor. Vor seiner Brust hielten die gekreuzten Arme Geißel und Krummstab.

«O Götter, diese Götter, an denen ich vorbeigehe,
ich preise Euch, wenn Ihr mir Eure Arme reicht,
Ihr jubelt über den Anblick meiner Sonnenscheibe.»

Mit diesem Gesang betraten die Priester des Amun den Saal, während aus zweiundzwanzig Weihrauchpfannen der heilige, weiße Rauch emporstieg, damit sein Wohlgeruch die Götter Ägyptens versöhnlich stimmte. Ein Priester mit einer schwarzen Anubismaske umrundete in gesetzten Schritten die Bahre und schwenkte einen goldenen Arm, aus dessen geöffneter Hand ebenfalls Weihrauch emporstieg, vor seinem Körper hin und her. Sitamun, die von ihrem Vater in den Rang einer Großen königlichen Gemahlin erhoben worden war, stand allein zur Rechten des Toten und vertrat ihre Mutter, die noch immer in Achet-Aton weilte. Sie würdigte Kija und mich, die ihr auf der anderen Seite der Bahre gegenüberstanden, keines Blickes. In ihren Augen war Kija schuldig, weil sie Amenophis geheiratet und so über sie und ihre Mutter Teje Schande gebracht hatte. Und ich war schuldig, weil ich es trotz der flehentlichen Bitten meiner Schwester nicht verhindert hatte. Aber hatte Ameni mich nicht auf dem Sterbebett gebeten, dass ich mich auch um das Mädchen kümmerte?

«Wie Du bist, so bin auch ich.
Dein Wandel ist ja mein Wandel,
Dein Dahineilen ist ja mein Dahineilen.
Meine Fahrt ist Deine Fahrt, o Re,
mein Dahineilen ist Dein Dahineilen.»

Da standen Acha und seine Frau Iset in der ersten Reihe der Trauernden, gemeinsam mit dem alten Wesir Ramose, der von sich selbst nie geglaubt hätte, dass er einmal seinen Herrscher überleben würde. Leer war sein Blick, ohne Entsetzen und ohne Trauer. Er sah nur kurz hinauf in das Antlitz des Mannes, dessen Herrschaft er mehr als siebenunddreißig Jahre begleitet hatte. Acha aber ließ seiner Trauer freien Lauf. Träne um Träne rann über seine Wangen, und ähnlich wie ich mochte er sich jetzt an die vielen Erlebnisse seit den Tagen unserer gemeinsamen Schulzeit erinnert haben. Dann sah er zu mir herüber, presste, um nicht laut loszuweinen, die Lippen aufeinander und schüttelte den Kopf, als wollte er den Verlust unseres Freundes nicht wahrhaben. Da standen aber auch Cheruef, einstmals mein Schreiber und seit vielen Jahren Palastvorsteher meiner Schwester, und Tahuti, der Polizeioberste von Waset, und sie alle vergossen viele Tränen.

> *«Schutz und Leben sind ganz um ihn,*
> *diesen Gott, den sein Ka behütet,*
> *den König der Unterwelt,*
> *der das Totenreich beherrscht*
> *und den Himmel erobert hat im Triumph,*
> *Osiris, der bis in alle Ewigkeit bestehen wird.»*

Mit großen Augen verfolgte Kija den Priester mit dem Angst einflößenden Äußeren des schakalköpfigen Anubis, der noch immer den Toten umrundete, während die übrigen Priester ihren eintönigen und unheimlichen Gesang fortsetzten. Ich stand dicht neben ihr, und gewiss war es Unsicherheit oder Verzweiflung, die sie meinen Arm ergreifen ließ, um sich Halt suchend bei mir unterzuhaken. Ich ließ die arme Frau gewähren, mochten die anderen denken und anschließend reden, was sie wollten, denn auch nach dem Tod des großen Amenophis war ich als Gottesvater unangreifbar.

Kija vergoss keine Tränen, denn den, den sie betrauern sollte, hatte sie kaum gekannt. Ein Freund ihres Vaters war er gewesen, auch ihr Gemahl, gewiss, aber keiner, zu dem sie Liebe empfand; vielleicht ein wenig Zuneigung. So kreisten ihre Gedanken kaum um Bilder aus einer gemeinsamen Vergangenheit, sondern suchten wohl nur nach einem Halt in einer ungewissen Zukunft. Ihre Vorgängerinnen, die Prinzessinnen aus Babylon und Mitanni, durften wenigstens noch die eine oder andere Liebesnacht mit ihrem königlichen Gemahl verbringen, ehe sie in der Weite des Frauenpalastes und in der Vergessenheit verschwanden. Ihr aber war nicht einmal dies vergönnt gewesen, und so befürchtete sie wohl, eines Tages als namenlose Jungfrau ihr Leben beenden zu müssen.

«Mein Gesicht ist ein Falke,
mein Scheitel ist Re,
meine beiden Augen sind die göttlichen Schwestern,
meine Nase ist der unterweltliche Horus,
mein Mund ist der Herrscher des Totenreichs.»

Der Gesang der Priester wollte kein Ende nehmen. Obwohl Amenophis erst wenige Stunden tot war, begann ich schon jetzt über all das nachzudenken, was in den kommenden Tagen zu geschehen hatte. War ich gefühllos, weil ich das tat – schon jetzt tat?

Ich blickte in die Runde der Trauernden und suchte mir unter ihnen diejenigen heraus, die mir nützlich und behilflich sein würden. Dann sah ich wieder auf den toten Ameni und dachte an meine Schwester. Würde sie seinen Tod als eine Fügung des Schicksals ansehen, als eine Rache aller höchsten Götter, weil er ihren Wunsch, die Prinzessin aus Mitanni nicht zu heiraten, missachtet hatte? Ich überlegte, ob sie sich nicht schon längst innerlich von ihm gelöst und an seiner Seite nicht schon längst mehr als nur das förmliche Amt der Großen königlichen Gemahlin ausgeübt hatte. Wenn ich mir ihr verbittertes Gesicht vor Augen hielt, mochte ich es glauben. Ich wollte sie nie danach fragen, denn nur so konnte ich mir sicher sein, dass das Bild, welches ich mir von meinem Freund über all die Jahre gemacht hatte, keinen Schaden nahm. Wieder sah ich auf Ameni und wusste, dass ich Teje und Echnaton noch an diesem Tag einen Brief schreiben musste, und ich war mir sicher, dass mir diese Zeilen schwer fallen würden, sehr schwer. Es würde der traurigste Brief sein, den ich in meinem Leben zu schreiben hatte.

Es war nicht viel, was ich schrieb, denn noch war ich außer Stande, einen klaren Gedanken zu fassen. Ich mochte mir nicht vorstellen, dass Ägypten ohne seinen großen Herrscher fortbestehen konnte. Ich mochte mir aber auch nicht vorstellen, wie mein Leben jetzt weitergehen würde, ohne meine Frau, ohne Ameni, und im Grunde ohne meine Töchter, denn auch sie gingen schon längst ihre eigenen Wege. Lange Zeit saß ich mit solchen Gedanken vor einem leeren Blatt Papyrus, ehe ich in wenigen Zeilen niederschrieb, was sich ereignet hatte.

Noch am Abend jagten die Boten zu Lande los, ritten Tag und Nacht, damit zwei Tage später Achet-Aton erfuhr, was hier in Waset schon traurige Gewissheit war.

In Waset und in jeder anderen Stadt, in jedem Dorf der Beiden Länder herrschte große Trauer. Wie kaum ein anderer Pharao vor ihm, hatte Amenophis den Beiden Ländern eine lange und glückliche Zeit des Friedens und des Wohlstands beschert. Alle Menschen der Stadt, gewiss waren es über sechzigtausend, säumten den Weg vom Palast der leuchtenden Sonne zum Tempel der Millionen Jahre, als wir Osiris Amenophis unter dem entsetzlichen Geschrei der Klagefrauen und begleitet von allen Großen, die in Waset lebten, in das Haus der Reinigung brachten, damit er dort von den Balsamierern für das jenseitige Leben vorbereitet wurde.

Ich sah in die Gesichter der vielen Menschen, die um ihren Guten Gott trauerten, und in allen sah ich Tränen. Die meisten von ihnen kannten keinen anderen König als Nimuria, beinahe neununddreißig Jahre des Herrschens sind eine lange Zeit.

Wieder ging Kija neben mir einher und mir schien, als suchte sie wirklich bei mir Schutz und Halt. Außer ihrem eigenen Gefolge kannte sie niemanden, den sie jetzt um Hilfe und um Rat hätte fragen können. Ich wies sie auf dem Weg zum Totentempel leise flüsternd an, wie sie sich zu verhalten hatte, wo sie gehen und wo sie stehen musste. Sie dankte es mir durch ein flüchtiges Lächeln, nicht ohne sich vorher zu vergewissern, dass es niemand sah, denn als Prinzessin kannte sie die Tücken eines Königshofes zur Genüge.

Endlich schritten wir zwischen den beiden gewaltigen Sitzfiguren Nimurias hindurch in den ersten Hof des Totentempels. Ein schaurig-schöner mehrstimmiger Gesang unzähliger Priesterinnen empfing uns hier, dessen Melodie gleichmäßig auf und ab ging wie die Wellen des Meeres. Wir durchschritten einen zweiten Hof mit Figuren Nimurias und Tejes, mit Statuen der Göttin Sachmet und mit Sphingen des Verborgenen. Den Eingang zum dritten Hof bewachten zwei Figuren Nimurias aus Alabaster, und von dort führte eine lange, von Widdersphingen flankierte Allee zu einem Sonnenhof mit einer Vielzahl von Standfiguren Pharaos von mehr als fünfzehn Ellen Höhe. Nach Südwesten öffnete sich der Zugang zu den Hallen der Balsamierer. Dorthin entschwand Amenophis unseren Blicken, damit siebzig Tage der Trauer gehalten wurden, bis Pharao seine letzte Reise in das Totental antrat.

Ich stand lange und schweigend vor dem Zugang zu dieser Halle, und Angst und Abscheu kamen über mich. Ich erinnerte mich jetzt der Stunden, die ich in den schrecklichen Hallen der Balsamierer in Men-nefer verbracht hatte, als ich nach dem unerklärlichen Tod des jungen Thronfolgers Prinz Thutmosis auch bei den Dienern des Todes nach Spuren suchte. Obwohl ich versuchte, mich gegen diese Vorstellungen zu wehren, sah ich im Geiste, wie sie Ameni auf der linken Seite aufschnitten, um alle Organe und die Gedärme zu entfernen, wie sie mit einem langen Bronzestab, an dessen Ende sich ein winziger Widerhaken befand, durch die Nase in das Innere des Kopfes vorstießen, um Stück für Stück das Gehirn des Toten zu entfernen. Und ich sah, wie sie seinen massigen Körper in eine Unmenge Natron betteten, damit ihm alle Flüssigkeit entzogen wurde, bis nur noch die ausgetrocknete, lederne Hülle seines Körpers übrig blieb.

Diese Bilder ließen mich nicht mehr los, bis wir wieder in den Palast der leuchtenden Sonne zurückgekehrt waren.

Die Einsamkeit, die ich in meinem Palast in Waset litt, war unerträglich. Ohne Ti, ohne Mutnedjemet und in dem Bewusstsein, dass es auch Ameni nicht mehr gab, zu dem ich hätte flüchten können, schienen die Tage kein Ende nehmen zu wollen. Ich kehrte deshalb in den Palast der leuchtenden Sonne zurück, weil ich dort Cheruef um mich hatte und Kelija, den Gesandten König Tuschrattas, der seine Rückkehr nach Mitanni für die Zeit nach der Bestattung Nimurias verschoben hatte.

Dem Wesir, Acha und mir fiel es schwer, das Schatzhaus des toten Pharao aufzusuchen, um mit der Auswahl der Grabbeigaben zu beginnen. Ich selbst hatte die Schatzkammern Amenis seit vielen Jahren nicht mehr besucht und fühlte mich jetzt als Eindringling. Umso erstaunter war ich, als ich sie jetzt betrat. Ich kannte den Reichtum, den Nimurias Vater Thutmosis hinterlassen hatte. Ich hatte vor dem Bau der großen Tempel von Waset die Schätze Amuns gesehen, und ich hatte vor Jahren das heimlich angehäufte Vermögen von Merimes, des Königssohnes von Kusch, bestaunt. Der Schatz Nimurias, der hier im Palast der leuchtenden Sonne lag, stellte alles, was ich bisher gesehen hatte, in den Schatten. Das Schatzhaus hatte keinerlei Fensteröffnungen, sodass wir es im dämmrigen Schein von Fackeln und

Öllampen nicht sehr lange darin aushielten, denn die Luft in seinem Innern war heiß und stickig. Acha, der den Schatz Nimurias gut kannte, ließ von Soldaten der Leibgarde auf seine genaue Anweisung hin verschiedene Kostbarkeiten herausbringen und in den jetzt schwer bewachten Audienzsaal schaffen. Dort nahmen wir jedes einzelne Stück in Augenschein und entschieden, ob es eine Grabbeigabe Nimurias werden oder ob es die Soldaten in die Schatzkammer zurückbringen sollten. Jedes Stück, welches wir für die Beisetzung bestimmt hatten, wurde in einer eigens dafür vorbereiteten Liste eingetragen und beschrieben, damit wir über das, was wir dem Schatz entnahmen, jederzeit Rechenschaft ablegen konnten.

Wir bestaunten gerade ein besonders schönes goldenes Pektorale mit einem Falken aus Lapislazuli, als mein Diener Ipu eingelassen wurde, um mich im Vertrauen etwas zu fragen. Ich blickte wortlos in die kleine Runde und sagte, damit auch der Wesir und Acha wussten, worum es ging: «Ja, Kija kann gern zu uns kommen!»

Ipu huschte davon, ich nickte den Wachen, die mich jetzt fragend ansahen, zu, und schon betrat Kija im Gefolge dreier Hofdamen den Saal. Wir erhoben uns und verneigten uns tief vor der jungen Witwe.

«Die königliche Gemahlin muss nicht Sorge haben, dass wir uns am Schatz unseres verstorbenen Herrschers und Eures Gatten vergreifen», sagte ich zur Begrüßung, nachdem ich bemerkt hatte, welch argwöhnischen Blick sie auf all das Geschmeide, das vor ihr auf dem langen Tisch lag, geworfen hatte.

«Ich würde nie behaupten wollen, dass ausgerechnet Ihr Euren toten Pharao bestiehlt. Gleichwohl bin ich mir sicher, dass in jedem Königreich der Welt die Herrscher von ihren Untertanen nach Kräften bestohlen werden. Warum sollte dies bei Euch anders sein als in unserer Hauptstadt Waschukkanni?»

«Es mag Länder geben, da ist man sich nicht sicher, wer dort wirklich der Bestohlene ist», gab der Wesir nach einem knappen Räuspern zurück. «Bei uns Ägyptern jedoch wird sehr wenig gestohlen. Pharao in seiner Weisheit trägt stets Sorge dafür, dass alle Menschen über ausreichend Besitz, Einkommen und Nahrung verfügen. So muss unser Guter Gott nicht sein Volk und das Volk nicht seinen Herrscher bestehlen.»

Ich war mir sicher, dass Kija auf der Stelle kehrt machen und uns tief getroffen wieder verlassen würde, die Bemerkung des Wesirs war alles andere als glücklich. Die junge Frau gab sich jedoch keineswegs geschlagen. Ihre blaugrünen Augen huschten angriffslustig von Gesicht zu Gesicht.

«Dann nehmt Ihr es von Euren Freunden. Wenn Ihr dem Volk der Mitanni schon kein Gold nehmen könnt, weil es keines besitzt, dann verlangt Ihr nach seinen Frauen!»

«Ihr müsst aber zugeben, Majestät», und dabei verneigte ich mich demutsvoll, «dass wir Ägypter hierbei einen sehr auserlesenen Geschmack beweisen, wovon ich mich mit eigenen Augen überzeugen darf.»

«Ein Schmeichler seid Ihr, Gottesvater! Ein Schmeichler», lachte sie mich jetzt an, und mit ihrem Lachen war die Spannung endlich gewichen.

«Ihr könnt wirklich beruhigt sein. Wir sind keine Diebe. Wir stellen die Grabbeigaben für Nimuria zusammen, und hierzu gehören auch diese Kostbarkeiten», sagte ich, und wies mit ausgebreiteten Armen auf den Tisch.

Kijas Gesicht verfinsterte sich, sie wurde noch nachdenklicher, als sie es schon vor wenigen Augenblicken war, dann trat sie zu mir heran, sah mir tief in die Augen und sagte: «Dass man einen Toten mit Grabbeigaben bedenkt, ist auch bei uns üblich. Aber wollt Ihr wirklich sagen, dass Ihr all das Eurem verstorbenen Herrscher mit ins Grab gebt?»

Ich sah sie ebenso ernst an. «Das, was Ihr hier seht, wird nur ein verschwindender Bruchteil dessen sein, was wir für Osiris Amenophis aussuchen und ihm für die Ewigkeit mitgeben werden. Ich bin aber gern bereit, Euch die religiösen Hintergründe unseres Tuns genauer zu erklären, wenn Ihr das möchtet. Vielleicht versteht Ihr uns dann besser.»

«Ich bitte Euch darum», gab sie ohne Zögern zur Antwort. Der Wesir und Acha verneigten sich tief, ehe ich nur ein Wort sagen konnte, und unter dem Vorwand dringender Amtsgeschäfte ließen sie mich mit Kija und ihren Hofdamen neben dem Tisch mit all dem Schmuck Nimurias darauf zurück. Wie selbstverständlich setzte sie sich mir gegenüber und sah mich erwartungsvoll an.

«Im Grunde ist es derzeit kaum möglich, Euch verbindlich den Totenglauben unseres Volkes näher zu bringen. Wie soll ich es ausdrücken? In dieser Frage lebt unser Volk derzeit in einer Art gespaltenem Zustand.»

Unruhig sprangen Kijas Augen über mein Gesicht, ihr Blick wechselte zwischen meinen Augen hin und her, und ich überlegte, an wen mich diese Augen, die nicht still stehen wollten, erinnerten. Ich erzählte ihr vom althergebrachten Totenglauben unseres Volks und davon, wann und wie Ameni bestattet werden würde, und dabei dachte ich immer wieder darüber nach, wo ich diese Augen schon einmal gesehen hatte. Ich erklärte ihr die Nachtfahrt des Re und das Jenseitsgericht, bei welchem von Anubis das Herz des Verstorbenen gegen die Feder der Maat aufgewogen und dem Totenfresser übergeben wurde, wenn es dem hohen Anspruch der Maat nicht genügte. Ich erzählte von der Herrlichkeit des Jenseits und den schrecklichen Bestrafungen der Hölle und war mir dabei sicher, dass es vor sehr langer Zeit gewesen sein muss, dass mich solche Augen ebenso berührt hatten, wie sie es jetzt taten.

«Und welchen Totenglauben kennt Euer Volk noch?», fragte sie mich, nachdem ich mit meinem Bericht geendet hatte und sie schweigend ansah.

«Majestät», sagte ich erschöpft, «das ist in wenigen Sätzen nicht zu erklären. Ich würde damit dem Glaubenswunder, das

Echnaton über uns gebracht hatte, nicht gerecht werden. Lasst uns zu einem späteren Zeitpunkt darüber sprechen.»

Ich wusste, dass ich bei meiner Suche nach dem zweiten unruhigen Augenpaar nahe am Ziel war, doch meine Erinnerung ließ mich einfach noch im Stich.

«Wollt Ihr mich nur vertrösten, Gottesvater, und hofft so, mich für heute los zu sein?»

Sie lächelte mich herausfordernd an.

«Nein, Majestät! Ich verspreche es Euch: Sobald es die traurigen Pflichten, die wir jetzt alle erfüllen müssen, zulassen, werde ich wieder für Euch da sein.»

Nicht nur die Priesterschaft des Amun, nein alle Großen Oberägyptens und der Stadt waren außer sich, als sich herumsprach, dass Echnaton nicht nach Waset kommen würde, um seinen Vater Osiris Amenophis zu bestatten. Im Palast der leuchtenden Sonne herrschte in diesen Tagen ein Kommen und Gehen, wie es das zu Lebzeiten Nimurias nicht gegeben hatte.

«Will Pharao sein Volk im Stich lassen?», klagte Meriptah. Der Erste Sehende des Amun sah mich mit unheilvollem Blick an, und nachdem er von mir keine Antwort erhielt, blickte er suchend in die Runde.

«Er hat einen Schwur abgelegt, dass er diese Stadt nicht wieder verlässt, solange er lebt», sagte ich bedächtig und sah dabei verlegen auf die Tischplatte vor mir. «Ihr solltet ihn kennen gelernt haben, Meriptah. Ich hege nicht den geringsten Zweifel, dass Echnaton seinen Schwur halten wird.»

«Wollt Ihr damit sagen, Gottesvater Eje, dass er Waset und Men-nefer für immer den Rücken gekehrt hat? Wollt Ihr damit sagen, dass er auch als Alleinherrscher die alten Hauptstädte der Beiden Länder verwaist lassen wird?»

Mir war bewusst, dass Echnaton nicht recht damit tat. Doch was wollte ich daran ändern? Ich war wütend. Ich war wütend wegen der bohrenden Fragen des Priesters, und ich war wütend, weil ich wusste, dass niemand im Stande sein würde, Echnaton umzustimmen.

«Dann geht nach Achet-Aton und fragt ihn selbst», rief ich deswegen laut.

«Ihr könnt doch nicht von mir erwarten, dass ich diese Stadt betrete, wo jede Elle Land allein dem Aton geweiht und wo kein Platz ist für die angestammten Gottheiten Ägyptens!» Meriptah war außer sich.

«Dann seid Ihr nicht besser als er, und doch tut Ihr so, als sei Maat allein auf Eurer Seite», stand Acha mir jetzt bei.

«Ich kann mir nicht vorstellen, dass Echnaton es so weit kommen lässt und Waset für immer den Rücken kehrt», sagte der alte Wesir. «Pharao in seiner Weisheit wird die richtige Entscheidung treffen. Seit jener Zeit, da die Hyksos als Fremdlinge über Ägypten herrschten, hat sich kein Pharao von Waset und Mennefer abgewandt. Echnaton wird sich besinnen.»

Die Frage, ob Echnaton nach Waset zurückkehren würde, beschäftigte nicht nur die Mächtigen, sondern das ganze Volk. Es herrschte eine gereizte Stimmung, denn man fürchtete, dass großes Unheil über die Stadt kommen würde, bliebe Pharao bei seiner Entscheidung, Achet-Aton nicht mehr zu verlassen. Isfet, die unheilige Unordnung, würde über alle hereinbrechen und Maat, die göttliche Ordnung, vielleicht für immer verloren sein.

Es standen so viele Menschen im Hafen von Waset, wie noch nie zuvor. Und weil der Platz nicht ausreichte, säumten Tausende auch das jenseitige Ufer, denn wir alle hofften bis zuletzt, dass der Gute Gott doch nach Waset kommen würde, um für immer bei uns zu bleiben. Eine unheimliche Stille lag über der Stadt und dem Hafen. Kein Mensch redete auch nur ein Wort. Ein jeder starrte nach Norden, von wo die königliche Flotte kommen würde. Ich strengte mein Gehör auf das Äußerste an, denn würde weiter nördlich Jubel ausbrechen, hätte ich mir sicher sein können, dass er dem Guten Gott galt.

Doch es blieb still. Es blieb so still, dass ich schon von weitem hörte, wie die Ruder der Barken in den Fluss eintauchten und sich unter dem Geplätscher des abtropfenden Wassers wieder aus dem Wasser erhoben. Niemand dachte daran, voreilig zu Boden zu fallen, um der Herrscherfamilie die ihr zustehende Ehre zu erweisen, denn jeder wollte sich erst mit eigenen Augen vergewissern, ob Pharao kam oder nicht. Ich sah, wie nördlich von uns die ersten Menschen langsam zu Boden gingen, ohne Freude, ohne Jubel, und jetzt stand für mich fest, dass sich Echnaton nicht an Bord der königlichen Barke befand. Wir alle sahen die Schiffe, und manchem derer, die um mich herum versammelt waren, trieb es Tränen der Verzweiflung in die Augen. Meine Schwester, die Große königliche Gemahlin Teje, stand allein unter dem Baldachin des Schiffs. Klein, fast gebückt stand sie da, und traurig, so unendlich traurig.

Kurz bevor sie das Schiff verließ, begannen die Soldaten der Leibgarde mit ihren Schwertern und ihren Streitäxten gegen die Schilde zu schlagen. Erst langsam, bedächtig und gleichmäßig, dann schneller und heftiger werdend. Unter diesen zunehmend lauter werdenden Lärm mischten sich die ersten Jubelrufe, und wie zum Trotz stimmten mehr und mehr Menschen ein, aufgepeitscht von den Schlägen der Leibgarde, bis schließlich alle aufsprangen und im Gleichklang ihrer Rufe die geballten Fäuste nach oben warfen.

«Nimuria, Nimuria», erschallte es immer wieder, dann mischten sich die ersten Teje-Rufe dazwischen, bis sie sich durchsetzten und zuletzt diese gewaltige Menschenmasse immer wieder nur den Namen der Großen königlichen Gemahlin rief. Ich erkannte deutlich, wie Teje sich jetzt aufrichtete, nicht mehr die gebeugte Frau war, die ich eben noch sah, sondern als stolze Königin, die Doppelfederkrone auf dem Kopf, das Schiff verließ.

«Du hast uns lange warten lassen. Aber es ist gut, dass du endlich hier bist», sagte ich zu ihr, nachdem ich sie zur Begrüßung auf beide Wangen geküsst hatte.

«Du ahnst nicht, was ich in den letzten Tagen durchlitten habe. Davon erzähle ich dir später. Jetzt begleite mich erst in den Tempel!», gab mir Teje zur Antwort.

Dann bestieg sie ihre Sänfte, und unter dem noch immer anhaltenden Jubel der Menschen und umringt von Soldaten der Leibgarde wurde sie zum Heiligtum des Verborgenen getragen.

Bis nach Sonnenuntergang saß ich mit Teje auf der Terrasse des Palastes und berichtete ihr all das, was ich in den letzten Wochen in Waset erlebt hatte. Ich spielte die Heirat Nimurias mit Kija herunter, soweit es nur irgend ging. Ich erzählte ihr, wie er sie schon von Krankheit, ja vom Tod gezeichnet empfing, dass sie sich kaum mehr als dreimal bei ihm aufgehalten hatte und auch das immer nur in Anwesenheit der Ärzte. Um möglichst schnell von Kija abzulenken, erzählte ich ihr jetzt vom Sterben Amenis und dass er noch im letzten Augenblick an sie gedacht hätte. Teje sah mich misstrauisch an.

«Tat er das wirklich, oder sagst du das jetzt nur, um mich ein wenig zu trösten?»

«Es war so, wie ich es dir sage.»

Wie zum Dank streichelte sie kurz über meine Hand. Dann stand sie auf, ging an die Brüstung der Terrasse und sah im Dunkel der Nacht hinüber zum Tempel der Millionen Jahre, in dem ihr Gemahl für die Ewigkeit im Jenseits vorbereitet wurde.

«Wie viele Tage sind es noch bis zur Bestattung?», fragte sie mich, ohne sich nach mir umzudrehen. Ich überlegte nur kurz.

«Genau fünfundzwanzig Tage.»

Teje sah schweigend dem gerade über den Bergen aufgehenden Mond entgegen, und nachdem sie mit ihrem Handrücken einige Tränen von den Wangen gewischt hatte, drehte sie sich wieder zu mir um.

«Echnaton wird nicht wieder hierher kommen. Nie wieder. Hörst du, Eje: nie wieder!»

«Glaubst du nicht, ich werde ihn überreden können?»

«Versuche es erst gar nicht! Du würdest einen unheiligen Zorn heraufbeschwören, wie du ihn bei Echnaton noch nie erlebt hast. Selbst mich schrie er an und bezeichnete mich als eine Verräterin, als ich ihm sagte, sein Platz sei jetzt in Waset und nicht mehr in Achet-Aton. Glaube mir, der Einzige, der wusste, dass es so kommen würde, war Amenophis. Er hat in den letzten Jahren oft darüber geklagt, dass er seinen Sohn nicht mehr zu sehen bekam und dass Echnaton als Herrscher der Beiden Länder für immer verloren sei.»

«Wie soll es weitergehen?», fragte ich sie, und meine Miene ließ wohl keinen Zweifel daran, dass ich wirklich ratlos war.

«Niemand weiß es, Eje. Doch lass uns erst Ameni in aller Würde, die wir beide aufbieten können, bestatten. Dann werden wir weitersehen.»

Sie zog einen Ring von ihrem Finger, ergriff meine Hand und legte ihn hinein.

«Er ist von Echnaton. Sein Ring ermächtigt dich vor allen anderen, die Bestattung zu leiten und als letzten Dienst an Amenophis das Ritual der Mundöffnung zu vollziehen.»

Die Bestattung des Vorgängers war nicht nur eine der ersten Amtshandlungen des künftigen Pharaos, sondern sie rechtfertigte überhaupt den Anspruch auf den Thron, zumal dann, wenn der verstorbene Herrscher keinen männlichen Nachkommen hatte und so ein neuer Herrscherstamm gegründet werden würde. Es bedeutete mehr als nur eine hohe Auszeichnung, dass Echnaton mir dieses Amt übertrug. Es war wie eine verschlüsselte Botschaft an mich, dass er mit Waset und dem alten Glauben nie mehr etwas zu tun haben wollte.

Echnaton bezweckte damit aber noch etwas anderes: Mit diesem Vertrauensbeweis machte er es mir unmöglich, an seiner starren Haltung, Achet-Aton nicht zu verlassen, Kritik zu üben. Es war nicht mehr nur so, dass ich dem Thron sehr nahe stand. Ich hatte jetzt eine schwerwiegende Amtshandlung zu vollziehen, die sonst nur einem Pharao zustand. Ich musste mich natürlich dem Willen Echnatons beugen, denn eine Weigerung wäre einem Verrat an ihm und der Familie gleichgekommen. Und hatte ich nicht erst vor kurzem meinem Freund Amenophis versprochen, immer für seine Familie da zu sein?

Teje hatte sich in ihre Gemächer zurückgezogen. Ich blieb auf der Dachterrasse und sah hinab auf all die Palastgebäude, die jetzt im silbrig-blauen Licht des Monds kalt und unheimlich wirkten. Mir war, als wäre es nach dem Tod Amenis in Waset und im Palast der leuchtenden Sonne tatsächlich kälter geworden. Es mochte gewiss damit zu tun gehabt haben, dass sich eine lähmende Unsicherheit über uns alle gelegt hatte, denn jeder war über die Maßen vorsichtig geworden, zurückhaltend in seinen Worten, wusste doch keiner, ob sich Echnaton an seinen Eid halten oder doch eines Tages nach Waset zurückkehren würde. Jede jetzt unbedacht gemachte Äußerung hätte dann das Ende eines als sicher geglaubten Lebenswegs bedeuten können.

Echnaton hatte zwölf Jahre gemeinsam mit – oder richtiger gesagt: neben seinem Vater – geherrscht. Das musste Gewähr dafür sein, dass er seine Verantwortung gegenüber dem ganzen Land kannte und danach handelte! Wie viele Menschen mochte es in Waset, überhaupt in Ägypten geben, die jetzt solchen Gedanken nachhingen wie ich und die sich Sorgen machten? Aber auch um mich selbst war es kälter geworden. Was wollte ich hier in Waset ohne Amenophis, ohne Ti, ohne meine Töchter und ohne die Enkelinnen? Als übrig gebliebener, alter Mann würde ich hier leben, und irgendwann würde man mich als ein Überbleibsel einer längst vergangenen Zeit gar nicht mehr beachten. Wollte ich nicht völlig allein und im Stich gelassen meine letzten Lebensjahre fristen, musste ich die Nähe zu Echnaton und Nofretete suchen, gleich, wo sie sich aufhielten.

Da kam mir auch Kija wieder in den Sinn, die vielleicht ganz in meiner Nähe in irgendeinem der vielen Zimmer des Palastes am Fenster saß und ebenso ehrfürchtig und mit Tränen in den Augen die Scheibe des Mondes betrachtete, wie ich es jetzt tat. Gewiss waren es nicht Tränen der Trauer um Nimuria, einen Mann, den sie kaum gekannt und noch viel weniger geliebt hatte, sondern Tränen eines wohl unsäglichen Heimwehs nach ihrer Familie, nach ihrem Land.

Der Tod eines Einzelnen lässt so manchen einsam zurück, und die so Alleingelassenen wissen oft gar nicht voneinander und hätten sich vielleicht doch so viel zu sagen. Es sind dies für immer verlorene Möglichkeiten, Trauer gemeinsam zu überwinden.

Je näher der Tag der Beisetzung Nimurias rückte, desto unruhiger und aufgeregter wurde die Stimmung in der Stadt. Aus dem Nichts tauchten bisher unbekannte Wahrsager auf, die vom nahen Ende Ägyptens, ja der Welt sprachen. Sie priesen Amenophis als den letzten wahrhaften Horus, nach dessen Bestattung sich alles dem Ende zuneigen würde. Sie beschimpften Echnaton in aller Öffentlichkeit als Abtrünnigen vom rechten Glauben, der für den Untergang verantwortlich gemacht werden müsse, noch ehe er Wirklichkeit wurde. Es waren Worte des offenen Aufruhrs. Die Polizisten Turis hatten in diesen Tagen alle Hände voll zu tun, und oftmals begaben sie sich selbst in höchste Gefahr, wenn sie einen der vermeintlich frommen Propheten vor aller Augen festnahmen und unter Steinwürfen der aufgebrachten Massen zum Verhör führten. Aus diesen Aufrührern war selbst unter der Folter nicht herauszubringen, woher sie kamen und wer sie geschickt hatte. Doch ich für meinen Teil war mir sicher, dass hinter all diesen Angriffen auf Echnaton niemand anderes steckte als die Priester des Amun, des Verborgenen. Das eigentlich Gefährliche an diesen Leuten aber war, dass dieser krankhafte Hass auf Pharao durch die vielen Menschen, die jetzt von überallher nach Waset kamen und welche diese Worte begierig in sich aufnahmen, nach der Bestattung Nimurias ins gesamte Land hinausgetragen werden würde, um dort noch mehr Herzen zu vergiften.

Teje und Sitamun, der Wesir, Acha und ich, alle um uns herum sahen, welch Unheil sich über die Beiden Länder legte, und es machte uns Angst. Doch keiner von uns wusste, wie wir es hätten abwenden können. Wir konnten nur noch auf die Einsicht Echnatons hoffen.

Fünf Tage vor der Beisetzung Nimurias ließ ich damit beginnen, große Teile der Grabausstattung in das Felsgrab im westlichen Gebirge zu bringen. Unter scharfer Bewachung der Leibgarde fuhren Schlitten, die von gewaltigen Stieren gezogen wurden, mit Möbeln aller Art, Figuren aus Stein und Holz, mit Krügen voll Bier, Wein und Getreide, mit Kisten voll Brot, Kleidern und Waffen durch eine unendlich lange Zeltstadt, die vom Palast der leuchtenden Sonne bis hinunter zum Tempel von Pharao Hatschepsut Maat-ka-Re entstanden war. Dort lebten, oder richtiger hausten die Tausenden von Menschen, die aus ganz Ägypten gekommen waren, um ihrem geliebten Herrscher die letzte Ehre zu erweisen. In manchen Zelten wurde geweint und wurden Klagelieder gesungen, in anderen wurde wie in einer Vorahnung von dem nahen Ende gesungen, gefeiert und geliebt. Es gab Augenblicke, da wollte ich den Befehl geben, diese Menschenmassen auseinander treiben und davonjagen zu lassen. Ein andermal hätte ich mich vor Kummer und Verzweiflung am liebsten zu ihnen gesellt, um alles Leid, vergangenes wie kommendes, mit ihnen in Bier und Wein zu ertränken.

Am letzten Tag der siebzigtägigen Trauer nahm im Morgengrauen der Leichenzug in den Höfen des Palastes Aufstellung. Die Soldaten der Leibgarde und die vollzählig versammelte Division des Amun bildeten vom Tor des Palastes bis zum Tempel der Millionen Jahre Nimurias, und von dort bis zum Totentempel von Pharao Hatschepsut, wo der Aufstieg in das westliche Gebirge beginnt, ein undurchdringliches Spalier. Zu beiden Seiten trug jeder zehnte Soldat der vorderen Reihe eine Kriegstrommel, alle übrigen waren mit Schwertern und Schilden ausgerüstet. Als sich der Zug in Bewegung setzte, begannen erst die achtunddreißig Trommler, die ihn anführten, langsam und gleichmäßig auf ihre Instrumente einzuschlagen. Dann setzten nach und nach all die Trommler ein, die den langen Weg säumten, bis sich ein ohrenbetäubender Lärm über das ganze Tal legte, der durch den Widerhall, der von den Wänden des Gebirges zurückkam, noch verstärkt wurde.

Den achtunddreißig Trommlern folgten ausnahmslos alle Priester Amuns, einhundertzwanzig an der Zahl. Ihnen schlossen sich die Beamten und die Dienerschaft des Palastes an. Es folgte der Stallmeister, der die Pferde Pharaos führte, welche den leeren Prunkwagen ihres Herrn hinter sich herzogen. Dann kamen die Wedelträger, die Sandalenträger und der Hüter der Kronen Seiner Majestät, der die Symbole der königlichen Macht in einem verschlossenen Kasten trug. Hinter den Kronen wurde Teje in ihrer Sänfte getragen, und ich als der Stellvertreter Echnatons ging neben ihr her, den Siegelring Pharaos an meiner rechten Hand. Uns folgten zwei weitere Sänften. In der ersten saß Sitamun und in der zweiten Kija, begleitet von Kelija und drei Hofdamen. Ihnen schlossen sich all die Großen Ägyptens an, der Wesir, der Schatzmeister, die Vorsteher der Paläste und der Tempel, die obersten Beamten und Schreiber. Zuletzt kamen wieder Soldaten mit den übrigen Grabbeigaben, welche sie an langen Stangen auf den Schultern trugen oder in Schlitten hinter sich herzogen.

Zu den Gesängen der Priester, dem nicht endenden Lärm der Kriegstrommeln und umweht von den nur langsam aufsteigenden Schwaden des verbrennenden Weihrauchs, bewegte sich der Zug zwischen dem Klagen und Wehgeschrei Tausender und Abertausender Ägypter hindurch zum Tempel der Millionen Jahre Nimurias. Nur die Priester des Verborgenen, die königliche Familie und wenige der Fürsten des Landes traten durch die riesigen Sitzfiguren hindurch in sein Inneres. Gesänge und Weihrauch begleiteten uns auch hier von Hof zu Hof, bis wir das Allerheiligste erreichten. Zwischen einem Meer von Blumen, unzähligen Weihrauchpfannen und vor einer der schönsten Steinfiguren, die ich je von Nimuria gesehen hatte und die ihn als jungen Krieger zeigte, ruhte der goldene Sarg von Osiris Amenophis.

Ein Totenpriester mit der Maske des Anubis umkreiste den Sarg mit einem goldenen Weihraucharm, während andere Gebete aus den Totenbüchern sprachen. Vierundzwanzig Nubier, so viele wie zu Lebzeiten Pharao in der Sänfte trugen, hoben den an langen Stangen befestigten Sarg empor und trugen ihn hinter den Priestern und gefolgt von uns hinaus und setzten ihn auf einen mächtigen, über und über vergoldeten Holzschlitten, vor welchen vier Stiere gespannt waren. Während wir durch die Höfe hinauszogen zu der vor Trauer noch immer unaufhörlich schreienden Menge, setzten wieder Chöre ein, und von den Tempelmauern erschallte der Klang unzähliger Posaunen und Trompeten. Als der Sarg den Tempelbezirk verließ, als die trauernden Soldaten und das trauernde Volk ihn im goldenen Glanz der gerade aufgegangenen Sonne sahen, schien aller Lärm der Welt über uns hereinzubrechen. Es setzte ein Weinen und ein Kreischen ein, wie ich es nur in der Schlacht am Atbara vernommen hatte. Doch dazwischen hörte ich es wieder: Das dumpfe Schlagen der Kriegstrommeln. Unbarmherzig gleichmäßig machte es sich mehr und mehr vernehmbar, aber jetzt waren es nicht nur die Kriegstrommeln, die immer lauter wurden. Viertausend Soldaten zählte die Division des Amun, und sie alle schlugen mit ihren Streitäxten oder ihren Schwertern gegen ihre Schilde, verdreifachten, ja verzehnfachten das Dröhnen der Trommeln.

So zogen wir bis zum Anstieg der Berge nördlich des Tempels von Osiris Hatschepsut durch das trauernde Volk von Ägypten, ließen den Palast der leuchtenden Sonne hinter uns, das südliche Ipet-sut, die Tempelstadt von Waset, den Tempel der Millionen Jahre, ließen Waset selbst zurück, jene Stadt, die Amenophis so herrlich verändert und in weiten Teilen neu geschaffen hatte.

Auf halber Höhe des Anstiegs ließ ich den Zug noch einmal anhalten und befahl, den Sarg Nimurias vom Schlitten zu heben. Sie stellten ihn auf, sein Antlitz den Menschen und der Stadt zugewandt, damit er sie ein letztes Mal sah und sie ihm ein letztes Mal die Ehre erweisen konnten. Erst jetzt sah ich all die vielen Menschen, die nicht nur diesseits, sondern auch jenseits des Flusses standen und trauerten. Ohne dass es irgendeines Zeichens, irgendeines Befehls bedurft hätte, fielen außer den Soldaten alle schweigend nieder, legten sich vor ihrem toten Herrscher in den Staub, und nur der Klang der Trommeln, der Streitäxte und der Schwerter, die gegen die Schilde schlugen, kündete laut vom Abschied des Guten Gottes.

Wir ließen das Volk Pharaos zurück und zogen weiter nach Norden, bis uns der Weg zwischen steilen Felswänden hindurch nach Westen führte, wo er dann eine Kehrtwende nach Süden machte und wir schließlich in das westliche Seitental einbiegen mussten. Jetzt erinnerte ich mich wieder dieses Ortes, den ich zuletzt als junger Mann gemeinsam mit Ameni aufgesucht hatte. Er hatte mir die Stelle gezeigt, an welcher er sein Grab errichten ließ, und ganz in der Nähe hatte er auch mir einen Platz für meine letzte Ruhestätte zugewiesen.

Der Sarg wurde hier nicht mehr gezogen. Gemäß einem uralten Brauch trug ich ihn gemeinsam mit sieben der mächtigsten Männer Ägyptens auf den Schultern bis zum Eingang des Grabes.

Während unter der Anleitung des Wesirs die mitgeführten Grabbeigaben in die Finsternis des Berges getragen wurden, sprachen die Priester vor dem Sarg Gebete und verbrannten Weihrauch. Dann wurde der Sarg geöffnet. Eine Totenmaske aus reinem Gold, verziert mit Lapislazuli, Karneol und Glasfluss blendete uns im gleißenden Licht der jetzt genau über uns stehenden Sonne. Es war das strahlende, das zufriedene Antlitz Amenis, in welches ich sah, mit seinen mandelförmigen Augen, den vollen Lippen und der ebenmäßigen Nase.

Ein Priester goss ein wohlriechendes Öl darüber und sprach: «Tausend Gefäße mit Duftöl, Räucherwerk, Salben und jederlei Kräutern, ja allen Arten von Opfergaben, von denen die Götter leben, bringe man Dir dar!»

Jetzt trat Teje an den Sarg heran und legte auf das Haupt ihres Gatten einen geflochtenen Blumenkranz. Kaum dass dies geschehen war, berührten die Fingerspitzen ihrer rechten Hand flüchtig die Wangen der Totenmaske, und sie hauchte ihrem toten Gemahl ein letztes «Lebewohl» zu. Dann wandte sie sich mit Tränen in den Augen mir zu und verbarg ihr schmerzverzerrtes Gesicht an meiner Brust. Ich sah, wie auch Sitamun und nach ihr Kija an den Sarg traten, um sich ebenfalls mit Blumenkränzen zu verabschieden. Jetzt war es an mir, an dem Toten die letzten Vorbereitungen für die Ewigkeit zu vollziehen. Ich legte ein kleines Blumengebinde auf seine Brust und goss selbst aus einem goldenen Gefäß köstlich duftendes Öl über das Antlitz meines Freundes. Dann gab ich mit einem Handzeichen Befehl, den Sarg, dessen Deckel ebenfalls das Antlitz des Toten trug, wieder zu schließen und aufzurichten. Mit einem goldenen Dächsel berührte ich Augen, Ohren, Nase und Mund, um sie für das Leben im Jenseits symbolisch zu öffnen und sprach:

«Lebe von Neuem! Du bist wieder jung geworden. Du bist wieder jung, auf immer und ewig!»

Die Arbeiter der Totenstadt hoben den Sarg empor und trugen ihn in das Innere des Felsgrabes. Nur drei Priester, der Wesir und ich folgten ihnen. Über eine erste steile Treppe gelangten wir in einen leicht nach unten abfallenden Gang, über neun weitere Stufen in einen zweiten. Über dicke Holzbohlen überquerten wir einen tiefen Brunnenschacht. An dessen schwach erleuchteten Wänden sah ich Pharao, wie er gemeinsam mit seinem Vater Thutmosis vor Hathor und Nut stand. Dem Schacht schloss sich nach links eine undekorierte, nur weiß getünchte Halle an, deren Decke von zwei Säulen getragen wurde. Hier lag ein großer Teil der Grabbeigaben. Ich sah kleine Nachbildungen der königlichen Flotte, zwei in alle Einzelteile zerlegte Streitwagen, prächtig verzierte Sessel, Betten und Truhen. An der linken Vorderwand führte wieder eine Treppe in einen Gang und von dort sieben Stufen hinunter in eine Vorkammer. An der linken Wand sah ich Nimuria vor dem schakalköpfigen Anubis, und über ihnen breitete die Geiergöttin Nechbet ihre Flügel aus. Jetzt bogen wir nach rechts in die große Grabkammer ab. Sechs gleichmäßig im Raum verteilte Säulen trugen die tiefblau bemalte und mit unzähligen Sternen übersäte Decke.

Auch dieser Raum war mit Grabbeigaben gefüllt, nur in seiner Mitte war ein Gang freigelassen, denn zwischen den vorderen beiden Säulen führten vier Stufen ich einen tiefer liegenden Teil des Saales, in dessen Mitte der Sarkophag stand. Er bestand nicht mehr wie zu früheren Zeiten aus Quarzit, sondern aus rotem Granit, und sein Grundriss hatte die Form des heiligen Zeichens, das die Namen unserer Herrscher umgab. Zu drei Seiten dieses Raumes führten kleine Türöffnungen in Nebenräume, die für spätere Bestattungen der Königsfamilie und für Grabbeigaben angelegt waren. Die Wände der Grabkammer waren mit Abbildungen aus dem Amduat, dem Totenbuch, geschmückt. Stunde für Stunde war in zahlreichen Registern die Nachtfahrt des Re abgebildet, und in fein gemalten heiligen Zeichen wurde dem Betrachter jeder Augenblick genau erklärt.

Mit Hebevorrichtungen aus Holz und Seilen hievten die Arbeiter den Sarg vorsichtig über das Granitgrab, um ihn langsam darin zu versenken. Laut knirschend schob sich zuletzt der schwere Deckel des Sarkophags über Osiris Amenophis.

Die Arbeiter schafften die Seitenwände der vier vergoldeten Holzschreine herbei, die, einer nach dem anderen, aufgestellt wurden, bis der Sarkophag von vier heiligen Hüllen umgeben war. An den Wänden des letzten, äußeren Schreins sah ich die vier Schutzgöttinnen des Toten. Mit ausgebreiteten Armen hielten Isis, Nephthys, Neith und Selket alles Böse, alles jenseitige Unheil von ihrem gottgleichen Schützling ab. In einer kleinen Vertiefung neben dem Kopfende des Schreins versenkten die Arbeiter einen vergoldeten Holzkasten mit den Kanopen, den Eingeweidekrügen. Auch ihn umgab ein kostbarer Schrein, dessen Verschluss mit einer dicken Kordel verschnürt wurde. In das weiche Wachs der Verschlüsse beider Schreine drückte ich mit meinem Ring das Siegel Echnatons, um sie für alle Ewigkeit zu verschließen. Dann verhüllten die Arbeiter beide Schreine mit einem großen, schwarzen Tuch.

«Deine Glieder bestehen fort, und Du verwest nicht, du verfaulst nicht und löst Dich nicht auf, Du riechst nicht und zerfällst nicht, Du wirst Dich nicht in Würmer verwandeln», sprachen die Priester und legten dabei neben dem großen Schrein neun Ruderblätter auf den Boden, einen Kerzenleuchter in der Form des Henkelkreuzes und noch einige Amulette.

Ich selbst hatte nur eine unscheinbare Grabbeigabe für Ameni bei mir: das kleine, leuchtend blaue Senetspiel meines Freundes. Es war ganz schlicht, aus Gips und Holz gefertigt. Aber es hatte ihn, den leidenschaftlichen Spieler, ein Leben lang begleitet. Ich legte es behutsam nieder, und der Gedanke, dass er im Jenseits selbst den weisen Toth, Re und Osiris schlagen würde, stimmte mich für einen kurzen Augenblick ein wenig heiter.

Als alles getan war, befahl ich meinen Begleitern, am Ausgang des oberen Saales auf mich zu warten. Mit einer Fackel in der Hand blieb ich zurück und blickte in der Grabkammer um mich.

«Ich werde mich um sie kümmern. Ich verspreche es dir», sagte ich leise in die Dunkelheit hinein, und mit Tränen in den Augen wandte ich mich um. Ich stieg die vier Stufen hinauf und hielt noch einmal zwischen den Säulen inne. Mit der Rechten stützte ich mich an einer Säule ab, und meine Linke hielt die Fackel ein letztes Mal in die Finsternis des stillen Grabes hinab.

«Ich danke dir für alles», flüsterte ich mit bebenden Lippen, dann drehte ich mich ruckartig um und verließ mit hastigen Schritten die große Grabkammer. Ich durcheilte den sich anschließenden Gang, bis ich am Eingang zum oberen Saal auf meine Begleiter stieß. Sie schienen beruhigt, dass ich ihnen endlich gefolgt war, und ohne weiteres Zögern verließen wir das stille und stickige Grab.

Als ich hinaustrat, wurde ich vom gleißenden Sonnenlicht so sehr geblendet, dass ich zuerst niemanden erkannte. Es dauerte eine Weile, bis sich meine Augen wieder an die Helligkeit gewöhnt hatten.

Kaum dass wir das Grab verlassen hatten, begannen die Arbeiter der Totenstadt damit, den ersten Gang mit Steingeröll zu füllen. Dann mauerten sie mit Ziegeln den Eingang vollständig zu. Als Teje und Sitamun dies sahen, weinten sie heftig, denn das Verschließen des Grabes machte ihnen noch einmal bewusst, dass Ameni für alle Zeit entschwunden war, dass es auf dieser Welt kein Wiedersehen gab. Erst die Beisetzung einer der beiden Großen königlichen Gemahlinnen würde Anlass sein, diese Mauer und den Zugang zum Grab wieder zu öffnen.

Die Arbeiter hielten für mich das Siegel Nimurias und das Siegel der Totenstadt bereit, das einen liegenden Schakal über den neun knienden und gefesselten Widersachern Ägyptens zeigte, bereit. Beide drückte ich in den weichen Putz der Mauer, damit sie das Grab für immer und ewig verschlossen. Die Arbeiter schütteten den Eingang von außen mit Geröll und Schutt zu, damit er für Grabräuber nicht zu entdecken war.

Wir anderen nahmen derweil etwas abseits ein symbolisches Mahl ein. Nachdem wir geendet hatten, vergruben die Priester die Speisereste und das Geschirr in einer vorbereiteten Grube.

Langsam und schweigend verließ unser Zug das Tal. An den Gesichtern aller konnte ich ablesen, dass sie tief in Gedanken versunken waren, in Gedanken an den großen Amenophis und das Lebenswerk, welches er uns hinterlassen hatte, und in Gedanken an das künftige und ungewisse Schicksal der Beiden Länder.

ZEHN

Du bist ihrer aller Herr, der sich abmüht mit ihnen,
du Herr aller Lande, der für sie aufgeht,
du Sonne des Tages, so gewaltig an Hoheit.

Für Ägypten musste ein Weg gefunden werden, wie es in all
seiner Macht und Größe weiterregiert werden konnte, ohne dass
Echnaton nach Waset zurückkehrte. Denn daran bestand für
mich kein Zweifel: Echnaton würde Achet-Aton nicht verlassen.
Doch mehr noch beschäftigte mich an diesen langen Abenden,
die ich jetzt wieder so ganz allein in meinem Palast in Waset verbrachte, mein eigenes Schicksal. Wie würde mein weiterer Le-
bensweg aussehen? Ich hatte Ameni auf dem Sterbebett versprochen, dass ich mich immer, solange ich lebte, um seine Kinder,
und wenn es erforderlich sein sollte, auch um seine Enkel kümmern würde. Welche Lebenszeit war mir denn noch beschieden?
Ich war wahrlich ein alter Mann, wenngleich ich mich nicht als
solcher fühlte. Sachmet sei es gedankt, plagten mich keine
Schmerzen. Meine Beine trugen mich noch überallhin, und es
fehlten mir nur wenige Zähne. Mein Gehör war noch das einer
Eule, lediglich mein Augenlicht begann, etwas nachzulassen. Ich
hatte noch fülliges Haar, auch wenn ich meine Umgebung über
seine wahre Farbe täuschte. Nur diese verzeihliche Eitelkeit
gönnte ich mir stets aufs Neue.

Doch für wen sollte ich jetzt noch eitel sein? Ich brauchte keine alte Frau um mich, nur um der Einsamkeit zu entfliehen. Freilich, Witwen angemessenen Standes gab es in Waset und wohl auch in Achet-Aton genug. Bestimmt waren sie unerträglich! Unerträglich habgierig, unerträglich besserwisserisch und vor allem – nein, unerträglich hässlich mussten sie gar nicht sein. Aber wollte ich es mir in meinem Alter wirklich noch einmal antun, mich an einen fremden Menschen mit all seinen ihm lieb gewordenen Fehlern, die sicherlich nur in meinen Augen Fehler waren, zu gewöhnen? Ti und ich hatten in einem so angenehmen Nebeneinander gelebt. Es war wohl wirklich mehr ein Nebeneinander als ein Miteinander gewesen. Aber unser Umgang war immer – oder meistens – ein liebevoller, ein Umgang in Achtung vor dem anderen gewesen. Zu mehr war ich nach der großen Liebe, die ich gegenüber Merit empfunden hatte, nicht im Stande. Möge es mir Ti verzeihen! Mit derlei Gedanken schlief ich ein, schlief einen unruhigen Schlaf, den ich oftmals unterbrach, um mich ans Fenster zu setzen und um dort zu hören, ob mir vielleicht die Nachtigall eine Antwort auf meine Fragen gab. Der wunderbare Gesang dieses Vogels, in welchem so viel Liebe, so viel Leidenschaft und so viel Leid zugleich lag, stimmte mich manches Mal so traurig und manches Mal wieder so hoffnungsvoll.

Ich brauchte den Wesir nicht zu fragen, welchen rechtlichen Stand Kija jetzt einnahm. Mir war bewusst, dass sie als Witwe von Osiris Amenophis nun zum Hausstand Echnatons gehörte, dass weder sie noch ihr Vater Tuschratta zu bestimmen hatten, wo sie lebte und wohin sie ging. Keiner der Fürsten Ägyptens würde es je wagen, um sie zu freien, denn selbst die Heirat mit dem mächtigsten Fürsten der Beiden Länder hätte als Schmach gegolten. Als Schmach, sowohl für den König von Mitanni, der seine Tochter einem König zur Frau gegeben hatte, als auch für Pharao – den verstorbenen wie den jetzt allein herrschenden. Ihr Schicksal würde bald in einem der Frauenpaläste liegen. Das war so gewiss wie die jährliche Nilschwemme. Alles, was ich für die junge Frau tun konnte, war, zu versuchen, ihr das Leben bis dahin etwas leichter zu machen. Es durfte freilich nicht im Geheimen geschehen, denn so käme sie erst recht ins Gerede, wenn man es entdeckte. Es konnte nur in aller Form geschehen, vor aller Augen, in Begleitung ihrer Hofdamen und mit Wissen und Wollen des Wesirs und der Großen des Landes.

Als sich am folgenden Morgen wieder der Rat versammelte, um mit den Beratungen fortzufahren, erhob der Wesir keine Einwände, dass ich am nächsten Tag der königlichen Witwe die Stadt und ihre Tempel zeigte. Teje zog die Augenbrauen weit nach oben und sah mich von oben bis unten musternd an. Doch sie schwieg. Sie schwieg so beharrlich, dass ich mir sicher war, sie auch unter vier Augen erst gar nicht nach ihrer Haltung fragen zu müssen. Ihre Ablehnung dieser Frau gegenüber konnte ich an ihren Augen ablesen. Acha hingegen brachte mir nur ein überhebliches, wissendes Lachen entgegen, worüber ich mich sehr ärgerte. Er war offenbar der Erste, der mir genau das unterstellte, von dem ich nicht wollte, dass es jemand annahm: dass sich zwischen mir und Kija etwas anbahnte.

Noch bevor wir alle mit unserer eigentlichen Arbeit begannen, gab ich meinem Schreiber etwas abseits der anderen genaue Anweisungen, damit er mein Zusammentreffen mit Kija vorbereitete. Vor allem Acha sollte nicht alles hören.

Während wir darüber berieten, wie wir Echnaton zu einer Rückkehr nach Waset würden bewegen können, war ich nur mit halbem Verstand bei der Sache. Die bevorstehende Begegnung mit Kija bewegte mich so, dass ich schon jetzt darüber nachzudenken begann, was ich ihr anderntags von der Stadt zeigen würde.

Ich verneigte mich tief vor ihr, als sie im Gefolge dreier Hofdamen, die im Gegensatz zu ihrer Herrin die Landestracht der Mitanni trugen, stolz und hoch erhobenen Hauptes durch das

Portal des Frauenpalasts schritt. Sie trug eine abgestufte Perücke, die zu beiden Seiten ihres Gesichts in spitzen Zöpfen auslief, und dazu große, schwere Scheibenohrringe.

«Es freut mich», sagte sie leise zu mir, «dass Ihr mich nicht vergessen habt. Ich langweile mich in diesen Mauern bald zu Tode.»

Wieder nahmen mich ihre Augen in Bann.

«Wenn es für Euch unterhaltsamer ist, sich von einem alten Mann durch Waset führen zu lassen, dann muss die Langeweile, die Ihr in diesem Palast erleidet, in der Tat grausam sein.»

Ich reichte ihr meinen Arm und führte sie zu einem der acht Pferdegespanne, die im Hof für uns bereit standen.

«Am Ufer des Flusses wartet selbstverständlich eine Sänfte auf Euch. Doch bis dorthin wollte ich so wenig Zeit wie möglich verlieren. Man erzählte mir, Ihr wäret mit Pferdegespannen vertraut.»

«Sonst wäre ich keine Tochter Tuschrattas», sagte sie und blickte mit hochgezogenen Augenbrauen aus dem Wagen heraus auf mich herab.

«Es scheinen sich ja zwei große Wagenlenker getroffen zu haben», erwiderte ich etwas spöttisch, und dem Offizier, der Kijas Wagen lenken würde, befahl ich: «Lass Dich bei Deinem Leben von Ihrer Majestät nicht dazu verleiten, zu schnell zu fahren!»

Er nickte stumm und mit regungslosem Gesicht, wie ich es von Offizieren gewohnt war.

Die drei Hofdamen Kijas und ich bestiegen ebenfalls je einen der Wagen, ich selbst führte die kleine Kolonne an. Drei Wagen mit Soldaten der Leibgarde bildeten die Nachhut. In verhaltenem Trab durchquerten wir die Höfe des Palasts, durchfuhren dann das Eingangstor und steuerten auf den Tempel der Millionen Jahre Nimurias zu. Beim Anblick seiner gewaltigen Sitzfiguren vor dem ersten Torturm des Tempels verflog bei mir die Freude auf den Nachmittag, und Traurigkeit kam über mich.

Gewiss war sie gepaart mit einem schlechten Gewissen, da mir bewusst wurde, wie leichtfertig ich mich mit der Witwe meines Freundes abzulenken gedachte. Im Stillen gelobte ich Ameni, dass diese Ausfahrt auch die letzte sein würde.

So fiel mir kaum auf, dass Kija mit dem Offizier in ihrem Wagen verhandelte, bis schließlich sie selbst die Zügel übernahm. Ehe ich überhaupt Protest erheben konnte, sah ich, wie sie jetzt dem Offizier, der sich an dem Geländer des Wagenkorbs festgehalten hatte, mit dem Knauf der Peitsche auf die Handrücken schlug und gleichzeitig derart heftig gegen dessen Knie trat, dass der Arme rücklings vom Wagen in den Sand fiel. Sosehr ich noch einen Augenblick vorher traurigster Stimmung war, so sehr lachte ich jetzt voll Bewunderung über Kijas Verhalten in mich hinein. Während ich die Zügel fester in die Hände nahm, raste Kijas Gespann schon an mir vorbei und hüllte mich und meinen Wagen in eine gewaltige Staubwolke.

«Kija», schrie ich laut hinaus, «das ist kein Spaß! Haltet an, Kija!»

Eine entsetzliche Angst überkam mich, dass ihr etwas zustoßen könnte. Man würde mich dafür verantwortlich machen. Mich ganz allein!

Ich wollte an dem Wagen Kijas vorbeikommen, aber ich wusste nicht wie und wo, denn der Sand und der Staub, den die Räder ihres Wagens aufwirbelten, nahmen mir jede Möglichkeit, mich zu orientieren. Ich verließ mich auf mein Gehör. Ich glaubte, dass das Getrampel ihrer Pferde von rechts vorn kam, zog deswegen mein Gespann nach links und gab meinen Pferden die Peitsche. Gleich wurden sie schneller, und ihre Hälse lagen fast waagrecht im Wind. Es dauerte nicht lange, bis sich mein Gespann aus der Staubwolke löste –, erst die Pferde, dann der Wagen. Jetzt erkannte ich rechts neben mir Kija, wie sie mit dem strahlenden Gesicht eines jungen Menschen, der seinen Erzieher erfolgreich zum Besten gehalten hat, spöttisch nach mir Ausschau hielt. Aber damit nicht genug! Sie presste die Lippen zusammen, zog beide Mundwinkel nach unten, und mit diesem Gesichtsausdruck, der mir Anerkennung zollen sollte, nickte sie mir mehrfach zu, so als wollte sie sagen: «Nicht schlecht für einen Mann deines Alters!»

Ich war außer mir vor Wut. Mein Wagen erreichte endlich den Hals ihres linken Pferdes, sodass ich hinübergreifen und dessen Zaumzeug fassen konnte. Nur widerwillig gehorchten ihre Pferde und wurden allmählich langsamer. Auch sie schienen ihren Spaß daran gehabt zu haben, mich bloßzustellen. Endlich kamen beide Gespanne zum Stehen. Mit zornesrotem Kopf sah ich Kija an.

«Ihr seid ein Spaßverderber», sagte sie ohne die geringsten Anzeichen von Einsicht und Reue. «Glaubt Ihr, ich hätte den kurzen Weg bis zum Flussufer nicht mehr geschafft?»

«Ein Spaßverderber?», schrie ich hinüber. «Wisst Ihr, was man mit mir gemacht hätte, wenn man morgen Euch in diesen Tempel getragen hätte?», rief ich und zeigte dabei mit der Linken auf den Totentempel hinter uns.

«Eure Künste als Wagenlenkerin in allen Ehren: Aber macht das nie mehr wieder! Hört Ihr, Kija: nie mehr wieder!»

Die anderen hatten unseren Wortwechsel nicht gehört, denn erst jetzt kamen sie näher, und der Offizier, der so schändlich versagt hatte, fiel neben meinem Wagen zu Boden und wartete, ohne um Gnade zu flehen darauf, dass meine Peitsche auf seinen Rücken niederknallte.

«Ein erbärmlicher Versager bist du! Meine Peitsche ist zu schade für deinen krummen Buckel. Steig auf meinen Wagen und komm mir für den Rest deines Lebens nicht mehr unter die Augen!»

Ohne noch irgendein Wort zu sagen, stieg ich auf den Wagen Kijas, nahm ihr – ohne sie dabei anzusehen – die Zügel aus der Hand und setzte die Fahrt fort, als ob nichts geschehen wäre. Schaute ich nach rechts, tat sie das ebenfalls, schaute ich nach links, sah sie geradeaus, nur um meinen Blicken auszuweichen.

«Wenn Ihr beabsichtigt, Euch den Rest des Tages beleidigt in Schweigen zu hüllen, sollten wir besser umkehren», sagte ich und sah sie von der Seite an.

«Ich?», rief sie laut, und wir sahen uns jetzt beide mit weit aufgerissenen Augen an. «Ich beleidigt? Könnte es nicht sein, dass es umgekehrt ist? Wer weicht denn unentwegt meinen Blicken aus?»

Sie hatte zwar Unrecht, doch weil ich keine Antwort wusste, lächelte ich sie verlegen an. Wäre sie ein Straßenmädchen aus Achmim gewesen und nicht eine Prinzessin aus Mitanni, hätte sie jetzt vermutlich die Augen zusammengekniffen und mir die Zunge gezeigt. Stattdessen sah sie mich regungslos an, und es dauerte eine ganze Weile, ehe sich ihre Gesichtszüge wieder lösten und eine gewisse Heiterkeit zu erkennen war.

Endlich erreichten wir den Fluss und die Anlegestelle, die nur für die königliche Familie bestimmt war. Dort standen zwei Sänften bereit: eine für Kija und eine zweite für ihre drei Hofdamen. Ich hatte zu Fuß zu gehen, denn selbst mir war es nicht gestattet, eine Sänfte zu besteigen, wenn ich ein Mitglied der königlichen Familie, das selbst in einer Sänfte saß, begleitete.

Unser erster Weg führte uns zum Tempel des Amun, denn ich hielt es für ratsam, das Heiligtum des mächtigen Verborgenen dem Tempel des hier ungeliebten Aton vorzuziehen. Ich erklärte Kija in jeder Einzelheit, welche Gebäude der gewaltigen Anlage der verstorbene Amenophis errichtet hatte. Dann zogen wir weiter zum nördlich angrenzenden Tempel des Month und von dort in das größte Heiligtum der Stadt, das Gempa-Aton.

Kija stand lange vor der ersten großen Steinfigur Echnatons und blickte schweigend in das zur Fratze verzerrte Antlitz Pharaos hinauf. Dann wandte sie sich mir zu und fragte: «Welch ein Mensch muss das sein, dass er sich so entstellt abbilden lässt? Hat er das wirklich selbst so gewollt?»

Ich nickte stumm.

«Ein Bildhauer, der es wagte, meinen Vater so darzustellen,

würde den Augenblick, da er Meißel und Schlegel aus der Hand legte, nur um kurze Zeit überlebt haben.»

«Das hat auch hier mancher befürchtet. Doch es war der ausdrückliche Befehl Echnatons, dass die Bildhauer ihn und Nofretete so abbilden sollten.»

Ich gab mir größte Mühe, Kija zu erklären, welche Gedanken Pharao zu dieser Art von Darstellung veranlasst hatten. Ich berichtete ihr, wie man vorher die Herrscher Ägyptens zeigte, gleich wie alt sie waren und wie sie wirklich aussahen. Ich erzählte ihr von der nahezu krankhaften Wahrheitsliebe des Guten Gottes, und dass er bereit war, dafür die Wahrheit zu überspannen, sie beinahe ins Gegenteil zu verkehren. Während wir durch den Tempel gingen und sie sich all die Wandbilder ansah, hörte sie mir aufmerksam und geduldig zu, bis ich geendet hatte.

«Die Größe Eures Herrschers beeindruckt mich», sagte sie im Ton ehrlicher Anerkennung und Bewunderung. «Gerne würde ich einmal mit ihm über all diese Dinge reden.»

«Echnaton hat kaum Augen für andere Frauen, außer für Nofretete. Verzeiht mir! Soviel ich weiß, hat er nur selten den Frauenpalast aufgesucht. Echnaton ist da ganz anders als sein Vater Nimuria. Ich bin mir nicht einmal sicher, ob er Euch jemals zur Kenntnis nehmen wird.»

Kija erwiderte meine Bemerkung nicht, zeigte auch nicht die geringste Gefühlsregung, sondern ging schweigend weiter. Wenn sie vor einem der riesigen, farbigen Steinreliefs stehen blieb, schüttelte sie nur beinah unmerklich den Kopf, weil sie das Gesehene zu fassen kaum in der Lage war, und manchmal sagte sie leise ein paar Worte in ihrer Sprache, die ich freilich nicht verstand.

«Ihr werdet staunen, wenn Ihr erst einmal Achet-Aton besucht», sagte ich zu ihr, als wir den Tempel wieder verließen. «Eine ganze Stadt, der Tempel, alle Paläste und Amtsgebäude sind in der Art errichtet, wie Ihr es hier seht.»

Kija spitzte etwas die Lippen, legte ihre Stirn in schmale Falten und machte große Augen. «Das muss mir aber nicht alles gefallen?»

Ich lächelte sie verständnisvoll an und hob dabei zwei-, dreimal die Schultern. Ich war mir jetzt selbst nicht sicher, ob mir das alles gefiel. Aber das war es nicht, was mich jetzt beschäftigte. Es war vielmehr die Offenheit dieser jungen Frau, die Selbstsicherheit, die sie ungehemmt zeigte.

Der Rückweg zum Fluss führte uns auf der Sphingenallee Nimurias zwischen all den üppig wuchernden Bäumen und Sträuchern hindurch, vorbei an blumenübersäten Beeten, deren Duft dazu verleitete, die Augen zu schließen und die schönsten Träume zu träumen. Im Hafen bestiegen wir eine Barke und fuhren langsam, nur getrieben vom angenehm kühlen Nordwind, an der Stadt vorbei in Richtung Süden. Wir ließen das Heiligtum des südlichen Ipet-sut, den schönsten Tempel Amenis, links liegen, überquerten den Fluss, um sodann am westlichen Ufer die Wagen zu besteigen, die im Glanz der Nachmittagssonne auf uns warteten.

«Wenn Ihr mir versprecht, Euren Begleiter nicht wieder vom Wagen zu stoßen, zeige ich Euch mehr von Waset.»

Zu gern wäre ich selbst auf den Wagen Kijas gestiegen, um sie ansehen zu können, ihr nahe zu sein, um dem Zauber ihrer unruhigen Augen zu erliegen. Aber es durfte einfach nicht sein.

Während wir im wohltuenden Schatten des westlichen Gebirges zum Palast der leuchtenden Sonne zurückfuhren, sah sie unentwegt hinüber auf die Stadt, die jetzt in einer Flut rotgoldenen Sonnenlichts zu ertrinken schien, und ich sah in ihr Gesicht, das mich so sehr anzog.

Ich hörte genau hin, wenn man sich jetzt unterhielt, im Palast, in den königlichen Werkstätten, in den Stallungen Pharaos, überall. Ich hörte sehr genau hin, doch nirgendwo vernahm ich ein noch so leise geflüstertes lästerliches Wort, ein Wort der Missachtung oder des Spotts über meine Begegnung mit Kija.

Was ich auch in diesen Tagen tat, ich dachte unentwegt an sie. Ich wollte sie einfach nur wieder sehen, sie hören, bei ihr sein. Vier Tage ließ ich vergehen, ehe ich sie wieder einlud, mit mir die Herrlichkeit der Stadt zu bestaunen.

Endlich überquerten wir den Fluss und gelangten zum südlichen Heiligtum von Ipet-sut, dem schönsten und prächtigsten Tempel, der je in Ägypten errichtet worden war. Ich erzählte Kija vom Opetfest, der Feier der jährlichen Vermählung Amuns mit Hathor, deren beider Statuen hier zusammengeführt wurden, damit Ägypten Jahr für Jahr mit der Liebe dieses Götterpaares gesegnet wurde. Unser Weg führte uns in das Innere der Stadt, auf ihre großen Märkte, wo sich Tausende Menschen tummelten, wo Händler und Käufer gleichermaßen schrien, als ginge es um ihr Leben und nicht nur um einen Tonkrug, ein Stück Leinen oder eine Hand voll Oliven. Obwohl der Offizier, der den Sänften der Frauen voranschritt, immer wieder rief: «Macht Platz der königlichen Gemahlin Kija und dem Gottesvater Eje», und obwohl alle die königliche Standarte sahen, wurde uns meist nur zögerlich, fast widerwillig Platz gemacht, war doch den Menschen das eigene Vorwärtskommen in diesem Gedränge wichtiger als alles andere. Ich war froh, als wir diesem Getümmel, das einem tosenden Meer glich, wieder entkamen.

Während ich neben Kijas Sänfte herging, sprachen wir von dem Leben und der Arbeit der einfachen Menschen, und Kija ließ keinen Zweifel daran, dass ihr deren Schicksal mehr am Herzen lag, als das aller Beamten und Würdenträger Pharaos zusammen. Ihre Bemerkungen über Ungerechtigkeiten in der Behandlung des einfachen Volkes – und dabei nahm sie ihr eigens Volk nicht aus – erstaunten mich und bereiteten mir zugleich ein wenig Sorge. Jeder Zweifel an der gerechten Behandlung der Untertanen war ein Zweifel an der Gerechtigkeit Pharaos selbst, war ein Zweifel daran, dass Maat gewahrt wurde. Schließlich erreichten wir den Fluss.

«Möchtet Ihr einmal den Ausblick von dort oben genießen?»,

fragte ich sie, während wir übersetzten, und dabei zeigte ich auf jenen Teil des Gebirges, das hinter dem Totentempel von Pharao Hatschepsut emporragte. Ihre fröhlichen Augen huschten aufgeregt über mein Gesicht und, als sollte niemand ihre Zustimmung hören, nickte sie nur schnell zweimal mit dem Kopf. Langsam fuhren unsere Wagen den schmalen Pfad empor, bis wir endlich dort angelangt waren, von wo aus wir den schönsten Ausblick genießen konnten.

«Lasst uns noch einige Schritte gehen», sagte ich zu ihr, «denn dort, hinter dem kleinen Felsvorsprung, ist der beste Platz.»

Zu meinem Erstaunen bat Kija die Hofdamen, bei den Wagen zurückzubleiben. An den Gesichtern der Drei konnte ich ablesen, dass sie nur mit Widerwillen gehorchten. Das kurze und von den anderen unbemerkte Kopfnicken des ersten Offiziers gab mir die Gewissheit, dass er für die Einhaltung des Befehls – und nichts anderes als ein Befehl war Kijas Wunsch – Sorge tragen würde. Es genügten wenige Schritte, damit wir ihren Blicken entschwunden waren.

Hier herrschte eine vollkommene Stille, die nur ab und zu wie immer an diesem Ort von den schrillen Aufschreien einiger Falken unterbrochen wurde. Wir setzten uns auf einen der umherliegenden Felsblöcke, sahen hinaus in das weite Land, auf den Fluss und die Stadt. Wir sahen auf die Getreidefelder, deren leuchtendes Gelb, vermischt mit dem Blau unzähliger Kornblumen die nahe Ernte ankündigte. Wir blickten hinab in den Abgrund vor uns, auf die Totentempel von Mentuhotep und Hatschepsut. Weit im Süden sahen wir den Totentempel Amenis und seinen gewaltigen Palast, und ich spürte, wie meine Augen etwas feucht wurden.

Plötzlich lehnte Kija ihren Kopf gegen meine rechte Schulter und ergriff meine Hand. Ihre beiden Daumenkuppen glitten liebevoll über den Handrücken, während die Spitzen ihrer übrigen Finger die Handinnenfläche abtasteten. Zum ersten Mal erahnte ich jetzt den zartherben Duft ihres mir so fremden und offenbar zurückhaltend aufgetragenen Duftöls. Ich war von dieser überraschenden Geste so gebannt, dass ich es nicht wagte, sie anzusehen. Was wusste dieses Mädchen schon über mich? Und was wusste ich schon über dieses Mädchen? Wir hatten beide erst so wenig voneinander erzählt. Wenn ich mir es recht überlegte: noch gar nichts.

Kija sah hinaus in das weite Land, das vor uns lag, doch ihre Gedanken waren nicht hier. Sie schien völlig abwesend, weit weg von hier zu sein.

«Träumst du von zu Hause?», fragte ich sie.

«Nein», gab sie gleich zur Antwort und wandte sich mir zu. «Ich dachte darüber nach, wie wenig wir voneinander wissen. Aber ich hoffe, dass sich das noch ändern wird.»

Wir beide merkten gar nicht, dass wir uns in der vertrauten Form angesprochen hatten.

Ich saß an diesem Abend noch lange auf der Terrasse meines Palastes und starrte in den Garten, auf das Schattenhaus, in welchem ich einst auf Isis getroffen war, auf die Palme, unter welcher ich immer so gern schlief, und dann auf das steinerne Gartentor und stellte mir vor, sie würde jetzt mit einem Wagen hereinfahren, um mich zu besuchen. Aber Kija kam nicht. Ich ließ mir Schreibzeug bringen und versuchte, Kija im spärlichen Licht dreier Kerzen einen Brief zu schreiben. Es gelang mir aber nicht, weil ich gar nicht wusste, was ich ihr schreiben sollte. Oder wusste ich nur nicht, wie ich meinen Brief beginnen sollte? Vielleicht tat auch der Wein das Seine dazu. Ich ließ es bleiben.

Ich wusste nicht, ob ein gemeinsames Leben mit dieser Frau, dieser so jungen Frau, jemals möglich sein würde. Sie war manchmal von einer durch nichts zu trübenden Lebensfreude, und doch konnte man mit ihr über Dinge sprechen, wie sonst nur mit einem alten Freund. Wie viele Hindernisse hätten erst überwunden werden müssen, ehe wir überhaupt an eine Verbindung hätten denken können! Sie war Mitglied der königlichen

Familie, und ich erinnerte mich nicht, dass jemals der Witwe eines unserer Herrscher, und war sie auch noch so jung, die Heirat außerhalb der engsten Herrscherfamilie gestattet worden war. König Tuschratta würde empört sein, wenn er erfuhr, dass ich um die Hand seiner Tochter anhielt, hatte er doch seine Tochter einem König gegeben! Und da war auch noch Kija selbst. Wie mochte ich mir einbilden, dass sie in eine Heirat mit mir einwilligen würde, so sehr ich es mir auch wünschte. Nur weil sie meine Hand ergriffen und zärtlich gestreichelt und sie mich freundlich lächelnd angesehen hatte?

«O Eje! Du alter Esel», sagte ich zu mir und legte mich schlafen, denn der Wein und die Ereignisse des Tages hatten mich müde gemacht.

Sosehr ich mir auch in den nächsten Tagen Mühe gab, Gedanken an Kija und an eine gemeinsame Zukunft mit ihr zu verdrängen oder sie gar zu vergessen, so wenig gelang es mir. Was immer ich auch tat, stets hatte ich ihr Bild vor Augen. Ich war von den Gedanken an sie besessen wie von einem Geist, den der Fluch eines mächtigen Magiers über mich gebracht hatte und der mich nicht mehr loslassen wollte. Aber das Schlimmste für mich war, dass ich nicht einen einzigen Freund hatte, dem ich meine Gefühle offenbaren konnte, ohne befürchten zu müssen, Kija und mich dadurch in eine unangenehme Lage oder gar in ernsthafte Gefahr zu bringen. So verbarg ich dieses Geheimnis in meinem Herzen wie in einem tiefen Brunnen. Viele Tage durchlitt ich so, dann hielt ich es nicht mehr aus und musste sie wiedersehen.

Ich war glücklich über ihr Lächeln, über den Anblick ihrer Augen, den geheimnisvollen und herben Duft ihres Salböls und über die Unbekümmertheit, die sie zeigte, als wir uns endlich wieder begegneten. Wie stets wurde sie von ihren Hofdamen begleitet, doch ich hatte mich an die Drei gewöhnt, sodass ich sie kaum noch wahrnahm, und auch Kija schien sich an ihrer Anwesenheit nicht zu stören. Wir fuhren zum Tempel von Pharao Hatschepsut Maat-ka-Re, denn sein Anblick von den Höhen des Gebirges hatte sie so in seinen Bann gezogen, dass sie ihn jetzt aus der Nähe betrachten wollte.

Ich zeigte ihr an den Wänden des Tempels die Bilder von der Expedition der Ägypter ins ferne und geheimnisvolle Punt, von der fettleibigen, unförmigen Königin dieses Landes und von den vielen seltenen Tieren und Pflanzen, vor allem aber von den Weihrauchbäumen, welche die Ägypter damals mitgebracht hatten. Und ich führte sie zu der Stelle, an welcher ich vor Jahren jenen Ermordeten fand, der mich und die Königsfamilie vor einem Anschlag hatte warnen wollen. Dann setzten wir über den Fluss, und wenig später erreichten wir den alten Stadtpalast von Waset.

Ich erzählte Kija, wie Ameni und ich vor achtunddreißig Jahren zum ersten Mal hierher gekommen waren und wie schnell sich der junge Pharao in die Stadt verliebt hatte, als er von der Dachterrasse auf sie hinabblickte. Ich führte sie durch die Säle des Palastes, durch seine weiten Höfe und seine unendlich langen Gänge. Sie sah den altehrwürdigen Thronsaal, der jetzt vielleicht für lange Zeit verwaist sein würde, und sie sah das mächtige, vergoldete Tor, durch welches wir den Saal verließen.

Zuletzt standen wir auf der Dachterrasse und genossen – wie einst Ameni und ich – den Ausblick auf die Stadt mit all ihren Tempeln, Palästen und den unzähligen Wohnhäusern, auf das silbrig glänzende Band des trägen Flusses und auf das westliche Gebirge, das hinter einem breiten Streifen goldgelber Felder aufragte. Kija stand zu meiner Rechten, und weil sich ihre Hofdamen in angemessenem Abstand zu meiner Linken aufhielten, tastete ich, von ihnen unbemerkt, nach Kijas linker Hand. Erst fanden einige Fingerspitzen zueinander, dann berührten sich unsere Handflächen, um schließlich die Finger sich miteinander vereinigen zu lassen. Kija ließ es geschehen. Der sanfte Druck unserer Hände und das verliebte Spiel ihrer Finger sagten mehr aus, als es viele Worte vermocht hätten. So standen wir lange Zeit beisammen, um nur vermeintlich eine der schönsten Landschaften Ägyptens schweigend zu bewundern, während in Wahrheit unsere Hände sich gestanden, was jetzt zu sagen den Lippen verwehrt war. Mit einem kurzen, derben Druck nahmen unsere Hände voneinander Abschied, denn mein Diener Ipu erinnerte uns mit einem höflichen Räuspern daran, dass im Palastgarten ein kleines Mittagsmahl aufgetragen war.

«Entschuldigt uns für einen Augenblick», sagte ich in bestimmtem Ton zu unseren Bewacherinnen, nachdem wir das Mahl geendet hatten. An Kija gewandt fuhr ich fort: «Ich möchte euch durch den Garten führen, wenn Ihr dies wünscht.»

Die Drei sahen sich erstaunt an, dann nickten sie stumm und gehorsam, während wir uns bereits erhoben und sie allein zurückließen.

Anfangs wählte ich bewusst Wege in unmittelbarer Nähe der Drei, damit sie sahen, dass wir uns nur angeregt unterhielten und sie so keinen Verdacht schöpfen konnten. Langsam und gleichmäßig wie Schildkröten bewegten wir uns über den leise unter unseren Sandalen knirschenden Kies, bis ich sah, dass die Hofdamen, wohl behütet vom Schatten einer gnädigen Akazie, friedlich eingeschlafen waren. Bedächtig und langsam wie bisher, und dennoch zielstrebig, um keine Zeit zu vergeuden, gingen wir auf eines der Gartenhäuser zu, das zwischen riesenhaften Jasminsträuchern am Ende des Weges lag. Ich war mir sicher, dass bei jedem Schritt, mit welchem wir uns dem Ziel näherten, nicht nur mein, sondern auch Kijas Herz zunehmend heftiger schlug. Geräuschlos zog ich den hauchdünnen Vorhang hinter uns zu und sah durch den fast durchsichtigen Schleier für einen Augenblick zurück, um mich noch einmal des Schlafs der Drei zu vergewissern.

Ich ergriff beide Hände Kijas und sah in ihre Augen, die jetzt

ruhig, fast starr, auch auf meine gerichtet waren. Ein kurzes, beinahe schüchternes Lächeln bedeutete uns, dass wir es beide so
gewollt hatten. Zurückhaltend berührten sich erst unsere Lippen, zaghaft gaben wir uns Kuss um Kuss, bis beider Lippen wei-
cher werdend dem ungeduldigen Drängen unserer Gefühle
nachgaben. Fest umschlungen hielten wir einander fest, sahen
uns mit liebevollen Blicken an, um uns aufs Neue begierig und
leidenschaftlich zu küssen. Wir genossen die Berührung unserer
Wangen, unserer Schenkel. Wir hielten uns so fest, dass ich
glaubte, hinter ihrer Brust ein heftig pochendes Herz zu spüren.
Dann hielt ich inne und gab ihr mit einem Blick auf die neben
uns stehende Liege meinen Wunsch zu verstehen.

«Nicht jetzt! Nicht hier», flüsterte sie leise, und als wollte sie
mich davon abhalten, dass ich sie mit zwei, drei winzigen Schritten zum Aufgeben bewog, zog sie mich an sich und gab mir einen langen, innigen Kuss, bis wir uns atemlos und erschöpft losließen und mit großen, verliebten Augen ansahen.

Jetzt, da diese unruhigen Augen wieder über mein Gesicht
und zwischen meinen Augen hin und her huschten, erinnerte
ich mich, wo ich diese Augen schon einmal gesehen hatte: bei
Inena.

«Lass uns jetzt gehen», flüsterte sie, und ich wusste, dass wir
beide recht daran taten. Unauffällig und unbemerkt, wie wir das
Gartenhaus betreten hatten, verließen wir es auch wieder und
kehrten zu den noch immer schlafenden Frauen zurück. Das
laute Aufschlagen eines absichtlich gestoßenen Steins ließ sie
aufschrecken. Es bereitete uns beiden durchaus Freude zu sehen,
dass sie es waren, die ein schlechtes Gewissen plagte, weil wir sie
schlafend vorgefunden hatten.

Es war nicht leicht, sich weitere Male so zu treffen, dass wir
mehr als nur Höflichkeiten austauschen konnten. Einmal gelang es im Garten des Palastes der leuchtenden Sonne, ein andermal unter dem Baldachin am Heck einer Barke, während

mein Diener Ipu die Hofdamen Kijas am Bug des Schiffes mit einer Flusspferdherde ablenkte.

Aber jetzt schrieb ich ihr Briefe. Ich schrieb mit einer Leidenschaft und einer Hingabe, wie ich es noch nie zuvor in meinem Leben getan hatte. Ich entführte Kija in meinen Briefen in die entferntesten Länder, obwohl ich wusste, dass ich sie nie dorthin würde entführen können. Ich schrieb von Gegenden, die ich selbst noch nie gesehen hatte, an deren Gestaden ich aber mit ihr leben wollte. Von den Inseln im Norden, von Mykene und Troja. Ich beschrieb ihr die Oase Fajum, die Paläste und die Gärten von Babylon und Dur-Kurigalzu. Ich erzählte, wie der Mond auf die Palmblätter meines Gartens schien und sein Licht ihnen einen silbrigscharfen Rand verlieh. Sie hörte in meinen Briefen vom Gesang der Nachtigall und vom Klang ägyptischer Harfen. Ich schilderte ihr, wie ich mir das Haus vorstellte, in dem ich mit ihr leben würde, irgendwo – wenn man uns nur ließ. Und ich gestand ihr, wie verliebt ich in sie war, verliebt wie ein Jüngling.

«Versteckst du meine Briefe auch so, dass sie kein Mensch finden kann», fragte ich sie bei einem unserer noch seltener gewordenen Treffen. Sie nickte nur.

«Weißt du, was geschieht, wenn irgendjemand sie findet?», bohrte ich beunruhigt nach, und ich überlegte schon, ob ich sie nicht bitten sollte, mir die Briefe wieder zurückzugeben.

«Meschada, meine erste Hofdame, hat sie schon gesehen. Sie wird nicht darüber sprechen. Mit niemandem. Du musst dir keine Sorgen machen. Vertrau mir!»

Es war schon schwierig genug, die Briefe in den Besitz Kijas kommen zu lassen. Aber dass sie schon entdeckt waren, gefiel mir gar nicht. Hatte ich nicht sogar einmal geschrieben «ein Königreich gäbe ich dafür, einmal eine Nacht mit dir verbringen zu dürfen – wenn ich nur eines hätte»?

Ja, es war wirklich so: Beide Länder hätte ich für ein Leben mit ihr gegeben. Nur bestand nicht die geringste Aussicht darauf, dass dies einmal Wirklichkeit werden würde.

Mit bangem Herzen traten wir die Fahrt nach Achet-Aton an. Als die königliche Flotte den Hafen von Waset verließ, herrschte in der Stadt eine Stimmung, wie sie bedrückender nicht hätte sein können. Es war eine Stimmung zwischen Hoffen und Drohen, zwischen dem Hoffen des Volks, Teje und ich würden Echnaton und Nofretete doch noch dazu bewegen können, der Stadt des Aton den Rücken zu kehren, und dem unverhohlenen Drohen der Priester, Pharao zur Rückkehr zu zwingen, gleich mit welchen Mitteln.

Wie wir befürchtet hatten, war uns die Nachricht von der starren Haltung Echnatons überallhin vorausgeeilt. Immer stellte man uns dieselben Fragen, hörten wir das gleiche flehentliche Bitten. Einzig Kija schien nicht beunruhigt zu sein, denn bei ihr überwog die Neugier auf die ferne Stadt, auf die fremdartigen Tempel und Paläste, die merkwürdigen Figuren und Abbildungen der Herrscherfamilie. Die Sorge um die Zukunft Ägyptens teilte sie nicht mit uns. Ihr Schicksal konnte sich im Trubel der noch so jungen Stadt nur zum Besseren wenden. Hoffte sie gar, das Augenmerk Pharaos auf sich zu lenken? Ich versuchte erst gar nicht, es ihr auszureden.

Während der vielen Stunden, die ich bei Tag und Nacht allein auf meinem Schiff verbrachte, dachte ich darüber nach, mit welchen Argumenten ich Echnaton von der Notwendigkeit einer Umkehr überzeugen konnte. In der wenigen Zeit, die uns bei den Aufenthalten an Land blieb, sprach ich mich mit Teje ab und fragte sie nach ihrer Haltung zu meinen Überlegungen.

«Das alles habe ich ihm schon gesagt», war ihre einsilbige Antwort zu allem, was ich ihr vortrug. «Du wirst sehen, Eje, er wird sich immer wieder an seinen Schwur klammern. Und sieh dich vor, dass es nicht noch schlimmer kommt!»

Noch Schlimmeres war für mich gar nicht vorstellbar. Ich ahnte nicht, was sie damit gemeint hatte. Doch aus Angst davor, dass sie mir tatsächlich Schlimmeres offenbaren würde, fragte ich sie nicht danach.

Echnaton bereitete uns einen Empfang, der des Herrschers selbst würdig gewesen wäre. In den vier Monaten meiner Abwesenheit schien Achet-Aton nochmals gewachsen zu sein, es erschien mir noch herrlicher und prächtiger als je zuvor. Den gesamten Hafenbereich, der dem Stadtpalast vorgelagert war, ließ Pharao für uns schmücken, wie Amenophis einst das südliche Ipet-sut zum Opetfest hatte schmücken lassen: Blumen, soweit das Auge reichte, Fahnen am jeden Masten, Musikanten und Soldaten, wohin man nur sah. Und dazwischen, auf einer eigens dafür errichteten Tribüne, stand die königliche Familie. Je mehr ich all des Prunks und der Pracht gewahr wurde, umso mehr beschlich mich der schlimme Verdacht, dass sich Echnaton durch den Tod seines Vaters gleichsam wie von einer Last befreit fühlte, dass er aufatmete, weil er den alles überragenden Vater, den allmächtigen Amenophis nicht mehr über sich spürte.

Trotz allen Streits, den es hier vor Wochen noch gegeben hatte, hielt Echnaton seine Mutter zur Begrüßung liebevoll in seinen Armen, und alle anderen waren ohnehin aufrichtig erfreut, sie wieder zu sehen. Wie immer bei solchen Anlässen begrüßte ich auch diesmal das Herrscherpaar demutsvoll mit einer tiefen Verneigung und sprach nochmals, nachdem ich das schon in meinem Brief getan hatte, Echnaton mein Bedauern über den Tod seines Vaters aus. Ich wünschte ihm – für alle Umstehenden deutlich vernehmbar – alle Weisheit dieser Welt, damit Ägypten von ihm mit Umsicht und zum Segen der Herrscherfamilie und des ganzen Volkes regiert werde. Echnaton kannte mich nur zu gut, als dass er nicht gewusst hätte, was sich hinter meinem Wunsch verbarg. Er beließ es bei einem Kopfnicken, das von einem milden und gütigen Lächeln begleitet wurde.

«Diesen Ring gab mir deine Mutter nach ihrer Ankunft in Waset. Durch seine Macht war ich berechtigt, das auszuführen, was du von mir verlangt hast.»

Ich hielt Echnaton den Ring auf meiner offenen Handfläche

entgegen: «Nimm ihn zurück, denn hier in Achet-Aton steht es mir nicht zu, ihn länger zu tragen.»

Er nahm meine Hand, schloss den Ring darin ein und sagte dabei: «Behalte ihn und benutze ihn da, wo du es für richtig hältst!»

Ich verneigte mich schweigend, jedes weitere Wort wäre zuviel gewesen.

Jetzt küsste ich meine Tochter Nafteta zur Begrüßung auf beide Wangen und drückte sie, all die strengen Regeln, die es sonst zu beachten galt, außer Acht lassend, fest an mich. Ihre Körperhaltung schien mir dabei steif, doch vermutlich war das weniger dem Hofzeremoniell geschuldet als vielmehr der Sorge, dass ihre hohe Krone verrutschen oder gar herabfallen könnte. Reihum begrüßte ich jetzt meine Enkeltöchter: Zuerst Meritaton, die mit den vierzehn Jahren, die sie jetzt zählte, nicht mehr die Jugendlocke an der Seite ihres Kopfes trug, sondern schon wie eine kleine Königin auftrat, mit Perücke, goldenem Stirnreif und kostbarem Schmuck. Danach Maketaton, den Liebling Echnatons, dann Anchesen-pa-aton und schließlich die drei Kleinen. Endlich konnte ich mich meiner Tochter Mutnedjemet zuwenden, und mir war nicht entgangen, dass sie mich all die Zeit sehr aufmerksam beobachtet hatte.

«Ich bin sehr glücklich darüber, dass du wieder hier bist, Vater», flüsterte sie mir ins Ohr, als wir uns Wange an Wange umarmten. «Ich bin auch froh, endlich wieder bei dir zu sein», erwiderte ich ihre liebevollen Worte und streichelte mit der Hand über ihr kräftiges Haar. Sie merkte sofort, dass ich «bei dir» gesagt hatte, und nicht «hier» oder «bei euch», denn jetzt war sie es, die mich fest an sich drückte. Sie hakte sich bei mir unter, und wir folgten der königlichen Familie in den großen Hof des Palastes. Man wird mir den Stolz angesehen haben, den ich neben meiner siebzehnjährigen Tochter empfand, denn welcher Vater zeigt sich nicht gern mit einer jungen und doch schon erwachsenen Tochter, die an Schönheit nur von wenigen im Land übertroffen wurde.

Es war die Sache des alten und ehrwürdigen Wesirs, Kija, die junge Witwe Nimurias, dem jetzt allein herrschenden Pharao vorzustellen. Er tat dies mit aller Höflichkeit und Ehrerbietung, die man Kija schuldete. Ganz im Gegensatz zu meiner Schwester beobachtete ich Echnaton und Kija sehr genau, als sie sich jetzt zum ersten Mal begegneten, sich in die Augen sahen und knappe Höflichkeiten austauschten. Ich sah genau, wie ihre Augen über sein Gesicht und zwischen seinen Augen hin und her huschten, unruhig und aufgeregt, wie auch ich es von ihr kannte, und ich bemerkte seinen bohrenden Blick, der weit mehr verriet, als dass er sie nur als einen Menschen unter vielen wahrgenommen hatte. Es versetzte mir einen kleinen Stich ins Herz, beunruhigte mich aber weiter nicht, denn ich zweifelte nicht daran, dass die Verbindung zwischen Echnaton und Nofretete unzertrennbar sein würde. Ich wurde darin umgehend bestätigt, als sich Pharao sogleich seiner Großen königlichen Gemahlin zuwandte und mit ihr und den Kindern zwischen Wedelträgern den Zug in den Palasthof anführte, während der Wesir bei Kija blieb, um sie und ihre Hofdamen nach der Begrüßung in den Frauenpalast zu bringen und um selbst nach Erfüllung dieser Pflicht nach Waset zurückzukehren.

Echnaton ließ es sich nicht nehmen, seiner Mutter Teje und mir, vor allen Menschen, die im großen Hof des Stadtpalastes versammelt waren, für den treuen Dienst zu danken, den wir in seinem Namen an Osiris Amenophis geleistet hatten.

«Denn ich habe vor Aton, meinem Vater, den Eid abgelegt, seine Stadt Achet-Aton nicht mehr zu verlassen», fügte er gleich als Begründung dafür hinzu, dass er nicht selbst nach Waset gezogen war, um die Beisetzung Nimurias zu leiten.

«Wer würde sich in dieser Stadt noch an irgendeinen Eid halten, wenn Pharao seinen Eid, den er Aton, seinem göttlichen

Vater, gegeben hat, bricht? Wer in den Beiden Ländern bräuchte dann noch irgendeinen Eid einzuhalten? Ein Eid ist das Heiligste, was es gibt, zwischen Menschen und noch mehr zwischen Aton und mir, seinem Sohn. Nichts könnte Maat, unsere göttliche Ordnung, mehr verletzen, als der Bruch eines Eides. So gelobe ich an dieser Stelle vor allem Volk, besonders aber vor Aton, meinem Vater, dass ich diese Stadt nie mehr verlassen werde. So sei es, und so werde es geschrieben.»

Mit diesen Worten beendete Echnaton die Audienz und glaubte, damit dem Streit um eine Rückkehr nach Waset oder Men-nefer ein für alle Mal den Boden entzogen zu haben, ehe er in Achet-Aton überhaupt losbrechen konnte.

Nur selten fiel mir ein Nachhauseweg so schwer wie an diesem Tag, denn mein wahres Zuhause war nicht in dieser Stadt, sondern lag woanders: Es lag in Waset. Noch auf dem Weg in unseren Palast begann ich, Mutnedjemet von all meinen Erlebnissen der letzten Monate zu berichten. Ich erzählte ihr von der Ankunft der Mitanni-Prinzessin und davon, dass es keine Hoffnung mehr gegeben hatte, meinen Freund Ameni von seinem Vorhaben, sie zu heiraten, abzubringen. Ich berichtete ihr von seiner Krankheit und von seinem Tod. Mutnedjemet versuchte nicht, meinem Bericht vom Sterben Nimurias auszuweichen, womit ich bei einer jungen Frau ihres Alters gerechnet hätte. Vielmehr wollte sie, dass ich ihr das Hinscheiden Amenis genau und in allen seinen Einzelheiten schilderte, als wäre es eine spannende Geschichte aus einem fernen Land, die ich ihr da erzählte. Für sie war es das vielleicht auch.

Schließlich erzählte ich von der Beisetzung Pharaos und ihrer Vorbereitung, wobei ich immer wieder unauffällig den Namen Kija zur Sprache brachte, bis mich Mutnedjemet plötzlich unterbrach: «Nicht wahr, Vater, sie gefällt dir!»

Auf diese Art Unterbrechung war ich ganz und gar nicht eingestellt, doch was wollte ich einem so aufmerksamen Mädchen noch vormachen? Eine bessere Gelegenheit, offen und ehrlich mit meiner Tochter zu sprechen, hätte sich wohl kaum ergeben.

«Ja, sie gefällt mir sehr gut. Ich nehme aber an, dass ich für sie viel zu alt bin. Es fehlt nicht viel, und sie könnte meine Enkelin sein.» Ich war gespannt, was sie jetzt sagen würde.

«Ob du für sie zu alt bist, das könnte nur sie entscheiden, wenn sie es denn dürfte. Für dich stellt sich doch nur die Frage, ob sie nicht zu jung für dich ist. Und das scheint ja nicht der Fall zu sein.»

Ich gestand meiner Tochter an diesem Abend ganz offen, wie sehr mich diese Frau in ihren Bann gezogen hatte, und Mutnedjemet war mir deswegen nicht einmal böse. «Hat sie denn deine Zuneigung einmal ernsthaft erwidert», fragte sie mich, und ehe ich eine Antwort geben konnte, musste ich erst einmal überlegen.

Mein Zögern war Mutnedjemet Antwort genug: «Wenn du schon darüber nachdenken musst!»

«Wahrscheinlich hast du Recht. Es ist seltsam: Während all unserer Gespräche hat Kija mich nicht ein einziges Mal bei meinem Namen genannt. Sie fand immer einen Weg, es zu vermeiden, mich mit Namen anzusprechen. Und auf keinen meiner Briefe bekam ich je eine Antwort von ihr, obwohl sie mir mehrfach versicherte, wie sehr sie sich über meine Briefe freute.»

Ein langes und gewiss gewolltes Schweigen meiner Tochter zwang mich geradezu, im Inneren Kija loszulassen. Aber ich musste mir eingestehen, dass letztendlich die Hinwendung, das Zeigen von Zuneigung, immer nur von mir ausgegangen waren. Es war nicht leicht für mich, mir dies einzugestehen. Nie zuvor hatte ich ein solches Auf und Ab, ein Hinwenden und Abwenden erlebt, wie in der Beziehung zwischen Kija und mir. Es hatte Tage gegeben, da nahm sie mich so sehr für sich ein, dass ich mit ihr hätte fliehen mögen, irgendwohin, wo uns niemand kannte und wo wir niemandem darüber, was wir taten, Rechenschaft schuldig waren. An anderen Tagen gab sie sich mir gegenüber so fremd und so kalt, dass ich mir vornahm, nie wieder auch nur ein einziges Wort mit ihr zu wechseln.

Ich erzählte Mutnedjemet an diesem Abend aber auch, welche Sorgen nicht nur Teje und ich uns Echnatons wegen machten, sondern dass Waset nach dem Tod Nimurias kurz vor einem Aufruhr gestanden hatte. Aber selbst meine erst siebzehnjährige Tochter schüttelte augenblicklich den Kopf und war sich sicher, dass Echnaton seine Stadt niemals verlassen würde. Sie sagte das so voller Überzeugung, wie ein Schulkind, das schon längst weiß, dass zwei und zwei vier ist.

Ich erklärte ihr in allen Einzelheiten, warum Pharao nicht in Achet-Aton bleiben konnte. Ich erinnerte sie daran, dass die Vertreibung der fremdländischen Hyksos und die erneute Vereinigung der Beiden Länder von Waset aus betrieben worden waren, dass es die Priester des Amun gewesen waren, die dafür ein großes Vermögen geopfert hatten und deshalb glaubten, für immer den Machtanspruch ihrer Stadt durchsetzen zu können. Und ich erklärte ihr, wie mächtig die Priester des Amun noch immer waren.

Ganz gleich was ich erzählte, immer wenn ich meine Tochter ansah, schüttelte sie verneinend den Kopf.

«Er wird nicht gehen», sagte sie und sprach erneut aus, was im Grunde auch für mich längst Gewissheit geworden war.

«Teje und du, ihr werdet alles nur noch schlimmer machen, wenn ihr versucht, ihn umzustimmen.»

Die Warnung Mutnedjemets war gewiss nicht unbegründet, doch wir durften es nicht unversucht lassen, welche Folgen dies auch nach sich ziehen mochte. Ich war mir nur zum jetzigen Zeitpunkt noch nicht sicher, ob es besser war, ohne Zögern und mit den vereinten Kräften aller Großen des Landes zu versuchen, ihn umzustimmen, oder ob wir langsam und mit zunehmendem Druck sicherer zum Ziel kommen würden. Ich dachte in dieser Nacht noch lange darüber nach und kam zuletzt zu dem Schluss, dass ich es erst allein versuchen musste. Wenn es über diesen Streit wirklich zu einem Bruch mit Echnaton kommen sollte, durfte ich nicht von Anfang an Teje, Aper-el und all die anderen mit hineinziehen. Nicht, dass ich mich wegen dieser Haltung für besonders ehrenvoll gehalten hätte, doch mir als Gottesvater und seinem langjährigen Erzieher konnte am wenigsten geschehen. Schlimmstenfalls konnte er mich meiden oder sogar wegschicken.

«Sieh hinab auf diese Stadt», sagte Echnaton zu mir, als wir zwei Tage später auf der Anhöhe des Ostgebirges, dort, wo Aton vor Jahren Pharao zum ersten Mal erschienen war, im Schatten eines Baldachins saßen.

«Es ist mein Werk, allein mein Werk. Kein Herrscher dieser Welt hat bisher erkannt, dass es nur einen Gott geben kann, und deswegen hat noch kein Herrscher vor mir seinem Gott, dem einzigen Gott, eine ganze Stadt geweiht und sie über alle anderen Städte seines Landes erhoben.»

Jetzt sah er mich mit weiten Augen an, mit diesem durchdringenden Blick, der bis ins Innerste eines Menschen vordrang und der jedes Herz ergründete.

«Die Menschen, die hier leben, sind aber noch schwach. Ihr Glaube ist nicht gefestigt genug, als dass ich sie allein zurücklassen könnte. Wenn ich Achet-Aton aufgebe, wenn ich meiner heiligen Stadt den Rücken kehre, wird alles, alle Mühe, aller Eifer vergebens gewesen sein, Eje. Meinst du, ich wüsste nicht, dass hier in vielen Häusern noch die alten Götter verehrt werden? Dass es Figuren gibt von Ptah, Isis und Amun, ja selbst von so lächerlichen Erscheinungen wie dem fetten Götterzwerg Bes, von vergöttlichten Flusspferden und Krokodilen!»

«Was ich selbst von diesen Gottheiten halte, weißt du, Echnaton. Doch du kannst nicht leugnen, dass deren Verehrung im Herzen des Volkes tief verwurzelt ist. Doch nimm ihnen Bes, Thoeris und Sobek weg! Sie werden es verschmerzen. Schaffe ihnen einen Ersatz für das Opetfest, und sie werden auch Amun vergessen. Aber älter als aller Glaube an Amun, Ptah und Osiris, selbst als der Glaube an Re, ist der Glaube an die Herrscher der Beiden Länder. Du bist nicht nur ihr Herrscher. Du bist ihr Vater, ihr auf Erden lebender Gott und der Wahrer der Maat. Du allein bist letztendlich verantwortlich für Wohlstand oder Armut, Frieden oder Glück, für Leben oder Tod. In Men-nefer und Waset, in On und im Fajum weiß man nicht viel von dieser Stadt, von Aton und seinem geliebten Sohn. Dort kennt man nur Gerüchte und Geschichten, die sich verbreiten wie beißender Qualm eines Buschfeuers, welches niederzutreten niemand imstande ist. Die Angst vor den fremdländischen Herrschern sitzt tief, und es ist noch nicht so lange her, dass die Hyksos vertrieben und die Beiden Länder unter Aufbietung aller Kraft und unter schweren Opfern befreit und erneut vereint wurden. Dein Volk wird es nicht hinnehmen, dass du es verlässt. Die Drohungen waren allzu deutlich zu vernehmen, Echnaton.»

Ich erzählte ihm jetzt vom barschen Auftreten der Amun-Priester und von den falschen Propheten, die das Volk aufgewiegelt hatten, indem sie Zweifel säten und Angst schürten, Pharao würde Ägypten im Stich lassen. Und ich erzählte ihm davon, dass diese schlimme Kunde durch so unendlich viele Menschen, die von überall her nach Weset gekommen waren, wieder hinausgetragen wurde in jeden Winkel der Beiden Länder.

Widerspruchslos hörte er mir zu. Und schließlich legte ich ihm meine Auffassung dar, für wie gefährlich ich die Lage hielt. Ich gab ihm zu bedenken, dass er noch ohne männlichen Thronfolger war, und dass ich nicht nur die Priester des Amun für fähig hielt, selbst zum äußersten Mittel, zum Königsmord zu greifen.

«Erinnerst du dich nicht an die Weisheitslehre für Pharao Sesostris, dessen Vater Amenemhat ermordet wurde? Du hast sie in der Schatzkammer des Re im heiligen On gelesen. Es liegt zwar sechshundert Jahre zurück, dass dies geschah, und andere Fälle von Königsmord sind mir nicht bekannt. Doch wer weiß, wie viele ägyptische Herrscher schon einem heimtückischen Giftanschlag zum Opfer gefallen sind, ohne dass es je ruchbar wurde. Bedenke, was aus deinem Werk würde» – und dabei zeigte ich mit der Hand hinab auf die prächtige Stadt unter uns –, «wenn es dir ergehen würde wie einst Amenemhat!»

Echnaton sah mich betrübt an. Seine Augen, sein Blick waren so traurig und betrübt, wie ich es noch selten an ihm gesehen hatte. Ich meinte sogar eine einzelne Träne auf seiner Wange zu sehen.

Seine Lippen bebten, als er mit leiser Stimme zu sprechen begann: «Wer würde so etwas wagen? Wer würde so viel Gemeinheit besitzen und Maat mit Füßen treten wollen?»

«Das, was du geschaffen hast, und das, was du zu tun vorhast, entspricht in ihren Augen nicht Maat. Vergiss das nicht, Echnaton! Sie werden sich zuletzt im Recht wähnen und behaupten, sie seien es gewesen, die Maat wieder hergestellt hätten. Hast du ihre Gemeinheit und ihre Bereitschaft, Gewalt auszuüben, schon vergessen? Hast du schon vergessen, dass sie schon einmal einen Mörder in deinen Palast geschickt haben?»

Ich glaubte, er würde jetzt weinen und vor Kummer zusammenbrechen. Ich hoffte, dass er noch an diesem Tag den Befehl zur Rückkehr nach Waset geben würde, um seinem Volk zu zeigen, dass er allein es war, der die Geschicke Ägyptens fest in Händen hielt. Ja, ich war mir sicher, dass ich es geschafft hatte. Stattdessen verhärtete sich sein Gesichtsausdruck, er presste die wulstigen Lippen zusammen, die Augen verengten sich zu schmalen Schlitzen und seine Nasenflügel begannen, wie im Zorn zu beben.

«Ich werde einen Weg finden, Eje. Es gibt einen Weg, der allen gerecht wird – Aton, mir und meinem Volk! Aber keinem soll es gelingen, mein Werk, meine Träume zu vernichten. An der Größe Atons, an der Größe meines Willens und meiner Macht werden sie an ihre Grenzen stoßen. Sei dir dessen gewiss, Eje!»

Es klang bedrohlich, was er zu mir sagte und vor allem wie er es sagte. Nichts von dem, was ich mir noch wenige Augenblicke zuvor erhofft hatte, würde er zulassen. Mein Herz hatte bereits im Triumph jubiliert, doch jetzt verkroch es sich vor Angst in meinem Magen. Es verkroch sich dort so tief, dass mir schwindlig und übel wurde. Kalter Angstschweiß bildete sich auf meiner Stirn, im kühlen Lufthauch des heraufziehenden Abends spürte ich jeden einzelnen Tropfen. Ich weiß nicht, wann in meinem langen Leben mir zum letzten Mal so elend zu Mute war, ich mich so schwach gefühlt hatte.

Drei lange Tage zog sich Echnaton in den Nordpalast zurück. Niemand außerhalb der Palastmauern bekam ihn in dieser Zeit zu sehen. Er suchte weder das Gempa-Aton auf, wie er das sonst jeden Tag tat, noch zog er in glänzender Wagenkolonne und gefolgt vom aufgewirbelten Staub der Straße mit Nofretete und den Töchtern in den Stadtpalast, um dort Hof zu halten. Erste Gerüchte kamen in Umlauf. Die einen behaupteten, er würde jetzt alles für die Rückkehr nach Waset vorbereiten, andere sprachen davon, dass er zwar Achet-Aton verlassen, seine neue Residenz aber in Men-nefer aufschlagen wollte, um wenigstens dem Heiligtum des Re in On nahe zu sein und umso das Heiligtum des Amun meiden zu können. Wieder andere sprachen davon, dass er sein Königtum ganz aufgeben wollte, um für immer als Erster Sehender des Aton zu dienen. Einmal hörte ich sogar, er hätte sich das Leben genommen. Welch entsetzlicher Gedanke! Echnaton tot! Dieser Gedanke durfte gar nicht gedacht werden, musste ausgelöscht werden, für immer!

Doch wie ein Gift, das nur langsam wirkt und in kleinen Mengen verabreicht wird, kroch er durch meinen Körper und nahm in meinem Innersten mehr und mehr Gestalt an. Ich verdrängte ihn – aber: Wer allein käme denn als sein Nachfolger in Betracht, wenn nicht ich selbst? Ich naschte von diesem Wahn, wie ein Kranker, wie ein Süchtiger. Wie ein Trinker, der nach seinem Becher greift und sagt: «Es ist doch nur ein Schluck, den ich trinke», und dann doch seinen Tag in einem Rausch beendet, hing ich diesem Wahn nach, sah mich mit Doppelkrone, mit Wedel und Krummstab. Nofretete wäre dann förmlich meine Große königliche Gemahlin, damit mein Thronanspruch gesetzmäßig wäre, und Kija könnte endlich meine wirkliche Frau werden. Nein, es durfte nicht sein! Oh ich Verfluchter! War es das, was ich Amenophis auf dem Sterbebett versprochen hatte? Ich, der ich gelobt hatte, immer ihm und seiner Familie zu dienen, maßte mir in Gedanken die Königswürde an. Ich Verfluchter, besessen von Machtgier! Ich war vergiftet von der Leidenschaft für eine fremde Frau, die mir nie gehören durfte. Ich allein hätte mir nach diesen wahnsinnigen Gedanken das Leben nehmen müssen, hätte verschwinden müssen aus dem Umkreis dieses edlen Menschen, dieses Gottes, der so viele tausend Male mehr Würde und Anstand besaß als ich. Niemals durfte ich diese geheimsten aller geheimen Gedanken offenbaren, nicht solange noch irgendein Mensch, der der königlichen Familie entstammte, am Leben war. Ich konnte und musste diese Wahnvorstellungen mit in mein Grab nehmen. Würde Echnaton nicht schnell eine Entscheidung treffen, musste ich Achet-Aton für eine Weile verlassen, ins Fajum gehen oder nach Mennefer, um mich nicht länger vergiften zu lassen von dieser unterweltlichen Schlange Apophis, dem Gegner des Sonnengottes, der um mich herumschlich auf seiner Jagd nach meiner Seele.

Schon frühmorgens ging ich in das Gempa-Aton. Es war totenstill in der Stadt. Kein Mensch war zu sehen. Nicht einmal Wachhunde schlugen an, so leise und unauffällig suchte ich das Heiligtum Atons auf. Ich huschte durch die Vorhalle, durchquerte den ersten Hof mit seinen vielen hundert Altären, und von allen Wänden sahen Echnaton und Nofretete auf mich herab, ihre mächtigen, kalten Steinfiguren sahen von weit oben herab mich an und mahnten zur Umkehr. Wie trunken ging ich, ja wankte ich mehr durch den nächsten Hof, bis ich im dritten Hof das Podium sah, auf welchem die königliche Familie fast jeden Morgen im Gebet den aufgehenden Aton begrüßte. Dort oben war der Platz, der nur Pharao gebührte. Nur zweiundvierzig Stufen führten hinauf. Zweiundvierzig Stufen zur Macht. Wie leicht würden die Schritte getan sein.

Einmal nur, bevor ich ging, bevor ich für immer abtrat, wollte ich auskosten, wie wohl der Schein Atons tat, wenn man auf einem Thron saß. Meine Linke ergriff schon das Geländer, meine Blicke waren gebannt gen Osten gerichtet, wo ich schon bald die glutrote Scheibe erwartete. Alles um mich herum war vergessen.

«Deine Blicke sind nicht die Blicke jenes Eje, den ich kannte, der mich großzog und mich die Weisheit der Maat lehrte.»

Es war die Stimme Echnatons. Götter! Wie konnte er mir so unbemerkt nahe kommen? Ich wagte es nicht, mich umzudrehen. Diese Stimme! Diese in ihrer Liebe alles durchdringende Stimme! Jetzt fühlte ich, wie seine Liebe wieder in mein Herz kehrte, es ergriff, in Besitz nahm. Für einen Augenblick wusste ich gar nicht mehr, weshalb ich hierher gekommen war. Das Gift war es. Das Gift der Schlange Apophis!

«Eje», hörte ich wieder diese sanfte Stimme zu mir sagen, und noch einmal riss sie einen dunklen Schleier von meinem Herzen. Gott! Was hatte ich getan?

Meine Hand ließ langsam das Geländer los, und meine Knie versagten mir den Dienst. Ohne mich zu ihm umgedreht zu haben, sank ich nieder, krümmte mich zusammen wie der elendste Fremdländer, wie ein geschlagener Hund. Ich vergrub mein Angesicht in meinen Händen, damit meine Augen das Angesicht des Guten Gottes nicht sahen, denn sie hatten es nicht verdient. Mit den Daumen drückte ich meine Ohren zu, damit sie seine Stimme nicht länger hörten.

Erst berührte eine Hand meinen linken, dann meinen rechten Oberarm, und dem sanften Druck seiner Hände nachgebend, erhob ich mich langsam und drehte mich zu ihm um. Mit tränennassen Augen und bebenden Lippen sah ich ihn an.

«Niemand, der bereit ist, zu mir zurückzukehren, wird verstoßen. Der Lichtstrahl Atons scheint über alle Menschen. Hier in Achet-Aton ebenso wie in Waset, in Mitanni oder in Babylon. Du hast Schweres durchlitten, Eje, ich weiß es. Gleich, welche Gedanken du hegtest, liebe ich dich, wie ich dich immer geliebt habe.»

Seine Blicke waren durchdringend, aber nicht bohrend wie Schwerter, nicht brennend wie glühendes Eisen, sondern mild und wohltuend wie Salböl, so lieblich wie Honig. Wie sehr schämte ich mich in diesem Augenblick vor der Milde und Größe seines Herzens!

«Verlasse uns nicht, Echnaton!», stammelte ich leise und zaghaft, und dachte dabei an das schlimme Gerücht, welches ich vor Tagen gehört hatte.

«Die sich um mich scharen, werde ich nicht verlassen. Und für die anderen wird gesorgt werden, Eje. Die Liebe deiner Tochter zu Aton und zu mir ist größer als jede andere Liebe, die es je auf dieser Welt gab. Nofretete wird für mich nach Waset zurückkehren, um dort als Mitregent zu herrschen und um dort die Liebe Atons zu verkünden!»

Nach all dem, was ich in meiner Schlechtigkeit zu denken gewagt, was mein Herz ihm angetan hatte, duldete dies keinen Widerspruch. Ich war tief gefallen, und er ahnte, nein, er wusste es. Durfte ich ihm jetzt vorhalten, wie unwirklich, wie wahnsinnig sein Vorhaben in meinen Augen war? Wie eine uralte Schuld lastete die frevelhafte Machtgier der Hatschepsut, jener Frau, die sich Maat-ka-Re genannt und welche die Doppelkrone getragen hatte, auf den Schultern von Echnatons Vorfahren! Hatschepsut Maat-ka-Re hatte die Priester des Amun erst groß und mächtig gemacht, weil sie ihnen alles versprochen hatte, nur damit diese sie in ihrer Machtgier gewähren ließen. Wendeten sich Thutmosis und Amenophis nicht deswegen mehr und mehr dem Re zu, schufen sie nicht deshalb in Amun-Re eine abgewandelte Gottheit, um diese schmähliche Unterwürfigkeit vergessen zu machen? Machte sich Echnaton keine Vorstellung darüber, in welche Gefahr sich Nofretete begab, wenn sie nach Waset zog, um dort ihren Anspruch auf die Herrschaft zu erheben? Sie, die neben ihrem Gemahl die glühendste Verehrerin des Aton war, die nichts unterließ, um den Glauben an ihren einzigen Gott zu verbreiten und dabei alle anderen Gottheiten, bedeutende und weniger bedeutende, verleugnete, würde in Waset auf ein Heer von Feinden stoßen. Sie würde auf offene Feindschaft ebenso stoßen wie auf versteckten, heimlichen Verrat. Arme Nafteta!

Echnaton sah mich schweigend an. Er ließ mir Zeit, meine Gedanken zu Ende zu denken. Dann aber erwartete er von mir eine Antwort.

«Wird meine Tochter in Sicherheit leben, wenn sie nach Waset zieht?»

Echnaton lächelte mich an. «Das war auch mein erster Gedanke, nachdem mir Nofretete dieses Opfer angeboten hatte.»

Und weil ich ihn überrascht angesehen hatte, fügte er gleich hinzu: «Nicht ich habe deine Tochter gedrängt, für mich das Opfer auf sich zu nehmen und mich hier zurückzulassen. Sie selbst war es, sie ganz allein, die auf mich zukam und mich unter Tränen anflehte, in Achet-Aton zu bleiben, Aton nicht zu verraten. Ein größeres Zeichen ihrer Liebe konnte sie mir wahrhaft nicht geben.»

Tränen der Rührung standen jetzt in seinen Augen. Was sollte ich dazu noch sagen? Durfte ich mich jetzt mit Worten wie «Vernunft» und «Unvernunft» zwischen diese beiden Menschen stellen, die sich so sehr liebten? Es gab wirklich keinen größeren Beweis ihrer Liebe, als die Achtung, welche Nafteta vor dem Glaubenswerk ihres Gemahls zeigte, und das Opfer, welches sie dafür zu bringen bereit war: den Verzicht auf ein Leben an der Seite ihres geliebten Echnaton.

«Wenn ihr euch der Gefährlichkeit eures Vorhabens bewusst

seid, ist es gut. Wenn alle Vorkehrungen getroffen werden, Unheil zu verhindern, will ich beruhigt sein.»

Echnatons Hand umfasste meinen linken Arm, dann sah er mir direkt ins Gesicht. «Ich verlange nicht von dir, dass du bei mir bleibst, Eje. Wenn du Nafteta sicherer glaubst, wenn du in ihrer Nähe bist, lass ich dich freilich mit ihr gehen.»

Ich schüttelte den Kopf, und mit einem Lächeln, fast überheblich sagte ich zu ihm: «Nicht nur du hast vor einem Gott einen Eid abgelegt. Auch ich gab einem Gott ein Versprechen, welches du kennen sollst: Wie ich deinem Vater schon als Knabe gelobte, dass ich immer für ihn da sein würde, gelobte ich ihm zuletzt, dass ich mich immer um seine Familie kümmere, so lange ich lebe. Dieses Versprechen gilt heute mehr denn je. Nur dein ausdrücklicher Befehl könnte mich von dir und deinen Kindern trennen. Aton sei dafür mein Zeuge!»

Echnaton hatte mich vollkommen in sein Herz geschlossen, obwohl ich es in diesen Tagen wahrhaft nicht verdient hatte. Ich hatte an seiner Fähigkeit gezweifelt, über Ägypten zu herrschen. Ich hatte überhaupt an ihm gezweifelt, und dieser Zweifel ging so weit, dass ich mir um des eigenen Vorteils willen sogar seinen Tod vorstellen konnte. Er aber schloss mich in sein Herz. Das war vollkommene Gnade.

Ich hatte schon einmal Ähnliches erlebt. Viele, viele Jahre war es her. Da war ich verzweifelt gewesen, weil mich Inena verlassen hatte, ich war mit meiner Arbeit unzufrieden geworden und hatte mich auch noch mit meiner nubischen Dienerin eingelassen. Wie aus Zorn gegen alle hatte ich niemanden in mein Vorhaben eingeweiht und war frühmorgens mit meinem Diener Senu in die Steinbrüche gefahren, wo wir einer Bande von Mördern und Grabräubern in die Hände gefallen waren. Nur Ameni schien geahnt zu haben, wie unglücklich ich gewesen war, und war uns gefolgt. Sein Pfeil, der vor meinen Augen den Hals des Anführers durchbohrte, hatte mir im letzten Augenblick das Leben gerettet. Ameni hatte mich nicht bestraft, sondern mich durch seine Liebe und Gnade noch enger an sich gebunden als je zuvor. Damals schon hatte ich diese Gnade erfahren. Wie ich Ameni seit jenem Tag aus Dankbarkeit für immer ganz und gar ergeben war, wollte ich dies jetzt auch Echnaton gegenüber sein.

Ich schwor es mir!

Schon bald, nachdem Echnaton vom Tod seines Vaters erfahren hatte, bestimmte er den achten Jahrestag der Gründung Achet-Atons als den Tag, an welchem das Fest seiner Alleinherrschaft gefeiert werden sollte. Damals schickte Pharao seine Boten in alle Landesteile, bis nach Nubien, Syrien, Babylon, zu den Inseln und Städten im Norden und nach Waschukkanni, zu König Tuschratta von Mitanni. So war sichergestellt, dass sie alle rechtzeitig von dem großen Ereignis erfuhren und ihre Abgesandten und vor allem ihre Geschenke schicken konnten. Dass Echnaton an diesem Tag Nofretete zur Mitregentin erheben würde, konnten die Gäste Pharaos freilich nicht ahnen.

Weil Achet-Aton eine noch so junge Stadt war, brauchte kaum Arbeit dafür aufgewendet zu werden, ihre Tempel, Paläste und Häuser zu streichen. All ihre Farben waren noch frisch wie am ersten Tag. Die Menschen nahmen sich jetzt umso mehr Zeit dafür, die Plätze und Gärten der Stadt in ein Meer von Blüten zu verwandeln und für sich selbst die aufwendigsten Kleider und Perücken herzustellen. Selbst die Männer trugen jetzt nicht mehr die einfachen glatten Schurze, wie sie seit alters her hohe Beamte, Schreiber, Arbeiter und Bauern gleichermaßen getragen hatten. Die Pracht der faltenreichen Schurze in allen nur denkbaren Ausführungen war unbeschreiblich. So fieberte Achet-Aton und mit ihm das ganze Land dem großen Festtag entgegen.

Auf den Tag genau acht Jahre, nachdem Echnaton seine Stadt gegründet hatte, im zwölften Jahr seiner Herrschaft, am vierten Tag des vierten Monats des Peret, begannen die Festlichkeiten.

Echnaton und Nofretete fuhren nicht in ihren Prunkwagen vom Nordpalast in die Stadt, sondern entgegen ihrer sonstigen Gewohnheit wurden sie von zwölf Nubiern in einer Sänfte getragen. In drei weiteren Sänften folgten die sechs Prinzessinnen. Den langen Zug führten Soldaten der Leibgarde an. Dann kamen die Priester des Aton, an ihrer Spitze der Erste Sehende Merire. Unmittelbar vor der königlichen Sänfte gingen die Sandalenträger, der Siegelbewahrer und der Bewahrer der Kronen Seiner Majestät, und seitlich des Königspaares je zwei Wedelträger mit den gewaltigen Fächern aus blütenweißen Straußenfedern. Hinter der königlichen Familie folgten Teje, Mutnedjemet und ich, dann die beiden Wesire sowie Acha und Aper-el. Den Schluss bildeten wieder Soldaten der Leibgarde. Der Königsweg zum Stadtpalast wurde dicht an dicht von Soldaten gesäumt, damit sich niemand, gleich mit welcher Absicht, dem Herrscher und seiner Familie nähern konnte.

An diesem Tag waren alle Zweifel am Guten Gott vergessen, und so jubelte alles Volk vor Freude, als der prunkvolle Tross an ihnen vorüberzog, die Menschen brachten Hochrufe aus und warfen Blumen. Echnaton trug neben Geißel und Krummstab, neben einem schweren Prunkkragen und dem Zeremonialbart den blauen Kriegshelm, den Chepresch. Nofretete war in ein Kleid aus hauchdünnem, weißem Tuch gehüllt, trug ebenfalls einen breiten Halskragen und ihre hohe, oben abgeflachte Krone, deren lange, blaue Bänder im kühlen Wind des Morgens über ihrem Rücken hin und her flatterten.

Nur mühsam kamen wir voran, ehe wir nach mehr als einer Stunde beim Klang der Trompeten und Fanfaren und zum Wirbel der Kriegstrommeln die gewaltigen Tortürme des Stadtpalastes durchschritten. Der Audienzplatz, der jetzt vor uns lag, war den Mächtigen der Beiden Länder, den hohen Beamten und Würdenträgern, den Priestern und hohen ausländischen Gästen vorbehalten. Sie alle, ohne Ausnahme, warfen sich zu Boden, als die königliche Sänfte erschien. Die Fanfaren, Trompeten und

Trommeln verstummten jetzt, und statt ihrer erklang jetzt ein vieltausendstimmiger Chor, der den Lobpreis unseres Herrschers anstimmte, welchen der Priester Panehsi einst für seinen König gedichtet hatte:

> *«Lob Dir, Guter Gott, der mich baute,*
> *der mir Gutes bestimmte,*
> *der mich werden ließ und mir Brot gab,*
> *der für mich sorgte mit seinem Ka!*
> *Ich spende Lob bis zur Höhe des Himmels,*
> *ich bete an den Herrscher der Beiden Länder,*
>   *Echnaton: Schicksalsgott, Lebensspender,*
> *Herr der Gebote, das Licht jeden Landes,*
> *von dessen Anblick man lebt.*
> *Der Nil der Menschheit,*
> *von dessen Ka man sich sättigt.*
> *Gott, der Große erschafft und Arme,*
> *Luft für jede Nase, durch den man atmet.»*

Währenddessen erreichten die Sänften das jenseitige Ende des Hofs und die königliche Familie stieg die Stufen zu ihren Thronen empor, um sich dort niederzulassen: In oberster Reihe, auf Thronen aus reinstem Elektron, saßen Echnaton und Nofretete, und darunter auf kleineren, aber nicht weniger prächtigen Thronen, ließen sich die sechs Prinzessinnen nieder. Zum noch immer anhaltenden Gesang des Chores erhob sich jetzt über der mächtigen Rückwand des königlichen Freisitzes die goldglühende Scheibe Atons, erschien der göttliche Vater Echnatons auf seinem prächtigen Thron, dem Gempa-Aton.

Jetzt erkannte ich das neue Abbild der heiligen Neunheit Ägyptens: An die Stelle des käfergestaltigen Atum, des von selbst entstandenen Schöpfergottes, war Aton getreten. Echnaton und Nofretete lösten dessen Kinder Schu und Tefnut ab, und an die Stelle der Götter Geb und Nut, Osiris, Isis, Seth und Nephthys waren jetzt die Kinder Pharaos getreten, und alle trugen den Aton in ihrem Namen. Ausdrucksvoller konnte das Bild, welches sich uns darbot, nicht sein. Manchen von uns, der mit der Götterwelt Ägyptens gut vertraut war, mag ein ungutes Gefühl beschlichen haben, wenn er sah, dass Echnaton so unübersehbar alle anderen Götter der Beiden Länder leugnete und durch gottgleiche Mitglieder der Königsfamilie ersetzte.

Der Chor war jetzt verstummt, und Aper-el trat am Fuß der Treppe vor die Menge und rief:

«Erhebt Euch vor Seiner Majestät, dem König von Ober- und Unterägypten, dem starken Stier, geliebt von Aton, groß an Königtum in Achet-Aton, der den Namen des Aton erhebt, Nefer-chepru-Re Waen-Re Echnaton, der von der Wahrheit lebt, Gottherrscher von Achet-Aton! Erhebt Euch vor der Großen königlichen Gemahlin Nofretete Nefer-neferu-Aton Meri Waen-Re!»

Nachdem alle taten, wie ihnen befohlen, fuhr Aper-el mit lauter Stimme fort:

«Es lebe der Gute Gott, der mit der Wahrheit zufrieden ist, Herr des Himmels, Herr der Erde, der lebende Aton, der große, der die Beiden Länder erhellt, der lebende, mein Vater: Es lebe Re-Harachte, der im Horizont jubelt in seinem Namen Schu, welcher der Aton ist. Als Seine Majestät, sie lebe, sei heil und gesund, im vierten Jahr ihrer Herrschaft nach Achet-Aton kam, legte sie einen Schwur ab. Seine Majestät schwor vor dem lebenden Aton, diese Stadt, die sie für ihren Vater errichtet hat, nie zu verlassen. Man gab dem Aton diese Stadt für alle Ewigkeit. So wurde es geschrieben. Doch jetzt, da Amenophis Neb-maat-Re nicht mehr unter uns weilt, da seine Seele in Ewigkeit ruht und da Seine Majestät die Herrschaft über die Beiden Länder angetreten hat, da beklagt sein Volk, dass es keinen Herrscher hat in Waset oder in Men-nefer. Höre, Volk von Ägypten: Dein Pharao wird seinen Schwur nicht brechen. Nicht wird er ihn brechen heute, noch in zehn Jahren, noch zu irgendeinem Zeitpunkt seiner Herrschaft, die ihm gegeben wurde für Millionen von Jahren. Seine Majestät, sie lebe, sei heil und gesund, wird Achet-Aton nicht verlassen. Doch beklage dich nicht, Volk von Ägypten!

Dein König hat deine Klage vernommen, und dein Flehen wurde erhört. Die Große königliche Gemahlin Nofretete Nefer-neferu-Aton Meri Waen-Re erhebt Pharao zum Mitregenten neben Seiner Majestät, damit sie gleichberechtigt herrsche über alles Volk, alles Land und alles Vieh. Ihr Name als Herrscherin Ägyptens sei von nun Semenchkare Djoserchepru-Re Meri Waen-Re. Die Liebe der Herrscherin Semenchkare zu Aton, unser aller Vater, ist so groß, dass sie nach Waset ziehen wird, um dort als Pharao zu herrschen mit Geißel und Krummstab, um Bewahrerin der Maat zu sein für Millionen von Jahren. So sei es, und so werde es geschrieben!»

Eine allgemeine Unruhe und Unsicherheit machten sich überall breit, und die Hochrufe, mit welchen die Leibgarde begann, wurden nur zögerlich mehr und lauter. Doch dann schien es mir, als wären beim Anblick der Herrscherin die Gefühle umgeschlagen, weil sich alle bewusst wurden, welches Opfer Nofretete, die von nun an Semenchkare hieß, auf sich genommen hatte. Jetzt schlugen die Soldaten gegen die Schilde und erkannten so lautstark den Herrschaftsanspruch Semenchkares an. Es dauerte nicht lange, und die Jubelrufe der Menschen traten in einen Wettstreit mit dem Lärm der unaufhörlich schlagenden Soldaten, und bald darauf stimmte auch die für uns unsichtbare Menschenmenge außerhalb der Palastmauern in den Jubel ein, denn die Botschaft Pharaos wurde in kürzester Zeit auch bis zu ihnen weiterverbreitet. Unter den Freudenrufen der Menge erhoben sich Echnaton und Semenchkare und zogen zwischen den Wedelträgern und gefolgt von den Wesiren und dem Ersten Sehenden des Aton in das Innere des Palastes.

Es dauerte nicht lange, da kündigten Fanfarenstöße ihre

Rückkehr an. Meine Tochter erschien im prachtvollen Ornat Pharaos vor dem Volk: Sie trug die Doppelkrone, die rote Krone Unterägyptens und die weiße Krone Oberägyptens, den Zeremonialbart, Geißel und Krummstab.

Wieder war es Aper-el, der mit lauter Stimme rief:

«Verneigt Euch vor Seiner Majestät, dem König von Ober- und Unterägypten, dem starken Stier, geliebt von Aton, groß an Königtum in Achet-Aton, der den Namen des Aton erhebt, Neferchepru-Re Waen-Re Echnaton, der in Wahrheit lebt, Gottherrscher von Achet-Aton!

Und verneigt Euch vor Seiner Majestät, dem König von Ober- und Unterägypten, Semenchkare Djoserchepru-Re, Meri Waen-Re!»

Außer den Mitgliedern der königlichen Familie warfen sich alle vor den beiden Herrschern in den Staub, und keiner wagte es, auch nur einen kurzen Blick nach oben zu werfen, bis ihnen ein Fanfarenstoß erlaubte, sich wieder zu erheben. Noch zweimal wiederholte Aper-el seinen Befehl, damit Ägypten seiner neuen Herrscherin huldigte, damit es Königin Semenchkare anerkannte als seine rechtmäßige Herrin.

Schließlich durften sich alle erheben, und bevor der Audienzhof, der Palast und die ganze Stadt unter Hochrufen versanken, tat Echnaton etwas, das seine ganze Liebe und Zuneigung zu Nafteta offenbar werden ließ: Mit seiner linken Hand griff er unter den rechten Ellbogen seiner Gemahlin, und während er sie sacht ein wenig nach vorn schob, machte er gleichzeitig einen kleinen, kaum merklichen Schritt nach hinten, um so zu zeigen, dass all die Freude und der Jubel der Menschen jetzt nur seiner Gemahlin gebührte.

Voll Stolz stand sie vor ihrem Volk, voll Würde, als wäre sie zum Herrschen geboren, und war trotz ihrer einunddreißig Jahre und trotz der sechs Kinder, die sie ihrem Gemahl geboren hatte, so schön, so herrlich anzusehen, wie kaum eine andere.

Ich sah die Menschen um mich herum, wie sie mit weit aufgerissenen Augen und Mündern gleichermaßen schrien und jubelten, wie sie die geballten Fäuste zur Bekräftigung ihrer Hochrufe immer wieder gen Himmel warfen.

Dieses Geschrei unterschied sich kaum von dem Wutgeschrei, das ich noch wenige Wochen vorher von der aufgewiegelten Menge in Waset vernommen hatte. Ich sah das milde und zufriedene Lächeln Echnatons, das stolze und doch so glückliche Gesicht meiner Tochter, und ich sah die vor Aufregung funkelnden Augen der Prinzessinnen. Ich übersah aber nicht das nachdenkliche Gesicht meiner Schwester, die nahezu teilnahmslos neben mir stand und mit gesenkten Augenlidern, weit herabgezogenen Mundwinkeln und mit zusammengepressten Lippen in eine unendlich weit entfernte Welt zu starren schien.

Mir selbst ging es ähnlich. Ich erinnerte mich jetzt des Traums, der mich vor Jahren quälte, als ich sah, wie hier in der Stadt Echnaton und Nofretete in ihren Prunkwagen auf einen tiefen Abgrund zurasten und alles Volk dazu jubelte. Ich sah nachdenklich zu meiner Tochter hinauf und erinnerte mich dabei des Liedes, welches Echnaton für sie geschrieben hatte. Leise sprach ich es vor mich hin: «Wie ist sie schön! Die Goldene ist blühend, strahlend, ganz in Blüte! Für Dich singt die ganze Erde, für Dich tanzt jeder, der lebt! Die Beiden Länder und die Völker preisen Dich im Himmel bis zum Horizont. Wie ist sie schön!»

Als Große königliche Gemahlin, die sie noch immer war, trat Teje als Erste vor ihre königliche Nichte. Sie beglückwünschte Nafteta und sprach ihr wegen ihres Mutes, künftig allein in Waset regieren zu wollen, ihre Anerkennung aus. Sie tat es zwar mit zuversichtlicher Miene, vielleicht war sogar ein wenig Fröhlichkeit in ihrem Blick, doch ich kannte Tejes Zweifel, und es waren auch meine Zweifel.

«Warum machst du ein so trauriges Gesicht?», fragte mich Nafteta, als ich vor ihr stand und sie gerade umarmen wollte.

«Du hast Recht. Ich bin ein wenig traurig. Ich bin traurig,

weil ich an deine Mutter denke, die, könnte sie dich jetzt sehen, so stolz auf dich wäre. Und ich bin traurig, weil du Achet-Aton wohl bald verlassen wirst. Aber ich verspreche dir, dass ich während all der Festlichkeiten der fröhlichste Mensch sein werde. Bei allem, was du tust und was du wirst tun müssen: Vergiss deine Schwester und deinen Vater nicht! Vergiss nicht, woher du kommst!»

Herzlicher konnte ich nicht sein. Die Lügen, mit welchen ich schon meine angebliche Traurigkeit zu entschuldigen versucht hatte, waren mir zuwider gewesen. Ich sah die Gefahr, welcher sie sich aussetzte, und das war es, was mich nachdenklich und traurig gestimmt hatte.

Nach Teje und mir traten die Wesire vor Semenchkare, dann all die anderen Großen Ägyptens und schließlich die Fürsten und Abgesandten all der Länder, die Ägypten untertan oder mit ihm befreundet waren. Sie alle huldigten meiner Tochter und legten ihren Treueschwur vor ihr ab. Sie brachten Geschenke, so kostbar, so zahlreich, wie ich es schon lange nicht mehr gesehen hatte.

Thutmosis, der Königssohn von Kusch, der Nachfolger des großen und mächtigen Merimes, brachte Unmengen von Gold und Edelsteinen, zahllose Felle, lebende Affen und Panther, edelste Hölzer und gewiss mehr als fünfzig Elefantenzähne vor die Throne der Majestäten. Babylon schickte feinstes Tuch in allen Farben, dazu kostbare Dolche und Sichelschwerter, dazu Schlachtvieh ohne Zahl. Von den Inseln im Norden, von Troja und Mykene kamen erlesene Töpferwaren und Barren von Kupfer. Und selbst aus dem fernen Hattuscha, der Hauptstadt der Hethiter, kamen Geschenke. Sie schickten Messer und Schwerter aus einem bei uns noch immer so seltenen Metall, das man Eisen nannte. Auffallend reiche Geschenke brachte Kelija, der Abgesandte von Mitanni, vor die Throne unserer Majestäten: Truhen mit Edelsteinen, die es bei uns nicht gab, vor allem mit tiefblauem Lapislazuli, den sie aus einem fernen

Land weit im Osten holten; Schmuckstücke wie Stirnreife, Armbänder und Ohrringe. Kostbare Gefäße mit Salbölen, und gewiss war auch jenes darunter, nach welchem Kija stets so geheimnisvoll duftete.

Ja, Kija! Wie abseits sie stand, zwischen ihren Hofdamen und den anderen Gemahlinnen Pharaos aus dem Frauenpalast, gänzlich unbeachtet, nur eine Randerscheinung in all dieser Pracht. Ich empfand tiefes Mitleid mit ihr. Doch was nützte dieser jungen Frau schon mein Mitleid? Sie wusste nur allzu gut, was sie bis zum Ende ihrer Tage erwartete. Mir war nicht bekannt, dass Echnaton je den Frauenpalast besucht hatte, und ich war mir sicher, dass er es auch in Zukunft nicht tun würde. Nicht Echnaton.

So neigte sich die Krönung meiner Tochter unter dem Klang der Trompeten und Fanfaren dem Ende zu. Das Herrscherpaar zog zwischen den Großen und Mächtigen des Landes, die sich aus Ehrfurcht vor den Majestäten wieder zu Boden geworfen hatten, durch den großen Audienzhof und bestieg den rechten der beiden Tortürme, um sich dort dem Volk zu zeigen. Erneut brach es in lauten Jubel aus.

Dennoch wussten die Menschen in den großen Städten Ägyptens, in Men-nefer, Waset und Achet-Aton nicht wirklich, was sie von einer Doppelregentschaft halten sollten. Bei vielen wurde die unheilvolle Zeit unter Pharao Hatschepsut Maat-ka-Re wieder ins Gedächtnis gerufen. Andere, besonders in Achet-Aton, glaubten nicht, dass Echnaton ein Leben ohne Nofretete würde aushalten können und meinten, Echnaton wollte sein Volk mit der Ernennung eines Mitregenten nur beruhigen. Wieder andere befürchteten, die Beiden Länder könnten auf Dauer geteilt werden, zumal die Mitregentschaft Echnatons unter Amenophis schon dazu geführt hatte, dass Ober- und Unterägypten von je einem Herrscher regiert wurde. Besonders aufgeschreckt zeigten sich die Priester des Amun, aber auch die Ersten Sehenden der übrigen Gottheiten Ägyptens waren eher misstrauisch, als dass sie beruhigt waren, dass wieder ein Herrscher in Waset Einzug hielt. Da sie aber sahen, dass Pharao Geißel und Krummstab fest in Händen hielt, wagten sie es nicht, ihren Unmut laut zu äußern.

Am Ende dieses langen Festtages, nachdem ich wieder in die Einsamkeit meines Palastes zurückgekehrt war, saß ich allein auf meiner Terrasse und lauschte meiner Lieblingsmusik, einer Nachtigall, die, unbeirrt vom fernen Lärm der noch immer feiernden Menschen, ihre wunderbaren Melodien erklingen ließ. Ein angenehm kühlender Nordwind blies durch die Wipfel der Palmen und ließ dabei deren Wedel unaufhörlich gleichmäßig gegeneinander schlagen. Sie erinnerten mich so wie mein Herzschlag an meine dahinlaufende Lebenszeit. Ich hörte lieber dem Vogel zu. Ich empfand es als angenehm, jetzt allein zu sein. Teje und Mutnedjemet waren im Nordpalast geblieben, und so gehörte mein Haus wirklich nur mir allein.

Ob Kija jetzt auch allein war? Oder ob sie feierte, lachte, tanzte und scherzte? Es war schon spät, und gewiss würde es nicht mehr lange dauern, und die Amseln würden mit ihrem durchdringenden Gezeter die Nachtigall zum Schweigen bringen, aber mir war jetzt danach, Kija einen Brief zu schreiben. Papyrus, Farbe und Schreibbinse hatte ich schnell zur Hand, und auch ein Becher des guten syrischen Weins fand sich. Ich schrieb ihr, dass ich sie im Audienzhof gesehen hatte und wie sehr mich ihre Schönheit wieder verwirrt hätte. Ich entführte sie in meinem Brief wieder in ein weit entferntes Land, an die Gestade von Mykene und Troja, die ich selbst noch nie gesehen hatte. Ich ließ vor meinen Augen einen herrlichen Palast entstehen, mit leuchtend rot gestrichenen Säulen vor dessen Eingang. Ich schrieb von dem Ausblick auf das weite, tosende Meer zu unseren Füßen, von Blumen und Sträuchern, die es bei uns nicht gab, und davon, was alles ich Aton zum Opfer bringen würde, wenn er dies Wirklichkeit werden ließ. Meinen Brief schloss ich mit den Worten: «Doch so bleibt mir zuletzt nur, in Gedanken zärtlich deine Stirn zu küssen. Eje.»

Ich wollte sie wiedersehen, und es musste einen Weg geben, wie wir zueinander finden konnten. Wenn ich auch nicht wusste, welche Lebenszeit mir noch beschieden war, doch die Einsamkeit, in der ich hier lebte, wollte ich nicht länger hinnehmen. Noch an diesem Morgen, in aller Heimlichkeit, würde Kija meinen Brief in Händen halten.

Die Festtage flogen zwischen den großen Ereignissen nur so dahin. Morgens fuhren die beiden Herrscher und ihre Kinder auf ihren Prunkwagen zum Gempa-Aton, priesen dort Aton und brachten ihm reiche Opfer dar. Dann fuhren sie zum Stadtpalast, um sich die Bitten und auch die Klagen der ausländischen, vor allem der syrischen Abgesandten anzuhören. In dieser Zeit hörte man erstmals von einer zunehmenden Furcht der Mitanni und seiner Nachbarn vor den mächtiger werdenden Hethitern. Immer mehr bedrängten diese die Vasallen und Freunde Ägyptens und Mitannis, abtrünnig zu werden und ihrem König Suppiluliuma zu folgen. Dessen Vorfahren, Arnuwanda und die beiden Tutchalija, hatten die Vorherrschaft der Pharaonen im westlichen und südlichen Syrien bedingungslos anerkannt, denn es fehlten ihnen noch Macht und Stärke, sich gegen Ägypten aufzulehnen. Damals maßen die Pharaonen ihre Kräfte noch mit den Mitanni. Es war Thutmosis, der erste Herrscher dieses Namens und Vater der Hatschepsut, welcher am Euphrat an der Grenze zum Reich der Mitanni eine Stele errichtete, auf welcher es hieß:

«Dann fuhr Meine Majestät bis an die Enden Asiens. Ich ließ viele Lastschiffe aus Zedernholz zimmern auf den Bergen des Libanon in Gegenwart der Göttin von Byblos, die dann auf Wagen gelegt wurden, und Rinder zogen sie. Sie fuhren vor Meiner Majestät, um jenen großen Fluss zu überqueren, der zwischen Syrien und Mitanni liegt und welcher der Euphrat ist. Ägypten hat jetzt keine Feinde mehr im Süden, wie einst das elende Kusch, und die Nordländer kommen in gebeugter Haltung vor meine Macht. Re selbst ist es, der mir sie anbefiehlt. Ich habe alles, was mein Auge umkreist, nunmehr zusammengefasst.»

Seit dieser Zeit teilten sich Ägypten und Mitanni die Herrschaft über die syrischen Staaten, doch nun schien es, dass der König aus der fernen Bergstadt Hattuscha mehr und mehr seinen Machtanspruch geltend machte. So hörten sich Echnaton und Semenchkare die Klagen der syrischen Fürsten über Suppiluliuma an. Teje und Haremhab waren es, die zur Vorsicht mahnten und Echnaton zu einem frühen Eingreifen drängten, um die Hethiter schon möglichst früh in ihre Grenzen zurückzuweisen. Aber Echnaton schenkte ihren Warnungen kein Gehör. Er sprach von der Liebe, die alle Menschen miteinander verband, und dass es der Wille seines Vaters Aton wäre, in Frieden miteinander zu leben.

Die Klagen der Abgesandten vermochten die Freude des Hofes an den Festlichkeiten nicht zu trüben. Abend für Abend erstrahlten in den Palästen und ihren Höfen zu Tausenden die Kerzen, Öllampen und Fackeln, tanzten Mädchen und Jünglinge aus allen Ländern der Erde ihre wilden oder sinnlich-aufreizenden Tänze, aßen die Menschen vom Tisch Pharaos, bis sie nicht mehr konnten, es wurde getrunken, gesungen und geliebt.

Ich wartete auch diesmal vergebens darauf, von Kija eine Antwort auf meinen Brief zu erhalten. Sie schwieg, und trotz des Durcheinanders, das während all der Festtage in Achet-Aton herrschte, ergab sich keine Gelegenheit, dass wir uns irgendwo allein trafen. Ich weiß nicht, ob dies Zufall oder von ihr so gewollt war. Meine Liebe und Begeisterung zu ihr begann, in Enttäuschung, manchmal sogar in Wut umzuschlagen. Hatte sie die Stunden, die wir in Waset gemeinsam verbrachten, die lieben Worte, die wir wechselten, hatte sie all die Zärtlichkeiten vergessen oder verdrängt? Ich war wohl jetzt, da sie vom Glanz des Hofes umgeben wurde, ein Niemand mehr.

Doch was wollte ich ihr vorwerfen? Ihre Blicke, ihre Küsse hatten mir Hoffnung gemacht, gewiss, aber aus ihrem Mund hatte es nie ein Versprechen gegeben. Das musste ich mir eingestehen.

Der letzte Abend des zehntägigen Festes wurde besonders aufwendig begangen, denn an diesem Tag wurde Prinzessin Meritaton zur Großen königlichen Gemahlin ihres Vaters erhoben. Dieser Schritt wurde mit dem Weggang Nofretetes zur Wahrung der Maat notwendig, denn unsere uralten Gesetze schrieben es vor, dass Pharao, gleich wie alt er war, eine Große königliche Gemahlin an seiner Seite haben musste. Zugleich war dieser Abend das Abschiedsfest für meine Tochter Nafteta.

Meritaton gab sich keineswegs wie eine Vierzehnjährige, die noch bis vor kurzem mit Strohpuppen spielte und über Hüpfseile sprang. Sie hatte das gleiche ernste und würdevolle Gesicht ihrer Mutter, deren schmale Nase, die klaren Augen und die wohlgeformten Ohren. Nur die Lippen, die wulstigen, sinnlichen Lippen, waren die ihres Vaters. Unentwegt huschten die Augen der jungen Königin von Gesicht zu Gesicht, um genau festzustellen, wer es war, der sie betrachtete, sie bewunderte. Von der kühlen Gelassenheit ihrer Mutter war sie noch weit entfernt.

Echnaton und Nafteta sprachen kaum miteinander, doch ihre Hände waren fest ineinander verschlungen, und ihre Fingerspitzen ließen nicht einen Augenblick davon ab, die Hand des anderen zu streicheln und zu liebkosen. Hin und wieder trafen sich ihre verliebten Blicke, und dann lächelten sie sich verlegen an. Es war das Lächeln zweier Menschen, die sich noch immer liebten wie am ersten Tag, in ihrem Lächeln erkannte ich aber auch den unsäglichen Schmerz, welchen die bevorstehende Trennung über beide gebracht hatte. Je näher der Abschied rückte, umso unerträglicher wurde ihnen ihr Beisammensein unter all den Festgästen. Keiner von uns ahnte vermutlich, wie sehr

Echnaton und Nofretete an diesem Abend und in dieser Nacht leiden, welche Zweifel sie durchleben würden.

Mir selbst ging es kaum anders. Durch mein Versprechen, welches ich Amenophis gegeben, und durch meinen Eid, den ich vor mir selbst abgelegt hatte, war ich ein für allemal mit Echnaton verbunden. Gewiss würde ich auch in Zukunft ein- oder zweimal im Jahr nach Waset fahren, schon deshalb, um nach meinem Palast und meinem Landgut zu sehen und um die Gräber meiner Lieben zu besuchen. Dann würde ich auch Nafteta wiedersehen können. Es war eigenartig: Seit einigen Tagen machte ich mir weniger Sorgen um Leib und Leben meiner Tochter in Waset als um Echnaton, der allein hier in Achet-Aton zurückblieb. Es war, als wäre mir erst jetzt aufgefallen, dass sie die Stärkere war, die Machtbewusstere, die es immer wieder verstand, die Fäden der Herrschaft in ihren Händen zusammenlaufen zu lassen. Sie hatte da sehr viel Gemeinsamkeit mit meiner Schwester Teje. Echnaton war zu gut, zu arglos, um allein gegen all die Gemeinheiten der Menschen, die auch ihn umgaben, bestehen zu können. Schon deswegen musste ich bei ihm und den zwei älteren Töchtern bleiben. Die vier kleineren Prinzessinnen gingen mit Nafteta.

Man sah Echnaton und Nofretete am anderen Morgen an, dass sie in dieser Nacht nicht einen Augenblick geschlafen hatten. So sehr sie sich auch Mühe geben mochten, es gelang ihnen nicht, ihr Leid und ihren Kummer hinter einem majestätischen Blick vor den Menschen zu verbergen. Eng umschlungen standen beide auf Echnatons Prunkwagen und fuhren vor Sonnenaufgang langsam und bedächtig, nicht rasend und eine Staubwolke hinter sich herziehend wie sonst, vom Nordpalast zum Gempa-Aton. Der gesamte Hofstaat folgte.

Wie an jenem Tag, als Nafteta die Stadt und den Tempel des Aton zum ersten Mal betreten hatte, empfing sie der wunderbare Gesang eines unsichtbaren Chores, sie und ihr Gemahl legten auf den vielen Altären Opfergaben nieder, und sie begaben sich schließlich in den dritten, kleineren Hof. Dort stiegen sie zusammen mit den Prinzessinnen über die zweiundvierzig Stufen hinauf auf das Podium und nahmen auf ihren Thronen Platz. Mit seiner Linken ergriff Echnaton die rechte Hand Nofretetes und ließ sie nicht mehr los. Sie sahen sich noch einmal kurz an, dann schlossen sie die Augen, um still betend und zu den Gesängen des Chores das Erscheinen Atons über dem Allerheiligsten zu erwarten. Der Gesang verstummte und bedeutete so dem Herrscherpaar, dass bald die ersten Strahlen Atons über den Bergen hervorblitzen würden. Echnaton und Semenchkare erhoben sich und begannen beide, mit fester Stimme zu sprechen:

> *«Schön erscheinst Du*
> *am Horizont des Himmels,*
> *Du lebendige Sonne, die das Leben bestimmt.*
> *Du bist aufgegangen am östlichen Himmel*
> *Und hast jedes Land mit Deiner Schönheit erfüllt.*
> *Du bist schön, gewaltig und strahlend,*
> *hoch über allem Land.»*

Sie beteten gemeinsam den Sonnengesang Echnatons in seiner ganzen Länge, und wir alle, die wir um sie herumstehen durften, hörten ihnen gebannt zu.

> *«… Du bist in ihrem Angesicht,*
> *aber unerforschlich in Deinem Lauf.»*

Wie Recht Echnaton wohl hatte. Gerade an diesem Tag des Abschieds begriff ich erst so manches von dem, was ich schon so oft gehört hatte.

> *«… wie zahlreich sind Deine Werke,*
> *die vor unserem Angesicht verborgen sind,*
> *Du einziger Gott, der seinesgleichen nicht hat.»*

Wie würde Nofretete damit zurechtkommen, dass in Waset nicht Aton allein verehrt wurde, sondern der Amunkult über allem anderen stand und die Stadt beherrschte? In Waset war Aton wahrhaftig nicht der größte Gott, den man anbetete.

> «… jeden stellst Du auf seinen Platz
> und sorgst für dessen Bedürfnisse.
> Ein jeder hat seine Nahrung,
> seine Lebenszeit ist vorherbestimmt.»

Ist vorherbestimmt. Uns allen. Ich sah hinauf zu Echnaton, zu meiner Tochter und den Mädchen. Würde ich womöglich einen von ihnen überleben müssen? Entsetzlicher Gedanke! Ich alter Mann wollte keinen von ihnen überleben. Aber wer hatte es in der Hand?

Echnaton und Nofretete beteten unaufhörlich weiter:

> «… Du bist die Lebenszeit selbst,
> man lebt durch Dich.
> Die Augen ruhen auf Schönheit, bis Du untergehst,
> alle Arbeit wird niedergelegt,
> wenn Du untergehst im Westen.»

Welch schönes Bild das war! So wollte ich sterben: Meine Augen sollten seinem Lauf folgen, bis er unterging. Wenn er unterging im Westen, wollte ich meine Arbeit, meine Hände für immer niederlegen. Doch welcher Sterblicher durfte es schon wagen, solche Ansprüche zu erheben? Es würde immer und ewig das große Geheimnis für uns Menschen bleiben, wann wir zu gehen hatten und was uns danach erwartete.

> «Seit Du die Welt geschaffen hast, erhebst Du sie
> für Deinen Sohn, der aus Deinem Leib hervorgegangen ist,
> den König von Ober- und Unterägypten,

den Herrn der Beiden Länder Neferchepru-Re Waen-Re,
Sohn des Re, der von der Maat lebt, den Herrn der
Kronen, Echnaton, mit langer Lebenszeit,
und für die Herrin der Beiden Länder, Semenchkare
Djoserchepru-Re Meri Waen-Re,
die lebt und sich verjüngt
für immer und ewig.»

Semenchkare Djoserchepru-Re hieß sie jetzt. «Mit dem wohl-
tätigem Ka des Re, mit den heiligen Gestalten des Re» bedeutete
ihr Name. Geliebt vom Einzigen des Re, ja, das war sie. Zu dem
Gesang, der jetzt wieder einsetzte, stiegen mächtige Weihrauch-
wolken empor, deren Schwaden sich überschlugen in ihrem Eifer, zu Aton zu gelangen. Sie erfüllten alles mit dem heiligsten
aller Düfte.

Die königliche Familie stieg herab und zog zwischen den
Wedelträgern durch die Höfe des Tempels in den Stadtpalast.
Die beiden Herrscher gingen hinauf zu dem geschlossenen
Durchgang, der die beiden Palastgebäude über den Königsweg
miteinander verband, und traten an das Erscheinungsfenster. So
weit sie sehen konnten, blickten sie jetzt nach Norden und nach
Süden auf die Bewohner von Achet-Aton, die – wie es schien:
ausnahmslos – gekommen waren, um ihre Königin noch einmal
zu sehen, ehe sie nach Süden fuhr. Ungewöhnlich lange verharrten Echnaton und Nofretete im Erscheinungsfenster, blickten in
beide Himmelsrichtungen und konnten sich nur schwer ent-
schließen zu gehen.

Die Mächtigen Ägyptens waren derweil in den Audienzhof
des Palastes gezogen, um dort das Herrscherpaar zu verabschieden.

Dreimal warfen sich alle vor Echnaton in den Staub, und
noch drei weitere Male vor Semenchkare. Das ohrenbetäubende
Dröhnen der Kriegstrommeln und das Lärmen der Schwerter
und Streitäxte, mit welchen die Soldaten wieder gegen ihre

Schilde schlugen, begleitete die ganze königliche Familie hinaus zu den beiden tief in den Nil hineinragenden Anlegestellen des Palastes. Am Ende eines der beiden Landungsstege, unter einem aus Sandstein errichteten Baldachin, ließ sich das Herrscherpaar noch einmal nieder, damit sich die Großen der Beiden Länder, die nicht mit nach Waset gingen, von ihrer Königin verabschiedeten. Ein jeder von ihnen beteuerte seine Ergebenheit, und keiner von ihnen schämte sich, sein angebliches Bedauern darüber kundzutun, Semenchkare leider nicht nach Waset folgen zu können. In Wirklichkeit fürchteten sie alle nur um ihr Leben, da sie ahnten, wie gefährlich Nofretete inmitten der ihr feindlich gesonnenen Amunpriesterschaft leben würde.

«Du weißt, dass ich mich stets lieber in Waset aufgehalten habe als hier. Doch zum ersten Mal beneide ich dich nicht darum, dass du nach Waset fährst», sagte ich deshalb als Letzter in der Reihe bewusst laut und deutlich, damit sie es alle hörten.

«Nur einen einzigen väterlichen Rat möchte ich dir mit auf deinen Weg geben: Wage in Waset nicht einen einzigen Schritt außerhalb der Palastmauern, ohne dass Turi davon unterrichtet ist.»

Ich sah dem Gesicht meiner Tochter deutlich an, dass ihr schon diese wenigen mahnenden Worte zu viel des Guten waren und beließ es deswegen dabei.

«Wir werden uns bald wiedersehen, Vater. Sorge dich nicht um mich. Ich kenne Waset so gut wie du. Ich bin dort groß geworden.»

Der Spott in ihren Worten verletzte mich ein wenig, und vielleicht lag es auch daran und nicht allein am Abschiedsschmerz, dass ich sie jetzt fast flüchtig umarmte, um ihr, Echnaton und den Prinzessinnen den Weg zum Schiff freizugeben.

Mit einer letzten liebevollen Umarmung verabschiedete sie sich dort von ihrem Gemahl und den zwei ältesten Prinzessinnen, nahmen Echnaton, Meritaton und Maketaton von den vier kleinen Mädchen tränenreich Abschied und verließen zaghaft das Schiff. Trommelwirbel ertönten, während der vergoldete Holzsteg vom Schiff weggezogen und an Land geholt und die Barke mit langen Stangen von der Mauer des Landungsstegs in den Fluss hineingeschoben wurde. Dann gingen die Ruder zu Wasser, und es brauchte nur zehn, zwölf kräftige Schläge, bis das Schiff in volle Fahrt kam und umringt von zwanzig anderen Barken der königlichen Flotte nach Süden davonfuhr.

Wir alle bewegten uns nicht von der Stelle. Unsere Blicke blieben so lange auf die Schiffe geheftet, bis das letzte von ihnen hinter der Biegung, die der Nil nach Südosten zu machte, verschwunden war.

Echnatons Lippen bewegten sich nur ein wenig, sodass man es kaum merkte, wie er ein Gebet sprach und seinen Vater Aton um Beistand für Nofretete anflehte.

Schweigend verließen wir den Landungssteg, und schweigend kehrten wir in unsere Paläste zurück, ein jeder für sich, denn Echnaton wollte, ebenso wie ich, an diesem Tag der Trennung niemand außer den verbliebenen Kindern um sich haben.

Ich habe oft darüber nachgedacht, was Echnaton an diesem Tag gefühlt haben mag. Den Weggang Nofretetes hätte Echnaton noch vor wenigen Jahren wohl kaum zugelassen. Auch ich hatte ihre Liebe immer für so innig gehalten, dass für mich eine Trennung unvorstellbar schien. Aber ging Nofretete nicht auch deshalb als Semenchkare nach Waset, weil sie ihren Gemahl unverändert liebte, sie fühlte, dass er seine Liebe zu Aton über seine Liebe zu ihr stellte? Oder kam sie ihm etwa nur zuvor, weil sie Angst davor hatte, er würde es ihr ins Gesicht sagen und sie darum bitten, für ihn nach Süden zu ziehen? Wie geheimnisvoll waren diese beiden Menschen nach so vielen Jahren des gemeinsamen Zusammenlebens selbst für mich noch geblieben!

ELF

♪●

Die Welt entsteht auf deinen Wink,
wie du sie geschaffen hast.
Gehst du auf, so leben sie alle,
gehst du unter, so sterben sie.

Echnaton hatte einen Weg gefunden, die Beiden Länder zu befrieden, ohne dass er Achet-Aton verlassen musste. Ich war überrascht, wie er schon wenige Tage nach dem Weggang Nofretetes zu seiner gewohnten Lebensweise zurückfand. Jeden Morgen fuhr er mit Meritaton, die jetzt förmlich seine Große königliche Gemahlin war, den gewohnten Weg vom Nordpalast in das Gempa-Aton und von dort in den Stadtpalast. Die junge Königin genoss es, an der Seite ihres Vaters bestaunt und bejubelt zu werden, und ich war immer wieder erstaunt darüber, dass sie mit derselben Würde, wie ihre Mutter sie gezeigt hatte, das Amt an der Seite ihres Vaters wahrnahm.

Die Klagen der fremdländischen Fürsten ließen nicht nach, doch Echnaton schenkte ihnen trotz aller Warnungen seiner Mutter wenig Beachtung, bis sich wenige Wochen nach der Abreise Semenchkares ein Bote aus Mitanni meldete, der zwei Briefe König Tuschrattas mit sich brachte; einen an Echnaton und einen an meine Schwester Teje. Der Bote war gemeldet, und Echnaton ließ Kelija, der noch immer in Achet-Aton weilte, zu einer großen Audienz bitten. Es verstand sich von selbst, dass auch Kija mit all ihren Hofdamen zu dieser Audienz geladen war, damit der Bote aus Waschukkanni sehen konnte, dass es der Tochter seines Herrn am Nil gut erging und Tuschratta beruhigt sein konnte.

Echnaton trug neben Geißel und Krummstab den blauen Kriegshelm, doch erst an diesem Tag fiel mir auf, dass er schon lange keine andere Krone mehr getragen hatte. Er und Meritaton saßen auf Thronen aus reinstem Elektron, während Kija zur Linken Pharaos auf einem einfacheren Thron aus vergoldetem Ebenholz Platz nahm. Mit etwas Abstand und eine Stufe unterhalb Echnatons war Teje platziert. Wieder bemerkte ich, wie Kijas Augen unruhig über das Antlitz Echnatons huschten. Diesmal aber konnte er den verliebten Blicken der jungen Frau nicht mehr standhalten, sondern sah sie lange und herzlich lächelnd an, bis Aper-el mit einem vorsichtigen Hüsteln die Aufmerksamkeit seines Herrschers auf sich lenkte und er im Namen Pharaos Kelija und seinen Gesandten begrüßen konnte. Dann warf sich Kelija vor die Majestäten und verlas, nachdem er sich wieder erhoben hatte, ohne weitere Vorrede den Brief an Echnaton:

«Zu Neferchepru-Re Waen-Re, König von Ägypten, meinem Bruder, den ich liebe und der mich liebt, hat also gesprochen Tuschratta, der König, große König von Mitanni, Dein Bruder, der Dich liebt: Mir ist Wohlbefinden. Dir sei Wohlbefinden! Teje sei Wohlbefinden, Taduchepa, meiner Tochter, die Du Kija nennst, sei Wohlbefinden! Deinen Kindern, den Großen Deines Landes, Deinen Wagen, Deinen Pferden, Deinen Kriegern, Deinem Lande und allem, was Dir gehört, sei Wohlbefinden!

Was Nimuria, Dein Vater, mit mir redete, so hat er meinem Herzen nie mit einem Wort Schmerz bereitet, und welches Wort ich auch immer sprach, so hat er das am selben Tag für mich getan, und ich habe seinem Herzen nie mit irgendeinem Wort Schmerz bereitet, und welches Wort er auch immer sprach, so habe ich das am selben Tag ausgeführt. Und, mein Bruder, als Nimuria von Euch gegangen ist, rief man es laut aus, und was man ausrief, erfuhr auch ich. In der Ferne war es, wo ich es erfuhr, und ich weinte an jenem Tage. Bis nach Mitternacht saß ich und weinte. Speisen und Trank verweigerte ich an diesem Tag, und ich litt Schmerz. Wenn doch nur irgendein anderer gestorben wäre in meinem Land oder im Land meines Bruders, und wenn mein Bruder, den ich so liebte, noch lebte! Dass aber auch wir uns lieben mögen, das sei fest verankert in unseren Herzen und möchten wir es lange so bleiben lassen. Echnaton, mein Bruder! Möge es in unseren Herzen bleiben, dass wir uns lieben, zehnmal mehr mögen wir uns lieben! Denn Teje, Deine Mutter, sie lebt, und sie wird Dir die Worte Nimurias unterbreiten, damit wir in hohem Grade Freundschaft unterhalten. Alle Worte, die Nimuria, Dein Vater, an mich geschrieben hat, so weiß Teje, die große Gattin Nimurias, sie allesamt. Bei Teje, Deiner Mutter, erfrage sie!

Mehr als alle anderen Länder, werden unsere Länder ihre Üppigkeit strotzen lassen. Wir wollen Freundschaft unterhalten, und wir wollen uns aneinander freuen, solange wir leben!»

Echnaton nickte Kelija mit ernster Miene zu, als dieser geendet hatte, und sagte mehr zu Kija gewandt als zu dem Gesandten Tuschrattas: «Es sind freundliche Worte, die mein Bruder an mich richtet. Ich hoffe, Ihr seid noch länger unsere Gäste, damit ich Euch eine Botschaft und reiche Geschenke mitgeben kann, bevor Ihr in Euer Land nördlich des Euphrat zurückkehrt.»

Dann nahm Kelija den zweiten Brief zur Hand und verlas ihn ebenfalls:

«Zu Teje, der Herrin von Ägypten, hat gesprochen also Tuschratta, der König von Mitanni: Mir ist Wohlbefinden. Dir sei Wohlbefinden! Deinem Hause, Deinem Sohn sei Wohlbefinden! Deinen Ländern, Deinen Kriegern und allem, was Dir gehörte, sei in hohem Grade Wohlbefinden! Du selbst weißt von mir, wie ich selbst mit Nimuria, Deinem Gemahl, Freundschaft unterhielt, und wie auch Dein Gemahl mit mir Freundschaft unterhielt. Und was ich selbst an Nimuria, Deinen Gemahl schrieb und was ich redete, und auch die Worte, die Nimuria an mich schrieb und die er redete, Du selbst kennst sie, und Kelija kennt sie. Du selbst aber kennst die Worte, die wir miteinander geredet haben, besser als jener. Und siehe, Du hast zu Kelija gesagt: Sage Deinem Herrn: Nimuria, mein Gemahl hat mit Deinem Vater Freundschaft unterhalten, denn seine Freundschaft mit Deinem Vater vergaß er nicht. So vergiss Du jetzt Deine Freundschaft mit Nimuria, Deinem Bruder nicht! Ich sage Dir, Teje, mit Echnaton mache ich die Freundschaft noch größer. Schon mit Nimuria pflegte ich die Freundschaft mehr, als es früher der Fall war. Jetzt nun werde ich mit Echnaton, Deinem Sohn, in zehnfachem Grade durchaus Freundschaft unterhalten. Und Deine Boten samt den Boten Echnatons mögen mit Geschenken zu Iuni, meiner Frau und zu mir kommen, und die Boten der Iuni, meiner Frau und meine Boten, sollen mit Geschenken zu Euch kommen. Siehe, ich habe Dir zum Geschenk übersandt eine silberne Dose, die von gutem Öl voll ist, und einen Beutel mit kostbaren Steinen.»

Aller Augen waren jetzt auf Teje gerichtet, die den Worten Tuschrattas mit regungslosem Gesicht zugehört hatte. Während sich jetzt ihre Züge etwas erhellten, ihr Antlitz freundlich wurde, sah ich, wie eine Träne über ihre rechte Wange rann. Ich verstand ihre Rührung, denn es musste erst ein Bote aus dem fernen Mitanni an den Nil kommen, um erstmals die Leistung dieser Frau zu würdigen. Auch Echnaton schien die Worte Kelijas und die Gefühlsregung seiner Mutter verstanden zu haben, denn jetzt erhob er sich von seinem Thron, ging zu seiner Mutter, legte die Hände auf ihre Schultern und küsste sie liebevoll auf beide Wangen.

Dann wandte er sich uns zu und sagte: «Schon seit vielen Jahren verdanken wir es meiner Mutter, der Großen königlichen Gemahlin Teje, dass wir mit dem Hof in Waschukkanni freundschaftlich verbunden sind. So groß und innig ist die Freundschaft, dass unser Bruder Tuschratta seine Tochter Kija nach Ägypten sandte und sie meinem Vater Nimuria zur Frau gab. Seid versichert, edler Kelija, dass wir Eure geliebte Herrin in unser Herz geschlossen haben. So, wie ihr schon die Liebe und Zuneigung meines Vaters gewiss war, so kann sie sich auch meiner Fürsorge und meiner Zuneigung immer gewiss sein.»

Mein Herz klopfte schneller nach diesen Worten, die mehr waren als nur freundliche Worte an einen fernen Bruderkönig. Das eben noch freundliche Gesicht meiner Schwester verfinsterte sich wieder in das regungslose Antlitz eines Sphinx. Auch in Anwesenheit Naftetas wäre dieser Satz niemals gesagt worden. Die Erregung, die er in mir verursachte, ließ heißes Blut in meinen Kopf steigen, und ohne einen einzigen Wimpernschlag sah ich starr zu Kija hinüber, um zu sehen, welche Gefühle sie nach den unzweideutigen Worten Pharaos zeigen würde. Züchtig hielt sie den Kopf gesenkt. Ihre Erziehung erlaubte es ihr nicht, sich irgendetwas anmerken zu lassen.

«Sieh mich an Kija!», schrie ich in meinem Inneren zu ihr hinüber. «Einen einzigen Blick gönne mir! Gib mir ein kleines Zeichen Deiner Zuneigung! Verlass mich nicht, Kija!»

Als Pharao zu Kelija hinabstieg, um ihm zum Dank für seine Dienste eine goldene Kette umzuhängen, hob Kija langsam, ja verlegen den Kopf und ihre Augenlider und sah mich mit dem leeren Blick einer stummen, hilflosen Entschuldigung an. Ich verstand diesen Blick, aber ich ertrug ihn nicht. Ich schloss meine Augen, die müde geworden waren und deren blaue Farbe einst so viel vermocht hatte, und hätte am liebsten vorzeitig die Audienz verlassen. Das konnte sich aber nicht einmal ein Gottesvater Eje erlauben.

Nachdem Echnaton wieder Platz genommen und Kelija den Gesandten Tuschrattas ein Zeichen gegeben hatte, dass sie die

Geschenke brachten, wandte sich Pharao erneut Kija zu: «Die Aufregung der letzten Zeit erlaubten es mir nicht, Dir gebührend Aufmerksamkeit zu schenken. Hattest Du schon Gelegenheit, meine Stadt zu sehen und etwas von der Verehrung Atons zu erfahren?»

Dabei legte er seine linke Hand wie zufällig auf die Rechte Kijas, die auf der Armlehne ihres Thrones ruhte. Ich sah es genau, und mein Herz schlug jetzt noch schneller, denn es war für mich nicht zu übersehen, dass Echnaton an Kija Gefallen gefunden hatte.

«Gottesvater Eje steht da in meiner Schuld. Noch vor unserer Fahrt nach Achet-Aton versprach er, mir alles zu zeigen und zu erklären», sagte sie leise und zaghaft zu Echnaton, doch ich konnte ihre Worte gut verstehen.

Wie mochte sie das gemeint haben? Wollte sie noch immer, dass ich ihr Begleiter sei?

«Armer Eje!», sagte Echnaton so laut, dass es alle hörten. «Gibt es irgendetwas in diesem Land, das man dir noch nicht aufgebürdet hat? Glaube mir, Kija, es gibt keinen Mann in Ägypten, der über so viele Jahre Tag und Nacht seinen Königen gedient hat, wie Eje. Lass ihn erst einmal die Ruhe genießen, die er sich verdient hat. Ich selbst werde Dir alles zeigen. Das bin ich auch meinem Bruder Tuschratta schuldig!»

Jetzt nahm Kelija eine reich verzierte Schatulle in seine Hand, öffnete sie und reichte sie Echnaton. Während Pharao einen Prunkdolch bestaunte, der eine eiserne Klinge hatte und dessen Griff mit winzigen Goldperlen verziert war, deren Machart bei uns unbekannt war, sah mich Kija mit hochgezogenen Brauen an und hob einmal kurz wie zur Entschuldigung die Schultern. Sollte das alles gewesen sein?

Ja, es war alles, was zuletzt für mich blieb: ein Achselzucken. Vielleicht war es nicht einmal ihre Schuld. Was hätte sie sagen sollen, als Echnaton sie fragte? Ich musste mir eingestehen, dass diese Frau nie für mich bestimmt gewesen war. Für kurze Zeit nur erlaubten wir uns ein Beisammensein, lebten wir Gefühle aus, die es gar nicht hätte geben dürfen.

«Mach mir kein schlechtes Gewissen!», sagte Kija einmal zu mir, als ich ihr noch in Waset wegen unserer selten gewordenen Treffen Vorwürfe gemacht hatte. «In einer Beziehung wie unserer darf man nichts vom anderen erwarten, darf man nichts verlangen!»

Sie mochte Recht gehabt haben. Ich wusste von Anfang an, dass es keinen Weg zu einer offenen und dauerhaften Verbindung mit ihr gab. Nur ich war es, der die Wahrheit immer wieder geleugnet und verdrängt hatte. Kija war mir nichts schuldig. Nichts.

Sosehr ich mich auch bemühte, so wenig gelang es mir, mich damit abzufinden. Sollte ich noch Jahre lang zusehen, wie sie sich verliebt in die Augen sahen, sich bei den Händen hielten und unzertrennlich waren? Ich wusste aber auch, dass ich mit Vernunft nichts mehr erreichen würde. Mit anderen Mitteln musste ich es versuchen, wenngleich sie verboten waren, wenngleich sie angeblich von allen verachtet wurden und es niemanden gab, der sich ihrer bediente. Und doch hatten die, die sie kannten und verbreiteten, zu allen Zeiten Ägyptens regen Zulauf: die Wahrer der geheimen Künste.

Ihren Aufenthalt gab man nur hinter vorgehaltener Hand preis, wobei man tunlichst beteuerte, selbst nie etwas damit zu tun gehabt zu haben, man kenne Namen und das Haus, in welchem sie anzutreffen seien, nur von einem Bekannten. Die Magier und Zauberer waren die Zuflucht aller, die ohne Hoffnung waren, die vermeintliche Rettung aller Verzweifelten. Zu ihnen ging man, wenn kein Arzt mehr half, wenn kein Richter mehr Recht sprach, wenn kein vernünftiges Wort mehr nützte oder wenn die Angebetete die Liebesschwüre nicht erhörte. Sie verhießen Macht ebenso wie Reichtum und Liebe. Sie verhießen aber auch Leid und Tod. Sie sprachen geheimnisvolle Sprüche, und sie bedienten sich zahlloser Amulette. Sie befragten die Sterne, und sie brauten allerlei Tränke und mischten geheime Pülverchen.

Ohne dass es einer meiner Diener bemerkte, nahm ich mir einen einfachen Schurz, eine alte Perücke, legte Armreife und Ringe ab und verzichtete darauf, mich rasieren zu lassen. Ein Lederbeutel mit ein paar Deben Gold und ein einfacher Dolch waren alles, was ich bei mir trug. Mit einem Fischerboot fuhr ich die kurze Strecke stromaufwärts an das westliche Ufer in die alte Stadt Chmenu. Hier kannte man mich nicht. Nur widerwillig führte mich ein Hafenjunge durch die Gassen der Stadt, bis ich vor dem Haus stand, das ich gesucht hatte.

Paheri hieß der Mann. Er mochte ein wenig älter gewesen sein als ich und war von hagerer Gestalt, was seine ohnehin übergroße Adlernase noch eindrucksvoller wirken ließ, und von dunkler Hautfarbe. Seine Stimme war klar und freundlich.

Die Offenheit, mit welcher er zu mir sprach, war entwaffnend: «Es erstaunt mich immer wieder», begann er seine Rede, «dass sich die hochgestellten Männer unseres Landes stets verkleiden, ehe sie den Mut aufbringen, uns aufzusuchen.»

«Woher wollt Ihr wissen, dass ich eine hochgestellte Person bin?»

«Edler Herr! Auch wenn Ihr heute Euer Barthaar verschont habt, sehe ich, dass Eure Hände gepflegt sind, dass sie nie ein Tau gezogen, keine Kisten geschleppt und keine Kuh gemolken haben. Sandalen schützen sonst Eure Füße vor Dornen und Steinen. Und Eure Sprache ist nicht die eines Bauern oder eines Soldaten. Wer immer Ihr seid: Ihr seid nicht der, für den Ihr Euch vor mir ausgebt.»

«Musst Du wissen, wer ich bin, damit Du mir hilfst?»

«Niemand ist so töricht und geht in seiner Vaterstadt zu einem Wahrer der geheimen Künste. Ich brauche keine Namen. Auch Deinen nicht», sagte er, und es war gut, dass auch er in der vertrauten Form zu mir sprach, denn das machte uns den Umgang leichter.

«Eine junge Frau», begann ich zaghaft und verlegen zu sprechen, und ehe ich fortfahren konnte, sagte er: «... will Dich nicht erhören. Jetzt weißt Du Dir keinen Rat mehr, da nach Deiner Meinung alle Mittel ausgeschöpft sind. Ist es nicht so?»

Ich nickte wie ein Schuljunge, der seinem Lehrer eine Schandtat eingestehen musste. Dann erhob er sich und ging in seine Behausung. Wenig später kam er mit einem Binsenkorb zurück, stellte einen kleinen Bronzekessel vor sich auf den Boden und hielt mir zwei zerbrochene Tonscherben hin.

«Ich selbst muss nicht wissen, wie sie heißt. Damit der Zauber wirkt, musst Du ihren Namen auf die Scherbe ritzen.»

Mit der kleinen Scherbe ritzte ich den Namen in die größere. Er warf sie in den Kessel, schüttete den Inhalt eines Lederbeutels dazu und zerrieb alles zu einem feinen Pulver. Dann reichte er mir ein verschlossenes Fläschchen und sagte: «Kehre nach Hause zurück und schütte das Pulver so in den Fluss, dass es anschließend an ihr vorbeifließt. Dann eile heim und trinke den Inhalt der Flasche in einem Zug aus. Ich werde drei Tage fasten und dabei Worte sprechen, die Dir helfen werden. Innerhalb dieser drei Tage wird geschehen, was Du Dir ersehnst. Aber merke dir eines: Ich kann sie Dir nur einmal zu Willen machen. Was dann geschieht, liegt nicht mehr in meiner Macht.»

Ich mochte die Worte des Alten glauben oder nicht, doch ich hatte keine andere Wahl. Ich reichte ihm den Beutel mit dem Gold und bedankte mich, nahm das Fläschchen und das Pulver und wollte gerade gehen.

«Die Wahrheit», hörte ich ihn hinter mir sprechen und drehte mich noch einmal um, «die Wahrheit wirst Du nie erfahren!»

Ich verschwand so unauffällig, wie ich gekommen war.

Dass mein Boot wieder im Südhafen von Achet-Aton anlegte, traf sich gut, denn im Süden der Stadt musste ich ja das Pulver in den Fluss schütten, damit es am Nordpalast, in dem Kija jetzt wohnte, vorbeischwamm. Es war früher Nachmittag, als ich zu Hause ankam, und so fiel es niemandem weiter auf, dass ich mich zu meiner Mittagsruhe zurückzog. Ich fragte mich jetzt, ob ich noch bei Sinnen war, doch ehe ich mir selbst eine Antwort geben konnte, hatte ich den Inhalt der Flasche schon heruntergeschluckt und das kleine Gefäß sorgfältig versteckt.

Kija ließ nicht lange auf sich warten. Vier Nubier trugen sie in einer geschlossenen Sänfte bis vor meine Terrasse. Ich erhob mich augenblicklich und ging die wenigen Stufen zu ihr hinab, schob den hauchdünnen Vorhang zur Seite und sah endlich wieder in ihr fröhliches Gesicht.

«Wie kommt es, dass man Dich allein zu mir lässt?», fragte ich und küsste sie sogleich auf beide Wangen.

«Ich habe Echnaton darum gebeten, Dir ein Geschenk bringen zu dürfen. Er weiß, dass ich hier bin.»

Sie stieg aus und ging mit mir auf die Terrasse.

«Dein Haus in Waset bekam ich leider nie zu sehen. Zeigst Du mir dieses? Man erzählt sich viel von seiner Pracht.»

Es genügte ein unauffälliges Handzeichen, und ich konnte mir sicher sein, dass uns weder Ipu noch irgendein anderer meiner Diener folgen würde. Schon in der großen Halle reichten wir uns verliebt die Hand, und in meinem Arbeitszimmer tauschten wir den ersten innigen Kuss. Mehr denn je sahen mich ihre Augen, diese stets unruhig umherhuschenden Augen, erwartungsvoll an. Flehten sie mich nicht geradezu an, dass es einmal geschehen sollte, ehe sie für immer die Eintönigkeit und die strenge Förmlichkeit gefangen nahmen? Ohne noch irgendein Wort zu wechseln, erreichten wir mein Schlafgemach. Mein Herz schlug heftig, und ich spürte, wie meine Knie weich wurden und die Sinne zu schwinden drohten. Kija erging es gewiss ebenso, denn sie schloss die Augen, und ihre bebenden Lippen suchten jetzt meinen Mund. Zum ersten Mal in meinem Leben geschah es, dass eine Frau es war, die meinen Gürtel löste und so der Schurz lautlos zu Boden glitt. Ein, zwei winzige Schritte genügten, bis wir das Bett erreichten und uns, in einem innigen Kuss versunken und eng umschlungen, darauf niederließen.

Ich merkte nicht mehr, wann und wie sie mich verließ, ja dass sie mich überhaupt verließ. Alle Seligkeit der Welt, so schien es, hatte sich mir offenbart. Das war mir genug. Ich fiel in einen langen und tiefen Schlaf.

Als ich erwachte, saß Ipu neben mir auf einem Stuhl, das Gesicht hatte er in die Hände vergraben.

«Was machst du hier?», herrschte ich ihn an und spürte doch, wie schwer mir die Zunge war.

«Ich wache bei Euch, Herr. Seit drei Tagen und drei Nächten verweile ich bei Euch, und Ihr findet kein gutes Wort für mich!»

Ich hatte ihn wohl zutiefst gekränkt.

«Noch einmal», sagte ich jetzt ruhig und mit betont höflicher Stimme. «Was hast du da gesagt?»

Ipu starrte mich mit großen Augen an und sprach dann ganz langsam: «Seit drei Tagen liegt Ihr mit Fieber wie tot im Bett. Der Leibarzt des Guten Gottes, er lebe, sei heil und gesund, war hier. Eure Schwester war bei Euch, auch Prinzessin Maketaton, und selbst Kija, die junge Geliebte Seiner Majestät, hat Euch schon am ersten Tag Eurer schweren Krankheit aufgesucht.»

«Sie war wirklich hier?», fragte ich ungläubig.

«Wer? Prinzessin Maketaton?»

«Nein, Kija!»

«Ich sagte es, Herr. Kija war bei Euch, hier in diesem Zimmer.» Ipu schüttelte verständnislos den Kopf.

Ich fand für das Geschehene keine Erklärung. Dass ich nicht wirklich krank war, stand für mich fest. Ich fand das leere Fläschchen dort, wo ich es versteckt hatte. Aber was war mit Kija? Sie war zweifellos bei mir gewesen. Doch unter welchen Umständen, und was war wirklich in meinem Schlafzimmer geschehen? Sosehr ich mir auch den Kopf zermarterte, ich kam nicht dahinter, ob die Begegnung mit Kija, wie ich sie erlebt hatte, ein Traum war oder Wirklichkeit.

«Die Wahrheit», sagte der Wahrer der geheimen Künste beim Abschied zu mir, «die Wahrheit wirst Du nie erfahren!» Ich befürchtete es, denn es war kaum möglich, dass ich zu Kija ging und sie einfach danach fragte, was in meinem Zimmer geschehen war, als sie mich besucht hatte. Die Zeit würde mir die Antwort geben. Dessen war ich mir gewiss.

Ich blieb noch länger zurückgezogen in meinem Palast, um dort für einige Zeit die Ruhe zu genießen, die mir Pharao gewünscht hatte. Ich nutzte die Zeit, um Dinge zu tun, die schon lange ihrer Erledigung geharrt hatten. Ich schrieb Briefe. Keine Liebesbriefe mehr, das war gewiss vorbei – vielleicht für immer.

Ich schrieb einen Brief an Thutmosis, den Königssohn von Kusch, den Stellvertreter Pharaos in Nubien, um ihn über die Geschehnisse der letzten Wochen und Tage zu unterrichten. Ich schrieb an Turi, den Polizeiobersten von Waset, und bat ihn inständig, Tag und Nacht eine Auge auf Nofretete und die Prinzessinnen zu werfen. Ich schrieb an Maja, meinen Verwalter in Waset, und bat ihn, mich über alles zu unterrichten, was sich auf meiner Domäne und in der Stadt ereignete. Ich schrieb meinen Vettern in Achmim davon, dass Nofretete als Mitregentin unter dem Namen Semenchkare nach Waset gegangen und dass so Maat wiederhergestellt war und sie sich keine Sorgen mehr machen müssten. Ich glaubte selbst nicht an all das, was ich schrieb, aber vielleicht beruhigte es mich ein wenig, indem ich anderen eine heile Welt schilderte.

Und ich schrieb meiner Tochter Nofretete lange Briefe. Es machte keinen Sinn, dass ich ihr die Nähe Echnatons zu Kija verschwieg, denn vermutlich hatten ihr eilfertige Höflinge lange vor mir untertänigst von der Liebschaft der beiden berichtet. Gewiss schilderten sie ihr, wie er mit Kija, die nun den Titel «Einzige Geliebte Seiner Majestät» trug, auf seinem goldenen

Wagen durch Achet-Aton fuhr, und dass jetzt ihr Bildnis auf den Reliefs aller neu errichteter Bauwerke zu sehen war.

Echnaton war wie verwandelt. Die Beziehung zu Kija hatte ihn verändert. Sie hatte ihn so sehr verändert, dass er, dass sein ganzes Wesen kaum wiederzuerkennen war. Gewiss war er schon immer ein freundlicher und zumeist auch fröhlicher Mensch gewesen. Aber auf einmal zeigte er eine Leichtigkeit des Lebens, eine Unbekümmertheit, wie ich sie bislang nur von verliebten Fünfzehnjährigen zu kennen glaubte. Nichts focht seine Gelassenheit an: Nicht das Maulen der Priester, das nach wie vor aus den Tempeln des Amun und auch denen anderer alteingesessener Götter zu hören war; nicht die Sorgen der befreundeten Fürsten in Asien, die mehr und mehr über den Druck, der von Hattuscha ausging, stöhnten. Und er hörte nicht die Klagen Haremhabs und seiner Soldaten, die noch immer für Pharao Steine schleppen mussten, denn nach der Vorstellung des Guten Gottes war Achet-Aton noch lange nicht vollendet. Er baute einen zweiten Atontempel im Süden der Stadt, und gleich daneben errichtete er seiner Mutter einen prächtigen Palast. Er unterwies Kija und seine treuesten Anhänger weiterhin in seiner Lehre und vertiefte so ihren Glauben an Aton. Und er beteuerte mehr und mehr, dass es neben Aton gar keine anderen Götter geben könne.

Nofretete nahm all diese Nachrichten aus Achet-Aton mit einer geradezu gütigen Gelassenheit auf – zumindest las ich es so aus ihren Briefen heraus. Es mache sie glücklich und zufrieden, dass ihr Gemahl in Freude lebe, schrieb sie mir zurück, und dass es ihre Liebe zu Echnaton verböte, abfällig und schlecht über seine Beziehung zu Kija zu denken und zu reden, denn sie wisse ja, dass seine wahre Liebe nur ihr und Aton gelte. Nur die Trennung von Meritaton und Maketaton quälte sie, das gab sie offen zu. All ihre Sorgen und Fragen in ihren Briefen galten nur ihnen. Mir entging aber auch nicht, dass sie mit keinem Wort erwähnte, wann sie Echnaton wiedersehen würde. Mir schien, als hätte sie sich darauf eingerichtet, ein für allemal in Waset als Herrscherin zu leben, ohne Rücksicht darauf, was in Achet-Aton geschah. Einen entscheidenden Vorteil wusste sie dabei auf ihrer Seite: Echnaton war es, der in der Abgeschiedenheit einer ungeliebten Stadt lebte. Sie hingegen herrschte im Mittelpunkt der Welt, in Waset.

Wenn ich auf Kija traf, bei Audienzen, im Palast und im Tempel, konnte ich keine Auffälligkeiten feststellen. Sie zeigte sich mir gegenüber freundlich und höflich – mehr aber nicht. Weder errötete sie aus Scham, was ich erwartet hätte, wenn denn an jenem Tag geschehen war, was ich glaubte, erlebt zu haben, noch huschten ihre Augen unruhig und verliebt über mein Gesicht, wie sie es früher immer getan hatten, wenn wir uns begegnet waren. Nur Echnaton war für sie von Bedeutung, sodass irgendwann, langsam und von mir fast unbemerkt, meine Liebe zu ihr erlosch. Es war, als würde ich ganz allmählich von einer Krankheit genesen, als würde ein Fieber, das mich befallen hatte, vergehen, ohne dass ich gewahr wurde, wie es verging.

Irgendwann war ich geheilt und wusste, dass der Zauber nichts bewirkt hatte. Doch manchmal ereilt den vermeintlich Genesenen ein herber Rückschlag, kehrt die Krankheit ungewollt zurück. Kija erwartete ein Kind. Was zuerst nur als Gerücht umging, war bald erkennbar nicht mehr zu leugnen und wurde schließlich von Echnaton selbst voll Stolz bestätigt. Die Gefühle bei Hofe und bei den Menschen in der Stadt konnten unterschiedlicher nicht sein: Die meisten, diejenigen, die nicht viel nachdachten, waren glücklich und freuten sich mit Pharao und hofften, dass Kija ihm einen Sohn schenken würde, damit das Glück unseres Herrschers endlich vollkommen sein würde. Wenige andere, deren Gedanken weiter gingen, fürchteten einen endgültigen, tiefen Bruch zwischen Echnaton und Nofretete, fürchteten, dass damit die Spaltung der Beiden Länder endgültig vollzogen werden würde. Ich selbst zählte mich zu Letzteren, doch meine Sorgen waren freilich ganz andere. Wer war nun wirklich der Erzeuger dieses Kindes, das sie erwartete, und würde die Ähnlichkeit mit dem Vater erkennbar sein? Der von den Ärzten errechnete Zeitpunkt der Entbindung verstärkte meine Qualen noch mehr.

Nofretete dagegen schwieg gänzlich. Die bevorstehende Geburt eines möglichen Thronfolgers entlockte ihr nicht eine einzige Bemerkung, weder eine abfällige, aber auch erst recht keine freudige. So lebten die beiden Herrscher ihr eigenes Leben, als ob es den jeweils anderen gar nicht gab. Kija dagegen hatte jetzt das, was ich ihr versprochen hatte, wäre ich in der Lage gewesen, mein Versprechen einzulösen: ein Königreich. Ihr Glück an der Seite Echnatons schien vollkommen zu sein. Anders als ihre Tante Giluchepa, der vor vielen Jahren nur eine Rolle als Nebenfrau Nimurias zugekommen war, wurde Kija von Pharao wahrhaft wie eine Königin behandelt.

Der Palast fieberte dem Tag der Geburt entgegen. Es war die Zeit, als überall im Land die Weinlese begann. Die besten Ärzte der Beiden Länder trafen in Achet-Aton ein, die erfahrensten Hebammen tummelten sich bei Hofe, und Echnaton ließ den kostbarsten Schmuck anfertigen, der je für die Mutter eines Königskindes gefertigt wurde. Wie ein Lauffeuer verbreitete es sich in der Stadt, dass die Wehen eingesetzt hatten; alle warteten gebannt auf die erlösende Nachricht aus dem Nordpalast. Und ebenso schnell verbreitete sich die freudige Nachricht: Es war ein Sohn. Es kam vielen wie ein Wunder, wie ein Zeichen des Aton vor, dass Pharao nach sechs Töchtern der ersehnte Thronfolger geschenkt wurde. Das Kind erhielt den Namen Tutanchaton, Lebendiges Abbild des Aton.

Ein nie gekanntes Gefühl stieg in mir auf, ein Gefühl zwischen Glück und Verzweiflung. Mir selbst war nie ein Sohn vergönnt gewesen. Was wäre, wenn doch ich der Vater dieses Knaben war? Ich verfügte aber nicht über den Hauch einer Möglichkeit, die Vaterschaft über dieses Kind, über Tutanchaton, für mich zu beanspruchen. Konnte denn Kija selbst mit Gewissheit sagen, wer der Vater ihres Sohnes war? Ich konnte ihr die Frage nicht stellen, niemals, denn ich selbst wusste nicht einmal, was vor neun Monaten wirklich in meinem Zimmer geschehen war.

«Die Wahrheit wirst Du nie erfahren!», erinnerte ich mich jetzt wieder der dunklen Worte des Magiers und wusste, dass ich wegen der Herkunft des Kindes zu ewigem Schweigen verurteilt war.

Schon am Morgen nach der Geburt raste Echnaton allein in seinem goldenen Prunkwagen auf dem Königsweg durch all die jubelnden Menschen hindurch zum Gempa-Aton. Er betrat ihn nicht gesetzten Schrittes, würdevoll und ruhig, wie er es sonst tat, sondern forsch und hocherhobenen Hauptes, die Kriegskrone auf dem Kopf. Er durchschritt die Tortürme und legte schon im ersten Hof Opfergaben nieder. Dann eilte er weiter in den zweiten und von dort in den dritten Hof, bestieg das Podium und erwartete auf seinem Thron sitzend das Erscheinen seines Gottes. Mächtige Wolken feinsten Weihrauchs, begleitet vom Gesang der Tempeldienerinnen, quollen aus den Opferschalen empor. Als die ersten Strahlen von Echnatons göttlichem Vater über den Kamm des Ostgebirges auf Pharaos Antlitz niederfielen, erhob er sich und stimmte allein und mit kräftiger Stimme den Lobpreis seines Gottes, den Sonnengesang an.

Aber Aton leuchtete an diesem Tag nicht so hell und klar, wie er es sonst tat. Hauchdünne Wolkenschleier lagen über dem Ostgebirge und verhinderten, dass die heilbringenden Strahlen Atons den göttlichen Sohn und dessen Opfergaben in all ihrem Glanz berührten. Das gab es oft, doch an diesem Tag erschien es Merire, Panehsi und den übrigen Sehenden des Aton kein gutes Zeichen zu sein, denn betrübt und sorgenvoll schien mir ihr Gesichtsausdruck zu sein. Echnaton hingegen nahm die Erscheinung gar nicht wahr. Mit geschlossenen Augen sprach er den Sonnengesang, und als er geendet hatte, stand die Sonnenscheibe so hoch über den Bergen, dass ihre Strahlen ungehindert auf ihre Schöpfung hernieder schienen.

Dann pries Pharao seinen Gott und dankte ihm für die Geburt des Sohnes. Er gelobte, dass der Name Atons von nun an und für alle Zeiten ein Bestandteil des Geburtsnamens der Herrscher Ägyptens sein würde.

Echnaton kehrte, gefolgt von den Großen des Landes, und gefeiert und umjubelt von seinen Untertanen, in den Nordpalast zurück. Während wir in der großen Halle standen und uns über das freudige Ereignis unterhielten, eilte Echnaton in seine Gemächer, um nach Kija und Tutanchaton zu sehen.

Ein entsetzlicher Aufschrei, so entsetzlich, wie ich ihn vorher noch nicht gehört hatte, schmerzvoll, erbärmlich schmerzvoll, ließ uns augenblicklich verstummen. Noch ehe sich einer von uns nur vom Fleck bewegte, bevor wir überhaupt wussten, was es war, das wir gehört hatten, stand Pharaos Leibarzt Tutu mit kreidebleichem Gesicht zwischen den weit geöffneten Türflügeln und sagte in die Stille der vor ihm liegenden Halle hinein: «Kija, die Einzige Geliebte Pharaos ist bei Sonnenaufgang verstorben.»

Keiner wagte es, auch nur ein Wort zu sprechen. Ich konnte meine Tränen nicht zurückhalten. Ich stützte mich mit dem Arm an einer Säule ab, lehnte meinen Kopf dagegen und verbarg so mein Gesicht. Es mochte gewesen sein, was wollte, doch ich hatte diese Frau geliebt, bis zuletzt, und ich wusste, dass ich sie nie vergessen würde. Gab es nur den Tod um mich herum? Mussten mich denn immer alle verlassen, mich allein zurücklassen? Ich war mir nie sicher, ob es der Tod Kijas war, den ich an jenem Tag beklagte, oder mein eigenes Leid.

«Was ist Dir, Gottesvater Eje?», sagte jemand zu mir. Wollte ich ihm sagen, dass ich um meine geliebte Kija weinte, um eine Frau, die vielleicht vor wenigen Stunden meinen Sohn zur Welt gebracht hatte?

«Das Schicksal Echnatons!», schluchzte ich. «Ist es denn nicht beklagenswert?»

Meine Verlogenheit und meine Heuchelei widerten mich nicht einmal an.

Die Niedergeschlagenheit Echnatons grenzte an völlige Verzweiflung. Der Verlust seines Vaters hatte ihn gewiss schwer getroffen, auch wenn die Beziehung zwischen beiden bis zuletzt gespannt gewesen war. Sein Bruder Thutmosis war bei seinem Tod für Echnaton beinahe ein Fremder. Mit Kija aber starb zum ersten Mal ein Mensch, mit dem er nicht zwanghaft verbunden gewesen war, sondern den sich Echnaton selbst als einen von ihm geliebten Menschen auserwählt hatte. Sein Gott konnte ihn nicht vor diesem Schicksalsschlag bewahren? Sein einziger Gott, für den Echnaton alles getan hatte, dem seine wahre Liebe galt, hatte den Tod dieses geliebten Menschen zugelassen! Es muss eine schwere Prüfung für ihn gewesen sein. Ich konnte mit ihm fühlen, trauerten wir doch um denselben Menschen.

Der einzige Trost, der ihm und mir gleichermaßen blieb, war Tutanchaton. Er war ein wirklicher Trost. Als ich ihn wenige Tage nach Kijas Tod zum ersten Mal sehen durfte, sah ich in kleine schwarze Augen. Ich sah eine winzige Stupsnase und schön geformte, volle Lippen. Er hatte dichtes, schwarzes Haar und zwei wohl geformte, wenn auch leicht abstehende Ohren.

«Darf ich ihn einmal halten?», fragte ich Maj, die Amme des Kleinen, und Echnaton gleichermaßen. Da mich Pharao etwas ratlos ansah, fügte ich noch zur Erklärung hinzu. «Du weißt doch, dass ich deinem Vater versprochen habe, mich immer um dich und deine Kinder zu kümmern. Er gehört jetzt auch dazu.»

Ich streichelte vorsichtig mit der Spitze meines Zeigefingers über die Wange des Kindes und dachte bei mir: «Wer immer du bist, Tutanchaton, ich werde über dich wachen bis zu meinem letzten Atemzug! Niemand wird dir ein Leid zufügen, so lange es Eje gibt. Ich verspreche es dir!»

Die Zeit bis zur Beisetzung Kijas war bedrückend, denn wie eine schwere Last lag die Trauer Echnatons um die Geliebte auf der Stadt, und auch die Geburt Tutanchatons vermochte ihn nur wenig zu trösten. In langen Briefen berichtete ich Nofretete, was geschehen war, wusste ich doch, dass sie nicht nach Achet-Aton kommen würde. Mit vorsichtigen Worten mahnte ich meine Tochter aber auch, den Tod Kijas nicht als einen Sieg über eine Rivalin zu betrachten, sondern als Möglichkeit, zu ihrem Gemahl zurückzufinden.

So zog der Hof nach siebzig Tagen der Trauer hinauf in das Ostgebirge und brachte den Leichnam Kijas in ein eilig fertig gestelltes Grab. Die Beerdigungszeremonie wirkte unbeholfen, als hätten wir zum ersten Mal einen geliebten Menschen zu Grabe getragen. Der Glaube Echnatons hatte es verboten, die alten Totengebete zu sprechen, Osiris zu bitten, die Tote bei sich aufzunehmen, und auch die Beschützerinnen der Toten im Jenseits, Isis, Selket Neith und Nephthys, selbst der schakalköpfige Anubis waren jetzt nicht mehr erwünscht, sie waren aus dem Begräbnisritus verbannt. Die Tote bedurfte auch keiner Grabbeigaben, denn ihr Grab war nur eine Ruhestätte, in welcher sich die Seele des Nachts aufhielt, um sich bei Tage am Licht Atons zu erfreuen und um als Geist unter uns Lebenden zu wandeln.

Echnaton als der erklärte Sohn Atons und sein Prophet zugleich musste seinen Weg unbeirrt gehen, musste auf die den Menschen so lieb gewordenen Bräuche des Jenseitsglaubens verzichten, auf Grabbeigaben und Totengebete. Leer wirkte das Grab, wie das eines der Ärmsten. Und wäre da nicht die prächtige Grabausschmückung mit Bildern aus dem Leben Pharaos und Kijas gewesen, bunte Reliefs von Aton, wie er über dem König und seiner Geliebten thronte und sie mit seinen Strahlen anleuchtete, um ihnen den Lebenshauch zu schenken, man hätte glauben mögen, Kija wäre heimlich verscharrt worden wie jemand, dessen Andenken man auslöschen wollte für alle Zeiten. So legten die Arbeiter der Totenstadt den goldenen Sarg Kijas in einen Sarkophag aus rotem Granit, und während sich der schwere Deckel niedersenkte, während köstlich duftender Weihrauch die kleine Sargkammer erfüllte, betete Pharao den Sonnengesang.

Aton hatte seinen geliebten Sohn schwer geprüft. Echnaton litt unter der Einsamkeit, die er jetzt ertragen musste, und wir wussten, wie sehr er mit sich und dem Schwur, den er einst vor Aton abgelegt hatte, rang. Es hätte nur eines einzigen Wortes bedurft, ein unscheinbarer Fingerzeig seiner allmächtigen Hand hätte genügt, und das Leben eines Gefangenen in Achet-Aton hätte ein Ende gehabt. Wer hätte ihn daran hindern mögen, so oft hierher zurückzukehren, wie er mochte? Eine Insel der Glückseligkeit hätte diese Stadt für alle Zeiten bleiben können, und gern wären die Menschen aus allen Teilen der Beiden Länder hierher gekommen, um dem Gott Echnatons zu huldigen, wie sie nach Achmim fuhren, nach Memphis oder in die Oase Fajum, um Min, Ptah oder Sobek zu verehren.

Jetzt wäre der richtige Zeitpunkt gewesen, um mit Tutanchaton, mit Meritaton und Maketaton die königliche Flotte zu besteigen und um als wahrer und einziger Herrscher Ägyptens nach Waset zurückzukehren. Nofretete hätte ihn mit offenen Armen empfangen, Ägypten wäre glücklich gewesen und hätte seinen Pharao mehr verehrt und geliebt als je zuvor. Aber er wäre nicht er selbst gewesen, er hätte sich auf das Erbärmlichste selbst verleugnet, hätte er dem unverändert lauten Drängen seiner Untertanen nachgegeben. Es gab keinen Weg zurück.

Niemand nimmt Rücksicht auf den Schmerz eines Menschen. Die Menschen selbst tun es nicht, und auch die Götter kennen kein Erbarmen. Warum sollte Aton eine Ausnahme machen? Es gibt so viele Schicksalsschläge, die uns Menschen treffen können, Krieg und Seuchen, Hungersnöte, Feuersbrunst und Tod. Ja, vor allem der Tod. Glauben wir nicht, wir hätten nach dem Tod eines geliebten Menschen eine Ruhepause verdient, ehe uns ein anderer Schlag niederbeugen darf? Haben uns die Götter nicht eine Schonfrist zuzugestehen, damit wir überhaupt imstande sind, die Last des Lebens zu ertragen, um nicht zu verzweifeln, um nicht den Verstand zu verlieren? Niemand fragt danach. Kein Mensch, kein Gott. Hat man mich gefragt nach dem rasch aufeinander folgenden Tod meiner Eltern «Eje, kannst du wieder aufrecht stehen? Bist du wieder stark genug, eine weitere Prüfung zu ertragen?»

Im Zustand des vollkommenen Glücks, bei der Geburt meiner ersten Tochter musste ich mit ansehen, wie das Liebste, das ich je besaß, wie meine Merit viel zu jung hinübersank in das Reich des Todes. Ich musste miterleben, wie Ti von mir ging, ohne Anzeichen von Krankheit, ohne jede Möglichkeit zu helfen. Und wie schön hatten wir uns unser Leben eingerichtet! Den besten, den einzigen Freund, den ich je hatte, Amenophis, der über so viele Jahre der Inhalt meines Lebens war, der mich zu dem machte, was ich war, der mich formte, den ich formen durfte, auch er starb in meinen Armen. Fragte mich je ein Min, ein Ptah oder ein Aton, ob ich noch mehr zu ertragen bereit war?

Auch einen Pharao fragen sie nicht. Selbst er ist machtlos, wenn die Gefahr näher kommt. Unbemerkt, unbeachtet kommt sie, schleicht sich als Krankheit in den Körper ein, fällt als ein zufällig losgetretener Stein herab oder stellt sich als Herde wild gewordener Flusspferde in den Weg. Der Löwe reißt das Schaf dort, wo er es bekommt. Skorpione und Schlangen lauern überall, unter jedem Stein, im Gebüsch, im Haus, im Garten.

Auch an diesem entsetzlichen Tag lauerten sie. Niemand weiß, wie lange schon. Die Viper hat Zeit. Sie irrt nicht jagend umher, wie der Löwe, sie muss nicht unendlich viele Kreise ziehen, wie der Falke, ehe er seine Beute greifen kann. Die Viper liegt still und wartet. Sie wartet einfach nur, wie sie es seit Urzeiten schon tat.

Das Mädchen, das unschuldigste Wesen des Palastes, ahnte nichts. Sie hatte das fröhlichste Lachen aller Kinder, die ehrlichsten Augen, und auch sie war schön wie ihre Mutter. Maketaton war das Liebste, was Echnaton je besessen hatte. Warum nur spielte sie an jenem Tag im Palastgarten! Warum schlossen ihr Lehrer und ihre Kammerfrau im Schatten einer Dumpalme für wenige Augenblicke die Augen! Warum musste das Mädchen ausgerechnet diesen Stein hochheben? Konnte es nicht irgendein anderer sein?

Die Hornviper war gewiss schnell, zu schnell, als dass das Kind noch hätte ausweichen und davonlaufen können. Sie schrie nicht einmal. Nicht größer als Nadelstiche waren die beiden kleinen Bisswunden an ihrem rechten Arm. Aber es war der Biss einer Hornviper, der giftigsten Schlange, die es in Ägypten gab.

Echnaton kam in den Garten, um sich ein wenig auszuruhen. Er selbst war es, der die kleine Prinzessin liegen sah, und er glaubte noch, sie wäre eingeschlafen. Liebevoll beugte er sich über sie und küsste sie auf die Wange. Doch Maketaton erwachte nicht mehr. Mit einem lauten Aufschrei der Verzweiflung nahm er sie in seine Arme, drückte sie fest an sich.

«Nein!», schrie er laut und blickte hinauf zu seinem Vater, zu Aton.

«Warum lässt Du das zu?», gellte seine Stimme durch die Stille des Gartens. «Was habe ich Dir getan, dass Du dies zulässt?»

Dann beugte er sich unter Tränen über den kleinen leblosen Körper und fragte seinen Gott unter Tränen und mit gebrochener Stimme: «Warum quälst Du mich so?»

Er bekam keine Antwort, wie niemand eine Antwort auf diese Frage bekommt. Der Bauer nicht und nicht der Arbeiter, nicht der Schreiber, nicht der Wesir und auch nicht Pharao. Aton schwieg.

Die Menschen in Achet-Aton begannen ängstlich zu werden. Es wäre nicht Aton, der Pharao prüfte, sagten sie. Es wären die alten Götter des Landes. Es wären Amun und Ptah, Seth und Hathor,

Isis, Anubis und Osiris. Doch ihre Klagen drangen nicht an die Ohren Echnatons. Er verließ in diesen Tagen kaum mehr seinen Palast. Jetzt war er es, der an Nofretete einen langen Brief schrieb und ihr die schreckliche Nachricht mitteilte. Eilboten brachten sie nach Waset, und es dauerte genau zehn Tage, eine Woche, bis Nofretete zusammen mit den vier kleinen Prinzessinnen in Achet-Aton eintraf. Im kleinen Hafen des Stadtpalastes herrschte betretenes Schweigen. Echnaton trug einen faltenreichen Schurz, einen schmalen Halskragen und das Nemes-Kopftuch. Auf alle übrigen Zeichen seiner königlichen Allmacht hatte er verzichtet. Meritaton stand neben ihm. Sie trug ein blütenweißes, langes Gewand und auf ihrer Perücke ein schlichtes goldenes Diadem. Echnaton legte seinen rechten Arm um die Schulter seiner Tochter und zog sie fest an sich, als wollte er ihr sagen: «Dich lasse ich mir nicht wegnehmen!»

Es war um die Mittagszeit und glühend heiß, als die kleine Flotte mit den schnellen Kriegsschiffen eintraf, denn Nofretete nahm keine Rücksicht auf kühlere Tageszeiten. Unentwegt hatte sie den Kommandanten der Flotte zur Eile gemahnt, Tag und Nacht wurde gesegelt und gerudert, bis man schließlich in Achet-Aton eintraf. Zwischen Wedelträgern stand sie mit den Töchtern am Bug ihres Schiffes, regungslos in die Ferne blickend. Auch sie trug ein langes weißes Gewand und ihre abgeflachte Krone, die der Krone Unterägyptens so ähnlich war und deren lange, blaue Bänder fröhlich, als wüssten sie nichts von der Trauer ihrer Königin, im Wind umhertanzten wie Libellen.

Bedrohlich klang der dumpfe Schlag der Kriegstrommeln, als das Schiff der Herrscherin zwischen den beiden Landungsbrücken hindurch auf die Hafenmauer zufuhr. Würdevoll langsam und mit noch immer regungslosem Gesicht verließ meine Tochter das Schiff und ging auf ihren Gemahl zu. Erst kurz bevor sie aufeinander trafen, bevor sie sich gegenüberstanden, nahm er seinen Arm von der Schulter Meritatons, ging mit zwei, drei Schritten auf Nofretete zu und nahm sie in seine Arme. Ihre

Hände umfassten seinen Rücken, und so standen sie, Wange an Wange, sprachen kein Wort und waren trotz ihres Unglücks so glücklich, wieder beisammen zu sein.

Im Innenhof des Stadtpalastes bestiegen sie gemeinsam den Prunkwagen Echnatons und fuhren, gefolgt von Wagen der Leibgarde, welche die Prinzessinnen aufgenommen hatten, hinaus auf die Prachtstraße. Mit der Linken hielt Echnaton die Zügel seines Gespanns, und seine Rechte umfasste Nofretetes Hüfte und zog sie fest an sich. Echnaton raste nicht über den Königsweg wie in den fröhlichen Tagen seiner Herrschaft, sondern er fuhr ganz langsam zwischen den Tausenden hindurch, die sich trotz der unerträglichen Hitze rechts und links des Weges versammelt hatten und zum Zeichen der Trauer dem Herrscherpaar ein schweigendes Geleit boten. Ein unheimliches, unwirkliches und Angst einflößendes Bild war dies, wie ich es zuvor in der Lichtstadt des Aton noch nie gesehen hatte, ein Bild, wie aus einem bösen Traum. Ich wusste ohnehin schon lange nicht mehr, welche Art von Traum wir hier in Achet-Aton träumten. Das einzig Beruhigende war für mich jetzt die Gewissheit, dass jeder Traum ein Ende haben würde – der gute wie der schlimme Traum.

In den Tagen der Trauer wurden Echnaton und seine Große königliche Gemahlin wieder ein unzertrennliches Paar, wie sie es vor der Abreise Nofretetes gewesen waren. Sie lebten sehr zurückgezogen, und ich weiß nicht, was es war, worüber sie sprachen – ich konnte es nur ahnen.

Als der Tag der Bestattung Maketatons gekommen war, versammelten sich die königliche Familie und die Großen des Landes und der Stadt im Audienzhof des Stadtpalastes. Der goldene Sarg der Prinzessin und der Schrein mit den vier Eingeweidekrügen ruhten auf den Stufen unterhalb der Throne. Sie waren von einer Vielzahl von Blumengebinden, deren Duft den Hof trotz seiner Größe erfüllte, umgeben. Dann hoben Priester den Sarg und den Kanopenschrein auf zwei hölzerne Schlitten, die je zwei Stiere vor den Palast hinauszogen. Zwischen schreienden Frauen und klagenden Männern hindurch, die die Straßen der Stadt säumten, bewegte sich der Trauerzug langsam zum östlichen Stadttor. Von dort bis hinauf in die Senke des östlichen Gebirges, wo das Grab Echnatons lag, wurde der Sarg von Pharaos Lieblingstochter getragen. Der Weg war nicht weit, und so brauchten wir weniger als zwei Stunden, bis wir vor dem Eingang des Felsengrabes standen. Wie schon bei Kija, so fand auch bei Maketaton das Ritual der Mundöffnung nicht statt, es gab keine Gebete aus dem Totenbuch und dem Amduat, nur Weihrauch stieg am Eingang des Grabes zum Himmel empor, als sollte er die Seele der kleinen Prinzessin emportragen zu Aton. Der Sarg wurde noch einmal geöffnet, und als Echnaton und Nofretete die goldene Maske mit dem Antlitz ihrer Tochter sahen, begannen sie noch einmal laut zu weinen, erhoben klagend die Hände zum Himmel und legten schließlich zwei kleine Blumenkränze auf den Kopf Maketatons, ehe der Sarg wieder verschlossen wurde. Dann trugen sie ihn zum Eingang des Grabes und legten ihn dort nieder.

Zwischen zwei Treppen führte eine Rampe hinab bis zu einer kleinen Plattform. Auf dieser Rampe wurde der Sarg in die Tiefe hinabgeschoben, und die Arbeiter der Totenstadt hatten alle Mühe, dass er ihnen nicht entglitt. Dann folgte ein sehr breiter, abfallender und unbemalter Korridor, der wiederum auf einer Plattform endete. Dort lag zur rechten Seite der Eingang zu den Sargkammern der königlichen Familie, während geradeaus eine steile Treppe nach unten führte zu dem Grab, das einst für Echnaton und Nofretete selbst vorgesehen war.

Die erste der drei Grabkammern war mit Abbildungen der königlichen Familie dekoriert. Man sah das Herrscherpaar mit seinen Töchtern unter dem Strahlenaton, wie sie Opfer darbrachten und mit hocherhobenen Händen den einzigen Gott priesen. Zwei schmale Durchlässe an der Rückwand führten von dort in eine zweite, noch undekorierte Kammer, an deren rechter Wand der Zugang zur dritten Grabkammer lag, in welcher Maketaton ruhen sollte. Die Wände waren bemalt, und sie zeigten den kleinen, leblosen Körper der Prinzessin auf einer Bahre und davor Nofretete und Echnaton. Es war ein rührendes Bild, wie Echnatons linker Arm nach hinten griff und Nofretetes Hand umklammerte, Hilfe suchend und gleichzeitig die Gemahlin tröstend. Beide waren von Gram niedergebeugt und hielten die rechte Hand an den Kopf, um ihren Schmerz und ihre Trauer zu zeigen. Daneben standen Meritaton und die kleinen Prinzessinnen, dazu eine Vielzahl trauernder Höflinge.

Die Abbildung war ein großer Beweis der Liebe Echnatons zu Nofretete, denn in Wahrheit war Pharao allein, als er Maketaton tot im Garten aufgefunden hatte und sie anschließend im Palast aufgebahrt worden war. So aber wurde Nofretete im Grab ihrer Tochter von Anfang an in das vollständige Leid der Familie mit einbezogen. An einer zweiten Wand war die Grablegung Maketatons abgebildet, und zwischen all den Trauernden der königlichen Familie erkannte ich trotz des spärlichen Fackellichts den kleinen Tutanchaton auf den Armen seiner Amme Maj.

Der kleine Sarg wurde in den Steinsarkophag hinabgelassen. An seinen Ecken wachten nicht wie früher Isis, Selket, Neith und Nephthys mit ausgebreiteten Armen über die Tote, sondern es waren je zwei Abbildungen von Echnaton und Nofretete, die ich dort sah. Als der schwere Steindeckel auf den Sarkophag geschoben worden war und als die Siegel angebracht waren, betete Echnaton mit leiser, ruhiger Stimme für seine Tochter den Sonnengesang, die Priester hüllten ein letztes Mal den kleinen Raum in dichte Schwaden von Weihrauch, und wir legten geflochtene Blumenkränze auf dem Sarkophag nieder, ehe wir schweigend und bedrückt das Grab wieder verließen.

Nofretete blieb nicht mehr lange in der Stadt. Wer geglaubt hatte, der Tod Kijas und vor allem der Tod Maketatons hätten in Echnaton eine Wandlung bewirkt, ihn gar zur Aufgabe all seiner

Pläne bewegt, sah sich getäuscht. Mehr denn je waren sich die beiden Herrscher darüber einig, das einmal begonnene Werk fortzusetzen und Aton zu den höchsten Ehren kommen zu lassen. Echnaton hatte den Tod der beiden so geliebten Menschen nicht als Warnung der alten Götter Ägyptens, zu ihnen zurückzukehren, verstanden, sondern vielmehr als einen Hinweis seines Vaters Aton, sich noch mehr als bisher für dessen Verehrung einzusetzen, ja ihn unter Ausschluss aller anderen zum einzigen Gott zu erheben.

Es war im großen Audienzhof so still wie noch nie zuvor, als Pharao vor der Abfahrt Nofretetes die gemeinsam gefassten Pläne andeutete. «Es ist nicht so, dass mein Vater Aton mich verlassen hätte. Er liebt Echnaton, seinen Sohn, wie er ihn immer geliebt hat. Noch mehr als bisher werde ich deswegen alles tun, um Aton, meinem geliebten Vater, die Ehre zukommen zu lassen, die einzig ihm gebührt. Nicht werden wir mehr den Amun verehren und nicht mehr Ptah, Osiris, Hathor oder Sobek; nicht mehr Min, Anubis, Hapi, Horus oder Thoeris. Der einzige Gott ist Aton, und nur ihm wird künftig all unsere Liebe gelten. So sei es, und so werde es geschrieben!»

Wer genau hingehört hatte und wer Echnaton und Nofretete gut genug kannte, der verstand auch, was die Worte Pharaos bedeuteten: die Entschlossenheit, alle alten Götter Ägyptens zu leugnen und zu verbieten.

In Liebe verabschiedete Echnaton seinen Mitregenten Semenchkare, meine Tochter Nafteta. Sie sahen sich lange schweigend in die Augen, ehe sie sich küssten, ein letztes Mal bei den Händen hielten und sich schließlich losließen, damit Nofretete mit den vier kleinen Töchtern das Schiff bestieg, um nach Süden zu reisen.

Die Fertigstellung der Tempel, mit deren Errichtung Echnaton in allen Städten der Beiden Länder schon vor Jahren begonnen hatte, wurde jetzt mit aller Macht vorangetrieben. Pharao wusste, dass dieses gewaltige Vorhaben nur mit Unterstützung seiner Soldaten gelingen konnte. Und Echnaton war weitsichtig genug, um zu wissen, dass er sich hierbei der Hilfe Haremhabs sicher sein musste. Das Murren der Soldaten vergangener Tage hatte er nicht vergessen, und so tat er etwas, was Haremhab, den einflussreichsten Kritiker außerhalb der Priesterschaft von Waset, ein für alle Mal mundtot machen würde: Er ernannte ihn zum General und zum Anführer aller vier ägyptischen Divisionen. Das Grollen des Generals über die unwürdige Behandlung der einst so ruhmreichen ägyptischen Soldaten verstummte nun unter den Ehrenbezeichnungen und Orden, die Pharao ihm verlieh. Dann zogen seine Soldaten los und vollendeten in kurzer Zeit die Heiligtümer Atons in Men-nefer, in Achmim und auf dem Festland jenseits der Elefanteninsel Abu.

Aber Echnaton beließ es nicht dabei, Aton im ganzen Land neue Heiligtümer zu errichten. Im vierzehnten Jahr seiner Herrschaft, dem zweiten nach dem Tod Nimurias, beschloss Pharao, dem Anspruch, den er seinem Gott zugesprochen hatte, nämlich der Einzige zu sein, endlich gerecht zu werden: Er ließ die Tempel aller übrigen Götter schließen.

Dieses Vorhaben lag jenseits jeder Vorstellungskraft, die ein Ägypter nur aufbieten konnte. Es überforderte jeden Verstand. Hatte nicht Osiris den Anfang aller Zeiten mit seiner Gottherrschaft über Ägypten gesetzt? Nach der Ermordung durch seinen Bruder Seth herrschte sein Sohn Horus in Gestalt der Pharaonen über die Beiden Länder, und landauf, landab wurden die schönsten Tempel der Erde für Re in On, für Ptah in Men-nefer, für Min in Achmim und für Sobek in der Oase Fajum errichtet. Vergrößerte nicht erst Echnatons Vater Amenophis den Tempel des Amun in Waset und errichtete neue in Soleb und Sedenga? Und was war mit den Tempeln von Mut, Chons und Hathor?

Wer aber je Pharao zugehört hatte, der musste sich jetzt eingestehen, dass alles Streben Echnatons auf dieses Ziel hin ausgerichtet war, auch wenn er es nie so deutlich ausgesprochen hatte. Echnaton allein war es, der die Größe, die Kraft des Geistes besaß, das zu Ende zu denken, was Aton ihm einst offenbart hatte: dass er sein Vater und der einzige Gott sei.

Über diese Pläne Pharaos wurde nur im Geheimen und im kleinsten Kreis beraten. Jedes Wort, das vorzeitig nach außen gedrungen wäre, hätte nicht nur eine Katastrophe heraufbeschworen, es hätte auch das vorzeitige Ende aller Träume Echnatons bedeuten können.

Echnaton erläuterte nur Merire, Aper-el, dem Polizeiobersten Mahu und mir, was er bereits mit Nofretete vor der Beisetzung Maketatons besprochen hatte. Wir waren uns darin einig, dass nicht alle Tempel des Landes zeitgleich geschlossen werden konnten, denn dazu hätte es einer ganzen Armee bedurft.

«Es darf nur ein Schlag sein, ein einziger gezielter Schlag, der aber so gewaltig sein muss, dass er alle, die aufzubegehren bereit sind, stumm bleiben lässt», sagte Mahu bedächtig in die kleine Runde hinein. Keiner wagte es, jetzt den Kopf zu heben, denn uns allen war klar, wen Mahu gemeint hatte. Nur wollte keiner den Namen als Erster aussprechen.

«Du meinst gewiss Amun in Waset», sagte Echnaton, nachdem ihm offenbar unser Schweigen unerträglich geworden war.

Mahu nickte stumm.

«Das war es auch, was ich mit der Großen königlichen Gemahlin bereits besprochen habe», fuhr Pharao fort. «Nofretete ist begierig darauf, meinem Vater Aton und mir ihre Liebe zu beweisen und ihre Fähigkeiten als Herrscherin unter Beweis zu stellen.»

Der Plan Mahus zur Schließung des Tempels von Ipet-sut und des südlichen Tempels wurde wieder und immer wieder besprochen. Auch wenn die Schließung der Tempel im Vordergrund stand, so sollten ihre Domänen, die Landgüter und Wirtschaftsbetriebe freilich erhalten und unter Führung von Beamten Seiner Majestät fortgeführt werden, denn auf deren

Erträge konnte unter keinen Umständen verzichtet werden. Dies war aber die eigentliche Schwierigkeit des Vorhabens. Die Übernahme der Verwaltung musste so schnell, so überraschend erfolgen, dass die Betroffenen nichts mehr unternehmen konnten, um sich an den Tempelschätzen und an wichtigen Schriftstücken zu vergreifen oder Vieh und Getreide zu vernichten.

Echnaton sah mir lange und sehr eindringlich in die Augen, ohne auch nur ein Wort zu sagen. Wir saßen allein im Schatten mächtiger Dumpalmen, um die Kühle des Abends zu genießen. Ich ahnte, was dies zu bedeuten hatte, wagte aber nicht, meine Ahnung selbst auszusprechen.

«Hast du meinen Siegelring gut verwahrt?», fragte er mich schließlich, und seine Gesichtszüge hellten sich jetzt auf. Er schien sich sicher gewesen zu sein, dass ich seine Gedanken schon kannte.

«Du willst also tatsächlich mich nach Waset schicken, damit ich die Tempel schließen lasse?»

Echnaton nickte erst stumm, dann sah er hinüber zu der Stelle, an welcher das junge Leben Maketatons geendet hatte. «Weißt du mir einen Besseren? Du selbst musst nicht den Priestern die Botschaft der Schließung überbringen. Das sollen andere machen. Ich möchte aber, dass du dich in Waset aufhältst und mit allen Befugnissen meiner königlichen Macht versehen bist, wenn es soweit ist. Nofretete soll jederzeit auf dich zurückgreifen können, wenn sie es für nötig erachtet.»

«Diese Männer haben mich von jeher gehasst, Echnaton. Ob nun ich den Tempel schließe oder nicht. Wenn sie erfahren, dass ich mich in Waset aufhalte, haben sie den Verantwortlichen ohnehin schon ausgemacht. Mahu und Aper-el haben noch ein langes Leben vor sich. Wenn ein Unglück geschieht, dann soll es wenigstens einen Alten treffen.»

Echnaton jedoch blieb dabei, dass Aper-el und Mahu nach

außen die Verantwortung für die Schließung des Tempels tragen sollten. Ich hatte mich dem zu beugen.

Mahu war der Erste, der ohne Aufsehen zu erregen und im Geheimen mit einer gewöhnlichen Barke der Pilger nach Waset fuhr. Dort hatte er Nofretete in alle Einzelheiten einzuweihen, und er sollte mit Turi das gemeinsame Vorgehen abstimmen. Wenige Tage später folgte ich selbst auf einem der königlichen Schiffe. Mein Erscheinen in Waset fiel nicht weiter auf, denn allzu oft hat man mich hier schon ohne besonderen Grund gesehen, wenn ich Nofretete, meinen Palast und meine Güter besuchte. Zuletzt sollte Aper-el mit drei Hundertschaften Soldaten nach Süden kommen. Schon drei Tage vor dem geplanten Eintreffen der Soldaten mischten sich in allen Teilen der Stadt mehr und mehr Polizisten unerkannt unter die Bevölkerung, damit sie sofort Aufrührer festnehmen und verhaften konnten, wo es nötig werden würde. Sowohl im Stadtpalast als auch im Palast der leuchtenden Sonne wurden die Wachen um ein Mehrfaches verstärkt, und auch die Getreidespeicher wurden mit Polizisten und Soldaten besetzt. Ich selbst wich meiner Tochter im Palast der leuchtenden Sonne, der jetzt einer Festung glich, nicht von der Seite.

Es war im Morgengrauen, im fünfzehnten Jahr der Herrschaft Echnatons, am vierten Tag des ersten Monats der Erntezeit, als sechs Kriegsschiffe Pharaos im Hafen von Waset anlegten. Hundert Soldaten liefen sofort zum großen Atontempel, damit er vor Übergriffen geschützt war. Zweihundert weitere Soldaten zogen unter der Führung von Aper-el zum Tempel des Amun und zu dessen Gütern und besetzten dort, noch bevor sich die Sonnenscheibe über dem Ostgebirge erhoben hatte, jeden Ausgang. Auch Mahu war jetzt mit fünfzig Polizisten hinzugestoßen. Wie Mahu vorhergesagt hatte, waren die Priester Amuns völlig ahnungslos und zu jeder Art von Gegenwehr gänzlich außerstande. Um die Lage nicht zu verschärfen, schwiegen sie zu allem und fügten sich dem unabänderlichen Schicksal. Nie und nimmer hatten sie trotz all der seit jeher bestehenden Gegensätze zwischen ihnen und ihren Herrschern damit gerechnet, dass Echnaton auch den letzten und endgültigen Schritt wagen würde.

Die Jüngeren von ihnen, die meist einfache Vorlesepriester waren, wurden vor die Wahl gestellt, ob sie künftig im Heiligtum Atons ihren Dienst versehen, oder ob sie zu ihren Familien zurückkehren wollten. Die Oberpriester und die Ersten Sehenden des Amun erhielten ein bescheidenes Landgut mit Dienern, Vieh und ausreichend Saatgut. Allerdings achtete Mahu darauf, dass diese Güter in ausreichender Entfernung von Waset, weit voneinander getrennt und nicht in größeren Städten lagen, damit ihnen so weit wie möglich jede Gelegenheit genommen wurde, Unruhe zu stiften.

Ich selbst glaubte nicht daran, dass sie sich auf Dauer in dieses Schicksal fügen würden. Es war für mich nur eine Frage der Zeit, wann sie wieder zueinander fanden.

Doch war ich erstaunt, wie klaglos die Bewohner von Waset die Schließung des Tempels aufgenommen hatten: Niemand, nicht einer, erhob die Stimme gegen Pharao und seine Soldaten. Die meisten fügten sich ebenso schweigend, wie es die Priester selbst getan hatten. Es waren aber überraschend viele, die mit Freude, sogar mit Häme die Schließung der Tempel beobachteten und die Vertreibung ihrer angestammten Priesterschaft ausgelassen feierten. Es waren jene, die schon immer voll Neid auf den Reichtum Amuns geblickt hatten, die unter der Peitsche seiner Vorarbeiter gelitten hatten oder die sich von ihren Steuereintreibern ungerecht behandelt gefühlt hatten. Deren Großeltern taten es schon, und ihre Eltern ebenso.

Wie einfältig waren doch diese Menschen! Der Reichtum ging nicht verloren; die Schätze Amuns gelangten nur in andere Hände, gehörten einem anderen Besitzer, damit er sie ebenso eifersüchtig hütete. Die Peitsche, die sie und ihre Vorfahren schon immer geschlagen hatte, wurde jetzt nur von einer anderen Hand gehalten, und der Steuereintreiber diente lediglich einem anderen Herrn. Es war jene Sorte von Menschen, die heute ihren Herrn bejubelten, damit sie ihn morgen mit Steinen bewarfen.

ZWÖLF

Wende dich uns wieder zu, du Herr der Ewigkeit,
du warst hier, als noch nichts entstanden war,
und du wirst hier sein, wenn die Zeiten zu Ende sind.

Noch während die Priester Amuns die Stadt verließen oder an die Tür des Gempa-Aton klopften, um dort um Einlass zu bitten, verkündeten die Diener Atons dem staunenden Volk die wahre Lehre ihres Pharaos, dass Aton der einzige und alleinige Gott sei und dass es neben ihm keine anderen Götter gab, ja gegeben habe. Echnatons Anspruch auf die alleinige Verehrung seines Vaters Aton ging so weit, dass er jedem Ägypter verbot, das Wort «Götter» überhaupt noch zu benutzen, da es ja nur einen Gott gab und es einer Beleidigung Atons gleichkommen würde, spräche man das Wort «Gott» in der Mehrzahl aus.

So zogen jetzt die Soldaten, Schreiber und Polizisten Pharaos von Stadt zu Stadt, um Tempel für Tempel, Heiligtum für Heiligtum zu schließen und um den Menschen die Botschaft vom einzigen Gott zu verkünden. Nicht einmal vor dem Tempel des Re in On machte Echnaton Halt. Wie gelähmt ließen es alle Priester der Beiden Länder geschehen, denn die Tatsache, dass sich selbst die mächtigen Diener des Verborgenen nicht zu wehren vermochten und dass die Menschen der Vertreibung ihrer alten Götter tatenlos zugesehen hatten, nahm ihnen jeden Mut zum Widerstand.

Echnaton dagegen hatte sein Ziel erreicht: Er hatte – für alle sichtbar und für ihn unumkehrbar – Aton zum einzigen und alleinigen Gott erhoben und ihn an die Stelle einer unübersehbaren Vielfalt von Gottheiten gesetzt.

Doch er beließ es nicht dabei. Sein Groll gegen den verhassten Amun ging so weit, dass er das Andenken an ihn ein für alle Mal auslöschen wollte. Er wollte ihn aus dem Gedächtnis der Menschen verbannen, als hätte es ihn nie gegeben. Damit ihn keine Hand mehr erfühlen, keine Auge ihn oder seinen Namen mehr erkennen konnte, ließ er seine Figuren zerstören und überall dort, wo man seiner habhaft werden konnte, den Namen Amuns herauskratzen, aushacken oder überstreichen. Heerscharen von Steinmetzen zogen landauf, landab, und tilgten an den Wänden der Tempel und ihrer Tortürme, an jedem Gebäude und selbst auf den Spitzen der Obelisken die Schriftzeichen Amuns.

Der Hass Echnatons und Nofretetes ging so weit, dass an jedem Bauwerk und an jeder Statue meines Freundes Ameni und seiner Vorgänger gleichen Namens die Schriftzeichen für «Amenophis» getilgt werden mussten, war doch der Name des Verborgenen ein Bestandteil dieses Namens. Ich vermochte mir vorzustellen, dass Pharao seinen Gott zum Einzigen erhoben und alle anderen Götter geleugnet hatte. Ich verstand, dass er in Folge dessen ihre Tempel geschlossen und ihre Verehrung verboten hatte. Ich konnte sogar seinen heiligen Eifer verstehen, vor allem den Namen Amuns tilgen zu lassen. Doch die vollständige Tilgung des Namens seines von allem Volk so geliebten Vaters Amenophis kam einer Vernichtung des Andenkens an ihn gleich, der schlimmsten Strafe, die für einen Ägypter über den Tod hinaus vorstellbar war. Von Kindheit an hatte mich der Name meines Freundes ein Leben lang schützend begleitet. Jetzt fiel er der grenzenlosen Rachsucht und dem heiligen Wahn seines Sohnes anheim. Ja, es war wahrhaftig ein Wahn!

Dennoch schwieg ich.

Welch schlimme Jahre der Verfolgung und Verleumdung waren jetzt über Ägypten gekommen! Es war die Zeit der Schmeichler und Emporkömmlinge, der Verräter und der Habgierigen. Es war die Zeit derer, die aus Angst vor Verrat und Verfolgung die Figuren der alten Götter versteckten oder zerstörten. In prahlerischem Gehorsam kratzten manche aus den Gedenksteinen ihrer verstorbenen Vorfahren, dort, wo es jedermann sehen konnte, die drei Schriftzeichen des verfemten Gottes heraus und taten es so den Steinmetzen Pharaos gleich. Wie viele Ängstliche gab es und wie viele, die, um zu schmeicheln, ihre Namen änderten. Wehe jenen, die einst die ruhmvollen Namen Amenophis trugen und ihn jetzt schamhaft leugneten!

«Amun ist zufrieden» hießen sie einst, und nannten sich jetzt Paatonemhab, Merire oder Ramose, damit sie wenigstens vom Sonnengott Re geliebt oder vernehmbar dessen Söhne waren. Wie viel Mut musste man jetzt aufbringen, um weiterhin Ptahmose, Nacht-Min oder Sobekhotep zu heißen! Wie froh konnte ich doch sein, dass ich den einfachen Namen Eje trug!

Echnaton vermied jetzt das Wort «Gott» gänzlich, selbst in Beziehung auf Aton, denn es war nicht eine Gottheit im bisherigen Sinne, die er verehrte, sondern vielmehr eine Wahrheit: Die Macht der Sonne, die sich in Licht und Zeit, in Strahlung und Bewegung offenbarte. Durch ihre Bewegung bringt die Sonne die Zeit und durch ihre Strahlung das Licht und somit die ganze sichtbare Welt hervor.

Die Wahrheit, die von der lebendigen Sonne ausging, bestand nicht in Regeln und Gesetzen, nicht in mythischen Geschichten und auch nicht in Zauber. Die Wahrheit seines Glaubens bestand in der Erkenntnis, dass alles, was auf dieser Welt geschah, auf das Wirken von Licht und Zeit, auf das Wirken Atons, der Sonnenscheibe, zurückzuführen sei. Weil Echnaton glaubte, in Aton die einzige, die letzte Wahrheit gefunden zu haben, durfte er daneben keine andere Wahrheit und damit letztlich keine anderen Götter dulden. Aton war nicht Gott, er war die Macht, die für den Erhalt alles Seins verantwortlich war. Es gab nur ein einziges Wesen, das im Grunde eine göttergleiche Verehrung erfuhr: Echnaton selbst.

Aton als die alles lenkende Macht, als die Wahrheit an sich, bedurfte keiner Feste, wie sie zu Ehren der alten Götter gefeiert wurden. Die Schließung der alten Tempel ließ die meisten Ägypter unberührt, denn über den ersten Vorhof, in welchem die Opfergaben an die Priester übergeben wurden, kamen die wenigsten hinaus. Aber sie sahen die Disteln und Brennnesseln, die jetzt aus den Fugen und Ritzen der Tempelmauern wucherten. Sie sahen den Sand, der sich vor den einst so prächtigen Tempeltüren ansammelte, und sie sahen, dass sich die Schwalben jetzt an den Tempelmauern Nester bauten, wo man sie früher nie geduldet hätte.

Bei den Prozessionsfesten hatten die Menschen früher die Nähe des Gottes für einen Augenblick erahnt, etwa wenn zum Opetfest die Statuen von Amun, seiner Gattin Mut und ihres Sohnes Chons auf der goldenen Barke von ihrem Heiligtum in das südliche Ipet-sut gebracht wurden, um sich dort von ihrem Volk Jahr für Jahr reiche Opfer bringen zu lassen. Hier fand ein greifbarer Götterkult statt, den die Gläubigen sehen konnten, bei welchem sie fromm darniedersinken und beten, ihre eigene Frömmigkeit zeigen konnten.

Ob sie dabei auch etwas begriffen, war weniger wichtig. Was wäre von der Verehrung des Min in Achmim geblieben, wenn es das Erntefest, die Spiele und Wettkämpfe nicht gegeben hätte? In jeder Stadt wurde ein anderer Gott besonders verehrt, wurden ihm zu Ehren Feste gefeiert, oft über mehrere Tage hinweg. Das war es, was den Menschen jetzt fehlte, wonach sie sich sehnten. Für viele machte das Leben ohne die regelmäßigen Feste keinen Sinn mehr, war das Leben gefährlich, denn eines Tages würden sich die Götter dafür gewiss rächen. Diese Feste waren es, die eine göttliche Ordnung in ihr Leben gebracht hatten, an welchen sie den Jahresablauf einrichten konnten. Diese

Feste waren für viele Menschen das Gerüst, das ihrem Leben eine Stütze gab.

Der Sturz und die Verbannung der alten Götterwelt beschäftigten Echnaton so sehr, dass er auch die Klagen seiner Freunde und Vasallen gar nicht mehr hörte oder sie nicht ernst nahm. Wie laut waren die Klagen Burra-Buriyashs, des Königs von Babylon, über Angriffe und Plünderungen seiner Karawanen selbst auf ägyptischem Boden, doch die Bitten Haremhabs auf militärische Unterstützung des Freundes blieben unerhört.

Wir alle achteten Echnatons Friedensliebe sehr, und nur aus Ergebenheit hatten wir bislang geschwiegen. Jetzt aber rieten wir ihm, die Truppen in Marsch zu setzen, damit sie dem Wüten und der Eroberungslust der Hethiter Einhalt geboten. Doch Echnaton hörte nicht auf uns. Acha, Aper-el und ich flehten ihn an, er möge die Augen öffnen vor dem Unheil, das Ägypten Tag für Tag näher kam, doch seine Ohren blieben taub. Teje und ich gerieten mit ihm sogar in einen heftigen Streit, doch enttäuscht wandte er sich von uns ab.

Rib-Addi, der Fürst von Byblos, der sich in seinen Briefen unterwürfig als «Schemel unter Deinen Füßen» bezeichnete, flehte um Hilfe, denn Abdi-Ashirta, der Herrscher von Amurru in Nordsyrien, führte unter dem Schutz der Hethiter Krieg gegen Byblos.

«Zum König, meinem Herrn, der Sonne, hat gesprochen also Rib-Addi, Dein Diener, der Staub Deiner Füße. Zu den Füßen meines Herrn, der Sonne, fiel ich siebenmal, siebenmal fiel ich nieder. Baalat von Gubla gebe Macht dem König, meinem Herrn. Siehe, so habe ich geschrieben an meinen König, aber er hat nicht gehört. Möge der König, mein Herr, wissen, dass Abdi-Ashirta einen grausamen Krieg gegen mich führt, und dass er all meine Städte genommen hat. Du wirst in ein leeres Haus kommen. Alles ist dahin. Ich bin greis, und eine schwere Krankheit plagt mich. Aber der König, mein Herr, erhalte meine zwei Söhne, seine Diener, am Leben! Erobert sind alle Länder des Königs, und mein Herr eilt ihnen nicht zu Hilfe. Siehe, jetzt kommen die Krieger aus Hattuscha, um Gubla, meine letzte Stadt, zu erobern. Hier in Gubla bin ich gefangen, wie ein Vogel im Netz. Wenn das Herz des Königs gewillt ist, seine Stadt und seine Diener zu schützen, so sende uns Soldaten, damit sie uns schützen. Ich schütze, solange ich lebe. Wenn ich sterbe, wer soll sie dann schützen? Sende also Truppen und befriede Dein Land!»

Mehr als fünfzig Briefe dieser Art richtete Rib-Addi an den Herrn der Beiden Länder. Ich glaube, sie liegen noch heute im Staatsarchiv von Achet-Aton und sie werden dort unbeachtet bleiben, bis sie eines Tages zu Staub zerfallen.

Genützt haben die Briefe Rib-Addis nichts, denn Echnaton war nicht bereit, die verzweifelten Hilferufe seines einst so treuen Vasallen ernst zu nehmen, sondern ließ ihn nur wissen, dass Rib-Addi «mir öfter schreibt als alle anderen Fürsten».

Der Fürst von Byblos wurde geschlagen und seines Landes beraubt. Er floh in das Lager eines Freundes, der schon lange keiner mehr war. Der Verräter erschlug ihn.

Schuwadarta, dem Fürsten von Qiltu, erging es nicht anders. Ohne den starken Arm Pharaos, ohne die Hilfe Ägyptens, war auch er verloren. In seinem letzten Brief schrieb er an Echnaton: «Erfahre, o König, mein Herr, dass alle Länder des Königs, meines Herrn, genommen worden sind.»

Schrecklich wüteten die Hethiter in diesen Jahren unter den Freunden und Vasallen Ägyptens, aber die Lanzen Pharaos wurden nicht gegen die Feinde erhoben, das Schwert nicht gegen sie gerichtet. So sandten die Freunde von einst immer wieder, Tag für Tag ihre Boten, doch von Tag zu Tag wurden die Boten wie die Freunde weniger.

Aber jetzt, im siebzehnten Jahr der Herrschaft Echnatons, brachten sie etwas nach Ägypten mit. Es waren keine Geschenke, kein Gold, keine Tiere und keine Prinzessinnen, sondern es war die schrecklichste Gabe, die sie an den Nil bringen konnten: Es war die Pest.

Aper-el und Mahu ließen unverzüglich alle Grenzen schließen und aufs Strengste kontrollieren, doch war die Pest einmal im Land, vermochte sie keiner in ihrem Wüten mehr aufzuhalten. Stadt für Stadt entsandte ihre Boten mit der Schreckensnachricht zu Pharao. Doch auch sie brachten nicht nur die schlimme Kunde mit, sondern meist auch den Anlass ihrer Reise, die Pest selbst.

Echnaton fürchtete so sehr um Tutanchaton, das Liebste, das ihm neben seiner Tochter Meritaton geblieben war, dass er beschloss, den fast fünfjährigen Knaben in Sicherheit bringen zu lassen.

«Wenn ich diesen Schrecken nicht überlebe, wirst ohnehin du für ihn die Verantwortung tragen», sagte Echnaton zu mir und zupfte dabei liebevoll an der schwarzen Jugendlocke, dem geflochtenen, am unteren Ende gebogenen Zopf, der von der rechten Hälfte des ansonsten kahlen Kopfes herabhing.

«Nimm Tutanchaton und Mutnedjemet mit dir, und bringe sie in die Oase Fajum, in den Palast von Merwer. Es ist zur Zeit der einzige Ort Ägyptens, der von der Pest verschont geblieben zu sein scheint.»

Wir sahen uns lange schweigend an. Denn Echnaton wusste genauso gut wie ich, dass der Abschied, welcher uns bevorstand, auch ein Abschied für immer sein konnte.

«Selbst jetzt willst du noch hier ausharren?», fragte ich ihn vorsichtig und kannte doch selbst die Antwort nur zu gut. Echnaton lächelte mich an. Sein Lächeln zog seine wulstigen Lippen weit auseinander, es zeigte mir seine großen weißen Zähne und machte seine Augen groß und leuchtend.

«Du wirst wohl nie aufgeben, alter Freund? Wie schwach seid ihr doch alle! Ist es wirklich so schwer, das Wort, das man einmal gegeben hat, zu halten? Ich werde Achet-Aton nicht verlassen. Heute nicht und morgen nicht.»

Sein Lächeln ließ nicht nach, obwohl seine Worte eher düster klangen.

«Nun geh und bereite alles vor! Ich will, dass ihr morgen noch vor Sonnenaufgang abreist. Die Zeit drängt.»

So überstürzt wie diesmal, wie ein Flüchtling, hatte ich noch nie mein Haus verlassen. Aber was war es anderes als eine Flucht?

Nur mein Diener Ipu und eine Dienerin Mutnedjemets begleiteten uns. Ehe wir selbst an der Anlegestelle vor dem Palast eintrafen, war bereits das Wenige, das wir in aller Eile zusammengepackt hatten, auf der königlichen Barke verladen. Pharao erwartete uns bereits. Er trug nur ein einfaches Nemes-Kopftuch, einen schweren Schulterkragen, seinen langen, gefältelten Schurz und einfache Ledersandalen. So kannte ich ihn, bevor er von Nimuria zum Mitregenten gekrönt wurde.

«Ihr nehmt mein Schiff!», sagte Echnaton bestimmt, als wollte er von vornherein Einwände vermeiden.

«Damit lässt man euch wenigstens in jeden Hafen entlang des Flusses einlaufen. Du solltest davon aber nur im Notfall Gebrauch machen. Ihr habt reichlich Wasser aus sicheren Brunnen Achet-Atons an Bord und mehr als genug zu essen.»

Die Überlegtheit und die Fassung, mit welcher Echnaton trotz der bevorstehenden Trennung von seinem Sohn zu mir sprach, überwältigten mich.

«Deinem Haus wird kein Schaden geschehen. Dafür trage ich Sorge. Du wirst alles so vorfinden, wie du es heute verlassen hast. Wirst du auf meinen Sohn aufpassen?», fragte er jetzt Mutnedjemet.

«Ja, Majestät», sagte meine Tochter und verneigte sich schüchtern, als ob sie zum ersten Mal vor Pharao gestanden hätte.

«Lass das mit der Majestät, mein Kind!»

Echnaton beugte sich etwas nach vorn und küsste Mutnedjemet auf beide Wangen. Dann wandte er sich wieder mir zu: «Kannst du den Sonnengesang auswendig?»

«Sicher. Jedes Wort», antwortete ich knapp.

«Wir werden es mit unseren Briefen halten, wie es einst mein Vater mit dir gehalten hat, als du in Babylon weiltest. In meinem ersten Brief wirst du die erste Zeile aus dem Sonnengesang finden, im zweiten Brief die letzte, dann die zweite Zeile, dann die vorletzte und so weiter. Du fängst mit der letzten Zeile an. Botschaften, die sich nicht an diese Regel halten, sind nichtig. Das gilt für dich wie für mich.» Echnaton drehte sich einmal vorsichtig um, als wollte er prüfen, ob uns jemand belauscht haben konnte.

Dann trat er noch näher an mich heran und fragte mich leise: «Trägst du meinen Ring bei dir?» Ich senkte langsam die Augenlider und nickte dabei fast unmerklich mit dem Kopf.

«Benütze ihn in Merwer nach Belieben. Wenn du willst, kannst du auch den Frauenpalast aufsuchen, denn für mich hat er ohnehin keine Bedeutung mehr.»

Jetzt war es an mir, ihn anzulächeln und mit den Achseln zu zucken. «Die Begeisterung wird nicht sehr groß sein, wenn ein Mann meines Alters dort erscheint. Glaubst du nicht?»

«Dort ist dir niemand Rechenschaft schuldig und niemand hat dir Fragen zu stellen, Eje. Halte es, wie du magst!»

Echnaton warf einen kurzen Blick zur Anlegestelle und zur königlichen Barke und erkannte wohl gleich, dass alles für die Abfahrt vorbereitet war.

«Ihr müsst los!», sagte er knapp und zeigte dabei mit der Rechten in Richtung Schiff.

Auf unserem Weg dorthin fuhr er fort: «Denke daran, dass du jetzt für die Zukunft Ägyptens verantwortlich bist. Die Hoffnungen aller, sowohl meiner Anhänger als auch meiner Gegner, ruhen allein auf Tutanchaton. Stieße ihm etwas zu, würdest du dir ausnahmslos alle zum Feind machen.»

Ich sah ihm lange und eindringlich in die Augen, die mir ihrerseits nicht einen Wimpernschlag lang auswichen.

Schließlich sagte ich zu ihm: «Ich werde auf Tutanchaton

Acht geben, als wäre er mein eigener Sohn. Sei dir dessen immer gewiss, Echnaton! Bis zu meinem letzten Atemzug werde ich für dieses Kind da sein, gleich was kommt!»

Pharao beugte sich zu seinem kleinen Sohn nieder, hob ihn hoch zu sich und küsste ihn auf beide Wangen.

«Sei tapfer, mein Junge! Es macht großen Spaß, mit Eje zu reisen. Ich habe das als Junge auch gemacht. Und du wirst auf ihn hören, wie du auf mich hörst! Du weißt, ich erfahre alles.»

Die dünnen Arme des kleinen Jungen waren fest um Echnatons Hals geschlungen, und er drückte seine linke Wange fest gegen das Gesicht seines Vaters.

«Ich werde auch nicht weinen, Vater», piepste es kaum vernehmlich, und schon rann eine dicke Träne herab.

«Ich wusste doch, dass du ein großer Junge bist», antwortete der ebenso gerührte Vater und setzte den Knaben wieder ab. Dann nahm er kurz Mutnedjemet in seine Arme, sagte ihr Lebewohl und wandte sich dann ein letztes Mal mir zu.

Doch bevor er etwas sagen konnte, war ich es, der ihn um Vorsicht bat: «Sieh dich vor, Echnaton! Der Faden, an welchem dein Schicksal hängt, ist dünn geworden. Du weißt das. Es wäre schade, wenn dein Werk ein vorzeitiges Ende nehmen würde!»

«Mein Werk wird kein vorzeitiges Ende nehmen, Eje. Aber ich werde auf mich achten. Nun geht endlich!»

Er umarmte mich fest und innig und schob mich dann geradezu auf den schmalen, hölzernen Steg, der meine Tochter, Prinz Tutanchaton und mich auf das Schiff führte.

Nachdem die Taue bereits gelöst waren und das Schiff schon im Begriff war, in Richtung Flussmitte zu treiben, hielt er beide Hände neben seinen Mund und rief mir laut zu: «Wenn man in fünf- oder in zehntausend Jahren noch über jemanden sprechen wird, dann wird es Echnaton sein! Glaube mir das, alter Freund!»

Fröhlich lachend, sodass ich noch von weitem seine großen,

weißen Zähne sehen konnte, winkte er uns mit weit ausgestreck-
tem Arm zu, und alle an Bord erwiderten auf gleiche Weise den
Gruß Pharaos.

Jetzt, da durch die zunehmende Entfernung und wegen meiner
nachlassenden Sehkraft die Umrisse Echnatons unschärfer wurden, glaubte ich mehr und mehr, den jungen Prinzen zu erkennen, der er war, als er vor genau neunzehn Jahren mit mir nach
Men-nefer gereist war, um dort etwas über den Tod seines Bruders Thutmosis zu erfahren und um dessen Leichnam nach
Waset zu bringen. Was war seither geschehen, wie sehr hatte
Ägypten sein Antlitz verändert! Dieses einst so ruhige, so unbe-
wegliche Land. Seine Kultur, seine Religion, seine Kunst schienen so starr, so regungslos zu sein, wie die große Pyramide von
Osiris Chufu. War sie vielleicht sogar ein Symbol für die Bewe-
gungslosigkeit, die Unbewegbarkeit Ägyptens?

Diesen Gedanken hing ich nach, während die Umrisse Echnatons kleiner und kleiner wurden. Der Palast und das Gempa-
Aton erschienen mir jetzt so groß, wie das Modell, das Echnaton einst von ihnen angefertigt hatte. Dann fuhr unser Schiff in
den großen Bogen ein, welchen der Fluss im Norden von Achet-
Aton bildet, indem er sich dem Westen zuwendet, um kurz darauf wieder gerade nach Norden zu führen. Ein letztes Mal sahen
wir auf Achet-Aton, das jetzt im Glanz der gerade aufgegangenen Sonne rotgolden glühte, und Tutanchaton sagte mir, dass
sein Vater noch immer winkend auf der Anlegestelle stand. Ich
legte meine Hand auf die linke Schulter des vor mir stehenden
Knaben, denn mit der Rechten winkte auch er noch immer, und
ich sagte zu ihm: «Du wirst sehen, Tutanchaton, wir sind früher
wieder in Achet-Aton, als du glaubst. Die Zeit wird wie im Flug
vergehen. Ich kenne das.»

Dann drehte der Knabe seinen Kopf kurz nach hinten und
fragte mit ernstem, ungläubigem Gesicht: «Bist du denn schon
einmal geflogen?»

«Nein, Tutanchaton! Kein Mensch kann fliegen! Das ist nur eine Redensart. Das erkläre ich dir später.»

Tutanchaton schien beruhigt, dass auch ich nicht fliegen konnte, und wandte sich wieder der Stadt zu, die jetzt nach und nach hinter den Felsen, die wir gerade umfuhren, verschwand.

Ich hatte die Warnung Echnatons ernst genommen und ließ unser Schiff, ohne auch nur einmal an Land zu gehen, bis nahe Maimun durchfahren. Abends legten wir nur in menschenleeren Gegenden an, um jede Berührung mit Pestkranken auszuschließen. Südlich der Stadt Maimun legten wir während der größten Mittagshitze an, denn nur so hatte ich die Gewähr, dass so wenig Menschen wie möglich unseren Weg kreuzten.

Einem ebenso überraschten wie bockigen Viehhändler musste ich erst den Ring Pharaos zeigen und anschließend über Gebühr viel Gold geben, damit er uns seine zwölf Esel überließ. Ich wollte vermeiden, die Stadt zu betreten, also musste ich mich der Habgier dieses Unterägypters beugen. Für das Gold, das ich ihm gab, konnte er sich wenigstens sechzig neue Esel kaufen.

Tutanchaton genoss den Ritt auf dem Grautier sichtlich, und ich war erstaunt, wie schnell sich der Knabe auf das Reiten verstand. Wir zogen bis tief in die Nacht hinein bis nahe der Stadt Lahun, lagerten aber weit abseits, denn auch hier sollte uns niemand bemerken. Ohne Ansehen der Person schliefen auch der Prinz, Mutnedjemet und ich in den einfachen Zelten der Soldaten. Tutanchaton schloss zufrieden die müden Augen, und schon im gleichen Augenblick schlief er tief und fest. Kurz nach Sonnenaufgang zogen wir am anderen Tag weiter und standen schließlich, nach einer weiteren Nacht im Freien, am Vormittag des dritten Tages vor den Toren des alten Palastes von Merwer.

Mir war, als hätte hier die Zeit seit den Tagen der Pharaonen Sesostris Cheper-ka-Re und Amenemhet Ni-maat-Re, den großen Förderern des Fajum, also seit weit mehr als fünfhundert

Jahren, stillgestanden. Die Mauern und die Säulen des Palastes waren dick und plump; seine Decken hingen niedrig und wirkten auf den Betrachter bedrohlich.

Der Garten des Palastes war aber noch immer einer der schönsten, den ich je in meinem Leben gesehen hatte. Alt waren seine Bäume, sehr alt, und einige von ihnen hatten gewiss noch die Gärtner Sesostris' gepflanzt. Hier herrschte Ruhe. Hier herrschte Gelassenheit und Friede. Nicht einmal der Tempel des Sobek war geschlossen. Selbst der Eifer Echnatons hatte dieses altehrwürdige Heiligtum einfach vergessen. Aber das Fajum schien mir der rechte Ort, um einen Knaben wie Tutanchaton groß werden zu lassen.

Und hier gab es den vielgerühmten Frauenpalast.

«Min und Hathor geben dir keinen Tag zurück, wenn du alt bist und dich daran erinnerst, welche Freuden du ausgelassen hast», hatte Amenophis zu mir gesagt, als wir nach dem Tod Merits für einige Zeit hier lebten und er mich mithilfe einiger junger Mädchen aus der Trübsal ins Leben zurückholte. Nie werde ich diesen Satz vergessen. Nur: Damals zählte ich gerade dreiundzwanzig Jahre. Es waren wohl die Großmütter der Mädchen von heute, die mich einst hier verwöhnt hatten.

Tutanchaton schien nicht wahrzunehmen, dass wir hier in einer anderen Zeit und in einer anderen Welt lebten. Ein Kinderauge stört es offenbar nicht, ob eine Säule dick und gedrungen oder schlank wie das Bein eines jungen Mädchens ist. Es misst der Höhe einer Decke oder der Stärke einer Mauer keine Bedeutung bei. Es weiß auch nicht, ob die Bilder, die es sich an den Wänden der Paläste und der Tempel ansieht, zeitgemäß sind oder nicht. Der kindliche Betrachter fragt nur nach ihrer Bedeutung.

So lebten wir in der Stille und der Abgeschiedenheit dieses Ortes ein Leben, wie wir uns früher das Leben der Seligen im Jenseits vorgestellt hatten. Es gab Datteln, Feigen und Oliven im Überfluss. Der vielgerühmte Wein enttäuschte mich auch jetzt nicht, und die Art, wie die Menschen hier Lamm, Gänse und Enten zubereiteten, war unnachahmlich.

Tag für Tag unterrichtete ich Tutanchaton in allem, was einmal für ihn von Belang sein würde. Er war fleißig im Lesen und im Schreiben, und seine Schriftzeichen waren schön anzusehen. Er liebte es, sich an schweren Rechenaufgaben zu messen, und er war ein geduldiger Zuhörer, wenn ich ihm von der langen und ruhmreichen Geschichte Ägyptens erzählte.

Doch es war etwas anderes, das ihn wirklich begeisterte: die Jagd.

Der dreizehnjährige Sohn des Palastvorstehers hatte es Tutanchaton angetan. Mein Schützling wollte unbedingt wissen, wie man mit Wurfhölzern Enten jagt, und ließ mir damit so lange keine Ruhe, bis ich nachgab und mit ihm und Meriptah, so hieß der Junge, einen Kahn bestieg und durch das Schilf des Sees fuhr. In weniger als zwei Stunden hatten wir vierzehn Enten erbeutet. Allerdings muss ich gestehen, dass mein Anteil an der Beute nur zwei Enten betrug, während Meriptah den Rest zur Strecke brachte. Tutanchaton war tief beeindruckt, und so verging nun kein Tag mehr, an dem der Junge sich nicht mindestens eine Stunde gemeinsam mit dem Sohn des Palastvorstehers im Werfen der gebogenen Hölzer übte. Er zeigte darin so großes Geschick, dass er mir schon nach einer Woche stolz zwei Enten unter die Nase hielt, die er selbst, und nach Angaben von Meriptah auf einige Entfernung, zur Strecke gebracht hatte.

So vergingen Wochen und Monate, und regelmäßig erstattete ich Echnaton über die Fortschritte seines Sohnes Bericht. Echnaton wiederum beklagte sich bei mir über Aufsässige, die erneut das Land überzogen, über deren Verhaftung und darüber, dass sich gerüchteweise Amuns Oberpriester zusammengefunden hätten. Er schrieb, dass noch immer hier und da Menschen der Pest zum Opfer fielen, dass aber die Todesfälle abnehmen würden. Die Freunde und Vasallen Ägyptens erwähnte er hingegen mit keinem Wort.

Zur Zeit der Weinlese kam der Tag, da sich die Geburt des Prinzen zum fünften Mal jährte. Es war gewiss ein ganz gewöhnlicher Tag und, anders als in Babylon, wo man deswegen rauschende Feste feierte, wurde ein Geburtstag in Ägypten kaum beachtet. Die Menschen im Fajum liebten Prinz Tutanchaton und hatten den zierlichen Knaben mit der schwarzen Jugendlocke vom ersten Tag an in ihr Herz geschlossen. Polizisten und Leibwächter waren hier zum Schutz Tutanchatons nicht nötig. Jedermann warf ein Auge auf den Knaben, als wäre er das eigene Kind, und doch begegneten sie ihm mit großer Ehrfurcht, war er doch der Sohn des Guten Gottes und würde er eines Tages wohl selbst den Thron der Beiden Länder besteigen.

Weil man hier Prinz Tutanchaton in reichem Maße Liebe und Ehrfurcht entgegenbrachte und weil es zur Erziehung eines Thronfolgers gehörte, schon in früher Jugend an öffentliche Auftritte gewöhnt zu werden, beschloss ich, ihm zu Ehren ein Fest zu geben.

Im Garten des Palastes ließ ich im Schatten mächtiger Palmen verschiedene Plätze vorbereiten, damit die Kinder der Stadt mit dem Prinzen alle Arten von Spielen treiben konnten. Dann gab es einen Bereich, da ließ ich an langen Schnüren Tongefäße in die Bäume hängen, damit sich die Knaben mit ihren Wurfhölzern messen konnten.

Zunächst musste der Prinz auf der Terrasse des Palastes die Segenswünsche und die Geschenke der großen und kleinen Untertanen entgegennehmen.

Ich selbst übernahm für Tutanchaton die Begrüßung der Gäste, wie es sonst der Wesir für Seine Majestät tat. Anschließend trat einer nach dem anderen vor den kleinen Thron des Prinzen. Der Bürgermeister mit seiner Familie, dann der Palastvorsteher. Dessen Sohn Meriptah schenkte seinem kleinen Freund natürlich fünf selbstgeschnitzte Wurfhölzer und versicherte ihm dabei, dass es wohl die besten wären, die er je angefertigt hätte. Ich hatte nicht die geringste Hoffnung, dass mein Geschenk, ein

Schreibkästchen aus Elfenbein, jetzt noch von Bedeutung war. Der Prinz ließ die Wurfhölzer nicht mehr aus den Augen, und es war ihm anzusehen, dass er alle weiteren Segenswünsche nur noch mit Widerwillen zu ertragen bereit war.

Es geschah in dem Moment, als der Vorsteher der Kornspeicher Seiner Majestät gegenüber die Hoffnung äußerte, dass Tutanchaton auch als Herrscher der Beiden Länder, welcher er dereinst sein würde, häufig nach Merwer zurückkehren möge, als sich eine merkwürdige Stille über den Palastgarten legte. Die Wildantilopen in den Tiergehegen hielten ebenso regungslos inne wie die zahmen Affen, die gerade noch in den Palmen umhergesprungen waren. Die Vögel verstummten, Bienen, Fliegen und Schmetterlinge verließen die Blüten, auf welchen sie gerade saßen, nicht mehr. Wir alle spürten, dass um uns herum etwas Unheimliches geschah, etwas Unfassbares und Einzigartiges, aber noch konnte niemand die Bedrohung erkennen. Ratlos und verängstigt blickten wir umher und suchten nach dem Feind, dem Gott, dem Ungeheuer oder was immer es war, was uns solche Angst einflößte. Ein grauer Schleier legte sich nun plötzlich über das Land, über die Bäume, Sträucher und Häuser.

Ich blickte empor zum Himmel, hielt mir dabei meinen rechten Arm schützend vor das Gesicht, um immer wieder mit fast zugekniffenen Augen und aufgeregt blinzelnd die Sonnenscheibe anzusehen, denn von dort schien das Unheil zu kommen. Mein linker Arm umfasste Tutanchaton um Brust und Schulter und drückte ihn schützend an mich. Jetzt erkannte ich wie so viele andere um mich herum das entsetzliche Geschehen: In kurzer Zeit nur verhüllte Aton sein Antlitz vor seiner Schöpfung. Eine Finsternis legte sich über das Land, so vollständig, so dunkel, als wäre es Nacht. Die Blumen schlossen ihre Blüten, und die Vögel blieben stumm. Schlangen und Mäuse krochen aus ihren Höhlen, die Eulen erwachten, und die Nachtigall regte sich, um zaghaft die ersten Töne ihres vertrauten Liebesliedes anzustimmen.

Aton, in dessen Glanz wir eben noch lebten, dessen Strahlen uns Licht und Wärme gaben, hatte uns verlassen.

Ich starrte hinauf und begann, still für mich zu beten: «Verlasse uns nicht, Du Einziger, denn groß und mächtig bist nur Du! Kehre zurück zu uns, Aton! Kehre zurück!»

Oder waren es gar die alten Götter, die aus Zorn über ihre Verbannung, die Schließung ihrer Tempel und die Leugnung ihrer Namen Aton straften, ihn aus Rache jetzt vom Himmel verbannten? War es Apophis, das alles vernichtende Ungeheuer der Unterwelt, das den Aton vor unseren Augen auf Geheiß der Götter verschlang?

Die Menschen um mich herum begannen zu weinen und aufgeregt durcheinander zu schreien. Einige knieten nieder und verbargen verschreckt ihr Antlitz, als würde Pharao vor ihnen stehen. Wieder andere beteten wie ich, einige leise, andere laut. Sie riefen nach Sobek, dem Gott des Fajum, nach Amun und Osiris, dem Herrn des Jenseits.

«Warum ist es so schnell Nacht geworden, Eje?», fragte mich mein Schützling und sah mit großen Augen zu mir empor.

«Ich weiß es nicht, Tutanchaton. Ich weiß nur, dass irgendwo Entsetzliches geschieht. Entweder straft Aton uns, oder Aton selbst wird bestraft.»

«Was wird mein Vater machen, wenn Aton nicht wieder kommt?»

Echnaton! Das Kind hatte Recht. Was war mit Echnaton? War mit ihm etwas geschehen, oder galt ihm gar die Finsternis?

«Da! Seht hin!», rief plötzlich einer laut, und wie dieser bemerkte jetzt auch ich, dass die ersten Strahlen der Sonnenscheibe wieder zu sehen waren. Mehr und mehr zeigte Aton sein Antlitz, und schon nach kurzer Zeit war sein Leuchten wieder so stark, dass es mein Auge nicht aushielt, länger hinaufzusehen. In wenigen Augenblicken dämmerte es wieder, die Nachtigall verstummte, und die Amseln schlugen an, so wie sie jeden neuen Tag aufgeschreckt begrüßten. Schlangen und Mäuse verkrochen sich verängstigt, und die Blüten begannen, sich zu öffnen, kaum dass sie geschlossen waren. Noch wenige Wimpernschläge, und die Welt erstrahlte wieder im Glanz der Sonne, die Affen sprangen frech umher, und die Fohlen hüpften fröhlich in ihrer Koppel.

«Er ist wieder da», sagte ich zu Tutanchaton und klopfte ihm dabei väterlich auf die Schulter.

«Er ist wieder da», wiederholte der Junge zu seiner eigenen Beruhigung.

Ich hatte noch nie in meinem Leben von einer solchen Erscheinung gehört oder gelesen. Kein Priester, kein Gelehrter konnte mir sagen, was da geschehen war. Aber alle hatten es gesehen: Aton hatte vor den Menschen und vor seiner ganzen Schöpfung sein Antlitz vollkommen verhüllt.

Was immer es war, ich musste zu Echnaton zurückkehren. Ich durfte nicht einen Augenblick zögern, denn nur Echnaton selbst konnte mir und all seinen Untertanen eine Antwort geben. Vielleicht war es eine Ankündigung, eine Warnung Atons, uns für immer zu verlassen. Wer wusste schon, wann und wie oft sich diese Finsternis wiederholte? Ich fürchtete, dass Echnaton selbst in Gefahr war und dass Aton mir auf diese Weise einen Wink geben wollte, damit ich zu seinem Sohn eilte, um ihm zu helfen.

Eine bis dahin nicht gekannte Unsicherheit überkam mich, und diese Unsicherheit wich bald blanker Angst. Diese Angst galt aber nicht mir, sie galt Echnaton und dem Knaben. Ich wusste, dass ich zu Pharao nach Achet-Aton zurückkehren musste, noch heute. Aber was sollte mit dem Knaben geschehen? Sollte ich ihn hier in Merwer zurücklassen, in den besten Händen, die ich mir vorstellen konnte? Hier war er vor der Pest in Sicherheit, die ja vielleicht noch immer am Nil wütete. Hier würde ihm kein Feind ein Haar krümmen. Ich konnte ihn nicht allein zurücklassen. Nie und nimmer hätte ich es mir verziehen, wäre ihm in meiner Abwesenheit doch etwas zugestoßen. Er musste mit mir kommen, ganz gleich, welche Gefahren uns auf unserer Reise drohten.

So gut es nur ging, beruhigte ich die Menschen in Merwer, gab ihnen Anweisungen und Ratschläge und wusste mir doch selbst keinen Rat. Ich versprach ihnen, dass ich zurückkehren würde, sobald die rätselhafte Erscheinung geklärt war.

Schon zwei Stunden, nachdem sich die Sonnenscheibe verfinstert hatte, zogen wir los. So schnell wir nur konnten, eilten wir gen Osten, dem Fluss entgegen, bis wir ihn völlig erschöpft erreicht hatten. Jetzt mussten wir aber bis zum Hafen von Maimun vordringen, denn wir brauchten ein Schiff. Auch hier herrschte noch große Unruhe, denn über Maimun hatte sich die Sonne ebenso verfinstert wie über Merwer.

Nur der Macht, die von dem Ring Echnatons ausging, hatte ich es zu verdanken, dass uns im Hafen von Maimun ein Kommandant der königlichen Flotte sein Schiff mitsamt Steuermann und dreißig kräftigen Ruderern überließ. Ich flehte ihn an, ich schrie ihn an, und zuletzt gab ich ihm einen halben Beutel Gold, damit er so schnell wie noch nie zuvor in seinem Leben das Schiff mit ausreichend Trinkwasser und Lebensmitteln beladen ließ. Ich beneidete Tutanchaton um die kindliche Ruhe und Unbekümmertheit, mit welcher er das aufgeregte Treiben im Hafen und auf unserem Schiff beobachtete. Er hatte keine Vorstellung davon, wann ein Schiff langsam und wann es schnell beladen wurde.

«Jetzt fahrt doch endlich los!», rief ich voll Ungeduld, als ich sah, dass das Schiff beladen war und nur noch die Leinen gelöst werden mussten.

Ein erfrischend kühler Nordwind blähte die riesigen weißen Segel, und weil die Strömung des Flusses zu dieser Zeit schwach war, genügte ein geringer Einsatz der Ruderer, um dennoch zügig gegen den Lauf des Flusses vorwärts zu kommen. Der Kommandant und sein Steuermann waren erfahrene Leute, die den Nil mit all seinen Gefahren, seinen Biegungen und Untiefen, plötzlich aufragenden Felsen und Stellen mit starken Flusspferdvorkommen kannten. So trieben meine mahnenden, flehenden und manchmal auch drohenden Worte das Schiff Tag und Nacht südwärts, der Stadt Echnatons und seines Gottes entgegen.

Nachts schlief ich nur wenig, denn entsetzliche Träume schreckten mich immer wieder auf und ließen mich Umschau halten, ob das Entsetzliche Wirklichkeit geworden war oder nicht. Ich träumte von den unterschiedlichsten Menschen, die mir im Laufe meines Lebens begegnet waren. Ich träumte von meinen Eltern und von Amenophis, von Maj, jenem tapferen Offizier, der einst im Feldzug gegen das elende Kusch in Nimurias Armen sein Leben ausgehaucht hatte. Ich träumte von Merit und Ti, von meinem Diener Senu und von Isis, vom weisen Amenophis, dem Sohn des Hapu, und von Merimes, dem Königssohn von Kusch. Nur eines war es, was diese Menschen miteinander verband: Sie alle lebten nicht mehr. Ich machte mir Vorwürfe, dass ich Echnaton überhaupt verlassen hatte. Hätte nicht auch ein anderer Tutanchaton in Sicherheit bringen können?

Die Tage verbrachte ich am Bug des Schiffes und zählte die Stunden, die bis zur Ankunft in Achet-Aton noch vor uns lagen. Ich beobachtete die Landschaft, die langsam neben unserem Schiff vorüberglitt, und suchte wie immer auf meinen Reisen entlang des Flusses nach auffälligen Punkten, damit ich mich orientieren konnte. Am dritten Tag wusste ich, dass es nicht mehr weit war. Zwei, drei Flussbiegungen noch, dann mussten wir die alte Stadt Chmenu erreichen.

«Ob mein Magier noch lebt?», dachte ich bei mir und musste still in mich hineinlachen, als ich mich an mein kindisches und dummes Verhalten erinnerte. Und doch: «Die Wahrheit wirst Du nie erfahren», hatte er zu mir gesagt. Dieser Satz würde mich wohl bis an das Ende meines Lebens verfolgen!

Den Rest der Fahrt verbrachte ich mit Überlegungen, wo ich wohl Echnaton antreffen und was ich ihm sagen würde, weshalb wir hierher zurückgekommen waren. War denn die Finsternis als solche nicht Grund genug?

Eine Biegung noch, eine letzte Flussbiegung, und Achet-Aton würde vor uns liegen! Ich sah schon Teile der Südstadt, dann den großen Hafen, die beiden Landungsstege des Stadtpalastes und schließlich die ganze Pracht der herrlichen Stadt. Alles stand noch, alles war unverändert. Das beruhigte mich ein wenig. Wir mussten im großen Hafen im Süden der Stadt einlaufen, denn einem gewöhnlichen Kriegsschiff war es natürlich nicht gestattet, an einem der Landungsstege des Palastes anzulegen. Bis unser Kommandant oder ich dem wachhabenden Hafenmeister des Palastes etwas erklärt hätten, würden wir im Süden schon an Land gegangen sein. So trieb unser Schiff an den Palastanlagen vorbei, entlang der prächtigen Amtsgebäude, bis wir den Hafen erreichten.

Als wir einliefen, begegnete uns ein anderes Schiff. Ich sah nur kurz hinüber, denn es gab keinen Anlass, mich mit diesem Schiff und seiner Besatzung näher zu befassen. Doch ich glaubte, im flüchtigen Hinsehen ein oder zwei Gesichter erkannt zu haben, und drehte mich schnell noch einmal um. Aber auch sie hatten sich abgewandt, und zu viert standen sie jetzt dicht beisammen, und sie vermieden es offenbar bewusst, dass sich unsere Blicke noch einmal trafen. Es beunruhigte mich, dass ich ihre Gesichter, die mir so bekannt vorgekommen waren, niemandem zuordnen konnte, doch mein Grübeln verebbte bald im geschäftigen Treiben des Hafens und seines Lärms.

Wir verließen in Eile das Schiff, nachdem wir uns bei seinem Kommandanten für dessen treue Dienste bedankt hatten, und eilten zum Vorsteher des Hafens. Er hatte keinen Pferdewagen zur Hand, denn, so sagte er uns, er hätte es nie so eilig und würde die Bequemlichkeit von Sänften bevorzugen. Ich bat ihn, mir zum Schutze des Prinzen wenigstens acht seiner Soldaten mitzugeben und vertraute Mutnedjemet und ihre Dienerin dem Schutze Ipus an, während ich gemeinsam mit Tutanchaton zwischen je vier Soldaten zu Fuß in Richtung Stadtpalast loszog.

Je näher wir der Stadtmitte kamen, umso größer wurde das Gedränge, umso aufdringlicher oder abweisender die Menschen, je nachdem, was ihr Ansinnen war, und umso unruhiger wurde ich selbst. Ich spürte, wie mein Herz zunehmend heftiger schlug, spürte jeden seiner Schläge in meinem Kopf, und ich spürte, wie mich wieder diese unsägliche Angst beschlich. Doch ich wusste nicht einmal, wovor ich mich fürchtete. Oder gestand ich es mir nur nicht ein? Ich nahm den Jungen noch fester bei der Hand.

«Wir werden es gleich geschafft haben!», ermunterte ich ihn, denn ich sah, wie sehr ihn meine Eile anstrengte. Er nickte stumm und drückte zum Zeichen unseres Bündnisses fest meine Hand.

Vor dem großen Eingangstor zum Stadtpalast wurde das Gedränge immer größer, es hatte sich davor eine richtige Menschentraube gebildet, einem Bienenschwarm gleich, der, stets in Unruhe immer größer wurde. Wenige Ellen trennten uns jetzt noch von dem Rand dieses Schwarms, da sah ich, wie in seinem Inneren einige die Hände emporstreckten und zu weinen begannen. Andere hielten sich die Hände vors Gesicht und wandten sich entsetzt von dem Gesehenen ab. Ich ging an den vier Soldaten vor mir vorbei und verschaffte mir, den Knaben noch immer an der linken Hand, schreiend und mit dem rechten Arm rudernd Platz. Immer dichter wurde das Gedränge, immer schwieriger war es, vorwärts zu kommen, bis ich endlich den inneren Rand des Schwarms durchbrach, denn in ihrer Mitte hatten die Menschen ehrfurchtsvoll Platz gelassen für den Toten, der vor ihnen lag. Blut rann langsam aus Nase und Ohren, und es formte um seinen Kopf eine purpurne Scheibe, der untergehenden Sonne gleich. Seine Augen waren weit geöffnet, und wie aus einer anderen Welt starrten sie mich regungslos an.

Ich presste das Gesicht des Knaben mit beiden Händen fest gegen meinen Körper, denn er sollte seinen Vater, den toten Echnaton, so nicht sehen.